U0916191

大理白族自治州人民政府　主办

大理州年鉴

YEARBOOK OF DALI PREFECTURE

2012

大理白族自治州地方志编纂委员会　编

云南民族出版社

图书在版编目（CIP）数据

大理州年鉴. 2012 / 大理白族自治州地方志编纂委员会办公室编.
— 昆明 : 云南民族出版社， 2012.10
ISBN 978-7-5367-5441-6

Ⅰ. ①大… Ⅱ. ①大… Ⅲ. ①大理白族自治州－2012－年鉴
Ⅳ. ①Z527.42

中国版本图书馆CIP数据核字（2012）第243796号

书　　名：大理州年鉴（2012）
　　　　　Dalizhou NianJian（2012）
作　　者：大理白族自治州地方志编纂委员会办公室
　　　　　（地址：大理市下关白州里4号　邮编：671000）
出　　版：云南民族出版社
　　　　　（地址：昆明市环城西路170号云南民族大厦五楼　邮编：650032）
责任编辑：董　艾
制　　作：昆明濠江图文设计工作室
印　　刷：深圳市濠江实业有限公司
开　　本：889 × 1194mm　1/16
印　　张：41
字　　数：1550千字
彩　　页：108码
版　　次：2012年10月第1版
印　　次：2012年10月第1次
印　　数：1 ~ 2000册
书　　号：ISBN 978-7-5367-5441-6/K · 1435
定　　价：180.00元
广告经营许可证：5329004000140

大理州地方志编纂委员会

《大理州年鉴》编辑部

分类（特邀）撰稿人员名单

尹建业　何金平　马建全　杨宴君　孙　明　字国顺　袁爱光　张正贤

杨建华　黄为华　普赵辉　冯　燕　杨林柏　李爱萍　孙何军　谢玉宝

阮正德　毕家兴　董如兆　潘晓波　李　春　张川明　赵　勋　陈增雄

赵丽苗　杨　越　朱玉林　杨　序　方学云　苏丽芬　王　琳　李福禧

王华植　段碧霞　高绩武　曾星明　李昱初　赵剑锋　蒙志李　王永贵

张云霞　张丽芬　周家友　刘克纯　陈四全　段　祥　杨增铭　赵文红

杨绍艳　杨玲玲　周正波　李军锋　字桂荣　李菊荣　张继彪　彭琼瑶

赵寿辉　李成宪　自克荣　杨琴珍　杨志坚　霍德有　施国志　苏瑞金

侯镇山　史　凯　董灿斌　肖龙灵　黄永明　王延红　张炳华　忽克俭

刘开兴　文建国　严燕群　何　婕　周晓玲　自永康　段文泽　杨丽芳

程　林　张雪梅　杨会英　孙　纯　邓菊敏　张尤满　时艳燕　殷兆忠

李跃武　王铭峥　李金凤　杨宏根　盛　魁　甘　静　杨壹壹　杨　捷

李志刚（旅游）　杨　捷　崔茂峰　任茂华　李桂梅　李跃花　杨晓莉

陈体韬　罗兆刚　何永娜　孙建新　张　韬　李　宇　何　洛　华　艳

谢悦娟　赵艳清　李　娟　刘庆云　李若山　李　辉　朱艳松　戴灿涛

段　莉　杨　林　李志刚（中保财险）　张祖剑　李冬勤　谢云山　雷建萍

戴　俊　霍沁祥　李　江　董振华　张润萍　蹇　锴　王灿鑫　范淘涛

何正春　李　公　李　凡　李文波　齐云彬　李　根　赵茂莲　黄志刚

吴敬贤　杨艳霞　杨旭芸　杨文光　李　阳　张元祥　洪仁邦　梅　菊

杨勇辉　张红云　丁　良　刘　祥　张家锐　王春荣　杨茂川　李志诚

杨德元　田灿辉　施立卓

（注：除特邀撰稿人外，分类撰稿人名单以所撰稿件先后排列）

《大理州年鉴》编辑说明

1.《大理白族自治州年鉴》简称《大理州年鉴》，是大理州人民政府主办、大理州地方志编纂委员会办公室承办、年鉴编辑部负责编辑的一部反映大理州政治、经济、社会、文化各方面发展情况的大型地方综合性年鉴，内容广博，是大理州情的总汇。

2.本年鉴以马列主义、毛泽东思想、邓小平理论和“三个代表”重要思想为指导，贯彻落实科学发展观。坚持实事求是的思想路线，全面真实地反映大理白族自治州州情，为建设美丽幸福新大理服务。全书特点突出，内容全面，体例规范，具有较强的资料性、信息性和权威性。

3. 本年鉴创办于1990年，每年编纂1卷，现已出版发行22卷，2012年版为第23卷。2012年卷重点反映大理州各级各部门和12县市在2011年度取得的成绩和经验，全面记述各行各业在2011年中的发展变化情况。2011年，面对复杂多变的发展环境，在中共云南省委、省人民政府的正确领导下，中共大理州委、大理州人民政府团结带领全州广大干部和各族群众，解放思想，抢抓机遇，扎实工作，较好地完成了年度发展目标任务，实现了“十二五”发展的良好开局，为全州经济社会跨越发展奠定了坚实基础。这些都是2012年卷的记述重点。

4.本年鉴采用以条目为主的栏目编排形式，设特载、专文、大事记、概况、中共大理州委、大理州人大常委会、大理州人民政府、政协大理州委员会、民主党派人民团体、军事、法制、农业、工业、交通运输、信息产业、旅游、城乡建设规划管理、环境保护、贸易、财政税收、金融保险、经济监督管理、教育、科学、文化、卫生、体育、民族宗教、社会、县市要览、统计资料选编、人物、附录33个部类。为适应经济社会发展对年鉴信息的需求，《大理州年鉴》在总体设计上坚持常编常新的原则，在保持栏目内容基本稳定和连续性的同时，每年均作完善、调整、充实。为增加可读性和实用性，在2012卷的文字中加排了适当的图片；在版式设计方面，为方便阅读和活跃版面，仍将文献类栏目改为双栏排版，文字部分采用双色印刷。

5.本年鉴图文并茂，并力求达到图、文、表资料信息的统一性。2012年卷的图片设“数字大理”、“荣誉大理”、“幸福大理”、“新农村建设”、“四群工作”、“民生建设”“滇西中心城市建设”、“旅游二次创业”等版块，以充分展示全州经济社会科学发展、和谐发展、跨越发展的生动实践主题，以及突出自治州的年度特点和地方特色。

6.本年鉴的文稿，由中共大理州委，大理州人大常委会，大理州人民政府，大理州政协，中共大理州纪委，大理军分区，州级党政机关各部、委、办、局、司、行、社、区和各县市人民政府选定的专人撰写，并经有关领导和部门审核，资料准确可靠。为便于编、撰者之间沟通联络和质量管理，在每部类之末均署有责任编校者姓名；撰稿人署名采取在所撰内容末用“部类＋姓名＋括号”的形式标识。

7.本年鉴在注重内容全面、翔实的同时，突出信息量。在编辑中保持了资料的连续性，使之能够反映大理州各项事业发展的轨迹。因此，本书具有资政、存史的重要社会价值。

8.本年鉴有很强的史料价值，在编纂中试图把年内的大事、要事、新事的重大进展，以图、文、表形式展现给读者，是了解大理州、建设大理州的指南。《大理州年鉴》有三重检索系统，卷首有中、英文目录，卷末有索引。

9.《大理州年鉴》创刊23年来，编辑出版质量不断提高，在国内外的影响日渐扩大。这是在中共大理州委、大理州人民政府直接领导下，全州各级各部门和社会各界鼎力相助取得的丰硕成果。《大理州年鉴》编辑部全体工作人员向全州各撰稿单位和撰稿人表示衷心的感谢！向关心和支持《大理州年鉴》的省内外兄弟年鉴同仁表示谢忱！

《大理州年鉴》编辑部

2011年大理白族自治州：

总面积：29459平方千米

年末户籍人口：354.71万人

年末常住人口：347.8万人

地区生产总值：568.1亿元

第一产业：123.45亿元

第二产业：238.21亿元

工业增加值：197.56亿元

第三产业：206.44亿元

第一、二、三产业构成：

21.7：41.9：36.4

人均地区生产总值：16376万元

地方财政一般预算收入：45.95亿元

地方财政一般预算支出：159.62亿元

全社会固定资产投资：360.36亿元

社会消费品零售总额：170.50亿元

商品出口总值：1.67亿美元

商品进口总值：0.59亿美元

实际使用外资：0.30亿美元

房屋施工面积：947.99万平方米

房屋竣工面积：224.97万平方米

商品房销售面积：149.05万平方米

货物运输量：6684万吨

海东风光

旅客运输量：9318万人次

旅游业总收入：128.63亿元

各类独立科学研究与开发机构： 7个

科技活动经费支出：0.24亿元

普通高等学校：1所

卫生事业机构床位：1.24万张

卫生技术人员：0.95万人

城市供水总量：0.28亿立方米

城市建成区绿化覆盖面积:1527公顷

城市建成区绿化覆盖率：35.59%

城市道路面积：488.45万平方米

金融机构存款余额：701.36亿元

金融机构贷款余额：469.67亿元

城乡居民储蓄存款余额：379.67 亿元

职工人均年工资：34111元

城市居民人均可支配收入：17713元

城市居民人均消费性支出：13559元

农村居民人均纯收入：4733元

农村居民人均生活消费支出：3835元

城市居民人均住宅建筑面积：36.08平方米

农村居民人均居住面积：32.22平方米

（州统计局供稿）

● 1982年2月15日，国务院公布首批24个国家级历史文化名城，大理是首批公布的24个历史文化名城之一

● 1982年11月8日，大理又被国务院公布为全国44个国家级风景名胜区之一

● 1993年6月，经国家科委、国家体改委批准，大理市被列为全国14个科技经济体制综合配套改革试点城市之一

● 1997年，大理市首次被授予全国双拥模范城称号

● 1998年5月8～12日，由国家文化部在广州组织召开的全国创建文化县（市）总结表彰大会上，大理市被评为“全国文化先进市”

● 1998年11月8日，国家体育总局命名大理市为“全国体育先进县（市）”

● 1998年11月，经国家旅游局检查验收和审核，大理市荣获“中国优秀旅游城市”称号

● 2000年1月，大理市荣获全国双拥模范县（市）称号

● 2000年5月15日，大理市被国家文化部命名为“中国民间艺术洞经音乐之乡”

● 2004年1月9日，大理市第三次荣获“全国双拥模范城”称号

大理创新工业园区

- 2005年8月，大理苍山被国土资源部公布为“国家地质公园”

- 2011年初，大理州被文化部正式公布为“全国文化生态保护实验区”

- 2012年2月，大理获选“外籍人才眼中最具吸引力的十大入围城市”

- 2012年2月17日，大理入选世界特色魅力城市200强

- 2012年7月6日，崇圣寺三塔文化旅游区荣获国家5A级旅游景区

- 2012年7月，大理古城名列全国“中国最具潜力十大古城”

- 2012年7月30日，大理获全国“最中国文化名城”称号

- 2012年8月11日，大理市荣获全国“世界生态名城”

（未完待续）

2011年9月16～19日，中国共产党大理白族自治州第七次代表大会在下关隆重召开。大会的主要任务是：深入贯彻落实科学发展观，回顾总结州第六次党代会以来的主要工作，部署今后5年的战略目标和主要任务，选举产生新一届州委和州纪委，选举产生大理州出席省第九次党代会代表，团结和动员全州广大党员干部和各族群众，不断开创大理州工作新局面。

2012年3月22日，中共云南省委书记秦光荣在曹建方、尹建业、何金平等省、州领导陪同下到大理州巍山县调研抗旱救灾工作。

2011年8月8日，中共云南省委副书记、代省长李纪恒在副省长孔垂柱等省、州领导的陪同下到宾川调研新农村建设。

1
2
3

1 州委书记尹建业走访挂钩联系户
2 州长何全平走访慰问生产第一线职工
3 州委副书记杨健在基层调研

1	
2	3
4	5

1 州人大常委会主任字国顺在基层调研

2 州政协主席袁爱光在基层调研

3 州委常委、常务副州长马建全在基层走访群众

4 州委常委、副州长蔡春生到美国好莱坞参加纪录片《一见钟情·大理》首映式

5 州委常委、州委组织部部长郑艺在南涧县调研

丰富多彩的群众文化活动

加快海东山地城市开发建设，关系到滇西中心城市建设的推进，意义深远，任务艰巨，责任重大。中共大理州委、州人民政府将此项工作列入重要议事日程。

苍山风光

洱海保护

海西田园风光

新农村建设
Xinnongcun jianshe

沃得集团
4LZ-2.0

进入林区
防火第一
森林防火检查站
入山人员登记处
火种收缴处

大理市下关城区建设

每年农历四月二十三至二十六日是白族一年一度的“绕三灵”盛会，这是大理农耕文化经千年传承的民俗活动。届时，居住在苍山洱海间的白族男女老少都要成群结队沿着苍洱之间的“佛都”崇圣寺、“神都”圣元寺和“仙都”金圭寺游玩三天。成千上万的游人在“引路人”的“柳树葫芦”带领下，载歌载舞，一路狂欢。

2012年4月16～23日，云南省第八届农民运动会在大理举行。

全州政务服务体系建设取得显著成效

大理州政府政务服务管理局

新落成的大理州、市政务服务中心大楼

推进政务服务体系建设工作

南涧县公共资源交易中心挂牌

近年来，州委、州政府高度重视全州政务服务体系建设工作。根据工作需要，2011年，大理州完成了州、县市政府政务服务管理机构的设置，明确了科室设置、人员编制和领导职数；出台了《全州政务服务体系建设的意见》等一系列政策法规，明确了全州政务体系建设工作的任务、思路；突出抓好州、县（市）、乡（镇）、村（社区）四级政务服务网络建设和公共资源交易中心建设、“96128”专线品牌化建设等重点工作使政府的权力运行更加公开透明，政府的服务更加优质高效，服务型政府建设取得实效。

政务服务中心和公共资源交易中心是党和政府服务群众、树立形象的一个窗口，是联系群众的桥梁和纽带，是反腐倡廉的一道防线。通过规范办事程序，完善工作机制，健全绩效考核，强化行政问责，有效地推进了党风廉政建设，真正做到“高效、便民、利民”，得到广大群众、企业界的欢迎和认可。

中纪委政策研究法规室副主任欧召大莅临州、市政务服务中心指导工作

省委常委、副省长李江在州委副书记、州长何金平陪同下到巍山政务服务中心指导工作

省委常委、省委组织部部长刘维佳视察剑川县政务服务中心

4 月 24 日，省委常委、省纪委书记辛维光到大理州政务服务管理局检查工作

6 月 6 日，省纪委副书记赵志彬到大理州政务服务管理局检查工作

州委书记尹建业视察剑川县沙溪镇为民服务中心工作

州委常委、常务副州长马建全，州纪委书记梁志敏在鹤庆县政务服务局调研

5 月 23 日，州专员办主任赵波一行到大理州政务服务管理局检查指导工作

大理州地方税务局

2011年8月11日，云南省人大常委会副主任程映萱到大理开展地税执法检查

2011年元旦，州委副书记、州长何金平到大理州地税局看望干部职工

2011年8月11日，云南省地税局党组书记、局长陈建国到大理州检查指导工作并看望地税系统干部职工

2011年12月31日，州委常委、常务副州长马建全，州纪委书记梁志敏在大理州地税局党组书记、局长刘正伟陪同下参观大理州财税收入超百亿职工书画摄影展

2011年4月8日，云南省地税局党组成员、副局长张红霞在大理州地税局党组书记、局长刘正伟陪同下到祥云县地税局检查指导工作

2011 年 3 月 1 日，召开全州地方税务工作会议，安排部署全州地税工作

2011 年 1 月 13 日，大理州地税局党组书记、局长刘正伟深入大理卷烟厂调研

2011 年 12 月 1 日，大理州残疾人就业保障金税务代征工作正式启动。图为大理市启动仪式会场

在全州地税系统开展竞争选拔科级领导干部工作

2011 年 6 月 23 日，大理州地税局在大理州委组织的庆祝建党 90 周年文艺汇演上获得歌咏比赛一等奖

大理州公安局

以陈川（左六）为书记的现任党委班子成员

省委常委、政法委书记、公安厅厅长孟苏铁视察大理，对大理州公安机关创新流动人口管理服务工作给予充分肯定

副州长、州公安局局长陈川深入基层调研

2011年，大理州公安机关紧紧围绕全州经济社会发展大局，突出“民意先导、求真务实、科技引领、以人为本、打造品牌”的工作思路，切实增强公安工作服务经济社会发展的自觉性、主动性，全力维护社会和谐稳定；勇于创新，深化改革，全力打造信息化警务；大力加强公安机关自身建设，在谋发展、求进步中推动全州公安工作实现新发展、迈出新步伐。“三项重点工作”与“三项建设”都取得显著成绩，为全州实现“十二五”良好开局、为服务桥头堡建设和滇西中心城市建设营造了良好的发展环境。

强化民意先导，切实解决群众反映强烈的治安热点问题，提升了人民群众的安全感和满意度。针对群众反应的摩托车被偷盗突出的问题，开展了为期100天的“打击盗抢摩托车犯罪百日会战”专项行动，共破获盗抢摩托车案件718件，打掉近50个盗窃团伙，查获盗抢及各类违章摩托车799辆，缴获摩托车669辆，一大批流散在社会上的被盗抢摩托车回归到受害人手中，群众安全感和满意度不断增强。

依托公安信息化建设，全面推进社会管理创新。治安防控、社会管理与服务方式推陈出新。创新推

召开全州清网行动部署会议

出了流动人口居住证管理、保安 110、行业场所分级管理、旅馆业视频监控、基层业务流动服务站等一大批管理服务新举措。打造了一批“亮点”，总结出不少经验，公安机关社会管理服务水平得到有力提升。

立足科技手段，创新工作机制，专项工作成效取得新突破。在全国开展的“清网行动”中，全州共抓获行动前网上逃犯 233 名，行动前网上逃犯下降率达 73.97%，在全省位居前列；永平县公安局抓获逃犯 21 名，“清网行动”前 19 名网上逃犯全部落网，在全省率先实现逃犯下降率达 100% 的目标。大理州公安局、永平县公安局分别荣立集体二等功，大理市公安局荣立集体三等功，全州 6 名同志分别荣立个人一、二等功。借鉴“清网行动”实践经验，大理州公安局在全省率先探索并建立“追逃”预警机制，研究制定了《大理州公安机关“网上追逃”工作长效机制（试行）》，固化“清网行动”成果，实现追逃工作常态化。

广泛深入开展“警营开放”、“走进警营”、全警“大走访”爱民实践和“开门评警”等系列活动，搭建警民联系桥梁，构建和谐警民关系，赢得社会各界和广大群众的支持和赞誉。

省厅 A 级督捕逃犯独知皮初被剑川警方抓获

被盗摩托车返还失主

摩托车失主向公安机关赠送锦旗，表达感谢之情

开门评警活动走上街头、深入人心

“警营开放”活动启动仪式在弥渡县举行

大理州司法局

狠抓落实　争创一流

州委副书记、州长何金平带队到州劳教（强戒）所检查调研，切实帮助解决场所改扩建中的困难和干警配备不足问题

春节前，州委常委、州委政法委书记杜涛和州司法局领导到大理监狱和州劳教（强戒）所开展慰问

组织各县认真学习永平县“全国法治县（市、区）创建活动先进单位”成功经验

局长常耀辉深入村委会指导新农村建设工作

2011年，在州委、州政府和省司法厅的正确领导下，全州司法行政机关坚持围绕中心、服务大局，坚持以人为本、服务为民，深入推进三项重点工作，以争创全省一流水平的州（市）司法行政工作为目标，转变作风，激发活力，狠抓落实，各项工作在创新中取得新成绩。

扎实抓好普法依法治理。高质量完成了“六五”普法和“四五”依法治州规划的起草工作，先后顺利通过了州政府常务会、州委常委会和州人大常委会的审核批准。州委、州政府及时召开会议进行了安排部署，对工作中涌现出的先进单位和个人进行了表彰奖励，扭转大理州依法治州规划的实施迟延全省两年的问题，实现与全省同步推进，为全州“十二五”期间的普法依法治理工作奠定了坚实的基础。组织成员单位大力开展综治维稳宣传月、送法下乡和主题日法制宣传等活动，向广大干部群众发放宣传材料、画册和《2012年普法历书》等14万余份；利用移动通信信息平台对重点普法对象近5万人进行普法短信宣传；全州相关部门大力开展道路交通违法违规及酒醉驾车、食品、药品安全等集中整治活动，在中小学校积极开展青少年学法活动，关注民生，加强维权工作，努力提高全州依法治理工作水平。

切实抓好法律服务。着力加强滇西法律服务中心建设，不断优化服务，努力将大理的法律服务做优、做强；全州公证、律师、司法鉴定等广大法律服务工作者把为保持经济平稳较快发展服务作为一项重要的政治责

州委、州政府安排部署“六五”普法和“四五”依法治州工作

局长常耀辉号召广大司法行政干部向革命先烈学习

任予以高度重视并切实履行，保障和促进全州经济平稳较快发展；积极开展“法律援助便民服务”主题活动，扶贫困、暖民心、保民生，共办理法律援助案件1740件，总受援人次达2175人次，为当事人挽回经济损失862.9万元，解答法律咨询9664人次；争取到中央彩票公益法律援助金11.65万元，办理公益金法律援助案件88件。

全力化解矛盾纠纷。扎实开展“人民调解员送法入户，争当调解能手，化解矛盾促和谐”主题实践活动和“调解八进”活动，充分发挥“第一道防线”作用，将一大批矛盾纠纷化解在萌芽状态、处置在初始阶段，有力地促进了全州社会和谐稳定。共调处各类矛盾纠纷88585件，调解成功84475件；防止因民间纠纷引发自杀案件89件、195人，防止民间纠纷转化为刑事案件553件、6675人，防止群体性上访695件、24471人，防止群体性械斗237件、9140人。

全面抓实社会管理创新。攻坚克难，迅速部署，半年内建成了社区矫正人员动态监控信息管理平台，将全州1200多名社区服刑人员纳入信息化动态监控管理，极大地提高了工作效率和质量，缓解了监管压力，使社区矫正工作迈上了一个新的台阶。为了切实维护好社会稳定，对刑释解教重点对象和“三无”人员做到了100%的必接必送，并对其进行有效的安置帮教。

努力做好劳教和强制隔离戒毒工作。州劳教（强戒）所努力提高教育改造质量和戒毒治疗水平，积极调整思路，拓宽生产渠道，全年生产总值达2000万元，实现利润200万元。建成全国劳教系统第一个纳入地方卫生部门统一管理的羁押场所——艾滋病抗病毒治疗点，年内收治强戒人员1482人，为维护社会稳定做出了突出贡献。被省公安厅、省司法厅授予“强制隔离戒毒职能移交工作先进集体”，在2011年全省劳教系统年终考核中取得总分第一的好成绩，被省司法厅荣记集体三等功。

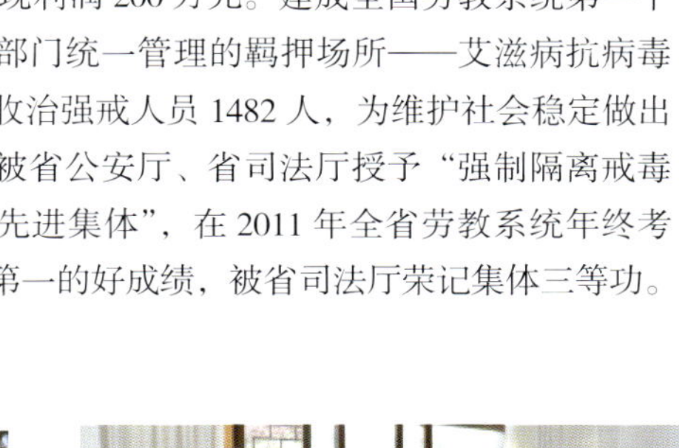

局长常耀辉带队深入鹤庆县龙开口镇炼厂村“四群”挂钩点开展工作

法律援助进一步筑牢了党委政府与广大人民群众间的“连心桥”

州委常委、政法委书记杜涛、州人大副主任杨秀星、州政协副主席孙珍玲和局长常耀辉等人共同启动大理州劳教（强戒）所迎新春大型帮教联谊活动

参加大理州首届政法杯运动会

2011年10月28日，州政府办公室在下关召开《大理州年鉴（2011）》发行及撰稿员培训会议，州委常委、副州长蔡春生作重要讲话，州地方志办公室主任、《大理州年鉴》主编王超英安排布置工作，《大理州年鉴》执行副主编那鹏授课。

总　目

特　载

专　文

大　事　记

概　　况

中共大理州委

大理州人大常委会

大理州人民政府

政协大理州委员会

民主党派　人民团体

大理州妇女联合会 ………… (135)

大理州科学技术协会 ……… (138)

大理州文学艺术界联合会 ………………………………… (141)

法　　制

工　　业

环境保护

金融　保险

经济管理与监督

安全生产监督管理 …………（286）

大理海关 …………………………（292）

教　育

综　述 …………………………（294）

高等教育 ………………………（299）

普通教育 ………………………（302）

科　学

新闻出版

档　案

卫　生

综　述

体　育

民族　宗教

社　会

老龄工作

县市要览

大理市

漾濞彝族自治县

统计资料选编

人　物

附　录

CONTENTS

FEATURE ARTICLES

SPECIAL CONTRIBUTIONS

MAJOR EVENTS DURING THE YEAR

IN BRIEF

CPC COMMITTEE OF DALI BAI AUTONOMOUS PREFECTURE

STANDING COMMITTEE OF THE PEOPLE'S CONGRESS OF DALI BAI AUTONOMOUS PREFECTURE

PEOPLE'S GOVERNMENT OF DALI BAI AUTONOMOUS PREFECTURE

CPPCC COMMITTEE OF DALI BAI AUTONOMOUS PREFECTURE

DEMOCRATIC PARTIES AND MASS ORGANIZATION

MILITARY AFFAIRS

LEGAL SYSTEM

LEGAL SYSTEM

AGRICULTURE

INDUSTRY

TRANSPORTATION

IT INDUSTRY

TOURISM

URBAN AND RURAL PLAN AND CONSTRUCTION

ENVIRONMENTAL PROTECTION

TRADE

FINANCE AND TAX

BANKING AND INSURANCE

ECONOMIC MANAGEMENT AND SUPERVISION

EDUCATION

SCIENCE

CULTURE

HEALTH CARE

SPORTS

NATIONALITY AND RELIGION

SOCIETY

COUNTIES AND MUNICIPALITY

A SELECTION OF STATISTICAL DATA PERSONAGES

APPENDIX

特　载

站在新起点　抢抓新机遇
推动全州经济社会科学发展和谐发展跨越发展

——在中共大理州委七届二次全委(扩大)会上的报告

(2012年1月11日)

中共大理州委书记　尹建业

这次会议的主要任务是:深入学习贯彻党的十七届六中全会、中央经济工作会议、省第九次党代会、省委九届二次全委会和州第七次党代会精神,遴选审议大理州推荐云南省出席党的十八大代表候选人初步人选,审议通过《中共大理州委关于加快建设民族文化强州的意见》,全面总结2011年工作,安排部署2012年任务,进一步团结和动员全州各级党组织和广大干部群众,站在新起点、抢抓新机遇,推动全州经济社会科学发展、和谐发展、跨越发展,以优异成绩迎接党的十八大胜利召开。

受州委常委会委托,我向全委会作工作报告。

过去的一年,面对复杂多变的发展环境,在省委、省人民政府的正确领导下,州委团结带领全州广大干部和各族群众,解放思想,抢抓机遇,扎实工作,较好地完成了年度发展目标任务,实现了"十二五"发展的良好开局,为全州经济社会跨越发展奠定了坚实基础。预计实现生产总值570亿元,增长14%;财政总收入突破100亿元,增长24.4%,其中地方一般预算收入45.95亿元,增长22.1%;全社会固定资产投资预计完成353亿元,增长25%以上;全年引进州外实际到位资金201亿元,增长48.9%;预计实现工业总产值607亿元,增长27.2%;城镇居民人均可支配收入预计达17500元,增长10.8%以上,农村居民人均纯收入预计达4652元,增长19.2%以上。

重点项目建设加快推进。固定资产投资较快增长,实施了一批重大项目建设。功果桥水电站两台机组投产发电,鸡足山旅游公路、祥姚公路、跃龙公路建成通车,中国烟草云南祥云大型水源工程建成投入使用,洱源干海子等5个风电场建成发电,苗尾、龙开口、鲁地拉电站建设有序推进,积极配合做好大瑞铁路、大丽高速公路建设。加大招商引资力度,引进了一批大项目、好项目。

工业经济持续快速增长。强力推进"工业强州"战略,把2011年确定为推动工业发展年,工业经济发展取得显著成效。全面超额完成省政府下达的工业发展目标,增速居全省七个重点州市之首。大理创新、祥云财富、鹤庆兴鹤等重点工业园区基础设施建设取得新进展,全州新增入园企业12户,园区聚集作用进一步增强。大力推进工业园区标准厂房建设,建成工业园区标准厂房累计30万平方米。信息化工作深入推进,水平进一步提升。非公经济发展加快,预计实现增加值261亿元,同比增长25%,已成为工业经济的主导力量。

旅游二次创业初步转型。苍山大索道建成投入试运营,鸡足山景区完成改造提升,环洱海旅游景观大道竣工通车,打造了《希夷之大理》大型实景演出项目,兴盛码头即将建成,恢复开通重庆、成都直航航线,中国大理农村电影历史博物馆建成开放,崇圣寺三塔文化旅游区荣膺国家5A级旅游景区,新华村国家4A级景区挂牌运营,大理国际影会荣膺中国最具国际影响力节庆,高星级品牌酒店建设加快推进。全年旅游人数预计达1528.65万人次,旅游业总收入132.5亿元,同比增长18.7%,旅游产业初步实现转型升级。

生态文明建设成效显著。切实抓好洱海保护治理,洱海水质保持稳定,被列为全国湖泊生态环境保护试点,得到国家专项支持。深入实施洱海流域“百村整治”工程，加大海西保护治理力度。生态州、生态文明试点县、生态乡镇创建深入开展，低碳发展能力增强。县城污水处理厂及管网、垃圾处理工程加快推进。坚持不懈抓好城乡绿化，建设美丽家园，云龙县成功创建省级园林城市。大力发展风电等清洁能源，风电装机占全省总量的67%。节能减排目标全面完成。

统筹城乡工作协调发展。实施“兴水强州”战略，大力推进水利改革发展，实施了洱源三岔河水库、云龙包罗水库等一批重大水利项目，继续实施山区“五小水利”工程建设，完成宾川大型灌区建设。实施了一大批农村公路建设项目，群众出行更加便利。认真实施中低产田地、中低产林改造，生产条件不断改善。农业产业化取得新成效，烤烟、核桃等传统产业优势进一步巩固。大理州扶贫综合开发示范园区建设基本完成，整县、整乡扶贫开发试点工作扎实推进，新农村建设成效明显，农村面貌发生新变化。开展了统筹城乡发展试点，积极推动城镇上山、农民进城工作。

党的建设得到新的加强。深入开展创先争优活动和学习型党组织建设，认真开展向杨善洲、普发兴、龙进品等先进模范学习活动，隆重开展庆祝建党90周年系列活动，圆满完成州、县市、乡镇党委换届工作，全面消除村民小组党员空白点，实现村级组织活动场所、远程教育试点、规模以上非公有制经济党的基层组织全覆盖，各级党组织建设和党员干部队伍建设得到新的加强。全面推行县委权力公开透明运行工作，党风廉政建设和反腐败斗争取得新成效。支持人大及其常委会依法履行职能，政府依法行政能力不断增强，积极支持人民政协按章履行职能，积极建言献策，坚持和完善基层群众自治制度，人民团体和社会组织作用得到充分发挥，全州齐心协力促发展的氛围更加浓厚。认真做好新形势下的群众工作，努力推进社会管理创新。统一战线、民族宗教、侨务、老干部、双拥等工作有效开展。社会治安防控体系不断健全，禁毒防艾工作深入开展，严厉打击各种违法犯罪，保持了社会和谐稳定。

在充分肯定成绩的同时，我们也清醒地看到，当前，国内外环境十分复杂，发展面临不少困难和挑战。世界经济形势总体上仍将十分严峻复杂，世界经济复苏的不稳定不确定性上升。我国经济增长存在下行压力，物价上涨压力依然存在。我州经济总量小，整体实力弱，竞争力不强，县域经济实力弱，发展不平衡的问题较为突出，与全省、全国发达地区的差距依然很大，全面建设小康社会的任务十分艰巨。

2012年是我们党和国家发展史上具有特殊重要意义的一年，是实施“十二五”规划承上启下的重要一年，也是我们全面贯彻落实省、州党代会精神，奋力推进全州科学发展、和谐发展、跨越发展的重要一年。做好全年工作，保持经济社会发展良好势头，对于迎接党的十八大胜利召开，意义十分重大。我们要深刻领会中央对当前经济形势的分析判断，准确把握稳中求进的工作总基调，全面理解和准确把握省第九次党代会提出科学发展和谐发展跨越发展奋斗目标的深刻内涵，全面落实省委书记秦光荣同志对大理工作提出的“加快发展、加快海东开发、加快园区开发、加快旅游开发、加快建设幸福大理、加强党的建设”重要指示精神，撬动发展潜力，抢抓桥头堡建设这一千载难逢的重大历史机遇，进一步强化不进则退、慢进就是退的忧患意识，立赶超之志，鼓奋进之气，创跨越之业，不断把全州各项事业推向前进。

做好今年工作的指导思想是：高举中国特色社会主义伟大旗帜，坚持以邓小平理论和“三个代表”重要思想为指导，深入贯彻落实科学发展观，紧紧围绕省第九次党代会和州第七次党代会提出的宏伟目标，抢抓桥头堡建设战略机遇，坚持以科学发展为主题，以加快转变经济发展方式为主线，突出扩大内需、发展实体经济、推进城乡统筹、大力改善民生、加快改革开放、维护社会和谐稳定，确保稳中求进、好中求快、变中求新，努力在全省科学发展和谐发展跨越发展中争先进位，为建设富裕文明和谐幸福新大理奠定更加坚实的基础，以优异成绩迎接党的十八大胜利召开。

今年经济社会发展的主要预期目标建议为：生产总值增长14%以上，财政总收入增长20%以上，地方一般预算收入增长18%以上，全社会固定资产投资增长25%以上，工业增加值增长20%以上，农村居民人均纯收入增长15%以上，城镇居民人均可支配收入增长15%以上，城镇登记失业率控制在4.15%以内，万元生产总值能耗下降3%以上。

实现上述目标，必须全面贯彻落实省、州党代会的各项部署，着力抓好以下工作：

一、着力抓好经济工作，为推动跨越发展奠定坚实基础

推动大理科学发展、和谐发展、跨越发展，关键在跨越，重点在加快。要始终紧紧抓住经济建设这个中心，谋求较快的发展速度，创新举措，全力推进，以经济的大发展带动全州各项事业的跨越发展。

坚持龙头企业引领，加快农业产业化步伐。加大投入，强势推进农业产业化，突出抓好以烤烟、核桃、乳业、生物药业、蔬菜、蚕桑、薯类、特色水果、茶叶、特色花卉等十大农业产业发展。优化布局，加快推进农业产业基地向适宜区集中。重点扶持一批辐射带动农户强、经营水平高、经济效益好的农业龙头企业。大力扶持农民专业合作经济组织发展，提高农民组织化程度。

坚持兴水强州，加快农田水利基础设施建设。抢抓“兴水强滇”战略机遇，积极做好滇中引水工程、大型电站库区提引水、海东新区引水等项目前期工作，着力推进清水河、玉皇阁、乐秋河水库等项目前期工作。继续抓好老君山、包罗、巍宝山、金河、巴冲箐、三哨、大石板等水源工程建设。争取尽快开工建设仙鹅、锁水阁扩建，邵家、勒子箐等一批骨干水源工程。启动对洱海流域水源保护利用的统筹规划，建立清水产流机制。全面完成11件小(一)型病险水库除险加固扫尾项目，启动50件小(二)型病险水库除险加固工程，新建5万件“五小水利”工程，实施农村饮水安全工程，抓好24.5万亩中低产田地改造。

坚持发展实体经济，加快推进新型工业化。以特色经济、民营经济、园区经济、县域经济为抓手，加快新型工业化进程。加大工业园区标准厂房建设力度，提高园区配套水平。落实园区扶持政策，支持大理创新、祥云财富、鹤庆兴鹤、剑川上兰、云龙漕涧等工业园区加快发展。创新园区开发模式，鼓励企业和民间资本参与园区建设。创新园区管理机制，推动项目、资金、技术、人才、政策等要素向园区聚集。加大对工业发展的投入，壮大提升烟草、矿冶、能源、生物资源及优势农产品加工、机械制造、建材六大产业，积极发展化工业和轻纺工业、高新技术产业，培育新兴产业，支持新型能源产业发展。积极推动大理经济开发区升格为国家级经济开发区。

坚持重点突破，加快重点项目建设步伐。实施项目带动战略，狠抓重点项目不动摇。要加快推进在建、续建项目，确保重大项目及时竣工和投产，尽快将项目转化为现实生产力。要继续配合实施好大瑞铁路、大丽高速公路建设。抓好果河公路、

剑川214线过境公路等路网改造项目建设。实施好100公里乡镇通畅和514公里行政村通油工程。争取启动国道320线、214线境内段提级改造工作。争取启动上关—鹤庆一级公路建设。加快龙开口、鲁地拉、苗尾电站和大龙潭、五子坡风电场等在建项目进度。实施好中西部地区电网完善工程和无电地区电力建设工程。进一步强化州级领导干部挂钩联系重点项目制度,充分发挥特邀建设项目督查专员的积极作用,强化项目督查,加大协调推进力度,确保项目建设顺利推进。

2012年1月11日,中共大理州委七届二次全体(扩大)会议在下关举行

(陈　耀　供稿)

坚持策划营销,加快旅游业转型升级步伐。认真开展苍洱片区旅游产业发展和改革综合试验区的试点工作。扎实抓好鸡足山景区改造提升项目、《希夷之大理》和苍山大索道项目的宣传促销力度,积极推进大理华彬低碳绿色生态度假区建设,加大旅游精品项目的包装、策划和推介力度。加快大理古城、巍山古城、喜洲古镇、洱源下山口普陀温泉度假区、大理银都水乡新华村等重点景区改造提升步伐。大力引进现代酒店管理方式和知名品牌,加快高星级品牌酒店建设,积极引导特色客栈和休闲酒吧的健康发展。进一步规范旅游市场,提高管理服务水平,提升大理旅游的知名度和影响力。

坚持狠抓项目,强化招商引资。坚定不移实施大投资方略、强化大项目支撑,在不争论中发展,在不折腾中前进。进一步强化招商引资,加大策划招商力度,扩大招商引资规模,提高招商引资质量,着力引进一批有利于促进产业聚集、延长产业链的产业项目。切实增强主动性和敏锐性,牢牢把握中央、省的投资重点和投资方向,重点围绕改善农村生产生活条件、节能减排、生态环保、社会事业、现代服务业等领域,做深做细做实项目前期工作,提高项目筛选、储备、包装和推介水平,优先储备投资规模大、产出效益好,关联度大、支撑引领作用强的一批好项目、大项目。加大楚大高速公路改造、大普高速公路、大攀高速公路、城市轨道交通、"滇中引水"受水工程和引漾入洱等具有大开发标志性意义的重大项目前期工作力度。放宽社会资本准入门槛,鼓励和引导社会资本广泛参与重大项目建设,扩大投资渠道和资金来源。着力提升招商引资项目跟踪服务水平,解决"重协议轻落地、重招商轻推进、重引进轻服务"的问题,简化办事程序,落实服务承诺,营造良好环境,大兴敬商重商之风,使苍洱大地成为物流、商流、资金流、信息流的汇集之地、财富热土。

坚持生态优先,提升生态文明建设水平。牢固树立"洱海清、大理兴"的理念,按照省第九次党代会提出生态建设"四同步"的要求,走生态建设产业化、产业发展生态化之路,积极争当全省、全国生态文明建设排头兵。以洱海被列为全国湖泊生态环境保护试点为契机,抓实"清洁水源、清洁能源、清洁田园、清洁家园"四大工程和洱海流域"百村整治"工程建设,使洱海水质稳定保持Ⅲ类,力争更多月份达到Ⅱ类。继续深入推进洱源生态文明试点县建设,加快探索建立生态补偿机制。积极发展低碳经济,继续实施"天保工程"、退耕还林、城乡绿化等生态建设重点工程,加快"森林大理"建设,促进全州经济、社会、生态协调发展。

坚持连片推进,加大新一轮扶贫攻坚力度。认真贯彻落实中央扶贫工作会议精神,抢抓我州11个县均列入国家扶贫攻坚主战场之一的滇西边境山区片区的重大机遇,进一步加强领导、强化责任,加大投入、强化措施,坚持开发式扶贫方针,坚决打好新一轮扶贫开发攻坚战。继续推进大理州扶贫综合开发示范园区建设,在总结经验的基础上,抓紧研究和启动黑潓江上游片区、澜沧江流域片区、红河源片区等连片贫困地区的扶贫攻坚工程,以区域发展带动扶贫开发,以扶贫开发促进区域发展;抓好扶贫开发村和省级扶贫重点村建设,加快实施云龙漕涧镇整乡推进扶贫开发项目;扶持农村贫困地区大力发展特色优势产业,打好基础设施改善、产业培育、社会事业发展、生态修复攻坚战,切实增强贫困地区造血功能,促进农村贫困地区大踏步发展。

二、着力推动城镇上山、农民进城,走有大理特色的城镇化道路

按照"守住红线、统筹城乡、城镇上山、农民进城"的要求,完善城镇发展思路,转变建设用地方式,统筹处理好经济发展与保护坝区、保护耕地之间的关系,探索具有大理特色的城镇化道路。

坚守耕地红线不动摇,加快城镇上山。严格保护耕地尤其是坝区优质耕地,严守全州448万亩耕地保护红线,大力推动城市向山地组团式、串珠型布局,实现"城镇朝着山坡走,田地留给子孙耕"的城乡统筹发展新格局。加快实施旧城改造盘活城市土地、开发荒山利用土地、百村整治节约土地等措施,切实转变发展方式。加快土地、城市、林业、风景名胜区等"四大规划"调整,推动工业项目上山、重点项目上山,向荒山荒坡要建设用地、向荒山荒坡要生态环境、向荒山荒坡要发展空间,推动特色优势产业实现集约化、规模化发展。继续抓好"城中村"和"空心村"改造,加大土地开发整理和中低产田地改造工作力度,保护和建设高产稳产农田地,实现城镇建设与耕地保护的有机统一。

强化产业支撑和完善配套政策,加快农民进城。按照"放宽城镇户籍、同享城乡待遇、自愿有偿转变、分类协调推进"的原则,进一步加强政策研究和工作推进力度,引导农村人口有

序向城镇转移。以产业为支撑,大力发展城镇经济,通过产业聚集带动人口聚集,通过经济发展拓宽增收渠道,使农民进城后有活干、有收入,解决好他们的长远生计问题,让他们真正进得来、住得下、留得住、过得好。以体制机制创新为突破口,科学谋划,积极引导,逐步推进,确保转户进城的农村居民能够进入城镇就业、养老、住房、教育、医疗等保障体系,充分享受城镇公共服务。在进一步放宽城镇户籍限制的基础上,统筹农民与市民的身份待遇,在一段时间内给予进城落户农民"城乡兼有"的身份待遇,使农民"退可回农村,进可入城镇"。

突出抓好试点机制创新,实现先行突破。始终以推动城镇上山、农民进城为重要抓手,以体制改革和机制创新为突破口,切实抓好永平县、巍山县和大理市洱海流域推进城乡统筹发展试点县市工作。在政策创新上大胆试验,先行先试,切实用足用好现有政策,探索发展中的突破性政策,在推动城镇上山,特别是引导农民有序进城方面进行积极探索,在推进城乡统筹发展上取得实质性突破,真正实现发展靠政策推动、难题靠政策突破、活力靠政策激发。

继续推进"1+6"滇西中心城市群建设,优化发展布局。坚持科学规划,突出特色,把"一湖四片"建设成为中心城市核心区,把祥云、宾川、巍山、漾濞、洱源、弥渡培育成为主城拓展区、多功能集中区、特色功能承载区和地区性发展中心,加快培育鹤庆、剑川、云龙、永平、南涧五个增长极城镇体系。以快速通道建设为突破,加快推进城市轨道交通、大理国际机场、昆明至大理城际交通等项目前期工作,不断完善大理对外高速公路网、区域公路网、铁路交通网,努力形成大开放格局。推动下关至巍山永建隧道建设,尽快启动永建新区建设,使"1+6"滇西中心城市建设尽快取得突破。

壮大县域经济,鼓励争先进位。没有县域经济的发展,就没有全州经济社会的快速发展。县域经济实力不强,产业层次不高,发展不平衡已经成为实现全州经济社会跨越发展的突出瓶颈制约。要转变发展方式,加快调整产业结构,大力培育产业,发展特色经济、开放经济、民营经济、园区经济,加强农田水利、交通、能源、信息等基础设施建设,不断改善县域经济的发展条件,提高县域自我发展能力,千方百计加快县域经济发展。要鼓励争先进位,把县域经济发展的成效作为领导干部考核任用的重要依据,在全州范围形成比、学、赶、超的县域经济发展氛围。

三、着力传承创新,加快文化大发展大繁荣

深入贯彻落实党的十七届六中全会精神,始终坚持"文化立州"战略,以高度的文化自觉和文化自信,深入挖掘大理深厚的文化底蕴,深化文化体制改革,加快文化事业发展,努力推动民族文化大发展大繁荣。

加强社会主义核心价值体系建设。社会主义核心价值体系是社会主义先进文化的精髓。要进一步弘扬社会主义核心价值理念,践行社会主义荣辱观,筑牢全州各族人民团结奋斗的共同思想道德基础。大力弘扬"大气明理、崇尚礼仪、诚信进取、德化和谐"的大理精神,为全州加快发展提供强大精神动力。深入开展精神文明创建活动,加强公民思想道德建设。扎实推进文明大理示范工程建设,不断提高群众文化素质和文明程度。

加大改革创新力度。始终坚持改革的思路,以国际化的视野和现代化的理念,围绕发展创新保护,立足需求创新发展,依靠改革创新体制,深化文化体制改革,大力推进文化资源保护和开发模式、文化旅游投融资体制、文化旅游景点景区管理机制创新,实现文化与旅游、资本、科技深度融合,形成文化与旅游紧密结合发展的新业态,把文化产业培育成支柱性产业,不断扩大文化辐射影响力。

加快文化事业和文化产业大发展。加大投入,加快文化体育事业、新闻出版、文化基础设施建设。尽快规划启动建设州新闻传媒中心,壮大新闻媒体力量。着力提升文化旅游、影视拍摄制作、民族民间工艺品、会展节庆、体育竞赛训练等文化产业发展水平,努力在建设滇西文化中心上取得新进展。坚持大企业引领、大项目支撑、大市场运作,实现集团化发展,实施品牌化战略,支持国内外有实力的企业集团带资金、带管理、带客源从事文化旅游经营活动。

加快文化精品创作。高度重视和珍惜大理文化在全国、全世界的唯一性和独特性,牢固树立精品意识,重点围绕大理题材,整合资源,着力创作和推出在全国、全省有影响力的影视剧、文学作品、歌曲、舞台剧以及美术、书法、摄影等文化艺术精品。加大扶持,做精大理白剧团,充分发挥白剧团在传承和弘扬优秀民族文化方面的独特作用。建立支持文化精品创作生产的激励机制,加大对优秀作品的扶持奖励,加大对优秀文化人才的宣传推介力度,为文化精品力作的涌现提供便利、创造条件。

加快提升历史文化遗产的文化品位。借鉴各地建设博物馆(院)的经验和做法,加快推进大理州博物馆的改造提升。大力引进和鼓励扶持民间收藏家建立一批独具特色的博物馆、展览馆。加大重点文物和非物质文化遗产的保护和利用力度,加快太和城遗址、羊咀咩城遗址、龙首关遗址等遗址公园建设。深入挖掘历史文化、宗教文化、民俗文化、生态文化、温泉文化的内涵,运用新的理念、新的手段包装和提升历史人文资源,增强文化景点景区的人文特性,保护历史、彰显人文,全面提升人文旅游的影响力。

深入推进文化惠民工程建设。以建设大理文化生态保护实验区为契机,不断完善公共文化服务,积极构建覆盖城乡、惠及全州的基本公共文化服务体系。以政府为主导,以公共财政为支撑,积极争取支持,大力推进"两馆一站"、广播电视"村村通"、文化信息资源共享、农家书屋、农村电影放映等重点文化惠民工程建设。进一步加大文化设施建设,加强农村文化阵地建设,培育群众广泛参与的社区文化、农村文化、校园文化、企业文化,切实改善群众文化条件,丰富群众精神文化生活。

切实加强文化人才队伍建设。借鉴先进地区成功经验,积极引进国内外知名艺术家、文化经纪人、文化企业家来大理创业和创作,使大理成为文化人才聚集高地。依托丰富的文化旅游资源,用战略的思维、先进的理念和发展的眼光,策划和包装一批有市场、有收益、有带动性的旅游文化大项目、好项目。

四、着力保障和改善民生,加快各项社会事业发展

保障和改善民生事关各族群众福祉。必须把准民生脉搏,关注民生热点,在重视经济建设的同时,更加重视社会事业发展,让广大人民群众得到更多实惠和发展机会。

积极促进就业增收。把扩大就业提到更加突出的位置,实行更加积极的就业政策,多渠道开发就业岗位,加强就业扶助,鼓励全民创业。统筹城乡就业,加大对促进就业的投入,强化就业指导和服务,完善覆盖城乡的就业服务体系。加强职业技能培训,重点做好高校毕业生、农村转移劳动力、城镇就业困难人员的就业工作。完善收入分配机制,大幅提高城乡居民收入特别是中低收入群体的收入。建立完善公务员、企事业单位职工工资正常增长机制。

加快社会事业发展。加大教育发展投入,建立有效的教育资助体系,统筹各类教育协调发展,促进城乡教育事业均衡发

展。积极推动边远地区中小学逐步实现相对集中办学，加快实施农村义务教育学生营养改善计划，大幅提高家庭困难寄宿学生生活费补助标准，切实改善学生学习生活条件。高度重视校园安全、学生安全。加强师资队伍建设，努力提高教育教学质量。做好医药卫生体制改革工作，加快推进以县级医院为重点的公立医院改革试点。加强基层医疗卫生服务设施建设，健全县乡村医疗服务网络，完善新型农村合作医疗制度，实现群众能够就近看病、看得起病、看得好病。积极发展体育事业，完善体育设施，开展全民健身，提高人民群众健康水平。

完善社会保障体系。多渠道筹措社会保障资金，加强管理，扩大各类社会保险覆盖范围，提高统筹层次和保障水平，落实好各项保障措施和救助机制。完善城镇职工基本养老和基本医疗、失业、工伤、生育保险制度，健全城乡居民最低生活保障制度。健全完善社会救助体系，切实帮助受灾地区、贫困地区群众和城镇低收入人群解决生产生活困难。认真贯彻中央房地产调控政策，加快普通商品住房建设，扩大有效供给，促进房地产市场健康发展。加快实施保障性住房建设，逐步解决中低收入群体的住房问题。努力抑制物价持续过快上涨，保障困难群体的生产生活。

推进社会管理创新。正确处理新形势下的人民内部矛盾，完善社会利益协调和社会纠纷排查调处工作机制，积极预防和有效化解各种社会矛盾，妥善解决群众合理诉求，坚决纠正损害群众利益的行为。建立健全社会预警体系和应急救援、社会动员机制，提高处置突发性事件的能力，切实维护人民群众的生命财产安全。加强社会治安综合治理，推进社会治安防控体系建设，依法严厉打击各种犯罪活动，维护社会稳定。扎实开展平安创建活动，抓好禁毒防艾工作。高度重视安全生产工作，有效遏制重特大安全事故的发生。高度重视抗旱救灾工作，确保人畜饮水安全，保障群众生产生活安定有序，努力实现抗旱夺丰收。加强各种自然灾害预测预报，切实提高防灾减灾能力。强化对食品、药品、餐饮卫生等的监管，依法打击违法违规行为，保障人民群众健康安全。

五、着力开展“四群”教育活动，以良好的作风推动工作落实

开展好“四群”教育活动是一项重大的政治任务。各级各部门要认真按照省、州党委的部署和要求，确保活动取得实效，以良好的作风推动工作落实。

深化认识，把握要求。要认真学习领会中央和省委关于群众工作的一系列方针政策，充分认识开展“四群”教育，实行干部直接联系群众制度的重要意义，进一步增强做好群众工作的责任感和紧迫感。深刻反思思维定势，深刻反思工作作风，深刻反思党密切联系群众优良传统的继承和发扬，切实把思想和行动统一到省、州党委的部署要求上来，加快建立干部直接联系群众制度，筑牢思想基础，提高能力本领。

坚持创新，全面展开。要加强领导，精心组织，明确职责，严格要求，通过“学、查、改”等方式，迅速掀起“四群”教育活动的高潮，并形成“四群”教育长效机制。要深刻认识群众工作的变化规律，把握群众工作的新特点、新要求，总结做群众工作的好做法、好经验。综合运用法律、政策、经济、行政等手段和教育、协商、疏导等方法，善于运用网络、手机等现代科技手段，积极掌握网络环境下做好群众工作的新技能，创新群众工作方法，健全群众工作机制，增强做好新形势下群众工作的针对性和实效性。

扎实推进，务求实效。通过领导蹲点、部门挂钩联户、干部结对帮扶、建立“五个一”民情联系制度等形式，大力推动干部“三深入”和直接联系群众。坚持深入实际，认真开展调查研究，推动各项工作；坚持深入基层，认真做好新农村建设工作队及指导员选派工作，切实增强基层工作力量；坚持深入群众，认真开展民情分析，加大干部直接联系群众力度，努力为群众办实事解难事，增进与群众的感情。要严格落实制度要求，收集和反映重要民情事项，解决实际困难，促进工作落实，充分发挥基层党组织的战斗堡垒作用和党员干部的先锋模范作用，确保活动取得实效。

六、着力弘扬高原情怀和大山精神，为推动跨越发展注入强大动力

做好当前和今后一段时期的工作，全面贯彻落实省、州党代会精神，尤其需要我们树立高远、开放、包容的高原情怀，倡导坚定、担当、务实的大山精神，坚忍不拔，锲而不舍，顶天立地，朝气蓬勃，推动全州科学发展、和谐发展、跨越发展。

要在人品修养上着力。各级领导干部要从自己做起，从身边的事做起，从细微处着手，坚持自重、自省、自警、自励，坚持开拓、开阔、开明，坚持改言、改性、改心，在自我修养中不断升华精神境界，不断提高综合素质。要始终保持共产党人的蓬勃朝气、昂扬锐气、浩然正气。

要在作风务实上用功。各级领导干部要坚持两眼向下，主动到矛盾多的地方去解决问题，主动到群众最需要的地方去开展工作，主动到情况复杂的地方去打开局面，做到情况在一线掌握、工作在一线开展、问题在一线解决。要始终把抓落实的出发点和落脚点放在为党尽责、为民造福上，克服“不作为、慢作为、乱作为”现象，多做打基础、利长远的事，多办发展见成效、群众得实惠的事。

要在提升素质上带头。各级领导干部要切实加强理论武装，深入推进学习型党组织建设。围绕产业发展和做好群众工作的需要，加大干部教育培训和实践锻炼力度，提高谋划发展、促进发展、领导发展的能力，提高在复杂形势下做好经济工作的能力，提高驾驭全局、处理利益关系和务实创新的能力。完善干部考核评价机制，充分运用考评结果，着力建设执行力强、创新力强、感召力强的领导班子，培养造就一支在推动发展中有激情、有招数、有能力、有贡献，深受群众拥护和信赖的干部队伍。

要在工作方法上创新。各级领导干部要树立开拓创新意识，彻底摒弃不求进取、满足现状、只求过得去、不求过得硬的积习，坚决改变不愿改革、不会改革、不敢改革的问题，摆脱束缚，推倒围墙，敢于跨越，善于跨越，以思想跨越引领发展跨越。要善于正视新鲜事物，善于研究分析新情况，善于吸收一切成功经验，善于用创新的思维和改革的办法化解难题、突破瓶颈，在推动发展上迈出更大、更坚实的步伐。

要在队伍建设上加强。坚持正确的用人导向，重品行、重实绩、重公认，加大竞争性选拔干部力度，进一步提高选人用人公信度和群众满意度。进一步加大年轻干部的培养选拔力度，注重培养选拔女干部、少数民族干部、党外干部。坚持从严管理干部，把反腐倡廉建设摆在更加突出的位置，加快惩治和预防腐败体系建设，严格落实党风廉政建设责任制，不断把党风廉政建设和反腐败斗争推向深入。

同志们，站在新的起点，实现新的跨越，任务繁重、使命光荣、责任重大。让我们更加紧密地团结在以胡锦涛同志为总书记的党中央周围，在新一届省委的坚强领导下，解放思想、抢抓机遇，勇于担当、奋力赶超，以白州经济社会科学发展、和谐发展、跨越发展的生动实践迎接党的十八大胜利召开！

政府工作报告

——2012年2月21日在大理白族自治州第十二届人民代表大会第五次会议上

大理州人民政府州长　何金平

各位代表：

现在，我代表州人民政府，向大会作政府工作报告，请予审议，并请州政协委员及其他列席人员提出意见。

一、2011年工作回顾

过去的一年，面对复杂多变的发展环境，州人民政府在省委、省政府和州委的坚强领导下，在州人大及其常委会和州政协的监督支持下，团结和依靠全州各族干部群众，深入贯彻落实科学发展观，紧紧抓住新一轮西部大开发和桥头堡建设重大机遇，坚定信心、勇于开拓、狠抓落实，克服了物价上涨、能源紧张、持续干旱等不利影响，全州经济社会持续快速发展，圆满完成了州十二届人大四次会议确定的目标任务，实现了"十二五"良好开局。

(一)经济平稳较快增长，三次产业协调发展

全年完成生产总值568.5亿元，增长14.2%。三次产业结构比例为21.7∶41.9∶36.4。财政总收入100.3亿元，增长24.4%，其中地方一般预算收入45.9亿元，增长22.1%；一般预算支出159.6亿元，增长28.5%。

农村经济持续发展。实现农业总产值231.6亿元，增长16.6%。农村经济总收入447.3亿元，增长16.2%。粮食总产157.3万吨，增长15%。改造中低产田地24.1万亩。建成1150万亩优势特色产业基地和14.5万头乳畜产业基地。新增龙头企业21户。种植烟叶63.8万亩，收购164.8万担，实现烟农收入16.4亿元。完成中低产林改造51.2万亩。新植核桃102万亩，累计达916.2万亩，实现产值48.2亿元。新植红豆杉1.1万亩，累计达10万亩。畜牧业实现产值91.9亿元，增长15.9%。农村富余劳动力培训7.5万人、转移6.9万人。

工业经济提速增效。实现工业总产值607.9亿元，增长27.4%；工业增加值197.6亿元，增长22.2%。规模以上工业实现增加值154.1亿元，增长24.7%。矿冶、机械制造、能源、烟草、生物资源及优势农产品加工、建材六大产业实现产值439.5亿元，增长27.3%，占工业总产值的72.3%。完成工业固定资产投资119.5亿元，增长16.3%。祥云飞龙公司30万吨浸出渣无害化等25个项目建成投产，大理药业针剂生产线技改等33个项目开工。工业园区开发建设机制不断创新，建成标准厂房30万平方米，大理上登工业园区土地一级开发项目启动。新增私营企业1182户，增长21%。非公经济实现增加值260亿元，占生产总值的比重达46%。标准化和质量兴州战略深入实施，清逸堂"日子"商标被认定为中国驰名商标。

第三产业蓬勃发展。旅游二次创业稳步推进，崇圣寺三塔被评为5A级景区，鸡足山景区改造提升全面完成，苍山大索道、大理游客服务中心等投入运营。接待国内外游客1545万人次，增长15.5%；旅游业总收入138.4亿元，增长20.3%。新建和改造乡镇农贸市场33个，建成标准农家店300个。家电下乡累计销售44.8万台，兑付补贴1.1亿元。商品房销售149万平方米，增长42.2%。社会消费品零售总额170.5亿元，增长20%。居民消费价格总水平上涨4.7%。年末金融机构各项存贷款余额701.4亿元和469.7亿元，比年初增长17.4%和20.5%。年内新增贷款100亿元。6.5亿元城投债券发行获国家批准，16亿元旅游产业债券申报工作进展顺利。获批小额贷款公司25家，新增贷款9.6亿元。保险业实现保费收入14.3亿元。大理被命名为"中国金融生态城市"。

(二)投资持续较快增长，项目建设扎实推进

全州在建重大基础设施基础产业项目143项，竣工投产25项，完成投资204.5亿元。全社会固定资产投资完成360.3亿元，增长27.4%。

交通建设全面推进。积极配合做好大丽高速公路、大瑞铁路建设。跃龙公路等4条二级公路建成通车，总投资80.8亿元的8条二级公路建设如期锁定债务。国道214线剑川过境公路、果河公路等路网改造项目顺利推进。完成农村公路通畅工程21个、494公里，通达工程135个、1210公里。

水利建设力度加大。完成投资16.4亿元，增长52%。包罗水库等8件重点水源工程加快推进，其中三岔河水库下闸蓄水，中国烟草祥云青海湖大型水源工程主体工程全面完成。母子垦水库和浑水海水库除险加固工程通过省级竣工验收。66座小型水库建设进展顺利。大型灌区建设稳步推进。建成"五小水利"工程4.3万件。新增有效灌溉面积5万亩。解决15.1万农村人口和3.6万农村学校师生饮水安全问题。

能源建设步伐加快。中缅油气管道过境段建设稳步推进，大理市城区天然气利用项目启动。大龙潭等5个风电场建成

投产，新增装机容量22.7万千瓦、累计达46.9万千瓦，占全省建成总量的67%。功果桥电站两台机组投产发电，龙开口、鲁地拉、苗尾电站建设稳步推进。黄坪500千伏和丁家庄、羊龙潭220千伏输变电工程进展顺利。农村电网改造升级全面推进。

（三）城镇建设步伐加快，城乡区域协调发展

城乡规划不断加强。城市总体规划修改和滇西中心城市新区规划编制工作稳步推进。县城以上城市规划区控制性详规覆盖率达65.6%。完成12县市城市近期建设规划编制。村庄规划编制工作顺利开展。城乡规划管理和执法力度加大。

城镇化进程加快。保护坝区农田建设山地城镇工作得到省委、省政府充分肯定，并在大理召开全省现场会。滇西中心城市建设稳步推进，海东新区基础设施建设累计投入资金19.1亿元。凤仪开发建设步伐加快，新储、元通等一批商贸物流项目启动。下关旧城改造提升和大理古城保护进展顺利。大理市获全国文明城市提名。永平、洱源、漾濞县城改造提升工程启动实施。22个特色小镇建设有序推进。实施23个城镇污水和生活垃圾处理项目。园林城市创建工作深入开展。新增城市绿地73.9万平方米，城镇绿化覆盖率达25%。城镇建成区面积144.5平方公里，新增6平方公里。全州城镇化率达36%，提高3个百分点。

新农村建设扎实推进。"四大工程"建设完成投资16.3亿元。洱海流域百村整治工程顺利实施。12个中心集镇、24个中心村、36个示范村建设成效明显，120个省级重点村、19个民族团结示范村建设进展顺利。扶贫开发整县、整乡试点和50个村建设成效显著。祥云——宾川扶贫综合开发示范园区建设基本完成。实施农村危房改造1.3万户、农村民居地震安全工程9000户。水利水电移民搬迁安置工作稳步推进。以永平县为重点的统筹城乡发展试点工作启动实施。

（四）生态建设力度加大，环境保护卓有成效

洱海保护治理深入推进。"十一五"保护治理目标任务顺利完成，受到省政府表彰。流域生活污水处理和垃圾收集清运处置取得突破。苍山十八溪等入湖河流综合整治加快推进。洱海被列为全国湖泊生态环境保护试点，下达年度试点资金2亿元，17个试点项目全面实施。洱海水质总体保持Ⅲ类，有5个月达到Ⅱ类。

生态建设和资源保护不断加强。生物多样性保护有序推进，"七彩云南保护"大理行动向纵深发展，生态州、生态县市、生态乡镇创建取得实效。巩固退耕还林19.5万亩，完成荒山造林3万亩。实施天保工程森林管护2100万亩，公益林建设20万亩。完成义务植树950万株。森林生态效益补偿工作深入开展，纳入公益林补偿面积1050万亩。政策性森林火灾保险全面启动，投保面积2944万亩。完成土地开发整理8.7万亩，新增耕地2.2万亩。治理水土流失面积149平方公里。苍山申报世界地质公园通过国家评审，进入向联合国推荐目录。鹤庆北衙金属矿田等矿产资源勘查和地质找矿取得新突破。

节能减排目标顺利实现。实施了三德水泥低温余热发电等一批工业节能降耗技改项目。大力推广应用节能技术产品，全社会节能工作深入开展。新建农村户用沼气池3286口，完成节柴改灶1万户，推广太阳能设备1.1万台。单位生产总值能耗下降4.8%。重点区域污染防治工作不断加强，整治违法排污企业环保专项行动成效明显。主要污染物排放量控制在省下达指标以内。

（五）改革开放不断深化，发展活力明显增强

各项改革统筹推进。新一轮州、县市、乡镇政府机构改革全面完成。全国现代服务业综合改革、旅游综合改革试点全面推进。财税体制改革不断深化，县级财政保障能力进一步增强。农村经营体制改革力度加大，集体林权制度综合配套改革不断完善，水务管理体制改革进展顺利。供销社改革和二次创业取得成效。教育、文化、医药卫生体制改革稳步推进。

对外开放不断扩大。切实加强衔接协调，桥头堡建设前期工作扎实开展。与省级部门、企业和周边地区签署了一批合作协议。新签国内经济合作项目194项，引进州外实际到位资金201亿元，增长48.9%。新增外商投资企业4户，实际利用外资2976万美元，增长36.3%。完成进出口总额2.3亿美元，增长22.8%。

（六）社会事业加快发展，人民生活持续改善

教育事业加快发展。认真实施中小学校舍安全工程和农村义务教育薄弱学校改造计划，排除中小学D级危房13.3万平方米。学前教育进一步加强，适龄儿童入园率75.1%。免费义务教育全面实现，"两基"成果巩固提高，初中毕业生升学率75.8%。高中阶段毛入学率73.1%。高考上线率98.5%，连续七年居全省前列。职业教育在校生达3.7万人。滇西技师学院一期工程建设全面完成，大理农林职业技术学院筹建进展顺利。大理学院办学水平和知名度不断提高。

医疗卫生事业加快发展。基本医疗保障水平进一步提高，新型农村合作医疗参保人数291.8万人，参合率95.9%，人均筹资标准提高到230元。城镇基本医疗保险参保人数42.1万人。投资2.7亿元，完成基层医疗卫生服务体系建设项目38个，改扩建面积10.8万平方米。基本药物制度稳步实施。基本公共卫生服务均等化水平逐步提高。重点疫病得到有效防控。

社会保障体系不断完善。新增城镇就业2.2万人，城镇登记失业率控制在4.1%以内。城乡居民最低生活保障人数33万人，发放保障金3.8亿元。企业职工参加基本养老保险15.7万人，城镇职工参加失业保险10.6万人、工伤保险9.5万人、生育保险7万人。新型农村社会养老保险和城镇居民养老保险扩大到8个县市，参保105万人。归集住房公积金48.3亿元，支持职工住房贷款27.9亿元。开工建设城镇保障性住房8500套42.5万平方米，发放住房租赁补贴1.3万户，完成省下达目标任务。城镇居民人均可支配收入17713元，增长12.1%。农民人均纯收入4733元，增长21.3%。10项惠民工程全面完成。

文化事业繁荣发展。乡镇综合文化站、文化资源信息共享、农家书屋工程年度建设任务全面完成。广播电视村村通、农村电影放映工程取得成效。图书馆、博物馆、文化馆全面免费开放。文化遗产保护成效明显，成功申报国家非物质文化遗产3项。第三次全国文物普查工作圆满完成。《洱海花》、《山村医生》等一批剧目获国家和省级奖励。民族文化研究、文化市场管理、新闻出版工作力度加大。文明大理示范工程建设、群众性精神文明创建取得实效。建设城乡公共体育设施513项，省第八届农民运动会场馆改造建设全面完成。

科技和人口计生等工作不断加强。科技创新工程稳步推进，科技进步对国民经济增长的贡献率达49.6%。科普工作广泛开展。人才队伍建设和人力资源开发得到加强。圆满完成第六次全国人口普查。人口和计划生育工作扎实有效，人口自然增长率为5.1‰，实现控制目标。年末户籍总人口354.7万人。防震减灾、统计调查、修志编鉴、外事、侨务、保密、档案、气象、水文等工作不断加强。老龄、工会、妇女儿童、青少年、残疾人、红十字、慈善等事业全面发展。

（七）依法治州深入推进，社会保持和谐稳定

民主法治建设不断加强。自觉接受州人大及其常委会的法律监督和工作监督，依法主动报告工作，坚决执行州人大决定决议。自觉接受州政协的民主监督，主动听取意见，认真采纳建议。按期办结人大代表建议291件、政协委员提案341件。积极支持法院、检察院工作。广泛听取并积极采纳各民主党派、工商联、各人民团体、无党派人士及社会各界人士意见建议。政务、厂务、村务及公共企事业单位办事公开深入推进，基层民主建设进一步加强。“三五”依法治州规划目标任务提前完成。“六五”普法规划启动实施。完成《湿地保护条例（草案）》和《农村公路条例（草案）》起草工作。行政执法行为不断规范，城市管理综合行政执法全面推进。

社会保持和谐稳定。平安大理创建活动深入开展，社会管理综合治理和防控体系进一步健全，追逃“清网行动”等严打整治专项行动成效明显，第三轮禁毒防艾人民战争全面启动，人民群众安全感不断增强。高度重视群众来信来访，热难点问题得到妥善处理。严格落实安全生产责任制，全力抓实重点领域安全生产工作，有效避免了重特大安全生产事故发生。食品药品安全监管不断加强，联合国工业发展组织食品质量安全检测培训中心落户大理。防灾减灾、应急处置、救援体系建设得到加强。民族团结、宗教和顺的良好局面得到巩固和发展。人民武装动员、国防后备力量建设、人防战备、民兵预备役工作得到加强，军政军民团结更加巩固。

政府自身建设取得新成效。法治政府、责任政府、阳光政府、效能政府、创新政府建设稳步实施。州、县市政务服务中心和大理公共资源交易中心建成投入运行，政务服务环境明显改善。第五轮行政审批项目清理顺利推进。首届政府创新奖评选圆满完成。绩效管理、审计监督和行政监察不断强化，行政成本得到有效控制，机关工作效率和为民服务水平进一步提升。

各位代表！过去的一年，我们取得了丰硕成果，创造了崭新业绩。经济建设、文化建设、社会建设和生态文明建设迈出坚实步伐，人民生活水平不断提高。成绩来之不易，我们倍感振奋、深受鼓舞。这是省委、省政府和州委坚强领导的结果，是州人大、州政协和社会各界有效监督、大力支持的结果，是全州广大干部群众同心同德、团结奋斗的结果。在此，我谨代表州人民政府，向全州各族人民、各民主党派、各人民团体，向驻大理的人民解放军、武警部队官兵，向关心支持大理建设发展的各界人士，表示崇高敬意和衷心感谢！

回顾过去一年的工作，我们清醒地认识到，全州经济社会发展还面临不少困难和问题，主要是：经济总量小，产业发展重大项目少，县域经济发展不足；土地、资金、能源等生产要素制约仍未缓解，干旱形势十分严峻；社会热难点问题增多，维护和谐稳定任务繁重；少数干部进取精神不足，抓落实的力度有待加强，干事创业的环境还需优化。对此，我们将采取切实措施，认真加以解决。

二、2012年工作建议

2012年是实施“十二五”规划、全面贯彻落实省第九次和州第七次党代会精神承上启下的重要一年，也是本届政府履行职责的最后一年。做好今年的工作，任务繁重，意义重大。

今年政府工作的总体要求是：高举中国特色社会主义伟大旗帜，坚持以邓小平理论和“三个代表”重要思想为指导，深入贯彻落实科学发展观，紧紧围绕省第九次党代会和州第七次党代会、州委七届二次全会提出的宏伟目标，抢抓桥头堡建设机遇，坚持以科学发展为主题，以加快转变经济发展方式为主线，突出扩大内需、发展实体经济、推进城乡统筹、大力改善民生、加快改革开放、维护社会和谐稳定，确保稳中求进、好中求快、变中求新，努力在全省科学发展、和谐发展、跨越发展中争先进位，为建设富裕文明和谐幸福新大理奠定更加坚实的基础，以优异成绩迎接党的十八大胜利召开。

今年经济社会发展的主要预期目标建议为：生产总值增长14%以上；财政总收入和地方一般预算收入分别增长20%以上；规模以上固定资产投资增长25%以上；社会消费品零售总额增长20%以上；居民消费价格总水平涨幅控制在4%左右；城镇居民人均可支配收入增长15%以上，农民人均纯收入增长15%以上；人口自然增长率控制在6‰以内；城镇登记失业率控制在4.2%以内；单位生产总值能耗降低3%以上。

实现上述目标，要突出四个重点，抓好五方面工作。

四个重点是：

（一）着力推进产业跨越发展

把发展壮大产业作为经济工作的重中之重，加大支柱产业培植力度，促进三次产业协调发展，努力构建特色化、规模化、集群化的现代产业体系。

加快工业跨越发展。坚定不移地推进工业强州战略，走新型工业化道路。实施“三年倍增”发展计划，确保工业总产值增长22%以上，全部工业增加值增长20%以上。完善产业发展激励机制，不断壮大矿冶、机械制造、能源、烟草、生物资源及优势农产品加工、建筑建材产业，积极发展化工和轻纺工业，注重高新技术产业发展，培育新兴产业。强化工业园区基础设施配套，完善扶持政策和考核办法，积极引进央企、省企、有实力的民企和一批重大工业发展项目落户园区。抓好企业技术改造和结构调整升级，推进工业化和信息化融合，着力提升自主创新能力，促进企业做强做大。用五年左右时间，培植1个产值上千亿、4个超百亿的产业集群；规划建设1个产值上千亿、2个达500亿、5个超百亿的工业园区；扶持发展6户产值超百亿、4户过50亿的企业集团。加快大理卷烟厂年产50万标箱技改扩建等32项续建项目建设，实施好嘉士伯大理啤酒年产100万吨改扩建等64项重大工业发展项目。年内完成10万平方米标准厂房建设。确保工业固定资产投资增长25%以上。继续实施标准化和质量兴州战略，强化质量兴企、质量兴业和质量兴品。认真落实扶持非公经济和中小微型企业的政策措施，加大财政金融支持，加快中小企业公共服务示范平台建设，促进中小微型企业快速发展。

加快农业提质增效。统筹重要水源调度和作物布局，推广节水抗旱技术，狠抓粮食高产创建，稳定种植面积，认真落实提高粮食最低收购价和直补政策，增强粮食等农产品供给保障能力。进一步完善做大特色产业基地、做强龙头企业的政策措施，打造特色品牌，努力把高原特色生态农业建成千亿元产业。抓实烤烟、核桃、乳业、蔬菜、蚕桑、薯类、茶叶、生物药业、特色水果、特色花卉十大高原特色生态农业产业基地建设。新建特色农产品基地110万亩、核桃基地102万亩、人工红豆杉原料林基地1万亩。实施好24.5万亩中低产田地、30万亩中低产林改造。种植优质烟叶68.4万亩。抓好现代农业示范园区建设。新增20户州级以上龙头企业。力争全州农产品加工总产值达120亿元以上。抓好重大动物疫病防控。加强农产品质量安全监管，积极推进出口农产品质量安全典型示范区建设，推行标准化生产，打造有机、绿色、无公害农产品品牌。进一步完善扶持政策，大力发展农民专业合作经济组织，搞活农产品

市场流通。健全农业科技创新机制，抓好农技推广体系建设。加强农业科技创新人才的培养、引进和使用。落实好农机具购置补贴政策，全面提高农业机械化水平。

推进旅游业跨越发展。加快旅游二次创业步伐，积极推进苍洱片区旅游发展和综合改革试点工作。加快希尔顿等高端度假酒店建设，积极发展特色客栈和乡村旅游，扶持提升一批休闲度假产品。抓好大理古城、水目山、石宝山及寺登街、巍山古城及巍宝山4A级景区和新华村、鸡足山5A级景区创建工作。继续推进文化与旅游深度融合，加快喜洲旅游文化产业协同发展示范区建设。办好特色文化旅游节庆活动。认真筹办好全省旅游产业发展大会。加大旅游宣传营销力度，积极开拓旅游客源市场。争取开通大理至北京、上海航线。加强旅游业服务标准化建设，强化从业人员培训教育，规范旅游市场秩序。完善旅行社扶持奖励政策。实现旅游业总收入增长22.8%以上。

加快服务业转型升级。抓好全国现代服务业综合改革试点项目的实施，推动服务业大发展。加强城乡市场流通体系建设，改造提升乡镇农贸市场，新建一批大型市场和特色商业街区。加快州、县市级配送中心和标准农家店建设，健全完善万村千乡市场工程农家店网络。积极发展物流中介服务，培育商贸流通龙头企业。抓好煤电油运、重要原材料的组织协调和供需衔接，保障市场供应。落实好促进城乡消费持续增长的各项政策措施，做好农产品进城、工业品下乡配送等服务，扩大节能产品、惠民工程产品范围，进一步提高城乡居民消费水平。培育消费热点，扩大消费信贷，积极发展新兴消费业态。加快金融保险、文化创意、体育健身、家政服务、信息中介、商务会展等服务业发展。

（二）着力推进基础设施建设

紧紧围绕中央和省的投资重点，优化投资结构，突出重点项目建设，确保规模以上固定资产投资完成385亿元。

扎实推进重点项目建设。积极配合实施好广大铁路扩能改造和大瑞铁路、大丽高速公路建设。抓好果河公路、国道214线剑川过境公路等路网改造项目。实施好乡镇通畅和行政村通油工程。争取启动上关至鹤庆一级公路项目。加快金河、大石板水库等骨干水源工程建设，新开工仙鹅、邵家及锁水阁扩建等中型水源工程，争取实施新开田等一批小（一）型水库项目。全面完成11件小（一）型、启动70件以上小（二）型病险水库除险加固。继续实施大中型灌区建设。新建5万件“五小水利”工程。抓紧实施一批抗旱应急供水项目。实施好农村和农村学校饮水安全工程。积极配合做好中缅油气管道过境段建设。加快龙开口、鲁地拉、苗尾电站和黄坪变电站等项目建设进度。实施好电网建设、农村电网升级改造和无电人口通电工程。

切实抓好项目前期工作。健全项目前期工作责任制，增加经费投入，超前谋划，大胆设想，论证和储备一批好项目、大项目。积极做好滇中引水、大型电站库区提引水、海东新区引水等前期工作。完成国道214线剑川三河至上关、320线南华至漾濞跃进段提级改造前期工作。加快大理鸡足山国际机场、楚大高速公路改造、大普高速公路、大攀高速公路、城市轨道交通和引漾入洱等具有标志性意义的重大项目前期工作，争取早日立项建设。

千方百计保障项目实施。健全完善州级领导挂钩联系重大项目建设责任制，加大工作协调和督查力度，加快项目进度。创新融资方式，加大项目资金筹措力度。认真做好项目用地审批管理，科学调整土地利用总规，促进建设项目向山地发展。加强项目管理，确保工程质量。

（三）着力推进城乡统筹发展

认真贯彻落实省委、省政府保护坝区农田建设山地城镇和加大城乡统筹力度的部署，调整完善土地利用、林地保护和城镇体系规划，以城镇建设为载体，推进城乡统筹发展。

加快推进滇西中心城市建设。按照严控海西、主攻海东的原则，全力推进海东新区山地城镇建设。创新开发建设体制机制，建立完善多渠道、多元化、多层次的投融资体制。着力推进新城区市政路网、供排水管网、垃圾综合处理场等基础设施建设。加快大理卫校等单位搬迁海东步伐。加大招商引资力度，推动签约项目尽快开工建设。加快以大理市为核心的“1+6”城市群建设，尽快建成高标准中小城市群。继续抓好下关旧城改造提升，巩固县城改造提升成果。加快祥云撤县设市申报工作。着力实施绿化、美化、亮化、净化工程，不断提升城市品质。加快大理市全国文明城市和国家级园林城市创建步伐，启动联合国最佳人居环境奖申报工作。扶持一批基础条件好的中心集镇提升发展质量，加快22个省级特色小镇和12个中心集镇建设。认真贯彻落实房地产市场有关政策，尽快制定促进山地房地产业发展的政策措施，保持房地产业健康发展。坚持建管并重，抓好城市总规修改和规划执法，提高城镇管理水平。确保全州城镇化率达38%以上，城镇绿化覆盖率达26%以上。

加快推进城乡一体化。以农民工进城落户为突破口，深化户籍制度改革，全面放宽中小城镇落户条件。建立健全就业创业扶持、教育、住房、社保、医疗卫生、农村土地管理等机制，落实好各项权益保障措施，引导农村人口有序向城镇转移。抓好永平等县统筹城乡发展试点。以大理市和11个县城及城乡结合部为重点，推动农村人口转变为城镇居民。确保完成10万农村人口转户进城目标。

提升县域综合发展能力。进一步完善加快县域经济发展的政策措施，同步推进县域工业化、城镇化和农业现代化，加快特色经济、开放经济、民营经济、园区经济发展，培植一批经济强县。建立健全县域综合发展考核评价体系，定期公布主要指标完成情况，鼓励县市争先进位，缩小区域发展差距。

深入推进新农村建设。加强农村公共基础设施建设和环境综合整治，改善生产生活条件。抓好行政村和村庄规划编制。加快洱海流域百村整治、“空心村”改造。启动实施新一轮12个中心集镇、24个中心村、36个示范村建设，抓好130个省级重点村和18个民族团结示范村建设。落实好国家新10年扶贫开发纲要，认真做好扶贫对象的摸底调查和认定，尽快编制好连片特困地区区域发展与扶贫攻坚规划。抓好50个村扶贫开发整村推进、省级扶贫重点村建设和易地扶贫、安居工程专项扶贫等工作。加快云龙漕涧镇扶贫开发整乡推进试点项目实施。

（四）着力推进改革开放

积极探索创新，深化各项改革，优化发展环境，扩大对外开放，以开放促改革、促发展。

全面推进各项改革。切实抓好行政管理体制和事业单位分类改革。稳定和完善农村基本经营制度，稳妥推进土地流转和规模经营。继续推进集体林权制度综合配套和水务管理体制改革。深化财政体制改革，健全县级基本财力保障机制。抓好“三农”金融服务改革创新。积极推进教育体制改革试点。抓好医药卫生等公共服务领域改革，扎实推进以县级医院为重点的公立医院改革试点。加快推进文化体制改革，构建有利于文化繁荣发展的体制机制。

积极参与桥头堡建设。加强汇报衔接，争取更多的政策、项目、资金支持。扩大与周边地区、大型企业集团的合作，努力建设出口型产业基地。充分利用中国－东盟自由贸易区和昆交会、广交会等平台，加强对外经济技术合作。支持企业开展质量管理体系认证及原产地标记工作，加快通关便利化。培植外贸龙头企业，强化企业品牌国际化建设。优化出口产品结构，稳定和扩大乳制品、野生菌、葱蒜、水果、茶叶、啤酒等传统优势产品出口，加大机电、纺织、化工和工艺品等产品出口，提高产品在境外市场的占有率。积极实施"走出去"战略，支持有条件的企业开展境外并购、劳务输出、工程承包、资源开发等合作。大力发展进出口贸易，力争外贸进出口总额增长15%以上。切实抓好教育、文化、会展等交流平台和窗口建设，拓宽对外交流渠道。

加大招商引资力度。进一步完善政策措施，强化责任，坚持招商实绩与经费支持挂钩制度，完善激励和风险评估防范机制。加快建立产业招商引资项目库，储备推出一批重大项目。畅通项目审批绿色通道，提升服务水平。在大力支持现有企业做强做大的同时，注重引进劳动密集型、技术含量高、税收贡献大的企业，提高招商引资的规模和质量。确保全年引进州外到位资金250亿元以上，实际利用外资4000万美元以上。

五方面工作是：

（一）完善公共服务体系，促进社会事业全面进步

更加重视社会事业发展，加大投入力度，不断提高公共服务水平，加快构建以促进人的全面发展为核心的社会事业发展体系。

全力抓好教育事业发展。落实学前教育三年行动计划，逐步形成政府主导、社会参与、公办民办并举的学前教育服务体系。巩固提高义务教育，促进城乡义务教育均衡发展。进一步完善农村义务教育经费保障机制，实施农村义务教育学生营养改善计划和寄宿制学生生活补助全覆盖计划，提高寄宿制学生生活补助和困难学生资助标准。关爱农村留守儿童。高度重视学校安全工作。扎实推进中小学校舍安全工程和农村义务教育薄弱学校建设，全面完成省下达的危房拆除重建和不安全校舍加固改造任务。加快普及高中阶段教育，提高普通高中整体办学水平。扩大职业高中规模，建设一批优质中等职业学校。支持发展特殊教育。加强教师队伍建设，提高教育教学质量。做好滇西技师学院申报工作，加快筹建大理农林职业技术学院和大理护理高等专科学校。支持大理学院提升办学实力和水平。加快推进滇西教育中心建设步伐。

加快医疗卫生事业发展。认真贯彻落实基本药物制度，着力加强医疗卫生服务体系建设，促进公共卫生服务均等化。加大滇西医疗服务中心建设力度。尽快启动州医院改扩建，加快推进州妇幼保健院、州第二人民医院搬迁新建，完成大理学院附属医院二号住院楼建设。加快中医药事业发展。实施农村急救、卫生监督体系建设等项目。加强县乡村卫生服务一体化管理，推行县级医院托管乡镇卫生院，提高农村卫生管理精细化水平。加强重点疾病预防控制，提高突发公共卫生事件应急处置能力。抓好医疗监管，强化医德医风，减轻医药负担，促进医患和谐。加大食品药品监管力度，全面实施餐饮服务食品安全示范创建工程、基本药物质量安全放心工程、食品药品安全应急处置体系建设工程。

推动文化大发展大繁荣。认真贯彻落实党的十七届六中全会精神，推动民族文化大州向民族文化强州转变。加强社会主义核心价值体系建设。高度重视未成年人思想道德建设。加快推进乡镇文化站、广播电视村村通、城市社区文化活动中心和农村电影放映工程的实施。积极推进大理文化生态保护实验区和民族影视文化园区、文化大广场、州博物馆提升改造等标志性文化基础设施建设。积极培育和引进龙头企业，大力发展康体休闲、演出演艺、影视拍摄、民族民间工艺等文化产业及新兴文化业态。加强文化遗产保护，重视优秀民族文化保护、传承和创新发展。大力培养基层文化人才，繁荣民族民间文艺活动。完善奖励办法，加强文艺精品创作。全面完成国有文艺院团机构改革。强化文化市场管理，净化社会文化环境。加强网络交流平台建设和管理，发展健康向上的网络文化。承办好省第八届农民运动会、国际马拉松等赛事。加强城乡公共体育设施建设，进一步改善群众体育健身条件。

推进科技和人才等社会事业发展。认真落实创新型云南行动计划，深化科技管理体制改革，完善科技评价激励机制，加强产业核心关键技术研发。重视知识产权保护。深入开展科普工作。全面实施人才发展规划，统筹抓好各类人才队伍建设，加大高层次创新人才、产业发展型人才培养和引进力度。加强职业技能培训，提升人力资源开发水平。切实加强人口和计划生育工作，继续推进统筹解决人口问题试验区建设。加强老龄工作，抓好老年人活动场所建设。做好统计调查、修志编鉴、外事、侨务、保密、档案、气象、水文等工作。

（二）加大社会保障力度，努力推进幸福大理建设

把保障和改善民生作为一切工作的出发点和落脚点，千方百计让人民群众得到更多实惠，生活得更加幸福、更有尊严。

努力增加城乡居民收入。认真贯彻落实促进城乡中低收入群体增收的有关政策，推动城乡居民收入普遍较快增长。不断完善促进就业的各项措施，积极探索高校毕业生、农民工和城镇就业困难人员多形式就业机制。加强就业扶助，继续实施小额担保贷款与"贷免扶补"政策，鼓励自谋职业、自主创业，多渠道开发就业岗位。确保新增城镇就业2.2万人以上，转移农村富余劳动力7万人以上。适时提高最低工资标准，实现职工收入和企业效益同步增长。落实好强农惠农富农政策，引导扶持好增收致富产业，增加农民收入。健全完善低收入群体补贴与物价上涨的联动机制，加强监管，保障供给，落实好"米袋子"和"菜篮子"工程。确保城镇居民人均可支配收入20370元以上，农民人均纯收入5440元以上。

完善社会保障体系。进一步扩大社会保险覆盖面，稳步提高社会保险统筹层次和待遇水平。落实企业职工基本养老金正常调整机制，建立完善多层次养老保险体系。提高新型农村合作医疗筹资标准和农民受益水平，实现新型农村社会养老保险和城镇居民社会养老保险制度全覆盖。完善城镇职工基本医疗保险州级统筹工作。提高农村"五保"对象供养补助标准。落实好残疾人各项特殊优惠政策。加强医疗救助、临时救助和重度残疾人等救助工作。积极发展社会福利和慈善事业。加快推进廉租房、公租房、农村民居地震安全工程建设，全面完成省下达的保障性住房建设任务。继续做好移民搬迁安置和后期扶持。实施好10项惠民工程。

（三）加强资源环境保护，扎实推进生态文明建设

坚持生态优先战略，加快推进以洱海保护治理为重点的生态建设，争当生态文明建设排头兵。

抓好新一轮洱海保护治理。继续实施好国家洱海水专项重大科研项目。加快洱海湖泊生态环境保护试点项目扫尾验收和新项目的申报实施。全面推进洱源生态文明试点县建设。加强主要入湖河道综合整治。抓好以污水和垃圾处理为重点的环湖截污治污，加强面源污染治理和重点行业污染源综合整治，确保喜洲、牛街等9个集镇污水处理工程投入运营。实施好湖滨带湿地建设、鱼类生态调控、水生植被恢复和重点湖湾

底泥疏浚工程。建立流域生态环境保护新体系,确保洱海水质总体稳定并持续改善。

深入推进生态州建设。继续实施"七彩云南保护"大理行动计划,加快"森林大理"建设。加大自然保护区、重点生态功能区建设和管理,抓好苍山世界地质公园申报工作。实施好天保工程森林管护、公益林建设、退耕还林、封山育林等工程,落实好国家和省级公益林生态效益补偿。义务植树900万株以上。加强小流域治理和湿地、水源地保护管理。加大沘江等重点流域和区域治理。加强土地利用和管理,保护基本农田,实施6.5万亩土地整治,坚决守住447.8万亩耕地保护红线。加强矿产资源保护和合理开发利用。

抓实节能减排工作。积极推进全社会节能,加强重点节能工程建设。大力开发利用清洁和可再生能源,推进低碳、循环经济发展和生态产业园区建设。鼓励和支持企业进行节能减排技术改造,大力推广节能减排新设备、新工艺、新技术。确保全面完成省下达的节能减排目标任务。

(四)加强财税金融工作,不断提高资金保障水平

认真贯彻落实宏观调控政策,不断提高财税科学化、精细化管理水平,加大金融协调力度,为全州经济社会发展提供资金保障。

提升财政保障能力。加快建设增长型、骨干型、稳定型财源,加强纳税评估和税收征管,强化非税收入管理,促进财政持续稳定增收,确保财政总收入完成120亿元以上。优化财政支出结构,加大对"三农"、重大基础设施、社会事业、民生保障的支持力度,增加财政资金投向公共服务领域的比重,严格控制"三公"等一般性财政支出。充分运用财政贴息、奖补和产业基金投入等市场化手段,带动民间资本投入。不断探索和创新预算管理,打造"阳光预算",提高预算执行均衡性和时效性。强化财政资金监管、绩效评价、审计监督、行政监察,提高资金使用效益。

加大金融工作力度。把握宏观金融政策走向,加强银政、银企合作,优化信贷结构,保持货币信贷总量合理增长,确保新增融资额达120亿元以上。加强融资担保服务平台建设,增加资金注入。强化重点领域、重点项目、重点企业资金保障。积极发展小额贷款公司。加大直接融资力度,做好6.5亿元城投债券发行和16亿元旅游产业债券申报发行工作。加强资源资产化、资产资本化运作,加快发展多层次资本市场。努力建设滇西次区域金融中心。

(五)加强民主法治建设,切实维护社会和谐稳定

深入推进依法治州,发展社会主义民主政治,加强和创新社会管理,凝聚发展合力,营造良好环境。

加强民主政治建设。自觉接受州人大及其常委会的法律监督和工作监督,认真执行州人大决定决议,支持民族立法工作。支持州政协多渠道参政议政,主动接受民主监督。进一步提高人大代表建议和政协委员提案的办理效率和质量。支持法院、检察院依法履行职责。支持工会、共青团、妇联、红十字会等人民团体的工作,广泛听取民主党派、工商联、无党派人士的意见建议。加强基层民主建设,坚持和完善政务、厂务、村务公开,完善农村公益事业"一事一议"等制度。认真实施"六五"普法和"四五"依法治州规划,扎实推进法治大理建设。

加强和创新社会管理。深入推进平安大理建设,加强社会管理综合治理,防范和打击各类违法犯罪活动。扎实推进第三轮禁毒防艾人民战争。改善基层政法单位基础设施条件。抓好村级组织和城市社区活动场所办公用房及配套服务设施建设。逐步提高行政村、社区干部待遇。畅通群众诉求渠道,解决好社会热难点问题,积极预防和妥善处置群体事件、突发公共事件,做好新形势下群众工作。加强诚信教育,加快建设社会信用体系。全面落实安全生产责任制,加强重点行业和领域安全生产专项整治,有效防范重特大事故发生。高度重视地震、地质、气象和生物灾害防治等防灾减灾工作,加强应急管理体系建设。巩固民族团结进步成果,促进各民族共同繁荣发展。全面贯彻党的宗教工作基本方针,促进宗教和顺有序、和谐稳定。加强民兵和预备役部队建设,做好国防教育、人民防空、军转安置等工作,深入开展双拥活动,不断巩固新型军政军民关系。

三、努力建设人民满意的服务型政府

继续推进法治政府、责任政府、阳光政府、效能政府、创新政府建设,切实转变政府职能,提高行政效能,努力建设人民满意的服务型政府。

全面推进依法行政。坚持科学决策、民主决策、依法决策,健全完善重大项目和重大决策社会稳定风险评估机制。推进综合行政执法,规范执法行为,严格执法、公正执法、文明执法,切实保护人民群众特别是困难群众和弱势群体的合法权益。重视司法监督、审计监督、舆论监督和社会公众监督。

着力提升服务水平。进一步强化政府社会管理和公共服务职能,推进基本公共服务均等化。加强电子政务网、96128服务专线、政务信息岛建设,深化政务公开。进一步规范州、县市政务服务中心运行,完善"一站式"服务,提高行政效率。发挥公共资源交易平台的作用,实现各类公共资源依法、规范、阳光交易。深化行政审批制度改革,减少审批事项,提高服务水平,努力营造公平、稳定、透明的投资环境。

不断改进干部作风。树立高原情怀,倡导大山精神。进一步解放思想,始终保持昂扬向上、奋发有为的精神状态,增强加快发展的责任感、紧迫感、危机感,营造良好环境,排除各种干扰,一心一意谋发展,聚精会神搞建设。深入开展群众观点、群众路线、群众利益、群众工作教育,扎实抓好深入实际、深入基层、深入群众活动,密切干群关系。切实精简会议、文件,改进会风、文风,加强督促检查,强化跟踪问效,严格行政问责,确保政令畅通,狠抓工作落实,不断提高行政执行力。大兴读书学习之风,积极推进学习型机关和学习型政府建设,提高各级干部履行职责、促进发展、服务人民的能力。开展诚信政府建设,增强政府公信力。

切实加强廉政建设。坚持把廉政建设作为政府自身建设的重要内容,落实廉洁自律各项规定。扎实推进惩治和预防腐败体系建设,健全风险预警和权力运行监控机制,加强对领导干部、政府机关、重点领域和关键环节的监督,加大源头治理和查办违纪违法案件工作力度。大力加强政风行风建设,坚持清正廉洁、艰苦奋斗、厉行节约,树立为民、务实、清廉的良好形象。

各位代表!跨越发展催人奋进,锐意进取再创佳绩。让我们更加紧密地团结在以胡锦涛同志为总书记的党中央周围,以邓小平理论和"三个代表"重要思想为指导,深入贯彻落实科学发展观,在省委、省政府和州委的坚强领导下,解放思想、抢抓机遇,开拓进取、扎实工作,确保全面完成今年各项发展目标,奋力开创科学发展、和谐发展、跨越发展新局面,为建设富裕文明和谐幸福新大理而努力奋斗!

(《特载》责任编校:王超英)

专 文

立赶超壮志 扬奋进勇气
在新的起点上实现大理跨越发展

中共大理州委书记 尹建业

云南省第九次党代会以来,全省上下围绕科学发展和谐发展跨越发展的奋斗目标,形成了你追我赶、加快发展的浓厚氛围。大理有悠久的历史、灿烂的文化、美丽的风光、丰富的资源、优越的区位,素质很高的干部群众,有目共睹的发展成就。站在新的历史起点上,要科学、全面、客观地总结过去,认识现实,谋划未来,切实增强推进大理跨越发展的紧迫感、责任感、使命感,努力把大理建设成为各族人民的繁荣之地、和睦之地、幸福之地。

一、大理曾经跨越

在中华民族的发展史上,大理人民曾经为大一统国家的形成、发展和强盛作出了重要贡献。大理的辉煌历史,在《中国通史》中有一千多字的壮美华章,北京中华世纪坛青铜甬道铭文有二十余段千古流芳的镌刻。这些都值得我们大理人无比骄傲自豪,更值得我们从中汲取营养和力量。

大理曾经在云南发展进程中创造辉煌。大理是云南最早的文化发祥地之一。新石器时期大理先民在这块美丽、富饶的土地上创造了大理地区的远古文明;秦汉及隋唐时期,居住在洱海区域的原始居民就有了较高的农业生产水平,建筑了较大的城邑;南诏、大理国时期是云南政治、经济、文化中心,城池数量众多,前所未有,经济社会发展不仅超越了以前的任何一个历史时期,也超越了我国西南大部分地区,奠定了后来云南发展的新格局。至今仍屹立于苍洱之间的崇圣寺三塔和"千年赶一街、一街赶千年"的三月街,以及珍藏于云南省博物馆的祥云大波那铜棺,就是大理曾经跨越的最好见证。

大理曾经在历史伟大变革中跨越发展。1949年中华人民共和国的建立,翻开了各民族历史发展的新篇章。在党的民族平等和民族区域自治政策的光辉照耀下,大理州各民族实现了政治平等、当家做主和区域自治。1956年大理白族自治州成立,在党的政策指引下,顺利实现了对农业、手工业和资本主义工商业在所有制方面的社会主义改造,经济社会实现了跨越发展。名扬中外的电影《五朵金花》真实地映照了当时大理各族人民发展生产、幸福生活的美好景象。

大理曾经在改革开放大潮中跨越发展。党的十一届三中全会后,大理农村全面推行家庭联产承包责任制,全州经济体制改革全面展开,极大地解放和发展了社会生产力。上世纪90年代初,随着邓小平南方谈话的贯彻落实,以创办省级大理经济开发区、省级大理旅游度假区为发端,加速了全州改革开放的进程。2000年,全州地区生产总值实现了136.1亿元,比1990年翻了2.2番,年均增长9.26%。财政总收入翻了2.1番,年均增长15.86%。城镇居民人均可支配收入翻了2番,年均增长15.65%。农民人均纯收入翻了1.8番,年均增长13.47%。建州30年时,州图书馆、州博物馆、州体育馆等一批重大文化基础设施相继建成;建州40年时,成为全省除省会昆明市外同时拥有机场、铁路、高等级公路的地区,实现了在改革开放大潮中一次重大跨越。

大理曾经在新世纪开局中实现跨越发展。"十一五"期间,是大理州改革开放三十年来经济社会发展最快、人民生活水平提高最快、各项建设事业取得成效最大的五年,经济社会实现了跨越发展。2010年,全州地区生产总值比2005年翻了1番,年均增长12.6%,比全省高0.8个百分点,在全国30个民族自治州中排名第7位,在全省16个州市中排名第5位。财政总收入比2005年翻了1.2番,年均增长19.3%,比全省高0.6个百分点,在全省16个州市中排名第6位。城镇居民人均可支配收入实现15801元,年均增长12%;农村居民人均纯收入3902元,年均增长11.6%,比全省高1.7个百分点,在全国30个民族自治州中排名第10位,在全省16个州市中排名第6位,在新世纪开局的重要进程中再次实现了跨越。

二、大理必须跨越

发展是人类社会永恒的主题,是党执政兴国的第一要务。当前,激烈的竞争迫使大理跨越发展,宝贵的机遇激励大理跨越发展,良好的基础条件支撑大理跨越发展,跨越发展成为大理的必然选择。

大理跨越发展是大势所趋。2011年召开的云南省第九次党代会,明确了云南科学发展和谐发展跨越发展的主题,为全省的发展指明了方向。当前,全省各地已经形成了你追我赶、争先进位的热潮,加快发展已经成为了全省各地经济社会发展的主旋律。在新的起点、新的发展阶段,面临着两种选择:一种选择是跟上时代步伐,抓住机遇,加快发展,用相对较短的时间走完先进地区相同的路;另外一种选择是落后于时代潮流,错失机遇,延缓进程,跟在别人后面亦步亦趋。发展如逆水行舟不进则退，快进则生、中进则退、慢进则衰、不进则亡。我们只能争取第一种选择，竭尽全力实现第一种选择。只有这样，才能在新一轮赶超跨越、争先进位中占据主动，赢得发展。

大理跨越发展是强州之举。近年来大理经济社会快速发展，但总体看，经济总量还不大，市场主体还不强，在空前激烈的区域竞争中面临前所未有的压力。2011 年，全州生产总值实现568.5 亿元，在全省16 个州市虽然排第5，但横向相比，仅占全省总产值的6.5%，只有排名第1 的昆明市的22.65%，第2 位曲靖市的46.99%；产业结构比例不合理，表现出一产还弱、二产不强、三产偏低的特点，经济结构单一，转变经济发展方式的任务仍然繁重。客观分析全州经济发展现状，绝不是否定已有的成绩，而是充分认识到总量小、人均水平低依然是大理发展的主要矛盾，发展不足依然是最大的州情。找到差距是一种境界，承认差距是一种胸怀，缩小差距是一种责任。必须站在时代发展的高度，以敏锐的思维把握机遇，以不甘人后的胆识抢抓机遇，以奋发有为的魄力用好机遇，努力实现大理跨越发展。

大理跨越发展是民心所向。随着大理经济社会的长足发展，人民生活得到不断改善。但是城乡人口比例悬殊、城乡收入差距大、城乡社会发展不均衡的状况尚未改变；市场物价上涨，消费拉动形势严峻，不仅给全州低收入家庭生活带来了困难，还使生产成本增大，收入空间缩小，农村居民和城镇居民增收难度进一步加大；社会利益关系日益复杂，群众诉求更加多元化，统筹兼顾各方、满足群众新期盼新要求的难度更大。经济社会发展的根本目的是为了最大限度地满足人民群众日益增长的物质文化需求，全面提升人民群众的幸福指数。如果看不到这些差距，没有跨越的危机意识，对群众的呼声不能作出有效的回应，就辜负了全州人民对我们的信任。要积极顺应全州上下人心思变、人心思进、人心思富的热切期盼，坚持经济发展与改善人民生活同步共进，发展成果与人民群众共建共享，实现经济增长与人民群众幸福指数良性互动、同步提升，尽最大努力创造人民群众满意的美好生活，早日实现各族群众建设美丽幸福新大理的强烈愿望。

三、大理可以跨越

跨越发展，从理论上讲，是经济不平衡规律在特定历史条件下的客观反映，符合事物发展都是渐进与飞跃统一的规律。从实践上看，大到国家，小到地区，都有无数个成功的先例。现在大理已具备了良好的基础和条件，完全可以跨越发展。

大理有跨越发展的坚实基础。大理自古以来就是滇西交通枢纽和人流物流集散地，有着得天独厚的区位优势；土地、矿产、水能、生物、旅游等资源丰富，有着良好的资源禀赋。这些都是承载大理跨越发展不可多得的基础。特别是“十一五”时期，全州经济社会发展进入了快车道，正在建设和建成的一批重要基础设施、基础产业、民生工程和正在成长中的经济增长点，其积蓄的力量、潜能开始释放，必将成为跨越发展强有力的基础条件。

大理有跨越发展的难得机遇。新一轮西部大开发和“桥头堡”战略的全面推进，“十二五”规划的深入实施，必将成为加快发展的外部动力。“桥头堡”是云南建国以来最大的一个战略机遇，把云南省的发展上升到了国家战略层面，力度之大前所未有，机遇千载难逢。从2011 年到现在，中央各部委与云南省政府签订了一系列支持云南建设“桥头堡”战略合作协议，这些战略合作协议，已经实施或将逐步开始实施，这必将有力地推动大理加快发展跨越发展。

大理有跨越发展的有利环境。中央经济工作会议确定了稳中求进的总基调，省委九届二次全会明确提出要奋力推进科学发展和谐发展跨越发展，把2012 年作为云南经济社会发展的冲关之年。最近，胡锦涛总书记对云南的工作给予了充分肯定，寄予了殷切希望；省委、省政府高度关注滇西中心城市建设，省委书记秦光荣、省长李纪恒对大理的发展提出了新的更高要求。这些都为大理州跨越发展提供了很好的宏观发展环境。

大理有跨越发展的良好氛围。千百年来，大理各民族勤劳勇敢、砥砺奋发、团结友爱、开放包容，共同创造了源远流长的民族文化，共同推动了繁荣发展，共同维护了安定团结的政治局面。当前，干部群众加快发展的强烈愿望，更坚定了各级干部赶超跨越的坚定信心。这是我们拥有的最大优势，是推动跨越的力量之源、依靠之本、工作之基。

四、大理怎样跨越

跨越发展，是指在一定历史条件下的后发者，利用自身优势，借助科学技术和先进经验的推助力，避免走弯路，对先行者走过的某个发展阶段超常规的赶超行为。跨越发展是发展中国家或地区追赶发达国家或地区的必由之路。要实现跨越发展，必须有超常规的思路、方法、措施与体制机制作保证，必须扬长避短，大胆创新，破除一道道有形无形的障碍，破解一道道这样那样的难题，才能实现可持续的大发展。结合大理实际，要抓住新一轮发展机遇，率先在最具潜力、最有优势、最能见效的领域实现突破，走出一条具有大理特点的发展新路子。

着力在推进新型工业化上取得新的突破。推动大理跨越发展，支撑在产业，关键在工业，核心在实体经济。牢固树立工业立州、工业强州、工业富州的理念，加强工业发展，促进产业优化升级。狠抓项目和招商，着力打造一批大项目大企业，围绕矿冶、烟草、机械设备制造、生物资源及优势农产品深加工、建材、能源等六大支柱产业，重点扶持一批工业企业做大做强，打造一批产值超100 亿元、50 亿元的大企业大集团。加大扶持力度，进一步加快中小微企业发展；优化产业布局，大力发展劳动密集型产业；加强机制创新，努力打破投融资制约“瓶颈”；坚持生态优先，严格落实节能减排措施；加强技术创新，不断提升企业自主创新能力。全力抓好工业园区建设，下大决心、用大气魄，高强度投入园区基础设施建设，加大招商引资力度，创新园区金融管理体制，突破融资瓶颈，到2016 年，努力打造一个销售收入超1000 亿元的工业园区，两个销售收入超500 亿元的工业园区，5 个销售收入超100 亿元的工业园区，全州工业总产值实现翻两番，达2500 亿元。把大理建设成为桥头堡的重要产业基地。

着力在加快城镇化上取得新的突破。城镇化是经济社会发展的必然结果，是扩大内需的最大潜力所在。近年来，大理州的城镇化水平不断提高，但是城市化率低、城市数量少、结构不合理、发展不平衡的问题仍比较突出。要紧紧抓住“桥头堡”建设的重大机遇，加快滇西中心城市建设，打造滇西的教育中心、医疗中心、商务中心、物流中心、金融中心、文化中心，打造桥头堡建设的重要产业基地和辐射滇西的交通枢纽，提升带动力、辐射力和影响力。采取超常规举措加快海东山地城市开发建设，坚持保护洱海优先、保护海西、生态景观建设的原则，到2015 年，海东建成区面积达10 平方公里，可容纳8 万城市人口；到2025 年，建成区面积达30 平方公里，可容纳25 万城市人口，把海东片区建设成为特色浓郁、高品质的高原山地生态城市样板。加强对大理古城的保护和改造提升力度，建设幸福之都；实施下关旧城区改造提升，打造现代海滨城市。坚持"守住红线、统筹城乡、城镇上山、农民进城"的总要求，加快推进祥云、弥渡、巍山、漾濞、宾川、洱源六个副城县城建设，力争在5年内分别建成5万人以上的小城市；鼓励、引导和支持南涧、鹤庆、剑川、云龙、永平五县全面改造提升县城建设水平；大力发展资源加工型和劳动密集型地方特色优势产业，形成工业化、农业产业化与城镇化互动，城乡一体化的发展格局。

着力在加快农业现代化上取得新的突破。实现大理跨越发展，与全国、全省同步建设全面惠及全州各族人民的小康社会，重点在农村、难点在农村、希望和潜力也在农村。以科技创新为支撑，努力提高农产品的供给和保障能力。以水利建设为重点，全力加强农村基础设施建设。以高原特色农业为抓手，不断增加农民群众的收入。大理具有发展高原特色农业的气候优势和资源优势，要大力发展高产、优质、高效、生态、安全、有机的高效农业，打造一批绿色食品、有机食品、无公害农产品。打好"丰富多样、生态环保、安全优质、四季飘香"四张名片，集中打造烤烟、核桃、乳业、蔬菜、茶叶、薯类、蚕桑、生物药业、特色水果、特色花卉等"十大品牌"。大力扶持龙头企业发展，形成一个龙头企业带动一个产业发展的模式，打造一批农业产业化基地，把大理建成面向南亚、东南亚的农产品生产、加工、出口基地。

着力在打造世界知名旅游胜地上取得新的突破。大理文化底蕴厚重，旅游资源丰富，拥有建成一个世界知名旅游胜地的所有元素。要高起点、高标准、大手笔规划并推进大理旅游业全面转型升级，努力把大理建设成为国内一流、世界知名的旅游度假胜地、中国著名的休闲之都和康体养生之地。多形式、高起点、大力度推进旅游精细化、深层次开发。突出文化个性，培育大理旅游新亮点，加强旅游产品体系建设，做精基础旅游产品，做大主题旅游产品，做强特色旅游产品，做好特色旅游文章。加快推进已经确定的重大旅游项目建设，结合当前旅游业发展的新趋势、新要求，规划一批市场前景好、策划水平高、影响力大、涉及带动面广的重大旅游项目。加快已开工、奠基的高端度假酒店建设和国际知名酒店品牌引进步伐，积极扶持特色客栈的发展，把高端休闲度假酒店和特色民居客栈作为全州旅游休闲度假产品建设的切入点和突破口。同时，以旅游市场需求为导向，加强旅游公共服务体系建设，为中外游客创造便利舒适的宜旅、宜游、宜居环境。坚持立足国内、面向海外，加大旅游对外开放合作力度。引进一批重大招商合作项目，带动旅游产业水平的提高。积极开拓新航线，组织开展好网络宣传，扩大美誉度、增强吸引力。

着力在提高人民群众幸福指数上取得新的突破。经济社会发展的成果，最终要体现在人民群众生活的提高上。要坚持以人为本、富民优先，积极顺应人民群众追求美好生活的新期盼、新诉求，把保障和改善民生放在更加突出的位置，按照"两个倍增"的要求，把更多的公共资源投向民生领域，不断提高城乡居民收入，持续加大教育、医疗、社保、扶贫等社会民生方面的投入，为建设幸福大理打下坚实基础。尤其要从战略和全局的高度，充分认识扶贫工作的长期性和艰巨性，把长远脱贫致富作为工作的主要目标，摸清底数、创新思路、完善政策、转变方式、突出重点，打好新一轮扶贫攻坚战。民生问题既要抓大事，又要从小事做起，每年办成一批老百姓看得见、摸得着、见效快的实事好事，让他们真正感受到生活在大理有幸福感。要改善民生条件，营造幸福的生活环境；要关爱弱势群体，让不幸福的人找到幸福；要加强幸福教育，引导群众正确认识幸福；要推广幸福文化，让更多的人享受幸福；要提高幸福层次，让幸福的内涵不断提升。

五、如何保障跨越

回顾历史看大理，从古至今的每一次跨越发展都有许多成功的经验可以总结，甚至能够从感性和理性的方面概括提炼出许多条成功的经验，集中归纳起来，最主要的或者说带根本性的经验不外乎三条：第一，解放思想、更新观念，远瞩高瞻、开拓进取，敢于打破禁锢思想的清规戒律和束缚手脚的框框套套，一切坚持以"三个有利于"为标准，敢闯、敢试、敢干。第二，因地制宜，一切从实际出发，坚定不移地坚持"一个中心、两个基本点"的基本路线，毫不动摇地扭住发展不放松，积极探索走出符合实际、有特色的经济社会发展之路。第三，团结拼搏、真抓实干、内聚活力、外增动力，核心是党的领导坚强有力，上下同心、干群齐心搞建设、抓发展。

实现大理的跨越发展，既要进一步解放思想，树立高原情怀、弘扬大山精神，大胆开放、开发和发展；又要一以贯之地走好符合州情的建设发展之路，放手大干快上，迅速打开新的发展局面。而关键点和根本点又在于全州各级党组织的建设，在于保障作用的发挥。因此，要进一步加强党的建设，切实增强广大党员干部在率先发展、跨越发展中的学习力、执行力、创造力和向心力。一是要提高学习力。推动大理赶超跨越，提高大理的竞争力，迫切需要建设一支高素质的干部队伍。党员干部要多学习、少应酬，用更多的时间提升自己的素质，提升工作的能力和水平。二是要提高执行力。要大力推行党员干部深入实际、深入基层、深入群众；提倡说实话、干实事、求实效的良好风气。要坚持问政于民、问计于民、问需于民，充分调动一切有利于发展的积极因素。对于认准了的事情，要加快节奏，雷厉风行，狠抓落实；对于部署了的工作，要督促检查、一抓到底，不达目的不罢休。要改进文风会风，从文山会海中解脱出来，从迎来送往中摆脱出来，腾出精力想大事、谋全局、抓工作、促落实。要坚决防止不执行、不作为、慢作为等问题；大力营造贯彻落实上级指示不讲价钱，工作不落实、任务不完成食不甘味、寝不安稳的好风气。三是要提高创造力。要在更高层次、更大范围找准大理发展的定位，充分利用大理丰富的资源和长期的实践积累，研究和解决经济社会发展中遇到的新情况、新问题，把勇于探索的精神和科学严谨的态度结合起来，既要继承和坚持已有的成功经验，又要学习和借鉴省内外新鲜的经验，树立开拓创新的意识，增强敢闯敢干的勇气、昂扬向上的锐气、追求卓越的志气，在难题面前勇于攻关，在框架面前勇于突破，不断推进思想上的解放、思路上的变革、工作上的创新。四是要提高向心力。各级党员干部要强化党的意识，按照党章、党纲和党的各项决定和要求，做党的人、想党的事、为党尽责、为党出力，将自己的命运与党的事业密切地联系在一起。广大党员特别是各级领导班子成员，要敢于担当、善于谋划，团结带领全州各族人民，立赶超壮志、扬奋进勇气，在新的起点上推进大理跨越发展。

再接再厉　开拓创新
全面开创全州财政工作新局面

中共大理州委常委、州人民政府常务副州长　马建全

一、奋发作为，全州2011年财税工作取得新成绩

刚刚过去的2011年，是经受严峻考验并取得显著成绩的一年。面对复杂多变的国际国内经济环境，州委、州人民政府团结带领全州各族干部群众，深入贯彻落实科学发展观，抓住新一轮西部大开发和桥头堡建设重大机遇，加快转变经济发展方式，解放思想，开拓创新，克难攻坚，克服了物价上涨、能源紧张、持续干旱带来的不利影响，全力保持了经济平稳较快发展的良好势头，实现了“十二五”良好开局。全州生产总值完成570亿元，增长14%，其中一、二、三产分别增长7%、20%、12%；全社会固定资产投资353亿元，增长25%；社会消费品零售总额171亿元，增长20%；城镇居民人均可支配收入17500元，增长10.8%；农民人均纯收入4652元，增长19%；外贸进出口总额2.1亿美元，增长12%。财税工作，在州内资金供应紧张、民生需求呼声较高、财政减收因素增多、刚性支出增加的情况下，通过各级各部门特别是财税部门的努力，全州财政经济平稳较快发展，多项指标取得历史性突破，各项工作均取得较好成绩。

（一）财政收支目标任务超额完成，实现了“十二五”开局开红门　全年全州财政总收入完成100.27亿元，首次突破百亿元，同比增收19.70亿元，增长24.4%；全州一般预算收入完成45.95亿元，同比增收8.33亿元，增长22.1%。财政总收入超出年初人代会预算目标7.35亿元，增幅提高9.4个百分点。全州一般预算支出达159.62亿元以上，增支35.38亿元，增长28.5%。其中，全州国税系统完成收入54.2亿元，增长27.1%；地税系统完成收入37.07亿元，增长27.8%。当年实现了财政收入首次突破100亿元、支出159亿元，增收20亿元、增支35亿元，收支增幅均在20%以上的良好成绩。

（二）大力培植骨干财源，支持经济发展成绩卓越　充分发挥了财税部门职能作用，支持经济发展取得较好成绩。一是支持工业经济发展壮大。按照州委、州政府作出的“工业年”发展部署，采取税收减免、资金投入、争取上级支持方式，集中财力支持工业园区建设、骨干企业发展，巩固提升烟草、建筑建材、矿冶、水电等支柱产业。全州财政争取到并下达中央和省扶持企业发展专项资金7074万元，州本级安排扶持工业发展资金较同期增长1.8倍达7109万元，执行国家关于西部大开发支持中小企业发展优惠减免税收1.5亿元。2011年全州实现工业总产值600亿元，增长25.8%。来自工业税收62.7亿元，占财政总收入的61.3%，实现了经济与财政互动互促。二是大力支持新农村建设。围绕“四大工程”重点工作，全州加大了支农资金投入与整合力度，筹集安排全州新农村“四大工程”专项资金8640万元，整合投入资金3亿元，支持了50个村实施千村扶贫百村整体推进工程；12个中心集镇；24个公共服务设施功能完善的中心村、36个自然村开展村容整治和乡风文明示范村建设；支持40个村开展洱海流域“百村整治”和扶贫示范园区建设。切实推进农业产业基地建设，扶持龙头企业发展，推进农业产业化进程。全面落实各项惠农扶农政策，继续实行19项农民直接补贴项目，推进“森林大理”建设，引导金融部门支持“三农”发展。三是大力加快城镇化和生态文明建设。按照规划先行、培植产业、抓实交通、提升城镇整体化水平、统筹城乡发展的原则，依托滇西中心城市和“1+6”城市群建设，加快推进滇西交通枢纽、旅游集散中心、物流中心、教育中心、医疗服务中心和金融中心建设。州级财政安排规划经费1520万元，用于开展滇西中心城市总体规划和5个专项规划，突出发挥规划在城镇化建设中的引领作用。州级财政安排县城提升改造经费2200万元，支持巍山、云龙、宾川、南涧全面启动县城提升改造工作。继续大力支持洱海保护，全州节能环保支出5.4亿元，同比增支1.4亿元，增长36%。同时争取大理洱海列入2011年全国湖泊生态环境保护试点项目，仅城镇污水处理、垃圾处理、入湖河道整治、湿地生态恢复等17个项目就获得中央财政补助2亿多元。

（三）关注民生，支持社会和谐　按照公共财政建设体系的要求，加大财政支出向教育、社保、卫生、文化事业的投入。一是优先保障教育经费。各级财政继续加大教育经费的投入，落实城乡义务教育、职业教育、校舍安全、校园安全保卫等经费，促进教育优先发展。教育支出22.5亿元，同比增支3.1亿元，增长16%。二是支持社会保障体系建设。不断完善社会保障制度，推进城乡低保工作，提高参保率，积极促进就业再就业，做好退伍转业军人就业安置工作。扩大城乡低保覆盖面，提高了补助水平。全州城市低保7.4万人，比上年增加1224人，农村低保人数23.3万人，比上年增加1.5万人。社会保障和就业支出14.99亿元，同比增支3.4亿元，增长30.3%。三是支持深化医疗卫生体制改革。进一步推进新型农村合作医疗制度和城镇居民基本医疗保险制度，积极支持国家重大公共卫生项目，加强食品和药品监管力度，实施基本医药制度改革。医疗卫生支出14.6亿元，同比增支3.9亿元，增长36%。四是支持文化事业发展。全面实行博物馆、图书馆免费开放，进一步深化文化体制改革，多方筹措资金加强以城乡公益文化事业为重点的基础设施建设，促进文化繁荣发展。文化体育与传媒支出19911万元，增支1021万元，增长5.4%。

（四）深化改革，财政管理工作扎实有效　一是加大争取转移支付力度，县市财力进一步增强。2011年省、州进一步加大对县市转移支付力度，仅省对县的财力净增就达5.6亿元。随着县域经济的发展壮大，县市财力明显增强，县市政府提供公共服务的保障水平得到明显提高，县市财力占全州比重远远超过州本级财力。2011年州本级可用财力占全州比重从2010年的21.5%进一步下降到19.6%，大理市和州本级的地方一般预算收入占全州比重从2010年的40.1%进一步下降到37.9%，县市可用财力占全州比重从2010年的78.5%增长到

80.4%。二是深化预算管理改革。在2010年选取18个部门54个预算单位开展部门预算内部公开制度试点工作的基础上，将部门预算内部公示制度在州级178个预算单位全面推开。三是深化国库集中收付制度改革。2011年，全州下达财政授权支付额度53.4亿元，同比增加13.8亿元，增长34.9%；全州公务卡结算制度加快推进，实行财政统发工资预算单位1548个，发卡35094张。公务卡还款额达1.5亿元，是去年全年的8.6倍。四是推进财政资金绩效管理工作。对“十一五”期间319个项目10490万元的项目前期工作经费进行绩效评价。开展家电下乡、汽车摩托车下乡财政补贴资金项目绩效评价。五是加强行政成本控制。全州因公出国(境)经费同比下降14.3%，公务用车购置经费下降5.7%，会议、庆典、论坛经费下降12.5%，出省考察经费下降4.1%。六是加强财政资金监管。启动了全州财政专户清理整顿工作，共撤销财政专户186个，保留714个。启动财政票据电子化管理改革，对州级164个机关事业单位实施票据电子化管理，深化了“单位开票、银行代收、财政统管、政府统筹”的非税收入征管。开展对2010年新增农资综合补贴动态调整资金项目的监督检查，抽查项目资金350.18万元。全面完成了大理州2011年“小金库”治理。深入开展了惠农资金、社保基金、住房公积金和扶贫、救灾救济资金等专项资金检查工作。七是加强了干部队伍建设。全州财税干部队伍综合素质显著提升，依法理财的能力明显增强，机关作风切实转变，工作效率大力提升，廉洁意识明显增强。

总之，过去一年，全州财税工作取得的新突破，为全州巩固应对国际金融危机成果、实现新一年科学发展、和谐发展、跨越发展作出了重要贡献。

二、认清形势，坚定信心，进一步明确2012年财税发展目标任务

总体上看，2012年大理州同全国全省一样，经济社会发展的形势仍复杂多变，经济发展环境仍比较严峻，但和平与发展仍然是世界主题，经济发展长期向好的趋势并没有改变，机遇始终大于挑战。

当前，大理州经济社会和财税发展存在不确定因素：一是世界经济复苏的不稳定、不确定性增加，我国经济发展中不平衡、不协调、不可持续的矛盾和问题仍然突出，全省发展基础不牢、产业结构偏重且层次偏低等结构性矛盾短期内难以消除，各种积极变化和不利因素相互交织，给我们正确判断和准确把握国际、全国、全省形势，积极稳妥处理好稳增长、控物价、调结构、惠民生、抓改革、促和谐之间关系的任务十分繁重。二是经济结构不合理问题仍然存在。2011年全州三次产业结构为21.9：41.23：36.84，与“十一五”末的25.6：35.8：38.6，与相比，三次产业结构进一步优化。但农业基础仍然薄弱，抵御自然灾害的能力弱，工业结构调整难度大，发展形式粗放问题依然存在。全州经济增长的内生动力不强，部分行业经济效益尚未根本好转，支撑税收较快增长的基础不牢。三是县域发展不平衡，财源结构单一、县域经济发展水平较低、区域发展不平衡状况短期内难以得到根本扭转，制约了财政收入的持续快速协调增长，增收压力较大。四是继续实施积极财政政策的新形势下，今年促进跨越发展、改善民生、维护稳定、促进和谐的任务艰巨而繁重，需要更多的财政资金投入。国家实施结构性减税政策，将减少一些税收收入，财政收入增幅将有所影响。随着经济社会的快速发展，保增长、促发展、惠民生的任务异常繁重，财政收支矛盾更为突出。

在看到困难的同时，我们也应该看到，促进大理州经济社会发展和促进财税工作的有利条件也不少。一是国家深入实施西部大开发，不断加大对西部地区的扶持力度，为我们争取项目、资金，加强基础设施和基础产业建设，提供了新的历史机遇。同时为我们承接东中部地区产业转移、改善基础设施条件、实施产业结构调整、转变经济发展方式，提供了有利的条件。二是随着省委、省政府“两强一堡”战略的实施，大理州交通、能源、水利等基础设施建设将加速，特色农业将更加壮大，能源、烟草、环保等产业将得到扶持，我州与周边州市和国家的经贸往来对和外开放水平将迈上新台阶。三是经过多年努力，全州综合经济实力显著增强，基础设施不断夯实，体制机制逐步完善，为加快发展奠定了坚实基础。“十一五”期间，大理州财政年均递增19.3%，2011年财政收入增长24.4%，财政收入保持较好的增长态势，财源培植和产业支撑力不断增强，特别是特色优势产业不断壮大，成为经济新增长点。通过近年来的努力，工业基础更加坚实，工业增加值连续三年较快增长，去年超过20%，成为拉动我州经济增长的最大产业。加之，大理州布局建设了一大批重要基础设施项目、重点民生工程和产业发展项目，积蓄的发展潜力开始逐步释放。2012年是实施“十二五”规划的第二年，投资项目进入集中建设阶段，相当数量的在建项目也将使投资保持增长惯性，大瑞铁路、大丽高速公路、龙开口电站、鲁地拉电站、功果桥电站、苗尾电站、中缅油气管道等项目建设深入推进。另外，随着大理州水电、矿产、生物等优势资源开发不断深入，以海东新区为重点的山地城镇建设积极推进，各县市工业园区的建设启用和一批工业项目的实施，城市物流和乡村流通体系健全和完善，国家服务业综合改革试点工作的全面启动，旅游二次创业的不断深入等，大理州在各个领域加快发展的空间更加广阔，潜力也更加巨大。

综合考虑发展的环境和条件，根据省第九次党代会提出的5年内实现“四个翻番”、“两个倍增”的宏伟目标，今年大理州委七届二次全委会明确了今年要力争全州生产总值增长14%以上，财政总收入增长20%以上，地方一般预算收入增长18%以上的工作要求。实现上述目标任务，需要全州各族干部群众共同努力。各级、各部门要充分利用各种有利条件，积极化解不利因素，把思想和行动统一到中央对经济形势的判断上来，统一到州委、州人民政府的决策部署上来，明确目标、坚定信心、拼搏向上，按照州委七届二次全会要求，以科学发展为主题，以加快转变经济发展方式为主线，以保障和改善民生为根本出发点，以深化改革扩大开放为强大动力，财税系统要坚持依法行政、从严治税、科学理财的原则，着力推进信息管税、科技兴税、人才强税、廉洁从税，不断加强财政科学化、精细化管理，进一步调整和优化财政支出结构，全面促进基本公共服务均等化，努力开创全州财税科学发展、和谐发展、跨越发展的新局面。

三、开拓创新，扎实工作，确保圆满完成好今年财税各项任务

财为政之本，有财才有政，财兴则政兴。财税指标反映的是一个地区的发展质量、综合实力，财税工作事关改革发展稳定大局，事关民生福祉，事关党的执政能力。今年，是我州实施“十二五”规划承上启下的重要一年，也是全面贯彻州第七次党代会精神的第一年。做好今年的财税工作，具有十分重要的意义。

（一）要以科学发展为主题，打牢财税增收基础。各级财税部门要紧紧围绕推进科学发展这个主题和加快转变经济发展方式这条主线，积极拓宽财源建设思路，千方百计抓财源建设，努力形成“科学合理、优质高效、增长协调、基础稳固”的财源体系。一是要继续大力支持工业经济发展。要依托行之有效的财税政策，采取增加工业项目前期费用、支持工业园区基础设施和标准厂房建设等多种方式，推动我州工业产业发展壮大。重点加大对大理市、祥云县、鹤庆县三大工业重点区域，大理高新区和创新园区、祥云财富园区、鹤庆兴鹤园区、剑川上兰园区五大园区，矿冶业、机械制造业、能源业、烟草、生物资源及优势产品加工、建材六大产业集群的支持力度。同时，要支持中小微型企业和非公经济发展。认真落实好国家支持中小企业发展政策，加大对中小企业和非公经济在技术创新、成果转化、融资担保等关键环节的扶持力度，增强企业活力。二要保持合理的财政基建投资规模。基础设施是经济社会发展的重要支撑。经过多年来的不懈努力，我州基础设施条件发生了很大的变化，但是基础设施的瓶颈制约仍十分严重。坚持基础先行，适度超前谋划和推进一批重大基础设施项目，是我州加快发展的必然选择。为此，各级财政部门，要尽力确保在建和续建项目建设的资金需求。强化大瑞铁路、大丽高速公路、丽江机场至鹤庆县城公路等重点交通工程，大型电站库区提引水、海东新区引水等重点水利工程建设，龙开口、鲁地拉、苗尾电站和大龙潭、五子坡风电场等在建项目的经费保障，提高资金到位率，确保工程进度。同时，做好今年水利、交通、能源等项目的资金筹措工作，确保“十二五”规划的重大基础设施项目今年如期开工。要加大对基础设施建设项目前期工作投入。在做好楚大高速公路改造、大普高速公路、大攀高速公路、城市轨道交通、云南区域性机场和引漾入洱等前期工作的基础上，增加前期工作经费投入，建立项目储备库，做好基础设施建设项目准备。争取国家有关部门尽快审批，尽快立项开工建设。三是要切实推进农业现代化加快发展。支持做大烤烟、核桃、乳畜水产业、蔬菜、生物药业、薯类、蚕桑、特色水果、茶、特色花卉等十大农业产业化基地，加大对高原特色生态农业、农业龙头企业发展的扶持力度。要以“四大工程”建设为依托，加快新农村建设步伐。四是加大民族文化强州建设投入力度。要像重视经济硬实力一样重视文化软实力建设，加大对文化事业的财政投入，实施文化惠民、文艺精品、广播电视村村通等公共文化服务体系重点工程，逐步加大博物馆、纪念馆免费开放工作力度，增加公共文化产品的供给。加大对文化产业发展的税收扶持力度，实施一批重大文化产业项目，打造一批文化产业发展基地和园区，吸引和鼓励社会力量投资兴办公共文化实体。支持文化体制改革，培育新型文化市场主体，发展新兴文化业务，推动民族文化大发展大繁荣。五是要支持推进城镇化。积极支持滇西中心城市建设和城镇基础设施建设，以城带乡，促进城乡协调发展。加大财政投入，整合国土、环保、建设等部门城镇建设资金，支持高起点、高标准城镇规划编制，大力促进城镇基础设施建设，完善城镇公共服务功能，增强城镇承载力，辐射带动县域经济发展。各级财税部门要主动履行职责，把握好财税政策和财税工作的着力点，积极争取中央和省支持，切实做好支持经济发展工作，加快推进我州经济发展方式转为，科学发展各项工作。

（二）要以改善民生为重点，促进社会事业协调发展。财政投入倾向民生是经济社会发展的现实要求，也是贯彻落实科学发展观、建设和谐社会的必然选择。要继续坚持财政重点支持民生建设不动摇，积极推进教育事业加快发展，进一步巩固和完善农村义务教育经费保障机制，保障全州农村义务教育阶段资金需要。要坚持投入与改革并重的原则，深入推进医药卫生体制改革，健全基层医疗卫生服务体系，推进基本医疗公共服务均等化。要继续加大社会保障事业投入，探索建立城镇居民基本养老保险制度，不断扩大新型农村社会养老保险覆盖范围，重点向贫困山区倾斜，切实完善新型农村社会保障体系。要加快完善促进就业的各项财税措施，稳步推进“贷免扶补”小额贷款、失业人员小额担保贷款和劳动密集型小企业贷款工作，持续扩大就业规模，有效促进多种形式就业。要积极筹措资金，确保完成保障性住房建设任务，推进廉租住房建设和棚户区改造，解决好低收入家庭和困难职工的基本住房问题。要稳步实施其他事业单位绩效工资改革，建立健全职工工资的正常增长和支付保障体系，不断完善基本公共服务体系，促进城乡居民增加转移性收入。要以农民增收为核心，认真落实好各项强农惠农补贴措施，保持粮食直接补贴、粮食良种补贴政策的稳定性连续性，继续实施农机具购置补贴，做好退耕还林现金补助和森林生态效益补偿工作，完善对农民的直接补贴机制，稳步提高农民生活水平。要重点支持新农村“四大工程”建设，深入推进农业综合开发，村级公益事业建设“一事一议”财政奖补试点工作。

（三）要以深化财政改革为动力，促进财税事业科学发展。要深入实施财政“十二五”发展规划和完善州对县市“十二五”财政管理体制，充分调动各县市培植财源的积极性。逐步建立和完善规范的州对县市财政转移支付制度，加大财力向基层倾斜力度，提高各级政府的保障能力。积极探索财政引导激励的措施办法，体现财政政策和财政资金扶持企业发展的激励导向，提高财政资金使用效益。要继续深化预算、国库管理改革。不断探索和创新财政预算管理各项工作，建立健全预算编制与预算执行、结余结转资金管理和行政事业单位资产管理有机结合的机制，切实提高预算编制规范性、准确性和约束力。加强

州委常委，常务副州长马建全在宾川金牛镇李相社区调研　（陈　耀　供稿）

预算执行进度管理，努力提高预算执行均衡性和时效性。深入推进预算公开工作，加快打造"阳光预算"。完善"收支两条线"管理，扩大公务卡结算改革面和国库集中收付制度改革范围，完善各项配套措施，从机制上堵塞财政收支漏洞。要不断强化财政基础管理和基层建设。指导县市深入开展好部门预算、国库集中支付、收支两条线、政府采购、绩效评价等工作，切实提高财政基础管理水平。进一步加强基层财政建设，充分发挥乡镇财政就地就近实施监管的优势，对本级和上级财政安排的资金以及其他部门、其他渠道下达的财政性资金实行全面监管。要以资金整合为手段，切实加强专项资金管理。要在全面总结近年来资金整合经验的基础上，继续做好资金整合的各项工作，加强财政专项资金管理，以确保重大建设项目和重点民生领域的资金投入，全面提升资金使用效益。要逐步完善专项资金管理办法，引入竞争性转移支付分配模式，确保资金安排科学合理、统筹兼顾、重点突出，进一步查找资金管理的薄弱环节，引导各县市进一步加强资金监管，提高资金使用的效益。要积极推进财税库银税收收入电子缴库横向联网工作，力争6月份地税系统全面实施库银联网，加快税款资金入库速度，规范税收收入电子缴库行为。

（四）要抓好税收征管和非税收入管理，确保资金使用安全。要围绕实现财税收支目标任务，认真分析和查找财税运行中存在的突出问题，采取切实有效措施，确保全年财税收支目标任务的圆满完成。收入方面，各级财税部门要通力合作，按照科学化、精细化、专业化、信息化管理的要求，加强宏观经济运行分析，密切跟踪和分析经济运行中出现的新情况、新问题，做好收入形势分析工作，重点抓好烟草、金融、保险、电力、有色金属等重点税源的监控，加强和规范非税收入征管。要加强州级与县市财税部门之间的联系与沟通，充分调动各级各部门增收的积极性，及时采取相应措施，加强纳税评估和税源分析工作，不断提高分析的"深度"和预测的"精度"，确保财政收入稳定增长。要继续深化非税收入管理改革，建立和完善科学合理的非税收入管理体系。进一步强化征管，加快健全完善政府非税收入分类管理制度，积极建立健全征收、预算、使用三分离的征管政策。拓宽非税收入管理领域，加强国有资产使用管理改革，实现"资产转化为资本、资本转化为资金、存量转化为增量"的目标。推行财政票据电子化管理改革，发挥财政票据在政府非税收入管理中的源头作用。要不断加强债务管理，有效确保财政安全。正确处理发展速度与财力可能、债务规模与偿债能力之间的关系，推动政府投资"有所为、有所不为"；进一步强化政府信用观念，积极参与政府投融资平台管理，坚持依法筹措建设资金；巩固完善地方政府性债务统计等基础工作，科学深入分析政府性债务结构、成因和风险度，研究制定政府性债务预警监测机制和管理措施，努力把财政风险控制在最低限度内。支出方面，要与时俱进地创新财政预算管理，在做好预算编制、批复、及时分析预算执行情况的同时，针对预算执行不均衡，特别是专项支出进度偏慢的问题，重点分析研究，采取切实有效措施，加强预算执行各环节之间的衔接，全面实施预算执行动态监控机制，把握好财政支出进度，提高预算执行的均衡性和时效性。

四、进一步加强财税队伍建设，为做好财税工作提供有力组织保障

做好新形势下的财税工作，迫切需要建设一支政治过硬、业务精湛、清正廉洁、甘于奉献的财税干部队伍，为全州财税事业科学发展奠定坚实的思想基础和组织保障。

（一）要切实加强思想政治建设。教育和引导全体财税干部职工牢固树立正确的世界观、权力观、事业观，坚定理想信念，增强公仆意识，常修为政之德、常思贪欲之害、常怀律己之心，模范遵守社会公德、职业道德、家庭美德，坚决抵制各种腐朽落后思想文化的侵蚀，始终坚持全心全意为人民服务的根本宗旨，始终保持昂扬向上的精神状态。

（二）要切实加强作风建设。财税干部队伍的作风建设，重在实践，贵在行动。要大兴联系群众之风，走出机关、下到基层、深入群众，开展广泛深入的调查研究，使政策的制定和资金的安排更加符合经济社会发展的实际、更加符合人民群众的期待。要认真倾听群众心声，从帮助解决人民群众最关心、最直接、最现实的利益问题入手，把州委、州政府关于财税工作的每一项决策部署落实到位，让老百姓感受到党和政府在为大家办实事，努力成为新形势下坚持群众观点、贯彻群众路线、维护群众利益、做好群众工作的表率。

（三）要切实加强廉政建设。要针对一些关键部位和薄弱环节上易发多发消极腐败的问题，坚持标本兼治、综合治理、惩防并举、注重预防的方针，加快构建教育、制度、监督、改革、纠风等环节并重的惩治和预防腐败体系。要围绕建立健全覆盖所有政府性资金、税收征管、财政运行全过程的监督机制，积极探索构建"全员参与、全程控制、全面覆盖、全部关联"的财税"大监督"格局。要教育、引导和监督财税干部时刻牢记"两个务必"，严格遵守财经纪律，切实执行廉政准则，使各级财税干部在任何时候、任何情况下，都能做到稳得住心神、抵得住诱惑、管得住身手、经得起考验，"常在河边站，就是不湿鞋"，树立财税干部为民、务实、清廉的良好形象。

（四）要切实加强文化建设。加强财税文化建设，要坚持为国聚财、为民服务的核心价值取向和工作宗旨；要树立谋划全局、求真务实、公共服务的宏观思维方式和工作作风；要形成科学规范、严谨精细的现代理财观念、制度体系和工作状态；要塑造勤俭节约、公正廉洁的良好公众形象和行业风尚；要打造勤勉敬业、团结协作的优秀人文内涵和团队精神。通过财税文化建设，把广大财税干部的思想凝聚起来，更好地落实党、政府和人民对财税工作提出的新要求。

围绕中心重民生　依法监督促发展

——大理州人大常委会教科文卫工委工作回眸

大理州人大常委会党组副书记、常务副主任　杨宴君

2008年以来，州人大常委会教科文卫工委在州人大及其常委会的正确领导下，坚持以邓小平理论和“三个代表”重要思想为指导，把推动科学发展观的贯彻落实作为履行职能的出发点和落脚点，以关注民生、推动社会事业和谐发展为目标，围绕中心、依法履职、突出重点、求真务实、开拓创新、促进发展，不断探索新形势下履行职能的途径和方法，专题调研、代表视察、执法检查等活动积极有序地开展，为推动全州教育、科技、文化、卫生、体育、广播、旅游等社会事业的科学发展、和谐发展和跨越发展作出了不懈努力。

一、夯实基础，提高素质，着力加强自身建设

教科文卫工作委员会的工作线长面宽，要把工作有条不紊地做好，知情明政、有所作为。一是抓学习，不断提高综合素质。始终把学习作为一种精神境界和工作要求，把加强教科文卫工委的自身建设放在首要位置，严格按照规定的学习制度和学习计划，采取集中和自学的方式，认真学习中央和省州党委的重要文件精神以及相关的法律法规和业务知识，不断提高对新形势下加强学习重要性和紧迫性的认识，切实增强学习的主动性和实效性。学习中做到学习与思考相结合、学习与工作相结合、工作与抓落实相结合，在指导实践、推动工作上收到明显成效。二是抓制度，不断提高工作效率。没有规矩不成方圆。换届伊始，就在制度建设上狠下功夫，进一步完善和规范相关规章制度，用制度管人，用制度管事，从而推进了工作的制度化、规范化和程序化。三是抓作风，不断提高工作能力。人大工作政策法规性强，需要根据工作实际，严格依法监督，同时改进工作作风，讲究工作方法。五年来，教科文卫委的各位同志自觉树立为人大代表服务、为人大工作服务的思想与作风，积极主动地做好协调和服务工作，较好地保证了工委整体作用的发挥。

二、以人为本，认真履职，切实增强监督实效

教科文卫事业是经济社会发展的重要组成部分，事关国计民生，覆盖面广，涉及面宽，每项工作都关系到人民群众的切身利益，关系到社会的和谐发展。五年来，按照“争当民族团结进步模范州、生态文明建设排头兵、旅游二次创业生力军、滇西城镇化进程领跑者”的要求，围绕州委“生态优先、农业稳州、工业强州、文化立州、旅游兴州、和谐安州”的发展思路，紧扣工作中心，突出工作重点，关注热难点问题，依法履行职责，发挥职能作用，增强监督实效，积极开展民族立法、执法检查、工作视察和调查研究等工作，圆满完成工作任务，为推动全州经济社会平稳较快发展和促进社会和谐稳定发挥了应有的贡献。

一是以科学发展为指导，加强和改进立法工作，切实提高立法质量。从全州经济社会发展的实际出发，坚持科学立法、民主立法，不断加强教科文卫方面的立法工作。按照立法规划，抓紧抓好教科文卫工委承担的《云南省大理白族自治州旅游条例》的起草、修改、审议、颁布实施等工作，《旅游条例》的实施，对促进全州旅游事业发展发挥了法制保障作用。同时，积极配合全国人大开展深化医药卫生体制改革情况调研工作，完成省人大常委会交办的《云南省食品卫生条例》、《云南省发展中医药条例》、《云南省学前教育条例》、《云南省非物质文化遗产保护条例》等法律草案征求意见的任务。

二是认真开展依法监督工作。先后对《中华人民共和国义务教育法》、《中华人民共和国食品卫生法》、《中华人民共和国传染病防治法》、《中华人民共和国文物保护法》、《中华人民共和国科技进步法》、《中华人民共和国红十字会法》等法律的实施情况开展执法检查，并向常委会提交了执法检查报告，对会议提出的审议意见转交州人民政府办理，监督行政部门进一步加大执法力度，为全州经济社会发展营造良好的法制环境。

三是服务大局，关注民生，加强重点工作监督。五年来，把民生工程作为重要工作来监督。先后对全州农业科技、文化遗产保护与利用、中等职业教育、参加省十三届体育运动会、广播电视村村通、两基工作、校安工程、学前教育、群众体育与竞技体育、医疗卫生体制改革、高中阶段教育等事关民生的重点工作开展视察和专题调研，分别形成调查报告和视察报告，提交常委会审议，通过审议，对工作中存在的问题和困难以及下步工作的改进意见，转州人民政府办理。经过视察和专题调研，强化工作监督，推动工作落实，将好事办好、实事办实，有效地促进了全州教科文卫等各项事业的健康发展。

四是跟踪监督，提高实效。五年来，加大了对常委会审议意见、代表建议的跟踪督办力度，提高了监督工作的实效。对常委会作出的每一项审议意见，采取督办会、专题汇报等形式，切实抓好跟踪监督，督办落实情况，对没有落实的问题，一起分析原因，共商解决办法，及时督办到位，有力地促进了相关问题的有效解决。同时，加大对人大代表提出的意见建议办理力度，对联系部门承办的代表意见建议，定期不定期地进行督办，了解掌握办理进展情况，不断提高办理质量。通过加强督办工作，让审议意见得以更好地落到实处，进一步提高了人大代表意见建议办理的实效，较好地解决了一批群众关心的热点难点问题。

五是密切联系，扩大交流。人大的监督是为了确保国家法律法规得以正确实施和落实，行政权力得以正确运行，全面推进依法行政。因此，教科文卫工委特别注意加强与外界的联系和沟通，拓宽工作视野，拓展履职空间，取长补短，互相促进，推动工作。加强与各级人大之间的联系。既加强与省人大教科文卫委的联系与协作，争取他们的指导和积极配合开展的相关工作。又加强与各县市人大教科文卫工委的指导与合作，探讨工作方法，总结工作经验，开展协作调研，共同推进教科文卫各项工作。同时注重认真学习借鉴外地人大教科委好的经验和

做法，加强沟通联系，扩大相互交流，拓宽工作思路，促进了工作的创新与发展。同时加强与政府对口部门的联系，相互沟通、相互尊重、相互支持、相互协作，及时了解和掌握情况，更好地依法开展监督工作，做到履职不失职、监督不越位、建议不挑剔，在监督中支持，在支持中监督。

三、回顾过去，总结经验，不断推动工作发展

几分耕耘，几分收获。回首五年来教科文卫工作，我们深切感到教科文卫事业涉及千家万户，与广大人民群众的切身利益密切相关，务必要把维护好、实现好、发展好人民群众的根本利益作为工作的出发点和落脚点，关注民生，突出重点，注重实效，加强监督，促进和谐。有以下体会：

一是深化认识，摆正位置，是做好人大教科文卫监督工作的前提。只有进一步解决好人大代表和人大工作者的思想认识问题，摆正自己的位置，才能增强做好人大教科文卫工委工作的自觉性、主动性和积极性。只有进一步明确监督的职责范围，掌握监督的程序，才能有效地行使监督权，认真履行职责，敢于监督、善于监督，既不越位，又不缺位，进而充分发挥职能作用，切实做好本职工作。

二是把握原则，讲究方法，是做好人大教科文卫工作的基本准则。要做好人大教科文卫工作必须坚持和依靠党的领导；坚持以事实为依据，以法律为准绳的原则；坚持集体行使职权的原则。工作中要必须协调好加强党的领导与依法行使人大职权的关系；注意处理好依法监督与对“一府两院”的支持关系，否则，做好人大教工委工作将变成一句空话。

三是充分发挥代表的作用是做好人大教科文卫工作的源泉。各级人大代表是各级国家权力机关的组成人员，依靠代表并全心全意为代表做好服务工作，让代表认真履行职责，充分发挥作用，人大教科文卫工作就能出现新的局面。

四是正确处理好监督与支持的关系，是做好人大教科文卫工作的关键。充分发挥政府对口部门的作用，自觉把各项工作置于人大的法律监督和工作监督之下，严格依法行政，树立监督就是保障、监督就是支持的意识，把接受人大监督作为应尽的责任与义务，自觉主动地接受监督，确保监督取得实效，共同促进教科文卫事业的发展。

五是调查研究——审议交办——监督整改是人大教科文卫工作有效行使监督职权的三个步骤。只有认真按照这三个工作程序，扎扎实实地做好每一步，那么监督权的行使就会必将落到实处，监督工作就能达到预期效果。坚持“少而精、求实效”的原则，抓住事关全州工作大局和广大人民群众根本利益的大事，选准课题、突出重点、精心组织、深入调研、认真审议、及时交办、跟踪督查，让审议意见办理工作落到实处，切实增强监督工作的针对性和实效性。

六是重视自身建设，提高履职水平是做好人大教科文卫工作的保证。每一位干部职工只有不断学习党的各种理论知识、法律法规和业务知识，拓宽知识面，才能增强依法履职的能力和水平；只有进一步改进工作作风，深入基层加强对重点、热点、难点问题的调查研究，才能及时了解和反映人民群众的呼声和要求；只有进一步开拓创新，锐意进取，研究新情况，探索新路子，解决新问题，才能使人大教科文卫工作在探索中前进，在改进中提高，在创新中发展，不断迈上新的台阶。

州人大常委会副主任杨宴君在永平视察“两基”教育　（姜忠武　供稿）

总结经验　突出重点　加快大理州乡村建设

大理州政协副主席　孙　明

一、大理州乡村建设的历史回顾

乡村建设是经济社会发展和城镇化进程的重要组成部分，改革开放以来，我国的经济社会发展进行了从计划经济体制向市场经济体制的转型，溶入全球经济的重大变革，城市和乡村的建设发展过程充分体现了这一变革的历史轨迹，不同时期体现了不同时期的时代特征和任务，认识和了解这一历史过程，为我们更好地完成好新的历史时期的城乡建设，加快推进城镇化任务，具有现实意义。大理州乡村发展的历史进程大致可分为三个阶段。即：第一阶段，二十世纪八十年代初至九十年代后期的村镇建设；第二阶段是1998年至2005年小城镇建设；第三阶段为2006年以来开展的新农村建设。

1978年党的十一届三中全会后，我国的改革率先在农村进行，大理州和全国一样，农村全面完成了以联产承包制为主的改革，广大农民的生产积极性空前高涨，粮油副食品产量大幅增加，流通领域逐步放开，使城市居民得到了大量农副产品的供给，为国家取消粮食和一些副食品定量供应奠定了基础。这一时期，农村涌现出了一大批农民专业户、万元户，农村经济空前活跃，农村建房也随之高潮，村镇建设提上了政府的议事日程。为加强对农村房屋建设的引导，国家建设主管部门在1979年和1981年组织召开了两次全国农村房屋建设工作会议，在全国布置开展了村镇规划工作，提出“全面规划，正确引导，依靠群众，自力更生，因地制宜，逐步建设”的方针，明确了农民房屋属于农民生活资料的政策，中央财政拨出专款用于支持编制村镇规划，这对当时的村镇建设起到了一定的指导作用，结束了农村房屋建设自发自流的状态。由于当时村镇规划人员奇缺，云南省和各地州采取了以抽调培训县级村镇规划人员为主的方式，来解决村镇规划队伍的问题，依靠这一批规划队伍，大理州基本完成了重点集镇和村庄的首轮规划。到九十年代中后期，大大缓解了积压多年的农村家庭住房问题，州内一批小城镇在发展中崛起，成为区域性的农村商贸中心，如：大理市的凤仪，巍山的大仓、庙街，祥云的下庄、禾甸，鹤庆的黄坪，洱源的邓川，永平的杉阳，宾川的周城、宾居、平川，云龙的槽涧、旧州等等。这一轮的规划主要是引导农民有序建房，但由于土地联产承包与村镇规划建设没有建立起相联系的建设用地保障机制，农民大量在承包地建房问题突出，中央、省、州财政对村镇基础设施建设的投入极少，建设以乡镇为主，加之乡镇没有设相应管理人员，因此，规划的实效性没能得到很好发挥。

1998年10月，中国共产党十五届三中全会通过了《中共中央关于农业和农村工作若干重大问题的决定》，决定中提出：“发展小城镇，是带动农村经济和社会发展的一个大战略，有利于乡镇企业相对集中，更大规模地转移农业富余劳动力，避免向大中城市盲目流动，有利于提高农民素质，改善生活质量，也有利于扩大内需，推动国民经济更快增长。要制定和完善促进小城镇健康发展的政策措施，进一步改革小城镇户籍管理制度。小城镇要合理布局，科学规划，重视基础设施建设，注意节约用地和保护环境。”中央把加快小城镇建设作为吸纳转移日趋突出的农村剩余劳动力问题，加快推进城镇化进程的一项战略任务，即“小城镇，大战略”，全国各地掀起了新一轮的小城镇建设高潮。

2000年6月13日中共中央、国务院发出《关于促进小城镇健康发展的若干意见》。《意见》指出，发展小城镇，有利于解决现阶段农村一系列深层次矛盾，优化农业和农村经济结构，增加农民收入；有利于缓解当前国内需求不足和农产品阶段性过剩状况，为整个工业和服务业的长远发展拓展新的市场空间。《意见》进一步指出，加快我国城镇化进程，实现城镇化与工业化协调发展，小城镇占有重要的地位。《意见》强调，发展小城镇要以党的十五届三中全会确定的基本方针为指导，遵循以下原则：一是尊重规律，循序渐进；二是因地制宜，科学规划；三是深化改革，创新机制；四是统筹兼顾，协调发展。《意见》指出，城镇化水平的提高是一个渐进的过程。发展小城镇既要积极，又要稳妥。力争经过10年左右的努力，将一部分基础较好的小城镇建设成为规模适度、规划科学、功能健全、环境整洁、具有较强辐射能力的农村区域性经济文化中心，其中少数具备条件的小城镇要发展成为带动能力更强的小城市，使全国城镇化水平有一个明显的提高。要积极培育小城镇的经济基础。根据小城镇的特点，以市场为导向，以产业为依托，大力发展特色经济，着力培育各类农业产业化经营的龙头企业，形成农副产品的生产、加工和销售基地。要发挥小城镇功能和连接大中城市的区位优势，兴办各种服务行业，因地制宜地发展各类综合性和专业性商品批发市场。要充分利用风景名胜及人文景观，发展观光旅游业。

为了加快推进大理州小城镇建设，州委州政府于1999年和2000年连续两年召开小城镇建设现场工作会。1999年会议着重提出了小城镇发展中产业支撑问题，同时以“以地生财，以财建镇”的思路为小城镇建设筹集资金。会议还组织参观了凤仪、下庄和大仓等乡镇小城镇的产业发展。为了加快我州城镇化进程，会议针对大理州建制镇少的问题（全州除县城外，仅有8个建制镇，有7个县仅有县城设镇，全州平均每个县仅有1.7个建制镇，位于全省倒数第2名），提出要实现一批有条件的乡撤乡建镇，增强发展城镇经济和推进城镇化意识，使一批有条件的乡把经济发展重心从以农业为主转移到农业与城镇经济并重上，为农副产品的加工运销创造市场条件，为就地转移农村剩余劳动力创造更多的就业机会。会议决定对实现撤乡建镇的乡，州政府给予50万元的补助用于城镇建设。2000年小城镇建设会议着重提出了增强县城经济、文化、教育中心的作用，扩大县城人口规模和城市规模，推进县城建设。并组织参观了鹤庆、剑川县城地震（丽江2.3地震）恢复重建项目和建筑特色街道建设。为加快县城基础设施建设，州政府提出了对每个县城新建一条街道给予200万元补助，新建一个市民活动广场给予50万元补助的政策。会议后，各县市的撤乡建镇和城镇建设发展得到推进，到2005年底，全州城镇化水平从13.8%（1999年）提高到25%，城镇建成区面积从1999

年的48平方公里扩大到了2005年的110.5平方公里,全州建制镇达到64个。各小城镇陆续建成了自来水厂,有的设立了环卫站(所)、城管中队。县城建设也进入一个新的发展时期。

2005年10月,中国共产党十六届五中全会通过《十一五规划纲要建议》,提出要按照"生产发展、生活宽裕、乡风文明、村容整洁、管理民主"的要求,扎实推进社会主义新农村建设。2008年10月,在改革开放三十周年之际,党的十七届三中全会系统回顾总结我国农村改革发展的光辉历程和宝贵经验,进一步统一全党全社会认识,加快推进社会主义新农村建设,大力推动城乡统筹发展,对于全面贯彻党的十七大精神,深入贯彻落实科学发展观,夺取全面建设小康社会新胜利、开创中国特色社会主义事业新局面,具有重大而深远的意义。全会研究了新形势下推进农村改革发展的若干重大问题。会议认为,我国总体上已进入以工促农、以城带乡的发展阶段,进入加快改造传统农业、走中国特色农业现代化道路的关键时刻,进入着力破除城乡二元结构、形成城乡经济社会发展一体化新格局的重要时期。适应农村改革发展新形势,顺应亿万农民过上美好生活新期待。报告提出:"建立促进城乡经济社会发展一体化制度。尽快在城乡规划、产业布局、基础设施建设、公共服务一体化等方面取得突破,促进公共资源在城乡之间均衡配置、生产要素在城乡之间自由流动,推动城乡经济社会发展融合。统筹土地利用和城乡规划,合理安排市县域城镇建设、农田保护、产业聚集、村落分布、生态涵养等空间布局。统筹城乡产业发展,优化农村产业结构,发展农村服务业和乡镇企业,引导城市资金、技术、人才、管理等生产要素向农村流动。统筹城乡基础设施建设和公共服务,全面提高财政保障农村公共事业水平,逐步建立城乡统一的公共服务制度。"乡村建设进入又一个新的发展时期。

到2010年,大理州先后实施了"千村扶贫,百村整体推进"项目,小康村建设项目、新农村建设项目、农村地震安居工程、农村危房安居工程等。有8个镇(村)列为国家历史文化名镇(村),11个镇(村)列为省级历史文化名镇(村)。21个乡镇被省政府列为特色小镇,乡村建设取得了显著成效。

二、新一轮乡村建设的时代背景

改革开放三十多年来,我国社会生产力、综合国力显著提高,经济平稳较快发展,各项社会事业加快发展、人民生活明显改善,覆盖城乡的社会保障体系逐步健全,开放型经济水平快速提升,国家面貌发生了历史性变化。目前我们国家已经进入到城乡统筹、推进城镇化和新农村建设的发展阶段,城乡关系更加协调,更加紧密,城市支持农村、工业反哺农业已经成为大家的共识和各级政府工作的重要内容。

我们已初步建立起了村镇建设的法规基础,农村的规划建设管理逐步纳入到法制化的轨道,从而支持了城镇化的健康发展。大理州人大从全州实际出发,制定的《大理州村庄规划建设管理条例》于2011年7月1日起施行。

农村的住房建设持续发展,保障了农村的社会稳定。农村房屋的建设质量、安全居住水平和房屋建筑功能也都有了根本性的转变。扶贫开发和新农村建设不断取得实效。县城房地产业逐步兴起,富裕起来的农民入城购房定居者增多。

小城镇发展迅猛,在城镇化进程中的地位和作用不断提升。小城镇的功能由乡村服务功能向复合型的服务功能转化,并且有部分重点小城镇正在向城镇型的多功能转化。由此,在当前城乡发展过程中存在以下突出的问题:

1、从全国的情况看,城乡收入差距不断扩大,1978年为2.56:1,现在扩大到3.33:1(其中80年代曾经有一段城乡的收入差缩小到1.86:1)。大理州(以城镇居民人均可支配收入与农民人均纯收入比较,)1985年为2.20:1,2000年为3.89:1,2010年为4.05:1,也是表现出了不断扩大的趋势。造成城乡收入差距扩大的基本成因已经从产品形态转句了价值形态,主要表现为农村资源要素价值流失。农村资源要素价值流失,主要表现在三个方面,其一是农村土地资源要素价值流失,较低价征收征用农村的土地;其二是农村的劳动力资源要素价值流失,其表现为廉价使用农村劳动力;其三是农村金融要素价值流失,主要表现为大量抽取农村的储蓄资源。最终造成小城镇经济发展缓慢,吸纳转移农村剩余劳力减弱。

2、小城镇吸纳农村劳动力的比重在逐年下降。

3、城乡二元结构的桎梏仍然没能有效破解。

三、新一轮乡村建设的时代特点

首先是乡村建设发展的时代背景有了新的变化。统筹城乡,破解城乡二元结构成为推进乡村发展的认识基础,推进乡村的发展是我们实现统筹城乡发展的基本要求。其二是深化农村改革发展必须更多的关注受益层面,要摆脱近些年改革受益层面偏窄、受益层面精英化、高层化的危险倾向,让广大的农民能够在城镇化的发展中、在我们的改革开放中公平的共享改革开放的成果。三是要积极稳妥地推进城镇化,注重提升城镇发展质量和水平,着力提高城镇综合承载能力,发挥好城镇对农村的辐射带动作用,壮大县域经济。

在今后的建设中要有三个改变:第一是要改变以往自然经济条件下形成的农村地域的聚落方式,重构城乡空间的聚落形态,形成以中心城市、县城、县的重点建制镇、一般镇和中心村为核心的城乡居民点的聚落体系。而在这个启民点的聚落体系的形成中,其关键和核心是在于小城镇。从发达国家来看,小城镇实际上承载了人口的主体。如:德国城镇人口中有70%的人是居住在小城镇;美国有50%以上的人是居住在5万人口以下的小城镇。第二是要改变以城市为主、为重的公共服务布局模式,形成推进城乡基础设施、公共服务设施和社会保障等基本公共服务均等化及建设的制度机制,形成以小城镇为核心的农村公共服务中心的服务圈。就是说今后为农村的服务应当从小城镇扩散出去,或者叫从大城市延伸到小城镇,再服务到农村,这是我们以往规划中间比较少涉及到的。第三是要改变以往以农式为主的社会管理模式,探索新型的城乡社区市民社会管理方式,形成依托小城镇的城乡统一协调的社会管理体制。这三个改变实际上意味着小城镇建设不单纯是以往以经济发展为重的要求,还赋予它相当一部分对广大农村地区社会服务的基本职能。我省在加强乡镇机构改革的实施意见中,很明显地体现了社会管理和服务职能,即:把经济工作的着力点放在营造良好的发展环境和扶持典型示范上,提升经济发展的质量和水平。着力增强社会管理和公共服务职能,拓宽服务渠道。

五个优先发展:一是优先发展那些能够带动现代农业发展的建制镇;二是优先发展为农村特色产业服务的特色镇;三是优先发展有一定产业基础吸纳农民工能力比较强的工业镇;四是优先发展承接大中城市产业转移的小城镇;五是优先发展有效改善周边农村地区人居环境的中心镇。要于展好县域、镇村体系的规划,将政府支配的公共资源优先的向国家重点镇配置,推动镇域规划的全覆盖,在县域经济发展中保护好乡村的特色风貌，发展那些乡土特色、民族特色鲜明的特色产业，引导乡村向特色方向发展。

乡村的发展应因地制宜，注重实际，找准发展方向。如：工业发展带动型；灾后恢复重建型；工程建设移民型；富裕起来的农民投资建设型；古村镇及特色景观旅游名镇村型，特色景观旅游名镇村能带动村镇的第三产业发展，同时促进三农资源的利用（民族民间文化、村庄民居建筑、农业田园景观），以旅游为抓手来带动整个小城镇的发展。

四、大理州今后一个时期新农村建设的目标任务和措施

何金平州长在2011年2月召开的大理白族自治州第十二届人民代表大会第四次会议上所作的《政府工作报告》中提出："十二五"期间，"加快新农村建设步伐，重点实施好'百村整治'、中心集镇、扶贫开发、综合开发示范园'四大工程'。扶持24个中心集镇、120个中心村、180个示范村建设，实施250个自然村扶贫开发，新解决30万贫困人口温饱问题。洱海流域扶持建设200个生态文明重点村。"

1、从2011年开始，12个县市每两年各安排1个中心集镇，每年各安排200万元建设补助。中心村建设每年安排24个，5年完成，每个补助80万元。示范村每年每县安排4个，每个补助30万元。省安排我州21个特色小镇建设，从2011年起每个镇安排30万元规划经费。

2、在"十二五"规划中，各级政府都把中小城市和小城镇作为扶持发展的重点，积极促进中小城市和小城镇在优化空间布局、完善城市功能，承接大城市的产业转移、提升城镇品质。在制度安排、政策引导、措施落实上能够给予更多的保障和支持，吸纳各类生产要素和市场要素向小城镇集中，优化各类资源的配置，尊重小城镇发展优胜劣汰的自然过程，有能力、有潜力、发展快的政府就要多支持。

3、必须坚持城乡一体化发展的科学规划。先规划后建设，无规划不能建设，以规划指导乡村，以规划引导分散的自然村庄相对集中建设，统筹使用分散在各部门的资金，实现城乡基础设施和公共服务设施的同规划、共建、共享、共用。

4、大理州为多民族聚居区，要执行好《云南省大理白族自治州村庄规划建设管理条例》。中心集镇、中心村的建设发展会涉及调整农村居民点，农村居民点调整要尊重城镇化发展的客观规律和依循农村发展的实际；农村居民点调整不单要有规划，还要有最基本的基础设施和公共服务设施的投资保障，探索农村人口向集镇、中心村聚集的政策和激励机制。在新建的农村居民点必须要制订最低的建设用地标准和设施配套要求，避免农村居民点沦为新的贫民窟；新居民点调整中要注意保护农村的特色。

5、要提高规划编制水平，加强对中心集镇、中心村发展的规划指引，以规划促进城乡资源要素的合理配置，以市场的力量来实现城乡资源的公平竞争。以集中产业，集聚人口，集群企业，同步谋划城乡空间布局和城乡居民点布局，基础设施的建设规划同步向农村地区延伸，生产要素的配置要城乡同步进行布局、组织和安排，发展成果要同步推进城乡共同享有。

6、因地制宜，科学合理地做好规划。我州集镇和村庄的分布区域主要有两种类型，即：坝区和山区。坝区人口稠密，村庄密度大，多为良田，是主要的农作区。在规划上应更加重视对土地资源的节约，要把空心村可用的土地资源统筹考虑，解决好产业发展、人口聚集与耕地平衡的关系。山区的集镇村庄多数分布在峡谷中或陡坡上，因此规划要特别重视防灾的问题，根据地形合理确定路网和路宽，规模不求大，道路不求宽，以特色取胜。

7、统筹好城乡建设活动的管理，加强对农村地区建设质量安全的监管，将建设活动的质量安全管理延伸服务到乡镇，推行农村的建筑工匠的管理制度。要坚持绿色的可持续发展，防止城市污染向农村扩散，保护好我们的历史文化、民族文化、生态环境和特色景观。

（《专文》责任编校：王超英）

一年一度三月街民族节如期在大理举行

（李志华　供稿）

大事记

（2011 年 1～12 月）

一　月

5 日　全州烟叶工作会议召开。会议的主题是：进一步统一思想认识，坚定发展烟草产业的信心和决心，明确当前和今后一段时期的烟叶生产目标任务，不断巩固大理州烟草产业的支柱地位。会议强调，强化责任，狠抓落实，保持全州烟草产业持续健康发展的良好势头。

6 日　州委、州政府召开全州新农村建设工作会议。州委书记刘明在会上作重要讲话，州委副书记、州长何金平主持会议，州委副书记王雪峰对《中共大理州委大理州人民政府关于加快推进“十二五”期间新农村建设的实施意见》起草情况作说明。

7 日　大理市召开旧城改造汇报会，州委书记刘明，州委副书记、州长何金平在会上指出，要进一步提高对大理市，尤其是下关旧城区改造的重要性的认识，解放思想，以人为本，坚持创新，狠抓落实，力争用 3～4 年时间，使下关旧城区有较大改观，成为名副其实的滇西中心城市核心区。

8～9 日　环保部西北督查中心主任汪冬青率国家“十一五”主要污染物总量减排第 18 核查核算组一行，到大理州检查“十一五”主要污染物总量减排工作。

10 日　州委副书记、州长何金平在州委常委、常务副州长马建全，州人大常委会副主任、州总工会主席彭增梅的陪同下到弥渡县调研经济社会发展情况。

11 日　2011 年“洱海保护月”活动动员大会在下关举行。

△　州委书记刘明在州委常委、州委秘书长杨健及州国土、旅游部门负责人的陪同下，深入鹤庆县银都水乡新华村就旅游“二次创业”进行调研。

△　由州委、州政府主办，州委宣传部牵头的全州 2011 年文化科技卫生“三下乡”示范活动启动仪式在永平县隆重举行。州委常委、州委宣传部部长王以志出席启动仪式并讲话，州人大常委会副主任陆璐，永平县委、县政府主要领导出席启动仪式。

△　州委常委、州委政法委书记茶忠旺，州人大常委会副主任刘世兴，州人大常委会副主任、州总工会主席彭增梅，州政协副主席孙珍玲一行走访慰问了巍山县的部分困难党员、老党员、特殊困难职工、农村特殊困难户、建设工地工人代表和公安干警，及时将党和政府的温暖与关怀送到他们心中。

12 日　全州教育工作会议在下关召开。州人大常委会副主任杨宴君出席会议，副州长洪云龙作讲话。会上还对 2010 年目标管理考核先进县市进行了表彰。

13 日　大理市公安局荣获“全国公安机关执法示范单位”和“全省公安机关执法示范单位”挂牌仪式在下关举行。省州公安机关相关负责人及大理市的有关领导出席挂牌仪式。

14 日　州政协主席袁爱光带领有关部门负责人，深入基层看望慰问困难群众和特困职工，给他们送去了慰问金和慰问品，带去了党和政府的亲切关怀和新春的祝福。

△　省总工会纪检组长、经审委主任陈欣生，州委常委、州委秘书长杨健，州政协副主席孙珍玲等一行组成的春节慰问组到鹤庆开展 2011 年春节“送温暖”慰问活动。

△　州委发文授予龙进品“大理州优秀法官”荣誉称号。

17 日　州委常委、州委统战部部长杨秀星，州人大常委会副主任、州总工会主席彭增梅等领导一行，到洱源开展春节走访慰问活动。把党和政府的关怀和温暖送到了该县部分下岗职工、困难党员、老党员、劳动模范家中。

△　州委常委、州委宣传部部长王以志在州委老干部局有关负责人的陪同下，代表州委、州政府对老干部进行了看望慰问。

18 日　全州政法工作会议在下关召开。会议提出，履行第一责任，服务发展要务，为实现大理州经济社会跨越发展提供更加有力的法治保障。

△　全州检察长会议在下关召开，会议围绕贯彻落实全省政法工作会议及省检察长会议精神，对全州 2010 年的检察工作进行了总结，研究部署了 2011 年的主要工作任务。

20 日　大理州航务管理处（大理州地方海事局）开始在洱海水域主要码头（渡口）安装地名标、靠泊标等助航设施。这是大理州首次在辖区水域安装助航设施。

24 日　昆明市工商联大理总商会在昆成立，并召开了首届会员大会。州委书记刘明为总商会授牌，州委副书记、州长何金平讲话，州人大常委会主任字国顺、州政协主席袁爱光、副州长程云川出席，州政协副主席、州工商联会长寇铸勋主持会议。

△　州委副书记王雪峰，州人大常委会副主任杨宴君，州政协副主席毕熊光在州工信委负责人的陪同下，先后到祥云飞龙实业有限公司、祥云龙云经贸有限公司、力帆骏马车辆有限公司、大理药业有限公司，看望慰问大理州部分重点民营企业的广大干部职工，为他们送去春节的问候和新春的祝福。

25 日　全州工商行政管理工作会议在下关召开。会议提出，在 2011 年的工作中，必须认清新形势，明确新任务，迎接新挑战，把握新要求，扎实推动工商行政管理事业迈上新台阶。

△　大理州星影农村数字电影院线有限责任公司正式挂牌成立，标志着大理州农村数字电影放映工程全面启动。

26 日　州委、州政府在古城风花雪月大酒店隆重举行春节团拜会，全州各族各界代表欢聚一堂，喜迎新春，共谋白州事业发展。州委书记刘明在团拜会上致辞，州委副书记、州长何金平主持团拜会。

△ 全州发展改革工作会议在下关召开，会议总结"十一五"期间发展改革工作，安排部署2011年全州发展改革工作主要任务。会议强调，坚持科学发展，转变发展方式，千方百计增加投资规模和强度，为顺利实施"十二五"规划开好局、起好步。

△ 州红十字会举行"红十字博爱送万家"活动。州人大常委会副主任杨宴君，州政府副州长、州红十字会会长洪云龙，州政协副主席张树藩等领导出席活动，并向州癌症康复委员会会员和大理市31个社区的贫困居民发放了棉被、毛毯、衣服等价值13万元的募捐救灾物资。

27日 州委书记刘明，州委常委、州委秘书长杨健，州委常委、州委组织部部长叶翠萍在州老干部局等有关部门负责人陪同下，先后走访慰问了木凤章、马品珍、杨旻、杨信全等在下关担任过正厅级领导职务的离退休老干部，向他们送去了州委、州政府的深切关怀和新春祝福。

△ 州委副书记、州长何金平对鸡足山旅游公路建设进行调研时强调，要真抓实干，精心组织，科学施工，把鸡足山旅游公路建设成为一条"生态路、文化路、富裕路、廉政路"。

28日 副州长程云川率领安监、交通、消防、交警等有关部门负责人，实地检查了东部客运站、大理中运汽车贸易有限公司、大丽高速公路第一合同段。

△ 州委常委、州委组织部部长叶翠萍在有关领导陪同下，深入大理州民族中学、州植保植检站等单位，对大理州第二届优秀高层次人才进行走访慰问，向他们送去党委、政府的关怀与鼓励。

△ 州委、州人民政府在海湾国际酒店举行2011年工业企业迎春座谈会，与企业家们面对面交流，大家欢聚一堂，共叙情谊，共话发展，喜迎佳节。

30日 省委常委、省纪委书记李汉柏到鹤庆县调研民生工程及重点项目建设工作，他强调，要认真贯彻落实十七届五中全会精神，以科学发展观为统领，关注民生，夯实基础，切实加快经济社会科学发展。

二　月

2日 州委常委、州委统战部部长杨秀星，州人大常委会副主任陆璐，副州长李红卫，州政协副主席寇铸勋走访慰问了春节期间坚守工作岗位的干部职工，向他们送去了党委政府的关心和新年的祝福。

△ 州委常委、州委政法委书记茶忠旺一行前往州公安局和州交警支队进行走访慰问，代表州委、州人民政府向坚持在工作第一线的公安干警送去新春祝福和诚挚问候。

6日 大理州农村数字电影放映工程在弥渡县红岩镇果园村正式启动。

10～11日 全国政协副主席白立忱在省政协副主席顾伯平等领导的陪同下到大理考察。州委书记刘明，州委副书记、州长何金平，州政协主席袁爱光，州委常委、州委秘书长杨健等领导陪同考察。

11日 由云南省农业厅、省林业厅、省旅游局、省花卉产业办公室、大理州人民政府、中国花卉协会兰花分会、中国花卉协会茶花分会主办，大理市人民政府承办的2011中国大理第四届国际兰花茶花博览会在下关隆重开幕。本次盛会共邀请到美国、德国、日本、韩国和台湾、香港、澳门以及各省、市、自治区共96家参展单位，展出兰花上千个品种、1万多盆，茶花200多个品种、近10万株。

△ 副省长孔垂柱率省级有关部门领导到宾川县调研农业农村工作。

12日 云南省村级公益事业建设一事一议财政奖补试点工作现场会在宾川召开。省人民政府副省长孔垂柱，国务院综改办主任王卫星，州委副书记、州长何金平，州委常委、州纪委书记梁志敏，副州长岳黎松，省级有关单位领导和全省各州市分管领导及相关部门负责人出席会议。

13日 由州委、州人民政府和中国广电协会纪录片工作委员会、求是影视中心共同组织的"感受大理"全国电视媒体采风活动开镜仪式暨媒体见面会在下关举行。

△ 云南省第八届农民运动会大理州筹备工作汇报会在下关召开。副省长孔垂柱就做好下一步工作提出具体要求，州委副书记、州长何金平汇报筹备工作。

15日 大理州召开第四批新农村建设工作队及指导员工作总结表彰暨欢送第五批指导员视频会议，总结成绩，表彰先进，部署第五批新农村建设工作队和指导员工作。

16日 2011年云南省中长跑、竞走冠军赛在州体育馆开幕，来自全省各州、市的22支代表队将在大理进行为期3天的比赛。

19～22日 著名导演、影视演员姜文在中国文联副主席、中国作协副主席丹增大力引荐并陪同下，到大理考察影视文化产业。州委书记刘明，州委副书记、州长何金平，州人大常委会副主任杨宴君，州政府副州长李红卫等领导陪同丹增、姜文一行到大理古城、双廊、喜洲、海东等著名古镇以及大理学院、漾濞石门关进行考察。

21日 州委召开全州党史工作会议。会议强调，锐意进取，开拓创新，努力提高大理州党史工作科学化水平，充分发挥党史以史鉴今、资政育人作用，不断开创党史工作新局面，更好地为"十二五"全州经济社会发展服务。

△ 大理州召开全州提高优质烟叶有效供给能力工作会议。州委常委、常务副州长马建全，州人大常委会副主任张如旺，州政府副州长岳黎松，州政协副主席张树藩等出席会议。

22日 大理州召开文明大理建设示范工程表彰大会，一批文明大理建设示范工程先进县市、先进单位和先进个人受到表彰。州委书记刘明出席会议并讲话。

23日 全州宣传部长座谈会在下关召开，会议进一步贯彻落实全州宣传思想暨文化建设工作会议精神，并对做好大理州宣传思想和文化建设工作提出要求。

△ 全州组织工作会议召开。会议强调，选好干部，配强班子，努力为实现"十二五"奋斗目标提供坚强组织保证。

24日 共青团大理州十一届四次全委(扩大)会在下关召开。会议强调，进一步增强做好新形势下共青团工作的责任感和使命感，努力推动大理州共青团事业科学发展。

28日 全州统战部长会议在下关召开。会议提出，统一战线要着眼维护社会和谐稳定大局，创新思路，整合资源，凝心聚力，开拓创新，努力推动全州统一战线工作再上新台阶，为实现大理州"十二五"良好开局贡献力量。

△ 大理州公安局召开全州公安工作会议，这次会议的主要任务是：认真贯彻落实全国、全省、全州政法工作会议、全省公安局长会议精神，总结2010年全州公安工作，安排部署2011年公安工作。州人民政府副州长、州公安局局长陈川出席会议并作重要讲话。

三　月

1日　州委书记刘明到祥云县实地检查指导中国烟草云南祥云大型水源工程建设。刘明强调，要万众一心，奋力拼搏，争分夺秒，攻坚克难，倾力建好青海湖水库，创水源建设历史奇迹。

△　全州财税工作会议召开。会议强调，继往开来，开拓进取，全面促进基本公共服务均等化，努力开创大理州财税科学发展新局面。

3日　州人民政府与中国冶金科工股份有限公司在龙山国际会议中心签订战略合作框架协议，大理市人民政府与中冶连铸技术工程股份有限公司旧城改造项目合作框架协议同时签订。

4～5日　被誉为"暴力美学大师"的香港国际知名导演吴宇森一行到大理为将于2011年底开拍的电影故事片《飞虎队》作前期调研和选景工作。州委书记刘明，州委常委、州政府副州长蔡春生会见吴宇森一行，并介绍了近年来的大理影视文化产业发展情况。

7日　全州宗教工作会议在下关召开。会议提出，全面贯彻落实党的宗教工作基本方针和《宗教事务条例》，依法管理宗教事务，促进宗教领域和谐稳定，努力开创全州宗教工作新局面，为实现"十二五"经济社会发展的宏伟目标做出更大的贡献。

△　全州民族工作会议在下关召开。会议全面总结了"十一五"以来的民族工作，安排部署2011年全州的民族工作任务。会议提出，要牢牢把握各民族"共同团结奋斗、共同繁荣发展"的民族工作主题，坚定信心，务实创新，狠抓落实，不断开创民族团结进步事业新局面，努力争当民族团结进步模范州。

8日　州妇联、大理市妇联和大理市体育局联合在龙山行政办公区广场举行庆"三八"拔河比赛。州人大常委会副主任杨宴君、州政府副州长许映苏、州政协副主席孙珍玲出席开赛仪式。

10日　全州旅游工作会在大理召开。会议提出，大胆创新，力求突破，尽快形成"大旅游"格局。州委常委、副州长蔡春生到会讲话，并与各县市人民政府签订大理旅游二次创业责任书；州人大常委会副主任杨宴君，州政协副主席孙珍玲等出席会议并为在2010年旅游工作方面做出突出成绩的单位和个人颁奖。

△　全州体育工作会议在大理召开。会议提出，集中精力，发挥优势，狠抓落实，为旅游发展和城市形象提升注入活力。

12日　"美食大理、品味巍山"首届中国大理巍山小吃节开节仪式在国家历史文化名城、中华彝族祭祖圣地——巍山古城拱辰楼广场隆重举行。

12～13日　全省供销合作社改革发展工作现场推进会在大理召开。会议提出，"十二五"期间，全省供销合作社要围绕"两强一堡"建设和流通活省的总体要求，加快"两个服务体系"建设，开创供销合作社"二次创业"新局面。

13日　滇川黔桂四省(区)毗邻县第二届彝学研讨会在巍山县举行。原云南省民委主任、省彝学会会长马立三，原大理州委副书记、大理州彝学会会长颜绍学以及来自云南、四川、贵州、广西四省(区)的彝学专家、学者参加研讨会。

15日　州委书记刘明到大理市对大理旅游重点项目建设情况进行实地检查指导。刘明强调，要进一步增强项目建设的紧迫感和责任感，坚定信心、明确责任，加强领导、加强协调，齐心协力、狠抓落实，加快推进大理旅游重点项目建设步伐，努力实现大理旅游产品转型升级，扎实推进大理旅游二次创业。

△　大理州与昆明16强旅行社举行2011年大理旅游产品营销研讨会，州委常委、副州长蔡春生参加研讨会并就相关问题提出要求。

16日　州委书记刘明在调研大理州文化建设工作时强调，要进一步解放思想，开拓创新，抢抓机遇，不断深化文化体制改革，坚持行政推动与市场运作相结合，实现大理州文化事业和文化产业又好又快发展。

△　州人民政府召开会议，总结"十一五"时期全州民政工作取得的成绩和经验，对2011年工作进行安排部署。州人大副主任刘世兴，州政府副州长许映苏，州政协副主席孙珍玲出席会议。

17日　2011年全州卫生工作会议在下关召开。会议强调，励精图治，开拓创新，深化医药卫生体制改革，全面推动卫生事业健康科学发展。州委常委、州纪委书记梁志敏，州人大常委会副主任杨宴君，州政府副州长洪云龙，州政协副主席杨泽恒出席会议。

△　州委书记刘明到宾川检查指导鸡足山旅游公路以及旅游景区重点项目建设情况。刘明强调，进一步增强项目建设的紧迫感和责任感，加强领导，加强协调，科学组织，精心施工，齐心协力，再接再厉，攻坚克难，全力推进鸡足山旅游公路和景区重点项目建设步伐，把鸡足山打造成为世界知名旅游景区。

18日　州直机关党委党建工作会议召开。会议强调，服务中心，建设队伍，以创新思路积极做好新时期机关党建工作。

△　全州公安交通管理工作会议召开。会议提出，要认清形势，围绕中心，服务大局，把交通安全作为保障民生、构建和谐社会、促进社会稳定的重要工作来抓紧抓好，创造安全畅通的交通。州政府副州长、州公安局局长陈川，州政协副主席孙珍玲出席会议。

20日　大理州、市畜牧兽医局联合开展"瘦肉精"专项整治活动，深入大理市兴城生猪定点屠宰场、大理苍山雪畜牧科技有限责任公司、大理市良种母猪扩繁场、喜洲镇兽药经营点等地进行专项检查。

21日　大理州领导和有关部门负责人与湖南张家界市桑植县的白族同胞们欢聚一堂，隆重举行由大理州援建的芙蓉桥白族乡喜洲街揭牌仪式，州长何金平为喜洲街题写了街名。

21～22日　全州人口和计划生育工作暨党风廉政建设工作会议在下关召开。会议总结了"十一五"期间和2010年度全州人口和计划生育工作，对做好当前及"十二五"时期的人口和计划生育工作进行了部署。会议强调，创新工作思路，强化运行机制，推动人口和计划生育工作再上新台阶。

22日　州委副书记杨健在弥渡县主要领导及州级有关部门负责人的陪同下，到弥渡县检查指导水利基础设施建设和春耕备耕工作。

△　大理州召开纪念"3·23"世界气象日座谈会。州政协副主席孙明，州级相关部门领导出席会议，并紧紧围绕2011年世界气象日"人与气候"的主题作了发言。

23～24日　省政协副主席顾伯平带领调研组到创先争优联系点弥渡县调研创先争优工作。顾伯平指出，弥渡县要以深入开展创先争优活动为契机，紧密结合弥渡实际，加快经济发展方式转变，促进全县经济社会跨越式发展。

28日　全州环保工作会议在大理召开。会议提出，围绕全州"十二五"经济社会发展规划，坚持生态优先，服务科学发展。

△　全国烟草水源工程建设座谈会在大理召开。州委副书记、州长何金平代表州委、州政府汇报云南烟草祥云大型水源工程建设情况。

29～30日　大理州召开人力资源和社会保障工作会议，回顾总结“十一五”以来的工作，分析“十二五”人力资源社会保障工作面临的形势，安排部署2011年的各项任务。

29～31日　由大理州老年体育协会主办，中共弥渡县委、县人民政府承办的2011年“花灯杯”全州老年人体育运动会在美丽的小河淌水故乡弥渡县隆重举行。来自全州12县市和州直机关老年人体育协会的近280多名老年人体育运动员参加盛会，本着“重在参与、重在交流、重在健康、重在快乐、展示风采、交流才艺”的原则，举行了门球、柔力球、舞蹈三项文体活动的比赛。

30日　州委书记刘明，州委副书记、州长何金平率州委理论学习中心组到祥云开展学习活动。

△　大理州侨联第五届五次全委会议在下关召开。会议总结回顾2010年侨务工作，安排部署2011年的工作任务。会议号召，全州各级侨联要进一步凝聚侨心、围绕中心、服务大局、汇集侨智、发挥侨力，为实现大理州“十二五”目标任务贡献力量。

31日　《人民文学》大理创作基地在南诏风情岛授牌成立，大理正式成为《人民文学》的第五个创作基地。州委常委、州政府副州长蔡春生，《人民文学》副主编宁小龄、商震等出席授牌仪式。

四　月

1日　大理州在下关苍山饭店召开全州保密工作、“五五”保密法制宣传教育总结表彰暨泄密隐患警示教育现场演示会。

△　州委书记刘明到弥渡、巍山专题调研水利基础设施建设情况。刘明强调，要进一步增强水利建设的紧迫感和责任感，解放思想，把握机遇，创新思路、创新机制、创新方法，做好规划和项目前期准备工作，全力推进水利工程建设步伐，把全州水利建设推向一个新阶段，实现全州水利建设新跨越。

6日　全州商务工作会议在下关召开，会议总结了“十一五”期间全州商务工作，研究部署“十二五”商务发展规划及2011年工作。会议提出，未来五年，大理州商务工作将突出招商引资重点，着力提高引进资金的质量和水平，大力推动对外贸易发展，保持对外贸易稳步增长，着力打造县市中心商业圈；高度重视“万村千乡”市场工程，发展壮大商贸业，努力构建大开发、大市场、大流通的商务发展新格局。

8日　全州档案工作会议召开。这次会议的主要任务是：学习贯彻全省档案工作会议精神，研究全州档案事业发展“十二五”规划，部署2011年档案工作。

△　全州优化烟叶结构预整地现场会在祥云召开。会议提出，要进一步提高认识，增强紧迫感，突出优化烟叶结构面积的落实，强化预整地工作，确保高标准、高质量圆满完成移栽任务，为实现优化烟叶结构工作任务目标奠定基础。

△　全州接待工作会议在下关召开。州委常委、常务副州长马建全出席会议并强调，要严格控制接待经费开支，厉行节约，确保2011年大理州接待经费零增长控制目标的实现。

11日　州政协主席袁爱光率调研组到大理市，对“1＋6”滇西中心城市群的区域功能定位、产业布局、发展重点以及优化和发挥好区域功能的对策措施等问题进行专题调研。调研组与大理市相关单位负责人座谈，听取大理市委、市政府工作汇报。

11～12日　“迎农运促增收”全州农业系统首届职工运动会在下关举行。州委常委、常务副州长马建全在运动会开幕式上宣布运动会开幕，州委常委、州委组织部部长叶翠萍出席运动会开幕式，副州长段玠在开幕式上讲话。

11～13日　在省招商局局长杜勇陪同下，华彬集团董事局主席、红牛集团董事长严彬率领华彬集团办公厅主任朱东海，华彬集团总经济师、华彬产研学教育学院院长祁忠瑞，华彬大理项目民族赛马会负责人尚黎，华彬集团高尔夫项目顾问杨辉光，华彬艺术品中心总经理沈朱以及北京设计团队、广东设计团队、高尔夫设备商有关负责人一行就深入推进大理华彬绿色健康之都项目实施建设进行考察。

12日　大理州召开现场会，安排部署2011年春耕生产工作。会议强调，加强领导，强化措施，立足“早”突出“快”狠抓“实”，掀起春耕生产高潮，确保2011年全州农业生产任务全面完成。

△　全州审计工作会议在龙山国际会议中心召开。会议提出，牢牢把握主题，紧紧扣住主线，确保“十二五”审计工作开好局起好步。州委常委、常务副州长马建全代表州委、州政府出席会议并讲话。

12～14日　由中国新闻社、中央人民广播电台、中国绿色时报、香港文汇报、云南日报等中央及省近20家主流媒体组成的采访团，在省林业厅的带领下，到永平县采访集体林权制度改革配套改革工作取得的新成效。

13日　州委召开议军会暨州国动委第六次会议。会议强调，统一思想、突出重点、狠抓落实，不断提升大理州国防动员和后备力量建设水平。州委书记刘明在会上作重要讲话，州委副书记、州长何金平主持会议。

△　2011年全州外事工作会议在下关召开。会议深入分析了当前外事工作面临的形势和任务，并提出大理州将要进一步构建大外事格局，积极配合推进云南“桥头堡”建设和大理滇西中心城市建设。

13～14日　云南省非税收入管理工作会议在大理召开。州政府副州长程云川在会上致辞，省财政厅副厅长兼省非税收入管理局局长计毅彪等出席会议。

14日　州委书记刘明主持召开州委常委会议，传达学习中共中央政治局常委、国家副主席习近平在学习杨善洲先进事迹做人民满意的好党员好干部座谈会上的重要讲话精神。会议要求，全州各级领导干部和广大党员要按照习近平副主席的要求，认真贯彻胡锦涛总书记关于向杨善洲学习的重要指示精神，以杨善洲为镜子，找差距、增动力，自觉加强党性修养，自觉实践党的宗旨，继续把向杨善洲同志学习活动引向深入，做人民满意的好党员好干部。

16日　大理旅游官方网开通暨大理数字旅游平台启动，可以让海内外游客更好地解读大理特别是了解大理旅游，让大理旅游进一步走向全国、走向世界。

17日　中国著名白族油画家杨作霖作品展举行开展仪式，此次作品展自17日至24日在大理州群艺馆展出，展出的60余件作品集中体现了杨作霖先生的才学智慧和艺术成就。

△　州委书记刘明宣布，中国首家专题农村电影历史博物馆、云南首家专题电影博物馆——中国大理农村电影历史博物馆在大理古城电影院正式开馆。

18日　州委书记刘明宣布“大理州博物馆馆藏书画艺术展”开展，该馆珍藏的多件历代书画艺术珍品，也正式与广大群众见面。

19～20日　十届全国人大常委会副委员长兼秘书长盛华仁率领由全国人大常委会委员、全国人大法律委员会副主任委员、全国人大常委会法工委主任李适时，十届全国人大常委会委员、十届全国人大法律委员会主任委员杨景宇等组成的调研组到大理州开展地方组织法修改调研。

19～21 日　印尼力宝集团董事局主席李文正率领集团高管组成的投资考察团一行 8 人，在省侨办主任杨光民等陪同下到大理考察，州委副书记、州长何金平，州委常委、副州长蔡春生，副州长程云川会见投资考察团一行，并就相关合作意向达成协议。

21 日　副省长顾朝曦在省政府办公厅、省商务厅等省级有关部门负责人陪同下，到大理州就大理省级经济开发区开发建设情况进行专题调研。州委书记刘明，州委副书记、州长何金平，州委常委、大理市委书记杨光军，副州长程云川，州级有关部门、大理市政府、大理经济开发区领导陪同调研并参加汇报会。

22 日　州委、州政府召开大理学院现场办公会，州委书记刘明，州委副书记、州长何金平在王以志、岳黎松、杨光军、杨宴君、洪云龙、毕熊光、李超及州、市有关部门领导的陪同下，深入大理学院及附属医院进行现场办公。

24 日　全州 2011 年公务员录用考试工作全面展开，14400 人参加考试竞争 458 个岗位。州委副书记杨健，州委常委、州委组织部部长叶翠萍，州人大常委会副主任刘世兴，州政府副州长程云川，州政协副主席孙珍玲到考场巡视。

26 日　大理州召开 2011 年全州消防工作电视电话会议。会议强调，认真贯彻落实中央，省委、省政府关于深入推进构筑社会消防安全“防火墙”，打造“云岭消防铁军”的要求，分析形势，明确任务，持续改善大理州消防安全环境，坚决预防和遏制重特大火灾事故的发生，努力开创全州消防工作新局面。

△　全州残疾人工作会议在下关召开。会议全面回顾总结“十一五”时期全州残疾人工作取得的成绩和经验，安排部署 2011 年和“十二五”时期残疾人工作。会议提出，要加强领导，健全机制，夯实基础，同心协力，锐意进取，扎实工作，努力开创全州残疾人事业发展的新局面。

27 日　州委、州政府在为期两天的现场调研基础上，召开全州工业经济工作调研座谈会，共商工业经济领域转变发展方式、调整产业结构大计，促进大理州工业经济向着更高更强目标迈进。会议强调，要进一步把握机遇、解放思想、凝心聚力抓工业，采取有力措施，突出重点，狠抓落实，努力实现全州工业经济“十二五”开好局、起好步。

△　州卫生防疫总队正式成立，标志着大理州对各类突发公共卫生事件的处置更具规模化、专业化，全州的卫生应急规范性建设迈上了新的台阶。

△　以“中国南拓，东盟北展，创新市场，合作共赢”为主题的 2011 年中国——东盟贸易发展高峰论坛暨大理五洲国际商贸城项目启动新闻发布会在下关举行。

28 日　州委书记刘明宣布由五洲国际集团投资 50 亿元倾力打造，将全面整合升级滇西商贸市场、统领“大东盟经济圈”的示范项目——大理五洲国际商贸城正式奠基。

△　大理州召开《云南省大理白族自治州村庄规划建设管理条例》公布实施电视电话会，州委书记刘明，州委副书记、州长何金平，州人大常委会主任字国顺，省人大常委会民族委员会副主任纳麒讲话。州政协主席袁爱光，州委常委、州人大常委会副主任、州政府副州长、州政协副主席、大理军分区领导及四班子秘书长等参加会议。

△　全州群众工作暨社会管理创新工作会议在下关召开。会议深入学习白恩培、秦光荣、李纪恒在全省群众工作会议暨全省领导干部社会管理及其创新专题研讨班上的重要讲话精神，总结近年来大理州群众工作和社会管理工作取得的成绩，分析当前加强群众工作和社会管理创新工作面临的形势和任务，研究思路和举措，为进一步做好新形势下的群众工作和社会管理创新工作提高认识打牢基础。

29 日　全州优化烟叶结构移栽现场会在大理市湾桥镇和喜洲镇召开。会议强调，各县市要按时按质按量，在 5 月 10 日前完成烤烟移栽任务，5 月 15 日以前完成烤烟移栽扫尾工作。

五　月

3～4 日　州人大常委会主任字国顺深入弥渡县调研春耕备耕工作。字国顺强调，要确保领导到位、组织到位、服务到位，迅速掀起春耕生产高潮，高质量地完成春耕生产各项任务，促进农民增收和农村经济发展。

△　水利部总工程师汪洪率国家“血防”检查组一行到大理检查血吸虫病防治工作情况。省卫生厅副厅长杜克琳、州政府副州长洪云龙陪同检查。

5 日　全州加快推进政务服务体系建设工作会议召开，会议强调，严格要求，强力推进，按时完成大理州政务服务体系建设各项工作任务。

6 日　州委副书记、州长何金平在州委常委、常务副州长马建全，州委常委、大理市委书记杨光军，州政府秘书长李超及州、市有关部门负责人的陪同下，先后到大理创新工业园区、云南顺丰生物科技肥业开发有限公司、州市政务服务中心和公共资源交易中心建设现场调研指导工作。何金平在调研中强调，要统一规划，分步实施，先易后难，细化责任，重视民生，加强领导，加大投入，狠抓落实。

8～9 日　全州第五次延安精神进校园工作经验交流会在大理学院召开。会议总结了近年来大理州延安精神进校园活动的成果，并对今后的工作提出了要求和建议。

9 日　以州政协主席袁爱光为组长的州委、州政府调研组，到巍山县调研工业经济发展情况。

10～11 日　州委书记刘明到洱源调研洱海保护治理及生态文明试点县建设情况。刘明强调，要坚持以科学发展观为指导，牢固树立生态优先理念，坚持“产业发展生态化，生态建设产业化”的思路，完善生态基础设施，大力发展清洁能源，积极探索推进生态文明建设发展新模式，加快生态文明试点县建设步伐，促进经济社会又好又快发展。

11 日　国务院扶贫办外资项目管理中心组织首批企业家到大理考察投资环境及骨干项目。

11～12 日　州委副书记、州长何金平率州政府办、州工信委、州水务局、州农业局、州扶贫办等部门主要领导，到洱源县调研经济社会发展情况。

15 日　上午 10 时，大理州旅游二次创业重点工程之一的鸡足山旅游公路经过一年半的艰苦努力全线通车，从下关至鸡足山仅一小时车程，较原来缩短了近一个小时。

△　州委书记刘明先后到宾川、祥云县检查扶贫综合开发示范园区建设工作。刘明强调，充分发挥基层党组织的先锋模范作用，充分发挥广大群众的生力军作用，加大扶贫综合开发示范园区建设力度，进一步夯实园区群众发展基础，让广大人民群众得到更多实惠。

16 日　州人大常委会主任字国顺在秘书长李宗贤以及州人大农环委、州商务局负责人的陪同下，深入宾川县拉乌乡对扶贫综合开发示范园区建设情况进行调研。

16～17 日　法国驻成都总领事鲁索，法国开发署署长唐杰一行到大理州考察洱海保护，城市垃圾处理和清洁能源开发等项目。

16～19日　云南省残联2011年康复工作会议在大理召开。会议全面总结“十一五”全省残疾人康复工作取得的成绩和经验，查找存在的困难和问题，安排部署“十二五”期间的残疾人康复工作。会议提出，“十二五”时期，云南省残疾人康复工作要结合推进残疾人“人人享有康复服务”目标的实现，全面推进社区康复工作。

17日　省委书记、省人大常委会主任白恩培和国家烟草专卖局局长姜成康在省委常委、省人民政府常务副省长罗正富，国家烟草专卖局相关司局和省级各有关部门领导，中共大理州委书记刘明，州委副书记、州长何金平，州委副书记杨健，州委常委、州委秘书长岳黎松，州政府副州长陈川，以及州级各有关部门领导的陪同下，深入中国烟草云南祥云大型水源工程项目建设工地进行调研和考察。

18～19日　中共云南省委书记、省人大常委会主任白恩培深入大理州永平县和大理市进行工作调研。中共云南省委常委、省委秘书长杨应楠，省委副秘书长、省委政研室主任郑维川，中共大理州委书记刘明，州委副书记、州长何金平陪同调研。

20日　全州高端酒店建设专题工作会在下关召开。会议强调，要提高认识，强化管理，落实责任，全面推进，使规划建设中的各高端酒店按期竣工投入运行，使大理州酒店服务业的服务质量在3年内有明显提升。

△　州委书记刘明，州委副书记、州长何金平，州委副书记杨健，州委常委、大理市委书记杨光军，州政府秘书长李超等一行，先后深入到州园艺工作站和云南顺丰生物科技肥业开发有限公司，视察滇西特色花卉产业化开发示范书记科技工程和环保型精制生态有机肥研发及其产业化州长科技工程。刘明、何金平要求，加强科技攻关，充分体现大理花卉特色。

20～24日　国务院发展研究中心信息中心副处长金三林率调研组一行来到大理，对大理州扶贫、新农村工作队及基层组织建设、农村民生、供销社改革发展工作进行调研。

21日　云南省公安消防部队滇西协作区地震救援跨区域实战拉动演练在大理州弥渡县启动，来自全省8个州市共7支轻、重型搜救队294名官兵参加演练。

22～23日　全国人大常委会副委员长司马义·铁力瓦尔地率全国人大常委会促进民族地区经济社会发展专题调研组到大理州调研经济社会发展有关工作。

23～25日　中央党校新疆班学员到大理，就深入贯彻落实科学发展观、社会管理及其创新工作进行考察。

23～26日　州委副书记、州长何金平率领州级相关部门负责人，到云龙、永平、漾濞3县调研经济社会发展。

24日　国家住房和城乡建设部副部长陈大卫、法规司司长曹金彪，在云南省住房和城乡建设厅厅长罗应光，副州长李红卫等陪同下，到大理市考察廉租房建设情况。

25日　大理州召开专题会议，部署州第七次党代会代表选举工作。会议强调，加强领导，精心组织，确保质量，圆满完成州第七次党代会代表选举工作任务。

△　省政协副主席、省伊斯兰教协会会长马开贤到巍山县调研经济社会发展情况。

26～27日　全省2011年公安车辆管理工作会议在大理召开，来自省内16个州市的百余名交警聚集大理州，共同探索车辆管理“法宝”。

△　由云南省广电局主办的2010年度云南广播电视奖电视社教奖评选会在大理举行。大理州有11件作品分别获得一、二、三等奖及十佳栏目奖，成果喜人。

27日　州技工学校申报“大理高级技工学校”在下关通过了省级专家的评审。

28日　州委书记刘明深入宾川县平川镇朱苦拉百年古咖啡林调研时强调，山区、贫困地区经济社会发展和人民群众脱贫致富，必须充分发挥独特的优势，因地制宜，培植符合地方实际又能占领市场的特色产业。

30～6月2日　省人大常委会民族委到大理州调研农村公路和湿地保护工作，并以座谈会议的形式对第十二届州人大常委会第二十三次会议一审修改后征求意见稿《云南省大理白族自治州农村公路条例（草案）》和第十二届州人大常委会第二十三次会议一审修改后征求意见稿《云南省大理白族自治州湿地保护条例（草案）》进行修改指导。

31日　中国红十字会理事、国家审计署社会保障司司长李建新和国家工商局个体私营经济监督管理司巡视员潘海民在中国红十字会和省红十字会相关部门领导陪同下到大理州调研红十字会工作。

六　月

1日　州委书记刘明一行冒雨来到大理师范附属幼儿园和州级机关幼儿园，看望、慰问少年儿童和幼儿教师，与孩子们一起庆祝节日。

2日　州委、州政府在龙山国际会议中心召开汇报会，专题听取《大理滇西中心城市轨道交通概念规划》（方案）编制工作情况汇报。州委书记刘明，州委副书记、州长何金平，州人大常委会主任字国顺，州政协主席袁爱光，州政府副州长李红卫，州政协副主席孙明出席会议。

3日　大理州在苍山饭店召开征求意见会，听取社会各界代表对《大理滇西中心城市轨道交通概念规划》（方案）的意见和建议。

4～5日　首都医科大学血管外科研究所副所长、宣武医院院长助理、血管外科主任谷涌泉教授率专家组到大理州开展考察交流活动。

5日　省委常委、省纪委书记李汉柏在鹤庆县调研时强调，进一步落实科学发展观，加快经济发展方式转变，以云南桥头堡建设及“川藏经济走廊”建设为契机，夯实基础设施建设，着力改善民生，加快新型工业化、城镇化、“旅游二次创业”步伐，推进经济社会科学发展。

9日　省委常委、常务副省长罗正富率省发改委、省安全监管局、省水利厅防汛抗旱指挥部办公室等部门负责人，到鹤庆调研水电建设项目及安全度汛工作。

9～10日　全州加快工业发展大会在鹤庆县召开。会议强调，解放思想、抢抓机遇，突出重点、狠抓落实，深入实施工业强州战略，努力实现全州工业经济发展新跨越。

10日　大理州召开地方志工作会议，总结第二轮修志工作经验，安排部署下一步工作。州委常委、州政府副州长蔡春生出席会议并讲话。州人大常委会副主任杨宴君，州政协副主席孙明等领导出席会议并向地方志系统专家颁发聘书。

11日　2011年云南省高等学校基本建设学会暨学术年会在大理召开。

13日　全州司法行政工作会议在下关召开。会议指出，2011年大理州司法行政工作将以扎实推进社会矛盾化解、社会管理创新、公正廉洁执法三项为重点，努力在普法依法治理、法律服务、预防化解矛盾纠纷、基层基础工作和干部队伍建设5个方面实现新突破。

14日　州人民政府召开全州防汛工作会议。会议强调，认清形势，落实措施，真抓实干，努力做好大理州2011年防洪度汛各项工作。

15日　州人民政府召开2011年打击涉烟违法犯罪工作会议，总结2010年打击涉烟违法犯罪工作取得的成绩和经验，安排部署2011年工作任务。

16日　州重点旅游项目建设推进会在苍山饭店国际会议中心召开，州级四班子领导专题听取苍山大索道、鸡足山旅游景区综合提升改造、“希夷之大理”大型实景演出等重点旅游项目建设情况汇报。会议强调，统一思想，坚定信心，形成合力，按时按质按量完成重点旅游项目建设，为大理旅游二次创业创造有利条件。

17日　全州2011年“小金库”治理工作会议在下关召开。会议提出，明确责任，突出重点，稳步推进“小金库”治理第二阶段各项工作。

17～19日　省委副书记李纪恒在省州有关领导陪同下，深入祥云、漾濞、大理3县市专题调研大理州实施“十二五”规划，加快转变经济发展方式，加强民族团结进步，推进桥头堡建设情况。州委书记刘明，州委副书记、州长何金平，州委副书记杨健等领导陪同调研。

21～23日　由新浪网、云南日报、云南网、春城晚报、滇池晨报、云南信息报、云南法制报等12家媒体组成的漾濞县建党90周年“彝族山乡行”采访团，深入到漾濞县鸡街乡、龙潭乡、瓦厂乡，对漾濞县彝族村寨进行采访。

23～24日　由州老年人体育协会主办的庆“七一”全州乡镇老年人文体展演在下关举行。州委常委、州政府常务副州长马建全宣布展演活动开始。州人大常委会副主任杨宴君出席展演活动开幕式。州老年体协主席马国盛在开幕式上致辞。

24日　大理州举行各界人士纪念中国共产党成立90周年座谈会，共叙中国共产党的光辉历史和辉煌业绩，回顾中国共产党与统一战线各界人士亲密合作、携手共进的奋斗历程。

△　州直机关党委在龙山国际会议中心隆重集会，庆祝中国共产党成立90周年，同时对近年来机关党建工作中涌现出来的先进基层党组织、优秀共产党员和优秀党务工作者进行表彰。

27日　州委、州政府在剑川县召开剑川“3·2”森林火灾扑救工作先进集体和先进个人命名表彰大会，对火灾扑救工作中的先进集体和先进个人进行命名表彰。

28日　州政务服务中心龙山服务大厅正式启动运行，标志着大理州州级行政审批和服务集中受理、限时办结在政务服务工作中迈出了坚实的一步。

29日　大理州在大理市全民健身中心隆重集会，纪念伟大的中国共产党成立90周年，回顾党的光辉历史和丰功伟绩，展望未来发展的美好前景。

30日　州委书记刘明先后走访慰问了多名在下关的离退休老干部老党员，代表州委、州政府向他们致以节日问候和良好祝愿，感谢他们为党的革命事业、社会主义建设、改革开放和全州各项事业发展作出的贡献。

△　《中共大理地方史简明读本（第一卷）》和《大理州革命遗址通览》发行仪式在龙山国际会议中心举行。组织编撰并发行《中共大理地方史简明读本（第一卷）》和《大理州革命遗址通览》，是大理州庆祝中国共产党成立90周年系列活动的重要内容之一。

七　月

4日　全州机构编制工作会议召开。会议强调，围绕中心，服务大局，在新的起点上努力开创大理州机构编制工作新局面。

5日　全省水政工作会议在大理召开。会议认真总结回顾全省“十一五”水政工作，安排部署2011年及今后一段时期全省水政工作。会议强调，强化职能，依法治水，为云南省桥头堡建设提供有力的水资源保障。

△　州人民政府在下关召开全州铁路和高速公路建设工作座谈会，听取州发改委、州铁建办、大丽高速协调办、滇西铁路建设指挥部、大丽高速公路建设指挥部负责人对当前全州铁路、高速公路建设工作情况的汇报，进一步明确2011年铁路和高速公路建设工作的方向和重点，部署了下一步工作。

6日　经过两年多的设计、施工、编导、排练，作为大理旅游二次创业“旗舰”的大型梦幻神话剧《希夷之大理——望夫云》经过5次带妆彩排，在大理古城东郊正式首演。

△　国道214线上关至北五里桥公路正式建成通车。这条公路的通车，意味着滇西中心城市建设的基础设施得到进一步夯实，沿线村镇广大群众的出行更加方便快捷。

6～8日　全省政府系统研究室工作会议在下关召开。会议进一步贯彻落实《国务院关于支持云南省加快建设面向西南开放重要桥头堡的意见》和省委八届十次、十一次全会精神，分析当前国内外经济发展态势，明确今后一个时期全省决策咨询工作的重点和任务。

7日　全省深化乡镇机构改革工作座谈会在大理州召开。会议的主要任务是通报全省深化乡镇机构改革进展情况，进一步统一思想、把握重点，确保全省深化乡镇机构改革工作在2011年12月底前基本完成。

8日　全州大春农作物中耕管理现场会在巍山召开。全体参会人员先后到巍山县永建镇小围埂村委会小围埂村参观了玉米间套种现场，到永和村委会东莲花村实地察看了万亩水稻精确定量栽培、机插秧、病虫害统防统治和稻田养鸭等农作物中耕管理现场。巍山、漾濞、剑川、大理等县市在会上作了交流发言。

9日　全州2011年事业单位招聘专业技术人员笔试开考。10510名考生走进考场竞聘924个岗位。州委常委、州委组织部部长叶翠萍，州政协副主席张树藩，州政府秘书长李超等到考场巡视。

11～12日　上海团市委副书记夏科家一行，在共青团云南省委副书记杨金莹的陪同下，到大理看望上海赴滇挂职高校团干部，大理州委副书记杨健出席7月12日上午的座谈会。

12日　中国烟草2011年度全省基础设施暨水源工程建设工作会在下关召开。

13日　全州新农村建设总队长工作座谈会在鹤庆召开。会议提出，迅速掀起学习贯彻胡锦涛总书记“七一”讲话热潮，不断开创新农村建设工作新局面。

15日　州政协主席袁爱光在龙山国际会议中心会见泰国议会内务管理委员会主席蒙空斯里罕一行。

17日　全州工会工作会议在南涧县召开。会议回顾、总结和交流上半年工会工作情况，提出下半年工作的主要任务和奋斗目标，研究落实各项目标任务，引导帮助基层工会解决工作中遇到的实际困难和问题。

19日　州委召开州委党校工作专题会议。州委书记刘明在会上强调，采取有力措施，努力把州委党校建成最具活力、最具特色的领导干部教育培训基地，有力助推全州经济社会又好又快发展。

△ 2011年上半年全省气象局长会议在大理召开。省气象局局长丁凤育在会上讲话，州政府副州长李卫红到会致辞，省气象局副局长程建刚主持会议。

△ 以“共享的水，共享的机遇——节水、防污”为主题的2011年大理环保世纪行活动正式启动。

△ 全州烟叶收购暨现代烟草农业建设现场会在弥渡县召开。会议强调，优化烟叶结构，提高工作水平，圆满完成2011年烟叶收购任务。

20日 州委副书记杨健率州级相关部门负责人到永平县调研统筹城乡发展试点前期工作开展情况。杨健强调，要加快推进统筹城乡发展试点工作，努力把永平县建成统筹城乡发展的示范区。

21～22日 全省发展改革系统“六五”法制宣传教育动员大会在大理召开，安排部署全省发展改革系统“六五”法制宣传教育工作。州委常委、常务副州长马建全出席会议并致辞。

22日 全州水利改革发展大会在祥云县召开。会议全面总结了全州“十一五”水利建设成就，安排部署“十二五”水利改革发展工作。州委书记刘明要求，全州各级各有关部门要抢抓机遇，大力实施“兴水强州”战略，奋发有为。

24日 由大理州白族学会主办的纪念中国著名的白族革命活动家、民族学家、历史学家和教育家马曜先生诞辰百年座谈会在下关举行。来自昆明、大理和州内部分县市的专家40多人共聚一堂，共同缅怀马曜先生为云南经济社会发展和白族文化振兴奋斗的一生。

25日 州白族学会2011年年会在下关举行。州委副书记杨健出席会议并讲话。杨健指出，白族学会要充分发挥党委、政府联系广大白族同胞的桥梁和纽带作用，大力弘扬白族文化，促进民族团结进步，为全州经济社会又好又快发展做出新贡献。

27日 云南省文化厅“桥头堡”文化建设工作会议在大理召开。会议强调，要在解放思想中提升文化自觉，在总结经验中增强文化自信，在转变方式中谋求文化自强，在桥头堡建设中抢抓机遇，全力推动云南文化跨越式大发展。州委书记刘明出席会议并致辞。

△ 大理州老年体育协会第六次代表大会在下关隆重召开。州委副书记杨健代表州委、州人大、州人民政府、州政协到会祝贺并讲话；州人大常委会原主任、州老年体协第五届主席马国盛当选州老年体协第六届主席。

29日 大理州举行军地座谈会，热烈庆祝中国人民解放军建军84周年。

八 月

3日 州委召开全州群团工作座谈会，听取群团部门上半年工作进展情况，分析研究工作中存在的困难和问题，安排部署下半年工作。州委副书记杨健强调，要围绕中心、服务大局、狠抓落实，确保2011年群团工作各项目标任务完成，为“十二五”规划开好局、起好步积极贡献力量。

4日 大理州在大理国际会议中心召开座谈会，与由攀枝花市市委副书记、市长张剡，市委副书记、副市长赵辉，市人大常委会党组副书记、副主任张如英，市政府副市长张敏，市政协副主席严文洪率领的攀枝花市党政考察团进行交流座谈。州委副书记杨健，州委常委、副州长蔡春生向攀枝花市党政考察团介绍了大理州经济社会发展情况。州委常委、州委秘书长岳黎松主持座谈会。

△ 大理州召开2011年上半年经济运行分析会，研究当前宏观经济形势，分析总结上半年全州经济情况，安排部署下半年工作。会议强调，统一思想、提高认识、真抓实干，苦战5个月，确保全面完成2011年全州经济工作各项目标任务。

4～7日 团省委书记饶南湖到大理州调研基层共青团工作。通过调研，饶南湖对大理州共青团工作给予充分肯定，并对大理州共青团工作提出要求。

8日 全省社会主义新农村省级重点建设村工作会在宾川县召开。省委副书记、代省长李纪恒在会上强调，全省各级各部门要总结经验，创新举措，全面提升省级重点建设村质量和水平。

9日 全省新农村建设指导员工作座谈会在宾川县召开，会议总结了第五批指导员下派以来取得的成绩和经验，研究下一步下派指导员工作。省委副书记李纪恒在座谈会上要求，要统一思想，明确重点，再接再厉做好新农村建设指导员工作。

9～10日 大理州第三次统战部长联席会议在南涧召开，会上总结交流了各县市近年来在加快转变非公有制经济发展方式，促进非公有制经济企业转型升级方面的做法和经验，并围绕非公有制经济如何在转变经济发展方式中实现转型升级、进一步加强工商联工作和非公有制经济代表人士队伍建设等工作进行了研讨。

10日 中共大理州委六届十二次全体会议在下关召开。会议的主题是：深入学习贯彻党的十七大、十七届四中、五中全会、胡锦涛总书记在庆祝中国共产党成立90周年大会上的重要讲话精神和省委八届十一次全委会精神，审议通过大理州出席云南省第九次党代会代表候选人预备人选名单。

10～12日 由云南省人大常委会副主任程映萱，省人大常委会委员沈安波，省人大常委会委员、省人大民族委员会主任委员格桑顿珠，省人大常委会委员、大理州人大常委会主任字国顺等一行11人组成的云南省人大常委会《中华人民共和国税收征收管理法》（后简称《税收征管法》）执法检查组，到大理州就该法律的贯彻执行情况进行执法检查。

15日 大理州召开会议，认真总结“天保”一期工程，分析“天保”工程和草原建设面临的新形势，安排部署全州“天保”二期工程和草原建设工作。

16～17日 以省政府参事、省社科院原党组成员、副院长、研究员、博士生导师贺圣达为组长的省政府参事调研组到大理州大理市和剑川县调研旅游业发展与民族文化资源保护、开发情况。

17～18日 国务院县域经济发展研究中心秘书长李於禧率领厦门以晴集团有限公司董事长周以晴一行5人，到南涧考察茶叶产业。

18日 大理州扶贫基金会举行捐资助学仪式，大理华兴企业集团、大理泰兴实业公司、下关建设商场、大理福德公司等企业通过州扶贫基金会捐资33.6万元，资助大理州100名贫困大学新生圆大学梦。州委常委、常务副州长马建全，州人大常委会副主任杨宴君，州政协副主席张树藩，州扶贫基金会会长杨信全等领导参加了捐助仪式。

△ 大理州在龙山国际会议中心举行2011年“西部开发助学工程”资助款发放仪式，刚刚考上大学的41名贫困学子受到资助，其中12名由“西部开发助学工程”资助，29名由社会力量资助。

△ 州政府召开全州保障性安居工程建设工作推进会议，贯彻落实全省城镇保障性安居工程建设现场会议精神，总结大理州上半年保障性安居工程建设和管理工作，部署下一阶段工作的具体措施，确保圆满完成2011年保障性安居工程建设的各项任务。

△ 大理州启动了“医疗专家进社区”试点工作。大理市属地省、州、市9

家公立卫生单位与大理经济开发区社区卫生服务中心等4家社区医院开展对口支援。

23日　大理州召开会议，研究部署全州人防工作。会议强调，提高认识，开拓进取，努力开创全州人防事业新局面。

23～24日　由省科技厅、省食品药品监督管理局主办，中药现代化（云南）产业基地服务中心承办的2011年云南省云药之乡建设培训会在弥渡县举办。

26日　云南省企业新闻工作者协会2011年度年会暨好新闻评比表彰会在大理召开，省企业新闻工作者协会相关领导、各会员单位共70余人参加了会议。

30日　由省发改委、省能源局组织的大理州大风坝、者磨山风电场工程竣工验收会议在大理举行。经过验收委员会成员的实地考察和鉴定论证，大风坝、者磨山风电场顺利通过竣工验收。

九　月

1日　在中国·大理漾濞核桃节举办之际，大理州与省林业厅签订战略合作框架协议，并举行了云南省林业科学院漾濞核桃研究院挂牌仪式。

△　大理州工业和信息化委员会正式挂牌。

2日　由州人民政府、省林业厅、省旅游局主办，中国·大理漾濞核桃节组委会、州林业局承办的中国·大理漾濞核桃节核桃产业发展科技论坛在大理举行。

4日　大理崇圣寺三塔国家5A级景区正式揭牌。省旅游局副局长何池康，云投集团董事长保明虎，州委、州人大、州政府、州政协主要领导等参加揭牌仪式。州委常委、州政府副州长蔡春生代表州委、州政府致辞。

5日　省委、省政府在大理召开全省保护坝区农田、建设山地城镇工作会议。会议强调，加强耕地保护，转变用地方式，努力探索具有云南特色的城镇化道路。秦光荣在会上作重要讲话，李纪恒主持会议。

6日　省政协主席王学仁到大理州就“旅游二次创业”、新农村建设和农业产业化等方面工作进行调研。

△　省人大常委会副主任晏友琼在省人大常委会秘书长白保兴，州人大常委会主任字国顺和州人大常委会党组副书记杨秀星等领导的陪同下，到漾濞县调研《云南省漾濞彝族自治县漾濞核桃产业发展条例》贯彻执行情况。

7日　以中国烟叶公司副总经理聂和平为组长的国家烟叶收购检查组到祥云检查指导烟叶收购工作。

7～8日　中国、老挝、缅甸、泰国澜沧江—湄公河商船通航协调联合委员会第十次会议在大理召开。会议期间，四国参会代表对洱海水域水运一线进行了实地考察，对大理水上应急处置能力、建设和洱海通航管理予以高度赞誉。

11日　中国共产党大理白族自治州第六届委员会第十三次全体会议在下关苍山饭店召开。全委会由州委常委会主持。州委委员40人，州委候补委员9人出席会议，州纪委委员列席会议。

13日　2011年第三届大理国际影会组委会举行工作会议。会议要求，进一步统一思想，明确任务，扎实工作，确保第三届大理国际影会成功举办，强力助推大理旅游二次创业。

14日　全州促进就业暨小额担保贷款工作会在巍山县召开。会议总结全州开展创业带动就业和小额担保贷款工作情况，分析当前形势，交流工作经验，安排部署下一阶段的重点工作。

15日　交通运输部副部长高宏峰率交通运输部政策法规司、科技司、公路科学研究院主要负责人一行，在省交通运输厅厅长杨光成等的陪同下到大理州调研。

△　全州质量兴州示范单位创建活动启动，首批14个州级示范单位达标授牌。

16日　中国共产党大理白族自治州第七次代表大会在下关隆重开幕。这次大会的主要任务是：深入贯彻落实科学发展观，回顾总结州第六次党代会以来的主要工作，部署今后5年的战略目标和主要任务，选举产生新一届州委和州纪委，选举产生大理州出席省第九次党代会代表，团结和动员全州广大党员干部和各族群众，不断开创大理州工作新局面。

19日　中国共产党大理白族自治州第七次代表大会圆满完成各项任务，胜利闭幕。

21日　大理州在州卫生局召开大理州2011年防治艾滋病工作汇报暨督查反馈会。

△　州政府与前来大理考察的晋商企业家在大理龙山国际会议中心举行“大理·晋商经济技术合作项目座谈会”。来自全国各地的百名晋商代表、商会会员企业代表齐聚一堂，加强经济旅游文化项目合作交流，共商经济社会发展大计，推动两地经济和社会又好又快发展。

△　云南电网公司与州人民政府就“十二五”期间，云南电网公司进一步支持大理州经济建设、促进电网可持续发展、协调大理州内盈余电力送出等工作签署了框架协议。

21～22日　由省政府研究室、省发改委、省工信委、省科技厅、省国土局等相关部门组成的省政府调研组一行到大理州就工业园区发展情况进行调研。21日上午，州人民政府召开座谈会，向调研组一行汇报大理州工业园区发展情况。

23～24日　楚雄州州委书记张太原率楚雄州州委、州人大、州政府、州政协部分领导组成的党政考察团到大理州考察。州委书记刘明，州委副书记杨健陪同考察，并与楚雄州的领导进行座谈。州委常委、常务副州长马建全，州委常委、州委秘书长岳黎松，州委常委、大理市委书记杨光军，州人大常委会副主任张如旺，州政协副主席孙珍玲等陪同考察并参加座谈。

24日　中国文联副主席、中国作协副主席丹增宣布2011第三届大理国际影会在古城风花雪月大酒店隆重开幕。本届影会由省委宣传部、省文联和中共大理州委、大理州人民政府主办，州委宣传部、秘境印堂传媒机构承办。

26日　由大理国际影会组委会与南方都市报共同主办的“中国大理腾讯国际新媒体高端论坛”及展播活动在大理古城拉开帷幕。州委书记刘明在开幕式上致辞。

△　全国享有盛誉的腾讯网在大理举行“活着”、“中国人的一天”颁奖晚会。省委宣传部常务副部长、云南省摄影家协会主席尹欣，州委书记刘明，中国新闻摄影学会主席于宁，州委常委、大理市委书记杨光军等领导为获奖者颁奖。

28日　中共大理州委书记刘明宣布洱海开海，2011年云南大理洱海开海节在大理市双廊镇红山半岛景帝祠广场隆重拉开帷幕。

29日　在“九九”重阳节暨云南省第二十四届敬老节即将到来之际，州委常委、大理市委书记杨光军，州政府副州长许映苏等州市领导在州民政局等相关部门负责人的陪同下，在大理市开展走访慰问老年人活动，为他们送上重阳节和敬老节的问候。

30日　州政府副州长洪云龙在龙山国际会议中心东方厅会见了澳大利亚米尔迪拉市访问团一行，并就双方如何进一步加强交流、扩大合作发展进行了会谈。

十　月

10～11日　省人大常委会副主任杨保健率省人大代表、省人大常委会教科文卫工作委员会主任陈觉民，省人大常委会委员、大理州人大常委会主任字国顺，省人大常委会委员、临沧市人大常委会主任高苏平等一行8人，在省文化厅副厅长、省文物局局长熊正益的陪同下，到大理州就贯彻实施文物保护法情况进行执法检查。州委常委、副州长蔡春生汇报大理州贯彻执行文物保护法情况，州人大常委会副主任杨宴君，大理市政府领导、州市相关部门负责人陪同检查并作情况介绍。

11日　七届州委召开第一次常委（扩大）会议。会议的主要任务是：听取并研究关于海西保护利用意见以及全州风电规划与开发问题。州委书记刘明主持会议并作重要讲话。

△　全州征兵工作暨学生军训工作视频会议在下关召开。会议要求，各级各部门要把思想统一到上级决策部署上来，抓好各项政策措施落实，努力向部队输送更多优质兵员。

12日　州政府召开会议，安排部署全州烟花爆竹安全生产工作。会议强调，落实企业安全生产主体责任，强化部门配合，加大部门联合执法和依法打击非法从事经营活动，维护消费者的合法权益和良好的市场经济秩序，确保烟花爆竹生产经营安全有序。

13日　七届州委召开第三次常委（扩大）会议，州委书记刘明主持会议并作重要讲话。认真分析洱海保护治理中存在的困难和问题，研究解决办法及措施，进一步加大洱海保护治理力度，促进洱海流域经济社会与生态文明协调发展。

14日　为认真总结“十一五”洱海保护治理工作，安排部署下一步任务，全州洱海保护治理工作会议在下关召开。会议提出，全州上下要凝心聚力，真抓实干，狠抓落实，全面推进洱海保护和流域城乡统筹协调发展。州委书记刘明出席会议并与大理市、洱源县签订新一轮目标责任书，州委副书记、州长何金平讲话，州委副书记杨健主持会议。州委、州人大、州政府、州政协主要领导，州人大、州政府、州政协分管联系洱海保护工作的领导出席会议。

17日　川滇黔十市地州合作与发展峰会大理会议秘书长联席会议在下关召开。大理州委常委、州委秘书长岳黎松主持会议。大理州、六盘水市、毕节地区、丽江市、昆明市、宜宾市、昭通市、凉山州、楚雄州、攀枝花市党委、政府（行署）秘书长和受委托的副秘书长参加会议。

18日　川滇黔十市地州合作与发展峰会大理会议在龙山国际会议中心举行。川滇黔十市地州共同倡议，要利用好沟通南北、承东启西的地缘优势，按照“区域合作——中心城市——产业集群——产业带——经济走廊”的模式加强合作，拓展和深化合作领域，加快构建区域联动、资源共享、优势互补的区域合作机制，协同推动十市地州经济社会又好又快发展。

20日　全州保护坝区农田建设山地城镇工作会议在巍山县召开。会议的主要任务是：认真贯彻落实全省保护坝区农田建设山地城镇工作会议精神和州第七次党代会精神，统一思想、提高认识，加快转变城乡建设用地方式，完善城镇建设发展思路，实现土地高效利用和城镇化科学发展。州委书记刘明和州委副书记、州长何金平分别在会上讲话，州委副书记杨健主持会议。

21日　昆明铁路局与大理州人民政府在大理就促进旅游产业发展进行研讨，双方共同签署促进火车旅游团队市场健康发展合作协议，昆明铁路局副局长张广州、州人民政府副州长段玠出席签字仪式并讲话。

24～25日　省政协副主席王学智率省政协调研组到大理州调研水资源情况和抗旱保民生工作情况。大理州召开座谈会向调研组汇报全州水资源情况和抗旱保民生工作开展情况。州委副书记杨健参加座谈并代表州委、州政府作表态发言；州政协主席袁爱光参加座谈；州政府副州长段玠代表大理州作相关工作汇报；州政协副主席张树藩主持会议。

25日　州人民政府与中国移动通信集团云南有限公司签署无线城市建设合作协议。此举，意味着大理州正式启动无线城市建设工作。

26日　大理州水利局更名为大理州水务局并正式挂牌。

27日　尼泊尔医学会考察团在学会主席格居雷博士的带领下，到大理学院进行考察访问。

29～30日　参加2011中国昆明国际旅游交易会的78位海外旅游买家到访大理州，经过实地考察，海外买家们对大理的旅游资源和产品非常感兴趣，纷纷表示回国后将向当地游客推介大理的旅游项目，同时建议大理应加大在海外的宣传推广力度。

30日　国土资源部规划司司长董祚继率国土资源部联合调研组一行到大理调研，了解大理地区切实保护耕地和合理利用土地的情况，了解大理低丘缓坡及荒山荒坡的利用情况。

十一月

1日　全州村庄规划工作推进会议暨规划系统加快山地城镇建设工作会在弥渡县召开。会议提出，加强领导，明确责任，狠抓落实，圆满完成村庄规划工作任务。

2～3日　以省人大常委会原副主任牛绍尧为组长，省人大常委会原副主任高晓宇为副组长的省政府九湖水污染综合防治督导组一行18人，到大理州就洱海保护治理工作进行检查。在实地察看听取工作汇报后，督导组，建议认真总结经验，为全省其他湖泊的治理提供经验。

4日　在第十二个中国记者节即将到来之际，大理州在下关召开庆祝第十二个记者节暨外宣表彰大会。对2010年度全州188件（篇）对外宣传新闻作品获奖作者进行表彰。

7日　大理州委党校建校60周年庆祝大会在龙山国际会议中心举行。州委书记刘明出席庆祝大会并作重要讲话。州委副书记、州长何金平主持会议。

7～8日　全州工业经济运行和节能降耗分析暨无线电管理工作会议在下关召开。会议总结分析2011年以来全州工业经济运行和节能降耗工作情况，安排部署后两个月的工业经济运行和节能降耗工作。

7～11日　全国扶贫干部专题研修（云南）班在大理举办。国务院扶贫开发领导小组副组长、国务院扶贫办党组书记、主任范小建出席开班仪式，并为参训人员进行了题为《中国特色的扶贫开发》的授课。国务院扶贫办、省扶贫办的领导参加了开班仪式，州政府副州长段玠出席并致辞。

8日　州委召开大理州群众工作会议，切实加强大理州基层组织建设和基层干部队伍建设，进一步加强和改进新形势下的群众工作，为维护社会和谐稳定奠定坚实的组织基础和群众基础。州委书记刘明在会上传达了全国做好新形势下群众工作经验交流会议精神，并就全州做好当前和今后一个时期的群众工作作了全面安排部署。

8～10日　由州老年人体育协会主

办，永平县委、县人民政府承办的全州2011年“博南杯”老年人体育运动会在永平县隆重举行。州人大常委会原主任、州老年人体育协会主席马国盛致开幕词；州人大常委会常务副主任杨宴君宣布开幕；永平县委领导代表县委、县政府及全县各族人民向运动会的召开表示热烈祝贺。

10日 全州保险工作暨州保险协会二届一次代表大会召开。会议强调，加快保险业改革发展，努力为全州经济社会发展提供有力保障。州委常委、常务副州长马建全出席会议并讲话。

△ 州政府在下关苍山饭店召开《大理州年鉴(2011)》发行暨撰稿人培训会议，现场发行《大理州年鉴(2011)》800余册。

15日 全州社会主义新农村建设档案工作示范培训会议在永平召开。

17日 由州政府、中国工商银行云南省分行主办，大理州金融办公室和工行大理州分行协办的全州银政企合作座谈会在洱源召开。

28日 全州信贷扶贫劳动力转移整乡推进工作会议在弥渡县召开。会议总结全州2011年扶贫开发工作，安排2012年工作。

30日 团州委与人大代表、政协委员“面对面”座谈会在云南清逸堂实业有限公司举行。与会人员紧紧围绕“新生代农民工”的生存现状、精神文化生活特点以及今后的努力发展方向进行了座谈。

十二月

1~2日 2011年云南省“银都水乡、银水帝都杯”导游大赛大理州选拔赛暨“大理导服杯”导游大赛在大理举行。

2~4日 2011年大理州体育系统职工运动会在巍山举行。

4~6日 泰国国家旅游局亚洲处处长旺猜先生率泰国旅游企业考察团一行41人到大理观光考察，将进一步把鸡足山景区、苍山大索道、希夷之大理等大理的著名景点推介给泰国游客。

6日 大理州召开森林防火工作会议，全面总结全州森林防火工作，分析当前面临的形势，安排部署下一步工作。

8日 第六次大理州归侨侨眷代表大会在下关召开。州委副书记杨健，省侨联副主席聂河云，省侨办副主任胡明学，州委常委、州人民政府副州长蔡春生，州人大常委会副主任陆璐，州政协副主席毕熊光等领导出席会议。

△ 全州深化乡镇机构改革工作总结暨机构编制工作业务会议在下关召开，会议总结全州深化乡镇机构改革工作和全州机构编制工作会议精神贯彻落实情况，对下一步工作进行安排部署。

9日 大理州召开烟叶工作会议，总结2011年全州烟叶生产取得的成绩和经验，安排部署2012年工作任务。

10日 云南省机场建设领导组组长李汉柏深入到鹤庆县县城火车站、丽江机场高速公路鹤庆段、草海湿地东片区调研重点工程建设和生态环境保护工作。李汉柏强调，要认真学习传达省第九次党代会精神，以奋发有为的精神，抢抓机遇，推动鹤庆科学发展、和谐发展、跨越式发展。

11~12日 由临沧市委书记杨洪波，市人大常委会主任查映伟、市政协主席李建昌率队的临沧市党政考察团到大理参观考察。

13日 州委、州政府召开全州第八次法制宣传教育工作会议，总结大理州“五五”普法工作开展情况，安排部署“六五”普法工作。会议强调，加强领导，狠抓落实，再创全州普法工作新局面。

△ 州人民政府在下关召开第六次全国人口普查总结表彰大会，总结全州第六次全国人口普查工作取得的经验和成绩，对在人口普查工作中涌现出的先进集体、先进个人进行表彰。州委常委、常务副州长马建全出席会议并讲话。

14~15日 大理州社区残疾人工作业务培训班在下关举办，来自全州12县市残联分管社区工作的理事长及62个社区的残疾人专职委员参加培训。

15日 全州畜牧工作暨“十一五”总结表彰会议在祥云县召开，州委副书记杨健出席会议并讲话。

16日 大理州在下关召开连片特困地区区域发展与扶贫攻坚规划编制工作会议。

16~19日 由省委外宣办、云南茶叶办、香港商报、云南茶马古道文化研究所共同主办，州政府新闻办、州旅游局、州文化局等单位共同承办的“茶马古道——跨越时空的穿越”大理站采访活动在大理州进行。来自香港商报、香港成报、香港亚洲电视、深圳商报、腾讯等多家媒体的记者和茶马古道研究专家共20人参加了此次活动。

19日 大理州人力资源和社会保障局、大理州公务员局正式挂牌。

△ 全州开展群众观点、群众路线、群众利益、群众工作教育，实行干部直接联系群众制度启动大会召开。

20日 大理州扶贫综合开发示范园区建设工作推进会在祥云县召开。州委书记刘明在会上作重要讲话，州委副书记、州长何金平主持会议。

△ 大理州人民政府与昆明钢铁控股有限公司战略合作框架协议在下关正式签署。按照协议，在“十二五”期间，昆明钢铁控股有限公司将在大理州投资100亿元以上，重点发展现代物流、水泥建材、园区建设、民用钢构建筑、标准化厂房、矿产资源开发等产业，实现双方互利共赢。

22~23日 全州网络党建暨网上为民服务站建设现场会在剑川县召开。会议学习贯彻十七届六中全会和省第九次党代会、州第七次党代会精神，全面安排部署大理州网络党建工作和网上为民服务站建设工作。

23日 全省基层文联工作会暨广场健身舞现场经验交流会在祥云县召开。

28~29日 大理州妇女第十次代表大会在下关隆重召开。会议强调，全州各族各界妇女和广大妇女工作者要争做时代新女性，共创发展新业绩，为推动大理科学发展、和谐发展、跨越发展贡献力量。

29日 州反邪教协会成立，同时，协会召开了第一次会员代表大会，选举产生了大理州反邪教协会第一届理事会理事、理事长等。州委常委、州委政法委书记杜涛出席会议并讲话。省反邪教协会常务副理事长、云南省科协副巡视员罗元明到会表示祝贺。州政府副州长陈川等领导出席会议。

30日 大理州召开领导干部大会，省委常委、省委组织部部长刘维佳宣布省委关于大理州党委主要领导职务的任免决定，尹建业任中共大理州委委员、常委、书记；免去刘明中共大理州委书记、常委、委员职务，另有任用。省委组织部副部长崔茂虎主持会议。刘明、尹建业分别讲话。

(《大事记》由冯燕撰稿)

(《大事记》责任编校：杨林柏)

概　况

地情概要

【行政区划】 大理白族自治州地处云南省中部偏西，地跨东经98°52′～101°03′、北纬24°41′～26°42′之间。东临楚雄州，南靠普洱市、临沧市，西与保山市、怒江州相连，北接丽江市。州府驻地大理市下关，距昆明市331千米。自治州国土总面积29459平方千米，山区面积占总面积的93.4%，坝区面积占6.6%。东西最大横距320多千米，南北最大纵距270多千米。2011年，大理白族自治州辖大理市、漾濞彝族自治县、祥云县、宾川县、弥渡县、南涧彝族自治县、巍山彝族回族自治县、永平县、云龙县、洱源县、剑川县、鹤庆县，共1市11县，110个乡镇，其中乡42个、镇68个。

【人　口】 2011年末，全州总人口354.71万人，其中男性人口179.14万人，女性人口175.57万人，男女性别比例为102∶100；出生率为8.73‰，死亡率为3.61‰，人口自然增长率控制在5.12‰以内。少数民族人口181.66万人，占总人口的51.22%，其中白族119.8万人、彝族47.3万人、回族7.3万人、傈僳族3.7万人、苗族1.2万人。

【自然概貌】 大理州地处云贵高原与横断山脉结合部位，地势西北高、东南低。地貌复杂多样，点苍山以西为高山峡谷区，点苍山以东、祥云以西为中山陡坡地形。境内的山脉主要属云岭山脉及怒山山脉，点苍山位于州境中部，如拱似屏，巍峨挺拔。北部剑川县与丽江市、兰坪县交界处的雪斑山是州内群山的最高峰，海拔4295米；最低点是云龙县怒江边的丙栗坝，海拔730米。州内湖盆众多，面积在1.5平方千米以上的盆地有18个，面积共1871.49平方千米，占全州总面积的6.6%。盆地多为线性盆地，呈带状分布，从西向东排列为6个带。第四纪山岳冰川遗址分布于洱海以西，永平以北的高山区，大理点苍山是我国最后一次冰期“大理冰期”的命名地。主要河流属金沙江、澜沧江、怒江、红河（元江）四大水系，有大小河流160多条，呈羽状遍布全州。州境内分布有洱海、天池、茈碧湖、西湖、东湖、剑湖、海西海、青海湖8个湖泊。洱海位于大理市境东部，是云南省第二大内陆淡水湖泊，风光明媚，素有“高原明珠”之称，为国家级重点风景名胜区。

【矿产资源】 大理州境内地质成矿条件好，矿产种类较多。金属矿有锰、钛、铁、锡、锑、铅、锌、铜、镍、金、银、铂、钯等矿床矿点200多个。非金属矿有煤、岩盐、大理石、石墨、石膏、硅藻土等，其中大理石蕴藏量极为丰富，属特大型矿床，储量达1亿立方米。

【生物资源】 大理州是一个天然的植物种质基因库。植物种类有温带甚至一些寒带地区植物的种类代表，还有从亚热带直至热带北缘植物的种类代表；有古老或较为原始的种类，也有后来演化、衍生的植物种类代表。植物区系成分及植被类型复杂，从植物角度区分，可分为南、北两部分，分界线为鸡足山、点苍山和云龙一线。北部以温寒带植物为基调，南部则以亚热带的植物种类为主。大理州不仅是滇中、滇西北植物通道，也是世界各洲植物汇集的地方，而且还蕴藏着自身孕育的植物种类。既有世界分布的种类、与各大洲之间分布的种类、与各国之间尤其是邻近国家之间共同分布的种类，还有与我国有关省份共同分布的种类，甚至还有一些特殊的间断分布的种类。植被的垂直分布明显，州境内的点苍山、鸡足山从山脚到山顶分布着热带北缘至温带、高山寒带的各种不同的植被类型和景观。州内的主要植被类型有半湿性常绿阔叶林、寒温山地硬叶常绿栎类林、寒温性针叶林、寒温性灌丛、干热河谷灌丛、高原湖泊水生植被6类。森林资源丰富，是云南省的重点林区。主要树种有云南松、华山松、铁杉、冷杉、马尾杉、思茅松、柏树、樟树、椿树、栎树等。珍稀树种有银杏、牟尼柏、罗汉松、秃杉、红豆杉、珙桐等树种。全州有

认真贯彻中央和省州党委政府的重大决策部署，持续推进大理政治、经济、文化、社会建设以及生态文明建设，打造经济富裕、民生改善、环境宜居、人民安康、社会文明的幸福大理，提高人民群众幸福指数，是中共大理州委、大理州人民政府的中心工作

（李维江　供稿）

国家级自然保护区1个(苍山洱海)、省级自然保护区3个(云龙县天池、宾川县鸡足山、永平县金光寺)、州级自然保护区14个。苍山现已查明的高等植物种类就有182科、927属,约3000种。大理州是云南省主要的药材产区之一,以品种多、品质佳而闻名,纳入国家经营的中药材就达600种。大理州自然条件复杂,地质、地貌、气候、植被的类型多种多样,动物区系绚丽多彩,动物资源丰富。动物类群中从原生动物到脊椎动物有11个门类在本地区均有分布。据统计,大理州有国家或省级保护动物51种(Ⅰ级保护动物8种、Ⅱ级保护动物43种),在Ⅰ级保护动物中,有兽类5种(滇金丝猴、熊猴、云豹、金钱豹和云猫)、鸟类3种(金雕、黑颈长尾雉和绿孔雀);43种Ⅱ级保护动物中,有兽类14种(猕猴、穿山甲、狼、豺、黑熊、小熊猫、水獭、小灵猫、大灵猫、斑林狸、金猫、林麝、毛冠鹿和鬣羚)、鸟类25种(鹰科7种、雉科2种、鸱鸮科5种、鹦鹉科3种、蜂虎科2种、鸭科2种以及红隼、灰鹤、楔尾绿鸠和雕鸮)、鱼类4种(大理弓鱼、大理鲤、洱海鲤和春鲤)。

【旅游 特产】 大理是一个自然景观和人文景观相互交融的大容量风景区。苍山洱海、石宝山、鸡足山、魏宝山等风景区闻名中外。2011年,大理州旅游二次创业稳步推进,崇圣寺三塔被评为5A级景区,鸡足山景区改造提升全面完成,苍山大索道、大理游客服务中心等投入运营。接待国内外游客1545万人次,比上年增长15.5%;旅游业总收入138.4亿元,比上年增长20.3%。特产有大理石工艺品、剑川木雕、洱源乳制品和梅子系列产品、巍山蜜饯和扎染、漾濞核桃产品、弥渡卷蹄、鹤庆猪肝鲊等。

【经济综述】 2011年,大理州经济社会持续快速发展,实现了“十二五”良好开局。完成生产总值568.09亿元,比上年增长14.2%。三次产业结构比例为21.7∶41.9∶36.4。财政总收入100.3亿元,比上年增长24.4%;其中地方一般预算收入45.94亿元、增长22.1%,一般预算支出159.6亿元、增长28.5%。农村经济持续发展,实现农业总产值234.82亿元,比上年增长18.18%;农村经济总收入447.3亿元,比上年增长16.2%。工业经济提速增效,实现工业总产值607.94亿元,增长27.42%;工业增加值197.6亿元,比上年增长22.2%;规模以上工业实现增加值154.1亿元,比上年增长24.7%。第三产业蓬勃发展。社会消费品零售总额170.5亿元,增长19.99%。居民消费价格总水平上涨4.7%。年末金融机构各项存贷款余额701.35亿元和469.66亿元,比年初增长17.38%和20.54%。

【农 业】 2011年,大理州实现农业总产值234.82亿元,比上年增长18.18%。农村经济总收入447.3亿元,比上年增长16.2%。粮食总产157.25万吨,比上年增长15.04%。改造中低产田地1.61万公顷。建成76.67万公顷优势特色产业基地和14.5万头乳畜产业基地。新增龙头企业21户。种植烟叶4.25万公顷,收购164.82万担,实现烟农收入16.4亿元。完成中低产林改造3.41万公顷。新植核桃6.8万公顷,累计达61.08万公顷,实现产值48.2亿元。新植红豆杉733公顷,累计达6667公顷。畜牧业实现产值91.9亿元,比上年增长15.9%。农村富余劳动力培训7.5万人、转移6.9万人。

【工 业】 2011年,大理州实现工业总产值607.94亿元,比上年增长27.42%;工业增加值197.6亿元,比上年增长22.2%。规模以上工业实现增加值154.1亿元,比上年增长24.7%。矿冶、机械制造、能源、烟草、生物资源及优势农产品加工、建材六大产业实现产值439.5亿元,比上年增长27.3%,占工业总产值的72.3%。完成工业固定资产投资119.5亿元,比上年增长16.3%。祥云飞龙公司30万吨浸出渣无害化等25个项目建成投产,大理药业针剂生产线技改等33个项目开工。工业园区开发建设机制不断创新,建成标准厂房30万平方米,大理上登工业园区土地一级开发项目启动。新增私营企业1182户,比上年增长21%。非公经济实现增加值260亿元,占生产总值的比重达46%。标准化和质量兴州战略深入实施,清逸堂“日子”商标被认定为中国驰名商标。

【商贸 金融】 2011年,大理州新建和改造乡镇农贸市场33个,建成标准农家店300个。家电下乡累计销售44.8万台,兑付补贴1.1亿元。商品房销售149万平方米,比上年增长42.2%。社会消费品零售总额170.5亿元,增长19.89%。居民消费价格总水平上涨4.7%。年末金融机构各项存贷款余额701.35亿元和469.66亿元,比年初增长17.35%和20.54%。年内新增贷款100亿元。6.5亿元城投债券发行获国家批准,16亿元旅游产业债券申报工作进展顺利。获批小额贷款公司25家,新增贷款9.6亿元。保险业实现保费收入14.26亿元。大理被命名为“中国金融生态城市”。

【教育 科技】 2011年,大理州教育事业发展加快。认真实施中小学校舍安全工程和农村义务教育薄弱学校改造计划,排除中小学D级危房13.3万平方米。学前教育进一步加强,适龄儿童入园率75.1%。免费义务教育全面实现,“两基”成果巩固提高,初中毕业生升学率75.8%。高中阶段毛入学率73.1%。高考上线率98.5%,连续七年居云南省前列。职业教育在校生达3.7万人。滇西技师学院一期工程建设全面完成,大理农林职业技术学院筹建进展顺利。大理学院办学水平和知名度不断提高。科技工作不断加强,科技创新工程稳步推进,科技进步对国民经济增长的贡献率达49.6%。科普工作广泛开展,人才队伍建设和人力资源开发得到加强。

【文 化】 2011年,大理州文化事业繁荣发展。乡镇综合文化站、文化资源信息共享、农家书屋工程年度建设任务全面完成。广播电视村村通、农村电影放映工程取得成效。图书馆、博物馆、文化馆全面免费开放。文化遗产保护成效明显,成功申报国家非物质文化遗产3项。第三次全国文物普查工作圆满完成。《洱海花》、《山村医生》等一批剧目获国家级和省级奖励。民族文化研究、文化市场管理、新闻出版工作力度加大。文明大理示范工程建设、群众性精神文明创建取得实效。建设城乡公共体育设施513项,省第八届农民运动会场馆改造建设全面完成。

【卫 生】 2011年,大理州医疗卫生事业发展加快。基本医疗保障水平进一步提高,新型农村合作医疗参保人数291.8万人,参合率95.9%,人均筹资标准提高到230元。城镇基本医疗保险参保人数42.1万人。投资2.7亿元,完成基层医疗卫生服务体系建设项目38个,改扩建面积10.8万平方米。基本药物制度稳步实施。基本公共卫生服务均等化水平逐步提高。重点疫病得到有效防控。

【社会保障】 2011年,大理州社会保

障体系不断完善。新增城镇就业2.2万人，城镇登记失业率控制在4.1%以内。城乡居民最低生活保障人数33万人，发放保障金3.8亿元。企业职工参加基本养老保险15.7万人，城镇职工参加失业保险10.6万人、工伤保险9.5万人、生育保险7万人。新型农村社会养老保险和城镇居民养老保险扩大到8个县市，参保105万人。归集住房公积金48.3亿元，支持职工住房贷款27.9亿元。开工建设城镇保障性住房8500套、42.5万平方米，发放住房租赁补贴1.3万户，完成省下达目标任务。城镇居民人均可支配收入17713元，比上年增长12.1%。农民人均纯收入4733元，比上年增长21.3%。

【城镇化建设】 2011年，大理州城乡规划不断加强。城市总体规划修改和滇西中心城市新区规划编制工作稳步推进。县城以上城市规划区控制性详规覆盖率达65.6%。完成12县市城市近期建设规划编制。村庄规划编制工作顺利开展。城乡规划管理和执法力度加大。保护坝区农田建设山地城镇工作得到省委、省政府充分肯定，并在大理召开全省现场会。滇西中心城市建设稳步推进，海东新区基础设施建设累计投入资金19.1亿元。凤仪开发建设步伐加快，一批商贸物流项目启动。下关旧城改造提升和大理古城保护进展顺利。大理市获全国文明城市提名。永平、洱源、漾濞县城改造提升工程启动实施。22个特色小镇建设有序推进。实施23个城镇污水和生活垃圾处理项目。园林城市创建工作深入开展。新增城市绿地73.9万平方米，城镇绿化覆盖率达25%。城镇建成区面积144.5平方千米，新增6平方千米。全州城镇化率达36%，提高3个百分点。洱海流域百村整治工程顺利实施。12个中心集镇、24个中心村、36个示范村建设成效明显，120个省级重点村、19个民族团结示范村建设进展顺利。扶贫开发整县、整乡试点和50个村建设成效显著。祥云—宾川扶贫综合开发示范园区建设基本完成。实施农村危房改造1.3万户、农村民居地震安全工程9000户。水利水电移民搬迁安置工作稳步推进。以永平县为重点的统筹城乡发展试点工作启动实施。

【生态建设】 2011年，生态建设力度加大，环境保护卓有成效。洱海“十一五”保护治理目标任务顺利完成，受到省政府表彰。洱海流域生活污水处理和垃圾收集清运处置取得突破；苍山十八溪等入湖河流综合整治加快推进；洱海被列为全国湖泊生态环境保护试点，下达年度试点资金2亿元，17个试点项目全面实施；洱海水质总体保持Ⅲ类，有5个月达到Ⅱ类。生态建设和资源保护不断加强。生物多样性保护有序推进，“七彩云南保护”大理行动向纵深发展，生态州、生态县市、生态乡镇创建取得实效。巩固退耕还林1.3万公顷，完成荒山造林0.2万公顷，实施天保工程森林管护140万公顷，公益林建设1.33万公顷。完成义务植树950万株；森林生态效益补偿工作深入开展，纳入公益林补偿面积70万公顷；政策性森林火灾保险全面启动，投保面积196.27万公顷。完成土地开发整理0.58万公顷，新增耕地0.15万公顷；治理水土流失面积149平方千米；苍山申报世界地质公园通过国家评审，进入向联合国推荐目录；鹤庆北衙金属矿田等矿产资源勘查和地质找矿取得新突破。节能减排目标顺利实现，实施了三德水泥低温余热发电等一批工业节能降耗技改项目。大力推广应用节能技术产品，全社会节能工作深入开展。新建农村户用沼气池3286口，完成节柴改灶1万户，推广太阳能设备1.1万台。单位生产总值能耗下降4.8%。重点区域污染防治工作不断加强，整治违法排污企业环保专项行动成效明显。主要污染物排放量控制在省下达指标以内。

【国家级“文化生态保护实验区”】 2011年初，大理州被文化部正式公布为“全国文化生态保护实验区”。大理文化生态保护实验区以大理苍山洱海区域为中心，辐射全州12个县市行政区域，其中根据大理文化不同的表现形式又划分为8个重点保护区域，分类、分区进行保护，形成对大理的非物质文化遗产和民族民间文化进行动态的、整体性的保护，从而站在全国的层面上，总结保护经验，探索保护路子。大理文化生态保护实验区保护规划时限为10年，分3个阶段实施：2010～2012年，初步建立比较完备的文化生态区保护制度，文化生态区保护状况得到明显改善；2013～2015年，基本形成较为完善的文化生态区保护体系，具有历史、文化和科学价值的文化遗产得到全面有效保护；2016～2020年，文化区保护工作深入人心，成为全州人民的自觉行动。保护工作采取加强保护名录和基础设施建设、重视代表性传承人保护、着力理论和政策研究、注重教育传承等10个方面的具体措施。

【国家服务业综合改革试点】 年初，国家发改委公布了国家服务业综合改革试点区域名单，大理州名列其中，成为全国37个改革试点之一。为抓住这一机遇，大理州明确了重点产业发展目标，其中，生活性服务业改革试点以“精品景区＋民族文化＋城市品质”为模式，依托大理市打造精品旅游示范区，发挥旅游对生产性服务业的示范作用，增强城市综合服务功能，提升城市品质。生产性服务业改革试点以“中小企业＋金融支持＋特色领域”为模式，依托祥云和凤仪工业园区，以中小企业发展为核心，发挥金融服务业的支撑作用，突出以现代物流为特色领域的服务功能。农业综合服务体系改革试点以“生产基地＋科技示范＋专业市场”为模式，以弥渡县为基地，构建和完善以科技、营销、信息、金融和技能培训等为主体的农业产业化服务体系。根据国家、省对开展服务业综合改革试点的要求和大理州制定的改革试点阶段性目标，大理州力争通过5年时间，努力实现生活性服务业创新突破、生产性服务业平台稳步搭建、农业综合服务体系初步建立的发展目标，推动服务产业全面发展。

【举办第四届国际兰花茶花博览会】 2月11日，由云南省农业厅、省林业厅、省旅游局、省花卉产业办公室、大理州人民政府、中国花卉协会兰花分会、中国花卉协会茶花分会主办，大理市人民政府承办的2011中国大理第四届国际兰花茶花博览会在下关隆重开幕。本次盛会共邀请到美国、德国、日本、韩国和台湾、香港、澳门以及各省、市、自治区共96家参展单位，展出兰花上千个品种、1万多盆，茶花200多个品种、近10万株。

【农村电影历史博物馆在大理古城开馆】 4月17日，中国首家专题农村电影历史博物馆、云南首家专题电影博物馆——中国大理农村电影历史博物馆在大理古城电影院正式开馆。中国大理农村电影历史博物馆以农村电影放映为主线，特别展示了上世纪五六十年代以来云南大理电影放映的经典之作，通过老图片、老电影剧照和海报以及胶片电影放映设施设备、电影拷贝、电影宣传品等，向社会公众系统展示建国60多年来大理农村电影事业的发展历程，博览电影科技、传播电影文化、全面展示与宣传大理州的历史文化、民族风情、自然风光、天然电影摄制棚以及改革开放以来全州经济社会发展走过的光辉历程。中国大理农村电影历史博物馆改造按照“修旧如旧、保留原貌”的原则，完成对原大理电影院的基础、墙体、屋顶及周边环境等加固、改造。展品征集、展览按照“先趋起步、不求其全、逐步完善”的原则，面向国内外广泛征集胶片电影放映老设备、电影胶片拷贝、老电影海报和老照片、书刊杂志、服装道具、电影票、电影放映用品等展品共6200多件。

【“中国金融生态城市”命名】 4月23日，在北京召开的第七届中国金融年会上，经中国金融生态城市评价体系专家评审会综合测评，大理州金融生态综合指数达到测评标准，被正式命名为“中国金融生态城市”。全国同批获得此项殊荣的地级市还有广西柳州市、广东省清远市、湖南省永州市、黑龙江省牡丹江市。中共大理州委常委、常务副州长马建全出席年会，并作了题为《抓住人民币国际化战略机遇，把大理建成滇西次区域金融中心》的演讲。马建全在演讲中说，人民币的周边化——区域化——国际化，已经成为人民币走出国门，冲出亚洲，参与世界经济事务的必由路径和必然趋势。改革开放以来，大理的经济社会得到了长足的发展，特别是大理作为全国首批服务业综合改革试点和云南省滇西中心城市建设的推进，以金融、房地产、旅游等为主的现代服务业具有强大的发展潜力。全州12家银行、14家小额贷款公司、15家担保公司、19家保险公司、2家证券公司发展势头良好。马建全表示，大理州将以获得“中国金融生态城市”荣誉称号为契机，进一步改善金融生态环境，在招商引资中凸显金融生态视角，借助金融生态城市的品牌效应提升城市的竞争力，从而将和谐金融生态建设落到实处，把大理建设成为一个立足大理，服务滇西，面向东南亚、南亚开放的次区域性金融中心。

【祥云青海湖水库完工并蓄水】 5月17日，中国烟草云南祥云大型水源工程青海湖水库完成主体工程建设，并正式开始蓄水。2010年，云南遭遇了百年一遇的特大干旱，国家烟草专卖局决定向云南增加5亿元的水源建设资金。祥云是云南省大型坝子之一，也是全省著名的干坝子，长期以来饱受缺水之苦。中国烟草云南祥云大型水源工程项目作为中国烟草第一个援建地方的大型水源工程项目正式落户祥云县，投资总额达3.4亿元，主要建设青海湖、品甸海、中河三大项目。该工程项目将增加蓄水2400多万立方米，覆盖整个祥云坝区，有效解决2万公顷田地和38万人口的生产生活用水，年增加经济收入9600万元以上。

【弥渡民歌入选国家非物质文化遗产】 5月23日，国务院公布批准文化部确定的第三批国家级非物质文化遗产名录，“弥渡民歌”位列全国16项传统音乐之列。多年来，弥渡县认真贯彻落实“保护为主、抢救第一、合理利用、传承发展”的工作方针，坚持科学的保护理念，扎实做好非物质文化遗产的保护、传承和管理工作。该县在成功申报“弥渡花灯”为第一批国家级非物质文化遗产后，再次成功申报“弥渡民歌”为第三批国家级非物质文化遗产，成为大理州拥有两项国家级非物质文化遗产项目的县。

【“洱海之恋”彩色音乐喷泉建成】 7月1日晚，属于大理州旅游二次创业项目之一的“洱海之恋”彩色音乐喷泉在大理国际奥林匹克中心广场建成。“洱海之恋”彩色音乐喷泉工程是我国西南地区规模最大的城市水景工程，是大理地区旅游二次创业项目之一，也是大理西洱河旅游文化长廊项目的重要组成部分。云南旅游投资有限公司、大理旅游集团和金洲公司全额出资1600万元完成了这个纯公益项目的建设任务。“洱海之恋”彩色音乐喷泉是以大理地区历史和民族文化为主线，表现了大理人民尊重大自然、弘扬民族文化，憧憬“和谐世界、美好未来”的文化主题。项目核心部分由两组激光发生器、一组视频机及广场音响系统、19盏电脑柱型灯及大量水下灯、焰火发生器，以及几百个水泵、上千个喷头组成，并由5台电脑组成中央控制系统，充分利用现代高科技手段，让“声、光、水、电、火”等巧妙有机结合，能够产生近30个主要水型，可提供近百个多姿多彩的水型组合变化，其主喷泉高度可达110米，编织构成一幅幅美丽迷人的曼妙水景。

【苍山大索道工程竣工】 作为省、州、市的重点建设项目，总投资3.85亿元的苍山大索道工程9月4日上午竣工。苍山大索道由大理旅游集团投资，于2009年开工建设，是继中和寺索道和感通索道后的又一条苍山索道。苍山大索道分为上部、中部、下部3个站点，下部站位于海拔2300米的天龙八部影视城西部；中部站位于海拔2900米的七龙女池景区；上部站位于海拔3900米的玉局峰洗马潭景区。苍山大索道是单线循环8人吊箱脱挂抱索客运索道，设计运力为单项每小时800人，索道总高差约1648米，单线全长5555米，是目前世界高差最大、全国线路最长的旅游客运索道。索道沿线集中全面地展示了苍山独特的山岳险峻、溪谷秀丽、峡谷风光、植被多样性、生物奇观、人文历史，是游客感受苍山洱海风光的最佳选择。

【云南省山地建设城镇工作会在大理召开】 9月5日，省委、省政府在大理召开全省保护坝区农田、建设山地城镇工作会议。省委书记秦光荣，省委副书记、代省长李纪恒，省政协主席王学仁，省委常委、省委秘书长杨应楠，省人大常委会副主任晏友琼，省政府副省长刘平，省政府秘书长丁绍祥，省级相关部门领导，各州市党委、政府领导和大理州各县市区党委、政府领导等出席会议。国土资源部党组成员、总规划师胡存智到会作指导。秦光荣在会上讲话指出，近年来，大理州委、州政府认真贯彻落实“两保护、两开发”的部署，大胆探索，下大力气推进滇西中心城市建设和“两保护、两开发”工作，目前已经取得了初步成效；大理州委、州政府要坚决贯彻落实省委、省政府的要求，总结前段工作的经验，坚决保护洱海、保护海西、保护大理的青山绿水和田园风光，保护大理的历史文化和民族文化，更加坚定不移地走一条集约发展、节约发展的新路子，努力绘制一幅集城市、集镇、白族村庄、田园风光、湖光山色为一体的美丽画卷。

【大理荣获“杰出绿色生态城市”殊荣】 11月28日，“绿色中国2011环保成就奖”颁奖典礼在香港举行，大理以独特的魅力荣膺“杰出绿色生态城市”大奖。专家和评委评价大理：一座融合“现代”与“田园”特色的城市，一座兼具“现代文明”与“千年文化”的城市，一座充满绿色生机的城市。云南大理，自然造化湖光山色，苍洱镜照千秋月，山水田园一幅画，多元文化舞灵气，寄情山水诗意居，天、地、人共荣，山、水、景和谐。此次“绿色中国2011环保成就奖”由联合国环境规划基金会和内地及港澳台5家环境保护协会共同主办，两岸三地10余家环保组织协办。

（《地情概要》由杨林柏撰稿）

国民经济和社会发展计划执行情况

【“十二五”开局良好】 2011年，大理州国民经济和社会发展计划执行情况总体良好，除居民消费价格指数外，主要指标均圆满完成或超额完成年初州人代会确定的计划目标，实现了“十二五”良好开局。全年完成地区生产总值568.49亿元，按可比价格计算，比上年增长14.2%。其中：一产完成123.45亿元，增长7%；二产完成238.21亿元，增长20.6%，三产完成206.84亿元，增长11.7%。三次产业结构比例由23.0∶39.7∶37.3调整为21.7∶41.9∶36.4。财政总收入完成100.27亿元，增长24.4%，其中地方一般预算收入45.94元，增长22.1%。

【农业和农村经济平稳发展】 2011年，大理州实现农业总产值234.82亿元，比上年增长16.6%。农村经济总收入达447.3亿元，比上年增长16.2%。粮食生产实现恢复性增长，再创历史新高。全年粮食播种面积27.08万公顷，粮食产量达157.25万吨，增长15%。改造中低产田地1.61万公顷，建成“五小水利”工程4.3万件，新增有效灌溉面积3333公顷。林业产业加快发展。完成中低产林改造3.41万公顷，新植核桃6.8万公顷，累计达61.08万公顷，实现产值48.2亿元。新植红豆杉原料林基地733公顷，累计达6667公顷。畜牧业平稳发展。全州出栏生猪384.3万头、肉牛51万头、羊131万只、家禽1700万羽。肉类总产46.6万吨，牛奶总产44.67万吨，禽蛋总产5.95万吨。畜牧业实现产值91.9亿元，比上年增长15.9%。农业产业化加快发展。烤烟、核桃、乳业、生物药业、蔬菜、蚕桑、薯类、特色水果、茶叶、特色花卉等十大优势特色产业新增基地面积9万公顷，建成76.67万公顷优势特色产业基地和14.5万头乳畜产业基地。种植烟叶4.02万公顷，完成烤烟收购164.82万担。新增农业龙头企业21户，农民专业合作经济组织发展到1389个。全州农产品加工总产值达110亿元，农产品出口创汇达1.3亿元美元。新农村建设扎实推进。洱海流域百村整治工程和40个村整治，12个中心集镇、24个中心村、36个示范村建设稳步推进。50个自然村扶贫开发整村推进、扶贫综合开发示范园区建设、整县整乡推进试点、专项扶贫开发进展顺利。实施农村危房改造1.3万户、农村居民地震安全工程9000户。切实加大农村劳动力培训转移力度，新增培训7.46万人、转移6.88万人，实现劳务收入31亿元，农民人均工资性收入增加300元以上。

【工业经济持续快速增长】 2011年，大理州全部工业现价总产值完成607.94亿元，比上年增长27.42%。矿冶、机械制造、能源、烟草、生物资源及优势农产品加工、建材六大产业实现产值439.5亿元，增长27.3%，占工业总产值的比重达72.3%。规模以上工业增加值完成154.1亿元，比上年增长24 7%，主营业务收入、利税总额分别比上年增长28.9%和47.3%。规模以上工业产品产销率为96.1%。工业投资不断加大，完成工业固定资产投资119.48亿元，比上年增长16.3%，其中，非电工业固定资产投资完成54亿元，增长25%。工业园区建设取得新进展，祥云财富园区工业大道建设、洱源邓川园区道路建设、供水系统等项目顺利推进。建成标准厂房30万平方米。新增入园企业26户，累计达255户，完成工业总产值265.5亿元，比上年增长46.9%。

【固定资产投资规模不断扩大】 2011年，大理州全社会固定资产投资完成360.30亿元，比上年增长27.43%（其中规模以上固定资产投资完成307.84亿元）。全年争取国家和省发改委投资补助项目374个，资金16.29亿元。年初确定的173项基础设施和基础产业重大建设项目，动工143项，竣工25项，完成投资204.5亿元。交通建设方面，大瑞铁路、大丽高速公路建设进展顺利，跃龙公路等4条二级公路建成通车，8条二级公路建设如期完成债务锁定；大理港下关码头完工并交付使用，拉米公路等9条农村公路完工；国道214线剑川过境段、弥渡果河公路等项目顺利推进。水利建设方面，洱源三岔河水库、中国烟草云南祥云青海湖大型水源工程和宾川、祥云大型灌区、农村安全饮水工程等5个项目完工，云龙包罗水库、巍山巍宝山水库等8件水源工程建设步伐加快，21件在建小(一)型和45件小(二)水库除险加固工程进展顺利。能源建设方面，功果桥电站两台机组投产发电，龙开口、鲁地拉、苗尾电站和中缅油气管道过境段建设稳步推进；洱源干海子等5个风电场建成投产，新增风电装机22.7万千瓦，累计达46.88万千瓦，占全省建成总量的67%。城建环保方面，洱源县邓川污水处理厂及配套管网工程、祥云县污水处理厂二期扩建及配套管网工程、永平县城市生活垃圾处理工程等4个项目完工，大理市海东第六水厂、大理市波罗江满江段整治工程等16个项目加快推进，大理市海东垃圾处理场、开发区满江片区市政路网工程、海东城市新区排水管网(一期)工程等14个项目开工。社会事业方面，苍山大索道、鸡足山旅游索道改造、大理地热国第三期建设工程、漾濞县苍山西镇中学搬迁、滇西技师学院一期等8个项目完工，中小学校舍安全工程、大理农林职业技术学院筹建二期建设、大理学院附属医院2号住院楼、大理州精神康复医院、云龙县人民医院搬迁新建工程等14个项目顺利推进，大理嘉逸民族文化旅游度假综合开发项目、大理感通国际休闲养生度假小镇项目、大理州体育场馆改造、大理苍山与南诏历史文化遗存国家遗产地保护建设、大理华彬低碳绿色生态度假区、大理州精神病医院等20个项目建设进展顺利。

【城乡消费市场繁荣活跃】 2011年，大理州全州社会消费品零售总额完成170.5亿元，比上年增长19.99%。“万村千乡市场工程”继续实施，新建和改造农贸市场33个，建成标准农家店300个。家电下乡稳步推进，共备案876个销售网点，累计销售44.8万台，兑付补贴1.1亿元。“家电以旧换新”全面展开。商品房销售149万平方米，比上年增长42.2%。居民消费价格总水平上涨4.7%。金融机构各项存贷款余额为701.35亿元和469.66亿元，比年初增长17.38%和20.54%。6.5亿元城投债券已获国家发改委批准，16亿元旅游产业债券申报工作进展顺利。金融生态进一步优化，在第七届中国金融年会上，大理被命名为“中国金融生态城市”。全国服务业综合改革试点顺利启动，大理游客服务中心和云南滇西农产品交易服务中心两个项目已得到国家资金扶持。旅游二次创业成效显著。苍洱片区旅游发展和改革综合试点工作全面推进，旅游重大项目和旅游综合服务体系建设取得突破性进展，大理古城“电动车公司”、“旅游集散中心”、“旅游航空开发公司”等一批创新型旅游管理实体运转顺利。大理古城、巍山古城、鹤庆银都水乡新华村、巍宝山、剑川石宝山和寺登街景区提升改造工程初见成效。崇圣寺三塔通过国家5A级旅游景区评审。大理海湾国际酒店正式运营，感通国际度假养生之都希尔顿大酒店、鹤庆银都水乡大酒店、大理国际大酒店等一批高端酒店项目建设和知名酒店管理品牌落户大理。旅游宣传力度不断加强。全年接待海外旅游者45.52万人次,增长11.7%,旅游外汇收入1.5亿美元,比上年增长16.41%;接待国内旅游者1499.49万人次,比上年增长15.6%。旅游业总收入138.41亿元,比上年增长20.3%。

【生态建设和环境保护不断加强】2011年,大理州全面推进"森林大理"建设。完成荒山造林2000公顷,巩固退耕还林造林1.3万公顷,实施天保工程森林管护140.11万公顷。完成天保工程公益林建设1.33万公顷,义务植树950万株。新建农村户用沼气3286户,完成节柴改灶1.03万户,推广太阳能设备1.1万台。积极推进生态县市创建步伐,列入滇西北生物多样性保护范围的6个生态县市建设规划全部通过并进入创建阶段,25个乡镇开展了省级生态乡镇申报工作。洱海被国家财政部和环保部列为全国湖泊生态环境保护试点,下达年度试点资金2亿元,17个试点项目全面实施。洱海水质总体保持在Ⅲ类,有5个月达到Ⅱ类。稳步推进农村环境综合整治,中央农村环保专项资金实施的3个村庄环境综合治理项目全面完工。节能减排年度目标全面完成。以工业节能为突破口,坚持结构节能、管理节能和工程节能并举,加强节能技术改造,大力发展循环经济,推行清洁生产,开展资源综合利用。启动实施了三德水泥低温余热发电等一批工业节能降耗技改项目和工业循环经济发展项目。加强排污许可证管理及重点监控企业的监控。对全州53个选矿厂及尾矿库现状开展了调查;加强集中式饮用水水源地和汛期环境监管;积极开展重金属污染防治,沘江等重点流域污染防治不断加强。万元生产总值能耗下降4.8%,主要污染物排放量控制在省下达指标以内。

【滇西中心城市建设步伐加快】2011年,大理州全面实施《大理滇西中心城市总体规划》。大理滇西中心城市"1+6"城市群城市总体规划修改和新区规划编制有序推进,村镇规划编制全面展开,滇西中心城市轨道交通及环洱海旅游观光客车概念规划编制完成。以白族民居建设风格整治,景观道路、景区、节点空间视廊整治,镇村规划建设整治,旅游核心区整治,城乡美化绿化,园林城市打造为重点的"整治海西、保护田园"工作深入开展。海东新区基础设施建设累计投入资金19.1亿元,建成了东环海路、海东新城区1号路、2号路、5条城市次干道路基工程、海东220KV变电站、海东人民广场、机场路路灯亮化等工程。大理公馆、洱海传奇等一批项目建成。凤仪创新工业园区和物流园区建设稳步推进,云南物流集团大理新储物流园、元通商贸物流城开工建设。大理市基础设施建设和下关旧城、大理古城改造提升步伐加快。祥云、宾川等6个县城实施了垃圾、污水处理厂、自来水厂及供水管网、城市道路建设(改造)等一批重大项目建设。

城镇基础设施建设不断加强。在巩固鹤庆、祥云、弥渡等8个县县城建设改造提升成果的基础上,启动了永平、洱源、漾濞3个县县城建设改造提升工作。城镇生态环境质量和市容市貌有了较大改观,城镇功能不断完善,对县域的辐射带动作用逐步增强,县城综合承载力进一步提高。特色小镇、中心集镇建设加快推进,重点地区农村基础设施得到改善,产业培植步伐加快,生态建设取得实效,人居环境舒适优美,综合实力明显增强,城镇化水平得到提升。城镇建成区面积达144.5平方千米,增加6平方千米。城镇绿化覆盖率达到25%,比上年提高1.5个百分点。全州城镇化率达36%,比上年提高3个百分点,

【重点领域改革深入推进】2011年,大理州农村综合改革进一步深化,基层农技推广体系改革、种子管理体制改革、畜牧兽医体制改革、水利管理体制改革等稳步推进。集体林权制度主体改革基本完成,配套改革加快推进。教育、文化体制改革继续深化。医药卫生体制改革向纵深推进,国家基本药物制度稳步实施,公立医院改革稳步推进。国有资产监管进一步加强,资源管理体制改革进一步深化。财税体制改革向阳光、透明化方向发展。就业制度和就业环境进一步改善,社会保障水平进一步提高,收入分配更趋合理。投资体制改革持续完善。机构改革顺利实施,政府自身建设不断加强。

【对外开放水平不断提高】2011年,大理州认真贯彻落实《国务院关于支持云南省加快建设面向西南开放重要桥头堡的意见》,切实加强组织领导,深入调查研究,协调推进桥头堡建设实施规划、项目建设。加强对外交流与合作,借助"昆交会"、"珠洽会"、百家晋商进云南和川滇黔十州市合作论坛等重大会展平台,加大项目推介力度。全年共实施国内经济合作项目356项,其中当年新签约194项,引进州外实际到位资金201亿元,增长48.9%。新批外商投资企业4户,实际利用外资2976万美元,比上年增长36.3%。加强市场开拓,强化出口基地建设,对外贸易较快增长。全年完成外贸进出口总额22651万美元,比上年增长22.8%。农副产品、纺织品、汽车(拖拉机)三大类产品出口额大幅增加。祥云飞龙、云南国巨、宾川宽悬、力帆骏马等重点企业的重点产品龙头作用进一步显现。全州非公经济组织发展到9.3万户,实现增加值260亿元,比上年增长18.6%,占生产总值的比重达45.7%。

【社会事业和民生保障不断加强】2011年,大理州教育事业加快发展。中小学校舍安全工程和农村义务教育薄弱学校改造计划等工程稳步推进,排除中小学D级危房13.3万平方米。向13.1万贫困家庭寄宿生提供生活补助资金1.2亿元。适龄儿童入园率达75.1%,初中毕业生升学率达75.8%,高中阶段教育毛入学率达73.1%。高考上线率达98.5%,连续七年居全省前列。科技进步对国民经济增长的贡献率达49.6%。基本医疗保障水平不断提高,重点疫病得到有效防控。完成基层卫生医疗服务体系建设项目38个,投资2.7亿元,改扩建面积10.8万平方米。新型农村合作医疗参保人数291.8万人,参合率达95.9%。文化体育事业繁荣发展,乡镇文化站、广播电视村村通、城市社区文化活动中心和农村电影放映工程建设任务全面完成。实施城乡基层公共体育设施建设项目513项。社会保障能力不断增强。各级财政对社会保障和就业的支出达17.99亿元,比上年增长26.8%。发放城乡最低生活保障金3.84亿元,比上年增长10.3%。城镇职工基本养老保险参保人数达14.7万人,城镇基本医疗保险参保人数达41.95万人。城乡居民养老保险推广到8个县市,参保人数105万人。开工建设廉租住房10个项目3500套17.5万平方米,公租房11个项目5000套25万平方米。新增城镇就业2.23万人,城镇登记失业率控制在4.1%以内。农民人均纯收入达4733元,比上年增长21.3%;城镇居民人均可支配收入达17713元,比上年增长12.1%。

【经济社会发展中存在的困难和问题】 2011年，大理州经济社会发展中仍然存在一些困难和问题。①国内外经济形势仍然十分严峻复杂，经济下行压力和物价上涨压力并存，经济发展的不稳定性和不确定性增加，部分企业生产经营面临诸多困难。②全州经济总量小，整体实力弱，经济结构不尽合理，农业基础设施薄弱，工业化水平低，调结构、转方式任务仍然艰巨。③受资金、土地、原材料等要素制约，部分工业项目推进缓慢。同时，"保经济增长"与"保能耗下降"矛盾突出，节能降耗、减排形势依然严峻。④现代服务业发展相对滞后。现有的大多数物流企业服务种类单一，缺乏规模大、辐射力强的龙头企业，物流业的先进技术应用水平低。⑤社会热难点问题增多，生态建设、民生保障等压力加大。

（《国民经济和社会发展计划执行情况》由李爱萍撰稿）

发展规划管理

【全州"十二五"规划编制工作完成】 2011年，在州委、州人民政府的高度重视和直接领导下，经过全州各级各部门的共同努力，全州"十二五"规划编制工作任务按时完成。2月19日，州第十二届人民代表大会第四次会议审查批准了《大理白族自治州国民经济和社会发展第十二个五年规划纲要》。《大理州现代农业及农村经济发展发展"十二五"规划》、《大理州工业和信息化发展"十二五"规划》、《大理州水利发展"十二五"规划》、《大理州交通发展"十二五"规划》、《大理州能源发展"十二五"规划》、《大理州城镇化发展"十二五"规划》、《大理州旅游产业发展"十二五"规划》、《大理州文化产业发展"十二五"规划》、《大理州教育事业发展"十二五"规划》、《大理州卫生事业发展"十二五"规划》、《大理州人力资源和社会保障事业发展"十二五"规划》、《大理州环境保护"十二五"规划》12个重点专项规划通过州政府常务会议审查。《大理州科技发展"十二五"规划》、《大理州"十二五"林业改革和发展规划纲要》、《大理州第十二个五年商务经济发展规划》等29个行业专规划由州级各有关行业主管部门先后下达实施。12县市"十二五"规划纲要先后经各县市人民代表大审查批准实施。

【"十二五"经济社会发展指导思想】 "十二五"时期全州经济和社会发展的指导思想是：高举中国特色社会主义伟大旗帜，以邓小平理论和"三个代表"重要思想为指导，深入贯彻落实科学发展观，围绕"争当民族团结进步模范州、生态文明建设排头兵、旅游二次创业生力军、滇西城镇化进程领跑者、建设民族文化强省先行者"的要求，坚持"生态优先、农业稳州、工业强州、文化立州、旅游兴州、和谐安州"的发展思路，以科学发展为主题，以加快转变经济发展方式为主线，以保障和改善民生为根本出发点，以改革开放和自主创新为强大动力，促进经济长期平稳较快发展和社会和谐稳定，努力将大理建成中国面向西南开放桥头堡的滇西中心城市和独具特色的少数民族自治州。

【"十二五"经济社会发展主要目标】 "十二五"时期全州经济社会发展的主要目标是：地区生产总值年均递增13%以上，力争实现翻一番，突破1000亿元；全社会固定资产投资年均递增20%以上，5年累计突破2500亿元；工业总产值年均递增18%以上，突破1000亿元；财政总收入年均递增15%以上，突破160亿元，实现翻一番，其中，地方一般预算收入年均递增15%以上；社会消费品零售总额年均递增16%以上；外贸进出口总额年均递增10%以上；价格总水平保持基本稳定。三次产业结构比例调整到19∶40∶41。城镇化率达45%以上。非公经济增加值占地区生产总值的比重达50%以上。森林覆盖率达60%以上，活立木蓄积量达1亿立方米。耕地保有量29.85万公顷。洱海水质总体保持Ⅲ类。九年义务教育巩固率稳定在95%。高中阶段教育毛入学率达85%以上。总人口控制在367万人以内，人口自然增长率控制在6.6‰以内。城镇登记失业率控制在4.5%以内，城镇居民人均可支配收入年均递增10%以上，农村居民人均纯收入年均递增10%以上。

【"十二五"时期主要任务】 "十二五"时期全州经济社会发展的主要任务是：坚持走新型工业化道路，深入实施工业强州战略；加快大理滇西中心城市建设，统筹城乡协调发展；大力发展现代农业，促进农民增收致富；加强基础产业和基础设施建设，不断增强发展后劲；推进苍洱片区旅游改革发展综合试验区建设，大力发展服务业；高度重视环境保护，推进生态文明建设；加快发展文化事业和文化产业，推动民族文化大州向民族文化强州转变；加快发展各项社会事业，全面提高人的素质；不断深化改革，继续扩大对外开放；着力保障和改善民生，加强社会管理和促进社会和谐稳定。

【州物价局、州能源局挂牌成立】 根据中共大理州委办公室、大理州人民政府办公室关于《大理州州级政府机构设置方案》的通知，设立大理州物价局、大理州能源局为大理州发展和改革委员会下设的两个副处级机构。9月13日，大理州物价局、大理州能源局正式挂牌。大理州物价局和大理州能源局的成立，对于加快大理州水能、风能、太阳能以及生物质能源的开发和石油、煤炭、天然气的利用和管理，促进大理州经济社会的发展，保持市场繁荣和物价稳定将起到重要的作用。

（《发展规划管理》由李爱萍撰稿）

重点工程建设

【大型水电站建设进展顺利】 2011年，大理州境内4座在建和筹建大型水电站建设进展顺利，共计完成投资68.3亿元。功果桥水电站装机容量90万千瓦，总投资89.03亿元，主体工程全面完成，9月20日实现了下闸蓄水，11月9日首台机组投产发电，12月26日第二台机组投产发电；年内完成投资16亿元，累计完成投资62.87亿元。鲁地拉水电站装机容量为216万千瓦，总投资219.46亿元，年内完成投资20亿元，累计完成投资67.4亿元。龙开口水电站装机容量为180万千瓦，总投资172.13亿元，年内完成投资21亿元，累计完成投资76.7亿元。苗尾水电站装机容量为140万千瓦，总投资171.8万元；可行性研究报告于2011年12月通过项目审查，已完成水土保持方案审批、环境影响评估、移民安置规划报告审查、防震抗震报告审查等部分前期工作，并积极开展进场道路建设、移民搬迁安置、环境保护与生态建设等先期启动工程；年内完成投资11.3亿元，累计完成投资26.8亿元。

【中小水电建设稳步发展】 至2011年末，大理州共建成中小水电站194座，总装机容量达92.13万千瓦。其中2011年投产2座，新增装机容量5.1万千瓦，分别是云龙石房水电站，装机容量为

2.1万千瓦；鹤庆六合水电站，装机容量为3万千瓦。年内完成投资2.35亿元。

【风电项目快速推进】 2011年，洱源干海子、大龙潭、观音山、骑龙山，大理五子坡5个风电项目相继建成投产发电，全州新增风电装机容量227.25兆瓦，全年共完成投资18.7亿元。在建的洱源丰乐，大理骑马山、清水沟，剑川金华、百母山、雪斑山等6个风电项目装机容量达246.75兆瓦，建设进展顺利；此外，宾川巨龙山，巍山沙帽山，大理市清水朗山，云龙漕涧梁子，剑川甸南、金公山，洱源石蒲塘，祥云白鹤厂等17个风电项目获得省发改委、省能源局同意开展前期工作，总装机容量达813兆瓦。年末，全州累计建成10个风电项目，风电累计装机容量达468.75兆瓦，占全省已建成风电累计装机容量的67%

【风电场规划获州批准】 2011年10月11日，在中共大理州委常委扩大会议上，参会领导专门听取了州发改委、州新能源办关于大理州风电规划与开发情况的汇报，并给予了充分肯定和高度评价。10月28日，州人民政府批准了《大理州风电场规划报告(2010年)》。根据该规划报告，大理州共规划了49个风电场(含列入省2009年规划的13个风电场)，可开发的装机容量达5985兆瓦，总投资约600亿元，分布于全州12个县市，是云南省风能资源最佳开发地区之一。

【太阳能光伏发电项目启动】 大理州属于云南省太阳能资源最充沛的地州之一，州内太阳能资源丰富、日照充沛，太阳辐射能量大，开发利用价值较高。其中宾川、弥渡、祥云、南涧和洱源5县被云南省气象中心列入全省太阳能资源最佳开发区。2011年，大理州组织技术力量，组织开展了5县太阳能光伏电站选址规划工作，共规划了33个太阳能并网光伏电站场址，规划总装机容量220.8万千瓦。由于建设太阳能并网光伏电站的技术起点高，投资成本大，加之相关扶持政策不配套，因此，大理州太阳能光伏电站的发展还处于起步阶段。其中大理经济开发区大功山太阳能光伏电站装机容量18万千瓦，已开展一期工程建设，并被列入国家“金太阳示范工程”；宾川长坡岭太阳能光伏电站装机容量7.3万千瓦，已获省发改委同意开展前期工作；宾川大营太阳能光伏电站正在开展光资源勘测工作。

【大丽高速公路建设顺利推进】 大理至丽江高速公路是国家高速公路网规划的杭州至瑞丽公路的联络线，是云南通往西藏、四川等地的重要通道，初步设计批复概算总投资188亿元，建设总里程259千米，其中主线长192千米，同步建设连接线67千米，建设工期4年，是迄今为止云南省投资规模最大、建设里程最长的高速公路项目。2009年12月22日，省人民政府在大理举行大丽高速公路开工仪式，2010年6月全面开工建设。大理州境内路段涉及大理、洱源、剑川3县市。至2011年末，大丽高速公路(大理州境内段)累计完成投资72.22亿元(含州政府安排的5100万元)，其中工程建设投资累计完成66亿元，主要土建工程量指标已完成80%。按实际建设施工要求累计完成征地959公顷，占设计征地996公顷的96.27%；拆迁房屋21.1万平方米，占设计拆除16.5万平方米的127.56%；“三线”迁改完成376.76杆千米，占设计迁改151.44千米的248.79%，；迁坟12694冢，是设计搬迁1211冢10.5倍。

【大瑞铁路建设进展顺利】 大瑞铁路建设进展顺利。至2011年末，累计完成投资29.27亿元，完成设计数量的48.67%。其中建安256238.23万元、其他费用36461.77万元(其中征地拆迁费8053.98万元)。完成路基土石方447.47万立方米，完成设计86.84%；特大桥6170.05延米，完成设计81.18%；大桥4014.2延米，完成设计90.76%；中桥688.1延米，完成设计98.17%；小桥94.33延米，完成设计96.27%；涵洞1549.99横延米，完成设计99.5%；隧道53264.66成洞米，完成设计51.36%；大临电力工程136.43千米；大临汽车运输便道57.19千米；永久用地168.25公顷，临时用地250.34公顷，房屋拆迁20.41万平方米。

【鹤庆火车站启动建设】 鹤庆火车站建设规模几经反复，最终确定为2700平方米，按照部省会议纪要精神，超出设计1500平方米部分所需建设资金1270万元由地方政府负责。施工单位已于2011年3月2日进场施工，12月底，站台主体工程已全部竣工。火车站站前广场、货运站等配套设施正在建设中，计划于2012年3月底完成进场道路建设后可开通使用。

【广大铁路扩能改造工程稳步推进】 2010年9月10日，广大铁路扩能改造工程建设动员大会在楚雄市新楚雄站址举行。根据铁道部2011年4月25日印发的《关于第一次调整2011年铁路建设计划的通知》要求，按照“保在建、上必需、重配套”的原则，2011年广大铁路扩能工程计划投资由12亿元调整为2亿元，减少了10亿元。广大铁路扩能改造施工图等待铁道部审查，工程预计2012年进入实质性开工建设。

【祥临普洱铁路前期工作启动】 祥云至临沧至普洱铁路已列入国家“十二五”期间必须开工建设项目，对拉动大理州经济社会发展具有十分重要的意义。经大理州和普洱市、临沧市3州市人民政府共同协商，于2011年8月委托中铁二院昆明勘察设计研究院有限责任公司开始进行祥云至临沧至普洱铁路方案研究的编制工作，12月中旬设计单位已向3州市人民政府提供《祥云至临沧至普洱线方案研究报告(初审稿)》，沿线相关县市政府及发改局根据初审稿开展了研究论证工作。

【中缅油气管道项目建设】 中缅油气管道工程是我国能源战略重点项目，是中国陆上三大进口通道之一，拟将缅甸近海天然气输往中国西南地区，对推进西部经济结构调整和增长方式转变、加快经济社会发展、促进少数民族地区经济社会进步具有重要的意义。9月19日，在巍山县紫金乡，中铁隧道集团二处承建的中缅油气管道工程隧道第二EPC项目工程工地举行了开工仪式，该工程为干线穿越隧道，共11座隧道，其中控制性隧道4座，非控制性隧道7座，途经永平县、漾濞县、巍山县、弥渡县、祥云县、大理市。10月29日，州政府主持召开中缅油气管道大理州境内段线路工程启动协调会，标志着中缅油气管道项目建设全面展开。中国石油四川油建公司中缅油气管道(国内段)工程EPC项目部的第三、四、五、六项目部、中铁隧道集团、中铁一局集团等项目业主承建的项目正在有序推进中。

(《重点工程建设》由李爱萍撰稿)

政务接待

【概　述】 2011年，大理州接待处从展示魅力大理、推介经济大理和宣传文化大理的目标出发，把接待工作作为大理的"第一窗口"和"第一形象",认真做好接待过程中的每一个环节,保证各项接待任务圆满完成,充分发挥接待作为展示地方形象的名片、推进地方经济社会发展的助推器、连接内外的高速路、沟通上下的操作台的重要作用。全年共接待宾客1098批16974人次,日均接待3批47人次。其中,接待了党和国家领导人3批54人次,即:全国政协副主席白立忱、十届全国人大常委会副委员长盛华仁、十一届全国人大常委会副委员长司马义·铁力瓦尔地;接待老挝人民民主共和国副总理、波兰驻华大使等外国政要和使团;接待省部级领导140批4879人次,厅级领导322批6675人次。完成了2011中国第四届大理国际兰花茶花博览会、2011全省党委系统秘书长会议、中国烟草云南大型水源工程调研会、全省政研室会议、全省编办会议、全省文化工作会议、全省二级公路建设现场会、全省农村公路养护工作会议、全省社会主义新农村省级重点建设村工作会、全省新农村建设指导员工作座谈会、全省保护坝区农田建设山地城镇工作会议、川滇黔十市地州合作与发展峰会大理会议、2011年第三届大理国际影会、2011第三届大理洱海开海节等重大活动、大型会议和洱海生态环保调研、攀枝花市党政代表团、昆明市党政代表团、临沧市党政代表团、重庆——大理通航仪式、百家晋商考察团等大型团组的接待任务。完成了白恩培、秦光荣、李纪恒、王学仁、李汉柏、罗正富、李江、黄毅、晏友琼、程映萱等省领导到大理调研的接待任务。完成了国家信访督导组、省委巡视组、省委干部考察组等专项接待。年内,大理州接待处共接送机446批,接送站737批,举办大型宴会48场,到各县市指导接待112次,较好地完成了各项接待任务。

【国家领导人接待工作】 2011年,大理州接待了党和国家领导人3批54人次。2月10~11日,全国政协副主席白立忱到大理调研;4月19~20日,十届全国人大常委会副委员长盛华仁到大理调研;5月22~23日,十一届全国人大常委会副委员长司马义·铁力瓦尔地到大理调研经济社会发展工作。

【部级领导接待工作】 2011年,大理州接待省部级领导140批4879人次,完成了国家扶贫办主任范小建、最高人民检察院副检察长柯汉民、环保部副部长吴晓青、中国工程院院士汤中立、陕西省人大常委会主任崔林涛及白恩培、秦光荣、李纪恒、王学仁、李汉柏、罗正富、李江、黄毅、晏友琼、程映萱、孔垂柱等省领导到大理视察的接待工作。

【"两博会"接待工作】 2月11~15日,由大理市人民政府承办的2011中国大理第四届国际兰花茶花博览会在下关举行。期间,州接待处优质、高效地做好全国政协副主席白立忱,云南省人民政府副省长孔垂柱,云南省政协副主席顾伯平,云南省人民政府副秘书长李琳玻以及中国花卉协会兰花分会、中国花卉协会茶花分会和省花卉产业办公室、省林业厅、省旅游局、省水利厅的领导等来宾的接待工作。

【"三月街"民族节的接待工作】 4月17~23日,一年一度的大理"三月街"民族节盛会如期举行,州接待处接待了应邀前来参加"三月街"活动的有关领导、友好人士、外地客商、新闻记者等嘉宾。在出色完成接待任务的同时,积极向来宾宣传大理的经济社会、风情民俗、历史文化、自然资源和投资环境、发展潜力等,让外界更加深入的了解大理。

【中烟祥云水源工程项目接待工作】 5月17日,省委书记、省人大常委会主任白恩培和国家烟草专卖局局长姜成康在省委常委、省人民政府常务副省长罗正富,国家烟草专卖局相关司局和省级各有关部门领导,深入中国烟草云南祥云大型水源工程项目建设工地进行调研和考察。

【接待攀枝花市考察团】 8月3~4日,由攀枝花市市委副书记、市长张剡,市委副书记、副市长赵辉,市人大常委会党组副书记、副主任张如英,市政府副市长张敏,市政协副主席严文洪率领的攀枝花市党政考察团到大理考察。

【省建设山地城镇工作会议接待】 9月5日,省委、省政府在大理召开全省保护坝区农田、建设山地城镇工作会议。省委书记、省人大党组书记秦光荣,省委副书记、代省长李纪恒,省政协主席王学仁,省委常委、省委秘书长杨应楠,省人大常委会副主任晏友琼,省政府副省长刘平,省政府秘书长丁绍祥,省级相关部门领导,各州市党委、政府领导和各县市区党委、政府领导等出席会议。国土资源部党组成员、总规划师胡存智到会作指导。

【大理国际影会接待工作】 9月25日~10月7日,2011第三届大理国际影会在大理举行,来自美国、英国、法国、德国及港澳台等40余个国家和地区的万余名摄影家、摄影爱好者齐聚大理。中国文联副主席、中国作协副主席丹增,中国艺术摄影学会主席杨元惺,《秘境PHOTO》杂志出品人白金龙,中国摄影家协会副主席朱宪民,中科院昆明分院党组书记李磊,省委宣传部常务副部长尹欣,省文联党组书记、主席郑明,海军原副政委、中将冷宽参加了活动。

【楚雄州考察团到大理考察】 9月23~24日,中共楚雄州委书记张太原率楚雄

2011年10月19日,由省委常委、昆明市委书记仇和,昆明市委副书记、市长张祖林率队的昆明市党政代表团到大理考察　(州接待处　供稿))

2011 年 4 月 22 日起，大理至重庆直航线通航　　（州接待处　供稿）

州委、州人大、州政府、州政协部分领导组成的党政考察团到大理州考察。中共大理州委书记刘明，州委副书记杨健陪同考察，并与楚雄州的领导进行座谈。期间，州接待处认真做好接待工作。

【川滇黔十市地州峰会接待工作】　10 月 18 日，川滇黔十市地州合作与发展峰会在大理举行。中共大理州委书记刘明，中共六盘水市委副书记、市长何刚，中共毕节地委副书记安金黎，丽江市政府副市长张仁彬，昆明市政府副市长张锐，宜宾市政协主席尹德宏，中共昭通市委副书记、市长刘建华，凉山州政府副州长周德文，中共楚雄州委副书记、代理州长李红民，中共攀枝花市委副书记、市长张剡十市地州的领导分别在大会上发表主题演讲，中共大理州委副书记、州长何金平主持大会。会议期间，州接待处全力以赴做好接待工作，保障会议顺利召开。

【昆明市代表团到大理考察】　10 月 19 日，由省委常委、昆明市委书记仇和，昆明市委副书记、市长张祖林率队的昆明市党政代表团在刘明、何金平等大理州领导的陪同下，先后实地考察了宾川旅游资源、宾川鸡足山镇寺前村特色旅游示范村建设，大理崇圣寺三塔景区，大理古城及大理农村电影历史博物馆和大理市博物馆等，与大理州的干部群众共商合作大计，共谋未来发展。当日下午，双方在龙山国际会议中心举行了《昆明市——大理州共同推进区域合作框架协议》签字仪式。省教育厅、省委政研室、省发改委、省工信委、省政府研究室、省财政厅、省商务厅等省级相关部门领导，昆明市委、市人大常委会、昆明市政协等部门的领导参加考察。字国顺、袁爱光、梁志敏、王以志、杜涛、岳黎松、杨光军、陈川、李宗贤、李超等大理州领导陪同考察。期间，州接待处认真做好接待工作。

【“大理光明行”探访仪式接待】　11 月 21 日，“2011 健康快车—中国石化大理光明行”探访仪式在大理市凤仪镇举行。全国政协提案委员会副主任、中华健康快车基金会副理事长王瑞祥，健康快车创会主席方黄吉雯，中国石化集团公司原党组成员、副总经理张家仁出席仪式。期间，州接待处认真做好接待工作。

【临沧市考察团到大理考察】　12 月 11 ～12 日，由临沧市委书记杨洪波、市人大常委会主任查映伟、市政协主席李建昌率队的临沧市党政考察团到大理参观考察。刘明、杨健、字国顺、袁爱光、岳黎松、杨光军、段玠、洪云龙等领导陪同考察了云南力帆骏马车辆有限公司、苍山大索道、大凤路下穿工程、崇圣寺三塔景区、中国大理农村电影历史博物馆、大理公馆、大理技师学院、海东开发建设、宾川县现代特色水果产业示范园区、冬梅果蔬专业合作社、云南国巨绿色食品有限公司、滇西果蔬交易中心建设、洱海月湿地公园和全民健身中心建设情况。期间，州接待处认真做好接待工作，提供优质服务。

（《政务接待》由孙何军撰稿）

外事管理

【概　述】　经大理州委、州政府批准，正式将大理州外事办公室（接待处）分设成为大理州人民政府外事办公室、大理州接待处两个独立的政府工作部门。2011 年 3 月，大理州人民政府外事办公室、大理州接待处正式分设办公。分设以来，在州委、州政府和省外办的正确领导下，大理州外事办公室深入实践科学发展观，紧紧围绕全州的中心工作，服务桥头堡建设，加强外事工作归口管理，充分发挥外事工作的参谋、管理、协调、服务等职能，开拓创新，积极进取，不断提高对外交流合作水平。年内，圆满完成 29 个国家的来宾 19 批 235 人次的接待任务和大理州领导带队的 6 个自组团 39 人前往美国、加拿大、澳大利亚、新西兰、俄罗斯、印尼、新加坡和香港考察的组织协调工作。外事工作归口管理，境外非政府组织在大理州开展活动的项目备案工作和外国新闻记者采访管理得到加强，涉外突发事件应对有力，处置及时、高效，友好城市工作扎实开展，合作领域不断延伸。

【外事接待】　2011 年，大理州外事办圆满完成了老挝国家副总理宋沙瓦，加拿大加中议会主席约瑟夫·戴伊，泰国上议院内务管理委员会主席蒙空·斯里罕，澳大利亚米尔迪拉市市政议员朱迪·哈里斯，以及非洲国家学者代表团、卢旺达建国战线代表团，澳大利亚米尔迪拉市师生交流代表团、东南亚国家记者代表团，肯尼亚橙色民主运动代表团等 29 个国家的来宾 19 批 235 人次的接待任务。外事礼宾工作取得良好效果，深受外国来宾称赞，全国人大、外交部、中联部等中央有关部委多次致函，予以表扬、感谢。

【因公出访】　2011 年，根据开展对外工作需要，大理州外事办积极组织州、县市各级领导和相关单位人员出访。①为做好《大理·一见钟情》宣传片在美国的首映式活动，组织了大理州《大理·一见钟情》代表团出访美国，首映式在美国取得圆满成功，美国 20 多家媒体对首映式进行专题报道，取得了较好宣传效果。②圆满完成了州级领导参加中央、省有关单位组团出访美国、加拿大、日本、俄罗斯、澳大利亚、新西兰、新加坡、印尼和越南等国的出访服务报批工作。

③积极帮助协调，安排大理州民族中学、大理一中师生赴澳大利亚开展交流学习的互访工作。④严格审核大理州有关单位、部门领导参加中央、省有关单位38批49人的出访报批工作，同时组织6个自组团39人前往美国、加拿大、澳大利亚、新西兰、俄罗斯、印尼、新加坡和香港考察。

【加强因公出国（境）管理】 2011年，为进一步加强因公出国（境）管理，严肃外事纪律，切实加强党风廉政建设，大理州外事办结合全州实际，起草、上报了《关于进一步加强因公出国（境）管理工作的意见》。7月，经州委、州政府批准后下发全州执行。该《意见》根据中办关于加强因公出国（境）发文的精神，对进一步加强因公出国（境）计划和目标管理，协助省外办把好因公出国（境）第一关，禁止无实质性内容或重复性的考察起到积极作用，是大理州贯彻执行中办发文件的具体操作意见，也是云南省16州市出台贯彻中办关于加强因公出国（境）发文的第一个文件，受到省外办领导和护签处的高度称赞。

【友好城市校际交流】 2011年，大理州外事办认真做好友好城市交流校际交流工作。经州外办组织、协调，大理州民族中学和大理一中师生一行39人于7月27日~8月9日前往澳大利亚米尔迪拉市友好学校进行交流；9月20~27日米尔迪拉市红岩中学和梅尔滨中学师生一行45人到大理州民族中学和大理一中开展师生回访交流活动。双方每年的校际交流，增进了大理州与米尔迪拉市的友好城市关系。6月，在州外事办协调安排下，大理滇西技师学院与澳大利亚桑瑞亚理工学院签订友好合作协议书。根据协议书，双方将从2012年起开展校际合作，大理滇西技师学院将选派教师前往澳大利亚桑瑞亚理工学院培训，桑瑞亚理工学院将选派教师前来大理技师学院授课，待条件成熟后，双方将在大理滇西技师学院招收国际班，国际班学生毕业后持大理滇西技师学院和桑瑞亚理工学院文凭，毕业生可以选择到澳大利亚就业。

【境外非政府组织管理】 2011年，大理州外事办积极做好境外非政府组织的备案工作。根据云南省《规范境外非政府组织活动暂行规定》和大理州境外非政府组织协调领导小组办公室要求，大理州外事办公室认真履行职责，严格执行境外非政府组织在大理开展工作的备案工作，同时积极开展普查催报工作，做到底子清、情况明、心中有数。并协助完成省非政府组织领导组到大理的调研活动。年内，境外非政府组织中方合作单位均办理了备案工作，全面完成了项目备案手续。

【妥善处理涉外事件】 2011年2月23日，大理镇东门村发生在大理投资的外国商人索瑞恩（丹麦籍）因制止邻居小孩打狗而非法入闯民宅事件。大理州外事办公室接报后高度重视，本着多做工作，化解矛盾，解释误会，避免事态升级和不实炒作的原则，处置后续工作。2月24日，大理州外事办公室牵头主持召开处理后续问题的专门会议，根据事件的性质，提出处理后续工作的具体意见并安排专人前往大理古城解放军六十医院看望因心脏病突发住院的索瑞恩。索瑞恩表示，感谢大理州有关单位，特别是州外事办公室在事件处理过程中所做的工作，他一定吸取教训，遵守中国法律和尊重地方民俗。同时，努力将他的公司发展成为云南省知名度较高的外商独资企业。

【召开全州外事工作会议】 4月12~13日，大理州外事工作会议在大理市召开。省外办副主任何明生到会指导并作了国际形势讲座，州委常委、副州长蔡春生作了重要讲话并授大理州人民政府外事办公室印章，州外事办公室党组书记、主任段志宏作《开拓进取，不断创新，努力开创全州外事工作新局面》的讲话。会议传达学习了2011年全省外办主任会议精神，总结大理州“十一五”期间的外事工作，安排部署“十二五”期间的外事工作。会议期间，州外事办还邀请了省外办新闻处处长李晖向参加会议的大理州有关人员介绍外国记者管理工作。

【外国代表团来访】 2011年，先后有10个外国代表团到大理州访问。①1月15~17日，以美国新泽西州众议员戈登·约翰逊委团长的美国华人企业考察团一行9人到大理州考察投资环境情况，副州长程云川向来宾介绍情况并陪同考察。②3月15~17日，以约瑟夫·戴伊为团长的加拿大加中议会协会一行10人到大理州考察新农村建设情况，代表团在大理期间，参观了祥云县百长绍农希望小学和禾甸黄联州重点村项目，州人大常委会副主任陆璐陪同来宾考察。③3月29~30日，老挝国家副总理宋沙瓦一行10人到大理州考察旅游资源开发情况，州委常委、副州长蔡春生陪同考察。④5月16~18日，法国驻成都总领事鲁索一行3人到大理州考察风力发电项目运行情况，州委常委、副州长蔡春生出面接待。⑤6月8~9日，东南亚国家（马来西亚、菲律宾、缅甸、越南、印度尼西亚、斯里兰卡、孟加拉国、印度、巴基斯坦）记者团一行39人到大理州采访采访东南亚国家留学生在大理学院的学习、生活情况，并到下关茶厂参观茶叶生产情况并与大理州举行座谈，州委常委、副州长蔡春生，州委常委、州委宣传部部长王以志，副州长程云川参加与东南亚国家记者团座谈并回答了记者提出的问

《大理·一见钟情》首映式在美国取得圆满成功，美国20多家媒体对首映式进行专题报道，取得了较好的宣传效果　（州外事办　供稿）

题。⑥6月21～22日，非洲（塞内加尔、喀麦隆、卢旺达、坦桑尼亚、赞比亚、肯尼亚、利比里亚、刚果、南非、加纳）学者考察团一行20人到大理州考察新农村建设情况，来宾在大理期间参观了喜洲镇周城村和龙下登村的建设情况，州委常委、大理市委书记杨光军出面接待。⑦7月15日，以上议院内务管理委员会主席蒙空·斯里罕为团长的泰国上议院代表团一行21人到大理州考察并与大理州政协进行座谈，州政协主席袁爱光介绍大理州基本情况和大理州政协工作情况。⑧9月24～25日，以政治局委员、众议员让·巴普蒂斯特·摩赛马克维尼为团长的卢旺达建国战线代表团一行14人到大理州考察，来宾考察了大理州旅游业发展和龙下登村的新农村建设和蔬菜种植情况，州委常委、副州长蔡春生出面接待。⑨9月30日～10月2日，以市政议员朱迪·哈里斯为团长的澳大利亚米尔迪拉市代表团一行18人到大理州开展友好城市交流访问活动，副州长洪云龙出面接待。⑩2月17～19日，以选举委员会主席奥昆迪为团长的肯尼亚橙色民主运动代表团一行8人到大理州考察，来宾考察了龙下登村基础党建和农村农副产品加工情况，州委常委、副州长蔡春生出面接待。

（《外事管理》由谢玉宝撰稿）

精神文明建设

【深入推动文明大理建设示范工程】 2011年，大理州进一步深入推进文明大理建设示范工程。继续全面提升城市出租车整体形象，提高出租车从业人员整体素质，在全州统一车身颜色的基础上，启动了“文明驶者 爱我大理”等文明服务系列活动。深入开展县城和重点城镇绿化、美化、亮化活动，大力塑造县城和重点城镇文明形象。继续实施环洱海文明走廊工程建设，保护洱海，建设生态文明。继续加强国道、省道和乡村道路“绿色走廊”建设。继续整治不规范公益广告，加大对城镇非法小广告的治理力度。广泛开展“大理精神”讨论活动，充分利用新闻媒体和各种公众教育平台开展形式多样的主题宣传，动员社会各界大力践行“大气明理、崇尚礼仪、诚信进取、德化和谐”的大理精神，在全州范围内组织开展“大理精神”有奖征文活动，大力弘扬“大理精神”，使之真正成为全体社会成员普遍理解接受、自觉遵守奉行的价值理念。

【加强思想道德建设】 2011年，大理州广泛组织开展公民道德实践、道德模范推荐评选表彰等活动，不断增强道德建设的感召力和影响力。组织开展以“爱党爱国爱家乡”为主题的第八届红土地之歌演讲大赛，在全省比赛中，大理州获优秀组织奖。各县市结合实际开展了有特色，富有成效的思想道德建设活动。

【关注未成年人健康成长】 2011年，大理州继续净化社会文化环境，营造未成年人健康成长的良好氛围。加大治理网络、网吧、荧屏声频视频，加大打击非法出版物的力度，推进少儿文艺出版精品工程，加强未成年人心理健康教育，丰富青少年课外活动。积极开展好“做一个有道德的人”、“我们的节日”主题活动，着力引导未成年人认知传统、尊重传统、继承传统、弘扬传统。完成了“西部开发助学工程”资助大学生和大理高中“宏志班”招生工作，组织实施好“向西部地区送电脑”活动，配合省文明办向全州基层赠送了660台电脑。切实抓好全州第一批10所“乡村学校少年宫”建设工作。各县市以“爱心妈妈”、“三学三争”等活动为载体，做好留守儿童、失依儿童、进城务工人员子女等特殊群体的结对关爱工作，新建青少年校外体育活动中心和青少年科学工作室等设施，使未成年人道德实践的平台得到拓展和强化，全州上下正积极探索构建学校、家庭、社会“三位一体”的未成年人思想道德教育体系。

【“讲文明、树新风”及志愿服务活动】 2011年，大理州广泛开展“讲文明、树新风”和志愿服务活动。全州发放《大理公民简明文明礼仪知识手册》15万册，广泛进行文明礼仪宣传教育。各县市结合自身实际，开展了“文明城市创建我先行”、文明礼仪知识考试等活动，使礼仪宣传教育向广度和深度推进。继续在全州实施“文明交通行动计划”，各县市以交通安全宣教、交通环境集中整治、交通隐患排查等形式开展活动，文明驾驶、文明乘车、文明行路的良好习惯正逐渐形成。

【文明单位创建活动】 2011年，大理州认真做好第三批全国文明单位、全国文明村镇的考评推荐工作。推荐全国文明城市1家、全国文明单位4家、全国文明村2家，最后被中央文明委命名表彰了2家全国文明单位和2个全国文明村。加大对旅游景点景区环境卫生的整治力度，合理规范设置各类旅游标识，积极开展文明旅游公约宣传，营造景点景区文明旅游氛围。大力倡导文明开发、文明经营、文明服务、文明管理的风尚，提高了全州景区从业人员队伍的整体素质和景区文明程度，文化旅游业提质增效成效显著，崇圣寺三塔文化旅游区2011年成功创建为5A级景区，南诏风情岛、鸡足山、新华村等景区被省文明委、省住建厅、省旅游局命名为“第三批省级文明风景旅游区”。

（《精神文明建设》由阮正德撰稿）

中小企业暨非公有制经济

【概　述】 2011年，大理州非公有制经济发展工作，以科学发展观为指导，全面贯彻落实国家和省、州扶持非公有制经济暨中小企业发展的各项政策措施，努力克服外部环境变化和融资困难、原材料涨价、劳动力成本上升等带来的不利影响，非公有制经济保持了平稳较快发展。全年完成非公经济增加值260亿元，比上年增长25%，占全州GDP的比重达到45.7%，比全省高出4个百分点；上缴税金17.6亿元，比上年增长19.4%，占地方一般性预算收入的39%；从业人员达到23万人，比上年增长10%，占全州企业从业人员的80%以上。

【加强项目建设】 2011年，大理州紧紧围绕“工业强州”战略推动非公企业项目建设，在州级财政安排6400万元工业发展专项资金的基础上，积极向国家和省争取项目扶持资金近7000多万元，支持全州非公企业项目建设。同时，为增强危机意识和增量意识，大理州每年都储备和推出一批新项目，真正使项目策划推介、项目快速实施、项目跟踪服务成为加快工业和非公有制经济发展的重要抓手和支撑。

【优化政策环境】 2011年，大理州优化非公有制经济发展的政策环境。认真贯彻落实《中共云南省委、省人民政府关于加快非公有制经济发展的决定》和《国务院关于鼓励和引导民间投资健康发展的若干意见》等文件精神，按照服务创优、全民创业、企业创新、金融支持到位、政策落实到位的要求，制定出台了《中共大理州委、州人民政府关于加快全州工业暨非公有制经济发展的若干意见》和《中共大理州委、州人民政府关于加快工业经济发展的决定》，非公经济的发展环境进一步得到优化。

【拓宽非公企业融资渠道】　2011年，为解决中小企业融资难问题，大理州在鼓励国有商业银行发挥主力军作用的同时，同时制定优惠条件鼓励股份制银行落户大理或建立分支机构，积极推进信用担保体系建设，整合民间资本成立小额贷款公司。年末，全州有州级商业银行12户、融资担保公司10户、小额贷款公司22户。通过不定期举办支持中小微企业融资的银企合作座谈会，推动银企银政合作，切实解决中小企业融资难问题。

【提升非公企业创新能力】　2011年，大理州围绕支柱产业、重点企业的关键技术、工艺问题，加大投入推进技术创新工作，先后组织实施了一批有重大影响的技术开发项目，非公企业技术创新能力得到增强。在全州9户通过省级技术中心认定企业中，有8户企业是非公企业；有1件非公企业商标荣获"中国驰名商标"称号，50件商标荣获"云南省著名商标"称号，17个产品荣获"云南省名牌产品"称号。祥云飞龙公司"难处理氧化锌矿"、"氧化锌矿浸出渣提锌技术"获中国有色金属工业科学技术奖和云南省科学技术奖。

【强化服务意识】　2011年，为帮助非公企业及时、全面地了解掌握"十一五"期间，中央、国务院、省委、省政府以及州委、州政府制定出台的各项优惠政策，由州工信委和州国税局牵头梳理编印了《大理州涉企优惠政策汇编》、《国税优惠政策摘编及涵养税源的探讨》，引导企业用好用足各种优惠政策，帮助企业在项目发展以及规避风险和损失方面作出更有利的决策，让非公企业得到更多实惠。

【培植龙头企业】　2011年，大理州对重点非公企业，实行一厂一策，在资源配置、融资担保、资金扶持等方面给予重点倾斜，着力培植其成长。全州有55户非公、中小企业列入省级成长性中小企业名单，在全州61户产值超过1亿元工业企业中，有42户是非公企业，祥云飞龙、力帆骏马2户非公企业成长为大型非公企业，进入全省"百户优强工业企业"20强行列。

【推进节能减排】　非公企业是大理州节能减排工作的重点对象。2011年，大理州采取了一系列节能降耗有效措施，推进节能减排工作有序开展并取得初步成效。"十一五"期间全州累计淘汰水泥熟料产能91万吨、淘汰钢铁产能15万吨，全面完成省下达的淘汰落后产能责任目标和单位GDP能耗下降目标。非公、中小企业环保意识不断增强，资源综合利用能力不断提高，洱海流域工业企业点源污染得到控制，基本消除了企业污染直排，为保护洱海做出了重要贡献。

（《中小企业暨非公有制经济》由毕家兴撰稿）

扶贫开发

【概　述】　2011年，大理州把扶贫开发摆在战略位置，进一步落实扶贫开发党政一把手责任制，加强领导，创新机制，完善思路，突出重点，强化措施，整合资源，全力推进50个自然村扶贫开发整村推进工程、扶贫综合开发示范园区建设、产业扶贫、易地开发、劳动力培训转移、社会帮扶、信贷扶贫、村级合作互助资金、外资扶贫等工作，通过各有关部门的大力支持和贫困地区党委、政府以及广大干部群众的共同努力，社会各界的倾情帮扶，全面完成各项工作任务，项目区实现了基础设施改善、社会事业进步、经济发展，群众增收的好成绩。①扶贫开发的投入力度进一步加大。争取中央和省州扶贫资金58908万元，资金的有效筹措，保证了扶贫开发项目建设的需要。②强化监管，不断提高扶贫项目和资金效益。牢固树立扶贫资金是"高压线"碰不得的思想，完善扶贫资金管理办法，形成上级监督、监察审计监督、部门互相监督、群众监督和社会舆论监督"五道防线"。③坚持开发式扶贫，不断增强贫困地区自身活力。大力推进产业扶贫、科技扶贫、连片开发，用发展的办法解决贫困问题，不断增强贫困地区"造血"功能。④尊重民意，充分发挥群众的主体作用。项目的实施充分征求群众意见，尊重群众意愿，得到群众支持。扶贫开发项目的资金分配和管理实行公告、公示制，接受群众监督。扶贫开发项目充分发动群众参与，调动了贫困群众的积极性，激发了自强脱贫的信心和决心。⑤认真开展廉政文化进扶贫活动。在全州12个县市扶贫开发工程整村推进、整乡推进、易地扶贫、村级互助资金、产业扶贫、外援扶贫和劳动力转移培训等重点扶贫项目建设中全面开展廉政文化进扶贫活动，把廉政文化建设融入到扶贫项目建设的全过程，有力推进了扶贫部门的廉政建设，管好了扶贫资金，用好了扶贫资金，扶贫开发成效显著。

【扶贫开发整村推进成效卓著】　2011年，大理州50个自然村扶贫开发整村推进工程顺利通过验收，成效卓著。①生活质量明显提升，贫困人口显著下降。新建安居房646户6.68万平方米，改造1554户13.96万平方米，硬化农户院心2643户，建设广播电视292套，安装太阳能路灯242盏，铺设人饮管道115.5千米，新建人饮水池313个、水窖906个、村民议事地点3413平方米、文化场所8362平方米、文化室601平方米。贫困人口从14923人下降到1894人，农民人均纯收入平均增加了1140元，较上年增加了34.46%。②村容村貌全面改观，基础设施明显加强。开展青瓦白墙、道路硬化、改厕改厩、污水排放、垃圾堆放为重点的村容村貌治理，实施村内道路弹石硬化13条2.23万平方米、水泥硬化107条16.5万平方米，粉刷墙体3887户55.2万平方米，种植村道绿化树8435棵，新建和改造农户卫生厕2583间、公厕43座、卫生厩2307间、垃圾池184口。新建进村公路18条54.78千米，改造进村公路28条104.8千米，支砌挡墙2514平方米，桥涵55座，架设高压线路6.24千米、低压线路8.8千米、电杆118根，坡改梯58.4公顷、中低产田改造350亩，修建农灌沟渠28.94千米，集市建设1个，使项目村村容村貌焕然一新，基础设施服务功能和抵抗自然灾害能力得到增强。③拓宽了产业增收渠道，群众素质得到提升。大力扶持泡核桃、茶叶、优质水果等经济林果种植和养殖等增收产业，拓展了农民增收渠道。种植经济林果2467公顷、药材35.33公顷，发展猪牛羊养殖1.3万多头（只）、鸡1.5万只，培育旅游服务28户、加工销售点13个。加大农民素质的提升，开展实用科技培训1.2万多人次，使8668人劳动者掌握2门以上实用技术，占50个村劳动力的71.9%。④拉动外部资金注入，资金整合更加明显。50个村共投入资金达13663.59万元，其中：州县财政资金投入3142.32万元，占总投资的23%，大量的是依靠整合资金和群众投工备料折资投入。整合资金达5164.25万元，占总投资的37.8%，群众自筹5357.02万元，占总投资的39.2%。平均每个村投入达273万多元，最高的大理市每村达583万元。

【扶贫综合开发示范园区建设】 2011年末，大理州扶贫综合开发示范园区成效显著，累计完成投资67.75亿元。其中：国家及省级投入资金18.3亿元，州级投入资金2.05亿元，县级及部门整合资金投入4.98亿元，群众自筹（含投工投劳折资）19.58亿元，信贷资金15.7亿元，其他资金7.14亿元，初步形成了以示范园区交通干线为轴线，沿线有基地、园区有加工、产品有市场的现代经营格局，示范园区内的农村道路通达率达95%以上，水利化程度达70%以上，森林覆盖率达61%以上，农民人均纯收入达5000元以上。园区基础设施建设实现了重大突破。全长119.9千米的园区主干道全线贯通，通村道路全部修通，通讯、电力、教育、卫生等基础设施建设得到进一步加强。产业发展能力得到较大提升。完成了9667公顷中低产田（林）改造，通过实施土地流转、引入社会资本投入，核桃、水果、烤烟、中药材、畜禽养殖、农副产品加工等产业蓬勃发展；打造了拉乌核桃谷、平川省级历史文化名镇、祥云王家庄特色村、云南驿古道老街等一批集红色旅游、生态观光、休闲度假、农耕文化体验为一体的生态旅游产业项目，产业发展能力得到较大提升。人民群众生活水平得到了较大提高。园区交通、水利、通讯、电力、教育、卫生等条件的改善，切实解决了山区群众出行难、饮水难、就医难等问题；绿色生态产业的发展，进一步拓宽了农民增收渠道，可持续发展能力显著提升。基层组织建设得到明显加强。村组综合活动场所、农村精神文明和公共服务体系建设得到加强；加强党的农村基层组织建设，积极探索加强党的基层组织建设新路子，充分发挥基层党组织的战斗堡垒作用和共产党员的先锋模范作用，创建了产业发展和村庄管理"支部负责、党员包片、农户包段、党群共管"的新模式。

【整县、整乡推进试点工作进展顺利】 2011年，大理州认真抓好祥云、宾川2县整县推进和整乡推进项目扫尾和检查工作。2009～2010年列入"县为单位、整合资金、整体推进、连片开发"试点的宾川、祥云2县整县推进试点和宾川县拉乌乡、祥云县米甸镇整乡推进试点，实行一次规划，两年实施，第三年验收，已完成了项目建设计划目标任务，进入自检、自查、初验和审计阶段。继续推进整乡试点工作，完成了云龙县漕涧镇整镇推进试点前期工作。云龙县漕涧镇整镇推进扶贫开发试点是继宾川县拉乌乡、祥云县米甸镇开展整乡推进试点之后的第三个整乡推进试点乡镇，《漕涧镇整乡推进扶贫开发规划》通过省评审，采取一次规划，两年实施，第三年验收，扶持资金1000万元，2011年扶持500万元。10月13日，州委、州政府在漕涧召开了漕涧镇整镇推进扶贫开发项目启动大会，漕涧镇整镇推进扶贫开发全面启动建设。

【贫困地区劳动力转移培训】 2011年，大理州9个县市（包括两个州级示范基地）11个"云南省贫困地区劳动力转移培训示范基地"，共下达安排劳动力转移和培训任务1.6万人。其中"示范基地"技能型培训任务1.2万人、引导性培训0.4万人；共下达资金1040万元，其中中央资金688万元、省级资金352万元。年内完成培训8090人，其中转移输出7043人，输出率达87%。

【产业扶贫稳步推进】 2011年，大理州以龙头企业带农户、专业合作组织联农户的运作和扶贫模式，扶持12个县市产业扶贫项目17个，重点扶持发展种植、养殖业项目，扶持资金1085万元。扶持连翘、附子等药材种植733公顷，核桃等为主的经济林果2180公顷、茶叶66.7公顷、油菜种植133.3公顷及加工厂1个，养殖肉牛、羊、生猪等3404头只，鸡26万只。

【信贷扶贫促农增产增收】 2011年，大理州围绕当地优势资源做好产业发展规划，把扶持龙头企业、建设农产品基地、发展特色产业和农民增收作为信贷扶持的重点，积极发放到户贷款，扶持对解决贫困户温饱，增加贫困户收入有带动作用的农业产业化龙头企业，充分发挥扶贫贴息贷款在贫困地区发展经济，促进农民增收的作用。年内，全州共发放扶贫贴息贷款39101.6万元，安排财政扶贫贴息资金1692万元。其中：发放扶贫项目贴息贷款6400万元，安排扶贫项目贴息资金192万元，共扶持农产品加工龙头企业10家。发放扶贫到户贷款32701.6万元，到户信贷扶贫资金覆盖了72个乡（镇）3个农场，有23581户、117406人获得贷款扶持，安排扶贫到户贴息资金1500万元。

【易地扶贫开发】 2011年，大理州的易地扶贫坚持就近、就地，小规模集中或适当插花安置的原则，围绕搬迁农户实现"搬得出、稳得住、能致富"的目标，改善了搬迁群众的基本生产和生活条件。年内，安排弥渡、漾濞、南涧、祥云、云龙5个县共下达转移安置416户1850人，共下达安排资金925万元。年内累计完成安居房176户，农田地改造33.3公顷、水利建设（包括人畜饮水）沟渠管道4560米，完成种植业产业266.7公顷，养殖业495头（只），通村公路6千米，通电工程5千米。5个项目县所有搬迁点基础设施项目全面启动，项目计划在一年的建设周期内全面完成并竣工验收。

【老区开发建设力度加大】 2011年，大理州老区开发建设力度加大。争取省老区专项扶贫资金220万元，项目坚持以"稳定实现老区扶贫对象不愁吃、不愁穿，保障义务教育、基本医疗和住房"为目标，老区中心区和核心区为重点，从解决老区贫困人口住房、吃饭、饮水等最急需、最期盼、最薄弱的问题入手，优先扶持对革命老区贡献大和贫困程度最深的地区，优先安排"三老"（老战士、老党员、老交通）人员贫困家庭，优先支持老区特殊问题、特殊领域、特殊人群的突出问题，同时，适当兼顾革命老区文物古迹的修缮与保护。涉及祥云、洱源、剑川、云龙4县的6个乡镇6个村委会，项目从基础设施、安居工程、产业发展、社会事业（古迹修缮与保护）等进行扶持。通过扶持，让老区人民感受到党和政府的温暖和关怀，共享改革发展成果。

【外资扶贫进展顺利】 2011年，大理州"社区主导型发展与参与式扶贫管理机制创新"（简称CDD）试点项目稳步推进。在剑川县象图乡下登村、金华镇龙营村及庆华村、甸南镇白山田村，鹤庆县松桂镇勤劳村、金墩乡西甸村实施乐施会与云南省扶贫办合作实施的CDD试点项目，该项目建设内容有村卫生室、村活动室、农田水利、村内道路硬化、人畜饮水、卫生厩、续断种植，水奶牛、黄牛改良，土鸡养殖、核桃烤房项目建设等，总投资276万元，其中：香港乐施会80万元、省级配套资金80万元、部门整合资金43万元、群众自筹资金73万元，项目已全部实施完成。弥渡县以社区规划为基础的生计发展项目、南涧县综合发展项目已经香港乐施会总部批准立项，并经省外事办公室备案，年内已完成项目前期准备工作，省级配套南涧县、弥渡县各30万元，共计60万元已下达到县，项目正在实施。

【村级互助资金试点扩大】　2011年，大理州对已实施试点的永平、弥渡、南涧、剑川、鹤庆、洱源6个县村级互助资金进行跟踪、检查、指导、问效，充分发挥互助资金在扶贫开发工作中的作用。2011年争取到漾濞、巍山、云龙、宾川、祥云5县的试点扶持资金440万元。解决了部分地区贫困农户想发展而苦于无资金，资金短缺，贷款难的问题。

【扶贫安居工程建设】　2011年，大理州对2402户住房困难的贫困户实施了安居房建设工程，扶持财政资金2402万元。在实施过程中，对纳入扶持计划的贫困农户，做到项目到户、资金到户、工作措施到户。事前公示、事后公告，切实落实公告公示制，在实施中，重注根据群众的承受能力，充分尊重群众意愿，并加强统筹协调，千方百计整合各种资源，提高扶贫成效。

【扶贫重点村项目有序进行】　2011年，大理州积极向省争取整村推进资金扶持，安排下达12个县市以自然村为扶持对象的重点村建设508个村，扶持资金7620万元。重点帮助贫困村解决与贫困群众温饱直接相关的基础设施、产业发展、能源建设、社会公益事业等项目的建设。

【“农村低保”与扶贫开发试点】　根据《国务院办公厅转发扶贫办等部门关于做好农村最低生活保障制度和扶贫开发政策有效衔接扩大试点工作意见的通知》精神，大理州自2010年9月启动“农村低保”与扶贫开发两项制度有效衔接试点工作。农村低保与扶贫开发政策两项制度有效衔接工作于2011年6月组织州级相关部门审查后，投入资金300万元，先期在巍山县青华、五印和巍宝山等3个乡镇开展对生猪、黑山羊养殖扶持。项目涉及24个村委会3494户贫困户，受益人口13623人。

【机关企事业单位挂钩扶贫】　2011年，大理州92个州级单位挂钩帮扶50个实施整村推进的村。各单位按照州委、州政府的部署，围绕整村推进确定的“866”工程，制定了帮扶措施，各挂钩单位从自己的实际出发，发挥部门行业优势，举部门和职工之力，积极做好协调服务工作，反映社情民意，向有关部门争取项目资金，传递信息，引进技术，广大干部职工想群众之所想，急群众之所急，千方百计为贫困地区办实事。年内，有5208人次到挂钩点开展帮扶工作，其中县处级领导干部621人次、科级2460人次、一般干部2127人次，累计工作时间7130天。干部职工捐款52万元，单位办实事187件，投入资金450万元，挂钩单位协调资金1700万元，单位投入物资1300件(折合人民币72万元)。

【特困地区发展与扶贫攻坚规划编制】　12月16日，大理州在下关召开连片特困地区区域发展与扶贫攻坚规划编制工作会议。会议要求，大理州各县政府、各级各部门要抓住难得的机遇，进一步统一思想、集中力量、明确任务、落实责任，着力把连片特困地区区域发展与扶贫攻坚规划编制工作做好。要高度重视、加强领导，切实为规划编制提供强有力的支撑保障；要在规划编制中准确把握重点任务；要在编制工作中深入调查研究，全面深入了解连片贫困地区的发展实际；要妥善处理重点攻坚与经济社会协调发展、扶贫开发全面推进的关系。州政府副州长段玠在会上讲话，州级相关部门领导和各县市分管扶贫工作的副县(市)长参加了会议。

【扶贫干部专题培训】　11月7～11日，全国扶贫干部专题研修(云南)班在大理举办。国务院扶贫开发领导小组副组长、国务院扶贫办党组书记、主任范小建出席开班仪式，并为参训人员进行了题为《中国特色的扶贫开发》的授课。国务院扶贫办、省扶贫办的领导参加了开班仪式，州政府副州长段玠出席并致辞，介绍了大理州的基本情况和扶贫工作情况。在为期5天的培训中，中国国际扶贫中心、亚太经合组织粮农委、中国人民大学反贫困问题研究中心的多位专家为来自全国各地的参训人员进行授课。

【信贷扶贫劳动力转移整乡推进会议】　11月28日上午，大理州信贷扶贫劳动力转移整乡推进工作会议在弥渡县召开，会议总结全州2011年扶贫开发工作，安排2012年扶贫开发工作。副州长段玠在会上作讲话，充分肯定了“十一五”期间全州扶贫开发工作取得的成绩，并对下一步的工作提出了要求。州扶贫办主任李立钧总结全州2011年扶贫开发工作，安排2012年工作。弥渡县、巍山县、宾川县拉乌乡先后在会上作了交流发言，省扶贫办项目处处长王仕平就做好明年扶贫开发工作提出要求。各县市人民政府、州级有关部门负责人参加会议。

(《扶贫开发》由董如兆撰稿)

移民工作

【概　述】　2011年，大理州水电移民工作在中共大理州委、州人民政府的领导下，在省移民开发局的指导支持下，紧紧抓住国家实施水电资源开发，云南建设面向西南开放桥头堡以及建设滇西中心城市战略的重要历史机遇，围绕移民“搬得出，稳得住，逐步能发展”的目标，创新思路，开拓进取，狠抓落实，移民工作得到稳步推进，取得阶段性成果，顺利完成了全年各项目标任务。进一步完善了小湾水电站移民安置后续工作，全面完成了淹地影响人口安置方案的编制及上报工作。苗尾、鲁地拉、龙开口3座水电移民安置前期工作顺利推进。关注民生，切实做好移民搬迁后生产生活技能培训，积极引导移民发展优势产业，帮助移民发展致富。全面落实移民后期扶持政策，全年下拨移民后期扶持直补资金1163.38万元，下达库区和移民安置区农田水利、道路、人畜饮水、卫生室等建设项目75个，总投资2960万元。

【功果桥水电站投产】　功果桥水电站是2011年云南省20个重点督查项目之一，同时是大理州加快水能资源开发、促进县域经济发展的重点工程。为保证电站工程建设顺利推进，州县相继成立电站移民搬迁协调领导组，先后抽调工作队员400余人，到电站建设一线开展工作。在电站建设过程中，充分发挥联系电站业主、设计单位、移民综合监理的桥梁纽带作用，建立定期联席会议制度，对移民安置工作中遇到的规划调整、重大项目变更等困难和问题，敢抓善管，积极协调，及时解决了移民安置规划修编、安置方式调整、安置点设计变更等一系列制约移民安置工作的重大问题。对移民个人实物指标、补偿补助标准等问题，协调业主和设计单位，积极向上争取政策支持；对群众反映强烈的问题，通过召开群众会、入户座谈、宣讲移民政策等形式进行疏通化解。州移民局领导和相关科

功果桥水电站移民新区　　（州移民办　供稿）

室人员多次深入到库区召开群众会，现场宣讲政策，现场答复群众，现场处理解决群众反映的问题。通过积极努力，多方协调，按时完成了电站库区657户2577人的搬迁安置任务，电站于9月21日按期下闸蓄水，11月9日正式投产发电。年内，功果桥电站完成发电量3亿多度，实现发电收入1亿多元，为州县财政税收收入增加1000多万元。电站从筹建到投产发电仅仅用时4年多，创造了云南大中型水电站建设的新纪录。

【完善小湾电站移民安置后续工作】 2011年，小湾水电站移民安置后续工作进一步完善。新川、笔架山、阿备举、鸡街河口等9个集中安置点的基础设施建设得到进一步完善，公路、桥梁等专项设施建设工程进入验收阶段；移民生产技能培训、产业发展扶持等工作全面开展；淹地影响人口2596户7547人安置方案的编制工作结束，并上报省人民政府审批。

【苗尾等水电站移民工作】 2011年，苗尾、鲁地拉、龙开口3座水电站移民安置前期工作顺利推进。苗尾水电站施工区移民搬迁已签订协议288户，启动建房177户，搬迁入住116户；龙开口水电站施工区移民搬迁全部完成，183户645人采取统一规划、移民自建的方式，全部安置到鹤庆县江东安置点。同时，根据规划组织实施了一批基础设施建设和专业项目改（复）建工程。鲁地拉电站库区涉及鹤庆县的724户2745人移民搬迁安置去向协议全部签订。姜寅农场、禾丰、禾米、箐北4个安置点的施工图设计和土地流转工作结束，进入实施阶段。

【多渠道解决移民发展致富】 2011年，为了使搬迁移民尽快融入迁入地的生产生活环境，实现“稳得住，逐步能致富”的目标，大理州移民开发局以小湾电站外迁宾川2753人移民的生产发展为重点，采取多种形式引导移民发展生产，多渠道解决制约移民生产发展的问题。一是针对移民生产方式转变中的困难问题，结合各安置点实际，及时开展种植业、养殖业技术培训，组织移民深入当地优势产业发展区参观学习，了解适合当地产业发展项目的经营管理和收益情况，积极引导移民发展优势产业。二是组织对移民中的党员、村民小组长进行培训，充分发挥基层组织的战斗堡垒作用，增强移民群众自我管理、自力更生、自主创业的能力。三是坚持把移民安置与新农村建设相结合，加强安置区道路、农田、水利、土地整理和产业开发等多项建设，不断优化移民生产生活环境，增强移民安置区发展后劲。

【落实后期扶持政策】 2011年，根据《国务院关于完善大中型水库移民后期扶持政策的意见》，州移民局认真开展移民后期扶持工作。年内，全州登记核准大中型水库移民后期扶持人口31545人，按照“一个尽量，两个可以”的原则，共下拨移民后期扶持资金8312.7万元。其中直补资金1892.7万元、项目扶持资金6420万元，涉及后期扶持项目工程137个。通过落实大中型水库移民后期扶持政策，进一步改善了移民的生产生活条件，使广大移民群众共享了改革开放的成果，促进了农村稳定和移民安置区经济社会的可持续发展。同时，认真编制完成了《大理州大中型水库2011～2015年库区和移民安置区基础设施建设和经济发展规划》，为“十二五”期间移民安置区的发展奠定基础。

【移民信访】 2011年，大理州移民局紧紧抓住库区和安置区稳定这条主线不放松，始终把排除影响稳定的因素作为重点，以确保移民安置区的稳定不动摇，全力抓好移民信访维稳工作。广泛开展领导接访和干部下访活动，深入调查研究，及时排查发现各种不稳定隐患，把问题处理在萌芽状态，处理在基层。全年累计处理移民信访问题29件次223人次，对移民信访、上访的事项做到事事有交代，件件有落实，未发生赴京的越级上访，未发生恶性群体事件。

（《移民工作》由潘晓波撰稿）

大理经济开发区

【概　述】 2011年是“十二五”规划的开局之年，国家实施新一轮西部大开发战略的深入实施，云南建设中国面向西南开放“桥头堡”建设的加快推进，滇西中心城市建设的全面提速，省政府“保护坝区农田建设山地城镇”战略，为大理经济开发区提供了千载难逢的发展机遇。在州市党委、政府的正确领导下，大理经济开发区突出跨越式发展这一主题，继续加大基础设施投入，全面优化发展环境，不断拓宽招商思路，加大海东开发力度，全区经济和各项事业走上了健康的发展道路。全区固定资产投资完成30.91亿元，同比增长40%；辖区工业总产值完成52.93亿元，同比增长25.1%，其中，规模以上企业完成工业产值30.88亿元，同比增长30.1%；财政总收入完成7.03亿元，同比增长35.03%，其中，地方一般预算收入完成4.25亿元，同比增长38.21%。州、市党委、政府年初下达的各项经济指标均超额完成。

【招商引资工作成效显著】 2011年，大理经济开发区新签订6个投资协议，分别为：云南实力集团满江新区国际旅游运动休闲城、上和置业半岛假日酒店项目、大理康师傅矿物质水及相关包装饮料生产线、云南太阳能光伏发电设备生产项目及云南长江电力装备基地制造项目、大理满江片区服装来料加工项目、大理满江片区电子来料加工项目。协议总投资达126亿元人民币，其中协议利用外资约720万美元。开发区招商引资责任目标考核申报项目(州外国内合作项目)25项，累计到位资金26.3亿元。

【城乡规划体系逐步完善】　2011年，大理经济开发区以《大理滇西中心城市总体规划(2009－2030)》、《大理市城市总体规划(2010－2025)》为指导，并结合《大理市土地利用总体规划》，开展了《大理市海东分区规划》的修改工作。编制了《大理海东下和北山片区控制性详细规划》、《大理国家级风景名胜区金梭岛、罗荃湾片区修建性详细规划》、《大理经济开发区上登工业区控制性详细规划》、《大理市海东集镇片区控制性详细规划》、《大理市满江片区控制性详细规划》(修编)、《大理市海东集镇片区城市设计》、《大理市海东片区道路和给排水专项规划》、《大理市海东镇7个行政村26个自然村村庄规划》、《大理市满江办事处2个行政村8个自然村村庄规划》和《大理经济开发区天井商贸旅游片区控制性详细规划》(修编)工作。同时，结合全省保护坝区农田建设山地城镇工作会议要求，还编制了《大理市海东片区山地综合开发利用规划》。

【海东开发基础设施建设全面铺开】　2011年，大理经济开发区海东山地城市主干道、供电、供排水等基础设施项目、绿化、亮化等十几项基础设施项目已全部铺开。全面完成环海东路、新区1号路等项目的扫尾工作，完成1号路Ⅰ标段路面工程、2号路华营村至中和村段未验收路基工程及海东城市次干道扫尾工程，完成大理市第二(海东)污水处理厂及中水回用工程、海东新区大小坪地农业灌溉工程；加快推进大理市海东城市新区排水管网(一期)工程、大理市第二(海东)垃圾综合处理场、大理市第六(海东)自来水厂、满江片区市政路网工程、菠罗江开发区满江段河道整治工程等项目建设。海东山地城市开发基础设施建设项目概算总投资33.48亿元，年内已累计投入资金19.12亿元。

【开发区土地征用】　大理市海东片区可开发建设面积为40多平方千米，其中绝大部分面积为山地。至2011年末，海东片区已征收土地2344.67公顷，共支付征地补偿和地上附着物补偿款8.9亿元。已批准征转用土地802.67公顷，其中海东片区553.13公顷，缴纳了7708.41万元被征地人员社会保障金，上缴省州各级土地报批相关规费17656万元(不含耕地占用税)。已完成供地605.53公顷，其中满江片区230.4公顷、海东片区375.13公顷。

【拓宽开发区融资渠道】　2011年，大理经济开发区先后组建了开发区土地收购储备交易中心、兴东建设投资有限公司、建设开发有限公司和建发置业有限公司。与国内大企业、大集团和银行合资成立了华彬绿色产业有限公司、昆钢立信钢结构有限公司和海东村镇银行。2008～2011年获得银行贷款251519万元，年末债务余额111474万元。2010年6月，整合全区经营性国有资产，组建了大理经济开发投资集团有限公司，注册资本6亿元，2011年末总资产达到54亿元、净资产37亿元，市政项目建设债券已经获得国家发改委批准发行6.5亿元。年内，共争取中央、省及州级各类补助资金13174.22万元。

【打造新型工业园区】　2011年，大理经济开发区着力完善红山、上登两个工业园区基础设施建设，适度建盖标准厂房，搭建好企业集聚平台，重点发展以新能源、生物制药、新材料为主导的新兴产业集群，坚持工业主导的原则和生态优先的原则，大力发展新型工业，把上登、红山片区打造成新型工业园区。①重点发展以非晶硅太阳能光伏产业、风能发电等新型能源为主导的战略性新兴产业。加快推进近期投资5亿美元，近期年产120MW的太阳能非晶硅光电模板项目，远期实现420 MW生产能力；推进总投资约48亿元的2MW厂房外墙及屋顶发电项目和180MW大功山光伏电站项目。②引进中国烟草集团香精香料生产项目，项目投产后，年产值将达到200～300亿元。③完成总投资不低于1.5亿元的云南白药大理次中心项目及加快完成总投资12亿元的滇西物流中心项目建设。④支持佳利宫廷红木家具二期项目建设，实现5亿元以上的年产值。⑤加快新型工业园区建设，投资30亿元，组建大理工业产业开发公司，尽快完成钢结构制造等新型材料厂的建设，带动上登工业园区其他新型工业项目的落地。⑥加快推进总投资0.48亿元的大理康师傅矿物质水及相关包装饮料生产线及投资0.8亿元的云南大理东亚乳业高端乳品生产线建设项目。⑦加快启动投资1亿元的云南太阳能光伏发电设备生产项目及云南长江电力装备基地制造项目。⑧加快启动投资0.5亿元的大理康亚生物科技有限公司抗癌天然药物紫杉醇原料药产业化开发项目。⑨加快促成投资2.3亿元的服装来料加工项目、电子来料加工项目签约。

【满江滇西商贸物流中心建设】　近几年来，大理经济开发区紧紧抓住云南省桥头堡建设和滇西中心城市建设的战略机遇，努力把满江片区打造成滇西商贸物流中心。充分发挥滇西交通枢纽作用，抓实五洲国际商贸城项目、嘉策项目、昆钢现代物流项目，依托得胜家居广场、中国(大理)东盟果蔬拍卖中心、大理木材交易中心等项目，把满江规划区建设成为面向滇西地区及南亚的生产生活物资集散地和专业性物资的集中配送基地，为打造云南桥头堡滇西经济圈作出积极的贡献。

坚持把经济发展作为推进满江开发的动力源，以产业支撑满江开发建设，大力发展现代商贸物流业、新型工业和居住产业。采取大集团、大项目整体开发与重点项目推动的点式开发相结合，组团式启动、梯次推进，以点带面、滚动开发，长短结合、产业支撑的方式，推进满江开发建设。先行启动一批项目建设，以项目带动片区开发，打造结构合理、功能齐备、特色鲜明的产业区，形成产业相对集中、相互关联、可持续发展的支柱产业群。项目涉及物流、休闲旅游、生态农业、房地产、新能源等产业。年末，获得发行6.5亿元城投债券的国家发改委批文，保证了全区基本建设项目的顺利推进。

【海东康体休闲度假中心建设】　2011年，大理经济开发区依托华彬集团、云南城投、力帆骏马等集团公司强大实力开发海东，打造海东旅游休闲度假区，重点发展低碳居住产业、户外绿色运动休闲产业、康体养生度假产业、文化创意产业现代服务业，紧紧抓住云南“保护坝区耕地、建设山地城市”的战略机遇，将海东片区打造成为国际一流的康体休闲度假中心。先后引进华彬健康之都、云南城投、大理滇西技师学院、南诏海岸、太阳能非晶硅发电站、下和湾核心区等投资项目，签约项目8项，协议资金417亿元，年内完成投资8亿元。其中总投资6.99亿元的大理滇西技师学院于2010

年4月开工建设,一期工程已完工,累计完成投资约4.3亿元;总投资100亿元以上,由云南省城市建设投资有限公司投资的下和北山片区项目,建设规划正在编制完善中;总投资100亿元以上,由华彬集团投资的海东片区华彬健康之都项目,建设规划正在编制完善中,其中跑马场、健康酒店、寺后园住宅、大小坪地体育公园等项目计划近期开工。

【社会事业和谐发展】 2011年,大理经济开发区加强关注民生,发展环境进一步改善,各项社会事业和谐发展。①文、教、卫等社会事业协调发展,新农村建设成效显著。完成了上苍甸村民小组、满江村委会、晋湖村委会汉邑自然村、天井村委会石坪村等办公、交通、美化亮化绿化及相关实施建设;申报一事一议项目5个,项目总投资373.48万元;2011年新型农村合作医疗总参合人数22534人,共计筹集资金112.67万元,参合率100%;制定了《大理经济开发区学校行政领导岗位职责》、《大理经济开发区学校行政领导工作评价考核方案》、《大理经济开发区学校行政领导工作评价考核量化表》,全区教育教学水平进一步提升;开展了全区统一的流动人口计划生育集中清理清查活动;森林防火工作经市森林防火指挥部考核,获得2011年度森林防火一等奖。②完善社会保障与就业服务体系,民计民生不断改善。认真贯彻落实城乡居民社会养老保险工作,60岁以上城乡居民养老保险参保人员共5588人,办理16~59岁城乡居民养老保险申办工作,参保率达到98%以上;建立健全城市、农村特困户救助机制,共发放救助补助408万元;启动238套公租房建设;建立了农民工工资保证金专项账户,帮助39家建筑企业预存了农民工保证金,预存金额为2470万元;共接到劳动仲裁申请书11份,受理审理6起仲裁,受理劳动投诉94起,为农民工追回拖欠工资612.46万元,为企业工人追回押金及工资7.75万元。③强化责任落实,保障开发区安全生产。组建了由40人组成的综治维稳巡防队以及由30人组成的民兵应急分队和由20人组成的专职消防队。开展拉网式的隐患排查治理行动,共排查1023次,排查各类生产经营单位3902家,排查隐患691处,治理隐患532处。④加强社会治安综合治理,维护平安开发区。安排370多万元平安建设工作经费,确保各项业务工作的正常开展。共受理群众来信来访214件,处理答复194件,接待群众来访125起700多人次,电话信访9起,调解各类矛盾纠纷929起,调解成功率均达到100%。

(《大理省级经济开发区》由李春撰稿)

大理旅游度假区

【概　述】 2011年,大理旅游度假区国民经济平稳运行。完成区内生产总值完成76973万元,比上年同期65108万元增长18.22%;固定资产投资完成206700万元,比上年同期153089万元增长35.02%;工业总产值完成45448万元,比上年同期37557万元增长21.01%;财政总收入完成25609万元,比上年同期20733万元增长23.52%。其中,一般地方预算收入完成20965万元,比上年同期增长20.44%;上划收入完成4644万元,比上年同期增长39.66%;基金收入完成43715万元,比上年同期4751万元增长820.12%。全面超额完成年初下达的各项目标任务。

【"三古"保护】 2011年,大理旅游度假区"三古"保护工作进一步得到加强。①大理古城保护提升取得新成效。继续按照"南延、北扩、西拓展、内提升"的工作思路,以保护为前提,改造提升为重点,完成投资9700万元,进一步完善了古城基础设施、提升了古城文化内涵。规划管理不断加强。完成《大理历史文化名城控制性详细规划》编制;《大理古城保护提升概念性规划》、《大理古城景点和文物古迹修复规划》正抓紧编制。市政设施不断完善。实施了大理古城片区排水管网系统建设完善工程;完成北门(东、西)广场改造,正抓紧停车场建设;完成叶榆路(北延伸段)、苍坪街、银苍路改造工程;不断加大拆违还绿、添景增绿工作力度,在古城重要节点种植102棵大树,新增绿地面积近2万平方米。文化内涵不断提升。博爱路以西片区改造提升项目进展顺利,武庙会重建二期工程正有序推进;制定了《古民居保护管理办法》,对古民居院落、名木古树进行了普查登记;积极营造古城文化氛围,在重点路段进行经典影视放映、洞经音乐表演和大理经典民歌播放;完成大理电影院改造,建成中国第一座农村电影历史博物馆;着力打造精品景区,崇圣寺三塔文化旅游区被评定为第二批国家5A级旅游景区;"2011中国城市榜——全球网民推荐的中国文化名城"网络互动活动评选中,大理获"最中国文化名城"称号。大理古城4A级景区创建工作稳步推进。按照创建标准,启动了标志系统、道路、绿化、星级生态旅游公厕及停车场等基础设施建设,完成了申报材料初稿。②喜洲古镇保护开发取得新突破。投资5000万元,完成喜洲新区8号、9号及21号道路雨污管网和喜洲新区至污水处理厂污水管网建设工程,完成大理二中前导广场建设和喜洲天籁家园项目;加快推进喜洲旅游文化创意园区建设,组建了大理喜洲旅游文化创意园有限公司。③双廊古渔村保护开发取得新进展。投资3000万元,建成双廊日处理1000立方米的污水处理厂,实施了双廊集镇主街道路综合改造工程。

【文化旅游产业再添新彩】 2011年,大理旅游度假区文化旅游产业再添新彩。大型梦幻神话剧《希夷之大理—望夫云》于2011年7月6日成功首演,苍山大索道项目已竣工运营,梦蝶庄、香格里拉酒店正抓紧建设,大理海舌安缦国际度假酒店、大理三月国际度假酒店(奥尼克斯酒店)、万豪国际田园酒店、大理论坛凯悦超五星级旅游高端酒店等旅游度假项目正抓紧前期工作。此外,大理银海山水间、独秀地产、大理学院等一批教育、旅游居住产业项目进展顺利。

【旅游宣传和招商引资成效明显】 2011年,大理旅游度假区旅游宣传和招商引资成效明显。成功承办了大理三月街民族节、大理洱海开海节等节庆文化活动,提高了大理旅游的知名度和美誉度,增强了大理旅游的吸引力;积极组织参加"第19届中国昆明进出口商品交易会"、"第四届南亚国家商品展"等项目推介会,对度假区开发建设、投资环境等进行了整体宣传。先后与云南天素投资有限公司、北京昭德置业有限公司(安缦集团)、云南实力控股集团、云南吉兴隆集团有限公司、云南白药控股投资有限公司、广西皇氏甲天下乳业股份有限公司、大理州新华石寨子旅游有限公司等进行项目联系、洽谈和跟踪服务。共签订项目协议11项,协议总投资约265亿元,实际到位资金19.74亿元,完成招商引资责任目标任务16亿元的123.3%。

【社会事业不断进步】 2011年,大理旅游度假区社会事业不断进步。不断丰富居民群众精神文化生活,实施"文化、科技下乡"、"银河工程"、"2131"农村电影放映和"农民文化大院"工程。大力发展教育事业，投资1000万元，实施中小学校危改、环境提升等项目，办学条件不断改善，教育教学质量稳步提高。全面落实计划生育各项政策，切实加强对流动人口计划生育的服务和管理。不断扩大城乡居民合作医疗覆盖面，积极推进城乡居民社会养老保险工作，全面落实社会救济、优抚、侨务、残疾帮扶和城镇居民、农民最低生活保障制度。注重信访和维稳工作，加强社会治安综合治理，严厉打击刑事犯罪和治安违法活动，进一步加强禁毒防艾、人民调解、安置帮教、社区矫正等工作。严格落实安全生产责任制，认真抓好森林防火和抗旱救灾工作。启动实施公共租赁住房和廉租住房建设，公共租赁住房完成投资3520万元，建成13500平方米；廉租住房完成投资900万元，建成3240平方米。

（《大理省级旅游度假区》由张川明撰稿）

领导名录
（2011年任职情况）

·州委、州人大、州政府、州政协、州纪委领导名录·

中共大理州委员会

书　　记　刘　明（12月免）
　　　　　尹建业（白，12月任）
副 书 记　何金平（白）
　　　　　王雪峰（9月州委换届职务自然消失）
　　　　　杨　健（白，2月任）
常　　委　蔡春生
　　　　　杨秀星（女，白，4月免）
　　　　　马建全（回）
　　　　　梁志敏
　　　　　段　玠（2月免）
　　　　　王以志
　　　　　茶忠旺（彝，4月免）
　　　　　叶翠萍（女）
　　　　　王恩富
　　　　　杜　涛（4月任）
　　　　　岳黎松（佤，2月任）
　　　　　杨光军（2月任）
　　　　　许云川（9月任）
秘 书 长　岳黎松（佤，2月任）

大理州人大常委会

主　　任　字国顺（彝）
副 主 任　杨宴君（女，白）
党组副书记　杨秀星（女，白，5月任）
副 主 任　张如旺
　　　　　尚榆民
　　　　　刘世兴
　　　　　彭增梅（女，彝，3月免）
　　　　　陆　璐（兼，民进大理州委主委）
秘 书 长　李宗贤

大理州人民政府

州　　长　何金平（白）
常务副州长　马建全（回）
副 州 长　蔡春生
　　　　　程云川
　　　　　段　玠（3月任）
　　　　　李红卫（彝）
　　　　　郭有兵（彝，2月免）
　　　　　许映苏（女）
　　　　　洪云龙（白）
　　　　　岳黎松（佤，3月免）
　　　　　陈　川（2月任）
州长助理　李文才（1月免）
秘 书 长　李　超（白）

大理州政协

主　　席　袁爱光（回）
副 主 席　毕熊光（彝）
　　　　　张树藩（白）
　　　　　孙珍玲（女）
　　　　　孙　明
　　　　　寇铸勋（白）
　　　　　杨泽恒（兼，白，民盟大理州委主委）
秘 书 长　欧阳任

中共大理州纪律检查委员会

书　　记　梁志敏
副 书 记　何玉兰（女，白，7月免）
　　　　　靳汝柏
　　　　　赵新光（白，9月任）
　　　　　杨永生（4月任）

·州委各工作部门领导名录·

州委办公室

州委副秘书长、办公室主任
　　　　　赵中泽（白）
州委副秘书长　杨晓源（兼，白，4月免）
　　　　　李郁华（5月任）
　　　　　杨赵义（彝）
州委副秘书长、办公室副主任
　　　　　何义章（白，4月免）
　　　　　肖云江
办公室副主任　赵茂盛（白）
　　　　　李重新
州委督查室主任　李德琦（白）

州委机要局（州密码管理局）

局　　长　李永光
副 局 长　高文京
总工程师　段志明
专职密码督查员　杨瑞红（女，白）

州国家保密局

局　　长　杨定中（白）
副 局 长　杨利元（白）
国家技术检测评估总工程师　赵彦希

州委组织部

部　　长　叶翠萍（女）
副 部 长　张　松（兼，白）
　　　　　彭　智
　　　　　茶向华（彝，11月任）

州委党代表联络办公室

主　　任　彭　智（兼）

州委宣传部

部　　长　王以志
常务副部长　曹劲鹄
副 部 长　奎立新
　　　　　王正林（白，4月免）
　　　　　李　江（白，5月任）

州文明办

主　　任　王敬元
副 主 任　张志斌（白）

州委外宣办、州政府新闻办

主　　任　王正林（白，4月免州委外宣办主任职务，5月免州政府新闻办主任职务）
　　　　　李　江（白，5月任州委外宣办主任职务，6月任州政府新闻办主任职务）
副 主 任　杨子东（白）

州文化产业办公室

主　　任　汤培德
副 主 任　字开春（彝）

州社科联

主　　席　赵卓磊（白）
副 主 席　杨国琼（女，11月任）

州委统战部（对台办）

部　　长　杨秀星（女，白，11月免）
　　　　　许云川（11月任）
常务副部长　杨建军（白）
副 部 长　李立基（兼）
　　　　　林曙盛（阿昌）

州委政法委

书　　记　茶忠旺（彝，5月免）
　　　　　杜　涛（5月任）
副 书 记　陶建军
　　　　　李　勇（白）
　　　　　周本森
　　　　　张　彤

维稳办

副 主 任　钏国强（白）

综治办

主　　任　李　勇（白）
副 主 任　于复胜

州610办公室

主　　任　张　彤
副 主 任　杨嘉明(白)

州委机构编制办公室、州机构编制委员会办公室(1月,原与州人事局合署办公的州机构编制委员会办公室单独设置,列党委机构序列)

主　　任　赵　波(白,1月任)
副 主 任　马正龙(白,1月任)
督查室主任　凡　青(女,1月任)

州委政策研究室、州农办

主　　任　杨晓源(白,4月免)
　　　　　王　远(5月任)
副 主 任　杨锦春
　　　　　任耀疆

州直机关党委

书　　记　杨保诚
副 书 记　杨家永(白)
　　　　　王　军(女)

州委群众工作局(州信访局)

局　　长　廖光荣(11月任州委群众工作局局长职务)
副 局 长　李春丽(女,11月任州委群众工作局副局长职务)
　　　　　孙健勇(11月任州委群众工作局副局长职务)

州委老干部局

局　　长　李　震
副 局 长　王　莉(女,白)
　　　　　刘普林

下关干休所

所　　长　赵灿奎(白)

州干休所

所　　长　尹发旺

州老干部大学(老干活动中心)

校长、中心主任　李红兵

州委党史研究室

主　　任　杨福善(白)
副 主 任　陈云华

·州纪委各室、监察局、纪工委领导名录·

办公室主任　李　辉(彝)
纪检监察室主任　申顺云
执法监察室主任　代文喜(女)
干部室主任　张进军(白)
信访室主任　李文德
宣教室主任　王子刚(纳西)
案审室主任　李志祥(彝)
研究室主任　杨银鉴(白)
纠风室主任　杨文芝(女,彝)

州监察局

局　　长　何玉兰(女,白,8月免)
　　　　　靳汝柏(12月任)
副 局 长　吴晓娟(女,7月免)
　　　　　杜志红(6月任)
　　　　　李　伟(白)

州纪委监察局派出直属机关纪工委、监察分局

纪工委书记　张　彪
纪工委副书记　李全良(白)
　　　　　　李　旷(5月任)

州纪委监察局派出人事民政纪工委、监察分局

纪工委书记　田应焕(女)
纪工委副书记　段志伟(5月任)

州纪委监察局派出财贸纪工委、监察分局

纪工委书记　由滨岩
纪工委副书记兼监察分局局长
　　　　　　张朝荣(白)
纪工委副书记　赵剑雄(白,11月任)

州纪委监察局派出农林水纪工委、监察分局

纪工委书记　张寿成(白,11月免)
　　　　　　赵道春(白,11月任)
纪工委副书记　杨晓东(白)
　　　　　　杨灿东(白)

州纪委监察局派出文教卫纪工委、监察分局

纪工委书记　李建华(白)
纪工委副书记兼监察分局局长
　　　　　　周贵鹏(白)
纪工委副书记　杨瑞林(女,白)

州纪委监察局派出工交纪工委、监察分局

纪工委书记　李仁军(彝)
纪工委副书记兼监察分局局长
　　　　　　李寿宁(白)
纪工委副书记　赵立雄(白)

州纪委监察局派出国土建设纪工委、监察分局

纪工委书记　杨永生(4月免)
　　　　　　张寿成(白,11月任)
纪工委副书记兼监察分局局长
　　　　　　杨金荣(白)
纪工委副书记　字宏兴

州纪委监察局派出政法纪工委

纪工委书记　张　明
纪工委副书记　赵志兴(白)

·州人大办公室、各专工委、领导名录·

副秘书长、办公室主任　罗启文(彝)
办公室副主任　鲁文红(白)
　　　　　　　常华敏(彝)
民族委主任委员　李绍平
法制委主任委员　黄起忠(2月任)
法制委副主任委员　周建国(1月免)
财经委主任委员　赵　旭(白)
财经委副主任委员　杨正洪
农环工委主任　张寿松(6月免)
农工委主任　张寿松(6月任)
农环工委副主任　左仕明(6月免)
农工委副主任　左仕明(6月任)
选联工委主任　邓成立
选联工委副主任　陈家旺(白,1月免)
　　　　　　　曾　华(6月任)
教科文卫工委主任　杨达亨(白)
教科文卫工委副主任　吴佐修
外事华侨工委主任　杨庆华(女)
环资工委主任　杨立章(白,6月任)
环资工委副主任　刘　峰(12月任)
研究室主任　贺跃云
研究室副主任　马　俊(回,1月免)

·法院、检察院领导名录·

州中级人民法院

院　　长　黄为华(女)
副 院 长　杨学本(白,3月免)
　　　　　申　晋
　　　　　王　晶
　　　　　李雄章(白)
　　　　　杨瑞东(白,12月任)
政治部主任　杨金文
纪检组长　奚云程(白)
执行局局长　李胜龙(白)

州人民检察院

检 察 长　普赵辉(彝)
副检察长　和　泉(白)
　　　　　杨著逵
　　　　　韩小红(女)
　　　　　张庆红(女,白)
政治部主任　谢子华(11月免)
纪检组长　张　明
反贪局局长　马光平(回,1月任)

·州政府各部门领导名录·

州政府办公室

副秘书长、办公室主任
　　　　　杨　耀(白)
副秘书长、办公室副主任

杨毅平（白，1月免办公室副主任职务）
段志宏（1月免）
杜淑敢（1月免办公室副主任职务，6月免副秘书长职务）
李继显（白，1月免办公室副主任职务）
阎炳安（白，1月免办公室副主任职务）
副秘书长　施双林（白）
王建平（11月任，11月免办公室副主任职务）
办公室副主任　李宏才（11月任）
赵　军（白，11月任）
侯　刚（11月任）
州政府督查室主任　张云凯
州政府应急管理办公室专职副主任
唐仕新（11月任）
信息产业办（网络中心）主任
和云平（白，1月免）
驻北京联络处主任　杨煜华（白）
驻北京联络处副主任　尹　樱（女）
驻上海联络处主任　高雄飞（白）
驻深圳办主任　蓝　天（白）
驻昆办主任　王玉彬（白）
副主任　黄丽娟（女，白）

州发展和改革委员会（能源局、物价局）

主　任　张正贤
副主任　李跃兴
何福堂（白）
赵存芬（女，白）
寸清华（白，6月任）
李　灿（11月任）
段冬梅（女，白，6月免）
州重点办主任、能源局局长
李跃兴（兼，11月任）
州价格检查局局长　李　灿（1月免）
州物价局局长　李　灿（1月任）

州经济委员会

主　任　李　东（1月免）
副主任　那玉海（回，1月免）
赵道春（白，1月免）
赵健昌（白，1月免）
李丹虹（1月免）
陶　鑫（回，1月免）

州无线电管理处

处　长　施双林（白，2月免）
副处长　杨德先（白，2月免）

州工业和信息化委员会（1月组建，不再保留州经济委员会、州政府信息产业办公室、州无线电管理处）

主　任　李　东（1月任）
副主任　那玉海（回，1月任）
赵道春（白，1月任，11月免）
赵健昌（白，1月任）
李丹虹（1月任）
陶　鑫（回，1月任）
和云平（白，1月任）
杨德先（白，2月任）

州教育局

局　长　刘　洪
副局长　张春骅（白）
普映授
高汉生
罗占宇（白）
州招生考试院院长
欧阳奋前（白，1月任）

州科学技术局（州知识产权局）

局　长　李建昌
副局长　刘晓标（白）
郜瑞典
范淘涛
州知识产权局副局长
杨红斌（白，1月任）

州民族事务委员会

主　任　张其富（白）
副主任　王超英（女，回，1月免）
吴文光（彝）
李　奭（女，6月任）

州公安局

局　长　郭有兵（彝，2月免）
陈　川（2月任）
党委副书记　杨　俐（女，白）
党委副书记、副局长　何正荣（白）
副局长　张跃光
刘文章
王　新
李　彪（回）
宝荣贵（白）
田树泽（白）
纪委书记　赵志兴（白）
政治部主任　杨　容
督察长　邢冀云

州公安局交警支队

支队长　刘文章
政　委　李国强（白）
副政委　雷　明
副支队长　杨春林
史晓红（女）
叶　勇（白）
纪委书记　杨　松（白）
政治处主任　王盛天（白）

州民政局（老龄委办公室）

局　长　杨泽兵
副局长　张　文（彝，7月免）
杨学先
师尚琨（6月任）
吕锡培
州老龄委办公室主任
杨菊瑛（女，7月免）
杨全生（白，11月任）

州司法局（依法治州办公室）

局　长　黄起忠（1月免）
常耀辉（彝，4月任）
副局长　李小妹（女，白，11月免）
王朝强
张詠萍（女，白）
纪委书记　栗兴才（傈僳）
政治处主任　李兆龙（白）

依法治州办公室

主　任　常耀辉（彝，11月任）
专职副主任　李小妹（女，白）

州劳教所（强制戒毒所）

政　委　赵定峰（白）
所　长　陈学军
副所长　赵锦治（白）
杨建武（白）
纪委书记　张明军（白）

州财政局

局　长　杨光军（4月免）
杨建华（白，4月任）
副局长　刘子文（白，11月免）
李耀红（女，白）
马孟杰（回，8月免）
管金堂（白）
胡江珑（白，11月任）
总会计师　段文荣（白）
非税收入管理局局长　管金堂（白）

州人事局

局　长　赵新光（白，1月免）
副局长　李茂生（白，1月免）
戴兴顺（1月免）

州机构编制委员会办公室

主　任　赵新光（白，1月免）

州劳动和社会保障局

局　长　张　松（白，1月免）
副局长　阿怀聪（彝，1月免）
董光宏（1月免）

州人力资源和社会保障局（1月组建，不再保留州人事局、州劳动和社会保障局）

局　长　张　松（白，1月任）
党组书记　赵新光（白，11月免）
张　松（白，11月任）
副局长　阿怀聪（彝，1月任）
董光宏（1月任）
李茂生（白，1月任）
戴兴顺（1月任）
州公务员局局长　张　松（白，11月任）
州社会保险局局长　孙玉明（白）

州环境保护局

局　长　曾　勇（1月任）
副局长　段　彪
沈　兵

谢宝川
陈体韬(11月任)

州建设局
局　　长　沈锡清(白,1月免)
副 局 长　早合兴(白,1月免)

州住房保障和房产管理局
局　　长　廖光荣(1月免)

州住房和城乡建设局(1月组建,不再保留州建设局)
局　　长　沈锡清(白,1月任)
副 局 长　早合兴(白,1月任)
张连坤(白,1月任)
廖光荣(1月任)
周克熙(白,11月任)

州交通局
局　　长　周　云(1月免)
副 局 长　马志雄(1月免)
杨永斌(1月免)
李文厚(1月免)
王世明(白,1月免)

州交通运输局(1月组建,不再保留州交通局)
局　　长　周　云(1月任)
副 局 长　马志雄(1月任,11月免)
杨永斌(1月任)
李文厚(1月任)
王世明(白,1月任)
州交通战备办公室主任
周　云(11月任)

州交通运政管理处
党支部书记　朱文秀(女)
处　　长　罗晓青

州农业局(畜牧兽医局)
局　　长　王兆炜
副 局 长　杨灿荣(白,1月免)
张德鹏(彝)
张志雄(6月任)
周利民(1月免)
左　新
赵家明(白)

州畜牧兽医局
局 长　左　新

州林业局
局　　长　杨志东(白)
副 局 长　谢绍章
吉向阳(彝,5月免)
陈东发(6月任)
尹正权(白)
州护林防火专职副指挥长
李保森(白)

州森林公安局
局　　长　杨　纯
政　　委　张建勋(白)

州水利局
局　　长　茶崇亮(彝,1月免)
副 局 长　杨锡海(白,1月免)
周明华(兼农工党大理州委主委,1月免)
刘宇宽(1月免)

州水务局(1月组建,不再保留州水利局)
局　　长　茶崇亮(彝,1月任)
副 局 长　杨锡海(白,1月任)
周明华(兼农工党大理州委主委,1月任)
刘宇宽(1月任)

州水利水电勘测设计院
党委书记　杨跃生(白)
院　　长　张晓东

州商务局
局　　长　何忠耀(1月免)
单进园(女,白,4月任)
副 局 长　施曙光(白)
刘宏逵(彝)
段忠明(白)

州文化局
局　　长　王峥嵘(白)
副 局 长　李树祥(白)
杨益琨(女,白,兼农工党大理州委副主委)
杨静玲(女,白)

州文化遗产局
局　　长　杨政业(白)

州卫生局
局　　长　丁一先(白)
副 局 长　杨跃华(白,1月免)
郭治中
罗伟建(白)
王　瑛(女,白)
防治艾滋病办公室主任　罗伟建(白)

州人口和计划生育委员会
主　　任　芮雪梅(女)
副 主 任　李少泉(白)
段红丽(女,白)

州外事办公室(州接待处)(1月分设州外事办公室、州接待处)
主任、处长　杨　瑜(1月免)
副主任、副处长　张志坚(1月免)
赵　薇(女,白,1月免)
赵　莉(女,白,1月免)

州外事办公室
主　　任　段志宏(1月任)
副 主 任　马　伟(回,1月任)
赵树华(11月任)

州接待处
处　　长　张世伟(彝,1月任)
副 处 长　赵　薇(女,白,1月任)
赵　莉(女,白,1月任)

州审计局
局　　长　张学义(彝,1月免)
杨作云(白,1月任)
副 局 长　杜永进
施　黄(白)
梁育鸿

州体育局
局　　长　高志宏
副 局 长　熊国槐(1月免)
张爱珍(女,白)
赵云峰(白)
郭其云(11月任)

州旅游局
局　　长　马金钟(白)
副 局 长　刘福荣(白,7月免)
高　充(白,1月免)
冷跃冰

州广播电视局(1月调整为政府工作部门)
局　　长　阿苍洱(白,1月任)
副 局 长　李　江(白,6月免)
李成林(白)
苏兴龙(白)
大理电视台台长　李　江(白,6月免)
郭文平(彝,11月任)
州广播电台台长　张朝举

州统计局
局　　长　杨　瑄(白)
副 局 长　高立宏
管成金
王继林

州安全生产监督管理局
局　　长　常建华(彝)
副 局 长　何笠原
许金海(白)

州宗教事务局
局　　长　杨化宇(白)
副 局 长　胡玉涛
马永宏(回)
余泳澎(回)

州粮食局
局　　长　李桂根(白)
副 局 长　李建中(白,1月免)
朱智云
熊春林(6月任)

州扶贫办
主　　任　李立钧(白,1月免)
副 主 任　张　森(1月免)
李光时(1月免)

州政府扶贫开发办公室(1月州扶贫办更名为州政府扶贫开发办公室,调整为政府工作部门)
主　　任　李立钧(白,1月任)
副 主 任　张　森(1月任)
李光时(1月任)

州人民防空办公室
主　　任　鲁华中
副 主 任　王庆华

州政府研究室

主　　任　尹锡山(白)
副 主 任　张理政(白)
　　　　　杨登云(彝)

州政府法制局

局　　长　周天明
副 局 长　马新伟(回,1 月免)
　　　　　杨新华(彝,6 月任)
　　　　　李庆敏(白)

州国有资产监督管理委员会

主　　任　刘卫东(白,11 月免)
副 主 任　段重英(女,白)
　　　　　李德华

州金融办公室

主　　任　李继显(白)
副 主 任　饶富旭

州规划局

局　　长　陈绍明
副 局 长　陈东发(6 月免)
　　　　　王锦海

大理滇西中心城市总体规划实施管理委员会办公室,大理州城乡规划委员会办公室

主　　任　陈绍明(11 月任)

州食品药品监督管理局

局　　长　钟士超(白)
副 局 长　倪永华(白,1 月免)
　　　　　刘晓露(女,7 月免)
　　　　　石应聪
纪检组长　李　晖

州档案局(1 月调整为正处级单位)

局　　长　和生弟(白,1 月任州档案局副局长,6 月免州档案局副局长职务)
　　　　　马宽品(回,6 月任)

州移民开发局

局　　长　茶少斌(白)
副 局 长　李德政
　　　　　李　甸(白)

州苍山保护管理局

局　　长　杨鹤松(白)
副 局 长　刘天宇
　　　　　杨贵全(白)

州机关事务管理局

局　　长　张　纲(白)
副 局 长　和秀娟(女,纳西)
　　　　　李　廿(白)

州供销社

主　　任　张根惠(白)
副 主 任　张金荣(白)
　　　　　赵　军(白,11 月免)

州地震局

局　　长　张启明(白)
副 局 长　杨丽凤(女,白)

州志办

主　　任　赵秀元(白,1 月免)
　　　　　王超英(女,回,1 月任)
副 主 任　刘丹霞(女,白)
　　　　　杨林柏

州公积金管理中心

主　　任　刘爱国

州政府政务服务管理局

局　　长　刘卫东(白,11 月任)
副 局 长　李恒宣(11 月任)
　　　　　李世鸿(11 月任)
　　　　　杨志逵(白,11 月任)

大理日报社

社长、总编　王现文(白)
副社长、副总编　毕锦辉(彝)
　　　　　　　杨加方(白)

州白族文化研究所

所　　长　和生弟(白,6 月任)
副 所 长　赵润琴(女,白)

大理经济开发区管理委员会

党委书记、主任　李　坚(白)
党委副书记、纪委书记
　　　　　　　彭红云(白,5 月免)
　　　　　　　黄瑞云(女,5 月任)
副 主 任　彭红云(白,5 月任)
　　　　　马维谭
　　　　　柏建军(5 月免)
　　　　　杜　良(白)

大理旅游度假区管理委员会

党委书记、主任　谢昌耀(1 月免)
　　　　　　　赵廷标(白,1 月任)
党委副书记、纪委书记　李志东(白)
党委副书记　赵伯廉(白)
副 主 任　马志荣(回)
　　　　　张　勇(1 月任)

· 州政协办公室、各专委领导名录 ·

副 秘 书 长　杨建军(兼,白)
副秘书长、办公室主任
　　　　　　　李兴汉
办公室副主任　许东凯
　　　　　　　李联鹏(白,1 月任)
提案委员会主任　杨庆春(白)
提案委员会副主任　薛　枚(女)
经济委员会主任　张　继(白)
经济委员会副主任　熊添祥(1 月任)
人口资源环境委员会主任
　　　　　　　倪永华(白,1 月任)
人口资源环境委员会副主任　陈智军
教科文卫体委员会主任　左岐宏(彝)
教科文卫体委员会副主任
　　　　　　　张艳琼(女,白)
社会和法制委员会主任　刘　波(白)
社会和法制委员会副主任
　　　　　　　杨光焰(女)
民族宗教和联络委员会主任
　　　　　　　马利和(回)
民族宗教和联络委员会副主任
　　　　　　　赵光铖(白)
文史和学习委员会主任　刘克纯(白)
文史和学习委员会副主任　李进东

· 州级人民团体领导名录 ·

州总工会

主　　席　彭增梅(女,彝,2 月免)
　　　　　杨秀星(女,白,11 月任)
常务副主席　赵明光(白)
副 主 席　赵成明(白)

共青团大理州委(州青年联合会)

书记、主席　丁洪涛
副书记、副主席　刘海涛(11 月免)
　　　　　　　席　玲(女,5 月免)
　　　　　　　左学政(彝,5 月免)
　　　　　　　周　敏(11 月任)
副 主 席　肖云江(兼)
　　　　　李志海(兼,白)
　　　　　刘琼芬(兼,女)
　　　　　刘　刚(兼)
　　　　　陶　相(兼)
　　　　　谢正松(兼)
　　　　　赵红娥(兼,女,白)
　　　　　许春荣(兼,白)
　　　　　杨义标(兼,白)

州妇女联合会

主　　席　焦　映(女,白)
副 主 席　罗丽萍(女,白)
　　　　　李迎春(女,彝)

州归国华侨联合会、州侨务办公室

主席、主任　张志坚(1 月任州侨务办公室主任职务)
副主席、副主任　邓必安(女,7 月免)
　　　　　　　朱江苇(回,11 月任)
　　　　　　　李　伟(彝,11 月免)
副 主 任　杨宗礼(1 月任)
副 主 席　胡泰华(兼,傣)
　　　　　李继光(兼)
　　　　　项光海(兼)
　　　　　刘　波(兼,壮,12 月免)
　　　　　赵寿辉(兼,白,12 月任)

州工商业联合会(商会)

主席(会长)　寇铸勋(兼,白,4 月任)
党组书记,兼职副主席(副会长)
　　　　　　　李立基(4 月任)
专职副主席(副会长)
　　　　　　　杨自尚(白,4 月任)
副主席(副会长)

李志林(兼,白,4月任)
杨　龙(兼,4月任)
张枝荣(兼,4月任)
杨金林(兼,4月任)
李永忠(兼,4月任)
赵中柱(兼,白,4月任)
施建锋(兼,白,4月任)
彭金国(兼,4月任)
陈从文(兼,4月任)
许江山(兼,4月任)
副　会　长　范光亮(兼,4月任)
郑昆芳(兼,女,白,4月任)
张亚辉(兼,白,4月任)
李　珍(兼,4月任)
赵利红(兼,女,4月任)

州文学艺术界联合会
副　主　席　廖惠群(女)

州残疾人联合会
理　事　长　李荣兴
副理事长　李泽红(女)
李早兴(白)

州科学技术协会
主　　席　罗朝玺
副　主　席　杨映泉(白)
段剑生(白)

州红十字会
会　　长　洪云龙(兼,白)
常务副会长　杨泓涛(女,白)
副　会　长　唐苍仁

·州级民主党派领导名录·

民盟大理州委员会
主　　委　杨泽恒(兼,白)
专职副主委　周国珍(女)
副　主　委　陈　钢(兼)
吴建新(兼,女)

民进大理州委员会
主　　委　陆　璐(兼)
专职副主委　石宏麟
副　主　委　杨云飞(兼,白)

九三学社大理州委员会
主　　委　白　丽(兼,女)
专职副主委　杨增铭(白)
副　主　委　沈惠芬(兼,女)
关兆德(兼)

民建大理州委员会
主　　委　褚九云(兼,傈僳)
专职副主委　宋万钧
副　主　委　章东琼(兼,女)

农工党大理州委员会
主　　委　周明华(兼)
专职副主委　杨瑞东(白)
副　主　委　杨益琨(兼,女,白)

致公党大理州委员会
专职副主委　张云江(7月免)
副　主　委　舒东清(兼,女)
张洪英(兼,女)

民革大理州委员会
主　　委　段利华(兼)
专职副主委　车惠菊(女)
副　主　委　赵　岗(兼,白)

·医院、学校领导名录·

州医院
党委书记　李天平(白,5月免)
院　　长　杨承贤
党委副书记、副院长
胡代军(12月任党委副书记)
党委副书记、纪委书记
许剑波(11月任)
副　院　长　赵光敏(白)
陶　相
刘朝芹(女)
胡　映(12月任)

州中医院
院　　长　杨　瑜
副　院　长　段　萍(女,白)
奎继中

州委党校(行政学校)
行政学校校长　何金平(兼,白)
常务副校长　张继霖
副　校　长　杨晓刚(白)
马云波(女,回)

大理财校
党委书记　刘秀英(女)
党委副书记、校长
赵廷标(白,1月免)
刘子文(白,11月任)
副　校　长　杨锡堂(白,11月免)
李若冰
杨润柄(11月任)

大理卫校
党委书记　王荣富
党委副书记、校长　陈德军
党委副书记、纪委书记
李宏骏(11月任)
副　校　长　苏春华
李一忠(白)
蔡德周

大理农校
党总支书记　王显伟
校　　长　雷振龙(彝)
副　校　长　吕兴国
周汝德
郭向周(白)

州技工学校
党支部书记　王顺元(白)
校　　长　高庆芳(女,白,1月任)
副　校　长　黄毓宝
杨金华(彝,6月任)

州民族中学
校　　长　马　琴(女,回,7月退休,续聘)
副　校　长　张正洪
杨文彪(白)

下关一中
党总支书记　阎国新
校　　长　张金禄(白)
副　校　长　黎学锋
李曙光
张荣众(白)

大理一中
党总支书记　杨一非(白,7月免)
校　　长　刘式良(彝)
副　校　长　赵红娥(女,白)

大理州实验中学
党总支书记　王绍熙
校　　长　李儒彬(白)
副　校　长　杨壹元(白)

(《领导名录》由中共大理州委组织部提供)

(《概况》责任编校:李建川)

中共大理州委

综　述

【概　述】 2011年，面对复杂多变的发展环境，在中共云南省委、省人民政府的正确领导下，中共大理州委团结带领全州广大干部和各族群众，解放思想，抢抓机遇，扎实工作，较好地完成了年度发展目标任务，实现了"十二五"发展的良好开局，为全州经济社会跨越发展奠定了坚实基础。全年完成生产总值568.5亿元，增长14.2%；财政总收入100.3亿元，增长24.4%，其中地方一般预算收入45.9亿元，增长22.1%；全社会固定资产投资完成360.3亿元，增长27.4%；全年引进州外实际到位资金201亿元，增长48.9%；实现工业总产值607.9亿元，增长27.4%；城镇居民人均可支配收入17713元，增长12.1%；农民人均纯收入4733元，增长21.3%。

【重点项目建设快速推进】 2011年，大理州固定资产投资增长较快，实施了一批重大项目建设。功果桥水电站两台机组投产发电，鸡足山旅游公路、祥姚公路、跃龙公路建成通车，中国烟草云南祥云大型水源工程建成投入使用，洱源干海子等5个风电场建成发电，苗尾、龙开口、鲁地拉电站建设有序推进。同时，积极配合做好大瑞铁路、大丽高速公路建设，并加大招商引资力度，引进了一批大项目、好项目。

【工业经济持续快速增长】 2011年，大理州强力推进"工业强州"战略，把2011年确定为推动工业发展年，工业经济发展取得显著成效。全面超额完成省政府下达的工业发展目标任务，增速居全省7个重点州市之首。大理创新、祥云财富、鹤庆兴鹤等重点工业园区基础设施建设取得新进展，全州新增入园企业12户，园区聚集作用进一步增强。大力推进工业园区标准厂房建设，工业园区标准厂房累计建成30万平方米。信息化建设深入推进，水平进一步提升。非公经济发展加快，预计实现增加值260亿元，同比增长25%，已成为工业经济的主导力量。

【旅游二次创业初步转型】 2011年，大理州旅游二次创业初见成效。苍山大索道建成投入试运营，鸡足山景区完成改造提升，环洱海旅游景观大道竣工通车，大型梦幻神话剧《希夷之大理——望夫云》开演，兴盛码头建设快速推进，重庆、成都直航航线恢复开通，中国大理农村电影历史博物馆建成开放，崇圣寺三塔文化旅游区荣膺国家5A级旅游景区，新华村国家4A级景区挂牌运营，大理国际影会荣膺中国最具国际影响力节庆，高星级品牌酒店建设加快推进。全年旅游人数达1545万人次，旅游业总收入138.4亿元，同比增长20.3%，旅游产业初步实现转型升级。

【生态文明建设成效显著】 2011年，大理州切实抓好洱海保护治理，洱海水质保持稳定，洱海被列为全国湖泊生态环境保护试点，得到国家专项支持。深入实施洱海流域"百村整治"工程，加大海西保护治理力度。生态州、生态文明试点县、生态乡镇创建深入开展，低碳发展能力增强。县城污水处理厂及管网、垃圾处理工程加快推进。坚持不懈抓好城乡绿化，建设美丽家园，云龙县成功创建省级园林城市。大力发展风电等清洁能源，风电装机占全省总量的67%。节能减排目标全面完成。

【城乡统筹协调发展】 2011年，大理州实施"兴水强州"战略，大力推进水利改革发展，实施了洱源三岔河水库、云龙包罗水库等一批重大水利项目，继续实施山区"五小水利"工程建设，完成宾川大型灌区建设。实施了一大批农村公路建设项目，群众出行更加便利。认真实施中低产田地、中低产林改造，生产条件不断改善。农业产业化取得新成效，烤烟、核桃等传统产业优势进一步巩固。大理州扶贫综合开发示范园区建设基本完成，整县、整乡扶贫开发试点工作扎实推进，新农村建设成效明显，农村面貌发生新变化。开展了统筹城乡发展试点，积极推动城镇上山、农民进城工作。

【党的建设得到加强】 2011年，大理州深入开展创先争优活动和学习型党组织建设，认真开展向杨善洲、普发兴、龙进品等先进模范学习活动，隆重开展庆祝建党90周年系列活动，圆满完成州、县市、乡镇党委换届工作，全面消除村民小组党员空白点，实现村级组织活动场所、远程教育试点、规模以上非公有制经济党的基层组织全覆盖，各级党组织建设和党员干部队伍建设得到新的加强。全面推行县委权力公开透明运行工作，党风廉政建设和反腐败斗争取得新成效。支持人大及其常委会依法履行职能，政府依法行政能力不断增强，积极支持人民政协按章履行职能，积极建言献策，坚持和完善基层群众自治制度，人民团体和社会组织作用得到充分发挥，全州齐心协力促发展的氛围更加浓厚。认真做好新形势下的群众工作，努力推进社会管理创新。统一战线、民族宗教、侨务、老干部、双拥等工作有效开展。社会治安防控体系不断健全，禁毒防艾工作深入开展，严厉打击各种违法犯罪，保持了社会和谐稳定。

（《综述》由赵勋撰稿）

重要会议

【召开全州新农村建设工作会议】 1月6日，中共大理州委、州人民政府召开全州新农村建设工作会议。会议要求，全州各级党委、政府要深入学习贯彻党的十七大、十七届三中、四中、五中全会、中央农村工作会议和省委八届十次全委会、州委六届十次全委会精神，认真总结大理州"十一五"期间新农村建设取得的成绩，全面安排部署"十二五"期间新农村建设各项工作任务，统筹城乡、整合资源，突出重点、打造亮点，加快新农村建设，推动全州农村经济社会又好又快发展。州委书记刘明出席会议并作讲话，州委副书记、州长何金平主持会议，州委副书记王雪峰对《中共大理州委大理州人民政府关于加快推进“十二五”期间新农村建设的实施意见》起草情况作了说明。大理州党政领导杨秀星、马建全、杨健、梁志敏、段玠、茶忠旺、王恩富等出席会议。

【召开州纪委六届六次全体会议】 2月21日，中共大理州委召开大理州第六届纪律检查委员会第六次全体会议。会议要求，全州各级党委政府及党员干部要深入实践以人为本、执政为民的理念，加强以保持党同人民群众的血肉联系为重点的作风建设，加强以完善惩治和预防腐败为重点的反腐倡廉建设，着力解决反腐倡廉建设中群众反映强烈的突出问题，科学推进党风廉政建设和反腐败斗争，保障和促进实现“十二五”经济社会发展良好开局。州委书记刘明出席会议并作讲话，州委副书记、州长何金平通报了全州2010年度推进惩防体系建设暨党风廉政建设责任制考核结果，州委常委、州纪委书记梁志敏代表州纪委常委会作工作报告，并传达中共中央总书记胡锦涛、省委书记白恩培的重要讲话和省纪委八届六次全会精神。州委、州人大、州政府、州政协领导班子成员，州级副处级以上领导干部和各县市委书记、县市长及有关方面负责人参加了会议。

【召开全州党史工作会议】 2月21日，中共大理州委召开全州党史工作会议。会议要求，全州各级党委及党史部门要深入贯彻落实党的十七届五中全会、《中共中央关于加强和改进新形势下党史工作的意见》和全国、全省党史工作会议精神，讨论修改《中共大理州委关于加强和改进新形势下党史工作的意见(征求意见稿)》，总结大理州党史工作取得的成绩和经验，研究部署当前和今后一个时期的党史工作，不断提高党史工作科学化水平，充分发挥党史以史鉴今、资政育人的作用，努力开创党史工作新局面，更好地为“十二五”全州经济社会发展服务。州委书记刘明出席会议并作讲话。省委党史研究室主任杨毅应邀到会指导。州委常委、州委秘书长杨健主持会议并对贯彻落实会议精神提出要求。州委常委、州委组织部部长叶翠萍宣读了对党史工作先进集体和先进个人进行表彰的决定。州政协主席袁爱光出席会议。

【召开全州宣传思想暨文化建设工作会议】 2月22日，中共大理州委召开全州宣传思想暨文化建设工作会议。会议要求，“十二五”时期，大理面临国家深入实施西部大开发战略，省委、省政府实施“两强一堡”战略和滇西中心城市建设等重大战略机遇，全州各级要进一步增强机遇意识、忧患意识，切实增强责任感、使命感和紧迫感，努力开创全州宣传思想和文化建设工作新局面。州委书记刘明出席会议并作讲话，州委副书记、州长何金平主持会议。州委常委、州委宣传部部长王以志对全州宣传文化工作取得的成绩和经验进行了总结，并对2011年全州宣传思想暨文化建设工作进行了安排部署。州人大常委会主任字国顺、州政协主席袁爱光等出席会议。

【召开全州组织工作会议】 2月23日，中共大理州委召开全州组织工作会议。会议要求全州各级组织部门要选好干部，配强班子，努力为实现“十二五”奋斗目标提供坚强组织保障。州委书记刘明出席会议并作讲话，州委副书记、州长何金平主持会议。州委常委、州委组织部部长叶翠萍总结了2010年全州组织工作，安排部署了2011年全州组织工作。会上，各县市委书记就抓基层党建工作作了专项述职。州委、州人大、州政府、州政协领导班子成员出席会议。

【召开全州学习龙进品先进事迹动员大会】 3月4日，中共大理州委召开学习龙进品先进事迹动员大会。会议号召全州广大党员干部，特别是政法干警向龙进品学习，大力宣传和弘扬龙进品的先进事迹，推动创先争优活动深入开展。州委书记刘明出席会议并作讲话，省高级人民法院党组成员、副院长王树良到会指导并讲话，州委常委、州委组织部部长叶翠萍主持会议。

【州委中心组2011年第一次理论学习】 3月24～29日，中共大理州委举行州委中心组2011年第一次理论学习活动。会议要求，以邓小平理论和“三个代表”重要思想为指导，深入贯彻落实科学发展观，认真贯彻近期中央、省委关于创先争优、社会管理创新、群众工作、反腐倡廉等工作的重要指示、讲话精神，掀起向杨善洲学习的热潮，推动全州创先争优活动的深入开展，提高社会管理的科学化水平，探索做好新形势下群众工作的思路和措施，推进党风廉政建设，振奋精神，凝聚力量，促进和谐，推动工作，努力实现全州经济社会又好又快发展。24日，中心组成员在大理分会场参加省委创先争优办公室举行的杨善洲先进事迹报告会视频会议；27～28日，中心组成员开展自学活动；29日开展集中学习，州委书记刘明主持并作总结讲话。州委副书记、州长何金平就社会管理工作创新作重点发言。袁爱光、蔡春生、杨秀星、马建全、梁志敏、茶忠旺、岳黎松、杨光军等分别作了专题发言。

【州委中心组2011年第二次理论学习】 6月16～20日，中共大理州委举行“学习杨善洲精神，抢抓桥头堡机遇，做人民满意的好党员好干部”主题学习生活会暨2011年州委中心组第二次理论学习活动。会议要求，以邓小平理论和“三个代表”重要思想为指导，全面贯彻落实科学发展观，密切联系思想和工作实际，深入学习杨善洲精神，认真开展对照检查，查找理想信念、践行宗旨、履职尽责、秉公用权、遵守纪律等方面存在的差距和不足，抢抓桥头堡建设重大历史机遇，不断提高政治素养和工作能力，做人民满意的好党员、好干部，推动全州经济社会又好又快发展。16日，中心组一行前往宾川县大营镇州级机关“善洲林”基地开展义务植树活动。17～19日，中心组成员开展自学活动；20日，州委书记刘明主持集中学习活动，并在会上作题为《以杨善洲同志为楷模，努力做人民满意的好党员好干部》的主题发言。其他参会领导围绕学习主题、联系实际，分别作了发言。期间，州委中心组成员观看了反映大理州经济社会发展的电视专题片以及电影《建党伟业》。

【召开庆祝中国共产党成立90周年大会】 6月29日，大理州隆重集会庆祝中国共产党成立90周年，回顾党的光辉历程和丰功伟绩，展望未来发展的美好前景。州委书记刘明出席并作重要讲话，州委副书记、州长何金平主持大会。会上，州委副书记杨健宣读了《关于表彰全州先进基层党组织、优秀共产党员和优秀党务工作者、基层党组织建设先进县的决定》。随后举行了“苍洱飞歌”大型演唱会，来自全州各行业的14支合唱队和其他文艺工作者进行了精彩的演出。州委、州人大、州政府、州政协领导班子成员出席大会并观看演出。

【召开庆祝第27个教师节暨全州教育工

作会议】 9月7日，州委、州政府召开大理州庆祝第27个教师节暨全州教育工作会议。会议要求，全州各级要努力推进教育现代化，加快大理滇西教育区域中心建设，为推动全州经济社会又好又快发展提供更加有力的人才保证和智力支持。州委书记刘明出席会议并作讲话，州委副书记杨健主持大会。州委常委、州政府常务副州长马建全代表州委、州政府对大理州"十一五"教育改革发展工作作了总结，全面部署了"十二五"教育改革发展工作。州委常委，州人大常委会主任，州政协主席以及州人大、州政府、州政协分管联系领导出席会议。

【中国共产党大理白族自治州第七次代表大会召开】 9月16～19日，中国共产党大理白族自治州第七次代表大会在下关隆重召开。16日，中国共产党大理白族自治州第七次代表大会开幕。会议的主要任务是深入贯彻落实科学发展观，回顾总结州第六次党代会以来的主要工作，明确、部署今后5年的战略目标和主要任务，团结和动员全州广大党员干部和各族群众，不断开创大理工作新局面。会议选举产生了新一届州委和州纪委，选举产生了大理州出席省第九次党代会的代表。中共大理州委书记刘明代表六届州委作工作报告，州委副书记、州长何金平主持开幕大会。杨健、字国顺、袁爱光、蔡春生、马建全、梁志敏、王以志、叶翠萍、杜涛、岳黎松、杨光军等出席大会。19日，中国共产党大理白族自治州第七次代表大会圆满完成各项任务，胜利闭幕。刘明代表新一届州委作了讲话。

【州委七届一次全体会议召开】 9月19日，中共大理州委七届一次全体会议召开。会议选举产生了州委常委、州委书记、州委副书记，会议通过了州纪委一次全会选举结果。新当选的州委书记刘明作了讲话。本次会议应到会州委委员55名、州委候补委员10名，实到会州委委员53名、州委候补委员9名，符合有关规定。省委指导组组长刘子扬及指导组其他成员出席会议。州纪委委员列席会议。

【召开大理州保护坝区农田建设山地城镇工作会议】 10月20日，中共大理州委、州人民政府召开大理州保护坝区农田建设山地城镇工作会议。会议要求全州各级认真贯彻落实全省保护坝区农田建设山地城镇工作会议精神和州第七次党代会精神，完善城镇建设发展思路，实现土地高效利用和城镇化科学发展，实现城镇朝着山坡走、田地留给子孙耕的目标。州委书记刘明，州委副书记、州长何金平分别在会上讲话，州委副书记杨健主持会议。字国顺、袁爱光、岳黎松、杨光军、许云川等领导出席会议。

【召开州委党校建校60周年庆祝大会】 11月7日，大理州隆重集会，热烈庆祝中共大理州委党校建校60周年。会议要求，各级党委党校按照胡锦涛总书记关于党校要充分发挥"五个作用"、牢固树立"五种意识"的要求，全面贯彻《中国共产党党校工作条例》，明确党校工作的努力方向，扎实推进各项工作，努力为实现"十二五"全州经济社会发展新跨越作出更大的贡献。州委书记刘明出席会议并作讲话，州委副书记、州长何金平主持庆祝大会。州委副书记、州委党校校长杨健致辞。字国顺、袁爱光、马建全、梁志敏、叶翠萍、杜涛、岳黎松、杨光军、许云川等领导出席大会。

【召开全州加强和改进工商联工作会议】 12月8日，中共大理州委召开全州加强和改进工商联工作会议。会议要求全州工商联系统围绕中心，服务大局，不断开创大理州工商联工作新局面。州委书记刘明出席会议并作讲话，州委常委、州委统战部部长许云川主持会议并对贯彻落实会议精神提出要求。省委统战部副部长、省工商联党组书记张功祥和省工商联副主席阮鸿献应邀到会指导。字国顺、袁爱光、杨光军等领导出席会议。

【加快推进新型工业化发展】 2011年是州委、州政府确定的推动工业发展年。4月27日，全州工业经济工作调研座谈会召开；5月30日，六届州委第86次常委（扩大）会议专题研究大理州加快工业经济发展工作；6月8日，州委、州政府制定下发了《关于加快工业经济发展的决定》；6月10日，大理州加快工业发展大会召开，安排部署全州工业经济工作。

【大力推动水利改革发展】 2011年是水利改革发展年。为认真贯彻《中共中央、国务院关于加快水利改革发展的决定》、《中共云南省委、云南省人民政府关于加快实施"兴水强滇"战略的决定》和中央水利工作会议精神，州委、州政府成立调研组，对全州水利改革发展工作进行了深入调研。7月6日，六届州委第89次常委（扩大）会议研究审定了《中共大理州委、大理州人民政府关于加快水利改革发展的实施意见（报审稿）》；7月9日，州委、州政府制定下发了《关于加快水利改革发展的实施意见》；7月22日，大理州水利改革发展大会召开，对事关全州经济社会发展全局的一系列重大水利问题和"十二五"加快水利改革发展作出了总动员和总部署。

【洱海保护治理工作】 10月13日，州委七届第3次常委（扩大）会议召开，专题研究《关于加强洱海保护与促进洱海流域协调发展的意见（报审稿）》。11月5日，州委、州政府制定下发了《关于加强洱海保护与促进流域协调发展的意见》。近年来，大理州在洱海保护治理方面取得显著成效，"十一五"保护治理目标任务顺利完成，洱海水质总体保持Ⅲ类，有5个月达到Ⅱ类，受到省政府表彰。流域生活污水处理和垃圾收集清运处置取得突破，苍山十八溪等入湖河流综合整治工程加快推进。洱海被列为全国湖泊生态环境保护试点，下达年度试点资金2亿元，17个试点项目全面实施。

【加强海西田园风光保护】 2011年，州委、州政府成立调研组，对海西保护利用工作进行了深入调研；10月11日，召开七届州委第1次常委（扩大）会议，研究审定《关于海西保护利用的意见（报审稿）》；11月5日，州委、州政府制定下发了《关于海西保护利用的意见》。海西保护利用工作全面推进，划定田园风光保护控制区，完成《海西田园风光保护及村庄整治规划》、《大理市村庄整治布点规划》、洱海流域43个行政村总体规划和186个自然村整治建设规划；制定出台了《关于加强海西保护整治的实施意见》、《海西田园风光及白族民居建筑风格保护办法》等制度措施，强化监管，及时发现纠正违规行为；突出风格整治，投入1.31亿元资金，完成41个自然村整治工程。

【重视做好群众工作】 4月28日，州委、州政府召开大理州群众工作暨社会管理创新工作会议，深入学习贯彻中共云南省委书记白恩培、省长秦光荣、省委副书记李纪恒在全省群众工作会议暨全省领导干部社会管理及其创新专题研讨班上的讲话精神，总结近年来大理州群众工作和社会管理工作取得的成绩，分析当前加强群众工作和社会管理创新工作面临的形势和任务，研究进一步做好新形势下群众工作和社会管理创新工作的思路和举措。11月8日，召开大理州群众工作会议，认真学习贯彻全国做好新形势下群众工作经验交流会精神，学习、借鉴、推广孟连经验。12月19日，州委制定下发了《关于开展群众观点群众路线群众利益群众工作教育实行干部直接联系群众制度的实施意见》；12月19日，召开全州开展群众观点群众路线群众利益群众工作教育、实行干部直接联系群众制度启动大会，对全州深入开展"四群"教育工作进行全面动员部署。

（《重要会议》由赵勋撰稿）

州委办公室

【概　述】 2011年是实施"十二五"规划的开局之年，是州委实现承前启后、圆满完成换届的关键之年。一年来，面对新形势、新挑战，州委办公室在州委的坚强领导和省委办公厅的指导帮助下，按照"三个一"要求，紧紧围绕州委、州政府工作大局，坚持"以文立室、以文辅政"的理念，以饱满的精神、严谨的作风和务实的行动，优质高效做好"三服务"工作，自身建设得到全面加强，发挥了在全州机关中的龙头作用，为全州经济社会科学发展作出了积极贡献。

【抓学习力不断提高队伍素质】 年内，州委办公室牢固树立学习的进步是一切进步的先导，学习的落后是一切落后的根源的理念，把提高干部队伍学习能力作为做好服务工作的基础来抓。①进一步完善学习制度，科学制订学习计划，增强学习的系统性和实效性，实现学习工作科学统筹，互相促进。②创新学习模式，请进来与走出去相结合，举办系列专题讲座，邀请知名专家学者讲授摄影、微博、文学鉴赏等知识；先后到祥云青海湖、宾川扶贫综合示范园区、州公安局、烟草物流园区、功果桥－苗尾电站等进行实地考察，感受现代管理、现代科技的巨大生产力和扶贫开发一线日新月异的发展变化。③改善学习条件，购置了学习资料，设立了阅览室，编印了《办公室业务建设20讲》等学习资料。④完善激励措施，对努力学习，积极撰写发表文章的人进行了奖励。通过一系列行之有效的措施，办公室学习氛围更加浓厚，整体学习能力得到提高，被列为全省学习型党组织建设示范点。

【抓谋划力不断发挥职能作用】 年内，州委办公室进一步增强全局意识，突破部门、个人思维的局限，站在全州工作大局的高度考虑问题，实现当前任务与远期安排的统筹，具体工作与宏观发展的统一。①引导干部职工立足本职主动思考，大胆提出工作建议，积极开展工作。②工作超前谋划，定期不定期制定州委、州政府近期重要会议重大活动安排计划，做到工作有条不紊。③区分轻重缓急，不平均用力，急事先办，重点工作集中优势兵力打歼灭战。善于总结经验，每次重要工作结束后，及时进行讲评，肯定成绩，指出问题，发现规律，较好地解决了办公室工作临时性、突发性强，需要见子打子与工作有计划推进间的矛盾。④机要、保密充分发挥职能作用，工作走在全省前列，得到国家和省主管部门的肯定和表扬。⑤督查工作紧紧围绕州委重大决策部署，及时分解，定期督办，跟踪问效，推动了工作落实。⑥常委办工作主动，协调到位，充分发挥了办公室服务州委常委的纽带作用。⑦信息、调研工作重视发挥"雷达"作用，广纳信息，了解实情，为州委领导决策提供了大量有用信息。

【抓协调力不断办好重大活动】 年内，州委办公室充分发挥在各机关中的抓总作用，主动牵头，大胆协调，造就了办公室强大的协调力。①对重大活动、重要会议、重要接待，坚持超前谋划、提前介入、主动协调，及时牵头开协调会，部署工作，对一些重点环节，坚持专人负责、现场指导、具体落实。②坚持了州级四班子秘书长联席会议制度，定期沟通情况，协调工作。③强化了州委常委工作的协调，做到事事有人管，服务专门化。④充分发挥综合协调作用，办文办会了解掌握全面情况，协调调动各方力量。

年内，由办公室牵头，高效优质地筹办了州第七次党代会、建党90周年庆祝大会、全省集中考核、州委六届十一、十二、十三次全会、省委主要领导到大理调研、川滇黔十市地州合作与发展峰会大理会议、全省保护坝区农田建设山地城镇会议、开海节、国际影会、州委州政府保护洱海专题调研、昆明、攀枝花、楚雄、临沧4州市党政代表团的接待等重大活动。

【抓执行力不断推动工作落实】 年内，州委办公室执行指示态度坚决，对州委领导的指示安排坚决予以贯彻执行。完成任务雷厉风行，即说即办，接到任务立即安排，马上落实，迅速反馈。协调事务周密高效，面对繁重的工作任务，做到忙而有序，优质高效。2011年，全州大事多、喜事多，且规格高、规模大、要求严，工作涉及面广，对办公室协调能力提出了不小的挑战。办公室为此周密安排，主动协调，兵分几路，出色地完成了各项筹备服务任务，受到各方的广泛好评。

【抓保障力不断提升服务质量】 年内，州委办公室积极主动地承接上下、联系左右、协调各方，全力以赴为州委和全州工作正常运转提供保障。①从细节入手，以质量最优、效率最高、各方满意为目标，按照以文立室，以文辅政的理念，培养了一批新的文秘骨干，一科、二科起草了大量的文字材料，得到了领导的认可和表扬。②抽调骨干力量完成了州第七次党代会《工作报告》等大量高标准、高要求的文稿撰写任务。③综合科、总值班室在综合情况、协调工作、上传下达等日常运转方面做了大量工作，按程序、严规范、重时效办理了大量文电，工作建议保持了高采纳率。④在会议筹备服务上科学制订方案，全面进行统筹，合理分工，抓好落实，打造成了全州的标准和范本，得到了省级甚至外省地州市的高度认可。⑤人事老干科、行政接待科、车队、关工委办公室立足本职工作，认真履行职责，办公室内部管理严谨有序，行政后勤保障有力，接待工作周到热情，车辆服务安全高效，关心下一代工作成绩斐然。

【抓凝聚力不断促进团结干事】 2011年，州委办公室按照"小分工、大合作、一盘棋"的科学管理方法进行全面管理，形成相互提醒、相互补台、同心协力、团结干事的良好工作氛围。①实施分块分级负责的办法，落实岗位责任制，明确分工，将责任落实到科室、到个人，杜绝了推诿扯皮，以科学的工作机制维护团结。②建设精干队伍，配齐配强了办公室领导班子，调整充实了中层骨干力量，对一些岗位进行了轮岗，考察选调了一批干部，注入了新鲜血液，建设了一支充满活力的干部队伍，打牢了团结干事的干部基础。③完善激励机制，从政治上关心干部，优先配备使用学习抓得紧、工作能力强、能吃苦、讲奉献的干部，把成熟的干部积极推荐给州委提拔使用。加班费发放等不搞平均主义，鼓励以勤俸事,以良好的用人导向和激励机制增进团结。④关爱干部职工,真心帮助解决干部职工实际困难,解除后顾之忧。⑤严格执行纪律,确保干部职工健康成长,体现更高层次负责任的爱护,用铁的纪律保障团结干事。

(《州委办公室》由赵勋撰稿)

纪检监察

【概　述】 2011年是大理州全面实施"十二五"规划开局之年,是中国共产党成立90周年。在中共大理州委、州人民政府和省纪委、省监察厅的坚强领导和各级各部门的支持下,全州各级纪检监察机关按照以人为本、执政为民的要求,紧贴党委、政府工作中心,主动融入发展、服务发展、保障发展,党风廉政建设和反腐败工作取得突出成效,促进了全州经济社会又好又快发展。

【州纪委六届六次全会召开】 中国共产党大理白族自治州第六届纪律检查委员会第六次全体会议,于2011年2月21日在大理市下关举行。出席会议的州纪委委员31人,列席183人。州纪委常务委员会主持了会议。全会审议通过了州委常委、州纪委书记梁志敏代表州纪委常委会所作的《加快推进惩治和预防腐败体系建设,不断开创党风廉政建设和反腐败工作新局面》的工作报告。全面总结了2010年党风廉政建设和反腐败工作,部署了2011年任务。

州委书记刘明出席全会并作了讲话。州委常委及州人大常委会、州政府、州政协领导出席了会议。有关方面负责人参加了会议。

【州纪委六届七次全会召开】 9月11日,中国共产党大理白族自治州第六届纪律检查委员会第七次全体会议在下关召开。州纪委委员28人出席会议。会议由州纪委常委会主持,州委常委、州纪委书记梁志敏在会上作了重要讲话。全会审议并通过了中国共产党大理白族自治州第六届纪律检查委员会向州第七次党代会的工作报告,同意提请州第七次党代会审议。

【选举产生新一届州纪委委员】 2011年9月19日,中国共产党大理白族自治州第七次代表大会批准中共大理州纪律检查委员会提交的工作报告并通过决议。选举产生了新一届州纪委委员。

2011年9月19日,中国共产党大理白族自治州第七届纪律检查委员会第一次全体会议在下关召开 (州纪委　供稿)

【州纪委七届一次全会召开】 9月19日,中国共产党大理白族自治州第七届纪律检查委员会第一次全体会议在下关召开。出席会议的有中国共产党大理白族自治州纪律检查委员会委员35人。梁志敏主持会议并讲话。会议选举产生了新一届州纪委常委、书记、副书记并报州委七届一次全委会通过。

【加强对中央和省、州重大决策部署落实情况的监督检查】 2011年,大理州进一步加强了对中央和省、州重大决策部署落实情况的监督检查。①对中央扩大内需,促进经济平稳较快增长政策后续工作开展了监督检查,并重点督查了2010年中央预算内投资项目完成情况、各级检查发现问题整改落实情况、工程建设领域突出问题专项治理工作进展情况。②扎实开展了加快转变经济发展方式和桥头堡建设落实工作的监督检查。③对水利改革发展、节能减排、环境保护、规范节约用地、管理通胀预期、安全生产等工作开展监督检查262次,发现并纠正违法违规问题114个,提出监察建议35项。④对全州农村公路建设、移民专项资金管理使用等10项工作开展专项执法监察和效能监察。⑤开展维护民族团结和社会稳定决策部署贯彻落实情况,政务服务体系建设、行政审批制度改革等工作的监督检查。⑥加强对全州换届工作监督检查,促进三级党委换届工作圆满完成。⑦继续加大领导干部问责工作力度,共问责127人,其中县处级4人、乡科级40人。

【源头治腐工作取得新成效】 2011年,大理州出台了《关于实行党风廉政建设责任制的实施办法》,调整和完善责任制考核对象和量化标准。梳理情况、制定工作要点,加大对惩防体系建设牵头和协办单位的督促指导力度,推进任务落实。认真贯彻落实《农村基层干部廉洁履行职责若干规定(试行)》,进一步深化基层党务、政务、村务和财务公开工作。村级勤廉监督委员会、"三资代管"工作进一步规范。全面实施廉政风险重点环节防范管理,全州各级各单位基本完成风险点排查、风险等级确定和制定防控措施等工作。全面推行县委权力公开透明运行工作,12县市共明晰县委权力551项,确定公开目录194项,制定完善相关工作制度234项,编制县委权力运行流程图99个,开通县委权力公开透明运行专题网站7个、手机短信平台8个;聘请社会监督员133名;建立了县委新闻发言人制度和公开工作社会评议制度。

【加大案件查办力度】 2011年,大理州出台了《加强行政执法执纪与刑事司法衔接工作的实施办法》、纪检监察机关和有关单位在查办案件工作中认真履行职责加强协作配合的规定和纪检监察机关案件主办人制度,加强查办案件的协作配合,强化办案责任。全州纪检监察机关共受理群众信访举报927件,初核违纪线索293件,初核转立案49件。共立案148件160人，涉及县处级干部6人，乡科级干部35人。结案139件，处分违纪人员150人。为158名受到失实举报的党员干部澄清了事实。对全州2006年以来党政纪处分执行情况的检查结果进行了通报，对2010年度案件查办工作先进集体进行表彰奖励。投入100多万元对州、县市固定谈话点进行了改扩建。州纪委监察局2011年度查办案件工作被省纪委考核为二等奖，12县市纪委均有自办案件。

【扎实推进廉洁自律意识宣传教育】 2011年，大理州纪检监察局成功举办了“忠诚献给党”——大理州纪检监察机关庆祝建党90周年文艺汇演，开展纪念建党90周年反腐倡廉建设征文、知识竞赛和廉政楹联创作活动。向全州800多名县处级领导干部发送廉政短信1万多条，赠送廉政台历1万多册。对州反腐倡廉警示教育基地进行改版更新，6000多名干部到基地接受警示教育。制定了廉政文化“六进”活动考核办法，创建了一批廉政文化示范点。建立了《大理州纪委监察局新闻发言人制度》，组织32名新任县处级领导干部进行任前廉政知识考试。开展了廉政准则贯彻执行情况专项检查。实施科级以上领导干部任前廉政谈话629人、诫勉谈话45人、函询56人、述职述廉1543人、报告个人有关事项4332人，纪委负责人同下级党政领导谈话518人次。对13名县处级领导干部因私出国（境）进行审查。建立了11520名科级以上干部电子廉政档案。厉行节约工作成效明显，实现了各项控制指标。

【纠风治乱和专项治理稳步推进】 2011年，大理州对纠风专项治理工作进行立项督查，开展全州强农惠农政策和资金落实情况、城市低保政策执行及资金落实情况专项检查，取消不符合低保条件的对象500多人。共查处教育乱收费9.32万元，撤销违规设置的公路监测点1个，纠正强农惠农违规资金72.78万元，追回被侵占挪用支农专项资金232.32万元，对8名相关责任人实施了问责。认真开展民主评议政风行风活动，通过政风行风热线答复、办理群众咨询和投诉532件。工程建设领域突出问题专项治理取得实效。出台《大理州招标投标不良行为记录公告暂行办法》、《大理州工程建设领域项目信息公开和诚信体系建设工作实施方案》，深入开展国有建设用地使用权和矿业权出让制度执行情况清理工作。扎实开展党政机关公务用车问题专项治理。认真开展清理和规范庆典研讨会、论坛活动工作，节约资金97万元。查出“小金库”资金21.04万元上缴国库。

【自身建设进一步加强】 2011年，大理州纪检监察机关进一步加强自身建设。①严格执行机关内部管理相关制度，用制度管人、管事，多种措施加强对纪检监察干部纪律和作风的监督。②圆满完成州、县市和乡镇纪委换届工作，领导班子和干部队伍结构不断优化，服务科学发展能力进一步提升。③全州纪检监察机关信息化建设稳步推进，办公办案条件明显改善。州纪委机关视频会议系统、派出机构办公场所建成使用，机关局域网和12县市纪检监察专网开始规划设计，抓紧实施。

【表彰奖励】 年内，中共大理州委、州人民政府对37个全州纪检监察系统先进集体、62名先进工作者进行了表彰；州纪委、州监察局、州人力资源和社会保障局对71名优秀纪检监察干部进行了嘉奖。2011年，州纪委监察局被表彰为“全省纪检监察系统先进集体”，推行勤廉监督委员会制度等多项工作受到省、州表彰。年内，大理州还对2009年以来全州35项纪检监察创新工作进行了表彰奖励。

（《纪检监察》由陈增雄撰稿）

组织工作

【概　述】 2011年，在中共大理州委的正确领导下，全州各级组织部门坚决贯彻落实中央和省州党委的部署要求，围绕中心，服务大局，凝心聚力，紧紧抓住州县乡党委集中换届这一中心工作，全面推进干部、组织、人才和自身建设，推进改革创新，狠抓工作落实，各项工作取得了新的进展。

【换届取得“三高三好三零三满意”效果】 换届是2011年大理州组织工作的中心任务。年内，全州组织工作紧紧围绕中央提出的“好报告、好班子、好风气”的目标，认真落实发扬民主、推进改革、严肃纪律三项举措，保证了换届工作顺利进行。由于领导重视，思想工作到位，组织工作到位，州县乡党委换届取得“三高（党代表参会率高、党委批复候选人当选率高、当选候选人得票率高），三好（报告好、班子好、风气好），三零（零信访、零举报、零违纪），三满意（组织满意、代表满意、群众满意）”的良好效果。州县乡换届满意度为99.97%，州委换届满意度分值达100%。干部群众普遍反映，换届换出了活力、换出了正气、换出了干劲、换出了形象。换届工作受到中纪委、中组部换届风气巡回督导组的好评，编印的《严肃换届纪律确保风清气正》宣传手册在全国巡展。

【运用载体扎实推进创先争优活动】 2011年，大理州运用各种载体，扎实推进各行业、各领域创先争优活动的深入开展。①把深入开展创先争优活动作为作为实现全州“五个争当”重大机遇，作为加强基层党组织建设的重大责任狠抓落实，进一步找准创先争优服务科学发展的结合点、切入点和着力点，深入开展创先争优活动。②把学习杨善洲先进事迹活动作为创先争优活动的一项重要内容来抓，深入开展“五个一”和“四查找四争先”主题实践活动，制作1万张宣传画，下发1万本学习读本和600套音像资料，制作一批醒目社会宣传版面，认真组织观看电影《杨善洲》，开展“善洲林”义务植树活动，深入宣传杨善洲先进事迹，教育引导广大党员干部努力做党和人民满意的好党员、好干部。③把庆祝建党90周年作为创先争优活动的重要载体，各级党组织围绕弘扬主旋律，扎实开展“十个一”纪念建党90周年系列活动。州委对202个先进单位和个人进行表彰，24个先进单位和个人受到省委表彰，鹤庆县草海镇母屯村党总支部被中央表彰为先进基层党组织。对普发兴、龙进品等一批先进典型进行宣传，营造崇尚先进、学习先进、争当先进的良好氛围。中央电视台、中国共产党新闻网、人民网、新华网等国家级门户网站刊发创先争优稿件908篇，中央和国家部门创先争优活动简报采用6篇；15个典型案例在人民网第二届全国基层党建创新典型案例采用，10个典型案例入选云南省创先争优活动典型案例评选。

【密切党同人民群众的血肉联系】 2011年，大理州高度重视联系和服务群众工作，积极探索建立党员干部联系群众制度。省委开展“四群”教育部署后，州委于12月19日召开启动大会，全面部署推进该项工作：。①建立州县乡村四级为民服务体系。在州和12县市成立群众工作局和政务服务中心、110个乡镇建立"农民服务站"、1139个村(社区)建立服务站点,推进"一窗式受理、一站式办结、一条龙服务"模式。2011年,州县两级政务服务中心累计受理服务事项180.8万件,办结率和满意率均为99.98%。乡、村服务站点受理服务事项240万余件,办结240万余件,办结率为99%。②探索建立党员干部直接联系群众制度。在各级领导干部中深入开展"四百"、"五访五问"等活动,直接联系服务群众;在农村党员中普遍推行"1+X"联系群众等务实管用党员联系群众制度,做到党员身边无矛盾,实行"零距离"服务,获得群众好评。③开展为民服务活动。16万余名党员力所能及地承诺为困难党员和群众做1-2件实事,承诺办实事14万件;窗口单位和服务行业全面推行"四亮四创四评"主题实践活动,为群众提供便捷服务达1.2万余次,帮助群众解决问题1万多个,群众满意率达96%;在社区组织开展"三亮四进"活动,机关与社区结成"联建共创对子"1066个,解决困难2770件,组建党员志愿者服务队780支,开展志愿服务活动1060次。

【推出一批党建工作新模式】 2011年,大理州以创新的思路和措施推动党建的建设和组织工作,探索和推进了一批党建工作新模式。①深入开展"白州党建示范走廊"建设,在各领域基层党组织建成省级党建示范点14个、州级100个、县市级200个、乡镇级300个,培育了一批立得稳、影响深、活力强、辐射广的基层党组织先进典型。此项工作被省委组织部评为全省组织部长创新项目二等奖。②实施"环洱海党建长廊",建立洱海保护"片长制",设立党员保护洱海责任区、党员绿化责任区、党员清洁道路、党员清洁河道责任区、党员领导干部分片包干等措施,扎实推进"百村整治"工程和洱海保护治理工作。③创新开展农民专业合作组织党建工作,建立党组织26个,实现建一个组织、兴一项产业、活一地经济、富一方百姓,使党的组织和党的活动全覆盖。④推进在民族文化产业链上组建党组织,重视加强文化领域党建工作,以"两组建三培养"为载体,民族文化产业链上组建党组织30个,在民族文艺队上组建党组织25个;把少数民族艺人培养成党员314名、把有文艺特长的党员培养成党建文艺宣传队骨干918名。⑤全面推行党员"中心户长制",设立党员中心户1500多个,让党员中心户长充分当好村情民意调研员,政策法规宣传员,为民办事服务员,矛盾纠纷调解员,致富带头领路员,公益事业建设协调员"六大员",实现"中心户内无矛盾,党员身边无纠纷"。⑥创新推进网络党建和"网上为民服务站"建设,组织召开全州网络党建和"网上为民服务站"建设推进会,构建"党建信息宣传、党建创新研究、党员教育培训、党员动态管理、为民服务"五大平台。

【加强基层党组织建设】 2011年,大理州立足大理民族州、山区和贫困"三位一体"的基本州情,坚持以统筹兼顾的方法,抓重点带全局,使各领域基层党建工作得到全面有效推进。①着眼于社会主义新农村建设的迫切需要,扎实推进农村党的基层组织建设。进一步规范村级组织活动场所的建设和管理,1078个行政村全部达到"八有"标准,充分发挥活动场所议事决策中心、政策教育中心、科技培训中心、文化活动中心、民事调解中心的五大中心作用。排查整顿105个后进村(社区)党组织。新建卫星模式远程教育终端站点290个,已建成站点达1272个,实现全覆盖。组织拍摄制作60部电视专题片和党员教育专题片。其中,《白族山村的阿鹏书记》等3部专题片选报中组部参加全国电教片评比。电影《村官普发兴》报经中组部同意,上传全国远程教育平台播放。认真落实提高大学生村官工作生活补贴,新聘250名大学生到村任职,646名找到新的出路,73名当选为乡镇党委委员,1名评选表彰为云南"十佳大学生村官"。2011年7月,在祥云县与大学生村官"三同"的中组部组织局领导,对大理州加强大学生村官管理服务工作给予充分肯定。全面推行"一定三有"机制,在省补助的基础上对全州村干部待遇再提高100元,祥云、南涧、弥渡、鹤庆、宾川5个县在州的基础上再提高300~500元。积极探索实施"财政补助、村干部缴纳"的方式,支持村干部参加社会保险,大理市补助村干部参加"五险",鹤庆、永平、南涧、洱源、巍山、宾川6个县补助在职在编村干部参加新型农村养老保险。②着眼于构建统筹城乡基层党建新格局需要,扎实推进贫困地区党组织建设。实施挂钩扶贫与党的基层组织建设"同抓互促",开展城市党组织与农村党组织"党员共学、支部共建、帮民致富"、"进农家、送温暖、献爱心"等帮扶活动,全州1078行政村都有一个城市党组织进行结对。广泛开展城市与农村特困党员、困难群众"1+1"结对帮扶,结成帮扶对子5.2万个。③着眼于强化社区"服务、凝聚、管理、维稳"功能需要,扎实推进社区基层党组织建设。认真落实社区党建"三有一化"要求,建立领导挂钩联系制度,完成省委组织部下达的16个社区建设任务。社区干部补贴达到1500元以上,党建工作经费达5万元以上。按照"共驻共建、优势互补、资源共享"的思路,构建起条块结合、工作联动、资源共享、优势互补的城市区域化党建工作新格局。积极开展社区党建"每月之星"主题竞赛评选工作,创新社区党员"五分类五管理"机制,认真做好社区党员"归家、归心、归位""三归"工作,切实解决党员难管理、党的活动难开展、党员作用难发挥的"三难"问题。④着眼于加强分类指导、注重整体推进的需要,统筹推进各领域基层党组织建设。研究制定《关于贯彻落实〈中国共产党党和国家机关基层组织工作条例〉的实施意见》,结合政府机构改革,新成立5个部门机关党委,加强机关党建工作,机关党组织服务中心、建设队伍的职能作用进一步加强。国有企业党组织政治核心地位进一步确立,流动党员教育服务管理和非公有制经济组织、社会组织等基层党建工作薄弱环节得到新的加强,成立非公有制经济组织党工委,加强非公有制经济组织党建工作,向671户非公有制企业和社会组织选派了党建工作指导员,126个规模以上非公企业全部建立党组织。

【抓培训增强干部工作能力】 2011年,大理州围绕产业发展需要,以组织实施"八大工程"为重点,扎实推进大规模干部培训工作,不断提高各级领导干部推动科学发展的能力。①抓实领导干部培训。举办学习"七一"讲话及州第七次党代会精神专题、新任县处级领导干部学习"杨善洲精神"、贯彻"兴水强滇"加快水利改革发展、"加强和创新社会管理"等14期领导干部专题培训班和讲座,培训领导干部4500人次。选调558名领导干部和农村实用人才到中央党校、国家行政学院、浦东干部学院、全国组织干部学院、中国人民大学、浙江大学、农村干部学院等院校培训。组织2万人次干部参加8期云南省时代前沿知识讲座。组织1203名领导干部参加晋升副处级领导职务资格和任前法律知识考试,3670名领导干部接受警示教育。组织6616名干部参加在线学习,满足干部个性化学习的需求。②大力加强基层干部培训。扎实开展基层干部“科学发展主题培训行动计划”和基层党组织书记加强社会管理集中轮训工作，深入实施农村党组织书记、新党员、大学生“村官”党员、党员创业就业技能4培训工程，培训基层干部、党员26万余人次。③加大干部培养锻炼力度。推行干部一线锻炼法，采取外派谋职、下派任职、抽派顶岗、上派挂职、选派实践锻炼等形式培养锻炼干部。下派1078名干部驻村开展整村推进和任新农村建设指导员，选派207名干部到中央、省州部门和发达地区挂职学习锻炼。《中国组织人事报》全面报道了大理州推进干部培训增强针对性的做法。

【着眼长远全面落实人才发展规划】2011年，大理州深入推进人才强州战略，认真落实人才发展规划，切实加强各类人才队伍建设。①编制下发了《大理白族自治州中长期人才发展规划（2011—2020年）》，指导各县市和有关部门编制本行业人才发展规划，建立起州县衔接配套的人才规划体系。②结合产业的发展，依托重大科研和重大工程项目、重点产业、重点学科和重点科研基地、科技合作项目，建设高层次创新人才培养基地，引进中烟集团投资5000万元在弥渡建立红花大金元研发基地，大力培育特色优势产业急需人才，引导大理药业股份有限公司投入100万元与大理学院共建药物研究与开发实验室，培养创新团队。剑川县依托云南农大在“一对一”对口帮扶的“3+3校县共建”行动，开展“县校合作”培训农村实用人才。③积极争取省“专家服务团”到12县市开展工作，主动对接，做好服务，签订12个项目服务协议，收到较好的效果。④注重加强对现有人才资源的培养、开发和使用，率先在全省开展优秀高层次人才定点挂钩帮扶活动，得到省委组织部的肯定。认真落实优秀高层次人才联系制度，走访慰问48名优秀高层次人才。推荐1名专业技术人员成为中组部组织的“西部之光”访问学者，8名优秀专业人才荣获“省突”、“省贴”表彰奖励，13名专家成为省委联系专家，推选9名乡土人才获省“拔尖农村乡土人才”称号。

【着力提高组织工作科学化水平】2011年，大理州认真抓好党建工作，落实责任，建立规章制度，不断提高组织工作科学化水平。①编制实施党政领导班子、后备干部队伍、干部人事制度改革、干部教育培训、党员教育培训、人才发展等“六大规划”，形成“十二五”时期组织工作的路线图。②抓党建工作责任制，在全省率先开展县委书记抓基层党建工作向州委全委扩大会作专项述职，反响较好。③全面实行领导干部离任“经济责任事项交接制度”，组织285名离任领导干部把任期内未履行完毕的经济决策事项等8个方面进行交接，实现离任“书面阳光交接”。④配合州纪委在12县市全面推行县委权力公开透明运行机制，全州基层党务公开覆盖率提升至97.1%，群众对县委权力公开透明运行综合满意率达99%。⑤认真落实《关于充分发挥云南省地方各级党代表大会代表作用的意见（试行）》，在巡视、干部考察、重点工作督查及机关作风监督评议等工作中听取部分党代表的意见，发挥代表作用。⑥扎实抓好“一定三有”、“四议两公开”、“三有一化”、“文建明工作法”等有效制度的贯彻落实，加大督促检查的力度，促进基层党组织建设规范化。

【着力建设模范部门和过硬队伍】2011年，中共大理州委组织部倡导并树牢“六种意识”和“六要要求”工作理念，提高组织工作效率，打造一流队伍、勇创一流业绩，狠抓组织工作各项任务的落实。①深入开展学习型机关、创先争优和纪念建党90周年活动，学习杨善洲、李林森的先进事迹，加强组工干部党性锻炼。②重视组工文化建设，组织开展“纪念建党90周年环洱海健步走”活动。③深化“组工干部下基层”活动，建立组工干部直接联系党员、人才和群众制度，开展结对帮扶，深入调查研究，做到政策到一线宣传，问题到一线发现，工作到一线落实，困难到一线解决，经验到一线总结。④落实“三从严”要求，不折不扣执行“十严禁”纪律要求，筑牢组织部门抵制不正之风的“防火墙”，组工干部没有违纪现象发生。⑤高度重视组工宣传和网上舆论引导工作，研究制定了《大理州组织工作网络宣传员管理办法》，充分运用新兴媒体宣传党的建设和组织工作。此外，举办老干部党支部书记培训班，加强离退休干部党支部建设和思想政治建设，充分利用社区资源“四就近”做好离退休干部服务工作。扎实推进机关信息化建设，加强信息和督查工作，促进了各项任务的落实。

（张洪军）

【大理州党组织概况】截至2011年12月31日，全州党的地方委员会有13个。党的基层组织11312个，其中：党的基层委员会219个，党总支部1279个，党支部9814个。

【大理州党员队伍结构】截至2011年12月31日，全州共有党员171842名，其中：正式党员166135名，占党员总数的96.68%；女党员43381名，占党员总数的25.24%；少数民族党员87680名，占党员总数的51.02%。文化结构：研究生498人，占0.29%；大学本科21193名，占12.33%；大学专科25066名，占14.59%；中专、高中、中技33589名，占19.55%；初中及以下91496名，占53.24%。年龄结构：35岁及以下43484名，占25.30%；36至45岁43551名，占25.34%；46～54岁29664名，占17.26%；55岁～59岁14295名，占8.32%；60岁及以上40848名，占23.77%。职业结构：在岗职工党员49214名，占28.64%；农牧渔民党员93171名，占54.22%；离退休党员18787名，占10.93%；学生党员42名，占0.02%；军人、武警党员4名，占0.002%；其他党员10624名，占6.18%。

【大理州公务员队伍结构】截至2011年12月31日，全州共有公务员20216人，其中：少数民族公务员10426人，占公务员总数的51.57%；女公务员5803人，占公务员总数的28.70%。文化结构：研究生467人，占2.31%；大学本科10792人，占53.38%；大学专科6669人，32.99%；中专及以下2288人，占11.32%。年龄结构：35岁及以下6662人，占32.95%；36岁～40岁3113人，占15.40%；41岁～45岁3848人，占19.03%；46岁～50岁3923人，占19.41%；51岁～54岁1409人，占6.97%；55岁及以上1261人，占6.24%。

（《组织工作》除署名外由赵丽苗撰稿）

宣传工作

【概　述】2011年，全州宣传思想文化工作按照高举旗帜、围绕大局、服务人民、改革创新的总体要求，始终围绕中央和省州党委政府的工作大局，用党的理论创新成果武装干部头脑，巩固壮大积极健康向上的主流思想舆论，推进社会主义核心价值体系建设，加快文化体制机制改革创新，加快构建公共文化服务

第三届大理国际影会于2011年9月24日～10月7日在大理成功举办。图为州委常委、州委宣传部长王以志为获奖人员颁奖。（州委宣传部　供稿）

体系，加快发展文化产业，加强对文化产品创作生产的引导，着力营造推动科学发展、促进社会和谐的浓厚氛围，为推动富裕民主文明开放和谐大理建设提供了强大的思想保证、舆论支持、精神动力和文化条件。

【抓主题宣传营造良好舆论环境】 2011年，大理州认真学习宣传贯彻党的十七届五中、六中全会、省委八届十次全委会、省第九次党代会、州第七次党代会精神和州“两会”精神。集中打好回顾“十一五”、展望“十二五”的宣传战役。重点组织好“科学发展在大理”、“加快转变经济发展方式”、“调整经济结构”、“推进桥头堡建设”、“保障和改善民生”、“滇西中心城市建设”、大理旅游二次创业等主题宣传。针对日本核事故影响进一步开展科普宣传和舆论引导，努力把干部群众的思想和行动统一到州委的部署上来，唱响科学发展、和谐发展、跨越发展的主旋律，形成聚精会神搞建设、一心一意谋发展的良好局面。

【举办多种形势政策教育宣传活动】 2011年，大理州按照中央和省州党委的统一部署，精心组织好形势政策宣传教育活动。组织宣讲团等形式，深入到县市、机关和农村，宣讲总书记胡锦涛“七一”重要讲话、十七届六中全会、省第九次党代会、州第七次党代会等重要会议精神，把中央与省的精神与大理州实际紧密结合起来，着力把大理州面临的形势与机遇讲清楚，把干部群众关心的热点难点问题与党和政府的政策措施讲透彻。全年共宣讲1000余场，听众20多万人次，进一步激发干部群众投身经济社会建设的巨大热情。

【组织重大典型宣传】 2011年，大理州认真组织全州党员干部学习杨善洲精神的宣传活动。组织新华社、中央电视台、人民日报等13家国家主流媒体组成的中宣部·“时代先锋”采访团和云南日报等五大媒体深入南涧县公郎镇就龙进品先进事迹进行实地采访报道。组织了“苍洱红榜”王复生、张伯简、王德三、赵琴仙、周保中、普发兴、洪志刚、龙进品等典型人物的宣传活动，高扬时代精神，使先进典型人物的先进事迹家喻户晓。组织各新闻媒体深入群众、展示亮点，开展好“劳动者风采”等典型宣传活动。

【开展庆祝建党90周年系列宣传教育活动】 2011年，大理州成功组织了“苍洱飞歌”大型歌咏演唱会，全州共组织了各类庆祝活动280多场次，全州广大党员群众开展瞻仰革命圣地和革命活动遗址、“学党史、读红书”、主题演讲、讲党课、唱红歌、党史知识竞赛等主题活动。组织“庆祝中国共产党成立90周年优秀国产影片展播”活动，在全州农村免费放映数字电影10643场。在主要媒体推出了一批重点新闻报道，大力宣传中国共产党的光荣历史和丰功伟绩、宣传大理重要党史人物和重大党史事件、宣传新时期基层组织和广大党员的先进事迹及崇高精神，唱响主旋律，推动经济社会发展，用实实在在的工作成效，向党的90岁生日献礼。

【时政外宣工作取得新突破】 2011年，大理州以围绕中心工作，服务全州经济社会发展为战略目标，认真策划宣传了省委、省政府在大理召开的一系列重要会议。以“两保护、两开发”工作为宣传重点，策划宣传洱海保护成就和洱海治理经验，展示了大理正在建设成为中国面向西南开放桥头堡的重要城镇以及大理“1+6”滇西中心城市的现代化发展形象。抓住元旦、春节等重要节点，加大正面宣传力度，央视新闻联播先后播出了大理的一系列重要新闻，营造了大理州喜庆祥和的节日氛围。年内，有上百家媒体先后对大理州旅游二次创业、洱海保护、滇西中心城市建设、工业建设、新农村建设等方面进行了大量报道，有力地推介了大理在国内外的影响力。据统计，国家主流媒体刊播有关大理的新闻和专题达1200多条，各大知名网站刊登有关大理的新闻达67000余条。

【文化旅游外宣取得新成效】 2011年，大理州组织策划大型旅游外宣项目，成功举办了“鸡足山·地球之声”外宣工作，使鸡足山成为2011年最吸引外界关注的焦点。成功策划了大理国际兰花茶花博览会、三月街民族节等大型外宣活动，各大媒体共刊发大理两博会新闻、消息、通讯、特写等各类稿件达1850多篇，三月街期间共有75家平面及网络媒体云集大理，旅游卫视、大理电视台对开幕式及赛马进行了现场直播。圆满完成重点旅游项目的外宣策划，邀请重要媒体参加崇圣寺三塔“国家五A级景区”挂牌仪式和苍山大索道、鸡足山景区改造提升的宣传报道工作。积极引导舆论，组织大型实景演出《希夷之大理—望夫云》的外宣工作。推出实施了大理州旅游客栈系列宣传和评选活动。在昆明组织召开了“大理州被文化部正式公布为‘全国文化生态保护实验区’”的新闻发布会。宣传策划重大节庆活动，组织策划了2011第三届大理国际影会和洱海开海节的外宣工作，使大理国际影会和洱海开海节成为全球摄影界和媒体关注的焦点。组织了剑川石宝山歌会、巍山小吃街开街、巍山彝族祭祖节、漾濞核桃节等节庆的外宣活动，有力地营造了大理良好的发展环境，大理州的节庆活动成为对外宣传的一个品牌，成为云南省宣传文化工作的一个亮点。

【“走出去”和“请进来”取得新成果】 2011年，大理州组织重大采访活动，完成了《欢乐中国行·魅力大理》的现场录制工作，并在央视三频道大型综艺节目安排三次播出。组织了“茶马古道——跨越时空的穿越”大理站采访活动，完成了“感受大理”电视媒体采风活动，有34部取材大理的纪录片、专题片分别在中央电视台、北京电视台、湖北卫视等全国30个省市电视台陆续播出，在全国掀起了一股“大理旋风”。组织跨地区考察采访报道活动，完成了第四届全国网络媒体云南行大理站的活动和东南亚、南亚媒体到大理考察采访活动。组织了“2011中国城市榜——全球网民推荐的中国文化名城”网络互动活动，大理入围全国20座城市名单，为云南省唯一入围城市。组织推介在香港举办的“绿色中国2011环保成就奖”颁奖典礼活动，大理荣膺“杰出绿色生态城市”大奖。邀请了重庆、成都媒体记者到大理进行采访活动和旅游体验，成功宣传了成都、重庆至大理直航航线正式恢复通航工作。组织策划了对外宣传的平台，完成了川滇黔十市地州合作与发展峰会大理会议的对外宣传，举行了川滇黔十市地州媒体合作与发展座谈会，并签订了《川滇黔十市地州媒体合作与发展协议》，增强了大理州对外宣传的活力。

【认真抓好在职干部理论学习工作】
2011年，大理州列出《深入学习中国特色社会主义理论体系，努力掌握马克思主义的立场观点方法》、《深入学习社会主义核心价值体系，大力宣传弘扬“大理精神”》等五个专题，安排组织在职干部学习。组织征订《红旗文稿》、《论党的群众工作——重要论述摘编》、《从怎么看到怎么办——理论热点面对面·2011》等干部读本共2万余册，广泛动员全州各级各部门各行业广泛开展“三读”活动。开设领导干部读书论坛，积极组织向省委宣传部推荐上报优秀读书体会文章。

【做好党委中心组理论学习服务】
2011年，中共大理州委宣传部积极配合协调组织州委理论中心组开展了3次集中学习活动，学习活动内容丰富、方法创新、受益明显。全年州委中心学习组成员结合实际，共撰写学习心得、发言提纲47篇，理论文章、调研报告77篇，为州委班子科学决策、正确决策提供了富有价值的参考。同时，制定印发了各级党委(党组)中心组学习建议，指导好面上的学习。

【扎实推进学习型党组织建设】 2011年，大理州组织广大党员干部深入学习中国特色社会主义理论体系，把学习实践科学发展观不断引向深入。创新学习型党组织建设的方法和载体，启动30个基层学习型党组织示范点的创建工作，有效推动全州形成读书学习的良好风气。形成了《关于进一步加强思想理论建设工作的思考》等有决策参考价值的调研报告。向省学建办申报的《关于建设学习型党组织长效机制的思考》被列为全省20个重点课题之一，年内已经完成对此课题的研究。

【大力发展和繁荣哲学社会科学】
2011年，大理州积极探索推动党的理论创新成果通俗化大众化的有效途径，总结推广试点经验，继续推出面向基层干部群众的理论通俗读物。深入实施马克思主义理论研究和建设工程，做好哲学社会科学“十二五”发展规划。做好大理州优秀社科专家和优秀社科工作者评选表彰活动，组织指导《大理讲坛》栏目，抓实学会管理和社科普及，完成了26个社科理论课题共约80万字的研究任务。加强指导，激活了社科队伍活力，成立了大理州中共党史学会和大理州反邪教协会，召开了大理州中共党史学会第一届会员代表大会，选出了领导班子，展开了学会工作。顺利完成了大理州跨国公司促进会的法人变更，健全完善了州南诏史研究会领导班子。组织国内高层次社科专家对大理州科技局牵头组织完成的《云南省区域科学发展评价考核指标体系》进行评审。在省社科联第四次代表大会上，《剑川民族文化丛书》和《科学发展观对马克思主义中国化的新贡献》被表彰为云南省第十四次哲学社会科学优秀成果，分别获得二、三等奖。

【加强对各种学术研究会的管理指导】
2011年，大理州各级意识形态部门认真落实谁主管谁负责和属地管理原则，完善相关规定，加强对高校课堂、校园网、形势报告会和哲学社会科学论坛、讲座、研讨会、报告会的管理，加强对各种协会、民办社科研究机构、民间文化工作室、民营文化服务机构的管理。各单位看好自己的阵地，管好自己的队伍，确保所属舆论阵地坚持正确导向。坚决纠正了一些学术活动和学术会议淡化意识形态的倾向，规范了社会调查及结果发布工作。

【着力推进媒体导向和质量建设】
2011年，大理州以“评导向、评倾向、评特色、评典型、评问题”为主要内容开展新闻阅评工作，在兼顾全面的基础上，对《大理日报》、大理电视台、大理州人民广播电台的相关栏目，围绕导向、质量、效果、技巧、文风等方面的问题进行阅评。配合上级部门积极稳妥推进“三网融合”工程建设，配齐配强大理州网络新闻宣传和管理的专职队伍，建立上下联动的网上舆情研判制度，探索网上舆论引导的新形式、新对策，科学引导网上舆论，着力化解舆论危机，增强网上舆论引导效果，加强了网上舆情监控，营造了良好的网上舆论环境；加强了网络宣传和管理工作，推进“网络发言人”建设；组织《新媒体时代如何利用好政务微博》的专题讲座，提高各级领导干部与网络媒体打交道的能力。确保了在各种突发性危机事件发生时反应迅速，积极主动，采取行之有效的措施，年内共调处了10多起网络炒作和负面报道事件，有效地维护了党委、政府的良好形象。

【加强媒体监督 积极回应社会关切问题】 2011年，大理州对社会难点热点问题坚持积极主动，以先入为主的原则，进一步加强了正面舆论引导，积极回应社会关切，疏导社会心理，稳定社会预期，认真做好各类突发性危机事件的新闻报道工作。对重大突发性事件，坚持内宣外宣统筹，整合力量，按照“及时准确，公开透明，有序开放，有效管理，正确引导”的原则，最大限度地扩大正面信息的影响，减少和抑制杂音噪音，如在环洱海公路的修建、《希夷之大理——望夫云》首演活动、红树林酒店前期规划项目选址等问题上及时处理媒体炒作，消除负面效应。对一些重大典型案件，坚持正确监督、依法监督、科学监督，做到导向正确、客观准确，规范有序，注重效果。对那些行政不作为、乱作为等损害群众利益的行为，切实加强了舆论监督。

【加强思想文化部门干部队伍建设】
2011年，大理州深入开展“杜绝虚假报道增强社会责任加强新闻职业道德建设”专项教育和“走转改”活动。加强讲政治、守纪律，讲团结、顾大局，讲学习、强素质，讲实干、搞创新，讲品德、树形象的五大作风建设，切实加强了宣传思想文化部门的领导班子建设，按照德才兼备、以德为先的用人标准，把政治上清醒坚定、熟悉意识形态工作、富有改革创新精神的优秀干部选拔到领导岗位上来，确保意识形态工作的领导权牢牢掌握在忠诚于党和人民的人手里。加大对优秀年轻干部的培养选拔力度,政治上严格要求,工作上大胆放手,业务上加强指导,在实践中锻炼成长。制定实施宣传思想文化人才发展中长期规划和"十二五"宣传思想文化系统干部培训规划,深入推进"四个一批"人才培养工程,坚持培养和引进相结合,完善人才激励机制,改善人才创业环境,培养造就一大批宣传思想文化各方面的领军人物和文化创意、文化产业领军人才,为建设民族文化强州提供重要的人才支撑。

【及时贯彻党的十七届六中全会精神】 2011 年,党的十七届六中全会召开后,中共大理州委宣传部就迅速组织力量研究制定大理州贯彻落实党的十七届六中全会精神,加快建设民族文化强州的意见。《意见》经州委七届二次全会通过,是全面贯彻党的十七届六中全会和省委九届二次全会精神,在新的起点上推动大理文化大发展大繁荣、加快建设民族文化强州的指导性文件,在全省第一家以州委文件印发施行。《意见》把贯彻落实党的十七届六中全会和省委九届二次全会精神贯穿整个《意见》之中,准确把握文化建设的丰富内涵。结合建设民族文化强州目标,突出大理特点、体现大理特色。既注重从宏观上进行安排部署,又注重从操作上提出实实在在的政策措施,在资金投入、基础设施建设、体制改革、人才支撑、土地保障等方面提出了具体要求和措施,努力形成支持文化改革、促进文化发展的良好政策环境。

【成功举办 2011 年大理国际影会】 2011 第三届大理国际影会于 9 月 24 日~10 月 7 日在大理成功举办。本届影会围绕"生活在别处"这一主题,策划了系列展览和精彩活动,组织国内国际摄影展 284 个,展出作品 8000 多幅;组织学术专业论坛、开闭幕式宴会、新媒体展播、摄影比赛、主题拍摄活动、颁奖仪式等 38 项活动;邀请 300 名国内外著名策展人、摄影师、媒体资深记者、专家学者,80 位领导及贵宾,126 家网络、广播电视、报刊杂志媒体记者 297 人。参观影会的总人数突破 20 万人次。第三届大理国际影会实现了民族性的保护与传承,实现了国际性的融合与交流,实现了产业性的推动与结合,实现了品牌性的打造与传播。获得的经验:一是创新运行机制,走出了一条具有市场特点的节庆活动路子;二是上下联动,形成了一股高度文化自觉的节庆打造合力;三是按照艺术规律,打造了一个国际程度较高的节庆文化品牌。

【创新节庆文化活动】 2011 年,大理州运用独有丰厚资源,对节庆活动的举办,进行了"五大"创新:①体制上创新。进一步完善了节庆文化活动的领导管理机构,严格控制和规范全州各类节庆文化活动,成立了"大理州节庆文化活动领导小组"和办公室,办公室设在州文产办;②组织上创新。形成了"文化铺垫,活动支撑,品牌牵引,媒体放大,项目推进"的模式,大型民族节庆文化活动都是有州委、州政府主要领导亲自挂帅,全州各有关部门全力支持配合,充分调动行政和社会资源;③运作上创新。逐步形成了"政府主导,市场运作,企业参与"的模式,做到决策科学、管理规范、方案周密、组织精心、责任明确、分工明晰;④策划上创新。确立了"高起点、高标准、高档次"的指导原则,做到主题明确、内容丰富、形式创新、规模宏大、亮点突出、参与广泛;⑤宣传上创新。确立"小现场、大媒体,做精品、保圆满"的理念,充分通过媒体的放大作用,实现打造节庆品牌的最终目的。有效推动文化与旅游的结合、增强民族精神凝聚力、强化城市发展的营销力、加大文化遗产的保护力、提升文化品牌的竞争力,取得较好的节庆经济效益和社会效益。

【表彰奖励】 2011 年 1 月,州委宣传部被中共大理州委办公室、州人民政府办公室表彰为"大理州 2009 ~2010 年政务服务 96128 专线先进单位".2011 年 2 月,被中共大理州委、州人民政府表彰为"文明大理建设示范工程先进单位";2011 年 3 月,被中共大理州委、州人民政府表彰为"大理州五五保密法制宣传教育先进集体";2011 年 3 月,被大理州总工会表彰为"大理州先进职工之家";2011 年 7 月,被中共大理州委、州人民政府表彰为"大理州十一五洱海保护治理工作先进单位";2011 年 6 月,被云南省第八届红土地之歌演讲大赛组委会表彰为"优秀组织奖";2011 年 12 月,被云南省青年歌手电视大奖赛组委会表彰为"组织工作奖";2011 年 12 月,被中共大理州委、州人民政府表彰为"大理州 2008 - 2010 年依法治州工作先进单位"。

(《宣传工作》由阮正德撰稿)

统战工作

【概　述】 2011 年,紧紧围绕州委、州政府中心工作,全州各级统战部门凝心聚力促发展,协调关系促和谐,夯实基础增力量,发挥优势创特色,扎实推进统一战线各领域工作,为实现全州"十二五"良好开局作出了积极贡献。

【召开全州统战部长会议】 2 月 28 日,全州统战部长会议在下关召开。州委常委、州委统战部部长杨秀星就"十一五"以来全州统一战线工作作总结,安排部署 2011 年工作任务。州委常委、州委秘书长杨健出席会议并讲话。州人大常委会副主任刘世兴,州人民政府副州长洪云龙,州政协常务副主席毕熊光,州政协副主席、州工商联主席寇铸勋出席会议。各县市委统战部部长、副部长、办公室主任以及州级相关部门领导参加会议。会议提出,统一战线要着眼维护社会和谐稳定大局,创新思路,整合资源,凝心聚力,开拓创新,努力推动各项工作再上新台阶,为实现大理州"十二五"良好开局贡献力量。会议对 2010 年度统战信息工作先进单位进行了表彰。

【围绕中心工作积极建言献策】 2011 年,全州各级统战部门积极引导支持各民主党派、工商联和无党派人士发挥优势,围绕州委、州政府的中心工作,确定重点课题,开展专题调研。先后完成了《加快大理州非公有制经济发展方式转变的思考》、《关于争当民族团结进步模范州的思考》、《开拓创新,推动大理州农业品牌战略可持续发展的思考》、《关于进一步发挥鸡足山佛教名山作用的调查报告》、《关于正确引导民营企业履行社会责任的调查报告》、《创新社区管理,建设和谐大理的调查报告》等高质量、有见地的调研报告,为党委、政府科学决策、有效施策献计出力。

【推动非公有制经济发展转型升级】 2011 年,大理州充分发挥统一战线联系广泛的优势,积极引导各民主党派、工商联、台办、侨联侨办等部门开展内引外联、牵线搭桥、引资引智和项目推介等活动。在 2011 年第九届昆交会和东盟华商投资西南项目会上,州侨联、侨办积极向国内外华商推介投资项目,成功引进了香港永泰集团到大理漾濞县开发石门关投资的集养生、旅游、休闲为一体的综合项目，印尼力宝集团代表边疆总裁与大理州签订总投资10亿元人民币的战略合作框架协议。民革大理州委积极协调国务院扶贫办外资中心、民革中央社会服务部等部门，为大理、宾川等县市争取到了参加全国扶贫协作产业推介会的名额，接待了两批优秀企业家到大理进行全国扶贫协作优势产业招商推介活动大理州专场的前期考察，并定于2012年初在北京举办“全国第二届扶贫协作优势产业推介活动云南大理白族自治州专场洽谈会”。积极协调政府有关部门认真落实促进非公有制经济发展的政策措施，充分发挥工商联、行业协会等团体组织的作用，帮助解决非公有制企业尤其是中小企业在融资、项目规划、税收等方面存在困难和问题，引导和支持非公有制企业着力转变发展方式，推动非公有制经济发展转型升级。

【为改善民生办实事】 2011年，大理州引导统一战线成员自觉承担社会责任，积极开展光彩事业、智力支边、扶贫开发、捐资助学、公益慈善等社会服务活动。组织非公有制经济代表人士开展“云南红土情·光彩进万家——民营企业感恩行动”，全年共帮扶384人、投入资金744万多元，实施项目8个、投入资金449万多元；州委统战部和民革大理州委共为宾川、剑川两县协调项目3个，涉及资金68万元；积极争取港澳台和海外基金会向大理州民族贫困地区开展捐资助学活动，共争取公益事业项目资金350多万元。

【召开各界人士纪念中国共产党成立90周年座谈会】 6月24日，大理州召开各界人士纪念中国共产党成立90周年座谈会，共叙中国共产党的光辉历程和丰功伟绩，回顾中国共产党与统一战线各界人士亲密合作、携手共进的奋斗历程。州人大常委会党组副书记、州委统战部部长杨秀星主持座谈会。州人大常委会副主任刘世兴、陆璐，州政府副州长洪云龙，州政协常务副主席毕熊光、副主席杨泽恒，大理州统一战线各界人士代表等参加会议。州委副书记杨健在座谈会上讲话。杨健回顾了中国共产党成立90周年来大理州经济社会建设取得了辉煌成就；肯定了全州统一战线各界人士为大理州经济社会又好又快发展作出的积极贡献；希望全州各界人士进一步强化政治共识、凝聚智慧力量、发挥独特作用，在服务科学发展大局上创造新业绩、展现新作为、展示新面貌。民主党派和无党派人士、少数民族、宗教界人士、非公经济人士、侨胞侨眷、台胞台属代表分别在座谈会上发言。

【举办党外人士先进事迹报告会】 6月21日，由中共大理州委统战部举办的“与党同行·身边的榜样”——统一战线树立和践行社会主义核心价值体系先进人物事迹报告会在苍山饭店国际会议中心举行。中共大理州委常委、州委秘书长岳黎松，州人大常委会副主任刘世兴，州人大常委会副主任、民进大理州委主委陆璐，州政协副主席、民盟大理州委主委杨泽恒出席报告会。报告会由州人大常委会党组副书记、州委统战部部长杨秀星主持。会上，欧阳奋前、廖超群、施祥、汪涛、何云长、罗金洪、彭国海、王瑛8位民主党派成员和无党派人士代表结合各自学习工作实际讲述了在中国共产党的领导下，在平凡岗位上做出不平凡业绩的先进事迹。岳黎松在会上作了讲话。民革、民盟、民建、民进、农工党、致公党、九三学社和无党派代表人士、州级相关部门负责人参加了报告会。

2011年10月3日，省委常委、省委统战部部长黄毅到大理州调研民族宗教工作

（州委统战部 供稿）

【民族团结进步事业蓬勃发展】 2011年，大理州认真贯彻落实中央及省州党委关于民族工作的重大决策部署，按照州委、州政府《关于争当民族团结进步模范州实施意见》的要求，积极探索建立民族团结进步创建活动长效机制，深入开展民族团结进步创建活动。2011年，共创建民族团结示范村14个，民族团结示范社区1个，投入资金470万元；实施周边结合部少数民族自然村扶持发展示范村5个，投入资金210万元。在《大理日报》开设“民族大团结，白州共和谐”专栏。在大理广播电台“直播大理”节目中专题播送了《民族团结在大理》。

【开展创建“和谐寺观教堂”活动】 2011年，中共大理州委统战部、州宗教局积极推动宗教界发挥主体作用，认真扎实开展和谐寺观教堂的创建活动。经州委统战部和州宗教局的积极推荐，2010年，大理市崇圣寺、巍山县巍宝山文昌宫、大理州基督教“两会”等荣获“全国首届创建和谐寺观教堂活动”先进集体称号；鸡足山佛教协会秘书长果清法师，大理市基督教协会会长、大理基督教圣经学校校长邓建伟牧师等荣获“全国首届创建和谐寺观教堂活动”先进个人称号。

【加强对非公有制经济的指导】 2011年，中共大理州委统战部认真贯彻落实省委、省政府《关于加强和改进新形势下工商联工作的实施意见》精神，进一步完善统战部领导工商联党组和指导工商联工作的机制。牵头州工商联等相关部门深入基层、企业调研，广泛听取意见，协助制定了《中共大理州委、大理州人民政府关于加强和改进新形势下工商联工作的实施意见》。召开大理州加强和改进工商联工作会议，加强对县市工商联换届工作的指导。扎实推进非公有制经济组织党组织创先争优活动，全州规模以上非公有制经济组织党组织覆盖率达100%，规模以下非公有制经济组织覆盖率达70%。全州非公有制经济组织党建工作取得了明显成效。

【拓展海外统战工作新领域】 2011年，州委统战部充分发挥统一战线海外朋友众多、交往便利的优势，积极推动大理与港澳台和海外在经贸、科教、文化、卫生等领域的交流与合作。深入贯彻落实《归侨侨眷权益保护法》，召开第六次大理州归侨侨眷代表大会。继续做好到大理考察、投资的港澳台商和海外侨胞的服务工作，积极打造良好的投资环境。先后接待了"台湾两岸农产学术参访团"、"台湾人民文化协会高校师生参访团"、"台湾原住民族学院促进会参访团"、"台湾八大电视台记者采访拍摄团"和"台湾省屏东县议会云南交流团"五批150多人到大理考察学习。在省台办的关心下，安排大理州对台干部6名赴台考察学习。6月份，大理州台办高为华被评为"全国对台工作先进个人"，作为云南省唯一一名先进个人出席了中共中央台办、国务院台办在北京人民大会堂举行的表彰活动。

【第三次统战部长联席会议在南涧召开】 8月8～10日，大理州第三次统战部长联席会议在南涧县召开。全州12县市党委统战部部长、副部长、办公室主任；南涧县四套班子领导、统一战线成员单位和州委统战部全体干部职工共80多人出席会议。州人大党组副书记、州委统战部部长杨秀星在会上作了《发挥优势，主动作为，努力推动全州非公有制经济发展转型升级》的讲话。会上，各县市总结交流了近年来在加快转变非公有制经济发展方式、促进非公有制企业转型升级方面的做法和经验，并围绕非公有制经济如何在转变经济发展方式中实现转型升级、进一步加强工商联工作和非公有制经济代表人士队伍建设等工作进行了研讨。南涧、祥云、弥渡、鹤庆等县在会上作了交流发言。会议期间，与会人员参观考察了云南大理华庆茶叶有限公司、南涧凤凰生态茶厂等非公有制企业发展情况和云南华能澜沧江小湾水电站建设发展情况。

【省委统战部部长黄毅到宾川调研宗教工作】 10月3日，省委常委、省委统战部部长黄毅到宾川县调研宗教工作。黄毅一行先后深入到鸡足山金顶寺、祝圣寺、五华庵、佛塔寺、九莲寺等寺院，与鸡足山佛教协会负责人、各寺院住持亲切交谈，详细询问寺院管理情况和宗教界代表人士的生活情况，同时对鸡足山的旅游基础设施建设情况进行了视察。调研期间，黄毅对宾川县认真贯彻落实党的宗教工作基本方针和《宗教事务条例》等法律法规，强化宗教政策法规教育，依法管理宗教事务，有效维护宗教界和谐稳定等各项工作给予了充分肯定。并要求围绕"名山、名寺、名僧"，加大力度培养一支高素质的宗教界人士队伍；立足当前，着眼长远，统筹规划鸡足山宗教活动场所的恢复修缮；挖掘整理鸡足山佛教文化，发挥佛教文化优势，处理好旅游与宗教的关系；进一步理顺鸡足山旅游线路，营造良好的旅游秩序，推动旅游业快速健康发展，促进宾川县经济社会发展迈上新台阶。

【大理州道教协会成立】 经中共大理州委批准，大理州道教第一次代表会议于11月29日～12月1日在下关召开，会议通过了《大理白族自治州道教协会章程》，选举产生了大理州道教协会第一届理事会及常务理事、会长、副会长、秘书长。

（《统战工作》由杨越撰稿）

机构编制工作

【概　述】 2011年，是大理州理顺州县市机构编制部门管理体制，将编办单独设置，列入党委机构序列运行的第一年。全州机构编制工作立足新的起点，坚持以邓小平理论和"三个代表"重要思想为指导，以科学发展观为统领，按照党的十七届五中、六中全会精神及州委、州政府、州编委和省委编办的要求，围绕中心、服务大局，继续深化行政管理体制改革，积极稳妥推进州县市政府机构改革、深化乡镇机构改革和事业单位清理规范工作，大力加强机构编制部门自身建设，严格机构编制管理，努力开创机构编制工作新局面，为全州经济社会科学发展、和谐发展、跨越发展提供有力的体制机制保障。

【州、县市政府机构改革圆满完成】 按照中央要求和省委、省政府统一部署，大理州州、县市政府机构改革在2011年以前完成改革方案上报和审批。2011年1月，根据省委办公厅、省政府办公厅印发的《大理白族自治州人民政府机构改革方案》，州委办公室、州政府办公室印发《关于印发〈大理州州级政府机构设置方案〉的通知》，并于2011年1月19日召开州级政府机构改革动员会议进行部署，州委常委、常务副州长马建全作动员讲话，进一步统一思想，明确任务，严明纪律。1月26日，州委编办召开州级"三定"工作业务会议作具体安排和要求，州级各部门精心组织，认真拟制本部门"三定"规定草案；州委编办对州级各部门拟制的"三定"规定进行认真审核，提交州编委会议、州政府常务会议和州委常委会议审议后，由州政府或州政府办公室批复印发。各县市对本级政府部门"三定"规定审批工作与州级同步进行，截至9月底，州、县市两级政府工作部门"三定"规定全部审批完成，各级政府部门开始按"三定"规定入轨运行，标志着大理州本次政府机构改革圆满完成。本次改革，大理州按照省批准限额和要求设置机构，认真做好部门"三定"，进一步规范政府机构设置，组织结构得到优化；切实理顺部门职责关系，部门责任更加明晰；合理核定机构编制，机构编制管理得到加强；认真落实改革措施，政府行政效能有新提升。大理州经验在省委编办、省人力资源和社会保障厅召开的全省州市县政府机构改革工作总结会议上作大会交流，州委组织部、州委编办及祥云、宾川、弥渡3县编办被表彰为"云南省州市县政府机构改革工作先进单位"；全州机构编制系统4人被表彰为"云南省州市县政府机构改革工作先进个人"。

【深化乡镇机构改革】 2011年4月22日全省深化乡镇机构改革工作电视电话会议后，大理州深化乡镇机构改革工作开始启动，州委编办经调研准备，7月22日拟定印发了《大理州深化乡镇机构改革实施意见》，州委、州政府在7月22日作了印发，全州乡镇机构改革工作进入实质性实施阶段。8月2日，州委编办召开全州深化乡镇机构改革工作座谈会，组织县市编办主任和业务人员对有关改革的业务工作进行专门培训。通过坚持条块结合、以块为主的原则实施改革，确立了除教育系统和卫生系统外，乡镇事业单位实行以乡镇管理为主、上级业务部门进行业务指导，上级部门派出（驻）乡镇的机构接受乡镇党委、政府的统一指导和协调，领导干部的任免事先征求乡镇的意见，党群关系仍实行属地管理的管理体制；按照乡镇分类，因地制宜设置机构，乡镇党政机关设置4～5个综合性办公室，设置6～7个乡镇事业单位，设置服务窗口"为民服务中心"；改

2011年7月4日,全州编办主任座谈会召开　　(州编办　供稿)

革后,全州乡镇行政编制和事业编制均没有突破2005年省下达的编制数。全州深化乡镇机构改革工作于11月底在全省率先完成,12月8日召开全州深化乡镇机构改革总结会,省委编办专门发来贺电表示祝贺,云南电视台对全州乡镇机构改革工作进行专门的采访和拍摄,大理电视台制作乡镇机构改革系列报道连续4天在《大理新闻》播出。通过改革,全州进一步理顺了乡镇政府职责关系,推进了乡镇政府职能转变,规范了机构设置、人员编制和领导职数,促进了思想观念的转变,激发了乡镇干部队伍的活力,从而实现了简政放权、科学配置、优化结构、激发活力的改革目标。

【做好事业单位分类改革前期工作】2011年,按照中央和省分类推进事业单位改革相关要求,为做好事业单位分类改革的前期工作,根据省编委《关于开展事业单位清理规范工作的通知》,州委编办制定了《大理州事业单位清理规范工作实施方案》,明确了清理规范的范围、主要任务、方法步骤和工作纪律、材料报送时间等有关要求,在8月9日以州编委名义印发实施。州级各部门按照《实施方案》的要求,研究制定了本部门所属事业单位清理规范方案报州编委审批。至9月底,州委编办完成对州级事业单位职责任务、机构设置、机构名称、人员编制和领导职数等现有情况的梳理和审核。12月底,在州编委批准各部门方案后,各涉及清理规范的事业单位完成相关划转和移交,并办理事业单位法人登记相关手续,各县市的清理规范工作与州级同步开展,按时完成。事业单位清理规范工作完成后,全州事业单位的机构设置进一步规范,机构编制精简合理,职责任务更加明晰,为分类推进事业单位改革奠定了良好基础。通过开展事业单位清理规范,州级事业单位撤销9个,合并1个,更名并调整职责职能4个,新设立事业单位3个,事业机构数减少7个,精简事业单位人员编制81名。

【推进机构编制法制化进程】2011年,州委编办根据机构编制管理相关法律法规和政策规定,充分结合大理州实际,制订了《大理州机构编制前置审查暂行办法》、《大理州机构编制动态管理暂行办法》、《大理州机构编制实名制管理暂行办法》和《大理州机构编制监督检查暂行办法》等四项管理制度,经州委、州政府批准后,印发了《中共大理州委办公室大理州人民政府办公室关于印发大理州机构编制管理四个暂行办法的通知》。《大理州机构编制前置审查暂行办法》,通过规定全州各级机关事业单位新进人员空编使用的审批原则和程序,加强编制的日常管理;《大理州机构编制动态管理暂行办法》通过规范全州机关事业单位机构和编制的调整行为,使机构编制资源配置更趋科学合理;《大理州机构编制实名制管理暂行办法》通过规定机构编制核准使用的具体措施,为切实管好机构编制提供规范平台;《大理州机构编制监督检查暂行办法》通过规范监督检查工作,严肃机构编制纪律。通过严格落实制度规定,将机构编制监督检查与机构编制日常管理工作充分结合,建立健全机构编制部门与组织、人社、财政等部门相互协调配合的工作机制,充分发挥"12310"举报电话的作用,加强社会监督,从而加强机构编制监督检查体系建设,完善在机构编制管理中以制度管人、用制度管权、按制度办事的工作机制,推进大理州机构编制法制化进程。

【加强事业单位登记和域名注册工作】2011年,大理州事业单位登记管理机关认真贯彻执行《事业单位登记管理暂行条例》、《事业单位登记管理暂行条例实施细则》,创新工作思路,完善管理措施,规范操作程序,提高服务水平,严把登记质量,事业单位登记管理工作得到加强。2011年,全州已登记事业单位法人2689个,办理事业单位法人设立登记35个,变更登记454个,注销登记32个,年检率100%;狠抓年检工作质量和年检工作的真实性,及时录入登记信息和数据,加强对事业单位法人登记工作的实时监管;严格执行事业单位登记管理档案"一户一档"制度,实行专人负责,分类管理,及时完善设立、变更、注销登记和年检等原始登记材料,确保档案资料完整、真实。通过不断提高各级机关、事业单位对中文域名注册工作重要性的认识,主动提交申请进行注册,认真做好审核和指导,为各注册单位提供高效服务,扎实推进政务和公益中文域名注册。截至12月31日,全州上报注册申请的域名331个,成功注册210个,全面完成了省委编办下达的任务。

【自身建设得到加强】2011年,全州各级编办抓住在政府机构改革中理顺机构编制管理部门管理体制的机遇,大力推进部门自身建设:①加强队伍建设。州、县市编办不同程度充实了编制和人员,规范了内设科室设置,改善了办公条件,保证了编办履行职责的必要条件。②加强制度建设。制定《领导分工负责制度》、《学习制度》、《请销假制度》、《公务接待制度》、《财务管理制度》、《廉政制度》、《保密制度》等多项内部管理制度,汇编印发给干部职工学习和遵守。③加强学习培训。先后多次采取以会代训的方式,组织对全州机构编制干部开展培训,认真抓好政治理论、机构编制业务和相关领域知识的学习,全面提升机构编制部门的履职能力和干部队伍的综合素质。年内,州委编办被州人民政府表彰为“两基”工作先进单位，被州人民政府、大理军分区表彰为“十一五”人民防空先进单位，被大理市委、市人民政府命名为“文明单位”；2人分别被省、州人民政府表彰为“两基”工作先进个人，1人被州人民政府、大理军分区表彰为“十一五”人民防空先进个人。

【召开州级政府机构改革动员会议】 1月19日，中共大理州委、州人民政府召开州级政府机构改革动员会议，动员和部署州级政府机构改革工作。州委常委、常务副州长马建全作动员讲话，州委常委、州委秘书长杨健主持会议并宣读州级政府机构改革方案。会议动员各部门进一步统一思想，充分认识改革的重要性和紧迫性，明确任务，强化责任，严明纪律，统筹兼顾抓好落实，积极稳妥推进改革，以改革创新精神圆满完成州级政府机构改革任务。

【召开全州机构编制工作会议】 7月4日，中共大理州委、州人民政府召开全州机构编制工作会议，总结州县市政府机构改革工作，安排部署深化乡镇机构改革和下一阶段工作任务。州委副书记、州长、州编委主任何金平给会议发了寄语，从大力推进机构编制管理创新、增强服务意识、服务发展大局、加强自身建设方面作了强调和要求，向与会人员提出了希望。州委副书记、州编委副主任杨健在会上讲话，讲话在深入总结大理州机构编制工作和充分肯定成绩的同时，对全州各级机构编制部门在新的起点上，围绕州委、州人民政府中心工作，开创机构编制工作新局面提出具体要求。会议强调，全州各级各部门要把机构编制工作摆上更加突出、更加重要的位置，进一步加强领导，明确责任，狠抓落实，确保取得实效。

【承办全省深化乡镇机构改革暨事业单位清理规范工作座谈会】 受中共云南省委编办委托，7月7日，州委编办承办了在大理召开的全省深化乡镇机构改革暨事业单位清理规范工作座谈会。州委编办主任赵波代表大理州在会上作了经验交流，得到参会人员的一致认可，省委编办对大理州深化乡镇机构改革和机构编制管理工作给予充分肯定。

【对政府机构改革的机构编制执行情况进行评估】 7～8月，州委编办印发《关于认真开展机构编制执行情况评估工作的通知》，纪检、组织、机构编制、财政、人社等部门密切配合，对州级和县市政府机关机构编制执行情况进行全面评估。通过采取部门自查自评、选取抽查部门集中汇报、现场评估、综合评定和意见反馈等步骤和方式，选取20%以上的政府部门进行抽查评估，州级对县市评估工作进行了督查，州委编办形成评估报告上报省委编办。通过开展评估工作，全州政府部门在机构编制管理模式变革上有了新的突破，全面正确履行职责的意识进一步增强，机构编制部门的科学化管理水平得到较好提升。

【开展机构编制工作专项督查】 10月8～11日，由州委办公室牵头，州委督查室和州委编办联合组成5个督查组，对全州县市机构编制管理体制机制建设情况进行专项督查。通过对各县市机构编制部门体制调整、机构编制机关管理制度、部门形象、队伍能力建设、机构编制管理工作制度建设及执行、机构编制工作效果、机构编制部门履职效能等方面情况的督查，进一步巩固全州改革成果，提高各级对机构编制工作的重要性以及机构编制纪律的严肃性的认识，为深入开展机构编制工作提供有力的组织领导保障，创造良好工作氛围。

【召开全州深化乡镇机构改革工作总结暨机构编制工作会议】 12月8日，经中共大理州委、州人民政府同意，州委编办组织召开全州深化乡镇机构改革工作总结暨机构编制工作业务会议。会议全面总结大理州深化乡镇机构改革工作和全州机构编制工作会议精神贯彻落实情况，对下一步工作进行安排部署。会议对增强机构编制法治意识，严格执行机构编制管理各项政策法规，认真抓好机构编制各项工作任务落实提出具体要求，对坚决贯彻机构编制集中统一管理规定，认真落实“三个一”制度，严格执行州机构编制管理“四个暂行办法”规定进行强调。

（《机构编制工作》由朱玉林撰稿）

政策研究

【概　述】 2011年，中共大理州委政策研究室、州委农村工作领导小组办公室紧紧围绕中共大理州委、州人民政府的工作部署和全州“十二五”规划提出的目标任务，按照“强化学习、服务中心、精思善谋、团结协作、务实高效”的要求，进一步抓实干部队伍建设，加大调查研究、决策落实跟踪和农业农村工作统筹力度，决策参谋助手作用得到较好发挥，农业农村工作和新农村建设综合协调力度得到进一步加强。

【新农村建设工作会议召开】 2011年1月6日，由州委政策研究室（州委农办）筹办，州委、州人民政府在下关召开大理州新农村建设工作会议，参加会议的有州委常委，州人大常委会主任，州政协主席以及州人大、州政府、州政协分管联系领导，州委各部委、州级国家机关各委办局、各人民团体主要领导，各县市委书记、县市长，县市委专职副书记、县市委新农村建设工作队总队长，县市政府分管副县市长，县市委政策研究室（农办）主任、建设局长、扶贫办主任、发改局长、财政局长等220多人。会议由州人民政府州长何金平主持，州委副书记王雪峰对《中共大理州委大理州人民政府关于加快推进“十二五”期间新农村建设的实施意见》作了说明。州人民政府岳黎松副州长代表州人民政府与各县市签订了责任书。州委书记刘明作了重要讲话，总结了“十一五”新农村建设取得的成效，安排部署了“十二五”新农村建设任务，大理州“十二五”社会主义新农村建设工作正式启动。

【州委农村工作会议召开】 为认真贯彻落实中央和省委农村工作会议精神，总结2010年全州农业农村工作，分析面临的形势，研究相关政策措施，安排部署2011年农业农村工作，由州委政策研究室（州委农办）筹备组织，州委于2011年2月25日在下关召开中共大理州委农村工作会议。州委常委、州委秘书长杨健代表州委、州人民政府作重要讲话，总结安排部署农业农村工作。大理市、宾川县、弥渡县作大会交流发言。州人民政府副州长岳黎松作总结讲话，并对当前工作作了安排。会上，书面印发了《中共大理州委大理州人民政府关于推进农业产业化发展扶持农业龙头企业的意见》和《中共大理州委大理州人民政府关于进一步加快大理州水利建设工作的贯彻实施意见》两个讨论稿，进行了讨论和征求意见。

【加强调查研究　发挥参谋助手作用】 2011年，州委政策研究室根据职能职责和州委、州人民政府领导的要求，联合各县市委政研室和州级相关部门开展了大量的调查研究。完成了《大理州农业农村工作“十一五”总结及“十二五”打算》、《祥云县革命老区建设情况调研》、《扶贫综合开发示范园区建设阶段性总结调研》、《和谐社区建设情况调研》、《大理州农村基层干部队伍建设情况调研》、《南涧无量药谷建设情况调研》、《宾川县特色水果产业发展路径研究》、《巍山县永建地区扶持发展情况调研》、《推行养老保险对策措施研究》、《大理州加快推进城镇化进程对策研究》、《打造大理州民族工业品牌战略研究》、《大理州旅游产业发展情况调研》、《小湾水电站库区综合利用效益和移民安置区后续扶持发展问题调研》、《祥云大型水源工程创建“青海湖精神”调查》(省委政研室《领导参阅》2011年第五期刊发)、《大力发展小湾库区旅游业的建议》(省委政研室《领导参阅》2011年第八期刊发)、《大理州当前干旱情况的分析报告》。为进一步完善全州农业产业化发展扶持龙头企业的政策和措施,加快“十二五”农业产业化和龙头企业发展步伐,完成了《大理州蚕桑产业发展情况调研》、《大理州马铃薯产业发展情况调研》、《特色水果产业发展调研》、《大理州农业龙头企业发展情况调研》、《农村经营体制创新情况调研》等农业产业化发展的专题调研。农业产业化调研成果已运用到12月29日州委扩大会议专题研究高原特色生态农业发展的相关文件中,一部分调研成果受到州委主要领导重视并作了批示,批转相关部门和县市作进一步研究和落实。

【起草重要文稿履行决策咨询职能】 2011年,州委政策研究室在认真开展调查研究的基础上,充分发挥参谋助手和决策咨询的作用,完成了《大理州2011年度经济社会发展重点工作考核办法》、《关于统筹城乡发展试点工作的指导意见》、《大理州统筹城乡发展试点工作领导小组成员单位职责及量化考核办法》、《关于进一步推进农业产业化发展扶持农业龙头企业的实施意见》、《关于进一步创新和完善农村经营体制加快农技协和农民专业合作社发展的意见》、《关于加快全州革命老区开发建设的实施意见》等一批重要文稿的起草,牵头拟定了《全州水利改革发展任务分解和分阶段督查意见》、《云龙县漕涧整乡推进州级部门整合项目资金和州级配套资金的意见建议》,转化成为州委、州人民政府的决策意见。同时为州委、州政府主要领导和分管领导起草了州委农村工作会、全州新农村建设工作会、保护坝区农田建设山地城镇工作会、大理州扶贫综合开发示范园区建设推进会等重要会议上的讲话稿和领导安排的部分重要文稿。

【召开各县市委政策研究室主任会议】 2011年2月25日,州委政策研究室、州委农村工作领导小组办公室在下关召开全州县市委政策研究室(农办)主任会议。会议主要内容:一是对州委农村工作会议精神作贯彻落实,研究提出了具体的贯彻要求。二是各县市汇报交流政研室(农办)2011年的工作打算。在此基础上,州委副秘书长、州委政策研究室(州委农办)主任杨晓源对2010年工作作了总结,并结合州委、州人民政府的工作中心,对2011年工作作了安排。

【召开大理州新农村建设省级重点建设村推进会】 为认真贯彻省委、省政府7月8~9日在大理州宾川县召开的全省社会主义新农村省级重点建设村工作会议和在昆明召开的全省农办系统省级重点建设村工作会议精神,经州委、州政府同意,州委政策研究室(州委农办)于2011年8月24日召开了全州省级重点建设村推进会。各县市委政研室(农办)主任、副主任,州委政策研究室(州委农办)科以上领导干部参加了会议,会议还邀请了州财政局分管领导、州财政局农业科、州综改办副主任参加了会议。会议在参观大理市喜洲镇峨崀回村、仁里邑村、湾桥镇古生村、大理镇才村的基础上,各县市汇报交流了工作进展情况和做法。州委政策研究室(州委农办)主任王远结合贯彻全省两个会议精神,对抓好大理州省级重点建设村工作作了安排,并就优化选点布局、加大项目整合、突出示范带动等方面作了要求。

【召开新农村建设总队长工作会议】 为了充分发挥好新农村建设总队长在全州新农村建设指导员工作和新农村建设工作中的作用,2011年,州委新农队领导小组先后组织召开了8次新农村建设总队长工作会议。州委、州政府分管领导和州委组织部主要领导分别出席了会议并作讲话,加强了新农村建设工作队总队长之间沟通和交流,全面加强了对总队长和工作队员的服务和管理,为他们更好地发挥作用提供了平台和保障。

【召开全州农民专业合作经济组织发展研讨会】 11月4日,州委政策研究室(州委农办)在弥渡县组织召开了全州农民专业合作经济组织发展研讨会。会议参观学习了弥渡县红岩信达奶牛养殖农民专业合作社和密祉中药材协会,并对发展农民专业合作经济组织进行了深入研讨。在此基础上,州委政研室主任、州委农办主任王远总结了“十一五”以来大理州农民专业合作经济组织发展情况,分析了存在的困难和问题,提出了加快经营体制创新促进农民专业合作经济组织发展的初步意见。

【召开大理州扶贫综合开发示范园区建设工作推进会】 2011年12月20日,州委、州人民政府召开了大理州扶贫综合开发示范园区建设工作推进会,州委、州人大、州政府、州政协副厅以上领导和州级相关部门、12县市主要领导、分管领导、农办主任、扶贫办主任共200余人参加了会议,会议首先深入到宾川县、祥云县参观了示范园区建设工程,并在祥云县召开推进会。会议由州人民政府州长何金平主持,州委副书记、州示范园区建设领导组组长杨健作总结安排,州委书记刘明作重要讲话,总结了三年来园区建设取得的成效和经验,分析了园区建设在全州乃至全省山区新农村建设中的特点和作用,对2012年祥云宾川扶贫综合开发示范园区核心区打造提升作出了安排,对今后一段时期大理州扶贫开发工作作出了部署。

【新农村建设“四大工程”顺利启动效果初显】 2011年,在“四大工程”推动过程中,大理州新农村建设工作领导组办公室(设在州委农办)负责综合协调和牵头督查考核,并直接抓扶贫综合开发示范园区建设工程。通过向州委、州政府分管领导积极汇报协调,与州级各主管部门通力合作,及时审批了2011年度“四大工程”实施方案和考核验收办法,确定了实施村镇名单,下派了扶贫开发建设工程项目村项目负责人,分两期申拨了建设项目州级补助经费。同时报请州委督查室、州政府督查室对县级财政配套资金和部门整合进行重点督查,将“四大工程”列入州对县市半年综合检查和年度考核项目,并按月通报进展情况,及时总结交流好做法、好经验,及时协调解决各主管单位反映的困难和问题,掀起了全州上下大干新农村建设的新高潮。截至2011年12月底,全州新农村建设“四大工程”建设共完成投资298772.9万元,占当年计划投资的166%。其中:洱海流域百村整治完成

3159 万元，中心集镇建设工程完成47225.15 万元，扶贫开发建设工程完成11404.2 万元，扶贫综合开发示范园区建设工程完成236984.55 万元。

【扶贫综合开发示范园区建设】 2011年，在大理州扶贫综合开发祥云宾川示范园区建设过程中，州委农办以扶贫综合开发示范园区为平台，积极整合各类资源，切实加强基础设施建设，着力抓好产业培植，努力推进社会主义新农村建设。园区建设实现了“两年初见成效”的目标，正向“四年建成园区”的目标迈进。重点抓实了两项工作，分别是：①认真进行了前两年示范园区建设情况的总结调研，形成了专题报告和《大理州扶贫综合开发示范园区建设的特点和作用》，并与大理电视台合作完成了专题片，在报纸、电视等媒体上进行了集中宣传。②层层落实责任，扎实推进2011 年度示范园区建设工作。继续实行州、县市四班子分别挂钩联系核心区乡镇和重点村制度，并及时下派了8 名科级干部到园区开展工作。州财政分两期下达2011 年度园区建设财政补助资金1000万元，两县配套420 万元，并加大了部门整合力度。通过努力，祥云、宾川扶贫示范园区的基础设施建设、产业发展、新农村建设等“三大工程”，交通建设、中低产田改造、电力通讯建设、特色生态林果产业、特色生态农业产业、畜禽产业发展、农副产品加工示范基地建设、特色生态旅游产业发展、扶贫综合开发建设、农村精神文明和公共服务体系建设等“十大项目”建设取得了显著成效。

【新农村省级重点建设村示范作用明显】 2011 年，社会主义新农村省级重点建设村既要完成2010 年的任务，又要实施2011 年建设任务。2010 年度，大理州共有120 个村列入社会主义新农村省级重点建设村，涉及12 个县市、101个村委会、128 个村民小组，受益群众15452 户、60503 人。在州委、州政府的领导下，坚持缺什么补什么和相对集中连片整体推进的原则，突出抓好农民增收、农村生产生活条件改善和公共服务等建设重点，强化领导、强化规划、强化组织、强化管理、强化宣传、强化监督，圆满完成了2010 年度的建设任务，并于2011 年7 月通过了州级组织的抽查验收。120 个村共完成总投资11660.68 万元，其中省级补助资金1800 万元，州、县市财政资金总投入951 万元，整合部门资金3084.92 万元，社会帮扶资金433.14 万元，群众筹资投劳5391.62 万元。通过建设，项目村的农户生活条件得到了极大改善，农村的基础设施建设提到了一个新的高度，村容村貌焕然一新。2011 年度，在全省调整布局的情况下，积极争取省的支持，保持了120 个省级重点建设村的任务。120 个省级重点建设村涉及93 个村委会，125 个村民小组，24920 户。省级补助资金1800 万元及时下拨到各县市及项目村，项目建设进展顺利。建设村布局相对集中连片，对全州社会主义新农村建设起到了辐射带动作用。

【以永平县为重点的统筹城乡发展试点工作顺利启动】 2011 年，中共云南省委、省人民政府于2011 年6 月把永平县列为全省统筹城乡发展三个试点县之一。为认真落实好试点的相关工作，作为试点工作办公室，州委农办根据州委、州人民政府主要领导的批示和要求，在认真开展调查研究的基础上，提出了大理州做好试点工作的意见建议，指导永平县制定《永平县统筹城乡发展试点工作总体方案》，起草《中共大理州委大理州人民政府关于做好统筹城乡发展试点工作的指导意见》（报审稿）。大理州成立了由州政府主要领导任组长、州委副书记任常务副组长的领导小组及办公室，由州委办、州政府办印发了《大理州统筹城乡发展试点工作领导小组成员单位职责》和《大理州统筹城乡发展试点工作考核办法》，确定了试点的重点区域和推进措施。年底，省委、省人民政府同意《永平县统筹城乡发展试点工作总体方案》，州委、州人民政府正准备出台《做好统筹城乡发展试点工作指导意见》，全州以永平县为重点的统筹城乡发展试点工作正稳步展开。同时，为贯彻落实全省加大城乡统筹力度促进农业转移人口转变为城镇居民工作会议精神，大理州把统筹城乡发展试点与该项重大决策部署的落实相结合，州委政策研究室（州委农办）牵头组织大规模专题调研，形成了调研报告和实施意见（初稿），为出台大理州实施意见提供科学依据。

【农村经营体制创新有新进展】 根据州委、州人民政府下发的《关于加快推进全州农村经营体制创新的意见》精神，2011 年州级财政继续安排100 万元资金，用于农民专业合作经济组织的扶持。州委政研室切实加强指导，在认真组织实施2010 年项目的同时，组织各县市申报2011 年的扶持对象，并在各县市申报的基础上，州委农办和州财政局进行了认真审核，根据各专业合作经济组织的发展情况，实行不同层次的资金扶持，对全州25 个组织机构健全、运行规范，有良好的经济、社会发展前景的农民专业合作经济组织进行了重点扶持，及时拨付了扶持资金，并加强指导和管理，发挥好扶持资金的最大效益。通过扶持，农村经营体制创新有新进展，据不完全统计，到2011 年底，全州共有农民专业合作经济组织1389 个，对农村产业发展、农民增收起到了积极的促进作用。

【新农村建设工作队及指导员的管理和服务工作】 2011 年，大理州继续组建下派了第五批111 支新农村建设工作队，1090 名新农村建设指导员（含省级派出县市的总队长12 名），其中省级派出65 名、州级派出161 名、县市派出541名、乡镇派出323 名，做到了全州每个乡镇都有一支新农村建设工作队，每个村都有一名新农村建设指导员。州新农队办认真履行职能职责，加强日常管理，规范服务，按照“五个一”的工作要求，进一步完善了新农村建设工作队及指导员的组织领导和管理办法，加强对新农村建设工作队和指导员的管理和服务工作，完善了督查、考核、考勤、挂钩联系等管理制度。同时，认真组织开好总队长会议，争取全省新农村建设指导员工作座谈会在大理州宾川县召开，积极协调争取州政府安排工作队及指导员工作经费413 万元。帮助和指导新农村建设指导员切实履行“六大员”的职责，广泛动员鼓励派出单位支持新农村建设。新农村建设工作队和指导员在全州新农村建设中发挥了应有的作用，得到了省委、省政府和基层干部群众的一致好评。

【表彰新农村建设工作队及指导员】 2010 年，大理州新农村建设工作队和广大指导员，为促进全州农业增效、农民增收、农村稳定，推动全州新农村建设作出了积极的贡献。为表彰先进，营造关心、支持新农村建设的良好氛围，经过认真组织考核和民主推荐，州委、州人民政府于2011 年2 月表彰了7 名优秀总队长、87 名优秀指导员、9 名优秀工作队长、16名先进工作者和9 个先进指导员派出单位。同时向省推荐并由省委、省人民政府表彰了5 名优秀总队长、3 名优秀工作队长、27 名优秀指导员和4 个先进指导员派出单位。

【抓实全州经济社会发展重点工作考核】 实行经济社会发展重点工作考核是州委州人民政府对全州经济社会发展采取的一项责任制和激励机制，是调动广大基层干部积极性、促进经济社会健康发展的重要手段。2011年，根据大理州2010年度经济社会发展重点工作考核办法，州委农办认真组织，从州级相关部门抽调人员组成6个考核检查组，完成对全州2010年度经济社会发展重点工作的考核，考核结果报州委、州政府审定后及时兑现了考核奖励。在总结上年度考核工作中存在不足的基础上，结合2011年新的形势与新的工作任务，及时调研和起草了更具科学性和可操作性的2011年度考核办法，经州委、州政府审定，州委下发文件执行。

【完善单位制度建设】 在2010年制定了9项单位内部管理制度的基础上，2011年，州委政策研究室（州委农办）为进一步推进惩治和预防腐败体系建设，强化对单位“一把手”权力的监督制约，又制定了《中共大理州委政策研究室（州委农办）主要领导不直接分管干部人事工作和财务工作实施细则（试行）》，形成了相互制约、相互监督的权力运行机制，党风廉政建设工作得到进一步加强。

【实施农村劳动力转移就业特别行动计划】 2010年，面对全省特大干旱的形势，省委、省政府提出“加大农村劳动力转移输出力度，实现农业损失劳务补，确保大灾之年农民持续增收的目标”。中共大理州委、州人民政府高度重视，把农村劳动力转移就业作为抗旱减灾的重要内容之一，切实加强领导，突出工作重点，完善工作措施，重点抓好转移培训、组织输出、综合服务和宣传发动，全州农村劳动力转移就业工作取得实效。全州新增转移劳动力培训7.46万人，完成省下达目标任务的111.8%，完成新增转移6.88万人，完成省下达目标任务的111.5%，举办招聘会100场（次），完成省下达目标任务的400%，超额完成了省下达的三项任务。

【做好内部刊物的编辑工作】 2011年，州委政策研究室（州委农办）重视内部刊物的编撰工作，不断提升内部刊物《调研内参》、《大理农村经济》、《新农村建设简报》的质量和水平，以党的路线方针政策为依据，以州委、州政府的中心工作为重点，加强刊物的编辑，使《调研内参》和《大理农村经济》、《新农村建设简报》成为全州反映调研成果、报告新农村建设成效、提高决策参考服务水平的一个重要平台。2011年完成出刊《大理农村经济》4期、编印《调研内参》16期、编印了新农村建设简报50期、大理新农村“四大工程”简报10期。刊发的文章来自州、县市、乡镇各级各部门领导干部，内容涉及经济和社会发展各个方面，深受基层干部的好评，得到州委、州政府领导的肯定。

（《政策研究》由杨序撰稿）

党史研究

【概　述】 2011年，为贯彻《中共中央关于加强和改进新形势下党史工作的意见》，中共大理州委召开全州党史工作会议，制定下发了《中共大理州委关于加强和改进新形势下党史工作的意见》（简称《意见》），为全州党史系统营造了良好的工作氛围。大理州委党史研究室为了学习贯彻《意见》，起草了《中共大理州委党史研究室2011—2015年党史工作规划》，并形成文件下发，明确了今后五年党史工作的指导思想、工作目标、原则要求、基本任务、机构和队伍建设等，坚持把以史鉴今，资政育人作为根本任务，为在新的历史起点上创新发展党史工作明确了方向。

2011年是中国共产党建党90周年，为弘扬党的光辉历史，发挥党史资政育人的作用，州委党史研究室编辑出版了《中共大理地方史简明读本》、《大理州革命遗址通览》、《2010中共大理州委执政纪要》。为加大党史宣传教育力度，州委党史研究室成立了党史宣传教育科，单位编制也由原来的7人增加为10人。年内，州委党史研究室还进一步加大党史研究力度，开门办党史，发动社会力量研究宣传党史，成立了大理州中共党史学会；以“学党史、知党情、跟党走”为主题开展党史教育宣传月活动，运用丰富多彩、生动活泼的形式扩大党史的宣传教育。

【成立大理州中共党史学会】 为了更好地利用社会资源，调动社会力量参与党史研究和宣传教育工作，实现“开门办党史”。年内，州委党史研究室及时拟定了《中共大理地方史研究会筹备方案》，并报请州委同意成立大理州中共党史学会。州委党史研究室按照州委的要求，同有关部门一起完成了学会成立的章程拟定、会员发展、组织人事安排、社团审批、会务策划等各项准备工作。4月29日，大理州中共党史学会第一届会员代表大会在下关召开，促进了全州的党史研究和党史宣传教育工作。

【编辑出版《中共大理地方史简明读本》】 6月30日，中共大理州委党史研究室在大理国际会议中心3号厅召开发行会，发行《中共大理地方史简明读本》（第一卷）。该书客观真实地记述了大理州早期革命先辈为实现崇高追求和光荣使命而不懈奋斗的光辉历程，以及红军长征过大理、抗日战争、解放战争各时期大理人民做出的的贡献。全书配有135幅图片，图文并茂、通俗易懂，具有较强的史料性、资料性和可读性。该书发行量达到16000册，创州党史研究室发行量之最。

【编辑出版《大理州革命遗址通览》】 6月30日，中共大理州委党史研究室在大理州国际会议中心3号厅召开发行会，发行了《大理州革命遗址通览》一书。大理是一个具有光荣革命传统的地方，蕴藏着丰富的党史资源和红色文化。在新民主主义革命时期，中国共产党领导大理各族人民进行了艰苦卓绝的革命斗争，在全州各地留下了弥足珍贵的195个革命遗址、38个抗战遗址。在全州开展革命遗址普查工作的基础上，州委党史研究室进行了研究整理，编辑出版《大理州革命遗址通览》一书。该书的出版发行，有助于党史研究的深化，有助于开展革命传统教育和爱国主义教育，有助于科学制定革命遗址保护利用的规划和革命遗址保护的政策措施。

【编辑出版《2010中共大理州委执政纪要》】 2011年11月，大理州出版发行了《2010中共大理州委执政纪要》。2月21日，州委在大理国际会议中心3号厅召开2010年州委执政纪要编撰工作会议，全州12县市委办公室、党史研究室主任、州级相关部门的编委会委员和撰稿人参加了会议。会议就撰稿、编辑和校对工作提出了明确要求。会后，州委党史研究室认真与撰稿单位联系，认真编辑校对，按时完成了出版发行任务。该书全面、客观、真实地记述了2010年州委带领全州各族人民在经济建设、政治建设、文化建设、社会建设以及生态文明建设各方面取得的成就和经验。年内，大理、祥云、宾川、弥渡、南涧、洱源6

县市也编辑出版了2010年县市委执政纪要。

【开展党史宣传教育工作】 2011年是中国共产党建党90周年,组织开展庆祝活动是党和国家政治生活中的一件大事。中共大理州委党史研究室根据州委纪念建党90周年活动的相关部署,紧紧抓住纪念建党90周年的契机,以"学党史、知党情、跟党走"为主题,开展了党史教育宣传月活动,进一步扩大党史宣传教育;与有关单位联合下发了《关于在全州党员、干部、群众和青少年中开展中共党史学习教育的通知》,要求认真组织学习《中国共产党历史》第一卷、第二卷及《中共大理地方史》(第一卷)和《中共大理地方史简明读本》(第一卷);州委党史研究室、州委党校、州教育局牵头组织开展党史知识进校园、进机关、进厂矿、进社区、进乡村等活动;组织完成了全州党史知识竞赛;与大理日报、大理人民广播电台合作刊登、播放了"大理州重大党史事件回眸",连载30篇;与大理电视台合作,以大理州重大党史事件为题材播放大理州重要革命遗址专题节目,生动展现了大理人民在党的领导下艰苦奋斗的历史。

(《党史研究》由方学云撰稿)

州委党校

【召开州委党校工作专题会议】 2011年7月19日,中共大理州委召开州委党校工作专题会议,研究州委党校建设发展相关问题。州委书记刘明在会上讲话,州委副书记、州委党校校长杨健主持会议。州委、州人大、州政府、州政协领导,州委党校、州行政学校、州社会主义学院、州民族干部学校领导班子成员,州级相关部门负责人,大理市委、市政府及市人防办有关领导,州委党校副科以上干部参加会议。与会人员在实地调研州委党校建设发展情况后,听取了州委党校常务副校长张继霖的工作汇报。

【发挥教育培训主渠道作用】 2011年,大理州委党校认真贯彻落实州委专题会议精神,通过抓好各级干部的培训,进一步发挥了干部教育培训轮训的主渠道作用。①于秋季学期举办了领导干部学习"七一"讲话专题培训班、新任县处级领导干部学习"杨善洲精神"专题培训班、贯彻"兴水强滇"战略加快水利改革发展专题培训班、"加强和创新社会管理"专题研讨班4个主体班次,累计有378名干部参加了培训。②和相关部门完成了老干党支部书记培训班、州第十二届人大代表和人大机关工作者培训班、大理州综治维稳干部培训班、军转干部培训班等6期培训班,504名干部参加了培训。③和大理州伊斯兰教协会联合举办了大理州伊斯兰教阿訇、主任培训班,203名清真寺管委会主任和在职阿訇学员参加了培训。年内,州委党校还多方征求意见、广泛深入调研,初步拟定了2012年干部教育培训计划并报州干教委。

【发挥党校教学资源作用】 2011年,大理州委党校积极拓展办学思路,加强联合办学,充分发挥党校教学资源作用,并切实抓好教学、考勤、作业、论文、考试等各个环节的工作,加强对学员的日常管理,确保了教学质量和效果。①与西南大学联合开办"村官"在职硕士研究生班。②继续加强和云南大学成人教育学院的合作,在州委党校设立函授教学点,开设了国民教育大专、本科学历教育,2011年共招收3个专业,录取103人,年内有在校学员344人。③继续办好省委党校在职研究生教育,年内新增设社会管理专业,录取学员88名,应届毕业71人,2011年省委党校在职研究生大理教学点在校学员共253人。

【发挥理论宣传主阵地作用】 年内,州委党校积极开展全州的理论宣讲和学习辅导,送教进机关、入基层服务活动,学校一批教师经常到州级单位和县市、乡镇授课,受到广大干部群众的欢迎。

党的十七大以来,州委各类宣讲团都有党校骨干教师参加,宣讲团成员深入到全州机关、企业、院校、部队、乡镇和村社开展宣讲服务。2011年,累计开展有关"七一"讲话精神、十七届六中全会、省第九次党代会精神及党的历史和基本知识等方面的宣讲活动50场次,听众近万人次。同时,针对各单位理论学习辅导需求不断增长的趋势,组织教师积极准备,建立起理论学习专题课库,有13个门类、160多个专题可供各单位选学。

【发挥党委、政府决策"思想库"作用】 2011年,大理州委党校坚持把科研工作作为党校教学的基础,突出针对性和现实性,努力提升科研质量和水平,为党委、政府科学决策提供服务。①开展课题调研。紧紧围绕州委、州政府年度工作重点和发展思路,精心选定研究课题,深入各行业开展课题研究,年内有12个课题结项。②抓好理论研究。积极组织教师对干部群众关心的重要问题、社会热难点问题进行研讨,多出理论成果,出好理论成果。年内,学校专兼职教师在省、州刊物和《大理探索》专刊上发表论文88篇,有8项研究成果获奖。③以推进党的理论应用、研究社会现实问题、传递政治经济信息、服务地区经济发展、服务党政领导决策、服务党校教学科研为宗旨,认真办好《大理探索》专刊,年内共刊发6期,刊载文章141篇,成为大理州有影响力的理论刊物之一。

州委党校新竣工并投入使用的学员住宿楼

(州委党校 供稿)

【加强队伍建设 提高教学能力】 2011年,大理州委党校按照"素质优良、规模适当、结构合理"的要求,实施人才强校战略,加强队伍建设,不断提高教学质量和水平。①开展师资培训。年初举办了全州党校系统专兼职教师参加的师资培训班,做到教学相长、学学相长,不断提高党校的核心竞争力。②开展岗位练兵。定期不定期开展专题课教学活动和竞课试讲活动,邀请老教师上示范课,年轻教师作试讲,相互学习交流,不断提升教育教学水平。③进行进修、跟班学习。分批分期选送教师到上级党校及国内知名高校进修,开阔教师视野,掌握前沿理论动态,年内共选送3名教师参加研修班学习,选派3名教师到州级部门跟班学习,下派2名新农村建设指导员到农村锻炼。④进行在线学习。学校科级以上领导干部积极参加网上学习,拓宽了学习渠道,丰富了学习内容。⑤有计划地进行学历培训。积极支持和鼓励干部职工参加学历教育的函授学习,不断提高教师素质,改善学历结构。⑥建立党校兼职师资库。本着"不求所有,但求所用"的原则,拟聘请50名实践经验丰富、理论水平较高、善于课堂讲授的党政领导干部、企业管理人员、专家学者作为党校兼职教师、客座教授,充实党校师资库。

【提高后勤保障能力】 2011年,州委党校安排650万元资金用于基本建设,完成了原图书楼、礼堂的修缮和道路修筑等工程,采购并安装了学员住宿楼内部设施、报告厅和礼堂多媒体系统及校园监控报警系统等设施,编制了州委党校中远期建设规划,制定了董家庄修缮方案,完成了校史馆的布展,校园面貌和办学条件得到较大改善。同时,学校经多方争取,加快了教学办公现代化建设,推进行政后勤改革,严格内部管理,提高服务水平。

【成功承办60周年校庆活动】 年内,中共大理州委主办、州委党校具体承办了建校60周年庆祝活动,活动隆重、简朴、热烈。召开了党校建校60周年庆祝大会,组织来宾参观了大理州委党校校史展,编辑出版了《党校教师科研成果集成》和《大理探索》校庆专刊,修订出版了《中共大理州委党校志》。校庆系列活动的成功举办进一步增强了党校人的自豪感,激发了全校教职工干事创业的精神。

(《州委党校》由苏丽芬撰稿)

老干部工作

【概 述】 2011年,在中共大理州委、州人民政府的正确领导和省委老干部局的精心指导下,全州老干部工作坚持以邓小平理论和"三个代表"重要思想为指导,深入实践科学发展观,围绕中心、服务大局,紧扣"让党放心,让老干部满意"的目标,以推动老干部事业科学发展为主题,以加快转变服务方式为主线,以目标管理考核为抓手,着力解决新形势下老干部工作面临的重点难点问题,全力推动全州老干部工作的科学发展。

【加强组织领导】 2011年,通过积极协调和主动争取,全州老干部工作得到了各级党委、政府的高度重视。4月22日,六届州委第84次常委会认真听取了老干部工作情况汇报,会后专门列入《常委会会议纪要》,强调指出:"要始终高度重视老干部工作,始终把老干部工作作为党委、政府的一项重要工作,作为党的组织工作、干部工作的一项重要任务来抓,认真对待解决老干部工作中遇到的实际困难和问题。"州委、州政府领导多次听取汇报、作出批示。年初,州委书记刘明作出重要批示,对老干部工作给予了充分肯定并提出了明确要求。10月10日,刘明、何金平等州委、州政府领导就学习贯彻《习近平同志在全国老干部工作先进集体和先进工作者表彰大会上的讲话》(中办通报)作出重要批示。3月下旬,州委副书记杨健深入州老干部大学(活动中心)调查研究,实地查看,听取汇报,就有关工作作出部署,提出要求。6月29日,州委常委、常务副州长马建全专门召集州委老干部局、州财政局、州卫生局、州国资公司等有关单位,专题研究解决州老干部大学(活动中心)室外活动场地问题。州委常委、组织部长叶翠萍多次听取工作汇报,亲临全州老干部工作会议总结部署工作,将老干部工作列入2011年组织工作任务进行立项督查,并深入到州干休所和下关干休所进行实地调研,协调解决有关困难和问题,督促抓好落实。县市党委换届后,各县市及时调整充实了老干部工作领导小组。各县市委老干部局局长继续兼任同级党委组织部副部长。全州党政主要领导主动抓,分管领导亲自抓,组织部门直接抓,有关部门配合抓,老干部工作部门具体抓的工作格局及政治上尊重、思想上关心、生活上照顾和精神上关怀老干部的局面进一步形成。

【目标管理责任制有新突破】 年内,大理州老干局与71个单位签订目标管理责任,其中,州级部门(单位)59个,同比增加了7个,全州凡有离休干部或5名以上县处级(含非领导职务)退休干部的58个州级部门(单位)全部纳入考核范围,离休干部和退休干部覆盖面分别达到100%和90%以上。结合当前老干部工作的新形势、新任务及年度工作特点,对考核工作进行了全面的改革创新,内容上继承发展,项目上集中精简,考核上正向加分。同时,工作经费从8万元增加到10万元,并从2011年起列入部门年度财政预算安排。

【加强思想政治建设】 2011年,全州共举办老干部党支部负责人培训班17期,830名老干部党支部负责人参加了培训。州委组织部、州委老干部局于11月8~12日在州委党校举办了为期5天的全州老干部党支部书记培训班,全州12县市、州级各有关单位的112名老干部党支部书记代表、各县市委老干部局局长和工作骨干参加了培训。结合培训工作,召开了全州老干部党支部建设和思想政治建设经验交流会,大理、漾濞、南涧、鹤庆4个县市和州法院、州政协机关老干部党支部分别交流了党支部建设和思想政治建设的经验。按照省委组织部《关于规范省级机关事业单位退休人员公用经费标准的通知》精神,规范了州级机关事业单位退休人员公用经费标准,从每人每年250元,提高到每人每年400元(其中,党建经费100元),每人每年增加公用经费150元。南涧、弥渡等县参照州级标准规范提高到每人每年400元。12县市和州级部分单位采取多种形式落实了老干部党支部负责人交通、通讯补助费。老干部党支部党费按80%返还支部,宾川、祥云、鹤庆等县实行老干部党支部党费100%返还。漾濞县按正科级实职配备了老干部党总支书记。全年共组织两期18名老干部参加了全省老干部各类培训班的学习。结合建党90周年活动,各级党组织分别表彰了一大批老干部党支部和老干部党员。

【坚持情况通报制度和参加重要会议制度】 2011年,大理州州级老干部先后13次共694人次参加州委、州政府召开的情况通报会、三月街民族节、党史研究推进会、庆祝中国共产党成立90周年纪念大会、《希夷之大理》大型实景演出首演、州第七次党代会、大理州领导干部大会等重大活动和重要会议。2月18日，州委、州政府召开了大理州离退休干部经济社会发展情况通报会。州委书记刘明作情况通报，州委副书记、州长何金平主持会议，州级、大理市、省属部门副县处级以上离退休干部550多人参加会议。12月30日，担任过副州级以上领导职务的离退休干部参加了州委召开的大理州领导干部大会，听取了州委书记尹建业的重要讲话。

【掀起向杨善洲学习高潮】 2011年，中共大理州委组织部、州委老干部局发出了《关于在全州离退休干部中开展学习杨善洲先进事迹争做优秀共产党员活动的通知》，州委老干部局整理编印了《杨善洲同志先进事迹选编》，发全州老干部工作部门和各老干部党支部学习，并编辑了《大理州老干部工作情况交流》“学习杨善洲专号”，做到有部署、有资料、有载体、有响应、有窗口。全州学习活动组织发动面达到了100%。各级各部门普遍采取组织听报告会、参加辅导会、召开专题座谈会、撰写心得体会、举办演讲、种纪念树等形式，推动学习活动向纵深发展。

【开展送温暖慰问活动】 2011年，全州普遍开展了走访慰问老干部活动，共走访慰问老干部18727人，支出慰问经费382.49万元。州委、州政府对303名州级离休干部、担任过副厅以上领导职务退休干部、特困老干部和老红军遗属进行了走访慰问。

【参加建党90周年各项纪念活动】 年内，全州共11714名老干部分别参加了“党在我心中”知识竞赛、环境美化、歌咏比赛、文艺演出、书法美术摄影展等活动。州委组织部、州委党史研究室和州委老干部局召开了老同志庆祝中国共产党成立90周年座谈会。州委老干部局精心组织了126人的老干部合唱团，参加了大理州庆祝中国共产党成立90周年演唱大会演唱活动。大理电视台《身边》栏目录制了专题片《红色记忆》，播放了大理州樊斌、陈先云、丁传举等5名离休干部讲述参加革命的经历，宣传了老干部在革命、建设进程中作出的历史功绩，弘扬了党的光荣传统。

【积极组织老干部参观考察活动】 2011年，全州共组织老干部开展就近就地参观考察活动102次。10月26~29日，根据州委、州政府的安排部署，由州委老干部局牵头，组织全州副州级以上离退休干部参观考察宾川、祥云两县的经济社会发展情况。大理市组织老干部到北京、天津、西安、延安等地学习参观考察。

【生活待遇全面落实】 2011年，全州离休干部“三个机制”有效运转，企业和自收自支事业单位离休干部经费纳入同级财政统管，坚持离休干部医药费在政策规定范围内实报实销，离休金按时足额发放，各项生活待遇全面落实。①享受副司局级医疗待遇的57名离休干部医疗待遇按规定得到落实。②认真落实中组部等有关部门关于提高离休干部生活补贴标准和发放范围的政策，从2011年起，全州离休干部每人每年在原执行标准的基础上，增发一个月的基本离休费为生活补贴，涉及1135人，所增加的生活补贴，于6月30日前，结合庆祝建党90周年走访慰问活动，送到了每一位老干部手中，共兑现经费196.67万元。③1135名离休干部的公用经费、特需费全面落实，兑现经费73.78万元。④审批办理了30名无固定收入的已故离休干部配偶享受生活补助费，落实经费18万元。⑤审批办理了150名年满80周岁的离休干部每人每月增发100元的护理费，落实经费18万元。⑥审批办理了26名因瘫痪等原因生活长期完全不能自理的离休干部享受护理费，落实经费16.6万元。⑦进一步建立健全老干部特困帮扶机制，认真落实特困资金，实行动态管理。2011年全州共有158名特困老干部，其中：离休干部134名，退休干部17名，老干部遗属7人。全州建立特困资金46.5万元。全年共走访慰问和帮扶特困老干部及遗属301人次。落实关于“提高云南省建国初期参加革命工作的部分退休人员生活补贴标准”的政策，共涉及381人，每人每月增加生活补助200元，落实经费91.44万元。⑧举办老年保健知识讲座，坚持每2~3年为老干部体检一次。11月11日，州委老干局特别邀请大理州医院康复科副主任医师李宣，为老干部作了《老年人保健知识》讲座。全州共举办老年保健知识讲座42期，共为6742名老干部进行了健康体检。⑨做好看望慰问易地安置离休干部工作。各县市、州级各部门结合建党90周年活动，分别看望了异地安置的离休干部。⑩认真做好离退休干部去世后的善后服务工作，关心老干部遗属的生活。年内，按干管权限 州委组织部、州委老干部局先后为年内去世的32名老干部送了花圈，州级领导、组织部领导、老干部局领导参加缅怀仪式150人次。丧葬费和一次性抚恤金全部兑现，无固定收入遗属的生活补助费全部落实。

【利用社区资源做好离退休干部服务工作】 2011年，大理州正式将社区离退休干部“四就近”服务试点工作纳入全州老干部工作年度目标管理责任制考核。3月29日，召开了全州试点工作推进会，总结提出了“六促六清六服务”的工作思路。全省经验交流会议以后，认真学习借鉴各地经验，进一步完善了工作措施，加大了工作力度，有力地推动了试点工作的健康发展。全州12县市试点工作全面启动，共有14个试点单位，其中，州级1个、县市13个。初步取得了“提高认识、转变观念，搭建平台、加强服务，发挥作用、促进发展”的成效。

【学习活动场地建设有新突破】 2011年，大理州按照老干部活动中心、党校和老年(老干部)大学“三位一体”的总体思路，全面推进全州离退休干部学习活动阵地建设。①从2011年起，正式将其纳入全州老干部工作年度目标管理责任制考核，进一步加大了推进力度。②州政府发文同意将下关镇电力巷西侧的大理财政培训中心(原金达酒店)所属土地面积2221.25平方米及地上建筑物953.01平方米(洗衣房、职工宿舍)无偿划拨给大理州老干部大学(活动中心)使用，结束了州老干部活动中心10余年无室外活动场地的历史。州政府批复同意下关人民南路州委老干部局所属州干休所活动室作为州级机关西南片区离退休干部及干休所住老干部活动室。③州级财政收支预算安排方案首次安排州老干部大学(活动中心)办学和活动专项经费42万元，实现了零的突破。州政府继2010年安排了州老干部大学(活动中心)改造经费70.3万元基础上，2011年又安排购置设施设备补助经费90万元。同时，大理市投资380万元新建了下关滨河公园老干部活动中心，并将原下关百货站一楼400平方米划拨给市老干部活动中心、老年大学使用。

【组织老干部开展活动】 年内，州、县市两级老干部活动中心积极组织老干部开展活动，全年共组织30万人次开展学习、文娱、书画、体育等活动；全州14所老干部(老年)大学结合实际开设政治理论、文体、书画、计算机等教育培训共46班。

【表彰奖励】 年内,经省"双先"评选表彰工作领导小组考评,中共大理州委老干部局、中共大理市委老干部局被省委组织部、省委老干部局、省人力资源和社会保障厅表彰为全省干部工作先进集体;中共大理州委老干部局副局长王莉,政协大理州委员会办公室副调研员莫斌,中共宾川县委组织部原副部长、原县委老干部局局长杨振猛,中共剑川县委组织部副部长、原县委老干部局局长李建明,中共漾濞县委组织部副部长、县委老干部局局长苏德清,中共南涧县委组织部副部长、县委老干部局局长王钊6人被表彰为全省老干部工作先进个人。

【做好老干部信息交流工作】 2011年,《大理老干部工作情况交流》共刊发12期,进一步加大宣传力度,营造了全社会理解、关心和支持老干部工作的良好氛围。同时,全州在各类报纸杂志发表有关老干部的文章信息166篇(条),为加强全州老干部工作的对外交流和宣传发挥了积极作用。

(《老干部工作》由王琳撰稿)

保密工作

【召开全州保密工作会议】 2011年4月1日,中共大理州委、州人民政府在下关召开了全州保密工作会议,全州12县市党委或政府分管领导,县市保密局长,州委各部委、州级国家机关各委办局,各人民团体,各企事业单位分管领导及有关方面负责人等共260多人参加了会议。州委、州人大、州政府、州政协有关领导应邀到会作指导。州委副书记杨健在会上作了讲话,充分肯定了"十一五"时期全州保密工作取得的突出成绩,深入分析了保密工作所面临的严峻形势,并结合实际,从加强领导、夯实基础、突出重点、加强监管、精心策划和以人为本六个方面提出了明确要求。

【开展保密法制宣传教育】 2011年,大理州保密局认真开展保密法制宣传教育。①积极做好"五五"保密法制宣传教育工作先进集体、先进个人的评选表彰工作。年内,州委、州政府对全州58个先进集体和110名先进个人进行了表彰奖励。②认真开展"五五"保密法制宣传教育"回头看"工作。州保密局专门下发了《关于在全州开展"五五"保密法制宣传教育"回头看"工作的通知》,要求全州各级各部门对省、州检查验收中提出的问题切实进行认真整改。在各机关、单位自检自查的基础上进行综合督查和重点抽查。对问题较多、落实不力的单位作了认真查处,并要求限期整改。③在全州上下积极组织开展了新修订《保密法》施行一周年系列纪念宣传活动。在9月1日~10月20日的集中宣传活动期间,州、市县各地在醒目处悬挂大型宣传标语,利用电子显示屏、布标等载体开展新《保密法》宣传,共计张贴、悬挂标语2000余条(幅)。在大理州、县市电视台、广播电台、网站等媒体滚动播报宣传标语1万余次、发布保密提醒短信10万余条。州委常委、州委秘书长、州委保密委主任岳黎松在《大理日报》发表了《贯彻落实〈保密法〉促进全州保密事业健康发展》纪念文章。根据省的安排,在全州范围内认真组织开展了保密法规知识测试活动,全州共计31023人参加了保密法规知识测试活动,超额完成了省下达大理州12000份的任务数。④积极做好保密知识教育和宣传片的播放工作。根据州委副书记杨健的指示,从2010年10月起,派出专人到州委党校举办的干部培训班讲授保密法律法规和知识课,收到较好效果;积极主动地同有关部门开展保密宣传教育,全年共对17家州级机关、单位和3个县共计3425名领导干部和涉密人员讲授了新《保密法》、保密形势及应对措施等知识;组织观看了《信息化条件下的主要技术窃密手段及其防范》等警示教育片。⑤组织了州、县市分管保密工作的党委、政府领导、涉密人员和保密部门全体干部职工等共121人,赴昆明参观了"全国窃密泄密案例警示教育展览"。⑥举办了全州保密业务暨"六五"保密法制宣传教育骨干培训班,州、县市保密局全体干部职工43名参加了培训。州局领导和各科室负责人就文件资料销毁、保密技术防范、保密检查、案件查处程序和方法、保密执法、保密宣传教育等方面作了深入讲授,使全体参训人员深受教育和启发,为今后工作打下了良好基础。⑦将保密法规和知识纳入全州各级领导干部任前法律考试范围,并将此项工作的贯彻落实情况作为"六五"保密法制宣传教育工作的考核验收内容之一。

【强化保密技术检查】 2011年,大理州保密局进一步强化保密技术检查。①根据国家,省保密局的安排部署,州保密局及时下发了《关于认真组织开展专项保密检查工作的通知》。专门成立了保密检查工作领导小组,明确检查任务,采取自查和抽查相结合的方式,针对密码电报、涉密文件信息资料、保密电话和网络保密管理情况等四个方面进行了全面系统、深入细致的检查。全州共抽查281个单位,各种计算机1885台(其中涉密机408台,非涉密机1477台);各种移动存储介质1415个。州检查组对3个县市和15个州级单位进行了重点抽查,发出书面整改通知书3份,要求限期整改,收到了明显的效果。②进一步加强大理州政府信息公开网站和门户网站的保密管理。大理州制定并下发了《大理州政府信息公开工作制度》,并于2011年1月1日起实施,有效推动了政府信息公开中保密审查工作的开展。同时,根据省委保密委办公室《关于对政府信息公开网站和门户网站进行保密检查的通知》要求,结合实际,州保密局及时制定了统一的检查标准和报表式样下发全州。3月起,要求全州上下按照州制定的统一标准,对政府信息公开网站和门户网站实行每月"一检查、一报告"制度。发现问题,及时采取有力措施,立即进行阻断和整改,消除泄密隐患,确保上网公开发布的政府信息不涉密。③加强对涉密测绘成果保密管理和保密监督检查工作。3月初,针对大理州有的单位对涉密测绘成果的管理使用中存在泄密隐患的情况,州保密局及时安排对涉密测绘成果涉及单位的保密自检自查工作。同时派专人对5个县市和12个州级单位进行了抽查,对存在问题的单位提出限期整改要求,造成泄密的单位进行了立案查处。8月份,州保密局与州国土资源局联合发文,在全州开展涉密测绘成果保密检查,要求各涉密测绘成果使用单位、测绘资质单位,进一步加强对涉密测绘成果的保密管理,预防涉密测绘成果失泄密事件的发生。各单位通过检查,充实完善了保密管理制度,强化保密防护措施,进一步规范了对涉密测绘成果的保密管理。

【开展失泄密案件通报和泄密隐患演示】 4月1日下午,州委保密委在苍山饭店会堂召开了失泄密典型案例通报暨泄密隐患现场演示会议。州级领导,州委保密委委员,州"六五"保密法制教育领导小组成员,州级机关负责人,12县市党委分管保密工作的领导,保密局局长、副局长，驻大理部队部分官兵等共600多人参加了现场演示会。会上，在州委常委、州委秘书长、州委保密委主任岳黎松通报了全国部分失泄密典型案例的基础上，由国家保密科技研究所专业技术人员对计算机信息系统的泄密隐患、通信设备的泄密隐患、窃听、窃视设备的窃密活动等方面进行了演示。演示人员还与现场领导进行了互动交流，开阔了大家的视野，增强了保密意识，反响较为强烈，取得了明显成效，达到了预期目的。

【提升保密科学规范管理水平】 2011年，大理州保密局进一步提升保密科学规范管理水平。①对全州各级各部门的涉密文件及内部资料等进行了统一和集中销毁。州保密局充分利用涉密载体销毁专用车，积极上门服务，随叫随到。深入到各县市、州级各单位和小湾、苗尾等重点工程指挥部收集拟销毁的文件、图纸和资料。全年共销毁国家秘密、工作秘密和内部资料纸质载体38091份（其中机密级9332份、秘密级17035份、内部文件资料11724份），各类文件资料80余吨。年内还多次对废旧纸品收购站点依法进行了保密检查，查获了几起违规出售涉密文件和内部资料，并按有关规定进行了严肃处理。进一步规范涉密载体销毁的管理工作，确保了国家秘密和工作秘密在销毁环节的安全，切实把住了涉密载体保密管理的最后一道关口。②切实加强对保密工作的领导。根据中央和省的有关规定精神，结合实际，州委保密委于2011年7月1日制定并下发了《大理州保密组织机构规范及工作规则》，对全州各级、各单位保密组织的工作职责、工作制度、工作任务、会议制度及委员（成员）的职责等作出了明确规定。③强化对各类统一考试的保密监督管理。按照《云南省各类统一考试保密管理办法（试行）》的相关要求，州保密局积极协助组织、人社、教育、旅游、司法、财政、卫生、大理学院、畜牧兽医等部门做好领导干部招考、高考、中考、公务员、事业单位人员招录考试及各类资格、资质考试的安全保密工作；派专人全程参与高、中考试卷和领导干部公开招聘、公务员、事业岗位招考试题的制作、存储、传递、分发等环节的保密监督工作，确保各类考试的公平、公正、安全保密和严肃性。

【保密宣传获国家表彰奖励】 年内，大理州保密宣传通联工作取得了全国地州盟第二名的好成绩，受到国家和省局的表彰奖励

（《保密工作》由李福禧撰稿）

群众工作和信访工作

【概　述】 2011年，大理州群工（信访）系统坚持以邓小平理论和"三个代表"重要思想为指导，深入贯彻落实科学发展观，认真贯彻中央、省、州党委政府关于群众工作和信访工作的一系列决策部署，切实用群众工作统揽信访工作，全面推进领导干部接访、信访积案化解和体制机制创新三个工作重点，积极推进"事要解决"，努力强化源头预防，狠抓工作责任落实，较好地完成了各项任务，为促进和谐大理建设发挥了应有的作用。年内，全州县市以上党政机关群工（信访）部门共受理来信来访22479件次，同比减少4810件次，减21.4%。州群工（信访）局受理人民群众来信来访2350批7251（人）件次，同比上升10.5%和46%。其中：来访1716批6617人次，同比上升24%和56.9%，其中个体访854批1871人次（初访630批1556人次、重访224批315人次），集体访202批4086人次（初访155批2713人次、重访47批1373人次）；来信634件，比上年减少16.5%。初信399件，重信235件，其中联名信76件，中央、省统转信462件；信访事项的复查复核15件；上级交办案件60件，州立案件134件，"书记信箱"电子邮件15件，"州长信箱"电子邮件19件，"州长专邮"来信35件，云南省网上信访系统信访件1776件。

【领导干部大接访活动取得实效】 2011年，中共大理州委、州人民政府领导高度重视积极参与信访接待日活动，面对面接待群众来访、化解疑难复杂信访问题，并对来访中反映出的一些紧急、特殊信访问题，由接访领导批准现场交办相关县市和部门进行及时处置，对其他的信访事项由州群工（信访）局根据接访领导和专家组的意见交办相关县市和部门，提出办理时限，并反馈给接访领导。领导信访接待日活动中，以州委、州政府领导接访为主，同时也有公、检、法、司、信访、相关部门的领导和法官、检察官、律师、专家参与，增强了信访事项答复的科学性和严谨性。在各级的努力下，全州县以上国家机关领导干部共接访179场次，接待群众1570批5024人次，其中州党政领导信访接待日共接访11场次，接待群众227批2415人次。

【社会矛盾纠纷排查化解取得实效】 2011年，全州社会矛盾纠纷排查化解取得实效。①认真开展积案化解，非正常上访和群体性事件得到有效整治，全州共排查出信访积案51件，现已办结51件，化解率达100%；省交办件3件，化解3件，化解率100%。②认真开展特殊疑难信访化解工作，强化与省对接、与州委州政府汇报、与县市和部门协调，筹集特殊疑难信访问题专项资金810.1万元，成功解决120件"钉子案、骨头案、无头案"；③认真排查化解信访热难点突出问题，切实为全州经济社会发展作保障。全州共排查出可能引发大规模群体性事件、赴省进京上访的问题89件，已化解72件，占80.9%。

【网上信访取得实效】 2011年，大理州切实推进网上信访工作并取得实效。①着力业务指导，深入县市面对面的指导和帮带，解决了大量的网上信访技术难题；②开展信访数据统计上报工作。立足全国信访信息系统的应用和推广，认真查找信访数据统计上报与信访数据录入之间的差距，及时调整和纠正统计方法，确保信访数据统计的准确性和科学性；③认真组织全国信访信息系统操作培训，州、县市26名系统管理员经过严格的考试获得了合格证书，全州全国信访信息系统信访数据录入率达100%，其经验在全省信访统计分析和国家投诉件办理工作会议上进行交流。

【排查化解和处置信访突出问题工作取得实效】 2011年，全州排查化解和处置信访突出问题取得实效。①确保全国、全省、全州的重大活动、重大会议、重要节假日、敏感节点期间的信访维稳。②健全信访信息汇集分析机制，强化信访信息综合分析研判工作，不断增强工作的主动性。通过建立信访信息研判例会、重要信访事项协调会议制度，及时整理分析全州信访突出问题及群体性事件动态，共编报《信访专报》45期、《领导批示办理情况反馈》115期、《信访简报》18期，为领导决策提供优质服务。③建立和完善了信访信息研判例会、重要信访事项协调会议制度，加强对信访信息的分析预测，及时发现和掌握可能引发群体性事件的苗头和因素。④坚持信访工作"零报告"制度，收集汇总各类情报信

息，正确分析研判，及时妥善处理，牢牢把握工作主动权。⑤加强信访突出问题和群体性上访事件的处置工作，全州成功处置了147起群体性上访事件。

【用群众工作统揽信访工作取得实效】 2011年，全州用群众工作统揽信访工作取得实效。①召开了全州群众工作暨社会管理创新工作会议，成立了州、县市群众工作领导小组，并召开了领导小组第一次会议。②在全省率先成立了州委群众工作局，列入州委的工作部门，州信访局与其“一套班子、两块牌子”合署办公，12县市也相继成立群众工作局。③加强工作力量。州增设了1名副局长领导职数，实行群众工作局与信访局领导双边任职，增设群众工作1科、2科，并增加了行政编制7名。县市群工局也相应增加编制和领导职数。④搭建服务群众的平台。经州委第84次常委会研究，决定建设大理州群众服务大厅，完善群众工作统揽信访工作新模式，依托领导干部接访机制，整合行政资源，制定一整套的工作流程和制度规范，为实行“一站式受理、一条龙服务、一揽子解决”的服务机制打好基础。⑤对全州贯彻落实省、州群众工作会议情况进行了联合督查，有效地促进了全州群众工作机构编制和工作机制相关要求的落实。⑥形成了完整的群众工作网络。全州成立群众工作局15个，乡镇群众工作站102个，村、社区群众工作室1120个，村、居民小组聘用群众工作联络员12259名，形成了从州到村的四级群众工作机构和从州到村、居民小组的五级群众工作网络。

【加强群工（信访）队伍建设】 2011年，大理州进一步加强了群工（信访）队伍建设。①狠抓学习型党组织、学习型机关、学习型员工建设，借鉴群众工作、信访工作先进地区经验做法、理论成果，丰富和完善大理州群工（信访）工作理论、经验和工作方法，全州群工（信访）系统职工依法接访、依法办访、依法为民服务的能力得到全面提高；②制定《大理州群工（信访）系统百条工作规范》，不断深化“创先争优·能力建设实践活动”；③通过“五子登科”系列活动和考核，全局职工业务能力、服务意识、生活情趣都得到普遍提高，该经验被国家、省信访局推广，并刊载于2011年《人民信访》第11期。④举行庆祝建党90周年演讲比赛，激发广大职工立足群工（信访）岗位作奉献的决心和干劲；⑤举办大理州群工（信访）系统“创先争优·能力建设实践活动”成果布展，充分展示大理州群工（信访）工作成果；⑥坚持轮岗培训制度，先后有13名新招录公务员、基层干部到州群工（信访）局轮岗培训，为各级各部门培养了适应群众工作的人才。

【群工（信访）宣传取得实效】 2011年，大理州群工（信访）宣传取得实效。①加强信访工作的宣传力度，增强群众（信访）干部的荣誉感和责任感。在对全州12县市和州级相关部门充分调研的基础上，先后编写了真实反映大理州群工（信访）系统工作动态的《大理州信访工作掠影》和长篇小说《大信访》；创作了白州信访之歌《苦中有乐》，填写了《满江红·看我信访》一词，展现了大理州群工（信访）系统风采。②充分发挥“第二研究室”作用，认真开展群工（信访）理论的研究。先后撰写群工（信访）理论研究和宣传文章，分别被《人民网》、《求是理论网》、《人民信访》及《云南日报》、《大理日报》、《大理探索》、《大理政法》、《民情与信访》、《云南信访》等报刊媒体刊用11篇。

（《群众工作和信访工作》由王华植撰稿）

州委群众工作局授牌仪式　　（州信访局　供稿）

机关党建

【概　述】 2011年，大理州州直机关党委在中共大理州委、州人民政府的正确领导下，紧紧围绕州委、政府中心工作，以建党90周年活动为载体，以不断加强执政能力建设和先进性建设为着力点，以改革创新精神积极探索州直机关党建工作新方法、新机制、新途径，充分发挥基层党组织的战斗堡垒作用和共产党员的先锋模范作用，全面推进机关党的思想建设、组织建设、作风建设、制度建设和反腐倡廉建设，机关党建服务中心工作取得了新的成绩。

【创建学习型党组织　加强党的思想建设】 2011年，大理州州直机关党委始终把加强党员思想建设作为党建工作的根本，按照州委的要求，认真开展学习型党组织建设活动，不断创新学习的形式、方法和途径，着力促进党员干部思想政治素质的全面提高。①深入开展学习型党组织建设活动。结合州直机关实际，制定了学习型党组织建设工作实施方案，建立了组织机构和有关制度，在州直机关形成领导亲自抓、班子带头学、一级抓一级、层层抓落实的工作机制。为抓实学习型党组织建设，党委制定了推进“三读”活动工作方案，推荐了《党员干部的楷模杨善洲》等阅读书目，为各党组织和党员购买了《党的生活》、《党建文汇》、《中国共产党90年学习读本》等多种学习资料，丰富学习内容。学习中，各党组织坚持理论联系实际，制订学习计划，确定学习目标，落实学习任务，广泛开展以“阅读红色经典、继承革命传统”为主题的“爱读书、读好书、善读书”活动，加强互动式学习、体验式学习、多媒体学习，组织开展知识竞赛、成果展示、知识讲座、经验交流，努力搭建富有吸引力的学习平台。树立全员学习、自觉学习、终身学习的理念和良好氛围，干部职工的思想理论水平和工作能力进一步提高，工作效率和工作作风不断提升。②加大形势政策教育力度。州直机关各基层党组织以组织集体学习、举办各类报告会、培训班、请专家学者进来辅导等形式进行学习，着力引导党员干部增强党的意识、宗旨意识、大局意识、执政意识，紧密联系思想和工作实际，提高思想政治素质和工作能力水平，在思想和行动上同党中央保持高度一致。同时，认真学习宣传贯彻省第九次党代会精神和州第七次党代会精神，加大形势政策教育力度，各党组织针对党员干部的思想认识和普遍关心、关注的热点、难点及重大事件，及时开展了多种学习教育活动，使广大党员干部认清面临的形势、机遇和挑战，切实增强贯彻落实的自觉性和坚定性。③积极做好党建理论调研，加强理论研究工作。州直机关党委高度重视机关党建理论研讨工作，召开党委会议，确定了4个调研课题，安排了16个参考题目。党建理论调研受到了广大基层党组织和党员热情参与，共有39个党组织撰写理论研讨文章74篇。“七一”前夕，党委编印《大理州直属机关党委2009－2010年机关党的建设理论研讨成果选编》一书，向建党90周年献礼，以展示近两年来机关党建理论调研成果，鼓励更多的党组织和党员参与机关党建理论研究，丰富机关党建理论，促进党建理论研究工作的深入开展。

【开展“创先争优”促进机关党建】

2011年，大理州州直机关党委及所属各部门(单位)党组织以开展创建先进基层党组织、争当优秀共产党员活动为契机，切实加强机关党的建设。①精心部署，圆满完成大理州出席省第九次党代会代表候选人初步人选推荐工作和州直机关党委出席州第七次党代会代表选举工作。按照州委的要求，州直机关党委及时召开党委会进行研究部署。省、州两级党代会代表候选人初步人选的产生，充分发扬民主，各党委、总支、支部和全体党员积极参与，逐级推荐，采取自下而上，上下结合，反复酝酿，逐级遴选的办法，最终确定人选。州直机关党委于8月26日召开了党员代表会议，制定了《选举办法》，128名代表严格按照有关规定，选举产生了州直机关党委出席大理州第七次党代表大会代表42名。②创先争优活动继续深入有效开展。按照州委创先办的要求，3月，州直机关党委在州地税局党委等7个党组织中试点开展了“四亮四评”活动，并于6月份在其他窗口单位和服务行业党组织中全面推进，真正做到亮流程、亮身份、亮职责、亮承诺，抓实自己评、群众评、领导评、组织评。党委向各党组织发放了杨善洲宣传画、“党员干部的楷模杨善洲”光碟，在州直机关开展向杨善洲学习活动。为抓好示范点的示范引领作用，党委领导多次深入到拟创建示范点党组织进行调研指导，共同研究创建方法、总结创建经验，提升创建质量。对拟创建省级示范点州审计局党总支进行了重点指导，对拟创建州级示范点州法院党总支进行了量化考核打分，通过这些跟踪考核及管理，示范点达到了当初建立示范点的目的，推动了创先争优活动在机关基层党组织中的深入开展。③以量化考核为重点，不断抓实“目标管理”责任制的落实。党委根据机关党建工作中心任务和要求，不断完善和细化机关党建目标管理内容，把机关党建目标责任按照党组织“五个好”、党员“五带头”进行细化、量化，不断充实内容。年初，党委组建考核组，对近三年来的“双目标管理制”进行了量化考核，并对考核情况在党委范围内进行了通报；与下属3个党委、21个党总支、46个直属党支部签订了新一年的目标管理责任书和党风廉政建设责任书，各党委、党总支与下属党支部、各党支部与党员都签订了责任书，层层落实党建责任制，进一步推动了“目标管理”责任制的落实。④健全制度，规范工作，切实加强党组织建设。深入学习、宣传和贯彻执行新《条例》和省委《实施意见》，健全、完善机关基层党委、党总支和党支部工作的各项规章制度，促进基层党组织工作的制度化和规范化。经州委组织部批复同意，新成立2个党委，按照程序对机构改革后新设立单位成立党组织进行批复。对18个党组织的换届进行指导，调整充实了5个党组织的班子。举办一期党务干部培训班，共200多名党务干部参加了培训，着力加强理论培训和业务指导，进一步提高了党务干部的理论业务素质和工作水平。⑤改进形式，注重效果，进一步加强和改进党员日常教育与管理。以深入开展创先争优活动为重点，积极探索新形势下党员教育管理的有效方法和途径，进一步加强和改进党员日常教育与管理。各党组织积极与党员签订“目标管理”责任书，用目标量化考评来规范党员的日常工作。以党支部为单位，设立“党员先锋岗”，用身边的典型带动党员忘我工作、无私奉献，充分发挥先锋模范作用。指导州工商局党委等5家新成立党委建立党员信息管理系统，及时对党委党员信息管理系统进行维护和更新。积极开展民主评议党员工作，进一步增强党员的责任意识和党支部的凝聚力、战斗力，有力地促进党员在各自的岗位上发挥先锋模范作用。⑥坚持标准，保证质量，积极做好发展党员工作。继续以中青年干部职工中的优秀分子为党员发展对象，按照“坚持标准、保证质量、改善结构、慎重发展”的方针，在机关的优秀中青年干部职工中做好党员发展工作。举办了一期入党积极分子培训班，培训入党积极分子23人。截至11月，共审批转正党员22名，吸收预备党员23人。

在中国共产党成立90周年之际，大理州组织多种形式的庆祝活动

（机关党委　供稿）

【开展多种活动庆祝建党90周年】 2011年，大理州州直机关党委为隆重纪念中国共产党成立90周年，深情回顾党的奋斗历史，热情讴歌党的光辉业绩，继承和发扬党的光荣传统和优良作风，进一步加强州直机关党组织和党员队伍建设，党委在“七一”前开展系列庆祝活动，向建党90周年献礼。①开展好纪念建党90周年宣传教育活动。各党委、总支、支部积极组织广大党员干部深入学习党的理论、党的知识、党的历史、党的优良传统和宝贵经验，引导广大党员做到忠诚于党、为党分忧、为国尽责、为民奉献。加大对党的光荣历史和丰功伟绩的宣传力度，营造好氛围。州直机关党委组织各党委、党总支、直属党支部书记和各县市机关党委书记参观大理技师学院新校址，深刻感受改革新成果，用身边的大变化让广大党员切身感受党的正确领导，引导党员自觉爱党、拥护党的领导；党委机关党支部组织全体党员参观周保中纪念馆，深情缅怀革命先烈的丰功伟绩，进行革命传统教育。②表彰宣传一批先进典型。结合深入开展创先争优活动，州直机关党委召开了纪念建党90周年暨表彰大会，对25个“先进基层党组织”、90名“优秀共产党员”和56名“优秀党务工作者”进行表彰，以激励全体机关党员干部奋发向上、开拓进取，在推动大理科学发展中再创佳绩、再立新功。年内，党委有1名优秀共产党员受到省委表彰；5个先进基层党组织、9名优秀共产党员、5名优秀党务工作者受到州委表彰。③举办“为党旗增辉”文艺晚会。州直机关党委邀请州歌舞剧院的老师进行舞蹈编排、舞美设计、灯光调控、音乐伴奏等技术支持；各党委、党总支、直属党支部早做准备，邀请老师进行编排，认真组织党员进行排练。州直机关党委统一选出27个文艺作品进行了预演，组织有关专家对预演节目进行评审，从中选出15个优秀的文艺作品进行“为党旗增辉”专场文艺晚会，唱响共产党好、社会主义好、改革开放好、伟大祖国好的主旋律。④开展党史党建知识百题竞赛活动。知识竞赛以党的基础知识、党的历史为主要内容，由州直机关党委统一组织，各党委、党总支、直属党支部向党员发放竞赛试卷，共2380多名党员、干部职工参加了知识竞赛。在州直属机关纪工委的监督下，州直机关党委于7月8日邀请部分党委、党总支、直属党支部的负责人，从完全正确的答卷中，抽出优秀奖给予奖励。⑤积极组队参加大理州庆祝建党90周年纪念活动。党委在州地税局党委等13家党组织中抽调130多名党员组建“党政机关合唱团”，参加大理州庆祝建党90周年纪念大会合唱。通过这些活动的开展，极大地提高了机关党组织的凝聚力、向心力、战斗力和党员积极参与党内活动的热情。

【扎实推进党风廉政建设和反腐败工作】 2011年，大理州州直机关党委坚持标本兼治，综合治理，惩防并举，注重预防的方针，严格执行党风廉政建设责任制，构建符合州直机关工作实际的惩治和预防腐败体系，推进党风廉政建设和反腐败工作的深入开展。①加强了反腐倡廉宣传教育，不断筑牢拒腐防变思想道德防线，努力构建“不愿为”的思想基础。党委以教育、宣传、预防为重点，不断加强党员学习教育。认真学习党的十七届六中全会精神和各级纪委全会精神，各党组织利用党委会、中心组会议学习、民主生活会、支部党员大会、领导干部上党课、专题讲座、平时自学、参观爱国主义教育基地等方式，党员领导干部带头学习、党员干部相互监督学习，不断加强党风廉政学习的力度，通过坚持不懈地对党员干部进行党的理想信念教育和从政道德教育，政治纪律教育，党的优良传统和作风教育，对提高党员干部廉洁勤政意识、促进党员干部廉洁自律发挥了积极作用。②加强了反腐倡廉制度建设，努力构建“不能为”的制度体系。以深化党内监督、倡议党内民主为平台，把防治腐败的要求落实到权力结构和运行机制的各个环节，逐步在机关形成一套科学规范、便于操作、相对完整的制度体系。认真落实党员领导干部个人重大事项报告制度、个人收入情况报告制度，坚持党内民主制度，做实发展党员、党内表彰、党内任职前的公示制度，建立健全了党员发展谈话制度、预备党员转正谈话制度，积极发扬党内民主，确实做实党内公开，形成按制度办事、用制度管人的良性机制，对加强管理、防止腐败发挥了积极作用。③加强了制约监督，努力构建“不敢为”的监督机制。积极推进党员领导干部廉洁从政承诺，做实党员承诺、亮诺、践诺活动。做到重大事项党委会议研究，广泛征求各基层党组织和广大党员意见建议，充分尊重每一名共产党员的合理建议和权力，对入党、评优表彰等党内重大活动，做到公开、公平、公正。改进工作作风，向基层党组织和党员作出公开承诺，各部门(单位)的党员领导干部、党员将廉政承诺、照片、职务、服务内容、工作程序、办事时限等信息等进行公开，主动接受单位职工和服务对象监督。④认真落实党风廉政建设责任制，积极推进了反腐倡廉建设各项工作的深入开展。以签订“党风廉政责任书”为主要内容，以开展“责任书”考核为手段，以惩防体系建设为重点，建立起了较为完善的目标责任体系，对推动州直机关党风廉政建设和反腐败工作深入开展，促进反腐倡廉建设各项工作任务的落实发挥了重要作用。党委加大对下属各党组织的“党风廉政责任书”的考核力度，党委组建了8个考核组，对“责任书”进行了考核，按照优秀、合格、不合格等次在党委范围内进行通报。同时，认真落实领导干部“一岗双责”，加大了廉政责任履行和责任追究的检查考核工作力度，对信访案件进行责任追究。2011年，党委系统内无信访案件。

【加强自身能力建设】 2011年，大理州州直机关党委始终把党委班子自身建设和基层党组织队伍建设作为重要工作来抓，不断加强对基层党组织班子队伍建设和党员的教育培训力度，增强了州直机关党组织的活力。①加强学习、提高素质。以建设学习型党组织为契机，各党组织加强了经济、政治、社会、历史、法律以及业务等方面知识的学习，不断提高党员综合素质。党委加大党务干部的培训力度，特别是新任支委班子成员，举办了一期以党的十七届六中全会精神为主要内容的党务干部培训班，不断提高党务干部的思想道德素质、科学文化素质和健康素质，努力让党务干部成为学习政治理论、科学文化知识的模范，充分调动和发挥党员干部的积极性、主动性和创造性。②做好表率，爱岗敬业作奉献。各党委、总支、支部在谋划、开展机关党建工作时紧密结合各部门、各单位的工作职责和工作任务，统筹安排机关基层党的建设工作，既突出工作重点和特点，又注重整体推进，工作中正确处理机关党建工作与部门业务工作的关系，努力做到目标同向、思想同心、工作同步，形成合力，充分发挥各自的职能作用，推动机关党建工作各项任务的落实。广大党务工作者忠于职守、爱岗敬业，敢于管理、乐于服务，扎实做好机关党的工作，用优异的成绩，赢得单位党组的肯定和党员干部的支持。③真抓实干，推动党建工作创新发展。广大党务工作者进一步强化大局意识和责任意识，扑下身子、真抓实干，进一步激发工作热情，解放思想、拓宽视野，更新观念、与时俱进，创造性地开展工作，用机关党建工作的新成效不断推动机关党建工作科学发展。抓实党委班子自身建设，认真抓好学习、建好制度、完善工作思路、强化责任意识，搞好协调，坚持科学指导，加强督促检查，狠抓组织落实，不断提高推动州直机关党建工作科学发展的能力。

（《机关党建》由段碧霞撰稿）

（《中共大理州委》责任编校：管由权）

大理州人大常委会

【概　述】 2011 年是"十二五"规划的开局之年，在中共大理州委的正确领导和省人大常委会的指导下，大理州人大常委会高举中国特色社会主义伟大旗帜，以邓小平理论和"三个代表"重要思想为指导，深入贯彻落实科学发展观，认真贯彻党的十七大、十七届五中、六中全会和省第九次、州第七次党代会精神，紧紧围绕州委工作部署，坚持"生态优先、农业稳州、工业强州、文化立州、旅游兴州、和谐安州"的发展思路，以科学发展为主题，以加快经济发展方式为主线，围绕州第十二届人大第四次会议确定的目标任务，突出重点、贴近民生、求真务实、依法履职，各项工作取得了新的成绩，为促进自治州经济持续平稳较快发展与社会和谐稳定作出了积极贡献。

【州第十二届人大第四次会议召开】 2 月 15～19 日，大理白族自治州第十二届人民代表大会第四次会议在下关苍山饭店礼堂隆重召开。本次大会的议程是：听取和审查《大理白族自治州人民政府工作报告》、《大理白族自治州人民代表大会常务委员会工作报告》、《大理白族自治州中级人民法院工作报告》、《大理白族自治州人民检察院工作报告》；审查和批准《大理白族自治州"十二五"规划（纲要）》、《大理白族自治州 2010 年国民经济和社会发展计划执行情况的报告》及《2011 年国民经济和社会发展计划》、《大理白族自治州 2010 年地方财政预算执行情况的报告》及《2011 年地方财政预算》；审议《云南省大理白族自治州村庄规划建设管理条例（草案）》，补选事项。356 名州十二届人大代表和 183 名列席人员出席列席会议。大会先后举行了 4 次全体会议，分别由大会执行主席字国顺、杨宴君、张如旺主持。

为期 5 天的会议期间，代表们分别听取了大理州人民政府州长何金平所作的《大理州人民政府工作报告》，州人大常委会主任字国顺所作的《大理州人大常委会工作报告》，州中级人民法院院长黄为华所作的《大理州中级人民法院工作报告》，州人民检察院检察长普赵辉所作的《大理州人民检察院工作报告》，州人民政府副州长李红卫所作的《云南省大理白族自治州村庄规划建设管理条例（草案）》的说明；各代表团全团或分组分别审查了各报告、计划，审议了《云南省大理白族自治州村庄规划建设管理条例（草案）》；会议通过了州人大常委会委员选举办法。

会议选举李六八、李光琴、黄起忠、彭智为大理州第十二届人大常委会委员；会议通过黄起忠为大理州第十二届人民代表大会法制委员会主任委员；会议作出《关于大理州人民政府工作报告的决议》、《关于大理州"十二五"规划纲要的决议》、《关于大理州 2010 年国民经济和社会发展计划执行情况与 2011 年国民经济和社会发展计划的决议》、《关于大理州 2010 年地方财政预算执行情况和 2011 年地方财政预算的决议》、《关于大理州人大常委会工作报告的决议》、《关于大理州中级人民法院工作报告的决议》、《关于大理州人民检察院工作报告的决议》、《关于〈云南省大理白族自治州村庄规划建设管理条例（草案）〉的决议》。会议结束时，州人大常委会主任字国顺作了讲话。

大会开幕之前的 2 月 14 日下午，召开了各代表团会议，推选代表团团长、副团长，酝酿大会主席团和秘书长名单（草案）、大会议程（草案）等；州委召开了出席州十二届人大四次会议和州十一届政协会议中的中共党员代表、委员中的党员大会，州委书记刘明作讲话，对开好"两会"提出了要求；举行了州十二届人大四次会议预备会议，通过了大会主席团和秘书长名单及会议议程。

【州第十二届人大常委会举行第二十次会议】 1 月 14 日，大理州第十二届人大常委会第二十次会议在龙山行政办公区举行。常委会组成人员应到会 40 人，实到会 36 人，符合法定人数。上午，举行第一次会议，通过了会议议程，听取和审议了州人民政府常务副州长马建全所作的《关于提请人事任免的议案》、州人大常委会选联工委主任邓成立所作的《关于提请人事免职和接受辞职的议案》。下午，举行第二次会议，通过了人事任免名单。州人大常委会主任字国顺主持会议，副主任杨宴君、张如旺、尚榆民、刘世兴、彭增梅、陆璐，秘书长李宗贤及常委会其他组成人员出席会议。州中级人民法院院长黄为华，州人民检察院检察长普赵辉，不是州人大常委会组成人员的州人大常委会机关副处以上领导干部列席会议。

【州第十二届人大常委会举行第二十一次会议】 2 月 13 日上午，大理州第十二届人大常委会第二十一次会议在龙山行政办公区举行。州人大常委会主任字国顺主持会议，副主任杨宴君、张如旺、尚榆民、刘世兴、彭增梅、陆璐，秘书长李宗贤及常委会其他组成人员出席会议，州人民政府常务副州长马建全、州中级人民法院院长黄为华、州人民检察院检察长普赵辉，不是州人大常委会组成人员的州人大常委会机关副处以上领导干部列席会议。常委会组成人员应到会 37 人，实到会 36 人，符合法定人数。会议听取、审议并通过了了李宗贤等人所作的《关于州十二届人大四次会议主席团和秘书长名单（草案）和州十二届人大四次会议邀请上主席台就座人员名单（草案）的说明》、《列席人员名单（草案）的说明》、《关于代表变动情况的报告和代表资格审查的报告》及马建全、普赵辉分别作的《关于提请人事任免的议案》。

【州第十二届人大常委会举行第二十二次会议】 3 月 8 日，大理州第十二届人大常委会第二十二次会议在龙山行政办公区举行。州人大常委会主任字国顺主持会议，副主任杨宴君、张如旺、尚榆民、刘世兴、陆璐，秘书长李宗贤及常委会其他组成人员出席会议，州人民政府常务副州长马建全、州中级人民法院院长黄为华、州人民检察院检察长普赵辉，不是

2011 年 2 月 15～19 日，大理白族自治州第十二届人民代表大会第四次会议在下关隆重召开　　（州人大常委会办公室　供稿）

州人大常委会组成人员的州人大常委会机关副处以上领导干部列席会议。常委会组成人员应到会 41 人，实到会 33 人，符合法定人数。会议听取、审议并通过了马建全、黄为华分别作的《关于提请人事任免的议案》，会议接受了彭增梅因工作变动辞去州十二届人大常委会副主任职务的请求。

【州第十二届人大常委会召开第二十三次会议】　4 月 26～27 日，大理州第十二届人大常委会第二十三次会议在龙山行政办公区召开。州人大常委会主任字国顺主持会议，副主任杨宴君、张如旺、尚榆民、刘世兴、陆璐，秘书长李宗贤及常委会其他组成人员出席会议，州人民政府副州长段玠、州中级人民法院和州人民检察院各 1 名领导，州发改委、财政局、粮食局、交通运输局、环保局、国土资源局、农业局、林业局、水务局、住建局、规划局、法制局的领导和 1 名科室以上相关人员，不是州人大常委会组成人员的州人大常委会机关副处以上领导干部、各县市人大常委会各 1 名副主任列席会议、各 1 名州人大代表列席会议。应到会常委会组成人员 40 人，实到会 37 人，符合法定人数。会议听取了《关于提请审议〈云南省大理白族自治州农村公路条例（草案）〉的议案及说明》、《关于提请审议〈云南省大理白族自治州湿地保护条例（草案）〉的议案说明》；听取、审议并通过了《公布施行〈云南省大理白族自治州村庄规划管理条例〉的公告（草案）》、州人民政府《关于提请人事任免的议案》、州中级人民法院、州人民检察院分别作的《关于提请任免法律职务的议案》、《关于全州粮食工作情况的报告》。

【州第十二届人大常委会召开第二十四次会议】　6 月 22～23 日，大理州第十二届人大常委会第二十四次会议在龙山行政办公区召开。州人大常委会主任字国顺主持会议，州人大常委会副主任杨宴君、张如旺、尚榆民、刘世兴、陆璐，秘书长李宗贤及常委会其他组成人员出席会议，州人大常委会党组副书记杨秀星，州人民政府副州长洪云龙、州中级人民法院和州人民检察院各 1 名领导，州发改委、财政局、民政局、住建局、水务局、交通运输局、环保局、司法局、体育局、审计局、法制局以及大理市洱海管理局各 1 名领导，不是州人大常委会组成人员的州人大常委会机关副处以上领导干部、各县市人大常委会各 1 名副主任和各 1 名州人大代表列席会议，州级各参会单位相关人员旁听会议。会议听取了《关于〈云南省大理白族自治州农村公路条例（草案）〉一审稿修改情况的报告》、《关于〈云南省大理白族自治州湿地保护条例（草案）〉一审稿修改情况的报告》；会议听取、审议并通过了州财政局《关于 2010 年州本级财政决算的报告》、州审计局《关于 2010 年州本级地方财政预算执行情况和其他财政收支情况的审计工作报告》、州司法局《关于“六五”普法规划的报告》、州民政局《关于全州村委会建设工作情况的报告》、州人大常委会《关于对州人民政府 2010 年州本级财政决算的审查报告》、《关于大理州村委会建设工作情况的调查报告》、《关于提请审议人事任免的议案》。

【州第十二届人大常委会召开第二十五次会议】　8 月 17～19 日，大理州第十二届人大常委会第二十五次会议在龙山行政办公区召开。州人大常委会主任字国顺主持会议，州人大常委会副主任杨宴君、张如旺、尚榆民、刘世兴、陆璐，秘书长李宗贤及常委会其他组成人员出席会议，州人大常委会党组副书记杨秀星、州人民政府副州长蔡春生，州中级人民法院和州人民检察院各 1 名领导，州发改委、财政局、卫生局、交通运输局、林业局、水务局、农业局、法制局各 1 名领导，不是州人大常委会组成人员的州人大常委会机关副处以上领导干部、各县市人大常委会各 1 名副主任及 11 名州人大代表列席会议，州级各参会单位相关人员旁听会议。会议听取了州人民政府副州长蔡春生所作的《关于提请审议〈将兰花、茶花作为大理州“州花”〉的议案》、州发改委《关于全州 2011 年 1～7 月国民经济和社会发展计划执行情况的报告》、州财政局《关于全州 2011 年 1～7 月地方财政预算执行情况的报告》、州卫生局《关于全州深化医药卫生体制改革工作情况的报告》，州人大常委会《关于对全州 2011 年 1～7 月国民经济和社会发展计划及地方财政预算执行情况的调查报告》、《关于对全州深化医药卫生体制改革工作情况的调查报告》、《关于〈云南省大理白族自治州农村公路条例（草案）〉》第二审后修改情况的说明》、《关于〈云南省大理白族自治州农村公路条例（草案）〉审议情况的报告》、《关于〈云南省大理白族自治州湿地保护条例（草案）〉第二审后修改情况的说明》、《关于〈云南省大理白族自治州湿地保护条例（草案）〉审议情况的报告》；书面听取了《关于组织部分州人大代表对全州小型农田水利建设重点县工作开展情况进行视察的报告》、《关于对全州森林生态效益补偿机制进行调研的报告》、《关于对州人民检察院开展反渎职侵权工作情况进行督促检查的报告》；听取了蔡春生、黄为华等 4 人分别作的《关于提请审议人事任免的议案》。会议通过了州人民政府《关于全州 2011 年 1～7 月国民经济和社会发展计划执行情况的报告》、《关于全州 2011 年 1～7 月地方财政预算执行情况的报告》、《关于全州深化医药卫生体制改革工作情况报告的审议意见》，会议决定将兰花、茶花作为大理白族自治州“州花”，会议作了相关人事任免。

【州第十二届人大常委会召开第二十六次会议】 10月25～26日，大理州第十二届人大常委会第二十六次会议在龙山行政办公区召开。州人大常委会主任字国顺主持会议，州人大常委会副主任杨宴君、张如旺、尚榆民、刘世兴、陆璐，秘书长李宗贤及常委会其他组成人员出席会议，州人大常委会党组副书记杨秀星，州人民政府副州长程云川、李红卫，州中级人民法院和州人民检察院各1名领导，州公安局、供销社、住建局、民政局、科技局、地震局、公积金管理中心各1名领导，不是州十二届人大常委会组成人员的州人大常委会机关副处以上领导干部，县市人大常委会主任、副主任各1名，12名人大代表列席会议，州级各参会单位相关人员旁听会议。会议听取了州供销社《关于全州供销合作社改革和发展情况的报告》、州住建局《关于全州保障性安居工程建设情况的报告》、州人大财经委主任委员赵旭所作的《关于全州供销合作社改革和发展情况的调查报告》、州人大常委会环资工委主任杨立章所作的《关于全州保障性安居工程建设情况的调查报告》、州人大法制委主任委员黄起忠所作的《关于贯彻落实人民陪审员制度工作情况的调查报告》、州中级人民法院《关于贯彻落实人民陪审员制度工作情况的报告》、州人大常委会《关于对全州贯彻实施〈中华人民共和国老年人权益保障法〉和〈云南省老年人权益保障条例〉情况进行执法检查的报告》、《关于对全州贯彻实施〈中华人民共和国科学技术进步法〉情况进行执法检查的报告》、《关于表彰提出议案的领衔代表、提出好建议的州人大代表和人大代表建议办理先进单位的议案》；会议书面听取了《关于州人民政府对加强公安机关信息化建设情况进行督促检查的报告》、《关于对全州人大贯彻落实州委〈关于加强和改进新形势下人大工作的意见〉情况的调研报告》、《关于对全州实施〈中华人民共和国防震减灾法〉和〈云南省防震减灾条例〉情况进行执法检查的报告》、《关于对州住房公积金管理中心〈新居住房公积金计算机管理信息系统〉检查情况的报告》。会议通过了《对州人民政府关于全州供销合作社改革和发展情况的审议意见》、《对州人民政府关于全州保障性安居工程建设情况的审议意见》、《对州中级人民法院关于贯彻落实人民陪审员制度工作情况的审议意见》、《对关于〈中华人民共和国老年人权益保障法〉和〈云南省老年人权益保障条例〉的执法检查报告的审议意见》、《对关于〈中华人民共和国科学技术进步法〉的执法检查报告的审议意见》、《关于表彰提出议案的领衔代表、提出好建议的州人大代表和人大代表建议办理先进单位的议案》。

【州第十二届人大常委会召开第二十七次会议】 12月22～23日，大理州第十二届人大常委会第二十七次会议在龙山行政办公区召开。州人大常委会主任字国顺主持会议，州人大常委会副主任杨宴君、张如旺、尚榆民、刘世兴、陆璐，秘书长李宗贤及常委会其他组成人员出席会议；州人大常委会党组副书记杨秀星，州人民政府副州长陈川，州中级人民法院和州人民检察院各1名领导，州政府督查室、州规划局、审计局、司法局、计生委、国土资源局、环保局各1名领导，不是州人大常委会组成人员的州人大常委会机关副处以上领导干部、各县市人大常委会主任、副主任各1人，12名州人大代表列席会议，州级各参会单位相关人员旁听会议。会议听取了州人民政府副州长陈川所作的《关于州十二届人大四次会议代表提出的建议、批评和意见办理情况的报告》、《关于提前结束"三五"依法治州规划启动实施"四五"依法治州规划的议案》、《关于提请审议大理白族自治州2011～2015年依法治州规划的议案》，州规划局《关于构建大理滇西中心城市规划体系工作情况的报告》，州审计局《关于2010年州本级地方财政预算执行情况和其他财政收支审计查出问题整改情况的报告》，州委依法治州领导小组办公室《关于大理白族自治州2011～2015年依法治州规划（草案）的报告》、州人大常委会《关于构建大理滇西中心城市规划体系工作情况的调查报告》、《关于对州十二届人大四次会议代表建议办复工作情况检查的报告》、《关于召开州十二届人大五次会议的决定（草案）的说明》、《关于州人大常委会工作报告（讨论稿）的说明》，州中级人民法院院长黄为华等人所作的《关于提请审议人事任免的议案》；会议书面听取了《关于对全州优生促进工程工作情况进行视察的报告》、《关于对全州节约集约利用土地工作情况的检查报告》、《关于〈云南省大理白族自治州村庄规划建设管理条例〉宣传贯彻落实情况的检查报告》、《大理环保世纪行2011年工作情况报告》、《关于组织部分基层人大代表和人大机关工作者外出考察学习情况的报告》。会议通过了《对州人民政府关于构建大理滇西中心城市规划体系工作情况的审议意见》、《关于州十二届人大四次会议代表提出的建议、批评和意见办理情况的报告》、《州人大常委会工作报告（讨论稿）》及报告人；会议表决了《关于召开州十二届人大五次会议的决定》、《关于同意提前结束〈大理白族自治州2008～2012年依法治州规划〉的决定》、《关于批准〈大理白族自治州2011～2015年依法治州规划〉的决议》；会议还进行了相关人事任免。

【对防震减灾"一法一条例"实施情况开展执法检查】 7月25～28日，大理州人大常委会组织部分州人大代表组成执法检查组，在州人大常委会副主任刘世兴、陆璐的率领下，先后到云龙、漾濞、祥云3县对全州贯彻实施《中华人民共和国防震减灾法》和《云南省防震减灾条例》贯彻实施情况进行执法检查。检查组一行先后深入各县乡镇、学校和有关单位作实地检查，并听取了各县关于贯彻实施防震减灾"一法一条例"的情况汇报。

7月28日下午，执法检查组在州人大常委会机关召开大理州防震减灾"一法一条例"执法检查汇报会，听取了州地震局局长张启明受州人民政府委托所作的《大理州贯彻实施〈中华人民共和国防震减灾法〉和〈云南省防震减灾条例〉的情况汇报》，参加执法检查的州人大代表分别发言，对全州贯彻实施防震减灾"一法一条例"情况提出意见建议，刘世兴代表执法检查组对此次执法检查情况作了总结，对下一步贯彻实施防震减灾"一法一条例"提出建议和要求，州人民政府副州长许映苏出席会议并发言。

【检查老年人权益保障"一法一条例"实施情况】 9月21～23日，大理州人大常委会组织部分州人大代表，组成以州人大常委会副主任刘世兴为组长的执法检查组，先后深入剑川、洱源两县，对全州贯彻实施《中华人民共和国老年人权益保障法》和《云南省老年人权益保障条例》情况进行执法检查。在州人民政府副州长许映苏等人陪同下，执法检查组一行实地察看了两县中心敬老院及两县部分社区、街道、村委会及自然村的老年活动场所，了解老年人生活情况；听取了两县人民政府贯彻实施老年人权益保障"一法一条例"的情况汇报。

9月23日上午，执法检查组在洱源县召开老年人权益保障“一法一条例”实施情况执法检查座谈会，听取了州民政局局长杨泽兵受州人民政府委托所作的《关于贯彻落实〈中华人民共和国老年人权益保障法〉、〈云南省老年人权益保障条例〉的情况的报告》，与会人大代表对进一步贯彻实施“一法一条例”、做好老龄工作提出了建议。

【对《科技进步法》实施情况开展执法检查】 9月21～23日，大理州人大常委会组织部分州人大代表，组成以常委会副主任杨宴君为组长的执法检查组，对州人民政府贯彻实施《中华人民共和国科学技术进步法》情况进行执法检查。在州科技局、州人社局、州财政局领导的陪同下，执法检查组先后深入到巍山县大理州中药制药厂，南涧县碧溪乡杏子山村中药种植专业合作社、凤凰沱茶厂、小军庄热带优质水果科技示范工程基地，大理市清逸堂实业有限公司和金明动物药业有限公司进行了实地检查，并就《科技进步法》的学习、宣传和贯彻实施情况，以及深化改革、推动科技创新及科技成果转化和应用、加大资金投入和加强科技人才队伍建设等情况与企业主和科技人员进行了座谈；执法检查组还听取了州人民政府和巍山、南涧两县人民政府的工作汇报。3天的检查过程中，执法检查组就进一步贯彻实施好《科技进步法》提出了许多意见建议。

【人大代表视察小型农田水利建设重点县工作】 7月20～21日，大理州人大常委会组织部分省、州人大代表，组成以常委会副主任尚榆民为组长，常委会主任字国顺、副主任杨宴君、刘世兴和部分常委会组成人员及基层代表共17人的视察组，对全州小型农田水利建设重点县工作情况进行视察。在州人民政府副州长段玠，州水务局、州财政局等相关部门领导陪同下，视察组先后实地视察了祥云县米甸镇中央财政小型农田水利建设重点项目的实施情况、中国烟草云南祥云大型水源工程建设情况，弥渡县密祉乡中央财政小型农田水利建设专项项目实施情况和寅街镇后海水库除险加固工程建设情况；听取了段玠和祥云县、弥渡县人民政府领导的工作汇报。通过现场察看和资料查询，代表们对全州小农水建设工作给予了充分的肯定，同时也指出了存在的问题，对下一步工作提出了建议。

【对全州加快推进学前教育发展工作开展视察】 4月21～23日，大理州人大常委会组织部分州人大代表，组成以常委会副主任杨宴君为组长的视察组，对全州加快推进学前教育发展工作情况进行视察。在听取了州人民政府的工作汇报后，在副州长洪云龙等人陪同下，视察组一行先后深入到州幼儿园和大理市、鹤庆县、剑川县9个幼儿园进行了实地察看。3天的视察过程中，视察组对全州加快推进学前教育发展工作给予了充分肯定，同时指出了存在的问题，并对下一步工作提出了建议。

【对全州优生促进工作开展视察】 11月8～10日，大理州人大常委会组织部分州人大代表，组成以常委会副主任尚榆民为组长的视察组，对全州优生促进工程工作情况进行视察。在州人民政府副秘书长阎炳安等人陪同下，视察组一行先后视察了剑川县计生服务站、沙溪镇计生服务所、祥云县计生服务站、祥城镇计生服务站，查看了宣传手册和建档情况，分别听取了州人民政府和剑川县、祥云县人民政府工作汇报。3天的视察过程中，视察组对全州优生促进工程的顺利实施表示满意，同时指出了存在的问题，并对下一步工作提出了建议。

【大理州省人大代表视察全州保障性住房建设情况】 11月15～16日，州人大常委会组织大理州选举产生的省十一届人大代表，对全州保障性住房建设情况进行集中视察，并形成大理代表团在省人代会期间的议案和建议。

11月15日，在州人民政府副州长李红卫及相关部门领导的陪同下，代表们先后深入到弥渡县二中廉租房片区和杜营廉租房片区、大理市下关镇打渔村保障性住房片区、云南建设学校公租房项目点和荷花保障性住房片区，听取了有关部门负责人的情况介绍，实地察看了保障性住房建设情况，并深入到部分保障性住房户家中了解情况，听取意见。

11月16日，视察组在苍山饭店召开座谈会，州人大常委会主任字国顺主持汇报座谈会。会上，李红卫向视察组一行汇报了全州保障性安居工程建设情况，省人大代表、州住建局局长沈锡清，省人大代表、省人大常委会委员、省环境科学研究院院长贺彬，省人大代表、省人大常委会巡视员王桂芳，省人大代表、大理市人大常委会主任李国源，省人大代表、州财政局局长杨建华，省人大代表、省人大常委会委员、省人大财经委主任委员孙小虹等先后发言，对下一步全州的保障性安居工程建设提出了建设性的意见建议。

【州人大常委会首次开展财政工作专题询问】 8月18日下午，大理州第十二届人大常委会第二十五次会议财政专题询问联组会议在龙山国际会议中心举行。州人大常委会主任字国顺，副主任杨宴君、张如旺、尚榆民、刘世兴，秘书长李宗贤及常委会其他组成人员出席会议；州委常委、常务副州长马建全，州财政局领导班子全体成员参加了会议；部分公民到会旁听了专题询问情况。张如旺受主任会议委托主持专题询问联组会

4月28日上午，州人大常委会在龙山国际会议中心召开《云南省大理白族自治州村庄规划建设管理条例》公布施行视频会议 （州人大常委会办公室 供稿）

议。结合《州人民政府关于2011年1～7月地方财政预算执行情况的报告》，以一问一答的方式，对财政工作开展专题询问。9位专题发言的州人大常委会委员就公众最关心的财政支持经济发展、财源培植、扶持企业发展、抓好财政收入、落实惠农政策、改善民生和扩大就业、民族自治地区在财政转移支付或加大投入方面的特殊扶持政策措施、公共卫生体系建设等问题向州财政局进行了专题询问。近3个小时的询问，问答双方气氛融洽、关系和谐。作为询问者的州人大常委会组成人员，提出的问题关注民生和社会热点，简明扼要、重点突出、针对性强；作为政府职能部门的州财政局，本着"为国理财、为民服务"的原则和对州人大常委会认真负责的态度，认真解答，客观真实、全面准确，直到提问者表示满意。

【省人大常委会检查大理州《税收征管法》实施情况】 8月10～11日，以云南省人大常委会副主任程映萱为组长的省人大常委会执法检查组一行到大理州，就大理州贯彻实施《中华人民共和国税收征收管理法》情况进行执法检查。大理州人大常委会主任字国顺，省人大代表、州财政局局长杨建华参加了此次执法检查。

11日上午，字国顺在龙山国际会议中心主持召开汇报会，省人大常委会执法检查组及陪同检查的省级有关部门领导，州人大常委会副主任杨宴君、张如旺，州人民政府副州长陈川，州人大财经委主任委员赵旭，州人民政府副秘书长、金融办主任李继显，州国税局、地税局、审计局、法制局、质量技术监督局等部门的领导参加汇报会。陈川受州长何金平的委托汇报了大理州贯彻实施《税收征管法》情况，并提出了修改完善《税收征管法》的意见建议。州国税局、州地税局的领导就进一步做好税收征管工作、修改完善《税收征管法》作了补充发言。检查组一行随后深入到大理市地税局、大理药业股份有限公司等部门和企业，与基层税务干部、企业负责人及职工代表、纳税人代表座谈，认真听取了他们的发言，详细了解实施《税收征管法》时遇到的具体问题。程映萱最后表示，将把在检查中听到的意见建议认真进行梳理，形成书面报告报省人大常委会审议。

【省人大常委会检查大理州实施《文物保护法》情况】 10月9～11日，以省人大常委会副主任杨保建为组长的执法检查组一行对大理州贯彻实施《中华人民共和国文物保护法》情况进行执法检查。州人大常委会主任字国顺参加了此次检查。10月10日上午，大理州人民政府召开了汇报会，州委常委、州人民政府副州长蔡春生向执法检查组一行汇报了大理州贯彻实施《文物保护法》情况。执法检查组成员、省人大常委会教科文卫工委主任委员陈觉民，省人大代表高苏平、范立义、廖晓琼等对大理州实施《文物保护法》情况作了相关询问。检查组一行先后对大理市下关文庙恢复重建工程、太和城遗址保护"文化生态体验区"、喜洲古镇正义门广场和喜林苑及董苑的保护与开发、三塔与崇圣寺保护与利用、大理古城和市博物馆及农村电影博物馆的保护与利用等情况，巍山县城太阳宫、文庙、古城保护情况及巍宝山国家级文物保护单位长春洞等进行了实地检查；杨保建在检查结束时作了总结，充分肯定了大理州的文物保护工作，对下一步的工作提出建议和要求。州人大常委会副主任杨宴君等全程陪同检查。

【农环工委召开与政府部门联系会】 3月17日，州人大常委会农环工委举行与政府部门的联系会议。州水务局、农业局、林业局、住建局、环保局、计生委、规划局、扶贫办、畜牧局、住房公积金管理中心、苍山保护管理局、气象局、国土资源局的领导和办公室主任，州人大农环委全体人员和兼职委员参加了会议。会上，州人大常委会农环委主任张春松通报了2011年农环委的工作安排，州人大常委会副主任尚榆民作讲话。

【州人大代表建议交办会召开】 3月17日，大理州人大代表建议交办会在下关龙山国际会议中心召开。州人大常委会主任字国顺，州委常委、常务副州长马建全，州人大常委会副主任刘世兴及州级有关单位领导出席会议。会议由州人民政府秘书长李超主持。会上，刘世兴作了题为《加强领导，注重实效，高质量完成代表建议办理工作》的讲话，通报了州十二届人大三次会议代表建议办理情况，并对办理州十二届人大四次会议代表提出的建议提出了要求。

【传达学习十一届全国人大四次会议精神】 3月24日下午，大理州人大常委会机关邀请全国人大代表、中共大理州委常委、州委政法委书记茶忠旺传达十一届全国人大四次会议精神。州人大常委会副主任张如旺、刘世兴、陆璐及机关全体干部职工，老干党支部负责人等60余人参加会议。州人大常委会主任字国顺主持会议。茶忠旺就十一届全国人大四次会议的基本情况和主要特点、主要精神等作了详细传达。

【举办州人大代表和人大机关工作者第四期培训班】 3月29～31日，大理州人大常委会在州委党校举办州第十二届人大代表和人大机关工作者第四期培训班。各县市人大常委会分管民侨工作的副主任及民侨工委主任委员、州人大代表共60余人参加培训。开学典礼上，州人大常委会副主任刘世兴作了题为《坚定信心，依法履职，努力实现"十二五"规划良好开局》的动员讲话。培训班采取集中授课的方式进行。州发改委主任张正贤、州委党校副教授杨江涛、州民委主任张其富、州宗教局局长杨化宇、州人大民族委主任委员李绍平分别就大理州"十二五"规划、"如何开展自治州地方民族立法工作"等5个专题进行了授课，州人大常委会选联工委主任邓成立在培训结束时作了总结。

【财经委召开与政府对口部门联席会】 3月29日，大理州人大常委会财政经济委员会召开与政府对口部门联席会。州发改委、工信委、财政局、审计局、交通局、商务局、安监局、统计局、粮食局、法制局、供销社、金融办等相关部门负责人，州人大财政经济委员会全体委员出席会议。会上，州人大财经委员会主任委员赵旭通报了2011年州人大财经委的主要工作，并就进一步加强与政府对口部门的工作联系，做好人大财经监督工作提出了要求。参加会议的各对口联系部门负责人通报了2011年的工作安排，并就加强与州人大财经委的工作联系、自觉接受人大常委会监督工作提出了意见和建议。州人大常委会副主任张如旺出席会议并讲话。

【教科文卫工委召开工作联席会】 4月8日，大理州人大常委会教科文卫工作委员会2011年工作联席会在龙山国际会议中心召开。州人大常委会教科文卫工作委员会全体委员，州教育局、科技局、文化局、卫生局、广播电视局、体育局、旅游局、食品药品监督管理局、文化遗产局、档案局、地方志办公室的主要领导参加会议；州人大常委会副秘书长、办公室主任罗启文，州直机关纪工委、州科协、州文联、大理日报社、州红十字会、州

11月15～16日，州人大常委会组织大理州的云南省十一届人大代表集中视察全州保障性住房建设情况 （州人大常委会办公室　供稿）

白族文化研究所、大理电视台、大理州人民广播电台等单位的主要领导应邀出席会议。会上，州人大常委会教科文卫工委主任委员杨达亨通报了教科文卫工委2010年工作，提出了2011年工作要点。州人大常委会副主任杨宴君在会上讲话，充分肯定了州人大常委会教科文卫工委2010年的工作，并就教科文卫委员会与政府对口部门的联系工作提出了要求。

【召开《村庄规划建设条例》公布施行视频会议】 4月28日上午，州人大常委会在龙山国际会议中心召开《云南省大理白族自治州村庄规划建设管理条例》公布施行电视电话会议。大理州党政领导刘明、何金平、字国顺、袁爱光、马建全、梁志敏、茶忠旺、叶翠萍、岳黎松、杨光军、张如旺、尚榆民、刘世兴、陆璐、李红卫、杨泽恒、李东升，州人民检察院检察长普赵辉，州人大常委会秘书长李宗贤，州政协秘书长欧阳任，州十二届人大常委会委员，州委各部委、州级国家机关各委办局、各人民团体、中央及省属驻大理各单位领导及大理、祥云、鹤庆3县市的县市委书记、县市长等共200多人出席会议。各县市和有条件的乡镇设分会场，利用电子政务视频会议系统收看会议实况。会议由州人大常委会副主任杨宴君主持。会上，州人大常委会副主任刘世兴宣读了州人大常委会《关于公布施行〈云南省大理白族自治州村庄规划建设管理条例〉公告》，州委书记刘明、州长何金平先后作了讲话，州人大常委会主任字国顺作了题为《认真贯彻落实村庄规划建设管理条例，促进农村经济全面发展》的讲话。

【州人大常委会党组（扩大）会议学习“七一”讲话精神】 7月11日下午，大理州人大常委会党组召开扩大会议，认真传达学习胡锦涛总书记在庆祝中国共产党成立90周年大会上的重要讲话精神。州人大常委会党组书记、主任字国顺作了题为《认真学习贯彻胡锦涛同志重要讲话精神，确保坚持党的领导、人民当家作主与依法治国的有机统一》的讲话。州人大常委会党组其他成员、州人大常委会副主任陆璐出席会议并先后发言，分别交流了学习贯彻胡锦涛“七一”讲话精神的心得体会。不是党组成员的州人大常委会机关副处级以上干部参加了党组（扩大）会议。

【组织多家新闻媒体开展环保世纪行采访活动】 7月19～22日，州人大常委会环资工委牵头组织《大理日报》、大理州电视台、大理州人民广播电台以及《云南日报》、《滇池晨报》、《春城晚报》、《云南法制报》、《云南信息报》驻大理记者站8家新闻媒体的记者，在州委宣传部、州农业局、环保局、住建局相关人员的陪同下，紧紧围绕“共享的水，共享的机遇——节水，防污”2011年环保世纪行活动主题，深入到云龙、永平、祥云、宾川4县开展采访活动，发稿33篇。

【传达学习中共十七届六中全会精神】 10月26日下午，州人大常委会召开第三十三次党组（扩大）会议，认真传达学习中共十七届六中全会精神。州人大常委会党组班子成员、州人大常委会组成人员、不是州十二届人大常委会组成人员的州人大常委会机关副科以上领导干部、列席州十二届人大常委会第二十六次会议的各县市人大常委会领导及州人大代表参加了会议。会上，州人大常委会党组成员、副主任张如旺传达学习了《中国共产党第十七届中央委员会第六次全体会议公报》，州人大常委会党组副书记杨秀星传达学习了《中共中央关于深化文化体制改革、推动社会主义文化大发展大繁荣若干重大问题的决定》，州人大常委会党组书记、主任字国顺主持会议并作题为《认真学习贯彻十七届六中全会精神，合力推进全州文化建设大发展大繁荣》的讲话。

【州、市人大常委会领导调研永安江综合治理工程】 7月7日，大理州人大常委会主任字国顺、大理市人大常委会主任李国源在副州长许映苏、副市长杨永福及相关部门领导的陪同下对永安江水环境综合治理情况开展调研。字国顺、李国源要求，相关部门和乡镇要严格贯彻落实《洱海管理条例》及各项保护政策、措施，尽快拿出具体方案，启动实施河道清理整治工作，让永安江发挥其经济和生态效益。

【传达州第七次党代会精神】 9月26日上午，州十二届人大常委会召开党组（扩大）会议，州人大常委会党组书记、主任字国顺，党组副书记、副主任杨宴君，党组副书记杨秀星，党组成员、副主任张如旺、尚榆民、刘世兴，常委会副主任陆璐，党组成员、秘书长李宗贤出席会议；州人大常委会机关副处以上领导干部及调研员、副调研员，机关老干部支部书记列席会议。会上，杨宴君传达了州第七次党代会精神；李宗贤传达了云南省州市人大常委会秘书长、办公厅（室）主任、研究室主任工作座谈会精神；会议研究通过了《关于召开州十二届人大常委会第二十六次会议有关事项的建议》和《提出议案的领衔代表、提出好建议的州人大代表和人大代表建议办理先进单位名单》。字国顺主持会议并讲话，就如何学习、宣传和贯彻落实好州第七次党代会精神提出要求。

【省人大常委会法工委领导到大理调研】 4月11～12日，省人大常委会法工委副主任查大林一行6人对大理州规范性文件备案审查工作开展调研。12

日上午，州人大常委会在机关召开座谈会，州人民政府副州长陈川，州人大常委会秘书长李宗贤，副秘书长、办公室主任罗启文，研究室主任贺跃云，大理市人大常委会副主任潘鸣林，州人大法制委调研员周汝林，州政府法制局等相关部门领导参加了座谈会。州人大法制委主任委员黄起忠向调研组汇报了大理州人大常委会规范性文件备案审查工作情况。与会的大理市人大常委会、州政府法制局和州人大常委会研究室等单位的领导分别发言，汇报了开展规范性文件备案审查工作的情况，并就进一步工作提出了意见建议。查大林充分肯定了大理州人大常委会规范性文件备案审查工作，并对大理州人大常委会进一步加强和做好此项工作提出了希望和要求。

【省人大调研组到巍山县调研】 8月20～21日，省人大常委会原副主任黄炳生一行在州人大常委会副主任尚榆民等陪同下，到巍山县调研畜牧产业、旅游产业发展情况。黄炳生一行先后深入到庙街镇新云现代生猪、肉牛养殖农民专业合作社、慧明村委会兴荣养殖场等地察看了厩舍、青贮池、饲草种植和规模化养猪、养牛及市场销售情况；到鸟道雄关考察了巍山县鸟类环志站鸟类环志展厅和茶马古道展厅，体验了鸟道雄关神奇美丽的自然风光和茶马古道上的马帮文化。

【省人大常委会常务副主任晏友琼到漾濞调研】 9月6日，云南省人大常委会常务副主任晏友琼在州人大常委会主任字国顺、州人大常委会党组副书记杨秀星等陪同下，到漾濞县调研《云南省漾濞彝族自治县漾濞核桃产业发展条例》贯彻执行情况。晏友琼一行先后深入到苍山西镇光明村村委会核桃展馆、光明万亩核桃生态园，对核桃产业发展现状进行了参观考察。走访了部分农户，详细了解群众对《条例》的认识和反映，以及《条例》的颁布施行对促进核桃产业发展的作用。

【开展纪念建党90周年活动】 2011年上半年，大理州人大常委会采取多种形式在全州人大系统广泛开展纪念中国共产党成立90周年活动：①从3月份开始，州人大常委会机关内部刊物《大理人大》月刊先后开辟了“纪念建党90周年”和“学习楷模杨善洲，立足岗位创先争优”两个专栏，刊登全州各级人大代表和州、县市人大常委会机关人大工作者撰写的理论文章、散文、诗词歌赋以及书画、摄影作品。②州人大常委会于6月21～22日举办了“纪念建党90周年全州人大系统演讲”比赛。全州12县市人大常委会及州人大常委会机关的13支代表队参加了在大理电视台演播大厅举行的预赛和决赛，分别决出了一、二、三等奖。③4月29日，州人大常委会机关党支部组织机关全体干部职工到州人民检察院开展警示教育。6月2日，州人大常委会机关组织全体干部职工到大理古城电影院观看电影《地道战》，到大理市湾桥镇周保中纪念馆参观。④3月16～18日，州人大常委会机关老干部党支部组织全体离退休干部分别参观考察了大理市大风坝电场和小湾电站等建设工程。4月8日，认真学习了胡锦涛总书记关于认真学习杨善洲先进事迹的重要指示及相关材料。6月9～10日，先后到祥云县下庄镇王家庄参观王复生、王德三烈士故居、云南驿镇“二战中印缅战区交通史纪念馆”，参观考察宾川县鸡足山旅游专线建设工程，认真开展爱国主义教育。⑤在全州人大系统组织了由人大代表和人大机关工作者组成的参赛代表队，参加了由省人大常委会举办的“为人民歌唱”——2011年云南省人大系统演唱比赛活动。⑥设立了“大理州人大工作展示厅”，并于7月初正式开展，全面、客观地再现了自治州人大常委会走过的光辉历程及取得的工作成就。

【全州人大民族工作座谈会在关召开】 11月24～25日，全州人大民族工作座谈会在下关召开。州人大民族委员会全体委员，各县市人大常委会分管联系人大民族工作的副主任及民侨工委主任、副主任参加会议；州人大常委会副秘书长、办公室主任罗启文出席会议。会上，州人大民族委员会主任委员李绍平总结了2011年全州人大民族工作；州人大常委会副主任刘世兴主持会议并作了题为《深化认识，开拓创新，进一步做好人大民族工作》的讲话。大理市、漾濞县、祥云县、宾川县、弥渡县、南涧县人大常委会民族工委主任先后作交流发言。

【全州人大常委会教科文卫工作座谈会在关召开】 11月24～25日，全州人大常委会教科文卫工作座谈会在下关召开。州人大常委会教科文卫工作委员会全体委员，各县市人大常委会分管联系教科文卫工作的副主任和教科文卫工委主任参加会议，州人大常委会秘书长李宗贤应邀出席座谈会。会上，州人大常委会教科文卫主任杨达亨通报了2011年州人大教科文卫工作；州人大常委会副主任杨宴君出席会议并作了题为《勤奋学习，依法监督，关注民生，狠抓落实，共创大理州人大教科文卫工作新辉煌》的讲话，充分肯定了州人大教科文卫工作取得的成绩；各县市人大常委会教科文卫委主任先后作了交流发言。

【全州人大财经工作座谈会在关召开】 11月27～28日，全州人大财经工作座谈会在下关召开。州人大财政经济委员会全体组成人员，各县市人大常委会分管联系人大财经工作的副主任及财经工委主任、副主任参加会议。会上，州人大财经工作委员会主任委员赵旭通报了

州人大常委会组织代表到大理州消防支队视察　（州人大常委会办公室　供稿）

2011年5月3~4日，州人大常委会主任宇国顺在秘书长李宗贤、法制委主任黄起忠的陪同下深入弥渡县调研烤烟种植情况　（常华敏　供稿）

州人大财政经济委员会2011年工作；各县市人大常委会财经工委主任先后作了交流发言；州人大常委会副主任张如旺出席座谈会，并以《届末不懈怠，勤奋履好职》为题发表寄语。

【全州人大外事华侨工作座谈会在关召开】　12月5~6日，2011年度全州人大外事华侨工作座谈会在下关召开。州人大常委会外事华侨工作委员会全体成员，全州各县市人大常委会分管联系人大民族华侨工作的副主任和民侨工委主任、副主任，州人大常委会副秘书长、办公室主任罗启文参加会议。会上，州人大常委会外事华侨工作委员会主任杨庆华通报了外事华侨工委2011年的工作情况及2012年工作计划，州人大常委会外事华侨工委兼职委员邓必安传达了全国人大华侨委召开的有关会议精神，大理市和宾川县人大常委会民族华侨工委领导先后作交流发言，州人大常委会副主任陆璐出席座谈会作了题为《依法护侨，强化服务，在桥头堡背景下努力推进全州侨务工作创新发展》的讲话。

【全州人大法制工作座谈会在关召开】　12月6~7日，全州人大法制工作座谈会在下关召开。州人大法制委员会全体组成人员，各县市人大常委会分管联系人大法制工作的主任或副主任和法工委主任及副主任，州中级人民法院、州人民检察院、州公安局、州司法局、州国家安全局、州法制局领导参加会议。会上，大理市、鹤庆县、弥渡县、云龙县先后作交流发言；州人大法制委主任委员黄起忠通报了州人大法制委员会2011年工作及2012年工作计划；州人大常委会党组副书记杨秀星作了讲话，充分肯定了全州人大一年来的法制工作。

【全州人大常委会选举联络工作座谈会在关召开】　12月6~7日，全州人大常委会选举联络工作座谈会在下关召开。各县市人大常委会分管联系选联工委工作的副主任和选联工委主任及人大代表活动小组组长，州人大常委会秘书长李宗贤，副秘书长、办公室主任罗启文，研究室主任贺跃云，选联工委全体人员参加会议。会上，州人大常委会副主任刘世兴作了题为《强化代表小组活动，激发代表履职活动，充分发挥各级人大代表作用》的讲话；大理市、祥云县和宾川县人大常委会选联工委主任先后作交流发言；州人大常委会选联工委主任邓成立通报了州人大常委会选举联络工作委员会2011年度工作情况和2012年工作打算。

【全州人大农业、环境资源保护工作座谈会在下关召开】　12月6~7日，全州人大农业、环境资源保护工作座谈会在下关召开。州人大常委会农业工作委员会和环境资源保护工作委员会全体组成人员及兼职委员，各县市人大常委会分管联系农业、环境资源工作的副主任和农业、环资工委主任、副主任，州人大常委会农业和环资工委对口联系的州政府相关部门领导及办公室主任，大理“环保世纪行”2011年度受表彰的先进个人，州人大常委会秘书长李宗贤，副秘书长、办公室主任罗启文参加会议。会上，州人大常委会副主任尚榆民作了题为《加强领导，通力协作，2011年大理环保世纪行宣传活动成效明显》的讲话；李宗贤宣读了大理“环保世纪行”组委会《关于2011年大理环保世纪行宣传活动的表彰决定》；出席座谈会的领导为获奖单位和个人颁奖。

【全州人大常委会办公室、研究室工作座谈会在关召开】　12月12~13日，全州人大常委会办公室、研究室工作座谈会在下关召开。常委会秘书长李宗贤，副秘书长、办公室主任罗启文，研究室主任贺跃云以及办公室、研究室的其他领导和各科室队负责人，各县市人大常委会分管联系办公室、研究室工作的主任或副主任及办公室、研究室的主任、副主任等参加会议。会上，李宗贤作了题为《积极探索，勇于创新，努力做好新形势下人大常委会机关工作》的讲话，并传达了省人大常相关会议精神，罗启文、贺跃云通报了相关工作，宾川县、南涧县、永平县、鹤庆县、漾濞县先后作交流发言。

（《大理州人大常委会》由高绩武撰稿）

（《大理州人大常委会》责任编校：管由权）

大理州人民政府

综　述

【概　述】 2011年，大理州人民政府团结和依靠全州各族干部群众，深入贯彻落实科学发展观，紧紧抓住新一轮西部大开发和桥头堡建设重大机遇，坚定信心、勇于开拓、狠抓落实，克服了物价上涨、能源紧张、持续干旱等不利影响，全州经济社会持续快速发展，圆满完成了州十二届人大四次会议确定的目标任务，实现了“十二五”良好开局。

【三次产业平稳增长】 2011年，大理州全年完成生产总值568.5亿元，增长14.2%。三次产业结构比例为21.7∶41.9∶36.4。财政总收入100.3亿元，增长24.4%，其中地方一般预算收入45.95亿元，增长22.1%；一般预算支出159.62亿元，增长28.5%。①农村经济持续发展。实现农业总产值234.82亿元，增长16.6%。农村经济总收入447.3亿元，增长16.2%。粮食总产157.3万千克，增长15%。改造中低产田地1.61万公顷。建成76.67万公顷优势特色产业基地和14.5万头乳畜产业基地，新增龙头企业21户。种植烟叶4.25万公顷，收购烟叶164.8万担，实现烟农收入16.4亿元。完成中低产林改造3.41万公顷。新植核桃6.8万公顷，累计达61.08万公顷，实现产值48.2亿元。新植红豆杉733.33公顷，累计达0.67万公顷。畜牧业实现产值91.9亿元，增长15.9%。农村富余劳动力培训7.5万人、转移6.9万人。②工业经济提速增效。实现工业总产值607.94亿元，增长27.4%；工业增加值197.6亿元，增长22.2%。规模以上工业实现增加值154.1亿元，增长24.7%。矿冶、机械制造、能源、烟草、生物资源及优势农产品加工、建材六大产业实现产值439.5亿元，增长27.3%，占工业总产值的72.3%。完成工业固定资产投资119.5亿元，增长16.3%。祥云飞龙公司30万千克浸出渣无害化等25个项目建成投产，大理药业针剂生产线技改等33个项目开工。工业园区开发建设机制不断创新，建成标准厂房30万平方米，大理上登工业园区土地一级开发项目启动。新增私营企业1182户，增长21%。非公经济实现增加值260亿元，占生产总值的比重达46%。标准化和质量兴州战略深入实施，清逸堂“日子”商标被认定为中国驰名商标。③第三产业蓬勃发展。旅游二次创业稳步推进，崇圣寺三塔被评为5A级景区，鸡足山景区改造提升全面完成，苍山大索道、大理游客服务中心等投入运营。接待国内外游客1545万人次，增长15.5%；旅游业总收入138.4亿元，增长20.3%。新建和改造乡镇农贸市场33个，建成标准农家店300个。家电下乡销售44.8万台、兑付补贴1.1亿元。商品房销售149.05万平方米，增长42.2%。社会消费品零售总额170.5亿元，增长20%。居民消费价格总水平上涨4.7%。年末金融机构各项存贷款余额701.36亿元和469.67亿元，比年初增长17.4%和20.5%。年内新增贷款100亿元。6.5亿元城投债券发行获国家发改委批准，16亿元旅游产业债券申报工作进展顺利。获批小额贷款公司25家，新增贷款9.6亿元。保险业实现保费收入14.3亿元。大理被命名为“中国金融生态城市”。

【投资增长保障项目建设扎实推进】 2011年，全州在建重大基础设施基础产业项目143项，竣工投产25项，完成投资204.5亿元。全社会固定资产投资完成360.36亿元，增长27.43%。①交通建设全面推进。积极配合做好大丽高速公路、大瑞铁路建设。跃龙公路等4条二级公路建成通车，总投资80.8亿元的8条二级公路建设如期锁定债务。国道214线剑川过境公路、果河公路等路网改造项目顺利推进。完成农村公路通畅工程21个、494千米，通达工程135个、1210千米。②水利建设力度加大。完成投资16.4亿元，增长52%。包罗水库等8件重点水源工程加快推进，其中三岔河水库下闸蓄水，中国烟草祥云青海湖大型水源工程主体工程全面完成。母子垦水库和浑水海水库除险加固工程通过省级竣工验收。66座小型水库建设进展顺利。大型灌区建设稳步推进。建成“五小水利”工程4.3万件。新增有效灌溉面积3333.33公顷。解决15.1万农村人口和3.6万农村学校师生饮水安全问题。③能源建设步伐加快。中缅油气管道过境段建设稳步推进，大理市城区天然气利用项目启动。大龙潭等5个风电场建成投产，新增装机容量22.7万千瓦、累计达46.9万千瓦，占全省建成总量的67%。功果桥电站两台机组投产发电，龙开口、鲁地拉、苗尾电站建设稳步推进。黄坪500千伏和丁家庄、羊龙潭220千伏输变电工程进展顺利。农村电网改造升级全面推进。

【城乡建设步伐加快】 2011年，大理州坚持统筹城乡发展，加强城市规划、建设和管理，着力加快滇西中心城市建设，积极探索山地城镇建设新路子。①城乡规划不断加强。城市总体规划修改和滇西中心城市新区规划编制工作稳步推进。县城以上城市规划区控制性详规覆盖率达65.6%。完成12县市城市近期建设规划编制。村庄规划编制工作顺利开展。城乡规划管理和执法力度加大。②城镇化进程加快。保护坝区农田建设山地城镇工作得到省委、省政府充分肯定，并在大理召开全省现场会。滇西中心城市建设稳步推进，海东新区基础设施建设累计投入资金19.1亿元。凤仪开发建设步伐加快，新储、元通等一批商贸物流项目启动。下关旧城改造提升和大理古城保护进展顺利。大理市获全国文明城市提名。永平、洱源、漾濞县城改造提升工程启动实施。22个特色小镇建设有序推进。实施23个城镇污水和生活垃圾处理项目。园林城市创建工作深入开展。新增城市绿地面积73.9万平方米，城镇绿化覆盖率达25%。城镇建成区面积达144.5平方千米，增加6平方千米。全州城镇化率达36%，提高3个百分点。③新农村建设扎实推进。“四大工程”建设共完成投资16.3亿元。洱海流域百村整治工程顺利实施。12个中心集镇、24个中心村、36个示范村建设成效明显，120个省级重点村、19个民族团结示范村建设进展顺利。扶贫开发整县、整乡试点和50个村建设成效显著。祥云—宾川扶贫综合开发示范园区建设基本完成。实施农村危房改造1.3万户、农村民居地震安全工程9000户。水利水电移民搬迁安置工作稳步推进。以永平县为重点的统筹城乡发展试点工作启动实施。

【生态建设力度加大】 2011年，大理州坚持把生态建设摆在优先位置，坚定不移地走生态建设产业化、产业发展生态化的可持续发展之路。①洱海保护治理深入推进。“十一五”洱海保护治理目标任务顺利完成，受到省政府表彰。流域生活污水处理和垃圾收集清运处置取得突破。苍山十八溪等入湖河流综合整治加快推进。洱海被财政部、环保部列为全国湖泊生态环境保护试点，下达年度试点资金2亿元，17个试点项目全面实施。洱海水质总体保持Ⅲ类，有5个月达到Ⅱ类。②生态建设和资源保护不断加强。生物多样性保护有序推进，“七彩云南保护”大理行动向纵深发展，生态州、生态县市、生态乡镇创建取得实效。巩固退耕还林1.3万公顷，完成荒山造林0.2万公顷。实施天保工程森林管护140万公顷，公益林建设1.33万公顷。完成义务植树950万株。森林生态效益补偿工作深入开展，纳入补偿公益林面积70万公顷。政策性森林火灾保险全面启动，投保面积196.27万公顷。完成土地开发整理0.58万公顷，新增耕地0.15万公顷。治理水土流失面积149平方千米。苍山申报世界地质公园通过国家评审，进入向联合国推荐目录。鹤庆北衙金属矿田等矿产资源勘查和地质找矿取得新突破。③节能减排目标顺利实现。实施了三德水泥低温余热发电等一批工业节能降耗技改项目。大力推广应用节能技术产品，全社会节能工作深入开展。新建农村户用沼气池3286口，完成节柴改灶1万户，推广太阳能设备1.1万台。单位生产总值能耗下降4.8%。重点区域污染防治工作不断加强，整治违法排污企业环保专项行动成效明显。主要污染物排放量控制在省下达指标以内。

【改革发展活力明显增强】 2011年，大理州积极探索创新，优化发展环境，努力构建对外开放新格局，以开放促改革、促发展。①各项改革统筹推进。新一轮州、县市、乡镇政府机构改革全面完成。全国现代服务业综合改革、旅游综合改革试点全面推进。财税体制改革不断深化，县级财政保障能力进一步增强。农村经营体制改革力度加大，集体林权制度综合配套改革不断完善，水务管理体制改革进展顺利。供销社改革和二次创业取得成效。教育、文化、医药卫生体制改革稳步推进。②对外开放不断扩大。切实加强衔接协调，桥头堡建设前期工作扎实开展。与省级部门、省企和周边地区签署了一批合作协议。新签国内经济合作项目194项，引进州外实际到位资金201亿元，增长48.9%。新增外商投资企业4户，实际利用外资2976万美元，增长36.3%。完成进出口总额2.3亿美元，增长22.8%。

【发展社会事业人民生活持续改善】 2011年，大理州把保障和改善民生作为一切工作的出发点和落脚点，努力增加城乡居民收入，完善社会保障体系，更加重视社会事业发展，不断提高公共服务水平。①教育事业加快发展。认真实施中小学校舍安全工程和农村义务教育薄弱学校改造计划，排除中小学D级危房13.3万平方米。学前教育进一步加强，适龄儿童入园率75.1%。免费义务教育全面实现，“两基”成果巩固提高，初中毕业生升学率75.8%。高中阶段毛入学率73.1%，高考上线率98.5%，连续七年居全省前列。职业教育在校生达3.7万人。滇西技师学院一期工程建设全面完成，大理农林职业技术学院筹建进展顺利。大理学院办学水平和知名度不断提高。②医疗卫生事业加快发展。基本医疗保障水平进一步提高，新型农村合作医疗参保人数291.8万人，参合率达95.9%，人均筹资标准提高到230元。城镇基本医疗保险参保人数42.1万人。投资2.7亿元，完成基层医疗卫生服务体系建设项目38个，改扩建面积10.8万平方米。基本药物制度稳步实施，基本公共卫生服务均等化水平逐步提高。重点疫病得到有效防控。③社会保障体系不断完善。新增城镇就业2.2万人，城镇登记失业率控制在4.1%以内。城乡居民最低生活保障人数33万人，发放保障金3.8亿元。企业职工参加基本养老保险15.7万人，城镇职工参加失业保险10.6万人、工伤保险9.5万人、生育保险7万人。新型农村社会养老保险和城镇居民养老保险扩大到8个县市，参保105万人。归集住房公积金48.3亿元，支持职工住房贷款27.9亿元。开工建设城镇保障性住房8500套、42.5万平方米，发放住房租赁补贴1.3万户，完成省下达目标任务。城镇居民人均可支配收入17713元，增长12.1%。农民人均纯收入4733元，增长21.3%。10项惠民工程全面完成。④文化事业繁荣发展。乡镇综合文化站、文化资源信息共享、农家书屋工程年度建设任务全面完成，广播电视村村通、农村电影放

州委、州政府把2011年确定为推动大理工业发展年，强力推进“工业强州”战略，工业经济发展取得显著成效。全面超额完成省政府下达的工业发展目标，增速居全省7个重点州市之首。力帆骏马车辆有限公司一角　　（李志华　供稿）

映工程取得成效。图书馆、博物馆、文化馆全面免费开放。文化遗产保护成效明显,成功申报国家非物质文化遗产3项。第三次全国文物普查工作圆满完成。《洱海花》、《山村医生》等一批剧目获国家和省级奖励。民族文化研究、文化市场管理、新闻出版力度加大。文明大理示范工程建设、群众性精神文明创建取得实效。建设城乡公共体育设施513项,省第八届农民运动会场馆改造建设全面完成。⑤科技和人口计生等工作不断加强。科技创新工程稳步推进,科技进步对国民经济增长的贡献率达49.6%。科普工作广泛开展。人才队伍建设和人力资源开发得到加强。圆满完成第六次全国人口普查。人口和计划生育工作扎实有效,人口自然增长率为5.1‰,实现控制目标。年末户籍总人口354.7万人。防震减灾、统计调查、修志编鉴、外事、侨务、保密、档案、气象、水文等工作不断加强。老龄、工会、妇女儿童、青少年、残疾人、红十字、慈善等事业全面发展。

【依法治州社会保持和谐稳定】 2011年,大理州深入推进依法治州,发展社会主义民主政治,加强和创新社会管理,凝聚发展合力,营造良好环境。①民主法制建设不断加强。自觉接受州人大及其常委会的法律监督和工作监督,依法主动报告工作,坚决执行州人大决定决议。自觉接受州政协的民主监督,主动听取意见,认真采纳建议。按期办结人大代表建议291件、政协委员提案341件。积极支持法院、检察院工作。广泛听取并积极采纳各民主党派、工商联、各人民团体、无党派人士及社会各界人士意见建议。政务、厂务、村务及公共企事业单位办事公开深入推进,基层民主建设进一步加强。“五五”依法治州规划目标任务提前完成,“六五”普法规划启动实施。完成《云南省大理白族自治州湿地保护条例(草案)》和《云南省大理白族自治州农村公路条例(草案)》起草工作。行政执法行为不断规范,城市管理综合行政执法全面推进。②社会保持和谐稳定。平安大理创建活动深入开展,社会管理综合治理和防控体系进一步健全,追逃“清网行动”等严打整治专项行动成效明显,第三轮禁毒防艾人民战争全面启动,人民群众安全感不断增强。高度重视群众来信来访,热难点问题得到妥善处理。严格落实安全生产责任制,全力抓实重点领域安全生产工作,有效避免了重特大安全生产事故发生。食品药品安全监管不断加强,联合国工业发展组织食品质量安全检测培训中心落户大理。防灾减灾、应急处置、救援体系建设得到加强。民族团结、宗教和顺的良好局面得到巩固和发展。人民武装动员、国防后备力量建设、人防战备、民兵预备役等工作得到加强,军政军民团结更加巩固。

【强化服务自身建设取得新成效】 2011年,大理州扎实推进法治政府、责任政府、阳光政府、效能政府、创新政府建设,切实转变政府职能,提高行政效能,努力建设人民满意的服务型政府。①加强学习,不断提高推进科学发展、和谐发展、跨越发展的能力。坚持以建设学习型政府为目标,以思想政治建设为先导,不断增强贯彻落实党的路线方针政策的坚定性和自觉性,思想上和行动上始终与党中央保持一致。牢固树立以人为本执政为民理念,扎实开展创先争优、“四群”教育和“三深入”活动,广辟渠道、广纳群言、广集众智,不断改进完善政府工作。②转变职能,不断提高服务能力和水平。切实转变政府职能,进一步规范政府行政行为。制定规范性文件23件,清理1657件,第五轮行政审批项目清理顺利推进。鼓励制度、机制、服务和工作方式创新,圆满完成了首届政府创新奖评选。加强政务服务体系建设,州、县市政务服务中心和大理公共资源交易中心建成投入运行,全州受理服务事项180.76万件,办结率99.6%,政务服务环境明显改善。政务服务96128专线建设扎实推进,开通单位1351个。不断强化绩效管理、审计监督、行政监察,机关工作效率和为民服务水平进一步提升。坚持民主集中制,建立健全政府各项决策、议事程序,班子凝聚力和战斗力不断增强。③改进作风,不断密切干群关系。坚持求真务实的作风,切实精简会议和文件,改进文风、会风,把时间和精力更多地用在抓落实、促发展上。健全完善督促检查和考核激励机制,实行限时办结和目标倒逼管理,狠抓工作落实。坚持联系群众的作风,广泛深入基层,开展多种形式的专题调研和民情访谈,认真听取群众意见建议,切实帮助基层和群众解决实际困难和问题。④强化监管,不断加强党风廉政建设。坚持厉行节约,强化部门预算控制,严格控制行政成本,“三公”经费开支进一步压缩。全面落实党风廉政建设责任制,坚持用制度管权、管事、管人,筑牢思想防线,不断增强拒腐防变能力。全面加强政府机关公务员队伍思想、作风、能力建设,机关作风得到明显转变。

(《综述》由曾星明撰稿)

重要会议

【召开第十二届大理州人民政府第二十八次常务会议】 2月11日,州长何金平主持召开州十二届人民政府第二十八次常务会议。会议研究并原则同意《2011年大理州州本级财政收支预算(草案)》、《关于建议将大理州体育馆由差额拨款事业单位调整为全额拨款事业单位的请示》、《关于进一步促进招商引资工作的意见》、《关于加快残疾人事业发展的实施意见》。

【召开第十二届大理州人民政府第二十九次常务会议】 3月7日,受州长何金平委托,常务副州长马建全主持召开州十二届人民政府第二十九次常务会议。会议研究并通过《关于大理州2011年度考试录用公务员和考试招聘专业技术人员有关问题的请示》、《大理州科学技术奖励办法》、《大理州城镇建设项目规划管理技术规则》、《大理州乡村流通工程建设规划(2011年—2015年)》。会议研究并原则同意《关于审定2010年度经济社会发展重点工作考核结果的请示》、《大理州2011年度经济社会发展重点工作考核方法》、《大理州二级公路建设项目投资控制奖励办法》、《关于推荐上报省人民政府表彰“两基”工作先进单位和先进个人候选名单的请示》、《关于请求补助大理市苍山饭店苍山会堂及会议设施改造资金的请示》、《关于增补推荐一名云南省第十二届劳动模范、先进工作者人选的请示》。

【召开第十二届大理州人民政府第三十次常务会议】 4月15日,州长何金平主持召开州十二届人民政府第三十次常务会议。会议研究并原则同意《关于将兰花、茶花作为“州花”的请示》、《关于请求批准西洱河锁水阁生态景观工程占用洱海滩涂地的请示》、《云南省大理白族自治州农村公路条例(草案)》、《云南省大理白族自治州湿地保护条例(草案)》、《关于“十一五”期间森林防火、抗震救灾及抗旱救灾工作先进集体和先进个人进行表彰的决定》、《关于加快“五小水利”建设的意见》、《关于第三轮禁毒人民战争实施方案(2011—2015

年)》、《关于进一步加强因公出国(境)管理工作的意见》、《大理州祥云县大海子煤矿地质详查项目水沟2号探矿井“9·18”较大瓦斯窒息事故调查报告》。

【召开第十二届大理州人民政府第三十一次常务会议】 5月4日,州长何金平主持召开州十二届人民政府第三十一次常务会议。会议研究并原则同意《关于与中石油云南销售分公司共同组建大理中油能源有限公司合作开发利用油气资源的请示》、《关于以发行企业债券形式筹集建设资金的建议》、《关于大理市海东城市新区生活用水调水方案开展前期工作的请示》、《关于促进奶业持续健康发展的意见》、《大理州第三轮防治艾滋病人民战争实施方案(2011—2015)》;会议听取了州政府法制局关于规范性文件清理工作的汇报、关于大理州服务业综合改革试点工作情况的汇报;会议还传达学习了全省深化医药卫生体制改革工作电视电话会议精神。

【召开第十二届大理州人民政府第三十二次常务会议】 6月9日,州长何金平主持召开州十二届人民政府第三十二次常务会议。会议研究并同意《关于请求表彰“十一五”期间人民防空先进单位和先进个人的请示》;会议研究并原则同意《关于在全州公民中开展法制宣传教育的第六个五年规划(草案)》、《关于请求表彰大理州“五五”普法先进集体和先进个人的请示》、《大理州农村劳动力资源开发促进会筹建方案》、《大理州村庄规划编制工作实施方案》、《大理(滇西)中等职业教育公共实训实作中心建设方案》、《关于更新海东镇金梭岛村委会云大渡5043号渡口船的请示》、《关于祥云县撤县设市的请示》。

【召开第十二届大理州人民政府第三十三次常务会议】 7月13日,受州长何金平委托,常务副州长马建全主持召开州十二届人民政府第三十三次常务会议。会议研究并原则同意《关于请求给予州市公共资源交易暨政务服务中心和市社会保障服务中心项目建设资金补助的请示》、《关于给予迎接全省旅游产业发展大会做好大理市城市绿化亮化及部分重点项目建设资金补助的请示》、《关于大理州旅游产业开发集团有限责任公司增加资本金的请示》、《关于请求追加2011年洱海保护及洱海生态文明试点县建设经费的请示》、《大理州水务投资有限责任公司组建方案》、《大理州实施〈云南省重点保护陆生动物造成人身伤害补偿办法〉细则》(试行)、《大理州人力资源和社会保障工作十二五规划》。会议还传达学习了云南省加快建设面向西南开放重要桥头堡有关文件精神。

【召开第十二届大理州人民政府第三十四次常务会议】 9月2日,受州长何金平委托,常务副州长马建全主持召开州十二届人民政府第三十四次常务会议。会议研究并原则同意《大理白族自治州住房公积金管理办法》、《关于申请住房公积金管理信息系统升级补助经费的请示》、《关于请求批准下达大理州2011年农村危房改造及地震安居工程建设补助资金的请示》、《关于改造更新大理国际会议中心音响视频设备给予补助经费的请示》、《关于召开庆祝第二十七个教师节暨全州教育工作会议的请示》、《关于审批大理州科技开发公司产权制度改革方案的请示》、《关于给予彭晓源行政记过处分的请示》、《关于给予聂庆行政开除处分的请示》;会议听取了《关于推进两项计划生育惠民工程的情况汇报》、《大理博云塑料有限公司新建厂房工地“5·21”触电事故调查报告》;会议还传达学习了9月1日召开的省政府工作会议精神。

【召开第十二届大理州人民政府第三十五次常务会议】 10月14日,州长何金平主持召开州十二届人民政府第三十五次常务会议。会议研究并通过《关于加强孤儿保障工作的实施意见》;会议研究并原则同意《关于请求对2010年度千村扶贫开发百村整体推进定点挂钩帮扶单位和下派挂职干部进行表彰的请示》、《关于在宾川县选址规划大理国际机场有关问题的请示》、《2011年大理洱海生态环境保护试点建设工作意见》、《大理苍山花甸坝保护管理工作的实施意见》、《关于给予州委党校建设发展资金的请示》、《关于对苍山饭店、大理粮食储备公司若干资产核销的请示》、《关于贯彻落实〈全民健身条例〉的实施意见》、《关于农村薄弱学校改造项目州级配套资金的请示》、《关于追加2011年中小学校舍安全工程建设州级配套资金的请示》、《编辑出版〈白族文化典籍〉工作方案》。

【召开第十二届大理州人民政府第三十六次常务会议】 12月7日,州长何金平主持召开州十二届人民政府第三十六次常务会议。会议研究了大理州烟叶生产相关事项、《关于请求给予建设资金补助的函》;会议研究并原则同意《在国有文艺院团体制改革中进一步深化和完善大理州民族歌舞剧院改革的方案》、《关于表彰大理州“三五”依法治州先进集体和先进个人的请示》、《关于提前结束“三五”依法治州规划启动实施“四五”依法治州规划的请示》、《大理白族自治州2011－2015年依法治州规划(草案)》、《云南洱海流域水污染综合防治“十二五”规划》、《洱海生态环境保护试点实施方案》、《洱海生态环境保护试点2011年度实施方案》、《关于安排2011年州本级财政超收资金的请示》、《关于请求安排2011年廉租房、公共租赁住房建设项目州级配套第一批专项补助资金的请示》;会议传达学习了全省公路建设现场推进会议精神。

【召开第十二届大理州人民政府第三十七次常务会议】 12月15日,受州长何金平委托,常务副州长马建全主持召开州十二届人民政府第三十七次常务会议。会议研究并原则同意《大理州能源发展“十二五”规划》、《大理州现代农业发展“十二五”规划》、《大理州新型工业化发展“十二五”规划》、《大理州水利发展“十二五”规划》、《大理州交通发展“十二五”规划》、《大理州城镇化发展“十二五”规划》、《大理州旅游产业发展“十二五”规划》、《大理州文化产业发展“十二五”规划》、《大理州教育事业发展“十二五”规划》、《大理州卫生事业发展“十二五”规划》和《大理州环境保护“十二五”规划》。

【召开第十二届大理州人民政府第三十八次常务会议】 12月27日,受州长何金平委托,常务副州长马建全主持召开州十二届人民政府第三十八次常务会议。会议讨论修改了2012年《政府工作报告》(初稿),研究了2012年大理州国民经济和社会发展主要指标(草案)。

【召开大理州人民政府领导班子2011年度民主生活会】 11月9日,州人民政府领导班子2011年度民主生活会召开,州人民政府党组书记、州长何金平主持会议并作总结。会议通报州人民政府领导班子2010年度民主生活会整改方案落实情况、州人民政府领导班子2011年度民主生活会征求意见梳理情况。领导班子成员围绕民主生活会主题,开展批评与自我批评,讨论州人民政府领导班子2011年度民主生活会整改方案。何金平在会议总结时强调，要进一步加强学习，不断提升综合素质和能力；要认真抓好整改，把各项意见建议落到实处；要加强团结协作，增强整体合力；要抓好州第七次党代会精神的贯彻落实，全面完成2011年的各项目标任务，实现“十二五”发展良好开局。

（《重要会议》由李显初撰稿）

重要文件

0106《关于进一步规范房地产市场秩序的通知》

0130《关于对大理经济开发投资集团有限公司发行8亿元市政项目建设债券有关事项的决定》

0225《关于印发2011年〈政府工作报告〉及10项惠民工程、20项重大建设项目20项重要工作任务分解的通知》

0303《关于切实做好2011年基础设施和基础产业重大项目建设有关问题的通知》

0310《关于下达大理州2011年国民经济和社会发展计划主要指标的通知》

0325《关于进一步推进人民防空事业发展的实施意见》

0426《关于大力推进保障性安居工程建设意见的通知》

0509《关于〈严格规范城乡建设用地增减挂钩试点切实做好农村土地整治工作〉文件的通知》

0520《关于县级政务服务中心建设的指导意见》

0523《关于印发〈大理白族自治州国民经济和社会发展第十二个五年规划（纲要）〉的通知》

0527《关于进一步加强食品安全工作的实施意见》

0615《关于加快山区“五小水利”建设的意见》

0627《关于加快推进保障性安居工程建设的实施意见》

0707《关于扶持和促进中医药事业发展的实施意见》

0824《关于印发〈大理州城乡居民社会养老保险试点补贴办法〉的通知》

0826《关于加快推进草原家庭承包工作的意见》

1009《关于〈进一步加强机《关事业单位和社会团体个人所得税征收管理工作〉的通知》

1009《关于〈进一步规范政府核准的投资项目审批权限和监管权限〉的通知》

1011《关于印发〈大理州人力资源和社会保障事业发展“十二五”规划纲要（2011年—2015年）〉的通知》

1117《关于贯彻落实〈全民健身条例〉的实施意见》

1216《关于全面推进优生促进工程的实施意见》

1216《关于提高计划生育家庭特别扶助标准的实施意见》

1216《关于公共资源交易中心建设的指导意见》

1228《关于取消政府还贷二级公路收费的通告》

1230《关于印发〈大理州现代农业发展“十二五”规划〉等十一项“十二五”重点专项规划的通知》

【2011年州政府办公室下发的重要文件】

0110《关于实施大理滇西中心城市总体规划的通知》

0119《关于印发〈大理州其他事业单位绩效工资实施办法〉的通知》

0120《印发〈关于进一步做好全州农村电影放映工作的实施意见〉的通知》

0309《关于印发〈大理州药械安全责任体系评价试点工作实施方案〉的通知》

0309《关于印发〈大理州乡村流通工程建设规划〉的通知》

0329《关于省州深化政务公开推进政务服务工作会议决定事项任务分解的通知》

0401《关于推进实施2011年重点督查20个重大建设项目和20项重要工作的通知》

0402《关于加强地沟油整治和餐厨废弃物管理的实施意见》

0503《关于印发〈大理州推进知识产权战略实施意见任务分解方案〉的通知》

0516《关于进一步做好政府机《关使用正版软件工作的通知》

0516《关于认真落实云南省促进残疾人事业发展的实施意见主要任务分解工作的通知》

0602《关于贯彻〈云南省农民工工资支付保障规定〉的实施意见》

0701《关于印发〈大理州村庄规划编制工作实施方案〉的通知》

0808《关于进一步加强全州规模以下工业统计调查工作的意见》

0809《关于印发〈大理州2011年深化经济体制改革工作意见〉的通知》

0819《关于印发〈开展治大隐患防大事故安全隐患排查治理专项行动实施方案〉的通知》

1011《关于印发〈大理州处置电网大面积停电事件应急预案〉的通知》

1014《关于印发〈大理州清理化解基层医疗卫生机构债务工作实施方案〉的通知》

1125《关于加强孤儿保障工作的实施意见》

1228《关于印发〈大理州政务服务工作管理办法（试行）〉的通知》

1230《关于印发〈大理州无线电事业发展规划（2011——2015）〉的通知》

1231《贯彻落实省政府办公厅〈关于进一步发挥森林公安职能作用服务桥头堡和森林云南建设意见〉的实施意见》

【2011年州政府上报的重要文件】

0106《关于请求审批〈大理市城市总体规划（2010—2025）〉的请示》

0126《关于上报〈大理州深度贫困自然村确认表〉的报告》

0221《关于大理经济开发投资集团有限公司情况及企业债券发行相《关情况的报告》

0302《关于申报云南省大理经济开发区升级为国家级经济技术开发区的请示》

0307《关于请求将大理颐老院建设项目列为省级社会养老服务示范区并给予支持的请示》

0421《大理白族自治州人民政府《关于提请审议〈云南省大理白族自治州农村公路条例（草案）〉的议案》》

0421《关于提请审议〈云南省大理白族自治州湿地保护条例（草案）〉的议案》

0504《关于对云南省优势特色产业“十优十强”县进行认定的请示》

0511《关于请求审批澜沧江小湾水电站大理州淹地影响人口安置方案的请示》

0527《关于请求将大理学院更名为大理大学的请示》

0701《关于提请审议〈将兰花、茶花作为大理州“州花”〉的议案》

0708《关于请求审查审批〈漾濞石门关风景名胜区总体规划〉的请示》

0720《关于请求出台支持大理州开展全国服务业综合改革试点指导意见的请示》

0727《关于祥云县撤县设市的请示》

0809《关于2011年全省重点督查的20个重大建设项目和20项重要工作半年完成情况的报告》

0915《关于请求对澜沧江功果桥水电站工程蓄水阶段建设征地移民安置和库底清理工作进行终验的请示》

0923《关于请求同意大理机场管理有限公司新机场选址的请示》

1010《关于桥头堡建设推进落实情况的报告》

1026《关于请求成立大理农林职业技术学院的请示》

1102《关于请求给予大理(滇西)中等职业教育公共实训实作中心建设资金补助的请示》

1118《关于对贯彻落实省政府全面加强安全生产和煤电油运工作情况的报告》

1201《关于请求批准实施〈大理州实行机关公务员津贴补贴水平与经济发展同步的政策规划〉的请示》

1206《关于上报洱源县西部地区生态文明示范工程试点实施的请示》

1209《关于请示审批〈洱海流域水污染综合防治“十二五”规划〉的请示》

1220《关于提前结束“三五”依法治州规划启动实施“四五”依法治州规划的议案》

1220《关于提请审议大理白族自治州 2011－2015 年依法治州的议案》

(《重要文件》由赵剑峰撰稿)

人事任免

1月13日

张世伟　任大理白族自治州接待处处长;

赵　波　任大理白族自治州机构编制委员会办公室主任;

高庆芳　任大理白族自治州技工学校校长;

王超英　任大理白族自治州地方志编纂委员会办公室主任,免去其大理白族自治州民族事务委员会副主任职务;

张志坚　任大理白族自治州政府侨务办公室主任,免去其大理白族自治州外事办公室副主任、州接待处副处长职务;

李　东　任大理白族自治州无线电管理办公室主任,免去其大理白族自治州中小企业局局长、乡镇企业局局长职务;

阿苍洱　任大理白族自治州广播电视局局长;

李立钧　任大理白族自治州人民政府扶贫开发办公室主任,免去其大理白族自治州扶贫开发领导组办公室主任职务;

那玉海　任大理白族自治州工业和信息化委员会副主任(正处),免去其大理白族自治州经济委员会副主任职务;

赵道春　任大理白族自治州工业和信息化委员会副主任,免去其大理白族自治州经济委员会副主任职务;

赵健昌　任大理白族自治州工业和信息化委员会副主任,免去其大理白族自治州经济委员会副主任职务;

李丹虹　任大理白族自治州工业和信息化委员会副主任,免去其大理白族自治州经济委员会副主任职务;

陶　鑫　任大理白族自治州工业和信息化委员会副主任,免去其大理白族自治州经济委员会副主任职务;

阿怀聪　任大理白族自治州人力资源和社会保障局副局长(正处),免去其大理白族自治州劳动和社会保障局副局长职务;

董光宏　任大理白族自治州人力资源和社会保障局副局长,免去其大理白族自治州劳动和社会保障局副局长职务;

李茂生　任大理白族自治州人力资源和社会保障局副局长,免去其大理白族自治州人事局副局长职务;

戴兴顺　任大理白族自治州人力资源和社会保障局副局长,免去其大理白族自治州人事局副局长职务;

马志雄　任大理白族自治州交通运输局副局长,免去其大理白族自治州交通局副局长职务;

杨永斌　任大理白族自治州交通运输局副局长,免去其大理白族自治州交通局副局长职务;

李文厚　任大理白族自治州交通运输局副局长,免去其大理白族自治州交通局副局长职务;

王世明　任大理白族自治州交通运输局副局长,免去其大理白族自治州交通局副局长职务;

早合兴　任大理白族自治州住房和城乡建设局副局长,免去其大理白族自治州建设局副局长职务;

张连坤　任大理白族自治州住房和城乡建设局副局长;

廖光荣　任大理白族自治州住房和城乡建设局副局长,免去其大理白族自治州建设局住房和房产管理局局长职务;

杨锡海　任大理白族自治州水务局副局长(正处),免去其大理白族自治州水利局副局长职务;

周明华　任大理白族自治州水务局副局长,免去其大理白族自治州水利局副局长职务;

刘宇宽　任大理白族自治州水务局副局长,免去其大理白族自治州水利局副局长职务;

张　森　任大理白族自治州人民政府扶贫开发办公室副主任,免去其大理白族自治州扶贫开发领导组办公室副主任职务;

李光时　任大理白族自治州人民政府扶贫开发办公室副主任,免去其大理白族自治州扶贫开发领导组办公室副主任职务;

赵　薇　任大理白族自治州接待处副处长,免去其大理白族自治州外事办公室副主任职务;

赵　莉　任大理白族自治州接待处副处长,免去其大理白族自治州外事办公室副主任职务;

杨红斌　任大理白族自治州知识产权局副局长;

和云平　任大理白族自治州工业和信息化委员会副主任,免去其大理白族自治州政府信息产业办(网管中心)主任职务;

马正龙　任大理白族自治州机构编制委员会办公室副主任;

凡　青　任大理白族自治州机构编制委员会办公室督查室主任(试用期一年);

马　伟　任大理白族自治州外事办公室副主任;

和生弟　任大理白族自治州档案局副局长;

李　灿　任大理白族自治州物价局局长(副处),免去其大理白族自治州价格监督检查局局长职务;

杨宗礼　任大理白族自治州政府侨务办公室副主任(试用期一年);

欧阳奋前　任大理白族自治州招生考试院院长(试用期一年);

陈景元　任大理白族自治州工业和信息化委员会调研员,免去其大理白族自治州经济委员会调研员职务;

杨金明　任大理白族自治州人力资源和社会保障局调研员,免去其大理白族自治州人事局调研员职务;

李国章　任大理白族自治州人力资源和

社会保障局调研员，免去其大理白族自治州劳动和社会保障局调研员职务；

徐学祥　任大理白族自治州交通运输局调研员，免去其大理白族自治州交通局调研员职务；

李汝平　任大理白族自治州水务局调研员，免去其大理白族自治州水利局调研员职务；

杨占文　任大理白族自治州人民政府扶贫开发办公室调研员，免去其大理白族自治州扶贫开发领导组办公室调研员职务；

环全才　任大理白族自治州人民政府扶贫开发办公室调研员，免去其大理白族自治州扶贫开发领导组办公室调研员职务；

杨丽英　任大理白族自治州接待处调研员，免去其大理白族自治州外事办公室调研员职务；

赵秀元　任大理白族自治州地方志编纂委员会办公室调研员，免去其大理白族自治州地方志编纂委员会办公室主任职务；

杨灿荣　任大理白族自治州农业局调研员，免去其大理白族自治州农业局副局长职务；

张学义　任大理白族自治州审计局调研员；

彭立冬　任大理白族自治州工业和信息化委员会副调研员，免去其大理白族自治州经济委员会副调研员职务；

贾　霆　任大理白族自治州工业和信息化委员会副调研员，免去其大理白族自治州经济委员会副调研员职务；

张正武　任大理白族自治州工业和信息化委员会副调研员，免去其大理白族自治州经济委员会副调研员职务；

马利初　任大理白族自治州工业和信息化委员会副调研员，免去其大理白族自治州无线电管理处副调研员职务；

周建华　任大理白族自治州工业和信息化委员会副调研员，免去其大理白族自治州无线电管理处副调研员职务；

杨家彬　任大理白族自治州人力资源和社会保障局副调研员，免去其大理白族自治州人事局副调研员职务；

段金凤　任大理白族自治州人力资源和社会保障局副调研员，免去其大理白族自治州人事局副调研员职务；

刘国强　任大理白族自治州人力资源和社会保障局副调研员，免去其大理白族自治州人事局副调研员职务；

周家友　任大理白族自治州人力资源和社会保障局副调研员，免去其大理白族自治州劳动和社会保障局副调研员职务；

刘光辉　任大理白族自治州人力资源和社会保障局副调研员，免去其大理白族自治州劳动和社会保障局副调研员职务；

李继先　任大理白族自治州交通运输局副调研员，免去其大理白族自治州交通局副调研员职务；

周兆斌　任大理白族自治州交通运输局副调研员，免去其大理白族自治州交通局副调研员职务；

李枝仁　任大理白族自治州交通运输局副调研员，免去其大理白族自治州交通局副调研员职务；

张素莲　任大理白族自治州交通运输局副调研员，免去其大理白族自治州交通局副调研员职务；

杨李春　任大理白族自治州住房和城乡建设局副调研员，免去其大理白族自治州建设局副调研员职务；

徐光述　任大理白族自治州住房和城乡建设局副调研员，免去其大理白族自治州建设局副调研员职务；

马天龙　任大理白族自治州住房和城乡建设局副调研员，免去其大理白族自治州建设局副调研员职务；

李跃花　任大理白族自治州住房和城乡建设局副调研员，免去其大理白族自治州建设局副调研员职务；

杨金山　任大理白族自治州住房和城乡建设局副调研员，免去其大理白族自治州建设局副调研员职务；

杨颖元　任大理白族自治州水务局副调研员，免去其大理白族自治州水利局副调研员职务；

董富荣　任大理白族自治州水务局副调研员，免去其大理白族自治州水利局副调研员职务；

张成海　任大理白族自治州水务局副调研员，免去其大理白族自治州水利局副调研员职务；

王云昌　任大理白族自治州人民政府扶贫开发办公室副调研员，免去其大理白族自治州扶贫开发领导组办公室副调研员职务；

丘　薇　任大理白族自治州接待处副调研员，免去其大理白族自治州外事办公室副调研员职务；

熊国槐　任大理白族自治州体育局副调研员，免去其大理白族自治州体育局副局长职务；

周利民　任大理白族自治州农业局副调研员，免去其大理白族自治州农业局副局长职务；

李建中　任大理白族自治州粮食局副调研员，免去州其大理白族自治粮食局副局长职务；

马新伟　任大理白族自治州政府法制局副调研员，免去其大理白族自治州政府法制局副局长职务；

杨跃华　任大理白族自治州卫生局副调研员，免去其大理白族自治州卫生局副局长职务；

高　充　任大理白族自治州旅游局副调研员，免去其大理白族自治州旅游局副局长职务；

段建英　任大理白族自治州财政局副调研员，退休；

李文才　免去其大理白族自治州人民政府州长助理职务；

段志宏　免去其大理白族自治州人民政府副秘书长、办公室副主任职务；

何忠耀　免去其大理白族自治州投资促进局局长、州经济合作办公室主任职务；

赵新光　免去其大理白族自治州机构编制委员会办公室主任、大理白族自治州行政学校副校长职务；

杨　瑜　免去其大理白族自治州接待处处长职务；

王荣富　免去其大理白族自治州行政学校常务副校长、州民族干部学校副校长职务；

杨毅平　免去其大理白族自治州人民政府办公室副主任职务；

李继显　免去其大理白族自治州人民政府办公室副主任职务；

杜淑敢　免去其大理白族自治州人民政府办公室副主任职务；

阎炳安　免去其大理白族自治州人民政府办公室副主任职务；

倪永华　免去其大理白族自治州食品药品监督管理局副局长职务。

1月28日

张继霖　任大理白族自治州行政学校常务副校长、州民族干部学校副校长(正处级)；
赵廷标　免去其大理白族自治州财贸学校校长职务。

2月25日
施双林　任大理白族自治州人民政府副秘书长(正处级)，免去其大理白族自治州无线电管理处处长职务；
杨德先　任大理白族自治州工业和信息化委员会副主任，免去其大理白族自治州无线电管理处副处长职务；
朱丕芬　任大理白族自治州商务局副调研员。

4月21日
赵家明　任大理白族自治州农业局副局长；
余泳澎　任大理白族自治州宗教事务局副局长；
张泳萍　任大理白族自治州司法局副局长；
王世明　任大理白族自治州交通运输局副局长；
杨林柏　任大理白族自治州地方志编纂委员会办公室副主任；
李保森　任大理白族自治州护林防火专职副指挥长。

以上6位同志任职时间从2010年1月起计算。

赵　军　任大理白族自治州供销社副主任。

任职时间从2010年3月起计算。

5月3日
何忠耀　任大理白族自治州商务局调研员；
王正林　免去大理白族自治州政府新闻办公室主任职务；
吉向阳　免去大理白族自治州林业局副局长职务；
杨国华　免去大理白族自治州规划局副调研员职务，提前退休。

6月7日
李　江　任大理白族自治州人民政府新闻办公室主任，免去州广播电视局副局长、大理电视台台长职务；
马宽品　任大理白族自治州档案局局长；
和生弟　任大理白族自治州白族文化研究所所长，免去州档案局副局长职务；
陈东发　任大理白族自治州林业局副局长，免去州规划局副局长职务；
师尚琨　任大理白族自治州民政局副局长；
熊春林　任大理白族自治州粮食局副局长；
李　奭　任大理白族自治州民族事务委员会副主任；
张志雄　任大理白族自治州农业局副局长；
杜志红　任大理白族自治州监察局副局长；
寸清华　任大理白族自治州发展和改革委员会副主任；
杨新华　任大理白族自治州人民政府法制局副局长；
杨金华　任大理白族自治州技工学校副校长；
罗国斌　任大理白族自治州商务局副调研员；
杜淑敢　免去大理白族自治州人民政府副秘书长职务；
段冬梅　免去大理白族自治州发展和改革委员会副主任职务。

7月28日
杨希贤　任大理白族自治州公安局调研员；
程剑民　任大理白族自治州行政学校调研员；
张　文　任大理白族自治州民政局调研员，免去大理白族自治州民政局副局长职务；
杨菊瑛　任大理白族自治州民政局调研员，免去大理白族自治州老龄工作委员会办公室主任职务；
刘福荣　任大理白族自治州旅游局调研员，免去大理白族自治州旅游局副局长职务；
邓必安　任大理白族自治州人民政府侨务办公室调研员，免去大理白族自治州人民政府侨务办公室副主任职务；
刘晓露　任大理白族自治州食品药品监督管理局调研员，免去大理白族自治州食品药品监督管理局副局长职务；
朱　忠　任大理白族自治州卫生局副调研员；
李菊芳　任大理白族自治州人民政府扶贫开发办公室副调研员；
杨焕菊　任大理白族自治州旅游局副调研员；
杨晓星　任大理白族自治州林业局副调研员；
叶纯青　任大理白族自治州发展和改革委员会副调研员；
杨遇春　任大理白族自治州机关事务管理局副调研员；
杨旭芸　任大理白族自治州宗教事务局副调研员；
李树贤　任大理白族自治州体育局副调研员；
赵　浩　任大理白族自治州规划局副调研员；
吴建华　任大理白族自治州环境保护局副调研员；
舒　羽　任大理白族自治州司法局副调研员；
何智远　任大理白族自治州劳动教养管理所(强制隔离戒毒所)副调

生态建设和资源保护不断加强，生物多样性保护有序推进。“七彩云南保护”大理行动向纵深发展，生态州、生态县市、生态乡镇创建取得实效。

(李志华　供稿)

研员；
杨萍英　任大理白族自治州财政局副调研员；
吴金清　任大理白族自治州审计局副调研员；
周　裕　任大理白族自治州农业局副调研员；
吴晓娟　免去大理白族自治州监察局副局长职务。

8月23日
杨静玲　任大理白族自治州文化局副局长。
任职时间从2010年5月起计算。

8月25日
马孟杰　免去大理白族自治州财政局副局长职务。

11月16日
刘卫东　任大理白族自治州人民政府政务服务管理局局长，免去州国有资产监督管理委员会主任职务；
张　松　任大理白族自治州公务员局局长；
周　云　任大理白族自治州交通战备办公室主任；
陈绍明　任大理滇西中心城市总体规划实施管理委员会办公室和大理白族自治州城乡规划委员会办公室主任；
常耀辉　任大理白族自治州依法治州办公室主任；
李跃兴　任大理白族自治州重点建设办公室主任、州能源局局长；
刘子文　任大理白族自治州财贸学校校长，免去州财政局副局长职务；
王建平　任大理白族自治州人民政府副秘书长，免去州人民政府办公室副主任职务；
李宏才　任大理白族自治州人民政府办公室副主任；
赵　军　任大理白族自治州人民政府办公室副主任，免去州供销社副主任职务；
李　灿　任大理白族自治州发展和改革委员会副主任；
侯　刚　任大理白族自治州人民政府办公室副主任（试用期一年）；
李恒宣　任大理白族自治州人民政府政务服务管理局副局长（试用期一年）；
李世鸿　任大理白族自治州人民政府政务服务管理局副局长（试用期一年）；
杨志逵　任大理白族自治州人民政府政务服务管理局副局长（试用期一年）；
唐仕新　任大理白族自治州人民政府应急管理办公室专职副主任（试用期一年）；
胡江珑　任大理白族自治州财政局副局长（试用期一年）；
陈体韬　任大理白族自治州环境保护局副局长（试用期一年）；
郭其云　任大理白族自治州体育局副局长（试用期一年）；
周克熙　任大理白族自治州住房和城乡建设局副局长（试用期一年）；
赵树华　任大理白族自治州外事办公室副主任（试用期一年）
杨全生　任大理白族自治州老龄工作委员会办公室主任（试用期一年）；
郭文平　任大理电视台台长（试用期一年）；
朱江苇　任大理白族自治州人民政府侨务办公室副主任（试用期一年）；
杨润柄　任大理白族自治州财贸学校副校长；
李　伟　任大理白族自治州人民政府侨务办公室副调研员，免去州人民政府侨务办公室副主任职务；
孙建新　任大理白族自治州商务局调研员；
熊国槐　任大理白族自治州体育局调研员；
赵福昌　任大理白族自治州水务局副调研员；
苏天猷　任大理白族自治州水务局副调研员；
段建芳　任大理白族自治州体育局副调研员；
解琼珍　任大理白族自治州信访局副调研员；
赵道春　免去大理白族自治州工业和信息化委员会副主任职务；
李小妹　免去大理白族自治州司法局副局长职务；
杨锡堂　免去大理白族自治州财贸学校副校长职务。

11月18日
马志雄　免去大理白族自治州交通运输局副局长职务。

12月20日
胡　映　任大理白族自治州人民医院副院长；
夏中信　保留大理白族自治州人民医院正处级待遇。

12月30日
李世鸿　任大理公共资源交易中心主任；
杨志逵　任大理州政务服务中心主任。

（《人事任免》由李昱初撰稿）

州政府办公室

【概　述】　2011年，州政府办公室坚持以邓小平理论和“三个代表”重要思想为指导，深入贯彻落实科学发展观，紧紧围绕州委、州政府中心工作，以创先争优为载体，以能力建设为主线，认真履行参与政务、管理事务、综合服务等职能，办公室工作呈现辅政有为、协调有方、落实有力、运转高效的良好态势。

【学习型机关建设加强】　2011年，州政府办公室进一步深化对邓小平理论、“三个代表”重要思想和科学发展观等马克思主义中国化最新理论成果的认识，坚持不懈地用党的理论创新成果武装头脑、指导实践、推动工作。严格落实省、州党委政府关于加强学习能力建设的要求，坚持中心组学习制度、干部理论学习制度及职工集体学习制度，遵循全员参与、学精管用的原则，建立推进能力建设的机制，坚持工作学习化、学习工作化，全面提高适应岗位的各种能力，强调学习理论提高素质，立足实际研究工作，着眼未来创新思路，在办公室形成了浓厚的学习氛围。

【以文辅政水平提高】　2011年，州政府办公室严格规范公文处理，切实加强审核把关，公文流转与制发、机要文件交换和报刊邮件收发准确高效。全年共接收流转各类公文9860件，编号发文872件，印制公文10万余份，收集档案资料980份，机要交换125件，公文限时办结率保持100%。注重提升文稿质量，切实加强理论学习，文稿的实用性、指导性明显增强。全年起草各类会议讲话材料960篇，起草发言材料、汇报材料456篇。深入开展调查研究，不断创新调研方式，充分发挥参谋助手作用，认真搞好基础性调研工作、领导决策跟进性调研工作和关键问题动态性调研工作，起草调研报告，为领导科学决策提供依据，服务和推进了政府工作的有效落实。

【综合协调顺畅有序】 2011年,州政府办公室充分发挥综合协调服务作用,进一步加强与党委办、人大办、政协办以及政府系统上下级的协调、沟通、联系,积极听取社会各方面意见,主动协调各级各部门,为政府工作争取最广泛的支持,协调服务工作有效开展。圆满完成国家部委和省在大理举行的10项重大活动和400余次全州性各类会议的组织筹备工作,积极配合部门做好中央和省检查调研组的接待、调研、汇报工作,认真做好州政府全会、党组会、常务会和专题会等31次会议的组织服务工作,积极参与三月街民族节、开海节、川滇黔十市地州合作与发展峰会、昆明市党政代表团到大理考察等重大节庆活动的统筹协调工作,确保了各项活动的顺利举办。

【行政督查有效开展】 2011年,州政府办公室认真落实州委、州政府的重大决策和重要部署,有效保障了政令畅通。圆满完成上级交办的20余件督办事项,及时报告督办事项处理情况,得到上级部门的充分肯定。办理落实州委、州政府领导批示和交办事项67项,一批群众关心、社会关注的热点、难点问题得以妥善解决。督促落实州人大代表建议、州政协委员提案办理工作,妥善办理落实人大代表建议291件,政协委员提案341件,代表和委员满意、基本满意率为100%。

【政务信息及时高效】 2011年,州政府办公室围绕政府重点工作和群众关心热难点问题,坚持全方位、多层次、宽领域筛选、编辑和报送信息,及时准确为领导掌握情况、正确决策提供了依据,信息服务工作始终做到了上传下达、高效畅通。全年上报省政府办公厅信息4940条,采用169条。印发普刊信息128期,特刊12期,信息专报95期,要情专报8期。编发媒体信息摘编307期。信息工作位次居全省前列。

【电子政务快速发展】 2011年,州政府办公室完善政府门户网站栏目设置,及时发布信息,回复公众在线咨询问题5136个,强化网站的对外宣传、政务公开、办事服务和互动交流功能。完成大理州电子政务外网建设任务和52次省州县三级视频会议的应用保障。争取资金70万元采购一批新设备,认真做好日常管理维护工作,保障了电子政务网络的稳定运行。适时更新一楼大厅电子显示屏内容,有效发挥了重要窗口作用。

【应急值守不断加强】 2011年,州政府办公室坚持领导带班制度和24小时双人在岗值班制度,切实做到值班工作领导到位、任务到岗、责任到人。积极做好上情下达、下情上报、联系左右、沟通内外等工作,共收转各类公文2978件,办理公文204件,协助发放公文486件20273份。协调处置州内较大及以上突发事件22起,协助处理群众上访事件115起、1943人次。强化应急管理能力建设,做好突发事件信息分析和报告,接收处理各类信息197条,编辑上报值班信息35期,较好发挥了“值守”职能和政务值班的窗口作用。

【机要保密工作有效落实】 2011年,州政府办公室制定“六五”规划,健全规章制度,认真落实保密工作责任制,积极开展保密宣传教育,及时开展办公室保密安全大检查活动。认真贯彻落实办公室信息安全保密管理工作长效机制,定期对办公室所有计算机进行安全检查,及时排查处理安全隐患,确保办公室信息安全。建立网管中心专业技术人员挂钩科队室办计算机保密安全保密责任制,计算机信息系统安全保密工作得到加强,制度化管理水平进一步提高。定期组织销毁废旧文件、报纸杂志等,有效杜绝了失泄密事件的发生。被评为全州“五五”保密法制宣传教育工作先进单位。

【人事老干工作成效显著】 2011年,州政府办公室高度重视办公室队伍建设,关心办公室人员成长。年内先后配合州委组织部调配、提拔、交流1名副厅级干部、11名处级干部。根据政府机构改革精神,重新制定方案,充实完善州政府应急办,调整增加4个内设科室,通过开展竞争上岗、民主推荐、组织调整等多种形式,考核任免11名正科级干部、12名副科级干部,通过公开选拔考试,选调7名工作人员,通过组织考察,调入20名工作人员,充实到办公室和各驻外机构,。年度考核、工资晋升等常规工作扎实开展。支持老干部老有所为,充分发挥老干部作用,认真落实老干部政治待遇、生活待遇,认真做好老干部健康服务、来信来访,坚持春节、敬老节、中秋节走访慰问离退休人员,以及离退休人员生病住院看望和慰问等日常性工作,千方百计为老干部开展活动创造条件,受到了老干部的好评。

【驻外联络工作顺利开展】 2011年,州政府办公室积极主动加强对各驻外机构的管理和服务,各驻外机构立足当地优势,充分发挥对外窗口、信息传递、接待服务、协调服务、招商引资、资产管理等职能,主动加强与驻地党委、政府和各级机构、企业、大理籍乡亲的交往联络,积极做好州内赴驻地开会、学习、工作、务工人员的接待服务工作。驻外机构领导班子、职工队伍、党组织和群团组织建设得到加强。驻外机构为大理与驻地间的联系、交流、合作搭建了良好平台,受到了驻地党委、政府、企业,以及州内外有关部门的好评和肯定。

【其他各项工作取得优异成绩】 2011年,州政府办公室始终牢固树立精品意识,坚持以更宽的视野、更高的标准、更优的服务做好工作,办公室工作在各个领域都取得优异的成绩。年内先后被州委、州政府表彰为“十一五”期间“两基”先进集体、抗旱救灾工作先进单位、人民防空先进集体、依法治州工作先进集体和普法先进集体、共产党员抗旱先锋行动先进基层党组织、保密法制宣传教育工作先进单位、综治维稳工作先进单位、档案工作先进单位等。有26名先进个人受到省、州党委、政府的表彰奖励。

【法制政府建设稳步推进】 2011年,大理州法制政府建设稳步推进:①完善重大投资项目并联审批制度。由州政府法制局牵头对全州第五轮行政审批事项的清理工作。成立了工作机构,制定了工作方案。第五轮行政审批制度改革拟将州级行政机关行政审批事项压缩到100项以内。②规范行政执法行为。上半年大理州州级行政执法部门已按照《云南省规范行政处罚自由裁量权规定》的要求,自上而下制定了相互衔接的工作方案和基准制度,州级具有行政处罚权的行政执法主体,细化、量化2个以上档次,建立行政处罚自由裁量权基准制度。7月,全州12县市已完成县级以上政府所在地城市相对集中行政处罚,实行综合行政执法工作。

（张丽芬）

【阳光政府建设卓有成效】 2011年,大理州阳光政府建设卓有成效:①加强重大决策听证、重要事项公示和重点工作通报制度推进科学民主决策,建立健全重大决策审核把关。全州共完成重大决策听证事项128项、重要事项公示1815项、重点工作通报4306项,通过“州人民政府公共服务在线咨询系统”回答公众提问5136条,提高了公众对政府工作的信任度。②拓展了政府信息公开的广度和深度，充分运用政务公开栏、政府公报、政府门户网站、档案馆、图书馆、电视、手机短信等政务信息查询平台的功能，及时、有效公开政务信息，拓宽了公众按照个性化需求获取政府信息的渠道；加大了办事公开力度，坚持把关系群众切身利益的事项作为公开的重点，积极公开教育、医疗、供水、供电等群众关注的热点难点问题；积极推进厂务、村务公开。

（张丽芬）

【“创新政府建设”工作顺利开展】 2011年，大理州“创新政府建设”工作按照创新程度、参与程度、效益程度、重要程度、节约程度、推广程度的评选标准，经过项目申报、形式审查、考察调研、比较筛选、领导审定、投票评选、公示、州人民政府常务会审定等环节，评选出了获奖项目13项，其中一等奖1项、二等奖3项、三等奖9项。州政府分别给予10万元、6万元和3万元奖励。

（张丽芬）

【行政绩效管理成效明显】 2011年，大理州将行政绩效管理的领域从州政府10项惠民工程、20项重大建设项目和20项重要工作，拓展到所有县级以上行政机关的重点工作。全州纳入行政绩效管理的重点项目260项，重点工作1370项。全州共审计965个单位，查出违规资金10402万元，损失浪费及管理不规范资金40552万元，上缴财政532万元，减少财政拨款或补贴357万元，归还原渠道资金138万元，调账处理金额868万元。

（张丽芬）

【行政成本控制卓有成效】 2011年，大理州严格控制会议、文件、庆典、论坛、考察的数量和规模，坚持采取严格会议审批、降低公务用车购置标准、实行外出考察审批备案制，以及对公务用车实行统一保险、定点加油、定点维修及周末节假日封存管理制度等一系列措施，大力压缩公用经费和一般性开支，将公共财政资金更多地用于提高公共服务的质量和水平。全州公务接待费较上年减少2.8万元，减幅0.1％；公务用车购置及运行费用较上年减少1255.3万元，减幅23.4％；因公出国（境）费用较上年减少0.7万元，减幅0.8％；出省考察费用较上年减少36.4万元，减幅18.9％；会议经费较上年减少48.1万元，减幅3.5％；庆典经费较上年减少100.6万元，减幅96.1％；制发文件84691件，占控制目标的60％。

（张丽芬）

【行政行为监督扎实有力】 2011年，大理州从关键岗位、重点环节入手，按照“标本兼治、综合治理、惩防并举、注重预防”的方针，州、县、乡三级紧紧围绕人、财、物管理使用岗位、履行行政审批职能的岗位、从事重要公共资源交易行为的岗位为重点，分别确定了3个以上关键岗位和重点环节。全州617个行政机关，共确定关键岗位1685个，重点环节2186个，排找风险主要表现形式3843条，拟定监督防范措施5916条。

（张丽芬）

【行政能力提升明显】 2011年，大理州行政能力明显提升：①建设学习型机关。全州680个单位制定了教学计划，开展培训1349期，培训人员51154人次；②继续开展重点、热点、难点工作和关系民生的重大工作目标倒逼管理。州级相关部门从本部门负责的重大建设项目和年度重要工作及本单位重点工作中，共筛选上报目标倒逼管理工作40项，县市987项。③继续推行“一线工作法”。州级相关部门运用“一线”工作法开展工作1526项，工作效率有了较大提高。

（张丽芬）

（《州政府办公室》除署名外由曾星明撰稿）

州政府研究室

【概　述】 2011年，州政府研究室认真学习贯彻党的十七大、十七届四中、五中、六中全会，省委八届十次会议、第九次党代会，州委六届十次会议、第七次党代会精神，全面贯彻落实科学发展观，按照州委、州政府的工作部署，围绕中心，服务大局，认真开展课题研究，积极做好决策咨询服务，努力完成政府领导交办的各项工作，着力提高人员素质、研究能力和服务水平，文稿质量有了新提高，决策咨询取得新成效，综合职能有了新进展，各项工作有了新进步，自身建设有了新气象，较好地发挥了部门的职能作用。被评为大理州招商引资先进单位、全州粮食生产先进单位、“洱海保护月”活动先进单位、州“十一五”抗旱救灾先进单位、永平县“十一五”扶贫开发先进集体等，受到州委州政府和相关县市的表彰。

【认真做好重要文稿起草工作】 2011年，州政府研究室在文稿数量大、质量要求高的情况下，全体干部职工以高度负责的精神，认真对待每一篇文稿的起草工作，着力提高文稿水平，扎实做好重要文稿起草工作。年内共完成调研报告、领导讲话、会议材料、汇报材料、重要文件等各类文稿30多篇，涉及桥头堡建设、统筹城乡发展、烟叶产业发展、旅游业转型升级、洱海流域经济优化、区域合作发展等方方面面。其中调研报告5篇、领导讲话6篇、代政府草拟文件8个。认真参与完成《2011年州政府工作报告》起草，以及《大理州连片特困地区区域发展与扶贫攻坚规划》、《大理州“十二五”现代农业发展规划》、《大理州村庄规划》、《滇西中心城市建设规划》等编制或修编。

【决策咨询取得新成效】 2011年，州政

2011年7月6～8日，全省政府系统研究室会议（发展研究中心）在大理召开。图为与会领导在大理市参观考察　　（州政府研究室　供稿）

府研究室紧扣州委、州政府工作思路，抓住全州经济社会发展重大问题，深入县市乡镇、部门和企业开展调查研究，为州委、州政府提供决策依据。认真研究新型工业化和城镇化建设的思路及对策，提出实施工业强州、统筹城乡发展试点、加大统筹城乡力度促进农业转移人口转变为城镇人口的思路及措施，供领导决策参考。积极配合参与扶贫开发、现代农业、滇西中心城市等发展建设规划的研究，以及关于桥头堡建设、洱海保护、扶贫综合开发示范园区建设、大理市海西片区"空心村"整治等重大项目建设及其相关课题研究。针对烤烟生产面临的新情况新问题，组织有关部门深入县乡村调研形成专题报告，对当前形势下确保烟叶生产健康发展提出了建设性意见，为州委、州政府加强烟叶支柱地位提供了可靠的决策依据。根据州委、州政府"重招商、招大商"的思路和招商引资中存在的问题，与州商务局等部门到昆明、玉溪、曲靖、楚雄、红河等州市考察学习，提出了《关于进一步促进招商引资工作意见》。组织策划了《新大理新农村新旅游实施方案》。以上调研成果已直接或间接的转化成政府决策。编辑出版了《政府工作报告汇编（2003－2008）》、《大理政府工作报告汇编（2011）》两本书，创办了《大理政报》（月刊），传达政令、指导实践、服务咨询的作用进一步增强。同时，充分发挥省政府参事大理联系点的作用，利用省政府参事到大理调研、活动的机会，为大理发展献计献策。

【州烟办职能充分发挥】 2011年4月，大理州烟叶产业发展协调领导组办公室（简称州烟办）成立，是大理州烟叶产业发展协调领导组下常设办事机构（设在州政府研究室），州烟办成立以来认真履行职责，协同烟草公司等部门加强对烟叶生产的指导、督促、检查、考核，超前完成了烟叶生产的年度考核、奖励兑现及2012年生产的谋划安排，职能作用充分发挥。由于加强领导，采取了强有力的措施，2011年烟叶生产取得了好成绩，全州共生产烤烟178.04万担（其中中上等烟比例达62.94%），烟农收入15.75亿元，比上年12.79亿元增加2.96亿元，为巩固大理州烟叶支柱产业，增加财政收入，促进农民增收，做出了积极的贡献。

【招商引资成效明显】 2011年，州政府研究室高度重视招商引资工作，认真贯彻《中共大理州委、大理州人民政府关于进一步促进招商引资工作的意见》及全州招商引资工作会议精神。虽然州招商引资工作领导组未下达招商引资任务，但政府研究室坚持自加压力，自定目标，动员全体干部职工主动参与招商引资。单位主要领导亲自抓，分管领导具体抓，强化沟通、协调、服务。年内，与鹤庆县相关部门一道引进资金5170万元。

【扶贫挂钩扎实有效】 2011年，州政府研究室的扶贫挂钩点是与州农业发展银行共同挂钩剑川县金华镇文华村，根据《中共大理州委办公室、大理州人民政府办公室印发〈关于十二五期间定点挂钩扶贫的意见〉》及年度工作要求，州政府研究室领导和州农业发展银行领导多次深入扶贫挂钩村的金满城等自然村调研，制定了《大理州政府研究室、中国农业发展银行大理州分行定点挂钩扶贫实施方案》，明确目标任务，落实工作职责，加强协调服务，动员干部职工结对帮扶，向州县等有关部门为文华村协调资金100万元，其中州政府研究室直接协调解决15万元扶持金满城村，主要用于村内道路、村庄整治等基础设施建设。干部职工结对60户，单位安排经费1万元，职工捐款3100元，向民政部门协调棉被20张、衣服20套，用于解决贫困户困难问题。

【新农村指导员工作不断加强】 2011年，州政府研究室非常重视新农村指导员工作。①坚持按要求派干部，派出新农村指导员1名，驻剑川县沙溪镇寺登村；②关心支持派出指导员的工作，加强对派出干部的管理指导。室领导经常深入指导员所驻村指导工作。年内为新农村指导员所驻村协调解决资金20万元，重点扶持培植优势产业、改善基础设施，增强发展后劲。派出的干部连续3年被评为州级优秀指导员。

【全省政府系统研究室工作会议在大理召开】 2011年度全省政府系统研究室（发展研究中心）工作会议于7月6～8日在大理召开，省政府研究室（含处、室、社、部）、省级部分研究室、省级部门研究机构、各州市政府系统研究室的领导、专家约160人参加了会议。会议传达学习了全国政策咨询工作会议精神，总结交流决策咨询工作，研讨"十二五"促进云南省及当地经济社会平稳较快发展的对策措施，并就云南省"桥头堡"建设和统筹城乡发展、"十二五"规划、产业升级等内容进行学术交流。大理、曲靖、楚雄三州市政府研究室在会上作了交流发言。

【加强自身建设】 2011年，州政府研究室紧紧围绕学习型党组织建设，以高效、务实、清廉为目标，政府研究室党组不断加强对干部职工的教育和管理，强化作风建设，着力提高工作效能。①加强学习教育不放松。坚持政治学习日集中学习的同时，要求干部职工加强在线学习，积极参加"领导干部时代前沿知识讲座"及省州各级各部门组织的各种培训，党支部深入开展学习杨善洲、普法兴等先进事迹活动，鼓励干部职工联系个人工作实际加强自学，单位专门安排购书经费为职工购买学习书籍。②强化制度保障。严格执行党纪政纪各种制度和规定，不断健全和完善单位各项规章制度，认真落实党风廉政建设责任制。按规定和要求召开年度民主生活会并抓好整改落实。较好地完成了党风廉政建设目标任务，全年干部职工无违反廉政规定情况，未发生任何违法犯罪和以权谋私现象。③在创新管理上做文章。以创先争优为契机，不断总结和完善机制体制，创新管理的方式方法，充分调动干部职工积极性创造性。对撰写文稿实行奖励，鼓励干部职工主动开展调查研究，积极撰写有价值的调研文章；④实行工作目标管理，进一步发挥干部职工潜能；坚持"请进来"的同时加大"走出去"的力度，向发达地区、先进州市，乃至国外学习他们服务决策咨询的好做法、好经验，开阔视野，拓展服务平台；充分发挥党支部、工会的作用，组织开展有益竞赛活动，运用多种方式方法激发干部职工的工作热情。单位职工文章见报量明显增多，政府研究室党支部被评为2010年度先进党支部，2011年州直机关党委组织的"党建征文"活动中获组织奖。

【参加K2K合作论坛】 11月底，州政府研究室副主任张理政代表大理州随同云南省代表团赴孟加拉、印度，参加"云南省与印度西孟加拉邦经济合作论坛第七次会议"和"云南省与孟加拉国合作对话第二次会议"，并在会议上发言。

【其他工作有绪开展】 2011年，州政府研究室圆满完成中国烟草祥云大型水源工程领导组办公室工作，为中国烟草祥云大型水源工程"一湖一库一河"建设提供积极服务，受到了州委、州政府的表彰。发挥成员单位作用，积极配合主管部门，参与州扶贫综合开发示范园区建设、深化医药卫生体制改革、统筹城乡发展试点、抗旱防汛、第六次全国人口普查等工作的督导指导。按时按要求完成了《关于抓住桥头堡契机，做好战略储备，给力滇西中心城市建设的提案》、《关于云南省第十一届人大四次会议0408号建议》等提案的答复。政府建设“四项”制度、保密档案、节能减排、平安建设等工作有序推进。

（《州政府研究室》由蒙志李撰稿）

机关事务管理

【概　述】　2011年，大理州机关事务管理局工作认真贯彻党的十七大、十七届四中、五中、六中全会精神，州第七次党代会会精神，按照科学发展观的要求，紧紧围绕年初确定的工作思路，以迎接中国共产党成立90周年、开展向杨善洲先进事迹学习和创先争优活动为契机，进一步理顺关系，完善制度，细化措施，增强服务意识，提高工作效率，州级机关公共事务管理工作和各项后勤保障工作得到了很大提高，年初确定的各项工作任务圆满完成。

【办公区公共事务管理】　2011年，大理州机关事务管理局按照“服务社会化”的要求，年初与大理市保安公司、大理市三环物业管理公司等公司签订了办公区保卫、卫生保洁、绿化养护协议。物业管理公司认真履行协议条款，为办公区州级机关运转提供了优质服务。加强了对公共事务管理工作督查，每季开展督查一次，全年共督查4次，对督查出来的问题明确了整改内容、整改责任人、整改时限，促进了公共事务管理工作的有序开展，为州级机关的高效运转提供了有力的后勤保障。

【圆满完成州级机关办公区维修改造工作】　2011年，大理州机关事务管理局完成了州人大、州政协常委会议室及州纪工委办公楼建设，州人大办公楼外墙维修、办公区雨季屋面检查维修、办公区外墙汉白玉维修；完成了州委综合楼和组织部的专项维修改造和州委新建办公楼图纸设计和前置审计工作；完成了州白研所、州志办等办公楼综合楼维修工程；完成了州委政法委、州委统战部等4部门办公用房方案、施工图设计、前置审计等工作；完成了幸福路36号院排污改造、政府西院屋面主给水管改造任务。

【公共机构节能工作】　年内，大理州机关事务管理局编制了《云南省大理白族自治州公共机构节能“十二五”工作规划（草案）》，编制了《大理州公共机构节能管理办法（草案）》；开展了“能源宣传周”和“低碳体验日”活动，利用手机平台短信、报纸、电视等形式广泛开展宣传，营造了公共机构节能的良好氛围；加强了能耗统计工作，开展了能源消耗的自检自查，为“十二五”公共机构节能工作的开展奠定了良好基础。

【认真做好州级机关安全保卫工作】　2011年，大理州机关事务管理局认真做好办公区安全防范工作，按照安全防范总体工作部署要求，加大值班巡逻力度，适时调整巡逻段时间、路线和区域，提高巡逻的密度和实际效果，及时排除隐患；加强了技防设施硬件建设，增加技防设施资金投入，对办公区技防硬件设施进行了全面维护矫正，共维修监控主机8台，视频服务器1台，摄像机3个，更换光纤收发器7对，为办公区提供了强有力的技防保障；做好大型活动和会议的安全保卫工作，全年共确保了云南省保护坝区良田山地城镇工作会议、川滇黔十市地州峰会大理工作会议等20余次大型活动和各类会议的安全；认真开展了社会治安综合治理工作。年初与办公区79家责任单位签订了《大理龙山州级行政办公区平安建设责任书》明确了责任，并被中共大理市委、市政府评为2011年度先进平安单位；配合做好上访秩序维持，全年共接待上访人员56起、1680余人次，有效地维护了机关正常的工作秩序。

【房屋水电维修】　2011年，机关局完成办公区房屋及水电维修540余次；对办公区自动喷灌系统再次进行了维修；更换损坏管道500余米，喷灌头300个；加强住宅小区的物业管理工作，维修了单身职工周转房、泰安小区周转房太阳能，维修了百乐小区西院主水管。

【大理国际会议中心管理和服务】　2011年，机关局按照“优质服务、以人为本、热情周到”的要求，加强大理国际会议中心管理，在会议中心1号厅安装了LED显示屏，进行了会议传输系统提升改造，全年共承办全省、全州性会议247场次，会（接）见活动11场次；加强了职工食堂管理，合理搭配荤素菜品，在第二职工食堂推出了自助餐，提升了服务质量，经民意调查，满意率达91%。

【做好挂钩扶贫工作】　2011年，机关局认真组织推进大理凤仪镇乐丰村委会三家村实施“866”工程。严格按照扶贫整村推进规划组织实施，至12月底，完成投资额300余万元，完成规划项目任务的80%。

【局机关自身建设】　2011年，机关局加强了党支部建设，开展了“评星授旗”活动，强化了党员双目标责任管理，促进了党建工作的顺利开展；抓好党风廉政建设，突出重点抓好廉政风险点防范、廉政文化进机关，推行以“述职述廉、廉政谈话、民主评议、组织考核”为主要内容的党风廉政建设四项制度，由于年度工作有特色、有创新，党风廉政建设被州委评定为优秀。开展了以“热爱本职工作，爱岗敬业、勤奋工作、优质服务、争创一流业绩”为主题的创先争优活动，评选出保卫科等2名先进集体，评选出张学德等20名先进个人，对评选出来的先进集体和先进个人进行了表彰。

（《机关事务管理》由王永贵撰稿）

州妇儿工委

【概　述】　2011年，是大理州2001～2010年妇女儿童发展纲要规划的终期评估年，也是实施2011～2020年妇女儿童发展纲要的第一年。各级妇儿工委以促进妇女儿童发展为第一要务，坚持“服务、调研、协调、指导”的工作方针，加强领导，强化宣传，抓实评估，组织编规，分类指导，示范先行，抓好妇女儿童各项工作的落实。

【强化宣传】　2011年，大理州妇儿工委编印《两规通讯》2期，及时对大理州妇联网站的妇女儿童发展规划专栏信息进行更新。共开展电视宣传294次，有近34万人次收看；广播宣传269次，有近15万人次收听；报纸刊登35次，发行6.5万份；全州各级妇儿工委共出黑板报1720期；组织咨询474次，发放各种宣传资料539种，317.35万份；制作展板2223种，共8748块，为妇女儿童发展营造出良好社会氛围。

【做好贫困救助】　2011年，大理州共筹集贫困孕产妇救助基金356.04万元，当年使用286.51万元，救助贫困孕产妇

6484 人;当年筹集贫困儿童助学基金 205.87 万元,当年使用 202.11 万元,救助贫困学生 2102 人;慰问儿童 38007 人。

【州妇儿工委成员单位认真履职】 2011 年,大理州妇儿工委州级成员单位先后召开相关会议 75 场次,共 1807 人参加,用于实施妇女儿童发展规划经费 684 万元,安排 3862 人次到 12 个县市指导工作 570 次,派出 1729 人次到定点联系乡村指导帮助工作 131 次;为妇女、儿童办实事做好事 509、1049 件,有 71、36 万名妇女、儿童受益。

【农村妇女宫颈癌检查项目顺利完成】 2011 年,大理州大理市被列为云南省 8 个实施宫颈癌检查项目县之一。通过建立领导机制,制订实施方案,宣传发动,合理分工,设备配齐配全,人员配置落实到位、安排合理畅通的检查流程。通过 3 年的努力,11 月底已全面完成对 35 ~ 59 岁的 47500 名农村妇女进行宫颈癌检查任务。对检查中发现的患有宫颈癌的 12 名妇女给予 5000 至 20000 元不等的资金补助,共发放补助资金 21.3 万元。项目的启动,使大理市的广大妇女得实惠、普受惠。

【州政府办发终期评估工作的通知】 3 月,州政府下发了《大理州人民政府办公室关于做好 2001 ~ 2010 年中国妇女儿童发展纲要和云南妇女儿童发展规划终期评估工作的通知》通知从评估目的、评估方式、评估内容、评估工作步骤及时间安排和工作要求作了具体部署,从政府的角度组织开展终期评估工作。

【召开规划终期统计监测评估会议】 4 月 2 日,大理州召开了由州妇女儿童发展规划监测统计组全体成员参加的大理州实施妇女儿童发展纲要、规划终期统计监测评估会议。会议开展了做好终期监测评估服务妇女儿童的业务培训。培训从大理州监测评估工作情况,具体业务,工作要求和《大理州妇女儿童发展规划(2011 ~ 2020 年)》编制四个方面进行。

【按时完成省州级规划监测统计】 2011 年,大理州按照省统计局和省妇儿工委办公室要求,按照国家统一规定的统计范围、计算方法、统计口径、单位、数据来源,4 月 8 日完成了《大理州妇女儿童发展状况监测统计表》、《州市妇女儿童发展规划监测统计表》、《大理州妇女儿童发展规划主要监测指标达标情况表》、《大理州妇女儿童发展规划达标情况表(非量化指标)》、《〈云南妇女发展规划(2001 - 2010 年)〉定量指标数据表》、《〈云南儿童发展规划(2001 - 2010 年)〉定量指标数据表》、《〈云南妇女发展规划(2001 - 2010 年)〉和〈云南儿童发展规划(2001 - 2010 年)〉定性指标》、《2010 年大理州市妇女儿童发展规划监测统计表》的填报,完成《大理州妇女儿童发展状况监测统计表 2000 - 2010 年》的审核。

【制订方案开展评估检查】 2011 年,大理州根据省州终期评估工作的通知要求,制订了《大理州妇女儿童工作评估检查方案》并对大理市、巍山县进行了实地评估检查。评估检查组听取了县市妇儿工委主任对本地实施两个规划情况汇报,与县市妇儿工委成员进行了座谈交流,查阅了相关资料,先后到大理市儿童福利院、下关三幼、下关镇太和村委会、卫生室和村完小,到巍山县妇幼保健院、大仓医院、甸中村卫生室、文献幼儿园、为民小学、文华中学进行了实地考查,对 5 户农户进行了走访;按照州级评估检查方法、程序及内容对州委组织部、州卫生局、州教育局、州水利局、州规划局进行了集中评估检查。为编制实施好 2011 ~ 2020 年"两纲"、"两规"奠定基础,为迎接省和国家评估检查做好准备。

【完成省、州妇女儿童发展终期评估报告】 2011 年,大理州妇儿工委在州级成员单位和各县市对近 10 年工作情况进行评估的基础上,还对大理州 2001 ~ 2010 年妇女儿童生存、保护和发展进行了认真的分析与研究,由州政府妇儿工委办主任执笔写出初稿,经州级成员单位共同修改,在两个规划监测统计组和专家评估组会议上再次讨论修改,经专家评估组和领导组评估评审,形成了《〈大理州妇女发展规划(2001 ~ 2011 年)〉〈大理州儿童发展规划(2001 ~ 2011 年)〉终期估报告》和《大理州实施 2001 ~ 2010 年云南妇女儿童发展规划终期估报告》。

【州实施 2001 ~ 2010 年云南妇女儿童发展规划终期估报告位列全省第三】 2011 年,《大理州实施 2001 ~ 2010 年云南妇女儿童发展规划终期估报告》经省妇儿工委组织 16 个州市、省妇儿工委成员单位和省级专家组从格式、文字、图表、数据、达标、经验、问题、措施、建议和其他等 10 个方面进行了全面考评打分,其综合得分为 92.2 分,位列全省第三。

【2001 ~ 2010 年州妇女儿童发展规划目标基本实现】 2011 年,州妇女儿童发展规划目标通过终期评估,到 2010 年末,《大理州妇女发展规划(2001 ~ 2011 年)》6 个方面,34 项主要指标中,有 30 项达标,达标率为 88.24%;《大理州儿童发展规划(2001 ~ 2011 年)》4 个方面,17 项主要目标中可量化的 37 项子目标,有 32 项达标,达标率为 86.49%;妇女儿童规划可量化标达标为 69 项,达标 62 项,达标率为 90 %,非量化标达标为 35 项,达标 33 项,达标率为 94.29%。

【实施云南省妇女儿童发展规划成效显著】 2011 年,终期评估显示:到 2010 年末,大理州实施《云南妇女发展规划(2001—2010 年)》6 个方面,54 项主要指标中,有 52 项达标,达标率为 96.30%;18 项定性(非量化)指标全部达标,达标率为 100%。大理州实施《云南儿童发展规划(2001—2010 年)》4 个方面,50 项项主要指标中,有 45 项达标,达标率为 90.00%;13 项定性(非量化)指标全部达标,达标率为 100%,成效显著。

【2011 ~ 2020 年州妇女儿童发展规划编制工作进展顺利】 2011 年,大理州 2011 ~ 2020 年妇女儿童发展规划编制工作进展顺利:①组织参与了对国家纲要和省规划的修改工作。②确定新规划设定领域。按照编制工作方案,确定 2011 ~ 2020 年大理州妇女发展规划设置七大领域,儿童发展规划设置五大领域。③组织对新规划(草案)的修改。新规划(草案)完成后,先后两次印发到州级成员单位和 12 县市,组织对新规划(草案)的修改和征求意见。对收集到的 46 条修改意见进行反复论证、筛选,对 2011 ~ 2020 年《大理州妇女发展规划》和《大理州儿童发展规划》的再次修改,将与比对省新规划修改后报州政府审定。

【州政府妇儿工委办被州委、州政府评为大理州妇女工作先进集体】 2011 年,州政府妇儿工委办公室履行州妇女儿童工作委员会的办事机构职责,做好协调、开展调查研究,组织检查、督促确保委员会工作的贯彻落实。由于工作成绩突出,被州委、州政府被评为"大理州妇女工作先进集体"。

【张云霞荣获“全国实施妇女儿童发展纲要先进个人”荣誉称号】 2011年11月，在全国第五次妇女儿童工作会上，州政府妇女儿童工作委员会办公室主任张云霞被国务院妇女儿童工作委员会授予“2006～2010年度全国实施妇女儿童发展纲要先进个人荣誉称号”。

（《州妇儿工委》由张云霞撰稿）

政务服务

【概　述】 2011年，州政府政务服务工作坚持“便民、利民、为民”宗旨，结合实际，建立健全相关制度，采取积极有效措施，扎实推进全州政府自身建设、深化政务公开、加强政务服务工作。①政府自身建设全面加强。以“巩固完善、拓展创新、务实高效”的原则，重点抓好行政审批制度改革、政务公开、行政成本控制、工作效率提升、政务服务中心和公共资源交易中心建设、重点岗位和关键环节监控、廉政建设、行政问责等方面的工作，进一步拓展工作内容、完善制度体系、加强督促检查、提高实施成效，法治政府、责任政府、阳光政府、效能政府和创新政府建设取得新的突破。②政务服务体系建设取得实效。成立了大理州政务服务体系建设领导小组，下设办公室，负责全州政务服务体系建设工作的领导、统筹协调工作，监督指导全州政务服务、公共资源交易、96128专线管理等工作。通过努力，到2011年6月28日，州、县两级政务服务中心建成并开始运行；到12月底，大理公共资源交易中心、70个乡镇为民服务中心及部分村委会（社区）为民服务站建成并投入运行。州、县市、乡镇、村四级政务服务中心（站）的建成，为深化政务体系改革，加强政务服务，建设服务型政府打下了良好的基础。

【召开全州深化政务公开　推进政务服务工作会议】 1月24日，州人民政府召开全州深化政务公开推进政务服务工作会议，贯彻云南省深化政务公开推进政务服务现场会精神，明确2011年工作任务和有关措施。大理市人民政府、剑川县沙溪镇人民政府和大理市下关镇关迤社区为民服务站对政务服务机构建设运转情况作交流发言。表彰了2009～2010年政务服务96128专线先进单位和先进工作者、优秀联络员。

【召开全州加快推进政务服务体系建设工作会议】 5月5日，州人民政府召开全州加快推进政务服务体系建设工作会议。州政府秘书长李超对各县市深化政务公开推进政务服务工作督促检查的情况进行通报；州委常委、常务副州长马建全安排部署了全州加快推进政务服务体系建设工作并与各县市政府领导签订政务服务体系建设目标责任书，明确规定6月30日前完成州、县政务中心建设任务。

【开展政务中心窗口工作人员培训】 6月8～15日，州人民政府对全州政务中心窗口工作人员分两批进行培训，总共培训州、县市窗口工作人员605人。在培训班开班典礼上，州政府秘书长李超作了动员讲话，州委党校、州政府法制局、大理市政务服务中心派出专人讲授了《窗口工作人员基本素质》、《行政审批基础知识》、《政务中心创新与实践》等课程。

【州政务服务中心龙山服务大厅举行启动仪式】 6月28日，州政务服务中心龙山服务大厅启动运行。州委常委、常务副州长马建全宣布龙山服务大厅正式运行。州林业局、畜牧局、建设局、教育局、旅游局、环保局、民政局、计生局、文化局、商务局、农业局、安监局共12个单位进驻龙山服务大厅，办理政务服务事项102项。

【省政府督查组督查大理州政府自身建设工作】 5月13～15日，以省监察厅副厅长赵志彬为组长的省政府督查组对大理州政府自身建设工作，重点是政务体系建设进展情况进行督查。州政务体系建设筹建领导组办公室主任刘卫东向督查组汇报了大理州政务体系建设进展情况。督查组对大理州政务服务局“一局两中心”的设想给予肯定，并希望大理州加大工作力度，加快州县政务中心建设在实践中不断探索，在政务体系建设方面出好的经验。

【大理州政府政务服务管理局成立】 5月26日，经六届州委第85次常务会研究同意，成立大理白族自治州人民政府政务服务管理局，为隶属于州人民政府办公室参照公务员法管理的事业单位，正处级。负责州政府自身建设工作委员会办公室日常工作，承担全州政务服务、公共资源交易、“96128”政府专线的建设和管理。核定人员编制29名，设领导职数4名，其中：局长1名，副局长3名。内设办公室、政府自身建设科、政务服务科、“96128”专线服务科、公共资源交易管理科五个科室。

【大理州11个县政务服务中心建成运行】 截至6月30日，全州11个县政务服务中心先后启动运行（除大理市政务服务中心已于2001年已建成外）。11个县政务服务中心政务服务大厅总面积约8000平方米，县市政务服务大厅平均面积为625.67平方米。12县市共进驻政务服务中心388个部门，进驻率约为92%；进驻行政许可事项2071项，进驻率为84%；进驻的非行政许可审批事项572项，进驻率为79.65%；进驻的政务服务管理事项50项、公共服务事项278项。

【省政府督查组督查大理公共资源交易中心建设】 11月15日，由省政府督查室专员李石松带队的督查组一行4人，对大理公共资源交易中心建设推进情况进行督促检查。督查组对大理公共资源交易中心建设进行了实地检查，并听取了局长刘卫东对大理公共资源交易中心建设情况汇报。督查组对大理公共资源交易中心建设推进情况给予了高度肯定，并希望大理州力争把大理公共资源交易中心建设为“国内一流，省内样板”，年内完成大理公共资源交易中心建设，确保年底投入运行，并着手推进县级公共资源交易中心建设。

【州政府发文指导县级政务服务体系建设】 5月，州人民政府下发《大理白族自治州人民政府关于县级政务服务中心建设的指导意见》，对县级政务服务中心建设的总体要求、工作目标、基本原则、机构建设、场所建设、进驻内容及方式、集中收费管理、中心人员管理、协调机制、监督检查等方面作了明确规定，要求2011年6月以前建成11个县级政务服务中心；2011年12月下发《大理白族自治州人民政府关于公共资源交易中心建设的指导意见》，对县级公共资源交易中心建设的总体要求、工作目标、机构建设、场所建设、交易范围、运行模式、职责划分、监督检查等方面作了明确规定，要求2012年年底前建成县级公共资源交易中心。

【大理州公共资源交易中心挂牌试运行】 12月28日，大理州公共资源交易中心建成并挂牌试运行。大理州公共资源交易中心建筑面积3500平方米，含开标厅9个，评标室11个，小型会议室1个，每天可容纳22个项目开评标，年使用总量可达6000次。按照“政府领导、统一进场、集中交易、行业监管、行政监察”的原则，凡是规定招标的建设工程、政府采购、土地矿产、国有资产等公共资源在限额以上的项目都要进场交易。大理公共资源交易中心实行同城合设，双重管理，机构设置为州政务服务管理局直属具有独立法人资格的公益性事业单位，副处级。设主任1名，由大理州政务服务管理局副局长兼任；副主任3名。

【州市政务服务中心办公楼建成】 12月，州、市政务服务中心办公楼建设完成交付使用。办公楼建筑面积1800平方米，概算批准投资9200万元。主楼为州、市政务服务中心大厅，副楼为州、市政务服务管理局机关办公楼。12月31日，州、市政务服务中心和大理公共资源交易中心整体迁入并投入运行。

【政务服务体系建设稳步推进】 截至2011年底，全州应当建立的1个州级和12个县级政务服务中心、70个乡镇为民服务中心建设完成并投入运行，三级政务服务体系当年度累计受理承办政务服务事项180.77万件，办结180.74万件，办结率为99.98%，取得了明显的社会效果。

【州、县、乡镇三级政务服务中心建设通过考核验收】 2011年，大理州各县政务服务中心按要求和标准在6月30日前建成并投入运行；大理市负责新建的州市政务服务中心综合服务楼和70个乡镇为民服务中心在12月底前建成并投入使用，州人民政府给予县级一等奖10万元，二等奖7万元的奖励；给予乡镇新建3万元、改建2万元的奖励。经考核验收，州及12县市政务服务中心、70个乡镇为民服务中心（其中新建38个，改建32个）符合验收标准。

【“96128”政府专线运行稳定】 2011年，全州各级机关接听政务服务“96128”专线电话58001人次。其中，转接52611人次，占来电数的90.07%；转接成功49528人次，占转接次数的94.14%。全年无行政投诉，满意率为100%。

【全州政务服务工作管理办法出台】 12月，大理州人民政府制定出台了《大理州政务服务管理办法（试行）》。《办法》对州、县两级政务服务中心的进驻部门、进驻事项、窗口分类、AB岗工作要求、服务时间、着装规范、补助经费、年度考核、分中心管理等作了明确规定。

（《政务服务》由张丽芬撰稿）

（《大理州人民政府》责任编校：管由权）

人力资源和社会保障

【概　述】 2011年，全州人力资源和社会保障系统按照州委、州人民政府的部署要求和全省人力资源和社会保障工作安排，坚持以邓小平理论和“三个代表”重要思想为指导，深入贯彻落实科学发展观，认真开展创先争优和“四群”教育活动。紧紧围绕“民生为本，人才优先”的工作主线，以就业再就业、社会保障、收入分配、人事人才、和谐劳动关系、公共服务平台建设为重点，解放思想，抢抓机遇，团结拼搏，开拓创新，圆满完成各项工作目标任务，实现了“十二五”人力资源和社会保障工作的良好开局。

【全州就业局势稳定】 2011年，全州实施积极的就业政策措施，认真贯彻落实稳定和促进就业的各项政策措施，全面完成2011年的就业再就业各项目标任务。全州新增城镇就业2.2万人，城镇失业人员再就业0.6万人，就业困难人员就业0.46万人，零就业家庭达到动态清零，开发公益性岗位0.39万个，新增转移农村劳动力1.89万人，农村劳动力转移培训1.57万人，组织高校毕业生就业见习561人，全州城镇登记失业率控制在4.1%以内，失业率在全省保持了较低的水平。创业带动就业政策措施进一步强化。全州进一步加大对“贷免扶补”和小额担保贷款政策的落实力度，重点帮扶，跟踪服务，以创业促进就业。全州共发放贷款5949户，贷款3.89亿元，带动3万人就业。继续突出重点人群就业。以各级公共就业服务机构为主体，认真组织“就业援助月”、“春风行动”、“高校毕业生专场招聘会”、“农民工专场招聘会”等系列专项就业服务活动。把高校毕业生就业放在工作首位，实施高校毕业生就业推进行动，实施创业引领计划和就业服务与援助计划。推进高校毕业生就业见习基地建设，开发高校毕业生就业见习岗位680个，有561名高校毕业生到岗见习；建立完善困难群体充分就业援助制度，大力开发公益性岗位，安置公益性岗位3973名，确保“零就业家庭”至少一人实现就业；认真实施农民工特别行动计划，引导和扶持农民工就地就近就业、自主创业和异地转移就业，全年完成转移农村劳动力就业1.89万人。进一步扩大就业空间。结合全州产业结构调整和重大项目的建设，大力发展以服务业为代表的第三产业和非公经济为主的中小企业，加大劳动密集型产业的发展力度，扩大就业容量。加大就业培训工作力度。充分发挥各类职业学校和培训机构的主渠道作用，把在岗农民工技能提升培训、劳动预备制培训和创业培训作为重点，全面提升就业培训工作，不断提高劳动者技能，全年完成农村劳动力培训1.6万人。加强公共就业服务。举办“高校毕业生专场招聘会”、“农民工专场招聘会”劳务招聘会124场，有1711家企业入场招聘，成功推荐就业3.6万人。

【社会保障体系不断完善】 2011年，全州社会保障制度不断完善。①社会保险待遇继续提高。认真落实企业退休人员调整提高养老金政策。为全州39157名2011年1月1日前退休的企业职工调整提高养老金，月人均增加149.59元。调整提高养老金后全州企业退休人员月人均养老金达1299.56元；全年按时足额发放城镇职工基本养老保险待遇66783万元；城镇职工和城镇居民医疗保险政策范围内住院费统筹基本平均报销比例分别达到81.09%和73.69%，城镇职工医保最高支付限额调整提高到20万元，达到了全州职工平均工资的6倍以上；调整提高工伤保险待遇，伤残津贴1～4级月人均增加165元，护理费3个等级月人均增加80元，老工伤人员遗留问题得到妥善解决。②服务水平不断提升。城镇职工基本医疗保险从2011年1月1日起实行州级统筹，实现了全州统一政策，基金统收统支；实现了省内异地持卡就医购药即时结算；启动实施了居民大病补充医疗保险，建立了城镇基本医疗保险“特殊病”、“慢性病”门诊医疗报销制度；企业退休人员社会化管理率达到100%，社区管理率达到99.6%。③社会保险覆盖面进一步扩大。全州参加城镇企业职工基本养老保险人数达15.85万人，参加工伤保险9.5万人，参加生育保险7.29万人，参加城镇基本医疗保险参保人数达42万人，参加失业保险10.6万人，城乡居民社会养老保险参保人数达到110.13万人，解决未参保集体企业退休人员纳入基本养老保险统筹1.1万人。④被征地农民社会保障严格得到落实，城乡居民养老保险试点工作稳步推进。全年完成审核被征地60件;鹤庆县等8个县市城乡居民养老保险试点参保人数达93万人,参保率达86%以上。⑤切实加强基金监管。全州社会保险经办机构认真贯彻执行《大理州劳动保障资金内部审计暂行办法》,深化社会保险专项治理成果,加强企业年金基金管理机构的管理;不断加强劳动保障资金内部审计工作;开展医保基金、失业保险基金、新农保基金管理使用专项检查,加强内控制度和信息披露制度建设,确保基金管理规范,运行安全。

【人事、人才管理工作科学规范】 2011年,全州人力资源和社会保障部门不断完善人事管理制度,加强公务员队伍建设,加强各类技能人才培训,人事人才工作成效明显。①人才总量不断增大。到2011年末,全州各类人才总量达到27万人。开展30个门类3万人次的管理专业技术人员职称资格考试。②公务员队伍建设不断加强。全面完成2011年公开考试录用公务员工作计划,考录工作科学化水平得到进一步提升,全州除法检系统以外的各级机关考试录用公务员426人。组织实施了全州公安机关执法勤务机构人民警察警员职务套改工作。进一步完善了公务员统计制度,加强了公务员转任、调任制度建设。完善公务员公开选调工作机制,进一步完善公务员考核制度。③公务员队伍素质不断提高。进一步开展《公务员法》及其配套法规学习宣传,不断提升公务员队伍的政治素质和法治素质,全州1.8万名公务员和参公管理人员积极参加学习杨善洲同志先进事迹活动,提高了公务员队伍的思想素质和服务意识。广泛开展了以职业道德和能力提升为核心的"忠诚教育"活动,公务员思想道德和职业素养得到进一步提高。严格执行法制政府、责任政府、阳光政府、效能政府"四项制度"等政府自身建设制度,并将首问责任、服务承诺、限时办结等制度向教育、卫生系统事业单位和窗口行业延伸拓展,规范工作程序,提高服务质量。④事业单位专业技术人员的招聘工作不断完善。全州共考核招聘二本以上高校毕业生365人,考试招聘专业技术人员809人,面向"四个项目"服务期满毕业生招聘122人,特岗教师招聘79人,招聘安置免费师范生5人、"三支一扶"毕业生23人、退役运动员7人。⑤事业单位岗位设置管理工作扎实推进。州级单位已全面完成核准岗位设置,县市级事业单位岗位设置管理已核准72%。职称评审工作进展顺利,做到公平、公正和评审结果公开。全州各级各部门共推荐上报4550人,经各级评委会评审,已有3994人取得相应的专业技术职称。⑥认真做好"三项"选拔和各类专业技术人才表彰工作。全州有4人享受"省贴"、20人荣获"云南省第五届科技兴乡贡献奖",有9人获得省"拔尖农村乡土人才"称号。⑦技能人才培训工作成效明显。大理滇西技师学院实现整体搬迁,新校区完成投资4亿元,总建筑面积16万平方米,为在"十二五"期间创建专业齐全、功能齐备的滇西技师学院奠定了硬件基础;技工学校办学规模不断扩大,2011年,州技工学校完成年度招生1156人,在校生人数达3465人,毕业生就业率保持在98%以上。年内完成职业资格培训1.6万人,占任务数的106%;鉴定合格办理职业资格证书1.44万人,完成任务数的144%。

【军队转业干部管理制度不断完善】 2011年,大理州人力资源和社会保障局承办了来自楚雄、保山、德宏、丽江、怒江、迪庆、临沧、大理8州市85名2011年计划分配军转干部的集中培训。继续坚持和完善"考试考核、阳光安置"军转干部的有效做法,顺利完成2011年省委、省政府下达大理州47名军队转业干部(其中,计划安置31名、自主择业安置16名)和2名随调家属的安置任务。认真做好军转干部培训工作,建立完善自主择业军转干部服务机制,进一步完善部分企业军转干部解困补助政策,全州按规定下拨企业军转干部解困资金996万元。

【做好工资收入分配工作】 2011年,全州人力资源和社会保障部门努力完善收入分配政策,切实做好调资增资工作。①事业单位绩效工资全面实施。在义务教育学校、公共卫生与基层医疗卫生事业单位实施的基础上,全面推进其他事业单位绩效工资工作。②机关事业单位新工资制度有序运行。组织实施全州4600余名机关公务员首次按年度考核结果晋升级别和正常升档工作。组织实施事业单位7.6万余名职工正常晋升等级工资。完成法院、检察院和纪检监察办案人员岗位津贴、审计人员工作补贴、艰苦地震台站、广播电视台站津贴等行业部门特岗津贴调标审批兑现工作。会同相关部门拟定并组织实施人民警察法定工作日之外加班发放补贴管理办法。审批兑现了2010年度机关单位年终一次性奖金的发放和事业单位一个月基本工资额度发放的工作。认真做好全州机关事业单位工作人员带薪年休假制度的实施,对州级105个单位的休假计划进行了审批,并兑现了1026人2010年度未休假人员的工资报酬补偿。做好26515人其他事业单位绩效工资的实施工作。完成496名因职务或职称变动和调入人员的工资核定工作。做好州级单位每月一次的工资统发联审工作。实施了人民法院、人民检察院及纪检监察办案人员岗位津贴和审计人员工作补贴,对州属单位进行审批。开展了机关单位按年度考核结果晋升级别工资工作,已审核州级单位34个325人。③及时调整企业最低工资标准。大理市企业最低工资标准调整为845元,其他各县最低工资标准调整为720元。及时发布了2011年企业工资指导线。

【劳动关系和谐稳定】 2011年,全州进一步加强劳动保障维权工作,企业劳动关系和谐稳定。①认真做好群众来信来访工作。全州共接待来访602人次,处理来信15件。其中,接到12333电话咨询138人次。所有信访件100%结案。②劳动人事争议处理工作全面加强。改革劳动人事争议处理制度,探索建立注重预防和调解、突出仲裁优势和作用的劳动人事争议处理机制。加快推进仲裁机构实体化建设步伐,加大培训工作力度,加快仲裁队伍的专业化、职业化建设,建立"三方四家"协调劳动关系机制,加大劳动人事争议调解工作力度,切实做好综治维稳工作。年内,全州劳动争议仲裁委立案受理劳动争议案件68件,涉及劳动者77人,结案率100%。其中,调解处理57件、仲裁裁决11件。进一步推进企业工资集体协商、建立健全企业职工工资正常增长机制。结合机构改革,州县全面完成劳动人事争议仲裁委员会的组建工作,州本级、大理市、祥云县劳动人事争议仲裁委员会正在报批中。③加强劳动合同、集体合同的管理,促进劳动关系的和谐稳定。在全州范围内继续开展"春暖行动",进一步提高了农民工劳动合同签订率。全州累计签订劳动合同14.7万人,劳动合同签订率达92%,其中农民工签订劳动合同4.4万人,签订率达88.6%。用工登记企业累计有2318户,登记劳动合同达1.3万人次,纠正违法合同485份,督促补签合同4257人次,进一步规范了用工行为。累计签订集体合同689户,涉及职工7.8万人。④深入开展劳动关系和谐企业创建活动。在原有基础上,经考核验收合格,和谐企业由州人民政府命名33家,全州三级劳动关系和谐企业达90家。⑤建立农民工工资支付保障长效机制。认真贯彻落实《云南省农民工工资支付保障规定》和《大理州建设领域农民工工资保证金实施办法》,认真落实"三金五制"为主要内容的农民工工资支付管理规定,规范建设领域农民工工资支付行为,切实保障农民工合法权益,维护社会稳定。全州建立农民工工资保证金3398.18万元,建立农民工工资准备金340万元,农民工的合法权益进一步得到保护。五是认真抓好《中华人民共和国社会保险法》的学习宣传。全州集中组织培训500多人,共印发宣传资料2.36万份,在主要街道、乡镇悬挂布标210幅,接受咨询438人,墙报专栏宣传853期。⑥主动开展执法年审。首次将州级党政机关、人民团体纳入年审范围,州级年审户数增加到247户,比上年同期增长75.6%。全州年审6413户用人单位,比上年同期增长28%,涉及劳动者18.03万人,下达整改指令68份。⑦认真处理举报投诉案件,全州共受理359件,涉及劳动者4297人,办结357件,结案率达99%。其中,涉及农民工230件2663人,追发农民工工资2015.57万元,补签劳动合同2021人,补缴社会保障金4.45万元。⑧重视人大代表、政协委员建议、提案办理。2011年,共办理人大代表、政协委员建议、提案16件,在办理中,做到局领导亲自带队,深入基层,直接同人大代表、政协委员面对面地商谈,确保面商率、满意率、办结率达100%。

【劳动保障基层基础工作不断加强】 2011年,全州人力资源和社会保障部门切实加强重大政策研究和宣传工作。组织力量,深入对全州就业再就业、社会保障等重大专题进行调查研究,进一步明晰新时期劳动保障工作思路、工作重点;继续坚持新闻发言人制度,充分发挥大理州人力资源和社会保障网做好人力资源和社会保障宣传工作,加强主要工作和重大事项通报公示工作,自觉接受社会监督。劳动保障公共服务平台建设步伐加快,积极争取项目资金,继续推进"2113116"工程建设。通过认真调研规划,进一步加大县市乡镇劳动保障机构建设,积极争取上报"651工程"建设项目,规范一体化、一站式服务的工作流程,切实提高基层公共服务的质量和效率。切实加强劳动保障信息化建设,大理州城镇居民医疗保险一体化信息系统通过验收正式投入使用。新型农村社会养老保险信息系统建设进展顺利,并已将鹤庆、洱源、永平3个试点县40余万参保人员纳入系统管理,实施了投资150多万元的人力资源市场信息化建设项目,全州人力资源社会保障信息化水平不断提高。重视考试、统计、档案、保密工作,各类考试组织规范、严密、有序,年内组织完成公务员招录考试1.49万人,专业技术人员招聘考试1.05万人,计算机应用能力7191个模块的职称考试,其他职业资格考试1.5万人,定向招聘、三支一扶、大学生村官考试3721人。档案各类水平不断提升,达一级保障的有1家、二级保障的有5家、三级保障的有7家。共编发人力资源和社会保障信息23期。完成全州政府口公务员、事业单位人才统计和全州机关、事业单位工资统计工作,保密工作得到进一步加强。系统自身建设不断加强,结合机构改革,重视思想政治建设,加强基层基础工作,继续加强干部职工学习能力、调研能力、服务能力和统筹协调能力建设。高度重视人大代表、政协委员意见建议办理工作,5件人大代表、11件政协委员意见建议全部办复。深入开展创先争优活动和学习型党组织建设、学习型机关建设,全面推行效能政府"四项制度"建设,组织干部职工认真学习党的十七届五中、六中全会和省第九次党代会、州第七次党代会精神。结合"三深入"活动,春节前夕。局领导班子成员带领干部职工深入基层,走访慰问了基层困难群众和留守儿童,开展民情恳谈,广泛征求意见,了解群众的生产生活情况,帮助解决实际困难问题。

【党风廉政建设成效明显】 2011年,州人力资源和社会保障局按照州委、州纪委的要求,进一步建立健全党风廉政建设责任制,完善依法行使权利的制约机制,深入学习中央、省纪委全会精神不断提高党员干部的思想道德素质和拒腐防变的能力,筑牢思想道德防线。结合人力资源和社会保障局的实际制定了《大理州人社局2011年度党风廉政建设实施意见》和《大理州人社局2011年度党风廉政建设量化考核标准》,强化了"一岗双责"责任的落实。着力加强制度建设,加大从源头上预防和治理腐败的工作力度,将标本兼治、综合治理、惩防并举、注重预防的方针,融入到人力资源和社会保障工作之中;公务员、专业技术人员招考录用、军转干部安置、就业再就业、关破企业职工社会保障等依法行政工作力度进一步加大。不断完善公务接待审批制度、车辆管理制度和财经管理制度,加大工作的督促检查和考核奖惩。党风廉政建设工作得到了上级的好评。

(《人力资源和社会保障》由周家友撰稿)

(《人力资源和社会保障》责任编校:赵秀元)

州委、州政府召开加快工业发展大会

(州工信委供稿)

政协大理州委员会

【概　述】 2011年是实施“十二五”规划的开局之年。年内，政协大理州委员会在中共大理州委的领导下，高举中国特色社会主义伟大旗帜，坚持以邓小平理论和“三个代表”重要思想为指导，深入贯彻落实科学发展观，紧紧围绕中共大理州委、州人民政府的中心工作，按照州政协十一届四次会议确定的任务，牢牢把握团结和民主两大主题，认真履行政治协商、民主监督、参政议政职能，齐心协力谋发展，凝心聚力促和谐，为全州“十二五”良好开局作出了重要贡献。

【为“十二五”良好开局献计出力】 2011年，政协大理州委员会坚持把促进全州科学发展作为政协履行职能的第一要务，紧紧围绕中共大理州委、州人民政府的中心工作，求真务实，履职尽责。①专题协商富有成效。召开了州政协十一届四次会议，对“一府两院”工作报告和《大理白族自治州国民经济和社会发展第十二个五年规划纲要》(草案)进行了认真协商。州政协十一届十四次常委会议对全州上半年经济运行情况进行了专题协商。州政协主席会议先后对全州水利基础设施建设、构建滇西医疗服务中心、苍山生态保护、创建“和谐寺观教堂”、依法治州工作情况等分别进行了专题协商。②提案工作稳步提升。州政协十一届四次会议以来，共提出提案374件，经审查立案373件，所有提案均已办复，办理实效进一步增强。③视察调研务实有效。认真组织开展了对全州学前教育、巍山永建地区禁毒整治成果巩固、中心集镇建设工程、旅游二次创业重大项目建设等工作情况的专题视察。深入开展了加快推进滇西中心城市建设、环洱海旅游观光轨道客车规划建设、进一步发挥鸡足山佛教名山作用、进一步加强大理学院应用型国际人才培养基地建设等课题的专题调研。中共大理州委、州人民政府主要领导高度重视，对多个报告作了重要批示，要求相关部门认真研究采纳，抓好落实。④民主监督有序开展。对州民政局2010年以来的工作进行了民主评议；担任特约监督员的州政协委员，对有关单位的工作提出意见建议；安排委员列席州人民政府常务会议、建设项目规划审查会议，参与国家机关及事业单位新录用人员招考监督，担任人民陪审员、人民监督员等工作。

【发挥优势促进社会和谐稳定】 2011年，政协大理州委员会牢牢把握团结和民主两大主题，充分发挥协调关系、汇聚力量的优势，为促进全州社会和谐稳定贡献力量。①凝心聚力团结合作。切实加强与州级各民主党派、有关人民团体、无党派人士的团结合作；召开了新年茶话会和州级各民主党派、工商联负责人座谈会；认真做好港澳台同胞和海外华侨华人到大理州观光考察、兴办实业、捐资助学、扶贫赈灾等方面的牵线搭桥服务工作。②关注民生服务群众。真诚倾听群众呼声，真实反映群众愿望；协助党委、政府解决人民群众最关心的就业、教育、医疗、社会保障、扶贫开发、环境保护等现实问题。③同心同德共建和谐。认真做好反映社情民意信息工作，加强同少数民族、宗教界委员的联络和沟通，为促进民族团结、宗教和顺、社会和谐稳定发挥了应有作用。

【政协相关工作取得实效】 2011年，政协大理州委员会结合实际，注重突出政协工作的特色和优势，扎实做好相关工作。①文史工作成效明显。编辑出版了《大理文史资料——第十五辑(大理旅游)》，编印了《大理州政协十一届四次会议文件汇编》、《大理州政协建言献策汇编(第四辑)》、《大理州各县市政协建言献策选编(第四辑)》，刊印了《大理政协》4期。②协作交流效果良好。认真配合做好全国政协、省政协到大理的视察调研工作；在第三届大理国际影会期间，与省政协书画室共同举办了摄影展；完成了大理州担负的省政协2012年新年茶话会文艺演出的协调服务工作；会见了泰国上议院友好访问团；加强与县市政协的联系；进一步强化了政协宣传工作。③专项工作扎实推进。认真做好挂钩祥云县烤烟生产、扶贫开发整村推进定点挂钩帮扶、领导班子挂钩联系扶贫综合开发示范园区重点乡镇和重点村、领导班子成员挂钩重大项目建设、领导班子成员挂钩洱海流域“百村整治”工程、洱海保护治理督导和洱海保护月活动等工作，并从州政

2011年12月29日，大理州政协新年茶话会在龙山国际会议中心举行

(周丽云　供稿)

协机关选派两名副处级干部作为新农村建设指导员，选派3名正处级干部参加重点建设项目督查工作。

【自身建设不断加强】 2011年，政协大理州委员会加强学习，完善机制，切实加强自身建设，为履行好职能提供有力保障。①重视强化理论学习。采取各种形式组织委员学习中央和省、州党委的重要会议精神以及经济、政治、文化、法律、科技和政协业务知识。重视学用结合，创新学习方式，提高了学习的针对性和实效性。②着力增强工作活力。充分发挥各界别建言献策、参政议政的作用。以委员活动月为平台，以视察调研、提案为载体，充分发挥委员在政协履行职能中的主体作用。③切实加强组织建设。切实加强常委会自身建设，不断完善履职机制。坚持给专委会出题目、交任务、提要求的工作机制，充分发挥专委会在政协工作中的基础性作用。深入开展“创先争优”活动，不断加强勤政廉政建设，州政协机关干部职工的服务能力和服务水平进一步提高。

【政协大理州第十一届委员会第四次会议召开】 2月14～18日，政协大理州第十一届委员会第四次会议在大理市下关召开。应到委员343名，实到331名。会议听取和审议了州政协主席袁爱光代表政协大理州第十一届委员会常务委员会所作的《中国人民政治协商会议大理白族自治州第十一届委员会常务委员会工作报告》。听取和审议了副主席孙珍玲代表政协大理州第十一届委员会常务委员会所作的《中国人民政治协商会议大理白族自治州第十一届委员会常务委员会关于十一届三次会议以来提案工作情况的报告》。列席大理白族自治州第十二届人民代表大会第四次会议，听取并协商讨论《政府工作报告》，协商讨论《法院工作报告》、《检察院工作报告》及其他报告，协商和讨论《大理白族自治州国民经济和社会发展第十二个五年规划（纲要）》。参观了云南力帆骏马车辆有限公司、大理滇西技师学院。通过会议选举，补选倪永华（白族）为政协大理州第十一届委员会常务委员。表彰了2010年度优秀提案。会议收到提案370件，经审查立案369件。会议审议通过了《中国人民政治协商会议大理白族自治州第十一届委员会第四次会议决议》，《中国人民政治协商会议大理白族自治州第十一届委员会第四次会议关于〈政协大理州第十一届委员会常务委员会工作报告〉的决议》，《中国人民政治协商会议大理白族自治州第十一届委员会第四次会议关于〈政协大理州第十一届委员会常务委员会提案工作情况报告〉的决议》，《中国人民政治协商会议大理白族自治州第十一届委员会提案委员会关于〈十一届四次会议提案审查情况〉的报告》。会议期间，中共大理州委书记刘明到界别联组会听取各界别委员代表的意见建议，中共大理州委副书记、州长何金平率领州政府领导成员和组成人员到《政府工作报告》协商讨论会听取委员协商讨论《政府工作报告》的意见建议，州委、州政府分管政法工作的领导和法检“两院”领导班子成员到“两院”报告协商讨论会听取委员协商讨论“两院”报告的意见建议。中共大理州委、州人大、州政府、州纪委领导，中国人民解放军77263部队和大理军分区首长，大理学院领导，州中级人民法院、州人民检察院、州国家安全局主要领导共30人，担任过大理州正厅实职的老领导和历届州政协老领导共14人应邀到会指导，大理州的云南省政协委员、州级有关部门和企事业单位领导、中央和省驻关单位领导及有关人员共119人列席会议。

会议赞同州长何金平代表州人民政府所作的《政府工作报告》，赞同院长黄为华代表州中级人民法院所作的《法院工作报告》和检察长普赵辉代表州人民检察院所作的《检察院工作报告》。

会议认为，2010年是应对国际金融危机后续影响和抗击百年不遇的特大干旱，保持全州经济社会平稳较快发展和社会和谐稳定的重要一年。在中共大理州委的领导下，州政协常委会围绕州委、州人民政府的中心工作，按照州政协十一届三次会议明确的任务，牢牢把握团结和民主两大主题，认真履行政治协商、民主监督、参政议政职能，充分发挥人民政协协调关系、汇聚力量、建言献策、服务大局的重要作用，为促进全州经济社会平稳较快发展和社会和谐稳定作出了重要贡献。

会议认为，“十一五”是大理州发展进程中极不平凡的五年，是经济社会发展经受严峻考验并实现跨越发展的五年。面对国际金融危机冲击和地震、特大干旱等自然灾害，州委、州人民政府深入贯彻落实科学发展观，坚决贯彻中共中央、国务院和省委、省人民政府的决策部署，始终坚持加快发展不动摇，努力破解发展难题，倾心尽力抓落实，全力以赴抗大旱，千方百计保民生，通过全州上下的共同努力，“十一五”规划确定的主要目标任务圆满完成，经济社会发展取得瞩目成就，在自治州发展历程中写下了浓墨重彩的一页。

会议指出，“十二五”时期是大理州全面建设小康社会、实现经济社会发展历史性跨越的关键时期。《大理州国民经济和社会发展第十二个五年规划纲要》符合科学发展要求，体现了中央和省委、省人民政府的精神，切合大理州情，反映了全州各族人民的根本利益和共同愿望，对于进一步统一全州各族干部群众的思想认识，按照“争当民族团结进步模范州、生态文明建设排头兵、旅游二次创业生力军、滇西城镇化进程领跑者、建设民族文化强省先行者”的要求，坚持“生态优先、农业稳州、工业强州、文化立州、旅游兴州、和谐安州”的发展思路，努力将大理建成中国面向西南开放桥头堡的滇西中心城市和独具特色的少数民族自治州具有十分重要的意义。委员们对未来五年的发展充满期望，对全面完成“十二五”期间的各项任务充满信心。

会议强调，2011年是实施“十二五”规划的开局之年，也是加快转变经济发展方式，推进大理科学发展的重要一年。大理州广大政协委员要深入贯彻落实科学发展观，认真学习贯彻中共十七届五中全会、中共云南省委八届十次全委会、中共云南省委政协工作会议精神，按照中共大理州委六届十次全委会和中共大理州委政协工作会议的决策部署，加强学习，不断提高履职能力；围绕中心，为“十二五”开好局、起好步献计出力；发挥优势，为和谐社会建设作出积极贡献；切实加强自身建设，努力提高工作水平。

会议号召，全州政协组织、政协各参加单位和广大政协委员要紧密团结在以胡锦涛为总书记的中共中央周围，在中共大理州委的领导下，抢抓机遇，齐心协力，开拓创新，扎实工作，为在新的起点上奋力实现全州经济社会发展新跨越而努力奋斗。

【政协大理州第十一届委员会第十三次常委会议召开】 3月14日，政协大理州委员会十一届十三次常委会议在大理市下关召开。会议应到58人，实到45人。会议审议通过了《政协大理州第十一届委员会常务委员会2011年工作要点》，州政协主席袁爱光就贯彻落实本次常委会议精神讲了3点意见：①突出重点，更好地为发展大局服务；②讲求实效，努力提高建言献策水平；③注重创新，不断增强政协工作活力。中共大理州委常委、州政府副州长蔡春生应邀到会指导。副主席毕熊光、孙珍玲、孙明、杨泽恒和40名常委出席会议，各县政协主席和州政协机关不是常委的县处级干部列席会议。

【政协大理州第十一届委员会第十四次常委会议召开】 7月26日，政协大理州委员会十一届十四次常委会议在大理市下关召开。会议应到58人，实到52人。会议听取了中共大理州委常委、常务副州长马建全所作的《大理州2011年上半年国民经济运行情况通报》，通过了州政协常委会对州人民政府《大理州2011年上半年国民经济运行情况通报》协商的意见建议。会议结束时，州政协主席袁爱光对常委会上半年工作进行了总结，对做好下半年工作从抓好学习、圆满完成年度各项任务、加强自身建设三个方面提出了要求。副主席毕熊光、张树藩、孙珍玲、孙明、寇铸勋、杨泽恒，秘书长欧阳任和44名常委出席会议，各县市政协主席和州政协机关不是常委的县处级干部列席会议。

【政协大理州第十一届委员会第十五次常委会议召开】 9月6日，政协大理州委员会十一届十五次常委会议在大理市下关召开。会议应到58人，实到42人。会议听取了州民政局局长杨泽兵所作的《大理州民政局工作情况报告》，对州民政局工作进行了分组评议和大会民主测评，综合测评满意率和基本满意率为100%。通过了州政协常委会对大理州民政局工作的评议意见。州政协主席袁爱光对民主评议州民政局工作进行了总结和肯定，对全面完成州政协2011年各项工作从认真抓好学习、扎实做好工作、加强自身建设三个方面提出了要求。副主席毕熊光、张树藩、孙珍玲、孙明、寇铸勋、杨泽恒，秘书长欧阳任和34名常委出席会议，州政府副州长许映苏应邀到会指导，各县市政协主席和州政协机关不是常委的县处级干部列席会议。

【政协大理州第十一届委员会第十六次常委会议召开】 1月16～17日，政协大理州委员会十一届十六次常委会议在大理市下关召开。会议应到58人，实到50人。会议听取了中共大理州委常委、州政府常务副州长马建全所作的关于2012年度《政府工作报告》起草情况的说明和关于州政协十一届四次会议以来提案办理工作情况的通报，协商了《政府工作报告（协商稿）》；审议并原则通过了《中国人民政治协商会议大理白族自治州第十一届委员会常务委员会工作报告》（草案）和《中国人民政治协商会议大理白族自治州第十一届委员会常务委员会关于州政协十一届四次会议以来提案工作情况的报告》（草案）；审议通过了关于召开中国人民政治协商会议大理白族自治州第十一届委员会第五次会议的决定、议程（草案）、日程（草案）、列席单位和列席人员范围（草案）、《常委会工作报告》报告人建议名单（草案）、《常委会提案工作情况报告》报告人建议名单（草案）、大会秘书长、副秘书长建议名单（草案）。会议决定州政协十一届五次会议于2012年2月20～23日在大理市下关召开。袁爱光主席回顾总结了2011年州政协主要工作，提出了2012年工作意见，并就做好州政协十一届五次会议各项筹备和服务工作提出了要求。州委常委、州委统战部部长许云川应邀到会指导。州政协副主席毕熊光、张树藩、孙珍玲、孙明、寇铸勋、杨泽恒，秘书长欧阳任和42名常委出席会议，各县市政协主席和州政协机关不是常委的县处级干部列席会议。

【全州政协文史工作经验交流会召开】 4月25日，政协大理州委员会文史和学习委员会第四次全体委员会议暨全州政协文史工作经验交流会在下关召开。会议总结了文史和学习委员会2010年工作，审议通过了文史和学习委员会2011年工作要点，州政协文史委和各县市政协交流了文史工作经验，举办了文史资料成果展览。州政协副主席孙明出席会议并作了《抓住特色做好新时期我州政协文史资料工作》的讲话，要求州、县市政协着眼全局，在深化做好新时期文史资料工作的认识上要有新提高；开拓创新，在探索文史资料工作为经济社会服务上要有新发展；提高质量，在文史资料工作保持特色的同时内容上要有新的拓展，把大理州政协文史资料工作搞得更加有声有色。州政协文史和学习委员会委员、各县市政协分管文史工作的副主席、文史和学习委员会主任出席会议。

【主席会议专题协商水利基础设施建设】 6月8日，政协大理州委员会召开第42次主席会议，听取州水务局局长茶崇亮《关于大理州水利工作情况汇报》，对进一步加强大理州水利基础设施建设工作进行了专题协商。会议对大理州“十一五”时期在水利建设上取得的成绩给予了充分肯定，同时针对存在问题，就如何进一步深化对水利建设的重要性认识、强化组织领导、抓好项目储备、创新体制机制、加强建设工程质量管理、加强水利专业干部队伍建设等方面提出了协商意见。州政协主席袁爱光主持会议，州政府副州长段玠对会议协商意见作表态讲话，州政协副主席毕熊光、张树藩、孙珍玲、孙明、寇铸勋，秘书长欧阳任出席会议，州政协副秘书长和各委室主任列席会议。

【主席会议专题协商构建滇西医疗服务中心情况】 6月23日，政协大理州委员会召开第43次主席会议，听取州卫生局局长丁一先《关于大理滇西中心城市医疗卫生服务中心建设情况汇报》，对构建滇西医疗服务中心工作进行了专题协商。会议肯定了大理州构建滇西医疗服务中心工作取得的成效，同时针对存在问题，就构建滇西医疗服务中心提出了要进一步深化认识、加强领导、抓好规划、制定政策、加强管理、加强队伍建设等六个方面的协商意见。州政协主席袁爱光主持会议，州政府副州长洪云龙对会议协商意见给予高度评价和表示感谢。州政协副主席毕熊光、张树藩、孙珍玲、孙明、寇铸勋、杨泽恒，秘书长欧阳任出席会议，州政协副秘书长和各委室主任列席会议。

【主席会议专题协商苍山生态保护情况】 7月28日，政协大理州委员会召开第45次主席会议，听取州苍山保护管理局局长杨鹤松《关于苍山生态保护情况的报告》，对苍山生态保护工作进行了专题协商。会议对近年来苍山生态保护工作取得的成绩给予了充分肯定，同时对苍山生态保护工作中存在的困难和问题进行了认真分析，并就进一步加强苍山生态保护工作提出了要加大宣传力度、抓好生物多样性保护、加强巡护巡查、强化科学研究、完善苍山保护设施、多方争取资金、建立联动机制等协商意见。州政协主席袁爱光主持会议并讲话，州政府副州长许映苏到会听取意见建议，州政协副主席毕熊光、张树藩、孙珍玲、孙明、寇铸勋、杨泽恒，秘书长欧阳任出席会议，州政协副秘书长和各委室主任列席会议。

【召开大理州政协2011年重点提案办理面商会】 8月1日，政协大理州委员会召开2011年重点提案办理面商会，对致公党大理州委提交的《关于大理州城市绿化的几点建议》，民建大理州委提交的《加大旅游二次创业力度，促进旅游业快速发展的建议》，张丽等委员提交的《关于加强我州地质灾害点预防和监测工作的建议》3件重点提案进行面商办理。面商会由提案者对提案内容和要求进行陈述、办理单位对提案办理情况进行答复，经提、办双方诚恳协商，3件重点提案的提案者对办理情况表示满意。州政协主席袁爱光充分肯定了面商会和提案工作取得的成效，并就今后切实加强提案工作提出了要求。州政府副州长洪云龙出席面商会并讲话，州政协副主席孙珍玲主持会议，州政协副主席毕熊光、张树藩、孙明、寇铸勋、杨泽恒，秘书长欧阳任，州政协各委室主任、提案委员会委员和州委督查室、州政府督查室领导出席提案办理面商会。

【召开各民主党派工商联负责人座谈会】 8月4日，政协大理州委员会召开州级各民主党派工商联负责人座谈会，州政协主席袁爱光主持会议。座谈会上，州级各民主党派、工商联负责人各自介绍了履行职能情况和提出了进一步发挥民主党派工商联作用的意见建议。袁爱光充分肯定了各民主党派工商联的工作，希望各民主党派工商联加强学习，深入学习贯彻总书记胡锦涛“七一”重要讲话；强化调研，为促进全州经济社会发展多作贡献；发挥优势，不断提高调研视察和提案的质量；加强自身建设，为履行职能奠定坚实基础。州政协副主席、州工商联主席寇铸勋，州政协副主席、民盟大理州委主委杨泽恒，州政协秘书长欧阳任及州级各民主党派工商联负责人出席会议。

【主席会议专题协商创建“和谐寺观教堂”情况】 8月30日，政协大理州委员会召开第47次主席会议，听取州宗教事务局局长杨化宇《关于大理州开展创建“和谐寺观教堂”工作情况的报告》，对创建“和谐寺观教堂”工作进行了专题协商。会议充分肯定了大理州创建“和谐寺观教堂”工作取得的成效，同时针对存在问题，就进一步加强“和谐寺观教堂”创建工作提出了要加大宣传，深化认识；突出(教育培训、制度建设、人才培养、典型引路)重点，全面推进；加强领导，确保成效等协商意见。州政协主席袁爱光主持会议，副主席毕熊光、孙明、杨泽恒，秘书长欧阳任出席会议，州政协各委室主任列席会议。

【主席会议专题协商依法治州工作】 9月29日，政协大理州委员会召开第50次主席会议，听取州委依法治州领导小组办公室主任、州司法局局长常耀辉关于《全州“三五”依法治州规划实施情况汇报》，对大理州实施依法治州工作进行了专题协商。会议对2008年以来大理州实施依法治州工作取得的成效给予了充分肯定，同时对依法治州工作中存在的困难和问题进行了认真分析，并就切实加强依法治州工作从进一步提高认识、进一步创新工作机制、进一步增强普法教育的针对性、进一步调整完善依法治州规划等四个方面提出了协商意见。州政协主席袁爱光主持会议并讲话，州政府副州长陈川到会听取建议意见，州政协副主席毕熊光、张树藩、孙珍玲、孙明、寇铸勋、杨泽恒，秘书长欧阳任出席会议，各委室主任列席会议。

【主席会议研究审定编辑出版《大理旅游》专辑文史资料有关事项】 11月17日，政协大理州委员会召开第51次主席会议，听取文史和学习委员会关于编辑出版大理州文史资料第十五辑《大理旅游》专辑的汇报。会议决定，《大理旅游》专辑由出版社正式出版，并通过了《大理旅游》编委会组成、内彩页照片分类和选登的各县市景点照片、封面设计、目录排序、印刷规格和经费预算等有关事项，并要求文史和学习委员会继续做好景点照片征集、把好文字关和史实关等相关工作。

【举行新年茶话会】 12月29日上午，政协大理州委员会在大理市下关龙山国际会议中心举行2012年新年茶话会。大理州党政军领导和各族各界人士欢聚一堂，畅叙友情、共话发展、展望未来，共同迎接2012年新年的到来。中共大理州委书记刘明出席会议并发表讲话，州委副书记、州长何金平，州委副书记杨健，州人大常委会主任字国顺出席茶话会。州政协主席袁爱光致辞，常务副主席毕熊光主持茶话会。出席茶话会的州领导还有：中共大理州委常委，州人大常委会副主任，州政府副州长，州政协副主席，大理学院领导，大理军分区和驻军部队首长，州中级人民法院、州人民检察院、州国家安全局主要领导，州人大、州政府、州政协秘书长。州级党政部门、党派团体、工商联、企事业单位、人大各工委领导，中央和省驻关单位领导，州政协在关正副厅级离退休老领导，驻关省政协委员、州政协常委，州级各宗教团体和各民族学会负责人，各族各界代表等共300多人出席茶话会。

刘明代表州委、州人民政府向全州各民主党派、工商联和无党派人士、各人民团体，向全州广大工人、农民、知识分子、干部和各界人士，向驻大理的人民解放军指战员、武警官兵和公安干警，向“三胞”眷属，向关心和支持大理建设发展的海内外朋友表示亲切的问候和节日的祝福。刘明在讲话中回顾了2011年全州经济、社会发展各方面的情况，充分肯定了一年来全州各族干部群众积极应对挑战，为推进经济社会科学发展、和谐发展、跨越发展做出的积极贡献。刘明在讲话中指出，2012年，大理州必须紧紧围绕省第九次党代会提出的科学发展、和谐发展、跨越发展这一主旋律，始终以州第七次党代会提出的努力把大理建设成全国独具特色的民族自治州为奋斗目标，立赶超之志，鼓奋进之气，抢抓桥头堡建设重大战略机遇，加快改革发展步伐，为建设开放富裕文明幸福新大理奠定更加坚实的基础，以优异成绩迎接党的十八大胜利召开。刘明指出，长期以来，全州政协组织和广大政协委员高举爱国主义、社会主义伟大旗帜，牢牢把握团结和民主两大主题，自觉服从和服务大局，切实履行政治协商、民主监督、参政议政职能。尤其是近年来在调查研究、建言献策方面做了大量卓有成效的工作，为州委、州人民政府重大决策部署提供了极为重要的参考。政协总体工作做到了服务大局有高度、建言献策有深度、民主监督有力度、团结合作有广度、自身建设有强度，为促进全州经济社会又好又快发展作出了重要贡献。刘明希望全州政协组织和广大政协委员在新的一年里多想科学发展大事，多谋科学发展大计，多建睿智之言，多献务实之策，努力为建设开放富裕文明幸福新大理作出新的更大贡献。

袁爱光在致辞中指出，在新的一年里，大理州政协要进一步组织和动员全州各级政协组织、政协各参加单位和广大政协委员，深入贯彻落实科学发展观，认真贯彻中共十七届六中全会、中共云南省第九次代表大会和中共大理州第七次代表大会精神，认真学习贯彻州委书记刘明在茶话会上的重要讲话精神，紧紧围绕州委、州人民政府的中心工作，牢牢把握团结和民主两大主题，认真履行政治协商、民主监督、参政议政职能，充分发挥协调关系、汇聚力量、建言献策、服务大局的重要作用，加强学习，努力推动政协工作新进步，履职尽责，努力为科学发展、和谐发展、跨越发展献计出力,凝心聚力,努力为社会和谐多做工作,开拓进取,努力提升政协工作整体水平,为实现大理经济社会发展新跨越而努力奋斗。

民主党派代表宋万钧、经济界代表陈景元、教育界代表杨燕、驻地部队代表李承白、台胞台属和归侨侨眷方面代表莫荧、宗教界代表刘昌祥先后在茶话会上发言。

【全国政协副主席白立忱到大理考察】 2月10~11日,全国政协副主席白立忱在云南省政协副主席顾伯平等领导的陪同下到大理考察。中共大理州委书记刘明,州委副书记、州长何金平,州政协主席袁爱光,州委常委、州委秘书长杨健等领导陪同考察。白立忱听取了州委书记刘明对大理州"十一五"期间和2010年经济社会发展情况的汇报,详细了解了大理州实施"两保护、两开发"战略的情况,到大理市兰花苑进行了参观考察。期间,白立忱对大理州各项工作取得的成绩和经验给予充分肯定,对大理州"十一五"期间各项建设事业取得的成就表示祝贺,对大理州实施好"十二五"规划,努力将大理建成中国面向西南开放桥头堡的滇西中心城市和独具特色的少数民族自治州寄予厚望。他希望大理州以科学发展观为指导,紧紧围绕"十二五"规划的目标任务,进一步转变经济发展方式,不断调整和优化经济结构,在新的起点上实现经济社会发展新跨越。同时,他要求大理州政协继续发扬创新精神,紧紧围绕"十二五"规划的实施建言献策,不断增强履职实效。

【表彰优秀提案】 2月18日下午,政协大理州委员会在十一届四次会议闭幕会上,对2010年度评选出来的20件优秀提案进行了表彰。州政协副主席孙珍玲宣读了《政协大理州委员会关于表彰2010年优秀提案的决定》,在主席台前排就座的中共大理州委书记刘明,州委副书记、州长何金平,州政协主席袁爱光,副主席毕熊光、张树藩、孙珍玲、孙明、寇铸勋、杨泽恒,秘书长欧阳任等领导为获得优秀提案的委员颁奖。

【袁爱光到大理市调研】 4月11日,大理州政协主席袁爱光率调研组到大理市,对"1+6"滇西中心城市群的区域功能定位、产业布局、发展重点以及优化和发挥好区域功能的对策措施等问题进行专题调研。袁爱光与大理市相关单位负责人座谈,听取了大理市委、市政府工作汇报。袁爱光就如何构建滇西中心城市"1+6"城市群提出了要求,并强调,大理市作为滇西中心城市"1+6"城市群的主城,要围绕历史文化、金融、物流、医疗、教育等优势多作深入研究,为加快滇西中心城市建设献计出力。州政协副主席孙明参加调研。

【省政协副主席马开贤到巍山县考察】 5月25日,云南省政协副主席马开贤一行在大理州政协常务副主席毕熊光和巍山县四班子领导的陪同下,深入巍山县永建镇回族敬老院、清真寺、穆光伊斯兰文化学校、西莲花民族团结示范村和大仓文华食品工业公司考察,了解民族宗教工作和穆斯林群众的生产生活情况。马开贤充分肯定了巍山县的民族宗教工作,希望巍山县紧紧抓住云南实施"两强一堡"的战略机遇,找准位置,发挥优势,使巍山县经济社会发展再上新台阶。

【学习《全国政协党组关于〈中共中央关于加强人民政协工作的意见〉贯彻落实情况的报告》】 6月23日,政协大理州委员会党组召开扩大会议专题学习中共中央办公厅转发《中共政协全国委员会党组关于〈中共中央关于加强人民政协工作的意见〉贯彻落实情况的报告》。州政协党组书记、主席袁爱光主持会议,州政协党组副书记、副主席毕熊光传达中共中央办公厅通知精神和组织与会人员原文学习全国政协关于中央《意见》贯彻落实情况的报告。会议认为,全国政协党组的《报告》对人民政协开展工作指明了方向,对推动政协工作创新发展具有重要指导意义,州政协机关要认真组织学习,进一步总结经验、研究问题、推动工作,为加快全州经济社会发展作出应有的贡献。州政协党组成员出席会议,非中共党员副主席、各委室主任列席会议。

【学习胡锦涛"七一"重要讲话】 7月12日,政协大理州委员会召开机关党员会议学习总书记胡锦涛"七一"重要讲话精神。州政协机关党总支组织参会人员原文学习了总书记胡锦涛"七一"重要讲话,提出要把学习贯彻胡锦涛"七一"讲话精神作为州政协机关当前的首要政治任务,深入学习、全面领会,以胡锦涛重要讲话精神为指导,充分发挥政协协调关系、汇聚力量、建言献策、服务大局的作用,为推动全州"十二五"规划实施、促进经济社会又好又快发展做出应有的贡献。

【袁爱光会见泰国议会内务管理委员会主席蒙空斯里罕一行】 7月15日,大理州政协主席袁爱光在龙山国际会议中心会见泰国议会内务管理委员会主席蒙空斯里罕一行。袁爱光对蒙空斯里罕主席一行表示热烈欢迎,并向蒙空斯里罕主席一行介绍了大理州的历史文化及经济社会发展情况,回答了大理州贯彻中国共产党领导的多党合作和政治协商制度、民族区域自治制度方面的有关问题。蒙空斯里罕主席一行对大理州的热情接待表示感谢,他希望双方进一步加强交流合作,促进双方旅游文化产业与经济贸易的共同

2011年9月6日,省政协主席王学仁在州委书记刘明、州政协主席袁爱光陪同下到宾川县鸡足山镇寺前村调研 (陈 耀 供稿)

发展。州政协副主席毕熊光和州政协各委室主任参加会见。

【省政协调研组到大理调研】 7月19~21日,由云南省政协文史委副主任李仕良带队的省政协"云南特有民族历史文化保护和利用"调研组到大理州调研。省政协调研组在州政协副主席孙明和州政协文史委、州白研所、州文化局领导的陪同下,深入祥云"美空军莫尼中尉殉职纪念碑"、大理市喜洲镇、大理州博物馆、太和南诏德化碑、大理文献楼、大理古城、大理州农民电影博物馆、云龙县诺邓镇实地调研,听取了州文化局《关于大理州历史文化保护和利用工作情况的汇报》和有关专家学者的意见建议。调研组充分肯定了大理州的历史文化保护和利用工作,表示通过这次调研,将从省政协和全国政协文史委的层面,向党委政府提出加强云南特有民族历史文化保护和利用的建议。

【开展"军事日"活动】 8月5日,政协大理州委员会机关组织全体干部职工到大理军分区参观军分区军史馆,进行党史、军史教育;到大理市武装部青光山民兵训练基地,参观民兵预备役建设,学习枪械知识,进行实弹射击训练。通过活动,使大家接受了一次生动的革命传统教育,增强了国防观念。州政协主席袁爱光对大理军分区、大理市武装部对州政协机关开展"军事日"活动给予的大力支持表示感谢,并表示州政协将继续发挥优势,关心支持国防和部队建设,为国防事业发展作出应有的贡献。大理军分区司令员李述朗,州政协副主席孙明、杨泽恒等领导参加当天的"军事日"活动。

【视察巍山永建地区禁毒整治成果巩固情况】 6月28日,政协大理州委员会主席袁爱光、副主席孙珍玲的带领下,由州政协社会和法制委员会牵头,组织部分州政协委员,并邀请州人民政府分管领导和州委政法委、州综治委、州中级人民法院、州人民检察院、州公安局、州司法局等单位相关领导参加组成视察组,深入巍山县永建地区对禁毒整治成果巩固情况进行了视察。对巩固禁毒整治成果从提高认识、加强领导、强化宣传、严厉打击、创新机制、加大扶持永建地区经济社会发展六个方面提出了意见建议。

【视察全州中心集镇建设工程实施情况】 7月5~7日,政协大理州委员会组织了由副主席孙明带队,文史和学习委员会牵头,部分州政协常委、委员和相关部门负责人参加的视察组,对大理州2011年实施中心集镇建设工程情况进行了视察。视察组分别听取了州人民政府和云龙县人民政府、剑川县人民政府实施中心集镇建设工程情况介绍,并深入云龙县功果桥镇、剑川县沙溪镇的中心集镇、中心村、示范村建设工程实施情况进行实地视察。参加视察的委员对进一步实施好中心集镇建设工程从提高认识、多方筹资、严格管理、强化协调、因地制宜等五个方面提出了意见建议。

【视察全州旅游重大项目建设情况】 7月13日,政协大理州委员会组织了由副主席孙珍玲带队,提案委员会牵头,部分州政协委员和有关部门负责人参加的视察组,对大理州旅游二次创业重大项目建设情况进行了视察。视察组实地察看了"希夷之大理"演出场地、苍山大索道工程建设现场,听取了州旅游局关于旅游二次创业重大项目开发建设情况汇报。视察组对推进全州旅游二次创业重大项目建设提出了要统一思想,坚定信心;加强协调,形成合力;深化改革,创新机制;加大宣传,注重效果等四个方面的意见建议。州委常委、副州长蔡春生到视察意见反馈会听取委员意见并讲话。

【视察学前教育发展情况】 7月18日,政协大理州委员会组织了由副主席张树藩带队,教科文卫体委员会牵头,部分州政协委员参加的视察组,深入大理州幼儿园、大理市下关第一幼儿园实地视察,随后举行汇报会,听取州教育局关于大理州学前教育发展情况介绍。参加视察的委员从提高认识,落实责任;明确目标,科学规划;抓住机遇,加快建设;制定政策,推动发展;加强督察,提高质量等五个方面提出了意见建议。州政协主席袁爱光出席视察汇报会并讲话。

【传达学习中共十七届六中全会精神】 10月28日,政协大理州委员会机关党总支召开机关全体党员干部职工会议,传达学习中共十七届六中全会精神。会议组织与会人员认真学习了中共十七届六中全会公报,大家认为,中共十七届六中全会通过的《决定》是指导中国文化改革发展的纲领性文件,要把深入学习贯彻中共十七届六中全会精神作为当前和今后一个时期的重要政治任务来抓。会议提出,机关全体党员干部要深入学习领会六中全会《决定》,发挥政协人才智力优势,围绕"文化立州"开展参政议政,为大理文化大发展大繁荣贡献智慧和力量。

【传达学习云南省第九次党代会精神】 12月8日,政协大理州委员会召开主席会议传达学习省第九次党代会精神,州政协主席袁爱光主持会议。袁爱光传达了省第九次党代会的概况和省委书记秦光荣《报告》的主要内容,要求州政协领导班子成员和各委室党员干部深入学习领会省第九次党代会和州第七次党代会精神,以省、州党代会精神为指导,谋划好下一年工作,切实提高履行职能的水平和效果,为实现大理经济社会科学发展、和谐发展、跨越发展作出新的贡献。州政协主席、副主席、秘书长出席会议,各委室主任列席会议。

【发挥政协在党委政府决策中的重要作用】 2011年,政协大理州委员会按照州委、州政府主要领导的安排,由州政协主席任组长,出面组织调研组、顾问组,对大理州工业经济发展、水利改革发展、海西保护利用、洱海保护与流域协调发展进行专题调研,由于调研深入扎实,提出的建议针对性、操作性强,符合加快大理科学发展的要求,调研成果全都转化为党委政府的决策文件,为大理州"十二五"良好开局作出了贡献。中共大理州委书记刘明在12月29日举行的州政协2012年新年茶话会上说,州政协"在调查研究、建言献策方面做了大量卓有成效的工作,为州委、州人民政府重大决策部署提供了极为重要的参考。"

【提案委员会2011年主要工作】 2011年,政协大理州委员会提案委员会在州政协常委会和主席会议的领导下,坚持"围绕中心、服务大局、提高质量、讲求实效"的提案工作方针,认真做好提案工作,积极开展参政议政活动,较好地完成了2011年的各项工作任务。①切实抓好学习。认真学习胡锦涛"七一"重要讲话、中共十七届六中全会精神和省、州党代会精神以及全国和省、州政协关于加强提案工作的有关文件,不断提高工作水平。②加强提案工作。2011年共收到提案374件,立案373件,所有立案的提案均已办复。遴选出10件事关全州重点工作和人民群众普遍关注的重点提案进行重点督办和召开重点提案办理面商会,推动了提案的办理落实。对2010年度20件优秀提案进行了表彰。③认真开展视察。7月份,组织了由部分州政协委员和有关单位领导参加的视察组，对全州旅游二次创业重大项目建设情况进行了视察。④抓好交流工作。参加“云南省政协二十次提案工作座谈会”，交流提案工作经验；参加漾濞县政协、九三学社大理州委等单位举办的培训会，对如何撰写提案进行交流；参与接待全国政协提案委、云南省政协提案委等单位到大理调研、考察。

【经济委员会 2011 年主要工作】 2011 年，政协大理州委员会经济委员会在州政协常委会和主席会议的领导下，紧紧围绕州委、州政府中心工作和州政协常委会工作部署，认真开展参政议政活动，较好地完成了 2011 年的各项工作任务。①加强学习，提高素质。认真学习总书记胡锦涛“七一”讲话精神，专题学习国务院关于支持云南加快建设面向西南开放重要桥头堡的意见，学习杨善洲的先进事迹，为做好工作打下了良好基础。②认真开展调研视察，积极建言献策。5 月份，由分管副主席带队，经济委牵头、州水务局相关领导参加，深入祥云、南涧、巍山对水利基础设施建设情况进行实地调研，为第 42 次主席会议专题协商全州水利基础设施建设做好各项准备工作。联合大理市政协，对规划建设环洱海旅游观光轨道客车进行调研，所提建议受到了相关部门和大理市的高度重视。③积极协助上级相关部门工作。协助省政协推荐省珠宝行业协会专家及理事会成员，并筹备组建大理州珠宝协会；参与省政协到祥云、弥渡进行开发水资源和抗旱保民生调研。④加强与政府部门及其他地区政协的联系。参与全州水利改革发展的课题调研，参加省政协经济委在楚雄召开的全省政协经济委联系会议。

【人口资源环境委员会 2011 年主要工作】 2011 年，政协大理州委员会人口资源环境委员会在州政协常委会和主席会议的领导下，紧紧围绕州委、州政府中心工作和州政协常委会工作部署，突出促进人口、资源和环境协调可持续发展这个重点，认真开展参政议政活动，较好地完成了 2011 年的各项工作任务。①强化学习，提高履职能力。认真学习中央和省、州召开的重要会议精神，认真学习有关人口、资源、环境工作方面的知识，努力推进工作开拓创新。②认真履职，抓好专题调研。深入相关县市对加快推进大理滇西中心城市建设开展调研，形成了调研报告。认真做好州政协领导牵头组织开展的工业经济发展、水利改革发展、海西保护利用、洱海保护与流域协调发展四项专题调研的相关工作。③精心组织，认真做好“苍山生态保护情况”专题协商的相关工作。与苍山保护管理局领导和相关人员深入苍山实地调研，为第 45 次主席会议专题协商苍山生态保护做好各项准备工作。④服从大局，努力完成州委、州政府安排的中心工作任务。扎实推进州政协机关“洱海保护月”挂钩联系活动深入开展；派出一名副主任参加第五批社会主义新农村建设工作队；有两名调研员参加全州重点项目建设督查工作。⑤联系协调，推进交流增强活力。认真做好省政协人资环委先后两次到大理州开展“优生促进工程”实施情况和推进“兴水强滇”战略实施专题调研的协调服务工作，强化与县市政协的交流和联系，积极参加对口部门的工作。

【教科文卫体委员会 2011 年主要工作】 2011 年，政协大理州委员会教科文卫体委员会在州政协常委会和主席会议的领导下，紧紧围绕州委、州政府中心工作和全州教育、科技、文化、卫生、体育工作中的重要问题，认真履行职能，努力建言献策，较好地完成了 2011 年的各项工作任务。①认真学习，提高履行职能水平。认真学习贯彻省第九次党代会精神和州七次党代会精神；积极参加云南省领导干部时代前沿知识讲座和云南省干部在线学习。②对构建滇西医疗服务中心情况进行协商前调研。在分管副主席的带领下，组织部分委员和相关部门领导，深入州人民医院、州中医院、大理市第一、第二人民医院调研，为第 43 次主席会议专题协商构建滇西医疗服务中心做好各项准备工作。③对学前教育情况进行专题视察。在分管副主席的率领下，组成调研组到云龙、永平调研，组织部分委员深入大理州幼儿园、大理市下关第一幼儿园对学前教育进行视察，形成了视察报告。④认真督促检查州政协山区民族教育奖励基金援建两所学校的建设项目。⑤加强与对口联系部门的协商联系和沟通。积极参加教育、卫生、广电等系统招考公务员和专业技术人员的监督，参加教师节庆祝活动、世界非物质文化遗产日系列活动、全国科普活动等。⑥认真负责办理上级政协和主席会议交办的事项。配合省政协教科文卫体委在大理开展在桥头堡建设中构建高水平教育平台情况的调研；做好省政协书画室和大理州政协联合举办摄影作品展的相关服务工作；陪同省政协教科文卫体委到鹤庆、云龙县调研。

【社会和法制委员会 2011 年主要工作】 2011 年，政协大理州委员会社会和法制委员会在州政协常委会和主席会议的领导下，紧紧围绕州委、州政府中心工作和州政协常委会工作部署，充分发挥专委会的特色和优势，认真履行各项职能，较好地完成了 2011 年的各项工作任务。①加强学习，不断提高履行职能水平。认真学习胡锦涛“七一”重要讲话、中共十七届六中全会精神和省、州党代会精神，加强对国家宪法和各项法律、法规的学习，不断提高工作能力和水平。②围绕中心，建言献策。组织部分委员和相

2011 年 2 月 17 日，出席政协大理州委员会十一届四次会议的委员参观大理滇西技师学院 （杨士斌 供稿）

关部门领导对依法治州工作进行调研，为第50次主席会议专题协商依法治州做好各项准备工作。组织部分委员对巍山永建地区禁毒整治成果巩固情况进行视察，所提建议引起了决策部门的重视。③关注民生，认真开展社情民意的收集上报工作。在2011年全省民生论坛论文征集活动中，共上报论文36篇，其中有1篇获3等奖，州政协社法委获优秀组织奖。④加强与各方面的联系，不断增强社法委凝聚力。主动邀请相关部门通报情况；应邀参加相关部门的会议；上门征求相关部门的意见。加强与省和县市政协社法委的联系，加强与社法委委员的联系，倾听他们的意见和建议。⑤强化管理，不断加强自身建设。组织机关开展了以加强国防教育为主题的“国防日”活动，制定了内部文件传送、文稿起草、会议筹备等管理规定，促进了社法委规范化建设。

【民族宗教和联络委员会2011年主要工作】 2011年，政协大理州委员会民族宗教和联络委员会在州政协常委会和主席会议的领导下，紧紧围绕州委、州政府中心工作和州政协常委会工作部署，充分发挥民族、宗教界和侨联委员的作用，认真履行各项职能，较好地完成了2011年的各项工作任务。①加强理论学习，不断增强履职能力。认真学习胡锦涛“七一”重要讲话、中共十七届六中全会精神和省、州党代会精神，积极参加“时代前沿知识讲座”和云南省干部在线学习，为做好工作奠定基础。②围绕中心，开展专题调研。4月，在分管副主席的带领下，组织了由部分委员、宾川县政协和有关部门负责人参加的调研组，深入宾川县对进一步发挥鸡足山佛教名山作用进行专题调研，形成了调研报告。8月，深入大理市、永平县、巍山县对创建“和谐寺观教堂”情况进行座谈和调研，为第40次主席会议专题协商创建“和谐寺观教堂”做好各项准备工作。配合省政协对大理市城市民族工作进行专题调研。③加强对外交流，做好外联工作。为州政协召开新年茶话会做好推荐发言人、落实会议发言材料工作；积极为港澳台同胞和海外华侨华人到大理州考察、观光、扶贫、助学、捐资、赈灾等做好牵线搭桥服务工作。④加强同各方面的联系。积极参加各民族、宗教团体的新年团拜、春节联欢、圣诞、开斋等节日庆典活动，广泛听取各方面的意见建议，帮助协调解决实际困难和问题。⑤派出一位副主任参加大理州第五批社会主义新农村建设工作队。

【文史和学习委员会2011年主要工作】 2011年，政协大理州委员会文史和学习委员会在政协常委会和主席会议的领导下，紧紧围绕州委、州政府中心工作和州政协常委会工作部署，进一步做好文史资料的征集、研究和出版工作，积极开展参政议政活动，较好地完成了2011年的各项工作任务。①加强自身建设，推动工作开展。认真学习胡锦涛“七一”重要讲话、中共十七届六中全会精神和省、州党代会精神以及全国和省、州政协全会精神，提高工作水平。召开了文史和学习委员会全体会议暨全州政协文史工作经验交流会，推动全州政协文史工作。②搞好史料的征集研究，文史工作取得新成绩。征集、研究、出版了大理州文史资料第十五辑——《大理旅游》专辑；完成了《云南省政协年鉴》和《大理州年鉴》大理州政协2011年工作篇目的编纂任务。③围绕中心，开展视察。7月份，在分管副主席和秘书长的带领下，组织部分常委、委员和相关部门负责人，对大理州实施中心集镇建设工程情况进行视察，为党委政府实施中心集镇建设工程提供了积极的参考。④编印学习宣传资料，推动委员学习。编印《大理政协》4期、《大理州政协建言献策汇编》第四辑、《大理州各县市政协建言献策选编》第四辑。⑤协同办公室做好政协宣传工作。组织实施州政协十一届四次会议的新闻宣传工作；组织州级新闻单位参加云南省政协第四届“政协好新闻”评选。⑥配合云南省政协文史委做好在大理州的相关工作。按省政协文史委通知要求，收集落实《云南特有民族百年实录——白族》大理州稿件作者相关信息；配合省政协文史委搞好在大理州的“云南特有民族历史文化保护和利用”调研。

（《政协大理州委员会》由刘克纯撰稿）

（《政协大理州委员会》责任编校：管由权）

2011年7月15日，州政协主席袁爱光（右四）在龙山国际会议中心会见泰国议会内务管理委员会主席蒙空斯里罕（前排左五）一行。 （韦家骏 供稿）

民主党派　人民团体

民盟大理州委

【概述】　2011年，民盟大理州委紧紧围绕中共大理州委、州政府的中心工作，认真履行政治协商、民主监督、参政议政职能，切实加强自身建设。截至2011年底，民盟大理州委共有盟员541人，其中具有高、中级职称的盟员数占总数的89.6%，平均年龄55.7岁；女盟员219人，占总数的40.5%；离退休盟员213人，占盟员总数的39.4%。盟组织的年龄结构进一步得到改善，组织活力进一步增强。

【开展社会主义核心价值体系学习教育活动】　2011年，民盟大理州委在全盟认真组织开展树立和践行社会主义核心价值体系学习教育活动，通过学习，广大盟员深刻认识到，树立和践行社会主义核心价值体系，是中共中央立足新世纪、新阶段不断变化的世情和国情，深刻把握社会主义意识形态建设规律的理论创新。在学习活动中，盟州委对大理盟内的典型人物李树楠、马熔、马崇文、廖超群等同志的先进事迹在《大理盟讯》进行宣传，号召广大盟员以他们为榜样，用自己的实际行动，认真树立和践行社会主义核心价值体系。

【积极参加健身活动】　2011年"三八"妇女节，由民盟大理州委机关牵头，组织大理民主党派机关专干组成联队，参加了由州妇联和州、市体育局组织的州级机关庆"三八"职工拉拔河比赛，加大了民盟对外影响力。机关全体成员积极参加由中共大理州委办公室、州委组织部主办，市委、市政府承办的"大理州庆祝建党90周年环洱海健步走活动"，锻炼了身体，增强了热爱党、热爱祖国的热情。

【参与"中国著名白族油画家杨作霖作品展"】　2011年，为纪念中国共产党诞生90周年及欢庆大理三月街民族节，由中共大理州委宣传部、云南省美术家协会、大理州文化局、民盟大理州委、大理州文联联合主办"中国著名白族油画家杨作霖作品展"，于大理三月街民族节期间在大理州群众艺术馆展出，深受大理人民的欢迎。民盟州委和盟员梅家红为杨作霖作品的成功展出出谋划策，发挥了积极作用。民盟州委作为主办方之一全方位的参与和服务，扩大了民盟的影响力。

【举行"和谐颂"文艺演出】　2011年7月1日，伟大的中国共产党成立90周年；3月19日，中国民主同盟成立70周年。为隆重纪念这喜庆、祥和的节日，民盟州委于3月19日在"蝴蝶之梦"礼堂举行"民盟大理州委纪念中国共产党成立90周年、中国民主同盟成立70周年庆祝大会暨'和谐颂'文艺演出"。云南省政协副主席、民盟云南省委主委倪慧芳，中共大理州委常委、州委统战部部长杨秀星等党政领导同大理500多盟员一起观看"和谐颂"专场文艺演出，共同欢度喜庆、祥和的节日。

【举行庆祝"教师节"暨云南"桥头堡"建设专题报告会】　2011年"教师节"前夕，民盟大理州委在下关举行庆祝"教师节"暨云南"桥头堡"建设专题报告会，大理盟员中教育系统的170多名教师参加报告会。邀请民盟云南省委副主委、云南大学软件学院副院长、博士生导师、省政协常委、省政协经济委员会副主任廖鸿志教授作"学习胡锦涛同志'七一'讲话精神，建言云南'桥头堡'建设"专题讲座。通过举办专题报告会，为广大盟员了解云南经济社会发展现状提供了难得的机会，树立了民盟学习型参政党的良好形象。

【举行"敬老节"养生保健活动】　2011年"敬老节"来临之际，民盟大理州委组织下关地区部分支部的老盟员和老龄专委会的同志欢聚一堂，互相交流心理健康和养生保健的经验，开展有益于心身健康的活动，深受老盟员欢迎。

【高度重视"两会"提案工作】　民盟大理州委高度重视政协提案工作，在"两会"召开前夕，组织盟员中的各级人大代表、政协委员、盟州委委员、各基层支部负责人和有一定参政议政能力的盟员在一起召开"民盟大理州委参政议政工作会"，广泛收集各方面的意见建议，为"两会"的提案工作打下坚实的基础。2011年，在州、市县政协会议上，民盟大理州委提交的集体和委员提案共90件（其中民盟党派集体提案51）件，其中，在州政协全会上，由周国珍撰写的民盟大理州委集体提案《关于加强农村小型水利基础设施建设的建议》被州政协评为2011年重点提案；在市政协全会上，由李宁撰写的民盟大理州委集体提案《关于加强大理市林业生态多样性建设的对策建议》和马熔委员提交的《加大力度把生物药业作为工业的主导产业来抓》两件提案被大理市政协评为2011年市政协重点提案。祥云、宾川、弥渡、巍山、漾濞5个县的民盟支部和广大盟员，围绕当地党委和政府的中心工作，积极建言献策，献计出力，充分发挥作用，受到县委政府的高度重视。

【协商监督坦诚建言】　2011年，民盟大理州委负责人积极参加中共大理州委、州政府召开的民主协商会、情况通报会、州政协常委会、主席会以及相关视察活动，参与全州重大决策和重要人事安排协商，及时提出意见和建议。大理民盟40多位盟员分别担任州、市、县政府行风评议员，公安、纪检、监察、教育、政务公开等方面的特邀监督员，以多种形式提出批评和建议，督促各项政策落实。

【调研课题成绩显著】　2011年，民盟大理州委从自身实际出发，本着突出重点、突出特色、务求实效的精神，认真开展调查研究。坚持调研工作"多出精品、力争优秀"的原则，围绕大理州党委和政府的中心工作，服务国家经济建设大局选材，并与自身所拥有的人才资源相结合，深入开展课题调研。年内，根据州政协的安排，民盟大理州委组织实施了《创新社区管理、建设和谐大理》和《关于正确引导民营企业履行社会责任的思考》2个课题调研。

【积极参与民生论坛】 2011年，民盟大理州委关注民生，关注社会“热、难点”问题，积极组织参加盟省委和省政协社法委联合举办的第四届民生论坛。民盟大理州委在这次民生论坛上共提交了4篇论文，分别是周国珍起草的《创新社区管理、建设和谐大理》和《关于正确引导民营企业履行社会责任的思考》，陈四全起草的《创新社会管理，关注“空巢老人”的心理健康》和丁炳智起草的《发挥驻滇异地商会在创新社会管理中的作用》，是民盟地方组织中提交论文最多的一家，得到盟省委领导的充分肯定。

【关注民生反映信息】 2011年，民盟大理州委把做好信息工作列入议事日程，及时向盟中央、盟省委及州、市政协等报送信息，反映情况，为各有关部门决策提供参考。同时加强学习，增强收集信息以及反映社情民意的水平与意识，信息的质量也有所提高。年内，向省州市政协和盟省委上报信息共8条，有3条信息被省政协采用、1条信息被市政协采用。

【在参政议政和社会服务中发挥职能作用】 2011年，民盟大理州委各专委会积极开展活动，在参政议政工作中积极发挥职能作用。科技专委会围绕在大理设立的异地商会的作用进行调研，形成了《发挥驻滇异地商会在创新社会管理中的作用》。老龄委围绕大理市“空巢老人”的生存状况进行调研，形成了《创新社会管理，关注“空巢老人”的心理健康》等课题。医卫专委会和妇委会针对知识分子心理保健进行调研，为盟州委的提案工作打下了很好的基础。盟州委妇女专委会和文教专委会用年度活动经费，与民盟宾川支部一起共筹集资金1万多元，为宾川县钟英小学安装了太阳能热水器，解决了学校师生热水供给问题。

【基层组织和后备干部队伍建设】 2011年，民盟大理州委把基层组织建设和后备干部培养工作列为重要工作来抓，对任期届满的民盟大理学院附属医院支部、大理总支、大理州医院支部、下关一中支部、下关二中支部、州实验中学、大理学院一支部、宾川县支部、漾濞县支部和巍山县支部进行换届工作，让一批年轻有为、热爱盟组织、业务能力强的盟员走上基层支部领导的岗位，为他们发挥作用搭建了平台。年内新吸收盟员28人，都具有中高级职称，是本单位技术骨干和业务骨干。先后选派宋丹、叶智洪等青年盟员到省社会主义学院学习培训；副主委吴建新、秘书长陈四全到西柏坡参观考察，再到中央社会主义学院学习。

【民盟群力学校办学取得新成绩】 2011年，民盟群力学校改变办学思路，创新办学机制，高考又取得好成绩。有350名考生参加高考，上线率达100%，一本上线率达22.8%，本科上线率92%。高分段等均比原来有较大突破，收到了很好的社会效益。

【农村教育烛光行动】 民盟大理州委同漾濞县苍山西镇中学建立“农村烛光教育行动”挂钩联系以来，组织专家指导全校教师进行课件制作辅导，向学校赠送教学器材，帮助学校将现有教师送到城市中办学水平较高的学校进行师资培训等，扎扎实实开展资助、帮扶活动。2011年，民盟大理州委除组织专家到漾濞苍西中学开展心理知识讲座，向家庭困难、学习成绩优秀的学生颁发奖学金等活动外，还积极为学校新校区的绿化美化出主意想办法，除民盟大理州委资助学校2.5万元绿化费外，向盟省委争取到资金1.5万元，向大理州林业局申请资助5万元，共计9万元绿化费。

【开展医疗义诊活动】 2011年，民盟大理州委组织民盟下关医卫支部的医疗专家到云龙县开展医疗下乡社会服务活动，开展义诊活动的当天共接诊病患者464人次，其中治疗201人次。杨国炳深入到县医院病房为疑难病案会诊，张丽兰给县医院同行作《公共卫生突出事件处置》的讲座，州中医院专家汪金荣和郭敏分别为县医院的医生作了专题讲座。盟州委医卫委员会专家陈冰、吴建新、朱任坚等到漾濞县人民医院对医护人员进行医技指导，对在医院住院的重症病人进行会诊治疗，深受医护人员和广大患者的好评。

（《民盟大理州委》由陈四全撰稿）

民进大理州委

【概　述】 2011年，民进大理州委以邓小平理论和“三个代表”重要思想为指导，深入贯彻落实科学发展观，按照实现全面建设小康社会奋斗目标的新要求，努力推进社会主义核心价值体系建设。按照中共大理州委确定的生态优先、农业稳州、工业强州、文化立州、旅游兴州、和谐安州的发展思路和争当民族团结进步模范州、生态文明建设排头兵、旅游二次创业生力军、滇西城镇化进程领跑者、建设民族文化强省先行者的奋斗目标，结合实际，树立参政为民、促进发展的理念，坚持解放思想、实事求是、开拓创新，以强烈的历史责任感和时代使命感，积极组织广大会员，围绕经济社会发展大局，不断提高参政议政、民主监督和社会服务的能力，为推动理念提升，经济平稳较快发展、社会和谐稳定努力作贡献。

【加强思想政治建设】 2011年，民进大理州委加强干部队伍思想政治建设，进一步加强马列主义、毛泽东思想、邓小平理论、“三个代表”重要思想、科学发展观的学习，认真开展学习贯彻胡锦涛总书记的“七一”讲话和中共十七届六中全会精神，从理论上提升。开展学习杨善洲等先进人物事迹活动，从道德观念和思想认识上提升。以庆祝中国共产党成立90周年、纪念辛亥革命100周年为契机，积极参与组织“与党同行·身边的榜样——党外代表人士先进事迹报告会”。参加民进云南省委举办的培训班学习。“以党为师，顺势而谋”，认真组织学习中共云南省第九次代表大会精神、大理州第七次党代会精神、民进云南省委全会精神，通过加强学习，使广大会员整体素质得到进一步提高，把握工作中心的能力得到加强，极大地促进了各项工作的开展。

【加强组织建设】 2011年，民进大理州委以创建先进地方组织为契机，以提高素质为主题，加强组织建设。以团结协作为主加强领导班子建设。以发展高素质人才、有代表性人士和培养锻炼为主，加强人才及后备干部队伍建设，举办了民进大理州委2011年新会员培训班。通过巩固“两个创建”成果活动，加强基层支部建设，增强基层组织的参政议政能力、组织活力和凝聚力，充分发挥了基层支部的作用。严格遵照两个“纪要”，认真贯彻"三为主"方针，把巩固和发展有机结合，注重素质，注重代表性，积极做好发展会员工作。年内共发展会员11人，其中教育界5人、私营经济界代表人士5人、医卫界1人。

【积极参政议政】 2011年，民进大理州委以加强调查研究为突破口，加强参政议政工作，提高参政议政的质量和水平，在州人大十二届四次人代会上提交了1件建议，在政协大理州十一届四次全会上提交13件集体提案、14件个人提案。在政协大理市七届四次全会上提交11件集体提案、12件个人提案。积极开展专题调研，完成《云南"桥头堡"建设中地方高等学校的作用——以大理学院为例》的调研报告，被大理州人大常委会主办的《大理人大》采纳，头版登出。同时被《云南省政协报》采纳刊登。完成《宾川鸡足山佛教文化传播现状与对策分析》、《坚持以人为本，构建社会和谐——加快全面推行新型农村社会养老保险制度》、《加大农村中小学撤点并校集中办学的资金投入和管理力度》、《开拓创新，推动大理州农业品牌战略可持续发展》、《关于在我州各小学开展"中华传统经典诵读"活动的调研》、《拓宽就业渠道，实现就业服务公益化》、《关于大理州学前教育发展与前景展望》的调研报告。得到中共大理州委、州人民政府的充分肯定。

【服务社会创佳绩】 2011年，民进大理州委以中国共产党成立90周年为契机，与中共大理州纪委、州监察局合作成功举办"廉政楹联"大理州廉政文化创作活动。活动紧紧围绕深入推进社会主义核心价值体系建设，以弘扬时代主旋律、树清正廉洁正气为主题，邀请大理州著名书法家20余人，创作了近百幅廉政文化精品，并出版《廉政楹联——大理州廉政文化作品集》。1月11日，民进大理州委社会服务工作组到永平县杉阳古镇开展"春风正月行——民进大理州委文化下乡"活动，把1000多副春联赠送给当地群众。1月24日，大理民进开明画院的16位书画家，赴宾川县拉乌乡为当地干部群众义务书写春联400余副，创作书画作品40余幅。民进大理州委与鹤庆乾酒厂联合举办"以粮为纲·鹤庆乾酒"中国酒文化书画艺术作品展，于4月29日在大理州群众艺术馆开展，展出作品300余幅。并组织大理地区书画家、邀请了国家书画院李晓军、北京汉字艺术创作中心主任邵岩、北京水墨行动组委会主任薛晓喜等7位全国著名书画家2次到鹤庆乾酒厂开展笔会，为鹤庆乾酒厂创作书画作品，出版了《对酒当歌——中国酒文化书画艺术展作品集》，并加印1000多册小版口袋书，宣传酒文化。5月5日，组织大理民进开明画院的书画家开展"挖掘白族马帮文化，打造乡村特色旅游"笔会活动，为鹤庆人民创作书画作品70余幅。10月29日，邀请15位当地知名书画家到永平县举办书画笔会，为永平县人大常委会创作了一大批反映永平县社会经济发展、社会新貌的书画作品。11月12～13日，组织州内谢长辛、马福民等20位知名书画家参加"2011中国宾川水果文化旅游宣传周"书画笔会活动，为宾川县创作书画作品近百幅。年内，还邀请台湾著名国学教育专家王财贵教授，以"百年教育之省思——读经的意义"为题，到大理学院作学术报告。邀请台湾著名书法家杜忠诰作"书法与人生"学术报告，台湾哲学专家林安梧作"老子与道德经"学术报告。组织开展中老年保健知识讲座和新春茶话会、庆祝教师节、敬老节等活动。

【加强宣传工作】 2011年，民进大理州委加强宣传工作，在大理电视台和各县电视台被报道10余次。在《人民日报》发表文章1篇，《云南政协报》、《大理日报》、《苍洱时讯》报道10余篇，民进中央网站报道6篇，云南民进网站报道39篇。认真办好《大理民进》内部刊物。被民进云南省委评为2007～2011年宣传工作先进单位。

（《民进大理州委》由段祥撰稿）

九三学社大理州委

【加强思想建设】 2011年，九三学社大理州委认真组织学习贯彻中共十七届六中全会精神，认真组织学习中共云南省委八届十一次全会和第九次党代会、大理州第七次党代会和社省委六届六次全会精神，以多种形式开展学习教育活动，不断加强思想建设。学习胡锦涛总书记"七一讲话"精神，开展"同心同行"教育。传达学习中共十七届六中全会精神，认真学习贯彻全会《决定》。学习杨善洲精神，深入开展争先创优活动。学习杨佳先进事迹，激发敬业奉献精神。通过学习实践活动，进一步坚定全体社员接受中国共产党领导、坚定不移走中国特色社会主义道路的信心，把思想统一到中共十六届六中全会精神上来，始终做到与中国共产党亲密合作、同心同德，在思想上和行动上真正与中国共产党"同心同行"。通过学习实践活动，教育引导社员以杨善洲和杨佳为楷模，为国家和社会做出自己力所能及的贡献，切实做好本职工作，为大理经济社会文化和谐发展贡献力量。

【认真参与协商和建议工作】 2011年，社州委领导及州市政协委员在中共大理州、市党委、人大、政府、政协、纪委召开的各种意见征求会及座谈会中认真准备、踊跃发言，积极建言献策；积极参加州市政协组织的课题调研和视察工作，及时了解社情民意、献计出力。

【积极调研撰写提案】 2011年1月，在政协大理市第七届委员会第四次全体会议上，九三学社大理州委共提交提案21件，集体提案14件，其中重点提案1件、个人提案7件。提案中，副主委杨增铭起草、由社大理州委提交的《关于切实发挥大理市在云南桥头堡建设中重要作用的建议》，作为政协大理市七届四次会议上提交的342件提案中选出的6件重点提案之一进行了面商。大理市政府、市政协、市发改局的领导对社大理州委提案给予充分肯定。社州委提出的《关于"十二五"期间率先在我市开展部分垃圾分类回收的建议》的提案，对大理市垃圾处理相对落后及主要存在的问题进行了分析，提出了对垃圾资源化、科学化、规模化回收再利用的对策和建议；《关于加大保障性住房的建设规模，切实解决低收入阶层安居问题建议》，关注民生，对加快解决低收入群众住房困难的突出问题提出了建议；《关于进一步加强我市公务用车管理改革的几点建议》，结合当前社会公车管理改革的强烈呼吁和云南省部分地区的试点经验，提出了探索和推动公车管理改革的积极建议。个人提案中，市政协委员关兆德、陈冬梅、杨兆美、李庆等针对大理市在经济发展、社会管理、刑事案件中律师取证、旅游发展等方面存在的问题和具体实际，提出了积极的建设性意见和建议。

在政协大理州第十一届委员会第四次会议上，九三学社大理州委共提交提案26件，集体提案21件、个人提案5件，其中重点提案1件。社州委提出的《关于在"十二五"期间进一步强化滇西中心城市交通保障能力的建议》的提案，分析了大理市为核心的滇西中心城市交通建设存在的困难和问题，对如何进一步强化滇西中心城市交通保障能力提出了科学的、前瞻性的意见和建议；针对大理学院附属医院作为一所医疗、教学、科研和人才培养为一体的高等学校附属医院，具有的一系列资源、地理优势，社州委提出了《关于将大理学院附属医院纳入滇西中心城市卫生体系建设统筹考虑并加大资金支持力度的提案》，对推进大理学院附属医院的发展提出了积极的建议；针对全国教育发展现状和大理州高中阶段教育普及有待提高等问题，社州委提出了《关于在我州"十二五"规划中加入普及高中阶段教育的建议》，对进一步加强大理州高中阶段教育普及，提高人口素质提出了针对性的具体意见和建议；针对非法保健品泛滥，老年人上当受骗案例日益增多，财产损失严重等问题，社州委提出了《关于打击非法保健品营销，防止欺骗老年人的建议》。个人提案中，州政协委员王桂荣提出的《关于加强我州医院特色专科发展的建议》被大理州政协列为20件重点督办的提案之一。此外，州政协委员白丽、沈惠芬、杨增铭、李庆就大理州科技、医疗、环保、法律等方面的工作提出了相关的提案和建议。以上提案，均进行了充分面商，部分意见和建议得到了州政协和州级承办单位的好评和采纳。

【深入基层调研】 2011年，社州委非常重视调查研究工作。在社州委召开的参政议政工作会上，广泛听取委员的意见，认真选题，深入开展调研工作。9～10月，社州委课题调研组成员到州卫生局、州医院、附属医院、州中医院、市一院、市二院、永平县医院和漾濞县医院等单位进行实地调研，对滇西医疗卫生区域中心建设中如何强化医院特色专科和重点专科、如何振兴和发展白族医药进行了深入的调研，并完成《我州医院特色专科和重点专科发展现状调研及建议》和《关于振兴和发展大理白族医药思路的报告》。

【认真履行民主监督职能】 2011年，社州委的1位特约检察员、2位监督员和20多位行业行风评议员在繁忙的本职工作中挤出时间，参加各种调研、视察和评议活动，认真履行职责，积极参与对行业部门的行风评议和民主监督，起到了很好的民主监督和促进作用。

【积极开展社会服务】 2011年春节期间，社大理州委有数十人参加了大理州、市组织的春节科技、医疗、文化"三下乡"活动，为百姓开展义诊、科普咨询、宣传文化、书写春联等活动。5月，社州委机关全体同志和中共大理州委统战部机关、大理州级各民主党派机关全体干部职工到太和村旁开展洱海流域环境卫生治理活动。11月12日，第二十三届"国际科学与和平周"期间，社大理州委组织医疗卫生界的多名专家、学者赴永平开展义诊及科普宣传活动。此次义诊活动有内科、外科、妇产科、中医科、呼吸科、神经内科、消化科、眼科、口腔科等医护专家参加，并带去了各科常规检查器械为群众进行义诊、咨询；结合病情免费送药，发放关于健康生活常识、心脑血管疾病、流感、艾滋病的预防和治疗等方面的科普宣传单，帮助广大群众普及医疗卫生科学知识，为部分群众解除疾苦。共有450余名群众接受现场咨询、诊疗，向群众免费发放药品价值共计3000余元，向当地群众发放有关医药卫生和农业林业等方面的宣传材料共计1200余份。

【组织发展稳步推进】 截至2011年底，九三学社大理州委有社员198人，平均年龄52岁。年内转出2人，发展新社员16人。新发展成员中，女社员12人、男社员4人，平均年龄41岁，高职3人、中职12人、其他1人。社员分布在高校、医疗、地质勘探、林业、地方病防治、疾控、气象、公务员等行业，其中男社员100人，占50.51%；女社员98人，占49.49%。高级职称100人，占50.51%；中职92人，占46.46%；其他6人，占3%。其中，现任九三学社省委委员2人，担任州政协常委1人，州政协委员5人，市政协委员4人。

【举办新社员培训会】 2011年5月28日，社州委举办新社员培训会，对2009～2011年度入社的社员进行社章、社史教育和时势政治理论学习培训。30余名新近发展的社员和社州委机关工作人员参加了培训会。社州委组织新社员认真学习了中共十七大精神和十七届五中全会精神、学习九三学社《社章》和社史，宣讲了九三学社社章的确立与修改的发展历程，简要介绍了九三学社社史、云南省九三学社和大理州九三学社的发展历史，对九三学社社员的权利和义务作了详细说明，并就开展弘扬九三学社优良传统、努力树立和践行社会主义核心价值体系活动进行了相关理论学习。同时号召全体与会社员，在工作、学习和各项社会活动中，继承和弘扬九三学社爱国、民主与科学的优良传统，努力树立和践行社会主义核心价值体系。

【举办提案撰写培训班】 2011年12月中旬，社州委举办"九三学社大理州委参政议政及提案撰写培训班"，邀请大理州政协提案法制委员会主任委员杨庆春授课，就如何结合大理州党委和政府中心工作和民生社会问题开展调查研究、撰写提案进行了培训，有效地提高了社州委政协委员、各支社委员和骨干的参政议政能力和水平。

【强化社员综合素质建设】 2011年，社州委领导积极参加社省委和中共大理州委、州政协、州委统战部组织的中共十七届六中全会精神、云南省第九次党代会、大理州第七次党代会精神的学习，社州委成员积极参加所在单位的组织学习，全体社员认真学习新时期新阶段统一战线理论，认真学习九三学社社章、社史，积极参加大理州委统战部举办的"身边的榜样——党外人士先进事迹报告会"。社州委秘书长陈冬梅参加了由云南省委统战部举办的民主党派领导干部学习培训班。11月下旬，社州委副主委杨增铭参加了大理州"加强和创新社会管理专题研讨班"学习培训。通过各种学习培训，进一步提高领导干部和全体社员的政治素质，增强全体社员坚持和维护中国共产党领导的多党合作制度的自觉性，深化全体社员对九三学社参政党性质、地位和历史使命的认识，为巩固和发展同共产党的亲密合作奠定坚实的思想基础。

【机关建设不断加强】 2011年，社州委机关始终坚持以"三个服务"为宗旨，积极协助领导做好机关建设、新社员发展以及社员的来访接待、服务等工作；做好主委办公会和州委(扩大)会等各种会议的组织安排工作；做好机关人员的日常社务工作，努力做好宣传信息工作。年内编印《大理九三·2011》内部刊物1期。上报九三学社中央、社省委等宣传新闻和信息20余条。社州委机关成员积极参加社省委组织的征文活动，2人获奖。社州委将每一期《民主与科学》、《九三社讯》、《云南九三》都下发给支社，使广大社员及时了解最新的社内动态，阅读高水平的统战理论文章。社州委积极向社省委投稿，及时刊登社州委工作动态、参政议政情况、支社活动、社员心得，不但推动了社务活动的开展，受到社员和外界的好评，而且扩大了社大理州委的影响。

【积极参与各种系列活动】 2011年，社州委组织参加参加“富得宝杯”纪念中国共产党成立90周年、辛亥革命100周年暨社章社史知识竞赛活动，中共大理州委统战部举办的“与党同行·身边的榜样——党外代表人士先进事迹报告会”，大理州统一战线各界人士纪念中国共产党成立90周年座谈会，社云南省委“纪念中国共产党成立90周年”歌咏比赛，社省委举办的“重温历史、同心同行——纪念中国共产党成立90周年、辛亥革命100周年征文比赛”，多篇文章发表于社省委网站，3名社员的征文获奖。

【开展丰富多彩的组织生活】 2011年1月28日，社州委举行2011年新春茶话会，主委白丽致辞并对2011年社州委工作做了部署；中共大理州委统战部常务副部长杨建军代表前来参会的领导作讲话，对九三学社大理州委一年来的各项工作给予了充分肯定，从切实加强学习、认真履行民主党派职能，结合州、市“十二五”规划、大理桥头堡建设和滇西中心城市建设，进一步做好参政议政、民主监督和社会服务，努力加强自身建设等几方面对九三学社大理州委今后的工作提出了具有指导意义的新希望和新要求。9月3日，九三学社大理州委举行庆祝中国共产党成立90周年暨九三学社成立66周年座谈会。主委白丽在讲话中回顾了中国共产党90年的光辉历程和九三学社发展的历史足迹，缅怀九三学社老一辈领导人与共产党人风雨同舟、共同奋斗的发展历程。要求全州广大社员要以胡锦涛总书记在庆祝中国共产党成立90周年大会上的重要讲话和倡导的“同心思想”为指导，深入了解中国共产党的历史，深刻把握中国共产党的理论，提高思想认识，凝聚政治共识，自觉树立和践行社会主义核心价值体系，不断增强坚持走中国特色社会主义政治道路的信心和决心，进一步坚定爱党、信党、跟党走的信念和信心，以改革创新的精神加强参政党自身建设，以科学发展观指导参政党履行职能，抓好各项工作的落实。2011年“九九”重阳节来临之际，社州委领导组织老社员工作委员会成员和机关工作人员一道看望并慰问全州70岁以上的老社员。各支社还结合自身实际，积极开展丰富多彩的组织活动，社州委和各支社主动关心社员，及时探望和慰问生病住院的社员，给他们送去了组织的慰问和关怀。

【社州委和部分社员受到各级表彰】 2011年，社州委提交的提案《关于切实发挥大理市在云南桥头堡建设中重要作用的建议》，被大理市政协七届五次全会表彰为优秀提案。社大理州委副主委、州政协委员杨增铭撰写的《关于进一步支持和强化我州科技部门、企业与大理学院进行科技创新合作的建议》和社大理州委常委、州政协委员王桂荣撰写的《打造滇西医疗中心，必须突出专科特色的建议》，被大理州政协十一届五次全会表彰为优秀集体提案和优秀个人提案。地质支社杨柳扬获得云南省地矿局“先进工作者”称号。综合支社苏毓芝获“云南省气象行业天气预报职业技能竞赛最佳教练”称号。李庆被大理市表彰为“大理市十佳好律师”。吴君雯获大理市委建党90周年征文三等奖。陈逢湘获大理州委宣传部“大理精神”征文二等奖。陈逢湘、吴君雯文稿被大理州文联表彰为优秀作品奖。疾控支社黄文丽被云南省卫生厅表彰为“云南省卫生应急先进个人”、“云南省碘缺乏病防治先进个人”。吴鹤松被云南省卫生厅表彰为“云南省碘缺乏病防治先进个人”、被云南省地方病防治所表彰为“2010年度先进工作者”。苏丽琼被云南省地方病防治所表彰为“2010年度先进工作者”。高校支社杨兰芳、周世琼被大理学院表彰为2010年先进工作者。徐树文、寸丽华被大理学院图书馆表彰为2010年图书馆先进工作者。杨兆美被大理学院图书馆党总支表彰为2010年图书馆“创先争优”优秀共产党员、被中国教育工会大理学院委员会表彰为2009～2010年度荣誉工会积极分子。白丽、周世琼被国家教育工会大理学院委员会表彰为2009～2010年度女职工先进个人。白丽、杨毅梅被大理学院表彰为优秀教学科研人才奖。陈海滨、王成军、杨月娥、宋正蕊被大理学院表彰为2011年实验室工作先进个人。

（《九三学社大理州委》由杨增铭撰稿）

致公党大理州委

【概　述】 2011年，致公党大理州委深入学习贯彻落实科学发展观，树立和践行社会主义核心价值体系，以纪念中国共产党成立90周年和辛亥革命100周年为契机，按照致公党云南省委年初的工作部署，围绕中共大理州委、州人民政府的中心工作，坚持思想政治教育，全面加强自身建设，认真履行参政党职能，致力于把大理建成全国独具特色的民族自治州而贡献力量。

【加强思想建设】 2011年，致公党大理州委多次召开主委会，专题讨论研究，把社会主义核心价值体系和基层组织建设紧密结合，把社会主义核心价值体系和履行职能、发挥作用紧密结合，促进大理发展，促进和谐。组织班子成员、骨干党员参加由致公党云南省委组织的系统社会主义核心价值体系培训学习。加强对先进党员代表的采写宣传。6月，在由中共大理州委统战部主办的“与党同行·身边的榜样”党外代表人士先进事迹报告会上，致公党大理州委党员罗金洪做了《铁骨柔情铸警魂》的报告，受到广泛好评。

【全面加强学习型参政党建设】 2011年，致公党大理州委组织全体党员认真学习贯彻全国“两会”和中共十七届六中全会精神；深入学习胡锦涛总书记在建党90周年庆祝大会上的重要讲话精神；学习贯彻云南省第九次党代会及大理州第七次党代会精神，学习本党中央及省委的文件精神；组织党员学习本党党章、党史等，通过多种系列的学习教育活动，使全体党员普遍接受了理论学习教育和历史传统教育。通过学习活动，广大党员进一步增强了坚持中国共产党领导、坚持中国特色社会主义道路、坚持科学发展的自觉性和坚定性，进一步理解和掌握了社会主义核心价值体系的内涵、精神实质和要求，进一步提高了履行职能的能力和水平。

【开展丰富多彩的纪念活动】 5月28日，致公党大理州委隆重召开庆祝中国共产党成立90周年大会及辛亥革命100周年的纪念活动。大理州政协领导及中共大理州、市委统战部领导和各民主党派州委领导出席大会。州委统战部、致公党大理州委领导、老党员和新党员代表先后作发言，回顾了中国共产党成立90年和辛亥革命100周年来，中国共产党团结带领全国各族人民和各民主党派，在中国革命、建设和改革中，创造的一个个人间奇迹，树立的一座座不朽的丰碑。表达了致公党大理州委全体党员拥护中国共产党的领导，在中共大理州委、州人民政府领导下致力于大理经济社会发展和滇西中心城市建设献计出力的决心。11月，致公党大理州委为纪念辛亥革命100周年，组织本党州委委员及各基层支部主副委赴广东、深圳、珠海等地考察学习，参观了中山纪念堂、孙中山故居等。通过考察学习，大家表示，今后更要牢记自己的使命，继承光荣传统，致力为公，积极参加祖国社会主义建设，在中国共产党的领导下，为推进中华民族的伟大复兴而做出自己的贡献。

【稳步发展致公党党员】 2011年，致公党大理州委严格按照本党党章标准和党员发展程序，发展了8名新党员，其中高职3人、硕士研究生1人、中职2人，平均年龄39岁，为组织注入了新鲜血液和活力。年内，共有13名党员参加了致公党云南省委组织的新党员培训班。至12月底共有党员102人。

【加强领导班子建设】 2011年，致公党大理州委领导成员始终从大局出发，团结合作开展工作。积极参加本党省委，州、市党委和政府组织的各种培训学习。年内，1人参加了云南省社会主义学院举办的民主党派领导干部培训班；副主委张洪英参加中共大理州委组织部举办的“加强和创新社会管理”专题研讨班和“群众观点、群众路线、群众利益、群众工作”专题培训班。通过培训学习，提高了班子成员的政治把握能力、组织领导能力和合作共事能力。

【举行多种形式的组织活动】 2月24日，致公党大理州委召开2010年总结表彰暨迎春联欢会。对1个优秀基层支部和10名有突出表现的优秀党员进行了表彰奖励。9月17日，致公党大理州委举行庆中秋、迎国庆座谈会，座谈会上，党员们对工作中的不足和今后的参政议政工作进行了讨论和提出建议，对如何更好发挥民主党派反应民声民情的职能各抒己见。

【进一步强化机关建设】 2011年，致公党大理州委机关工作人员参加了中共云南省委领导干部在线教育学习；参加了州人大外事华侨委组织的赴北京、内蒙古、河南等地外事考察学习，增长了见识，开阔了眼界；参加了中共大理州委举办的以“讴歌党的业绩，共创和谐社会”为主题，庆祝中国共产党成立90周年环洱海健步走活动，增进了保护洱海母亲湖的意识，提升了全民健身意识。

【加强理论研究工作】 2011年，致公党大理州委副主委张洪英完成《民主党派参政议政的几点思考》的理论文章。从完善参政议政工作机制、健全参政议政培训机制等8个方面加强民主党派的参政议政工作提出看法和建议。

【认真做好政协提案工作】 2011年，在大理州、市政协会议召开期间，致公党大理州委的政协委员认真履行职责，参政议政。在政协大理市第七届四次全会上提交提案18件，其中集体提案12件、委员个人提案6件。在政协大理州第十一届四次全会上提交集体和委员提案21件，其中集体提案15件、委员个人提案6件。在政协大理州第十一届四次全会上提交的《关于大理城市绿化的几点建议》提案被确定为2011年州政协10件重点提案之一。在政协大理市七届四次会议上提交的《关于加强大理市公租房建设，推进住房保障“双轨制”，以遏制大理房价飙升的建议》提案被确定为2011年大理市政协重点提案。

【认真开展课题调研】 2011年，致公党大理州委围绕中共大理州委提出的“生态优先，农业稳州、工业强州、文化立州、旅游兴州、和谐安州”的战略，围绕“争当民族团结模范州、生态文明建设的排头兵、旅游二次创业生力军、滇西中心城市建设领跑者、云南民族文化强省先行者”的目标，就教育、城建、农业、工业发展等进行调研，形成了《关于大理“桥头堡”建设中建设以大理学院为主的国际人才培养中心的可行性调研报告》、《关于对大理州生猪养殖情况的调研报告》、《新起点、新思路，加快大理州滇西中心城市的新型工业化园区建设的调研报告》。

【加强与本党省、市委联谊交流】 8月，致公党大理州委接待致公党昆明市委主委林怡平带队的一行30人到大理考察交流。向致公党安宁支部关于“禁白”调研工作提供资料。与上述2家致公党地方组织就组织建设、参政议政、课题调研情况互通信息，加强交流，增进了感情。10月，赴保山参加致公党保山市委成立大会。11月，致公党大理州委委员和各基层支部主副委赴广东、深圳、珠海等地考察学习，并与致公党广东省委、深圳市委座谈交流，拓展了工作视野，也增进了友谊。

【参加第六次大理州归侨侨眷代表大会】 12月8~9日，第六次大理州归侨侨眷代表大会在下关召开。致公党大理州委副主委舒东清、张洪英，党员魏天柱、张荣彝、杨利东参加会议，张云江和张荣彝被评为归侨侨眷先进个人，受到表彰奖励。张洪英被选为大理州侨联第六次委员会常务委员，张云江、魏天柱被聘请为大理州侨联第六届名誉委员。

【加强宣传工作】 2011年，致公党大理州委组织编印2期《大理致公》，其中第二期以纪念中国共产党成立90周年为主题的《大理致公》简报，表达了致公党党员心声。致公党大理州委充分利用本党省委网站，扩大致公党大理州委的宣传力度，通过奖励制度，调动广大党员的积极性和参与性，取得了一定的效果。年内，致公党党员罗金洪在参加大理市工商联开展纪念建党90周年征文活动中，撰写的《加大力度进一步推动大理非公经济发展的建议》荣获优秀奖。

（《致公党大理州委》由赵文红撰稿）

民建大理州委

【概　述】 2011年，民建大理州委以邓小平理论和“三个代表”重要思想为指导，深入贯彻落实科学发展观，努力推进社会主义核心价值体系建设，加强自身建设、认真履行参政议政、民主监督职能，尽力做好社会服务工作，各项工作取得新成绩。

【深入学习社会主义核心价值体系理论】 8月6日，主委褚九云参加民建云南省委组织的践行社会主义核心价值体系理论研讨会，并结合民建大理州委的工作作交流发言，得到民建云南省委的肯定。

【积极参加各种学习培训】 2011年，民建大理州委主委、副主委参加了云南省领导干部时代前沿知识讲座。专职副主委及机关工作人员参加了云南省干部在线学习。7月24~29日，选派杨纪先、高杰等6位会员参加民建云南省委组织的中青年骨干会员培训班。通过学习，增强了会员的政治敏锐性和把握正确政治方向的能力，为参政议政知情出力打好基础。

【参加党外代表人士教育培训工作座谈会】 7月27日，民建大理州委主委褚九云参加了中共大理州委副书记杨健主持召开的党外代表人士教育培训工作座谈会，并汇报了近几年民建大理州委教育培训工作及今后的打算。

【举行庆祝中国共产党建党90周年座谈会】 6月12日，民建大理州委在下关宏祥酒店举行庆祝中国共产党建党90周年座谈会，应邀参加座谈会的有大理州政协副主席孙明，大理州各民主党派负责人，中共大理州委统战部、中共大理市委统战部领导等，民建大理州委全体会员参加。专职副主委宋万钧主持会议，主委褚九云作讲话，高度赞誉90年来中国共产党领导中国人民，取得了经济社会发展的巨大成就。与大家一起共同回顾了民建成立以来与中国共产党风雨同舟，肝胆相照的光辉历程。座谈会在齐唱《没有共产党就没有新中国》歌声中结束。

【参加党外代表人士先进事迹报告会】 6月21日，民建大理州委参加中共大理州委统战部举办的庆祝中国共产党成立90周年“与党同行·身边的榜样——党外代表人士先进事迹报告会”，会员施祥代表民建大理州委作了题为《成长全靠党指引，致富时时颂党恩》的报告，得到了与会人员的高度赞扬。

【参加“举旗同行红歌会”】 6月26日，民建云南省委举办“庆祝中国共产党成立90周年——举旗同行红歌会”，民建大理州委选送会员杨翠星演唱的《红旗飘飘》被评为组织奖和最佳表演奖。

【召开民建大理州委一届七次全委（扩大）会】 11月13日，民建大理州委在华兴园召开一届七次全委（扩大）会，专职副主委宋万钧主持会议，主委褚九云、副主委章东琼出席会议，支部主任、副主任、会员中的人大代表、政协委员列席会议。会议以邓小平理论和“三个代表”重要思想为指导，学习贯彻中共十七届六中全会、胡锦涛总书记七一重要讲话精神。审议通过了2011年工作报告，讨论通过了2012年工作计划。

【认真做好组织发展工作】 2011年，民建大理州委坚持注重质量，宁缺毋滥的原则，认真做好组织发展工作，全年发展新会员8人，会员总数达到100人。

【积极开展“暖心”活动】 2011年，民建大理州委积极开展“暖心”活动。春节和中秋节，主委褚九云、副主委宋万钧、章东琼及机关工作人员到80岁以上的会员家中慰问。对生病住院的会员进行探望，对年长体弱的会员经常了解询问他们的身体情况。加强与会员联系，办公室保持与会员联系与沟通，帮助会员解决需要组织解决的问题，使会员们真切感受到组织的温暖，增强了凝聚力和向心力。

【认真做好提案工作】 2011年，民建大理州委在州市“两会”上提交提案和意见建议40件。这些提案和意见建议紧紧围绕大理州的经济社会发展及社会的热点难点问题，针对性和可操作性强，得到相关部门重视和采纳，其中会员杨映月提出的《关于对大理市出租车行业管理的一些建议》被州人大评为优秀建议；会员李德郁、苏桂芳提出的《加大旅游业二次创业力度，促进旅游业快速发展的建议》被州政协评为优秀提案。

【做好课题调研工作】 8月19日，民建大理州委组织会员中的人大代表、政协委员一行9人，到大理州劳教所（强戒）所进行调研，深入了解强制隔离戒毒人员的生产生活、习艺劳动情况，完成《关于大理州劳教（强戒）所工作情况的调研》的调研报告。围绕“桥头堡”和滇西中心城市建设，对建设“滇西茶叶交易市场”可行性进行调研。

【积极开展民主监督工作】 8月5～8日，民建大理州委专职副主委宋万钧参加大理州公务员考试的监督工作。8月11日，主委褚九云参加中共大理州委办组织的党外人士座谈会，就中共大理州第七次代表大会《工作报告》发表了意见和建议。会内的政协委员、人大代表及部分会员参加大理州和大理市2011年民主评议政风行风，对100多家行政和经济部门进行评议。通过不同的形式切实履行民主监督职责。

【积极为社会和经济建设服务】 2011年，民建大理州委的会员所在企业和会员乐于奉献，积极为社会和经济建设服务。解决就业人员4300余人，安置下岗职工和转移农村剩余劳动力11人，培训就业5人，生产总值达13.7亿元，上交税金达8566.5万元。华兴集团、佳利集团给丽江永建小学等捐资助学12万元。会员杨寿天援建人畜饮水工程1处，援建资金3.2万元。会员施祥积极投身新农村建设，投资70万元，在大理市银桥乡松鹤里村援建了一个老年活动中心，为社会稳定和经济建设作出了应有的贡献。

【民建州委和部分党员受表彰】 2011年，民建大理州委和会员立足本职工作，尽职尽责，努力工作，发挥了自己应有的作用，得到各级各部门的肯定。民建大理州委被民建云南省委评为“民建云南省社会服务工作先进集体”；华兴集团先后被评为“大理州优秀中国特色社会主义事业建设者”、“大理市先进私营企业”；施祥被民建云南省委评为“民建全国社会服务工作先进个人”；褚九云、施建锋被民建云南省委评为“民建云南省社会服务工作先进个人”；专职副主委宋万钧被评为“大理龙山州级行政办公区‘平安建设’先进个人”；杨运星获云南省社会科学研究成果三等奖、教学质量优秀教师；董师良被大理学院继续教育学院评为年度先进工作者。

（《民建大理州委》由杨绍艳撰稿）

民革大理州委

【概　述】 2011年，民革大理州委树立参政为民、促进发展的理念，坚持解放思想、实事求是、开拓创新，以强烈的历史责任感和时代使命感，积极组织广大党员，围绕经济社会发展大局，不断提高参政议政、民主监督和社会服务的能力，为推动理念提升，经济平稳较快发展、社会和谐稳定努力作贡献。

【开展丰富多彩的系列活动】 2011年，民革大理州委认真开展“庆祝中国共产党成立90周年和纪念辛亥革命100周年”系列活动。民革州委高度重视此项工作，并将系列活动的开展作为年内的大事来抓，先后多次召开全体委员会议，对每一项活动认真筹划、部署并制定活动实施方案，明确活动的意义、目的和内容。为加强组织领导，每次活动均成立了专门的活动领导小组，并进行详细分工。为充分调动民革党员参与系列活动的积极性，民革大理州委和各支部充分准备，精心组织各项活动，为更好地达到活动目的，活动形式充分结合实际，更大限度地便于广大党员参加，活动内容丰富多彩，得到了广大党员的热烈欢迎。6月21日，与州委统战部联合举办“与党同行·身边的榜样——党外代表人士先进事迹报告会”，选派优秀党员代表欧阳奋前在会上作了题为“考生和家长开心的笑就是我最大的满足”的事迹报告，组织数十名民革党员代表参加并听取了8位民主党派及无党派代表所做的先进事迹报告，学习当代优秀民主党派和无党派代表的崇高品格。7月，开展庆祝中国共产党成立90周年和纪念辛亥革命100周年暨民革史知识竞赛活动，全体党员参加了此次知识竞赛活动，成绩优异的支部及个人获得了奖励和表彰。8月7日，开展“观爱国主义历史遗迹，走多党合作之路”活动，组织广大党员参观著名的政治活动家、军事理论家、杰出的爱国主义人士、民革创始人——杨杰将军故居，召开学习座谈会，并邀请大理市文管所的同志向广大党员介绍杨杰将军的光辉事迹，让广大党员近距离感受到了民革前辈的优秀品格及高尚情操。12月31日，召开“纪念辛亥革命100周年暨新春茶话会”，中共大理州委秘书长岳黎松出席会议并代表州委、州政府作了重要讲话，对民革大理州委一年来的工作给予了充分的肯定，并对今后的工作提出了殷切的希望；州内各民族党派、工商联代表，民革党员代表先后发言，各位党员代表畅谈辛亥革命历史意义；副主委赵岗通报了民革大理州委及党员的获奖情况。会议邀请了州、市政协领导、州、市委统战部领导、与民革联系的州级单位和部门的领导、党员所在单位的领导、各民主党派领导、州、市工商联领导、大理市黄埔同学会领导参加。民革大理州委还组织党员参加民革云南省委组织的“庆祝中国共产党成立90周年摄影网上大赛”，各支部也组织开展纪念辛亥革命座谈会、环洱海——游祖国大好山河活动等系列活动。系列活动的开展情况还被民革中央网站、云南民革、大理日报、大理电视台等多家有影响力的媒体先后报道，引起了社会的广泛关注。

【加强政治理论学习】 2011年，民革大理州委以不同形式组织党员及机关工作人员深入学习中央各类会议精神及时事政策要领，及时全面学习贯彻中共十七届六中全会、云南省第九次党代会和中共大理州委第七次党代会精神，传达全国、全省、全州两会精神，认真研读政府工作报告及“十二五”规划纲要，组织党员学习中共中央总书记胡锦涛和民革中央主席周铁农等领导同志在纪念辛亥革命100周年大会上的重要讲话。通过学习，深刻领会精神实质，进一步提高了党员的政治敏锐性，对基本国情、基本政策有了更深刻的认识，从而在思想上、行动上与中国共产党保持高度一致，真正做到在思想上同心同德、在目标上同心同向、在行动上同心同行。

【提案工作效果突出】 2011年，民革大理州委认真做好省、州、市“两会”提案工作，广大党员和党员中的政协委员参政意识强、参政热情高，积极撰写提案。在两会期间，提交了《实施“桥头堡战略”，应把国际教育文化交流与合作摆在重要位置》、《关于为食品安全把好关的建议》、《对龙尾文化街区基础设施与消防工作的一点建议》等28件集体提案及5件委员个人提案。提案紧扣重点、联系实际、注重实效，内容涉及公共卫生、城市规划建设、环境保护、滇西中心建设等热点、难点问题。其中：主委段利华的《实施“桥头堡”战略，应把国际教育文化交流与合作摆在重要位置》的提案被省政协评为优秀提案。《关于为食品安全把好关的建议》被州政协评为重点提案，并在《大理政协》上刊登。《关于及时做好景观大道——风车广场及周边绿化美化工作的建议》被市政协评为优秀提案。《对龙尾文化街区基础设施与消防工作的一点建议》被中共大理州委、州人民政府采纳，并落实资金1056万元对龙尾街进行项目改造。《关于尽快启动大理城际轨道交通建设项目的建议》，从大理州实际出发，提出在“十二五”期间加快城际轨道交通建设的建议，得到中共大理州委、州人民政府的肯定。

【加强课题调研】 2011年，民革大理州委充分发挥党员人才荟萃、智力密集的优势，挑选参政议政骨干组成课题调研组，到祥云、宾川、永平等县的乡村卫生院所，了解村卫生所实施乡村卫生服务一体化管理情况，对公共卫生服务项目开展情况进行调研，撰写了《加强乡村医生一体化管理，促进公共卫生服务》的调研报告。该报告深刻剖析了现阶段乡村医疗存在的问题和困难，并为大理州基层医疗队伍管理和发展提出了参考建议，得到中共大理州委、州人民政府的充分肯定。此外，民革大理州委积极与州人民政府金融办联系，达成共同调研意愿，开展“打造滇西政府金融服务平台、提升滇西次区域金融中心辐射作用”的调研。民革党员、大理学院经济研究所所长廖望科担任此次课题组重要成员。该课题以大理次区域金融中心建设中滇西政府金融服务平台建设作为主要研究内容，以建立滇西中心城市中的金融中心平台搭建为重点，提出一系列具有重要参考价值的建议。此外，廖望科还参与了民革云南省委组织的课题调研甄选会议。

【首创招商引资工作新模式】 2011年，民革大理州委积极与民革中央社会服务部和国务院扶贫办外资中心联系协调，经多方共同努力，达成了联合举办“全国扶贫协作优势产业推介会大理州专场”的意愿。为做实做好此项工作，3月初，民革州委相关领导陪同大理州人民政府副州长程云川一行前往北京，拜会了民革中央社会服务部和国务院扶贫办外资中心等有关部门领导，会商相关事宜，随后陆续有两批企业家到大理市及各县做前期实地考察。在州商务局、州扶贫办等部门的通力配合下，通过民革州委的上下沟通、协调及联系，前期考察团取得了预期效果，来访企业家对大理州的矿藏资源开发、农副产品加工、旅游地产开发及企业融资上市等方面有了初步投资意向，为召开大理州专场推介会打下了良好基础。民革中央社会服务部和国务院扶贫办外资中心联合开展“全国扶贫协作优势产业招商推介活动”已在多个省举办过，但是单独为一个州（市）做专场招商引资洽谈会，却是首创。

【为新农村建设献计出力】 2011年，民革大理州委在人员少、工作任务重的情况下，选派1名机关工作人员到宾川县拉乌乡来凤溪村担任新农村建设指导员，并赠送给该村手提电脑1台。在定点帮扶的过程中，民革州委领导对该村进行实地考察，深入开展调查研究，主动与相关部门沟通协调，努力争取帮扶资金。通过多方努力，为该村争取到了两笔项目资金共48万元，分别用于建设安全人饮工程、村内道路硬化、彝族传统民居改造、泡核桃种植、民族文化活动室建设等项目。

【争取外援办实事】 2011年，民革大理州委与民革云南省委到剑川县老君山镇美水村调研，对该村卫生室、小学及人畜饮水工程进行实地考察。通过考察，得知老君山镇西北部美水河下游河段农田淤积、粮食减产亟须治理，美水小学的师生宿舍破旧、拥挤，急需建设新的宿舍楼。民革大理州委积极争取得到民革云南省委的支持，并积极与大理州水利局、教育局等相关部门联系协调，把老君山镇美水村小流域治理项目上报云南省水利厅,争取到云南省农村人畜饮水、农田水利和水土保持20万元项目经费,用于治理美水村2平方千米的水土流失区域;并继续为美水小学师生宿舍楼建设申请补助经费,项目已报送民革中央。这些利民工程,将进一步完善当地的基础设施建设,提高当地居民的生活水平,对促进当地的经济和民族文化发展起到巨大的推动作用,从而充分彰显了参政党支边扶贫的作用。

【为教育事业添砖加瓦】 2011年,民革四川省委与光亚学校联合举办第九期乡村教师培训班,为来自云贵川革命老区、3州、灾区、贫困地区的30名乡村女教师提供为期一年的免费培训。在民革大理州委积极努力争取下,争取到了云南省仅有的2个免费参训名额。在大理州教育局的协调下,推荐了大理市上关镇第一初级中学杨微、鹤庆县第二中学孙燕参加此次培训。通过培训,先进的教学理念、教学方法和教育模式融入到了贫困农村,进一步提升了农村教师队伍的教学水平。

【组织建设稳步推进】 2011年,民革大理州委始终把组织建设及党员发展工作放在十分重要的位置,在发展党员过程中坚持按程序规定办理、坚持考察制度、坚持宁缺毋滥原则,积极发展高素质人才,党员发展工作健康平稳。年内,共有11名加入民革组织,涉及领域包括教育、卫生、经济等界别,年龄层次以70年代为主,其中有2名80后硕士,这些高学历、高素质新生代力量的注入,给民革带来了活力和动力,党员的整体素质进一步得到了提升,为提高履职能力奠定了人才基础。

【民革大理州委第一届十二次全会召开】 2011年7月10日,民革大理州委召开第一届第十二次全体委员会选举增补委员。会议由民革大理州委主委段利华主持,邀请中共大理州委统战部党派科科长郑跃才参加。通过前期的民主推荐、组织考察及现场民主无记名投票等过程,欧阳奋前、廖望科全票通过当选为民革大理州委第一届委员会委员,至此,民革大理州委13名委员全部配齐。

【加强党员干部培训】 2011年,民革大理州委采取多种措施对党员干部加强培训教育,不断提升党员及领导干部的整体素养。3月27日~4月2日,欧阳奋前参加了中央社会主义学院第七期民革中青年干部培训班;3月20日~27日,专职副主委车惠菊参加了省委统战部在省社会主义学院举办的民主党派领导干部培训班,11月参加了州委组织部举办的"加强和创新社会管理"专题研讨班等。通过培训学习,提升了委员们的政治理论和参政理论水平,增强了政治把握能力和政治鉴别能力。

【加强机关建设】 2011年,民革大理州委制定了"项目申报及管理办法",完善了"奖励办法"。这些制度的建立,使得民革的规章制度更加系统、更加全面、更加科学。通过加强制度建设、完善管理机制,机关内部的民主化和科学化氛围进一步得到增强。通过委派机关工作人员到基层担任新农村建设指导员,丰富干部职工的基层工作经验;推荐机关工作人员参加民革全国报刊编辑工作培训及民革云南省机关工作人员在中央社会主义学院的专题培训,进一步提高业务技能、增强创新意识。机关工作人员的素质及业务能力不断提升,工作效率不断提高,机关进一步呈现出团结、和谐、敬业的工作氛围。

【组织活动丰富多彩】 2011年,民革大理州委积极开展组织活动,以不同形式加强党员之间的联系。各支部也经常组织座谈、爬山、游洱海等有益身心健康又易党员接受的活动,不断增强党员之间的感情。民革州委在春节、中秋节、重阳节等重要传统节日看望老党员;主动慰问生病住院的党员;定期走访部分有困难的党员并为他们提供帮助、积极反映和解决实际问题。这些活动,既加深了党员之间的了解与友谊,又加深了党员对组织的归属感,进一步增强了民革组织的凝聚力。

【民革州委和部分党员受表彰】 2011年,民革大理州委被民革中央评为"学习践行社会主义核心价值体系先进组织"及"全国参政议政工作先进集体";民革大理州委提交的《关于为食品安全把好关的建议》被州政协评为重点提案;主委段利华提交的《实施"桥头堡"战略,应把国际教育文化交流与合作摆在重要位置》的提案被省政协评为优秀提案;党员向梅提交的《关于及时做好景观大道——风车广场及周边绿化美化工作的建议》被市政协评为优秀提案;专职副主委车惠菊被民革云南省委评为"优秀女党员",相关事迹被刊登在《云南民革》,车惠菊还参加了6月29日由州委主办、州体育局承办的庆祝建党90周年环洱海健步走比赛活动,并获得一等奖。在学习践行社会主义核心价值体系征文活动中,党员廖望科荣获民革中央优秀征文奖,机关工作人员刘文斌及党员文斌分获民革云南省委优秀征文二等奖及三等奖。党员李文栋的摄影作品在民革云南省委组织的"庆祝中国共产党成立90周年摄影网上大赛"中荣获铜奖。党员谢长辛的多部书画作品被收录在《盛世双璧》、《云南省首届篆刻艺术展展册》等多部国家级和省级画册中。

(《民革大理州委》由杨玲玲撰稿)

农工民主党大理州委

【概 述】 2011年,中国农工民主党大理白族自治州委员会(简称农工民主党大理州委)以邓小平理论和"三个代表"重要思想为指导,贯彻落实科学发展观,深刻领会胡锦涛总书记在纪念中国共产党成立90周年大会上的讲话精神和中共中央十七届六中全会精神,紧紧围绕大理州抢抓中央实施新一轮西部大开发战略和云南省实施"两强一堡"战略的重大历史机遇,按照中共大理州委、州人民政府关于努力将大理打造为"中国面向西南开放桥头堡的滇西中心城市和独具特色的少数民族自治州"的发展目标,以进一步提高履职能力、发挥参政党作用为己任,不断加强自身建设,各项工作取得实效。

【全面加强思想政治建设】 2011年,农工民主党大理州委认真学习贯彻中共十七大和十七届五中、六中全会精神,学习领会胡锦涛总书记在纪念中国共产党成立90周年大会上的重要讲话精神,以及省第九次党代会和州第七次党代会精神,组织学习副主席陈勋儒在农工党云南省委五届十二次常委(扩大)会议上所做的《同心、同向、同行,为实现十二五宏伟目标和桥头堡建设贡献力量》的讲话,及时传达全省和全州"两会"精神,按照《农工民主党中央关于树立和践行社会主义核心价值体系三年工作规划》及各民主党派"社会主义核心价值体系学与行"座谈会要求,通过加强理论研究、开展深化主题学习教育、采写先进人物事迹等系列活动,进一步统一思想,将践行社会主义核心价值体系活动与树立爱党爱国、民族团结思想和履行参政议政、民主监督、社会服务职能融为一体,使社会主义核心价值体系深入人心,打牢多党合作的共同政治思想基础,激发广大党员履职热情,发挥参政党作用。

【参加“与党同行·身边的榜样”先进事迹报告会】 6月21日,中共大理州委统战部举行“与党同行·身边的榜样”——统一战线树立和践行社会主义核心价值体系先进人物事迹报告会。报告会上,农工民主党大理州委委员、宾川县中医院院长何云长作个人先进事迹报告。生动展示了新时期农工民主党党员爱国、为民、敬业、奉献的精神面貌。报告言真意切,感人肺腑,赢得了听众的阵阵掌声。

【农工民主党大理州委一届六次全委(扩大)会议召开】 3月15日,农工民主党大理州委一届六次全委(扩大)会议召开。会议审议通过了由副主委杨益琨代表主委会所作的关于2010年工作总结和2011年工作安排的报告,并就2011年农工民主党大理州委在省、州、市县“两会”会议上的工作情况作了通报。

【农工民主党大理州委一届七次全委(扩大)会议召开】 8月19日,农工民主党大理州委一届七次全委(扩大)会议召开,会议上组织学习了胡锦涛总书记在庆祝中国共产党成立90周年大会上的讲话精神。主委周明华传达了农工党云南省委五届十二次常委(扩大)会议精神、大理州党外代表人士教育培训工作专题会议和大理州政协座谈会精神,副主委杨瑞东总结了上半年工作,研究部署了下半年任务。

【认真做好省、州、市两会议案提案工作】 2011年,农工民主党大理州委的8名政协委员在省、州、市县“两会”中提交提案20件,其中:在省政协会议上提交个人提案3件,在州政协会议上提交集体提案6件、个人提案4件,在大理市政协会议上提交集体提案3件、个人提案4件。由主委周明华和副主委杨益琨联名提交的《关于进一步做好我省廉租房建设和管理的提案》被《云南日报》、《春城晚报》、云南网等媒体登载,受到了广泛关注,产生了良好的社会效果。

【参政议政成效显著】 2月,农工民主党大理州委副主委杨益琨在州“两会”政府工作报告协商讨论会上代表医药卫生界、文体艺术界作《关于制定“文化立州”实施方案的建议》的发言,农工民主党党员、州政协委员施照云在“两院”协商讨论会上代表民主党派和无党派人士组作《打击犯罪,全力维护社会公平正义》的专题发言。在提案表彰会议上,农工民主党大理州委在政协大理州第十一届委员会三次会议上提交的关于《建议加强对大理州境内工矿企业和外出农民工职业病防治的关注》的提案,被政协大理州委评为优秀提案。

【组织党员外出考察调研】 为庆祝中国共产党成立90周年,重温中国共产党的光荣历史和曲折艰难的奋斗历程、坚定走中国共产党领导的多党合作和政治协商制度道路信念,5月16～22日,农工民主党大理州委一行9人在主委周明华的带领下,赴革命圣地井冈山学习考察,并就井冈山革命景区的旅游业发展状况作实地调研。通过学习考察,大家接受了一次爱国主义和革命理想、信念的教育,通过实地调研,增长了见识,开阔了视野。

【认真开展调研工作】 2011年,农工民主党大理州委认真开展调研工作,完成《构筑区域医疗卫生服务中心打造滇西中心城市》的调研报告。报告分析了构筑滇西区域医疗卫生服务中心的背景,对大理的医疗卫生服务现状,存在的困难、问题和瓶颈,打造的机遇、条件和优势做了研究,并提出了具体的措施建议。

【稳步发展党员】 2011年,农工民主党大理州委坚持保证质量、有序发展的原则,新发展党员17名,从而使党员总数发展到177名。其中,男党员48名、女党员129名,平均年龄45.3岁。主体界别医药卫生、环境保护和人口资源界别党员137人,占党员总数的77.4%。

【加强对党员的教育培训】 3月20～25日,农工民主党大理州委组织机关干部参加省委统战部举办的民主党派领导干部培训班,就云南省“十二五”规划纲要解读等相关内容进行了深入的学习。7月11～14日,由中共云南省委统战部、农工民主党云南省委、云南省社会主义学院主办的农工民主党云南省委骨干党员培训班和新党员培训班分别举行,罗擎星、杨发莲、王英、李其润、字毓芳、施照云、杨丽红、杨彩仙等10名党员参加培训,培训以学习胡锦涛总书记在庆祝中国共产党成立90周年大会上的讲话为重点。学员们列席了农工民主党云南省委五届十二次常委(扩大)会议,听取副主席陈勋儒作《同心、同向、同行,为实现十二五宏伟目标和桥头堡建设贡献力量》讲话,出席农工民主党云南省委庆祝中国共产党成立90周年大会,观看了音诗画《旗帜颂歌》文艺演出。参加培训的骨干党员学习了参政党自身建设、社情民意信息反映、“十二五”规划、调研报告撰写4个专题,新党员培训班党员学习了参政党自身建设、中国共产党领导的多党合作和政治协商制度理论、统一战线基本理论、社情民意信息反映4个专题。培训班坚持理论联系实际和自己提出问题、自己分析问题、自己解决问题的教学方法,采取自学、辅导、讨论、交流和总结提高相结合的教学形式进行。

【积极开展社会服务】 11月11日,在第二十三个“国际科学与和平周”到来之际,农工民主党大理州委一行19人在主委周明华的带领下,深入剑川县老君山镇初级中学开展农工民主党大理州委“杨振奖助学金”颁发活动,奖励优秀学生22人,慰问贫困学生28人,奖助学金总额达到1万元,为老君山镇初级中学的50名学生送去了温暖与慰问。奖助学金颁发活动结束后,农工民主党员与学生进行精彩纷呈的文艺联欢。农工民主党员杨益琨、赵福仙、尹寿斌等演唱了《芦花》、《长大后我就成了你》等经典歌曲,苏平荣、周悦进行了笛子、琵琶演奏表演,赢得了全体师生的阵阵掌声,该校学生也为远道而来的客人表演了《感恩的心》等多个节目。

【加强理论学习宣传工作】 2011年,农工民主党大理州委加强理论学习宣传工作。为更好地学习领会胡锦涛总书记在纪念中国共产党成立90周年大会上的讲话精神,带动广大党员学习的自觉性和主动性,主委周明华亲自撰文《打牢共同思想政治基础加强民主党派自身建设》,文章发表在《农工滇讯》2011年第三期上。农工民主党云南省委主办的内部刊物《农工滇讯》2011年第1期发表机关干部周正波的《网络政治及其对民主党派政治参与的挑战和影响》一文,文章对网络政治兴起的背景和条件,网络政治的特点,民主党派政治参与的特点,网络政治对民主党派政治参与的挑战和影响做了分析,提出了坚定理想信念,解放思想、与时俱进、不断研究新时期政治参与的新情况新问题，加强民主党派自身建设，尤其是政治参与能力建设的应对之策。

（《农工民主党大理州委》由周正波撰稿）

（《民主党派》责任编校：赵秀元）

大理州总工会

【概　述】 2011年，在中共大理州委和省总工会的正确领导下，全州各级工会组织坚持以科学发展为主题，以发展和谐劳动关系为主线，紧紧围绕党委政府中心工作，扎实做好新形势下职工素质提升、落实"两个普遍"，职工合法权益维护、困难职工帮扶救助等各项工作，圆满完成了州委、州政府和省总工会赋予的目标和任务，各项工作取得可喜成绩。

【举行第五届职工技术技能大赛颁奖大会】 1月12日晚，大理州人民政府在州体育馆举行第五届职工技术技能大赛颁奖大会，表彰州第五届职工技术技能大赛状元和技术能手。州委副书记、州长何金平，省检察院副检察长李若昆，省总工会副主席、省职工经济技术技能创新工程领导小组副组长卢正国，州委常委、常务副州长马建全、州委常委、州政法委书记荼忠旺，州人大常委会副主任杨宴君，州人大常委会副主任、州总工会主席彭增梅，副州长程云川、州政协副主席孙珍玲、寇铸勋，州检察院检察长普赵辉，州政府秘书长李超等领导出席大会并为获奖者颁奖。副州长程云川主持颁奖大会，卢正国，马建全作重要讲话。汽车维修技能状元杨占兵、2007年全州电焊技能状元赵华标在大会上代表获胜选手发言；19名状元、38名能手、133名优胜选手、10名汽车维修团队受到表彰；公诉业务技能状元杨利平、计划生育临床技能状元袁金映代表全体受表彰者发出倡议，希望全州职工迅速行动起来，开展"当好主力军，建功'十二五'，创造新业绩，和谐奔小康"的立功竞赛活动。

【召开八届五次全委（扩大）会议】 3月2日，州总工会八届五次全委扩大会议在关召开。州委常委、州委秘书长杨健到会讲话，州人大常委会副主任、州总工会主席彭增梅主持会议并传达全国总工会和云南省总工会有关会议精神，州总工会党组书记、常务副主席赵明光作工作报告，州人大常委会副主任杨宴君，副州长程云川参加会议。会议要求，全州各级工会组织要认清形势、统一思想，进一步增强做好新形势下工会工作的责任感和紧迫感。创新工作方式，强化工作措施，狠抓工作落实；不断提高工会工作整体质量和水平，为推动全州经济社会又好又快发展创造新业绩。要充分发挥广大职工在推动科学发展、促进社会和谐中的主力军作用，以职工技术创新为抓手，组织开展多种形式的技术创新、技术比武、技术竞赛，扎实推进"工人先锋号"活动；要以"创建学习型组织、争做知识型职工"活动为载体，不断提高广大职工的思想政治素质，把实现好、维护好广大职工的具体利益作为重要职责，倾听职工呼声，反映职工合理诉求；要加强工会自身建设，以深入开展创先争优活动为契机，不断推进工会组织建设、干部队伍建设和工作方式创新，以改革创新精神研究新形势下工会工作中出现的新情况、新问题，不断推动工会组织体制、工作运行机制和活动方式的创新，把深入学习实践科学发展观活动和深入开展创先争优活动取得的成果，切实转化为制度性的建设，使之贯穿到工会的实际中，使工会工作更加贴近发展的实际和职工的实际，不断提高工会服务大局、服务职工的能力和水平，以优异的成绩迎接建党90周年。会议对2010年度先进工会组织和先进个人进行了表彰奖励。会上，州总工会和各相关单位签订了《2011年工会工作目标考核责任状》。

【积极开展党工共建创先争优活动】 年内，根据中共大理州委和云南省总工会党工共建创先争优工作会议要求，大理州总工会成立了工会系统党工共建创先争优活动领导小组，制定了《大理州总工会关于深入开展党工共建创先争优活动的实施意见》，在全州工会系统中积极开展创先争优活动。活动的开展得到各级工会组织的积极响应，涌现出云南清逸堂实业有限责任公司、云南星球太阳能有限公司、州总工会等数家"党工共建"创先争优活动示范点。各单位围绕中心，充分发挥工会组织的桥梁纽带作用，积极投入到"党工共建"创先争优活动中。全州各级工会扎实开展党工共建创先争优活动，把创先争优工作与工会工作同部署、同推进、同检查、同落实，注重典型引路，用身边的人和事教育身边的人，用先进典型带动创先争优工作，充分发挥基层工会组织和广大工会干部的热情，在工会系统形成了学先进、赶超先进、争当先进的良好氛围。

【扎实有效创建省级党群共建示范点】 年内，州总工会高度重视党群共建示范点建设，按照省委党群共建示范点创建标准指导全州党群共建工作，各县市总工会结合实际，丰富载体，主题鲜明，突出重点，努力把创先争优活动转化为机关、企业、社区、两新组织、农村等各级群团组织和党员干部职工争创活动的自觉行为，使省级党群共建示范点创建取得了明显成效。州总工会在坚持乡镇工会主席高配的同时，选配了50名镇总工会专职副主席和110名乡镇工会专干。加大对乡镇工会干部的培训力度，不断提高乡镇工会干部的综合素质，加大对乡镇工会特别是建制镇总工会的经费投入，全州共投入225万元，进一步改善了乡镇工会的办公环境。州总工会开展了"三挂钩三扶持三提升"、"评星授旗"活动。全州各级工会组织共扶持困难职工178人、扶持资金4.1万元；扶持劳模16人，扶持资金32万元；扶持技能状元、技术带头人21人、扶持资金42万元。

【深入学习宣传《云南省企业工会条例》】 年内，全州各级工会组织深入学习宣传《云南省企业工会条例》，各级工会组织紧密联系实际，制定了切实可行的学习宣传贯彻方案，并与学习贯彻《工会法》、《劳动合同法》和《企业工会工作条例》结合起来，把学习宣传活动纳入工会干部和职工代表培训的重要内容，在经费和时间上给予保障。各级工会组织还充分发挥工会文化教育和新闻舆论宣传阵地的作用，开展内容丰富、形式多样的宣传教育活动，通过举办专题讲座、知识竞赛、培训班等活动，广泛深入地宣传《条例》，扩大《条例》的普及和社会认知度，营造支持和推动企事业单位开展民主管理的社会氛围。

【州、市联合开展"深入推进创先争优志愿服务人民群众"活动】 6月24日下午，州、市总工会精心策划、认真筹备，在下关镇人民公园内开展了大理州"深入推进创先争优志愿服务人民群众"活动。州总工会、州委创先争优办、州人社局、团州委、州妇联、州司法局、市总工会等单位及部门，在人民公园广场上设立了5个志愿服务点，分别向过往群众提供工会相关知识、职工合法权益维护、女职工特殊权益保护、劳动保护等法律、法规的宣传和咨询。同时，还向广大市民提供法律援助咨询服务。通过组织"深入推进创先争优 志愿服务人民群众"活动，进一步增强干部职工服务群众的意识,并让广大群众在活动中有所收获、得到实惠。宣传活动当天,共发放各类宣传单、书签、宣传画册、知识读本近6万份。

【创先争优"授旗评星"活动启动】 年内,州总工会党支部在州总工会机关的党员中开展创先争优"授旗评星"活动。根据机关党员各自不同岗位的工作实际,确定了不同的评选内容和标准,按照"五个好""五带头"要求,把机关党员发挥先锋模范作用归纳为学习星、敬业星、技能星、创新星、奉献星、文明星6颗星,激励全体党员立足本职,创先争优。"授旗评星"活动一年进行一次评定,结果实行动态管理。

【开展迎"七一"庆建党90周年慰问困难老职工活动】 6月中旬~7月1日,州总工会根据省总工会的统一安排和部署,在全州范围内开展迎"七一"庆建党90周年对部分困难老职工党员进行慰问活动。此次活动共安排慰问资金5万元,分别由州总工会领导带队深入到县市困难职工家中,慰问活动按人均500元的标准进行,共慰问了100多名为共和国成立、建设、发展作出突出贡献,生活有困难的部分老职工党员。

【州总工会工作会议在南涧县召开】 7月16~19日,大理州工会工作会议在南涧县召开。州总工会党组书记、常务副主席赵明光,州总工会副主席赵成明,州直机关纪工委书记张彪,州总工会常委、州直机关党委副书记王军,州总工会常委、州教育局副局长张春晔,各县市总工会主席,州总工会及南涧县总工会机关全体干部职工参加了会议。会议由赵成明主持;赵明光对州总工会上半年工作作了总结,对下半年工会工作作了安排部署并提出要求;12县市总工会主席分别汇报了上半年工会工作完成情况;赵成明就完成年度目标责任情况作了说明。

【举办大理州乡镇工会干部培训班】 7月8~13日,大理州总工会在云南省工青妇干部学校举办大理州乡镇工会干部培训班,来自全州110个乡镇的170多名主席和专职副主席参加了培训,培训班邀请了省总工会领导、工青妇干校教师进行授课。

【举行工会系统第三届职工运动会】 10月21~24日,全州工会系统第三届职工运动会在大理市全民健身中心隆重举行。州委常委、州委秘书长岳黎松、州人大副主任刘世兴、副州长程云川、云南省总工会副主席彭增梅、州政协副主席孙珍玲出席开幕式。岳黎松宣布运动会开幕。此次运动会是对全州各级工会组织开展文体活动能力水平的一次检测,目的在于通过运动会,不断总结工会组织开展职工文体活动的经验、探索新方法、拓展新渠道,不断提高工会组织开展职工文体活动的能力和水平,并培养职工勇敢顽强、超越自我、迎接挑战、承担风险的优秀品质。在为期3天的比赛中,来自全州的13支代表队170多名运动员进行了篮球、集体跳绳、拔河、旱龙舟、齐头并进5个项目的角逐。

【开展2011年全国"安康杯"竞赛活动】

年内,州总工会、州安监局在全州所属企业组织开展2011年全国"安康杯"竞赛活动。各县市各部门广泛组织动员辖区内的企业和职工积极参加竞赛活动,各企业把参加全国"安康杯"竞赛与开展"一法三卡"、全国6月"安全生产月"等活动结合起来,实现了参赛企业和职工双增10%、企业班组100%参赛的目标,提高了竞赛活动的社会影响力和实效。

【深入开展"广普查、深组建、全覆盖"集中建会行动】 年内,全州各级工会组织认真贯彻落实《云南省总工会2011~2013年推动企业普遍建立工会组织工作规划》,以全国第二次经济普查法人单位数和二、三产业单位从业人员数为依据,积极主动与同级统计、地税部门沟通联系,通过按照企业名录实地核查、领导和机关分片包干、税务代收建会筹备金、组织职业化工会工作者深入企业排查等多种形式有针对性地开展"广普查"工作,并于5月30日前完成了预置信息的普查工作,6月20日前全面完成了"广普查"工作。截至9月30日,全州基层工会总数3401个,基层工会涵盖单位数5355个,涵盖企业法人单位3021个,企业建会率达94%,全州会员达221510名,职工入会率达94.2%。

【认真贯彻落实《劳动竞赛规划》】 年内,州总工会根据省总转发《中华全国总工会2011~2015年劳动竞赛规划》,结合全州工会工作实际,及时研究制定和下发了劳动竞赛规划。在贯彻落实中,各级工会组织以企事业单位车间班组和一线职工为主体,以技术技能竞赛为抓手,在重点领域、重点行业、重点工程以及推动节能减排等方面广泛开展竞赛活动,在全面总结五年来职工技术技能大赛经验的基础上,充分发挥工会的大学校作用,大规模、宽领域、多层次开展职工技术技能竞赛活动。县市工会、基层工会组织开展了近40个工种、38000多名职工参加的技术技能竞赛活动。多渠道、多层次、多形式的对4800多名在职职工、农民工和失业职工进行了培训,涵盖烟草、电力、建筑建材、旅游服务、食品加工、市场营销、工艺品制作、电子政务等40多个工种,其中60%以上职工取得技术等级证书,达到职工就业、适应岗位、开展工作的能力明显增强。

【扎实推进工资集体协商工作】 年内,州总工会扎实推进工资集体协商工作。在推进该项工作的过程中,州总工会始终坚持"一个模式",即工资协商为主要内容的集体合同模式;做到"两结合",即结合当地的经济发展水平和企业的生产经营状况,结合企业工会的建会模式。突出"三个重点",即在规模以上企业和国有、国有控股企业中重点突出工资增长水平,在行业工会中重点突出工资统一标准,在区域性工会中重点突出最低工资标准;达到"两个突破",即在集体合同和工资单项协议的签订率上有新突破,在集体合同和工资单项协议的履约率上有新突破。截至9月30日,全州225户国有、国有控股、集体企业全部签订了程序规范、标准量化、内容具体的集体合同和工资专项协议,覆盖职工28622名。1643户非公有制企业结合各自实际,签订了各有侧重、形式多样、重点突出的集体合同或工资专项协议,覆盖职工67660名。签订区域性、行业性集体合同和工资专项协议58份,涵盖911个企业、24611名职工。

【深入开展厂务公开民主管理工作】 年内,全州以创建劳动关系和谐企业、命名工人先锋号和先进职工之家为载体,扎实推进职代会制度的建立,切实维护了广大职工的合法权益。全州100%的国有、国有控股企业,92%的已建会非公有制企业签订了集体合同,在国有企业和集体企业普遍建立职代会的基础上,进一步向非公有制企业拓展,全州2664户企业建立了职代会制度,146个建立行业性、区域性职代会,建会率较上年提高80%。厂务公开制度不断深化,1486户企事业单位实行了厂务、校务、院务、所务公开，253户公司制企业设立了职工董事监事。

【构建“四位一体”帮扶中心网络化建设体系】　年内，州总工会按照云南省总工会《关于推进县级工会困难职工帮扶中心“四位一体”建设的通知》要求，对县市帮扶中心“四位一体”建设进行了全面规划，按照规范化考核十项标准，各级工会在帮扶中心设置了信访接待、劳动争议调解、生活救助、医疗互助、职培职介、小额贷款、农民工维权、法律援助、心理咨询等10多个服务窗口，完善了“四位一体”所需的服务功能。对乡镇、社区帮扶点和社区（企业）信息员进行了充实调整，形成了以州总工会帮扶中心为支撑、县市工会帮扶中心为依托、乡镇工会帮扶点为基础、基层工会干部为骨干的资源共享、信息互通、上下联动、反应敏捷的帮扶维权网络。

【发挥“四位一体”帮扶中心的扶贫济困作用】　年内，州总工会注重发挥工会组织网络健全、联系社会广泛的优势，紧扣职工群众最关心、最直接、最现实的利益问题，从助困、助医、助学入手，广泛借助和运用社会资源，千方百计筹集送温暖资金，健全特困职工档案，实行动态管理。1～12月份，州总工会共筹措资金500多万元，分别用于“元旦”、春节、“五一”、“七一”、中秋、国庆等节日的走访慰问；“三扶三挂三提升”活动中，共筹措5万元资金帮助10名艾滋病患者用于驾驶技能培训；筹措25万元资金，组织一线职工80人分两批进行疗养。

【推进劳动关系和谐企业创建工作】　年内，州总工会在创建劳动关系和谐企业过程中，始终坚持加强领导，精心组织，强势推动的原则，形成了“党委领导、政府主抓、各方配合、工会运作、企业、职工广泛参与”的工作格局。工作中做到突出重点，突破难点，整体推进，把协调劳动关系的关键点，工会工作的重点，维护职工合法权益的难点作为创建和谐企业的主要内容，把企业工会的组建、集体合同和劳动合同的签订、职代会制度的推行等工作作为评选表彰和谐企业的基本标准和必备条件，实行一票否决。强化措施，严格标准，务求实效，从严掌握评选表彰的标准和要求，连续两年没有达到创建标准的企业，不得评为州级以上文明单位、先进单位，企业负责人不得评为劳动模范、优秀企业家；州级文明单位、州级先进职工之家在命名，两年内达不到创建标准的，撤销其称号。截至年末，全州各类企业普遍开展了创建活动，85户企业分别被省州命名为“劳动关系和谐企业”。

【扎实做好综治维稳工作】　年内，州总工会作为综治维稳成员单位，按照构建和谐社会的目标要求，积极主动深入开展矛盾纠纷排查化解工作，注重从源头上减少内部矛盾的发生，积极预防和妥善处置群体性事件，努力解决影响社会稳定的突出问题。平时做好信访接待工作，对职工群众反映的问题，在职权范围内的及时给予解决，不能解决的积极同相关部门协调，并向来访人员说明情况，解释未能及时解决的原因。年内共接待来信来访79件126人次，已办结68件；先后为75名困难职工提供法律援助；调解劳动关系纠纷42起；联合相关部门清欠职工、农民工工资100多万元，涉及农民工803人；及时化解6起职工群体性上访事件；参与4起安全事故调查。与人大、信访局建立工作联系制度，与他们建立预防处置群体性事件情况通报制度，提高发现、控制、化解和处置能力，有针对性地协助党委政府开展工作，协同党委政府及其职能部门做好职工思想的稳定工作，确保了全州社会稳定。

【深化“创建学习型组织、争当知识型职工”活动】　年内，全州各级工会组织深入开展“创建学习型组织、争当知识型职工”活动，在各县市培养、推荐的基础上，严格筛选，表彰一批“学习型组织”“知识型职工”，25个单位被各级工会命名为“学习型组织”，60名职工被授予“知识型职工”称号。

【认真做好职工医疗互助活动】　年内，在州委、州政府和各相关单位的支持配合下，全州各级工会组织切实做好职工医疗互助活动。第七期共有2099个单位、145685名职工参加活动，为13876名患病住院职工兑付8763088元互助金；第八期共有2121个单位、146456名职工参加活动，收取互助金1772.69万元。职工医疗互助活动工作连续八年被云南省总工会评为特等奖。

【积极举办“金秋助学”活动】　年内，州总工会继续深入开展“金秋助学”活动，帮助困难职工解决子女上学资金难的问题。2011年，全州“金秋助学”活动共资助了266名困难职工子女，发放资金88.05万元，其中资助农民工子女11人，发放助学资金2.8万元；州级机关工会资助了5名困难职工子女，发放助学资金1.7万元；各县市总工会向困难职工家庭高校毕业生提供了就业服务35人，帮助实现就业15人。

【继续开展“贷免扶补”工作】　年内，根据云南省人民政府办公厅《关于印发〈云南省鼓励创业贷免扶补实施办法（暂行）〉的通知》和6部门联发的《云南省鼓励创业贷免扶补实施办法细则（暂行）》等文件精神，州总工会继续开展“贷免扶补”工作，对200名职工发放了1000万元的贷款，并对贷款的职工创业情况进行了实时跟踪。

【深入开展职工之家建设工作】　年内，州总工会按照组织健全、维权到位、工作规范、作用明显、党政认可、职工信赖的职工之家建设方向，合理充实建家内容，科学设置建家标准，不断拓宽建家领域，把建设职工之家活动融入建企业、建队伍、建机制全过程，不断推动建家活动的创新发展。2011年，全州共有108个基层工会被州总工会命名为州级先进职工之家。截至2011年底，1131个基层工会建成为县以上合格职工之家、384个基层工会建成州级以上先进模范职工之家。

【召开八届六次全委（扩大）会议】　11月28日，大理州总工会召开八届六次全委（扩大）会议。会议选举新一任大理州工会主席，州人大常委会党组副书记、副主任杨秀星全票当选新一任州总工会主席，会议还增、替补了新的委员、常委，并对下一步工作作了部署。会议指出，州第七次党代会对全州各项工作作了全面部署和整体安排，省第九次党代会胜利召开，对全省经济社会科学发展、和谐发展、跨越发展提出了新的要求，为工会工作指明了方向，全州各级工会组织要加强学习，努力提高队伍素质，强基础、抓重点、破难点、出亮点，使全州的工会工作继续走在全省工会工作前列。会议强调，面对新形势、新任务、新挑战，全州各级工会要抓住机遇，迎难而上，创造新成绩。要加强基层工会组织建设，增强工会组织的吸引力、凝聚力，动员广大职工在推动经济社会平稳较快发展中发挥主力军作用；要切实维护职工合法权益，积极反映职工诉求，协调劳动关系，化解劳资矛盾，实施帮扶救助；要坚持以职工为本，强化劳动关系和谐企业创建，维护好广大职工的合法权益；要深入基层调查研究，结合各地实际，理清工作思路，积极谋划明年的工作，把工会组织建设成为“组织健全、维权到位、工作活跃、作用明显、职工信赖”的“职工之家”。新当选的州人大常委会党组副书记、副主任州总工会主席杨秀星，州政府副州长程云川分别在会上讲话，省总工会相关部门领导出席会议。

【加强劳动保护和班组建设】 年内，州总工会认真开展了“安康杯”知识竞赛和“一法三卡”活动，推动竞赛活动向农民工聚积的煤矿、建筑行业和非公有制企业延伸。通过开展竞赛活动，提高了广大职工特别是农民工的劳动安全卫生知识和有效维护自身利益的法律意识。全州各级工会扎实开展工人先锋号活动，加强车间、班组建设，2011 年，全州共有 42 个车间、班组被州总工会命名表彰为州级工人先锋号，积极向省总工会推荐 4 个优胜企业、优秀组织者。

【州总工会荣获全国劳动竞赛先进单位】 近年来，大理州总工会紧紧围绕党和国家工作大局，团结动员全州广大职工深入开展“当好主力军，建功‘十一五’、和谐奔小康”主题竞赛活动，为全面实现“十一五”规划目标任务做出了积极贡献。2011 年，经云南省总工会推荐，中华全国总工会授予大理州总工会为“十一五”时期社会主义劳动竞赛先进组织单位荣誉称号。

【全国“五一劳动奖状”和全国“五一劳动奖章”获得者受到表彰】 年内，各级工会组织在党委政府的关心支持下，积极开展争先创优活动，广大职工积极参与争创活动，有效地推动了机关企业事业单位的建设与发展。经州、省总工会推荐，中华全国总工会授予祥云县飞龙有色金属股份有限责任公司、云南电网公司大理供电局全国“五一劳动奖状”荣誉称号；授予大理市来思尔乳业有限责任公司工人杨正雄全国“五一劳动奖章”荣誉称号。

【一批劳动模范和先进工作者受到省政府表彰】 年内，鹤庆县人民政府县长段智深、南涧县人民法院公郎人民法庭庭长龙进品、祥云县第四中学高级教师杨国旺、大理州人民医院感染病科副主任医师苏慧勇、大理州环境监测站高级工程师黄慧坤被云南省人民政府授予云南省第二十届先进工作者；永平县供电有限公司沘江电站站长马文昆、大理州家畜繁育指导站技术员黄义、大理啤酒有限公司嘉士伯云南区主席杨泽彪、漾濞县苍山西镇李家庄农民任国富、鹤庆县草海镇母屯村党总支书记苏荣基被云南省人民政府授予云南省第二十届劳动模范。

【一批帮扶工作先进集体和先进个人受省总工会表彰】 年内，大理市总工会困难职工帮扶中心被授予云南省帮扶工作先进集体称号，中共大理州委副书记杨健被授予云南省关心支持工会帮扶工作党政领导称号，大理市总工会困难职工帮扶中心干部程丽被省总工会授予云南省帮扶标兵称号，宾川县总工会帮扶中心主任李家福、祥云县总工会帮扶中心干部邹继英、云龙县总工会帮扶中心干部刘艳蕊被授予云南省帮扶工作先进个人称号。

【巍山县总工会被省总工会授予工会工作先进县】 年内，经州总工会推荐，云南省总工会授予大理州巍山县总工会云南省工会工作先进县称号。

【一批职工经济技术创新活动先进集体和先进个人受到表彰】 年内，大理州总工会、大理市总工会被云南省职工经济技术创新工程领导小组授予云南省职工经济技术创新活动先进集体称号；大理市总工会技协办主任张洲山，鹤庆县总工会党支部书记、常务副主席李永宏被授予云南省职工经济技术创新活动先进个人荣誉称号。

（《大理州总工会》由李军锋撰稿）

共青团大理州委、大理州青年联合会

【概　述】 2011 年，在中共大理州委和共青团云南省委的正确领导下，全州各级团组织坚持以科学发展为主题，立足“两个全体青年”，充分发挥“四项职能”。深入开展“四群”教育，在富裕文明和幸福新大理建设中抢抓机遇，应对挑战、找准结合点，圆满完成了州委、团省委赋予的目标任务，各项工作取得可喜成绩。

【开展“青春温暖彩云南·真情助困进万家”活动】 春节前夕，团州委筹集资金 13 万元，集中力量开展“青春温暖彩云南·真情助困进万家”——2011 年大理州服务青少年系列活动。团州委书记班子深入工地、学校、工厂与青少年进行座谈，了解他们的生活和工作情况，广泛开展“阳光关爱暖青年、欢乐文化润青年、创业就业助青年、和谐春风拂青年”四项新春慰问活动，为 772 名农民工留守子女、返乡青年农民工、创业青年、留校学生等困难群体和基层团干部做实事、办好事、解难事，让广大青少年切身感受党和政府的关怀和团组织的热忱服务。

【召开学校共青团工作交流会】 1 月 21 日，团州委组织州属 15 个学校团委（团支部）召开州属学校共青团工作交流会，就共青团工作及少先队工作开展情况进行汇报和交流。会议形成 3 点意见：要深刻理解党团的关系，不断巩固和扩大党在青年中的执政基础；要全面把握教育和引导好团员青年是开展学校共青团工作的第一任务；要创新工作载体，全面服务好团员青年。

【召开共青团大理州十一届四次全委（扩大）会议】 2 月 24 日，共青团大理州十一届四次全委（扩大）会议在下关召开，各县市团委书记和州属部分团组织负责人参加会议，会议全面总结了 2010 年全州共青团工作，安排部署了 2011 年工作。会上，团州委书记丁洪涛作了题为《凝聚青春力量奋力创新实践推动新形势下共青团工作实现新发展》的工作报告。会议通过了委员卸职递补确认案，并向卸职的 11 位委员颁发了荣誉证书；对大理州 2010 年共青团工作先进集体和在关中职中专学校“我的祖国、我的青春”迎新文艺汇演的优秀组织单位进行了表彰；向捐资 50 万元修建湾桥镇中庄村委会南庄自然村幼儿园的大理纳思屋业有限公司颁发了“希望工程”匾牌。

【团干部廉政建设】 2 月 23 日，为进一步推进全州团员青年廉政建设，提高基层团干部的廉洁自律意识。团州委组织 80 多名团干部到大理州警示教育基地参观学习；邀请大理州直属机关纪工委书记张彪，以“年青干部要注重党性修养，强化廉洁自律意识”为内容，给团干部作了一场廉政文化教育专题讲座。

【开展“3·5”学习雷锋志愿服务日活动】 3 月 5 日，在第 12 个中国青年志愿者服务日，团州委号召全州各级团组织以“关爱农民工子女志愿服务”为主题，围绕学业辅导、亲情陪伴、感受城市、自护教育、爱心捐赠等5个方面重点内容，结合各自实际需求和特点，在城乡广泛开展关爱农民工子女志愿服务活动。组织20多名州医院青年志愿者深入大理州实验小学、巍山县大仓镇同兴小学，开展关爱农民工子女志愿服务活动，向学校捐赠了10451元的爱心捐款和价值3000元的生活、学习、体育用品，并为全校学生进行免费体检。

【举办纪念“五四”运动·喜迎建党90周年文艺晚会】　4月28日，团州委在大理建校礼堂举办大理州青少年纪念“五四”运动·喜迎建党90周年高唱红歌跟党走文艺晚会，团员青年们用最美的节目表达了对祖国的无限热爱之情，展现新时期大理州广大团员青年锐意进取、奋发有为、坚持改革开放、推动科学发展的精神风貌。大理州四班子领导刘明、何金平、杨健、字国顺、杨秀星、马建全、茶忠旺、叶翠萍、岳黎松、杨光军、陆璐、许映苏、孙珍玲等观看了晚会。

【举办大理州“学党史、知党情、跟党走”征文比赛】　3～5月，为隆重纪念中国共产党成立90周年，深情回顾党的奋斗历史，热情讴歌党的光辉业绩，引领青少年继承和发扬党的光荣传统和优良作风，团州委、州教育局、大理日报社联合举办了“学党史、知党情、跟党走”征文比赛。活动期间，共收到征文653篇，经过评审委员会认真梳理和评审，评出一等奖43篇、二等奖84篇、三等奖88篇。

【开展特殊青年关爱行动】　5月26日，团州委联合大理学院团委、州地震局和州消防支队等单位，深入大理州特殊教育学校开展以“爱心手牵手，真情助成长”为主题的大理青年志愿者关爱行动，志愿者通过文艺演出、心理健康教育、健康体检、趣味游戏互动等形式，向特殊青年学生传授消防安全、防震自救和自我救护知识。

【大理州少工委一届三次全会召开】　5月30日，大理州少工委一届三次全会在弥渡县召开，会议全面总结了一届二次全会以来的工作，安排部署2011年大理州少先队重点工作和少工委少先队鼓号队配备工作、培训了少先队辅导员，举行了少先队鼓号队展演活动。年内，12个县市匀召开了少代会、成立了少工委。

【开展农民工子女关爱行动】　6月1日，在第62个国际儿童节到来之际，团州委筹集价值19.5万元的爱心物资，招募542名志愿者，组成28支志愿服务队，前往12县市的29所希望小学开展“我与农民工子女过‘六一’关爱农民工子女”志愿服务活动，与6230名小学生共度“六一”儿童节，并对其中1042名农民工子女进行一对一关爱活动。

【希望工程成效显著】　年内，州希望办共募集到资金350万元，援建希望小学8所，资助贫困学生40名，下发资金1.33万元，划拨建校款70万元，建立健全了规范的希望工程台账制度。6月8日，由大理同兴房地产开发有限公司捐资援建的鹤庆县新窝村同兴希望小学竣工典礼顺利举行。联合大理州卫生局实施“希望‘心’生命救助计划”项目，为18名先天性心脏病患儿争取到手术治疗救助减免资金63万元。

团州委开展“青春温暖彩云南·真情助困进万家”——2011年大理州服务青少年系列活动（团州委　供稿）

【青少年生态文明教育】　年内，按照“生态优先”的发展思路，紧紧围绕“两保护两开发”、“百村整治”工程和森林大理建设，团州委积极引领青少年开展“七彩云南保护”行动、“保护母亲河”行动等工作。年内，完成了“大理青少年环洱海‘双十双百’行动”目标任务，共建设青少年生态文明示范路10条、招募青年志愿者生态监护队伍10支、建设家庭生态环保卫生厕100个、评选优秀环保小卫士100名。利用洱海保护月、植树节、世界环境日等节庆日，积极开展环保知识进课堂、环保宣传、植绿护绿、沿湖环境整治等环保实践活动，进一步加强广大青少年生态文明意识、生态保护意识、可持续发展意识和社会责任感。

【学习胡锦涛总书记“七一”重要讲话】　7月1日，团州委及时组织全体干部职工收看电视直播，学习胡锦涛总书记“七一”重要讲话精神，并以团州委、州青年联合会、州少工委的名义向全州广大团员青年发出号召。7月11日，团州委在下关组织召开全州各族各界青年学习胡锦涛总书记在庆祝中国共产党成立90周年大会上的重要讲话精神座谈会，邀请州委党校老师结合党史、州情，解读讲话精神，团州委书记丁洪涛作了《坚定信念跟党走，认真履职献团青》的主题讲话，5名青年代表在会上作了交流发言，与会青年表示一定要把思想和行动统一到党中央和州委精神上来，努力学习、勤奋工作，为推动全州经济社会又好又快发展奉献力量。

【举办英语口语大赛】　7月22日，团州委与州教育局联合举办2011年云南省青少年“希望之星”英语口语大赛大理赛区选拔赛，并评选出29名选手代表大理州参加云南省总决赛，获得季军2名、一等奖6名、二等奖8名、三等奖7名、优胜奖6名的好成绩，大理州代表队被省组委会授予“最佳组织奖”。

【青少年维权工作】　年内，团州委充分发挥共青团、少先队、青年联合会的组织优势和网络优势，丰富青少年维权工作的活动内容和载体。向社会广泛宣传《中华人民共和国预防未成年人犯罪法》《中华人民共和国未成年人保护法》和《云南省预防未成年人犯罪条例》等法律法规，为青少年维权创造了良好的社会舆论氛围。通过聘请法制副校长、开展优秀“青少年维权岗”创建、12355青少年服务热线、《青春热线》等形式，广泛开展青少年法律维权和法制宣传教育工作，不断完善社会化的青少年维权工作体系。

【团省委书记饶南湖到大理调研共青团工作】 8月4～7日，团省委书记饶南湖就农村青年信用示范户试点工作、农村青年流通人才培训工作到大理开展调研。期间，饶南湖与团州委、州人行、州农行、州信用社等相关人员进行座谈，听取汇报；深入到大理学院、大理市、巍山县、洱源县等地，围绕乡镇团组织格局创新、两新组织团建、贷免扶补、农村青年信用示范户、青年创业就业见习基地等共青团重点工作开展实地调研；与青年创业带头人代表、农村青年信用示范户代表、基层团员代表进行了座谈。饶南湖对大理州共青团工作给予了充分肯定，认为大理州各级共青团组织充分发挥了共青团组织服务大局、服务社会、服务青少年的职能，紧紧围绕党政中心工作，以自身建设为重点，以夯实基础为根本，以完善制度为保障，开创了具有时代特征、彰显大理特色的共青团工作新局面。

【“两新”组织团建超额完成】 2011年，团州委切实把青年文明号、青年岗位能手评选等品牌工作资源注入“两新”组织，建立非公有制经济团组织293个，新社会团组织161个，吸纳团员3958名，新增“两新”组织建团454个，超额完成省下达任务数。

【掀起学习州第七次党代会精神热潮】 9月20日，团州委组织全体干部职工认真学习州第七次党代会精神，并号召全州各级团组织和广大团干部要积极行动起来，迅速在全州青少年中掀起学习州第七次党代会精神的高潮，切实把思想和行动统一到“争当民族团结进步模范州、生态文明建设排头兵、旅游二次创业生力军、滇西城镇化进程领跑者、建设民族文化强省先行者”的要求上来，坚持“生态优先、农业稳州、工业强州、文化立州、旅游兴州、和谐安州”的发展思路，以科学发展为主题，真抓实干，在构建中国面向西南开放的区域性中心中奋发有为、展现青春风采，为把大理建设成为全国独具特色的民族自治州奉献青春力量。

【成立大理州应急志愿服务队】 9月23日，团州委成立了由37名志愿者组成的大理州应急志愿服务队，积极探索青年参与预防、控制和消除突发公共事件的危害的途径。同时，组织志愿者到大理市公安消防大队凤仪特勤中队进行应急预防、避险、自救、互救等常识的培训和应急演练。

【乡镇（街道）团组织格局创新工作】 年内，州、县、乡镇（街道）三级团组织按照团省委要求，研究制订方案、细化工作措施、明确目标任务，全面完成全州110个乡镇和2个街道办事处的团组织格局创新工作，共推选出乡镇（街道）团委副书记338名，委员1044名，83名乡镇领导班子成员兼任团委书记，形成了专兼职相结合、编制内外相结合的工作格局。同时，在227户符合建团条件的农村专业合作组织中建立团组织166个，使得农村基层团组织建设进一步加强、工作活力进一步增强、工作覆盖面进一步扩大。

【开展共青团与人大代表、政协委员“面对面”座谈会】 11月30日，团州委组织部分大理州市人大代表、政协委员与大理市范围内的部分新生代农民工、团员青年在云南清逸堂实业有限公司举行“大理共青团与人大代表、政协委员‘面对面’座谈会”。围绕新生代农民工的生存现状、精神文化生活特点以及今后的努力发展方向进行了座谈，并拟将座谈会上提出的意见建议形成“建议”“议案”和“提案”提交来年州“两会”。

【驻外团组织建设实现新突破】 12月1日，团州委成立了首个州级驻外团组织——共青团大理州驻昆明市工作委员会，并督导12县市和昆明大理总商会建立驻外团组织13个，配备团干部82名，联系到大理籍在昆务工创业青年1873名，其中包括317名团员，实现了驻外团组织建设的新突破。

【开展禁毒防艾宣传】 12月5日，国际志愿者日期间，团州委联合大理州公安局禁毒支队组织20多名志愿者，在大理市人民公园开展共青团系统第三轮“禁毒防艾”人民战争宣传教育活动。通过知识展板和现场讲解，向全社会宣传禁止毒品、预防艾滋病的知识。活动当天，共发放宣传资料、环保宣传布袋、禁毒知识光碟及法律法规知识读本等宣传资料2500份。

【开展争当“四好少年”活动】 年内，团州委在全州广大少年儿童中广泛开展形式多样、内容丰富的“四好少年”学习系列活动，将2.3万份年历画、22万份课程表、200合“四好少年”歌曲光碟等资料下发到各县市少先队组织。同时，以贯彻落实《胡锦涛总书记致中国少年先锋队建队60周年贺信》精神为内容，开展“牢记贺信要求，争当‘四好少年’”为主题的统一队日活动，用社会主义核心价值体系教育引导少年儿童，灌输培养少年儿童对党和社会主义祖国的朴素感情，在全州掀起争当“四好少年”热潮。

志愿者服务留守儿童　　（团州委　供稿）

【学习省第九次党代会精神】　12月9日，团州委组织全体干部职工学习云南省第九次党代会精神，号召广大团员青年掀起学习省第九次党代会精神的热潮，围绕科学发展、和谐发展、跨越发展，为加快建设面向西南开放重要桥头堡而奋斗为主题和建设开放富裕文明幸福新云南的战略目标开展思想大讨论，倡导团员青年树立“高远、开放、包容”的高原情怀和“坚定、担当、务实”的大山精神。

【召开年终总结考核会】　12月15日，团州委召开大理州2011年县市团委共青团工作年终总结考核会，12县市团委书记班子及团州委各部室负责人共38人参加会议，会议通过听、查、问的方式对各级团组织的基础工作、重点工作和特色工作开展情况进行考评，促进了县市团组织的交流，实现了州级团委与县市级团委的良性沟通互动。

【青年就业创业行动】　年内，团州委深入实施“青春扬帆白州·创业促进成长”行动，发放“贷免扶补”青年创业小额贷款3811万元，扶持704名青年创业，吸纳就业1385人；启动失业人员小额担保贷款推荐工作，扶持98人创业，发放贷款495万元；建立完善“1+3”跟踪服务机制，提升创业服务质量、水平和成功率。开展“见习助就业·牵手毕业生”活动，创建就业见习基地61个，征集见习岗位2420个，组织271名青年到“青年就业创业见习基地”实习，有150人被相关单位录用。启动“青春创业扬帆计划”公益助学活动，支持22名有较强代表性的“贷免扶补”创业青年，进入电大函授班学习。

【服务青年成长成才】　年内，团州委联合人民银行大理州中心支行出台《大理州农村青年信用示范户信贷指导意见》，在全州范围内评选出400户州级农村青年示范户和2.4万户县级农村青年示范户，由涉农金融机构对选定出的“农村青年信用示范户”信用等级给予贷款额度、贷款期限、贷款利息等方面优惠，有力助推了全州农村信用体系建设和农村青年创业就业。同时，与大理州供销社和州农业局合作，筹建大理州农村青年流通人才培训基地，组织300多名农村优秀青年，开展多期农民专业合作社理事长暨农村青年流通人才培训班、环境建设带头人及农业技能培训会，为培育“懂经营、会技术、善管理”的新型农民打牢基础。

【表彰一批优秀共青团员、团干部和基层团组织】　年内，团州委以深入开展创先争优活动为契机，表彰了一批先进团员青年和团组织。授予董碧溪等94名共青团员“大理州优秀共青团员”称号，授予杨金梅等53名团干部“大理州优秀共青团干部”称号，授予共青团剑川县甸南镇委员会等15个团委“大理州五四红旗团委”称号，授予鹤庆县云鹤镇仓河社区团支部等36个团支部（团总支）“大理州五四红旗团支部”称号。

【表彰一批青年文明号】　年内，团州委与各行业系统密切配合，不断加强团内精神文明建设，深化青年文明号创建活动，对积极投身全州经济社会建设中弘扬良好职业道德、创造一流工作业绩的一批先进青年集体进行表彰，命名大理市农村合作银行喜洲支行等24个青年集体为2010年度州级“青年文明号”。

【一批单位和个人获省级表彰】　年内，龙进品被共青团云南省委、云南省青年联合会授予云南青年最高荣誉——“云南五四青年奖章”称号，杨盈川荣获2011年“云南五四青年奖章”提名奖，施俊成被追授为“云南省优秀共青团员”称号，刘文辉等4人被授予“云南省优秀共青团员”称号，毕文明等6人被授予“云南省优秀共青团干部”称号，大理州卫生学校团委等6个单位被授予“云南省五四红旗团委”称号、祥云县人民医院团支部等5个单位被授予“云南省五四红旗团支部（团总支）”称号，团州委被团省委表彰为“先进单位”，团州委书记丁洪涛被中共云南省委、省人民政府表彰为“新一轮禁毒人民战争”先进个人。

（《共青团大理州委、大理州青年联合会》由字桂荣撰稿）

大理州妇女联合会

【概述】　2011年，在中共大理州委、州人民政府的坚强领导下，在省妇联的关心指导下，全州各级妇联组织围绕中心、服务大局，想大事、搞活动、抓创新，紧密结合实际，充分发挥组织妇女、引导妇女、服务妇女、维护妇女权益的职能作用，团结和动员广大妇女在促进经济社会又好又快发展中建功立业，各项工作取得了新的成绩。

【州妇联九届五次执委会议召开】　1月21日，州妇联九届五次执委会议在下关召开。州妇联主席焦映代表常委会作了题为《建设坚强阵地和温暖之家团结引领妇女在新的起点上实现新发展》的工作报告。会议总结了2010年全州妇联工作，对2011年工作进行了安排部署。会议审议并通过了工作报告，决定增补宾川县妇联主席彭昌云、云龙县妇联主席张秀华为州妇联九届执委。原九届执委禹美丽、何慧莲、张智珍3人因工作变动调离妇联工作岗位，执委职务自行卸免。

【开展“送服务，助帮教，促回归”主题帮教活动】　年内，为帮助大理籍女服刑人员更好地进行改造，让她们充分感受党和政府的关心和社会主义大家庭的温暖，春节前夕，州妇联给云南省第一、第二、第三女子监狱的600多名大理籍服刑人员寄去了一封公开信，鼓励她们认真反省错误，努力改造自己，争取早日回归社会，参与到家乡经济社会发展的建设中。春节和中秋节期间，州县市妇联到看守所看望慰问女干警，对女性在押人员开展以“送服务，助帮教，促回归”为主题的帮教活动。

【实施受艾滋病影响儿童社区关爱项目】　年内，大理州继续争取到中国预防性病艾滋病基金会的受艾滋病影响儿童社区关爱项目。州妇联以项目为依托，深入实施爱心工程，关注、关心弱势儿童的生存状况，帮助他们解决学习、生活中的困难。2011年共收到项目资金245.6万元，救助624名儿童；为8户项目特困户申请到每户2万元资金，用于建盖房屋；为84名受艾滋病影响的妇女及贫困妇女争取到16.8万元无息贷款，帮助她们改善生活现状；举办了第三期大理州受艾滋病影响儿童心理健康支持培训；组织2名项目儿童到北京参加“中华大家园”第二届全国关爱各族少年儿童夏令营暨第八届全国关怀帮助艾滋病致孤儿童夏令营。

【《姐妹花开遍苍洱》“三个一”宣传工程顺利完成】　年内，为充分展示第九次妇代会召开以来全州各族各界妇女在经济、政治、文化、教育、社会发展等各领域中取得的进步和成就，大理州妇联在第十次妇代会召开之际，完成了《姐妹花开遍苍洱》“三个一”（一首歌、一部专题

大理州妇联在第十次妇代会召开之际，完成了《姐妹花开遍苍洱》"三个一"（一首歌、一部专题片、一本画册）宣传工程，全方位、多角度展示了大理州妇联工作和大理妇女的风采　（州妇联　供稿）

片、一本画册）宣传工程，全方位、多角度展示了大理州妇联工作和大理妇女的风采。

【举办女领导干部、女企业家联谊会】　3月3日，州妇联在下关举办女领导干部、女企业家联谊会，在关副处级以上女领导干部、部分女企业家，州妇联在关常委、执委128人参加会议。通过参观清逸堂纸业公司、组织歌舞联欢等活动，进一步畅通了妇联组织联系妇女的渠道，增进了参会人员之间的交流和友谊，为大理经济社会各项事业的发展营造了良好的环境。

【举办庆"三八"文艺专场暨《姐妹花开遍苍洱》首唱式】　3月4日，州妇联在明珠广场举办大理州庆"三八"文艺专场暨《姐妹花开遍苍洱》首唱式。热情讴歌了全州广大妇女奋发图强、艰苦创业，在平凡的岗位上做出了不平凡业绩的崇高精神，表达了大理州妇女积极参与社会活动，建设和谐美好家园的信心和决心。云南省著名歌手杨添茸在晚会上首唱了大理妇女之歌——《姐妹花开遍苍洱》。

【开展温暖你我他、维权服务进万家主题维权活动】　3月7日，州妇联联合司法、综治等部门组织开展以"温暖你我他、维权服务进万家"为主题的"三八"维权周法律法规街头集中宣传活动，重点关注贫困妇女、下岗女职工、残疾妇女等弱势群体在城乡一体化建设进程中面临的一些实际问题，向广大妇女群众宣讲了大理州社会养老保障、新型合作医疗、妇女外出务工指南等相关政策及法律法规，解答了妇女权益维护的相关法律和政策。

【开展保护洱海巾帼行动·小手拉大手活动】　4月22日，州妇联在大理市凤仪镇庄科完小开展"保护洱海巾帼行动·小手拉大手"活动。通过洱海保护知识抢答、招募巾帼志愿者等活动的开展，利用小手拉大手的方式，带动更多的人来保护洱海，充分发挥广大妇女及青少年在保护洱海中的作用，让他们掌握保护洱海的相关知识，然后将这些知识宣传给家人和身边的群众，不断提高保护洱海的意识，把保护洱海工作转变为广大人民群众的自觉行为。活动还邀请了女交警进行交通安全培训。活动开展的情况在中央电视台一套播出。

【开展交通安全宣教活动】　5月16日，州妇联、州公安局交警支队在宾川县举行创建大理州道路交通安全示范县启动仪式，继续开展大理州"姐妹同行动、撑起半边天、守住幸福门"交通安全宣教活动。该活动通过广泛宣传道路交通安全知识、招募维护交通安全的巾帼志愿者、争创道路交通安全示范县等形式，进一步发挥妇联组织的作用，努力构筑道路交通安全宣传教育长效机制，营造安全、畅通、有序、和谐、文明的道路交通环境。

【承办预防性病艾滋病救助项目培训班暨经验交流会】　5月22～26日，由大理州妇联承办的中国预防性病艾滋病基金会救助项目培训暨经验交流会在大理召开。来自新疆、安徽、四川、河南、贵州、湖北以及云南保山、德宏、迪庆、大理等地的项目负责人共73人参加了培训，并到南涧县对项目小额贷款实施情况进行了实地考察。通过培训，项目工作人员的管理能力和项目实施能力得到进一步提升。

【开展"六一"儿童节慰问活动】　"六一"儿童节期间，州妇联领导深入漾濞县、宾川县开展走访慰问活动。5月28日，到漾濞县苍山西镇下街村完小慰问师生，给学校赠送了一套乒乓球桌，给30名贫困学生发放了学习用品，走访慰问了下街村20名残疾人，深入农户，了解群众的生产生活。6月3日，到宾川县金牛镇仁和村完小慰问师生，给学校赠送文体用品，对36名贫困、留守和残疾儿童进行慰问，走访慰问了10名贫特困户和残疾人，给他们送去粮食等生活用品。

【开展深入推进创先争优志愿服务人民群众活动】　7月5日，州市妇联认真组织开展"深入推进创先争优志愿服务人民群众"活动。邀请公安、疾控、司法、环保、计生等部门在下关人民公园联合开展街头咨询宣传活动，共发放各类政策、法规、条例、宣传单、知识读本等资料1.6万份（册），免费发放安全套100只。到龙溪社区"夕阳红"敬老院开展志愿服务活动，对敬老院的老人进行慰问，为敬老院捐赠了1台冰箱，与老人一起联欢。。

【推进妇联组织参与社会管理创新工作】　年内，全州各级妇联组织将服务大局与服务妇女紧密结合、维护权益与维护稳定紧密结合，与综治部门协作配合，以加强维权维稳基层组织建设，化解社会矛盾，创新社会管理为着力点，上下联动，多措并举，维护妇女儿童合法权益，促进了社会和谐稳定。打造了大理市西城尾村、关迤社区、弥渡县苴力村等一批妇联组织参与社会管理创新的先进典型。8月4日，州综治办、州妇联在下关召开社会管理创新暨平安创建工作推进工作会议，并组织与会人员到大理市、弥渡县参观学习。

【可口可乐公司中华区总裁走访慰问受助儿童】　在中国预防性病艾滋病基金

会和省妇女儿童发展中心的关心下，由可口可乐公司提供资金支持的“大理州受艾滋病影响儿童社区关爱项目”已实施了3年。9月18日，可口可乐公司中华区总裁戴嘉舜、中国预防性病艾滋病基金会会长李超林、省妇联副主席和红梅一行在州妇联领导陪同下，到祥云县走访了受救助的4户受艾滋病影响儿童家庭，送去大米、食用油、电饭煲、衣被等慰问品，并与受助家庭亲切座谈。

【举办受艾滋病影响儿童心理健康支持培训】　为进一步培养受艾滋病影响儿童的“自尊、自信、自立、自强”精神，引导这些儿童释放自我，实现自我，缓解压力，健康向上，快乐成长，9月16～18日，州妇联在下关举办第三期大理州受艾滋病影响儿童心理健康支持培训，来自全州12个项目县市的30名项目儿童和14名项目管理人参加了培训。通过对《儿童权利公约》、“儿童十大心理技能”、“如何预防毒品与艾滋病”等相关知识的讲解及互动交流，达到了提高儿童沟通能力、人际交往能力、缓解压力能力、行动能力的目的。

【深入开展“家风”建设活动】　年内，州妇联把平安和谐家庭创建活动作为妇联组织动员广大家庭开展和谐社会建设的重要载体，以“四进”（美德进家庭、先进文化进家庭、平安进家庭、低碳生活进家庭）为具体内容，弘扬“大气明理、崇尚礼仪、诚信进取、德化和谐”的大理精神，以良好的家风促进社会风气的好转，引领全州广大妇女和家庭在建设和谐富裕大理中建功立业。活动的开展为进一步营造“人人文明、家家和谐、社会进步”的良好社会氛围起到了积极的促进作用。

【开展“颂党恩、跟党走，做党的好女儿”主题活动】　年内，为隆重纪念建党90周年，深情回顾党的奋斗历史，热情讴歌党的光辉业绩，继承和发扬党的光荣传统和优良作风，全州各级妇联组织积极组织开展“颂党恩、跟党走，做党的好女儿”主题活动，内容包括热爱党、热爱祖国、热爱社会主义的宣传教育活动；读红色经典、唱红色歌曲、讲红色故事活动；组织参加“学习党的历史，展示巾帼风采”党史知识网络竞赛活动。各地从自身实际出发，围绕主题，整合资源，认真组织形式多样、主题鲜明、内容新颖、富有特色、群众喜闻乐见的纪念活动。营造广大妇女喜庆建党90周年的浓厚氛围，展示当代妇女忠于党、爱岗敬业、勇攀高峰的时代风貌，在广大妇女中进一步兴起学楷模、树新风、跟党走、建新功的热潮。

【组织开展关注学前儿童心理健康报告会】　为认真贯彻落实《中国儿童发展纲要》和国务院《关于当前发展学前教育的若干意见》精神，促进学校、家庭、社会三结合学前教育网络的形成，10～11月，州妇联牵头，联合州教育局、州关工委，邀请团中央“知心姐姐”心理健康教育全国巡回报告团，在全州12县市及州属幼儿园免费为学前儿童家长及教师作“关注学前儿童心理健康报告会”。报告团专家将儿童心理健康理论用通俗易懂的语言和鲜活的家教典型事例进行分析讲解，让家长、教师轻松地接受到最新的儿童教育理念。期间共举办幼儿教师专场16场、培训教师5000余人，幼儿家长专场40场、培训家长1.5万余人。

【党群共建创先争优】　年内，以提升能力、夯实基础、改进作风为重点，大理州深入开展党群共建创先争优活动，推动解决基层妇联“有人办事”、“有阵地做事”、“有钱办事”的问题，加强基层妇联组织示范点建设，圆满完成乡镇妇联换届工作，实现了“年轻化、知识化、专业化”的目标，优化了基层妇联班子结构，增强了基层组织活力。

【召开州妇联九届六次执委（扩大）会议】　11月3日，州妇联九届六次执委（扩大）会议在下关召开，九届执委27人出席会议，不是九届执委的县妇联主席列席会议。会上，州妇联主席焦映作了《关于召开大理州妇女第十次代表大会有关情况的说明》，大会讨论通过并形成了《关于召开大理州妇女第十次代表大会的决议》。会议要求，要切实加强组织领导，精心做好筹备工作，确保大理州妇女第十次代表大会的顺利召开。

【召开州妇联九届七次执委（扩大）会议】　12月11日，州妇联九届七次执委（扩大）会议在下关召开，九届执委21人出席会议，不是九届执委的县妇联主席列席会议。会议研究确定了大理州妇女第十次代表大会日程安排（草案），讨论并通过了题为《团结动员全州各族各界妇女为建设全国独具特色的民族自治州而奋斗》的大理州妇女第十次代表大会工作报告（草案）。

【开展鼓励创业“贷免扶补”工作】　年内，州妇联发挥联系广大妇女的优势，积极开展鼓励创业“贷免扶补”工作，向2227名创业妇女发放贷款13673万元，带动3690名妇女就业。3年累计发放贷款2.4亿元，帮助4351名妇女创业发展，吸纳就业人员9041人，培养了一批创业促进就业的优秀妇女典型。2009年发放的贷款全部到期，由于工作扎实、管理到位，还款率达100%，达到A级还款标准。为全面总结全州各级妇联组织开展的鼓励创业“贷免扶补”工作，12月11日，州妇联召开总结表彰会，对13个先进集体、12名优秀创业人员、12名优秀创业导师、15名先进个人进行了表彰奖励。

省妇联主席胡冇兰视察“贷免扶补”项目　（州妇联　供稿）

实施"春蕾计划",建设春蕾图书室　　（州妇联　供稿）

【大理州妇女第十次代表大会召开】 12月27～29日,大理州妇女第十次代表大会在下关隆重召开,来自全州各条战线、各族各界妇女代表308人出席会议。州"四班子"分管联系领导、省妇联领导应邀参加会议。州委副书记杨健在开幕式上作了题为《争做时代新女性共创发展新业绩为推动大理科学发展和谐发展跨越发展贡献力量》的讲话。省妇联主席胡有兰在大会上对大理的广大妇女和各级妇联组织提出了希望和要求。大会审议并通过了州妇联主席焦映代表州妇联九届执委会所作的《团结动员全州各族各界妇女为建设全国独具特色的民族自治州而奋斗》的工作报告。大会选举产生了州妇联第十届执行委员会。会上州委对赵中泽等15名关心支持妇女儿童事业的好领导、州委机关妇委会等15个妇女工作先进集体、州中级人民法院等15个维护妇女儿童合法权益的先进集体、高志贞等15名维护妇女儿童合法权益的先进个人进行了表彰奖励。

【省妇联主席胡有兰到巍山考察】 12月28日,省妇联主席胡有兰在州人大常委会副主任杨宴君的陪同下到巍山县考察。期间,胡有兰充分肯定了巍山县在古民居古建筑保护、旅游产业培植、妇女创业就业、平安家庭创建、旅游资源开发等方面取得的成绩;认为巍山县委、县人民政府高度重视妇女工作,精心培植旅游产业,经济持续发展,社会和谐稳定。胡有兰要求,要突出妇女工作重点,着力解决妇女创业中的难题,深入推进妇女小额贷款,切实为基层妇女提供服务;要充分发挥妇联基层组织的典型示范带动作用,不断提高各级妇联干部和妇女群众的素质,充分发挥党和政府联系妇女群众的桥梁纽带作用,解决妇女儿童最关心、最直接、最现实的利益问题。

【州妇联被授予多项荣誉】 2011年,州妇联以开展创先争优活动为契机,营造争创先进妇联组织、创造一流工作业绩的良好氛围,出色完成各项工作,先后被州、市党委政府授予"文明大理建设示范工程先进单位"、"2008－2010年大理州预防艾滋病人民战争先进集体"、"大理州'十一五'洱海保护治理工作先进集体"、"大理州'五五'普法工作先进集体"、"2010年度千村扶贫百村整体推进先进集体"、"基本普及九年义务教育基本扫除青壮年文盲先进单位"、"'十一五'期间抗旱救灾先进集体"、"2011年度先进平安单位"等荣誉称号。

（《大理州妇女联合会》由李菊荣撰稿）

大理州科学技术协会

【概　述】 2011年,大理州科协紧紧围绕全州中心工作,充分发挥科协大团体优势,以科技普及提高全民科学素质为重点,着力推动《全民科学素质行动计划纲要》的实施,积极开展科普宣传、青少年科技教育、科普惠农兴村计划、学会工作等,为促进大理州科学技术事业的发展,社会主义新农村建设的推进和全面建设小康社会作出了积极的贡献。

【举办科协系统干部培训班】 3月3～4日,州科协举办了为期两天的"大理州科协系统干部培训班",省科协副主席牟双江出席开班仪式并讲话。来自全州12县市科协及州属学会、协会、研究会的90多名科协工作者和科协会员参加了培训。培训内容有科普项目申报业务知识、科普写作知识、十七届五中全会精神、省科协七届四次全委会精神4个课题。通过专家授课、讨论发言,参训人员学到了知识、开阔了视野,受益匪浅。

【学会工作不断得到加强】 3月,省科协副主席牟双江一行对大理州科协学会工作进行专题调研,在听取情况汇报后,调研组深入到大理州气象学会、大理州老科技工作者协会进行实地调研,对大理州学会工作给予充分肯定并提出指导意见,有力地推动大理州学会工作的开展。年内,按照《大理州科协学会管理办法》,州科协切实加强学会工作,实施项目管理,以项目扶持的方式促进学会活动的开展,对州属8个学会申报的学术交流活动项目给予扶持,扶持资金达30万元。同时,督促指导州水利学会、州兰花协会、州地方志协会等6个学会圆满完成了换届任务,选举产生了新一届理事会班子,进一步增强了学会工作的活力。

【"全国科普示范县(市、区)"创建工作卓有成效】 3月,省科协副主席赖永良一行受中国科协委托,分别对大理市、宾川县、弥渡县"全国科普示范县(市、区)"创建工作进行检查。"十一五"期间,大理市、宾川县、弥渡县被中国科协命名为"全国科普示范县市"。根据中国科协的规定,对"全国科普示范县(市、区)"的创建实施动态管理,五年一复核。经考核,检查组一致认为大理市、弥渡县、宾川县科普创建工作富有成效,同意上报中国科协授予3县市"2011—2015年度全国科普示范县市"称号。5月,经中国科协审核,在中国科协"八大"进行授牌。

【组织科协干部外出学习考察】 4月,州科协组织县市科协主席到陕西省、山西省学习考察科协工作。参观学习了西安市的社区科普大学、"科技之春"宣传月活动、科技思想库建设、"五星级学会"创建活动以及科普资源的整合等工作。通过学习考察,大理州科协干部学习借鉴了兄弟科协的成功经验,思想进一步得到解放,观念得到更新,视野更加开阔。

【决策咨询工作有新的突破】 年内，州科协决策咨询工作取得了新的突破。①圆满完成了国家级调研课题。州科协首次争取到国家级研究课题，即《地级市科协决策咨询模式与能力建设研究》，中国西南地区仅确定给大理一家。州科协在认真开展调查研究，广泛听取各方意见，收集大量材料的基础上，经过开题、立项、结题，较好地完成了综合性研究报告，研究成果将进一步推动大理州决策咨询工作的开展。②老科协决策咨询工作得到高度重视，州老科协《对全州水利改革发展的实施意见》一文经州委主要领导审阅，在2011年9月14日《大理调研》上刊发，较好地发挥了决策咨询作用。

【省科协党组书记唐兵到大理调研指导工作】 7月，省科协党组书记、副主席唐兵一行到大理州调研农技协发展、科普惠农等工作，州科协主席罗朝玺、大理市副市长刘琼芬、云龙县副书记张建萍等陪同考察。唐兵一行先后深入云龙县河东宏达农业产业协会、云龙县麦地湾梨产业协会、大理市湾桥烤烟科普示范基地进行实地调研，对大理州科协工作给予了高度评价，认为农技协"支部+协会+农户"的组织形式充分发挥了党组织的作用，"产前、产中、产后"服务模式为群众谋得实惠，全省首创，具有典型示范作用；"三个一"建设，特别是白族照壁式科普宣传栏建设很有特色，是一项真正的惠农工程。唐兵还就大理州科协下步工作提出了要求。

【开展"百名专家科技下乡"(大理站)讲学活动】 8月，云南省科协、九三学社云南省委联合开展了"百名专家科技下乡"(大理站)讲学活动，大理州1100多名基层干部和农民参加了学习培训。本次讲学特别邀请了云南农业大学等省内知名专家到大理州开展"科普进学堂"学术活动，分别在大理市、洱源县、宾川县等8个县市开展了《农村专业技术协会的组织建设及相关政策法规知识》、《高原湖泊和生态环境保护机制探讨》、《咖啡的栽培管理及病虫害防治》等8场科普学术讲座。讲学内容丰富，涵盖了农业技术、医疗卫生、环境保护、社会建设等方面，具有很强的针对性和实用性。

【《全民科学素质行动计划纲要》工作得到有效实施】 8月，省科协副主席李仁一行深入漾濞县、云龙县和弥渡县考察，专题调研指导大理州全民科学素质行动计划纲要实施情况。李仁一行在听取县委、县政府工作汇报后，先后深入弥渡县大理红花大金元科技研发基地、漾濞县秀岭梨园等进行实地调研，调研组充分肯定了大理州在贯彻实施《全民科学素质行动计划纲要》中取得的成绩，一致认为大理州按照"政府推动、全民参与、提升素质、促进和谐"的方针，建立和完善了《大理州全民科学素质工作领导小组工作规则》等制度，确保全民科学素质工作的有效实施，有力地推动了大理州科学素质行动计划工作的深入开展，为全面建设小康社会、构建和谐大理提供有力的智力支持。

【中国科协配发给大理州1辆科普大篷车】 年内，经州科协多方努力，争取到由中国科协配发的科普大篷车1辆，价值40多万元，中国科协免费为云南省配发了3辆。这是中国科协为加强农村基层科普能力建设开发研制的专用科普宣传车，主要资助科普工作条件较为薄弱、科普工作效果好的科协组织。州科协充分利用这一"流动的科技馆"，先后深入南涧县宝华中学、祥云县云南驿一中、云南驿四中等学校，扎实开展"科普大篷车进校园"活动，用喜闻乐见的图片和生动的文字，将科学文化知识展示给广大群众和青少年学生，全州近万名师生感受了科技魅力，激发了学生"学科学、爱科学、用科学"的热情，营造了良好的科技教育氛围。

【举办科普项目管理业务培训班】 9月，大理州举办科协系统科普项目管理业务培训班，来自全州12县市的科协主席、科普项目业务负责人及州科协全体干部职工50多人参加了培训。本次培训邀请省科协科普部、计财部领导授课，特别安排了"科普项目申报业务知识"、"中央补助地方科技基础条件项目和省级科普项目资金绩效评价业务培训"两个讲座，具有较强的指导性、针对性和实用性，对提升全州科协系统科普项目的质量水平具有重要意义。

【申报实施科普惠农兴村计划项目】 2011年，经省科协推荐、中国科协评审，大理州漾濞核桃产业协会、宾川县平川镇李子园中药材种植开发协会、弥渡县生猪产销协会、南涧县宝华镇阿母腊鸡养殖协会、永平县龙门乡大平坦生态茶生产经营协会、云龙县长新优质生猪产业协会、洱源县渔业协会、剑川县甸南镇龙门村奶牛饲养研究协会、鹤庆县邑头村蚕桑生产技术研究会9个农技协，祥云县怀宝核桃科普示范基地、大理市湾桥烤烟科普示范基地等2个基地，巍山彝族回族自治县老科技工作者协会马崇文、剑川县甸南镇狮河木雕工艺协会张月秋2名科普带头人被中国科协、财政部列为全国科普惠农兴村计划，争取奖补资金230万元，项目数居全省第一，争取项目资金再创新高。大理州推荐的弥渡县密祉乡永和村等7个村被省科协、省财政厅表彰为云南省科普惠农兴村计划科普惠农示范村，获奖补资金35万元。大理州还向省科协推荐了16个省级科普项目，共获项目资金95万元。这些科普经费全部投入基层，为基层科普能力建设、科技培训和咨询、实用技术推广应用提供了资金保障，有力地推动了新农村建设。上述项目的实施让广大农民群众得到了实惠。

【开展大理州第11届科技周和"三下乡"活动】 5月举行主题为"携手建设创新型大理"的第11届科技周活动，州科协、州科技局、州委宣传部以及州、市地震和民政等单位参加，开展了大理州科技活动周座谈会、走进下关四小、南涧县宝华镇虎街小学，开展"防灾减灾日"宣传等活动，州科协共发放《水问》、《中学生疾病预防手册》、《抗旱作物栽培技术》、《云南科普报》等宣传资料3000多份，现场播放《大理核桃丰产栽培技术》、《大理茶花品种与商品盆花生产栽培管理技术》、《大理栽桑养蚕技术》等科普光碟，向永平县杉阳镇赠送了《大理科普丛书》、科普光碟、科普书籍、科普宣传挂图等200多份(册)，价值3000多元，受益群众5000多人。

【举办"三农"网络书屋信息技术培训班】 6月，中国科协"三农"网络书屋及农村信息技术培训班在下关开班，来自12县市科协的工作人员，全州部分获"全国科普惠农兴村计划"和"省科普惠农兴村计划"表彰的单位，省、州科普项目实施单位的50名学员参加了培训，中国科协农技中心处长崔卫东在培训班上作了讲话，。"三农"网络书屋建设与农村信息技术科普培训项目的实施，为大理州建立了56个"三农"网络书屋，囊括了大理州列入全国科普惠农兴村计划和省科普惠农兴村计划的所有单位，为广大基层科协、农技协和部分村委会搭建了网络学习和信息发布平台。

【“科普通”取得新成效】 大理州手机短信“科普通”项目实施三年,自费订阅的用户稳定在3万多户,累计编辑短信3000多条,共发出科普短信700余条。手机短信从试运行起有2000多万人次受益,有效地扩大了科普宣传范围,成为普及科学知识、传播科学思想、弘扬科学精神、推动科技进步与创新的一个重要平台,得到中国科协、省科协和社会各界的好评。4月25日,中国科协网报道:“手机科普+大理模式的科普工作运行方式,开创了云南省手机科普的新渠道,在大理州科协成功经验的带动下,手机科普工作已在云南省示范推广。”

【精心组织全国科普日活动】 9月21日,“全国科普日”活动在祥云县云南驿镇举行,活动紧紧围绕“坚持科学发展,节约保护水资源”这一主题,组织了丰富多彩的科普宣传。州委、州政府、州政协有关领导出席了开幕式,副州长段玠作讲话,州县35个有关部门的170多名科技工作者、1万多群众参加了当天的活动。规模之大,参与人员之广,展出展板和发放宣传资料之多均为近年来之最。

【组织开展科技辅导教师培训】 5月26~27日,大理州青少年科技教育协会第五次会员代表大会暨组织工作者及科技教师培训会在巍山召开。州县市科协、教育、科技、文化等部门领导以及全州青少年科技教育组织工作者、科技教师共100多人参加了会议。会议通过了《工作报告》和修改《章程》草案,选举产生了新一届理事会班子,对近5年来全州涌现出的大理市科协等17个青少年科技教育协会先进集体、青少年科技教育协会先进个人进行了表彰。会议邀请云南民族大学教授王东昕就《巍宝山土主崇拜的非物质文化遗产的调查研究》作项目培训和现场指导,云南省青少年科技中心活动部副部长张发现作了“云南省青少年科技教育活动”的讲座。

【组织参加第26届云南省青少年科技创新大赛】 年内,在第26届云南省青少年科技创新大赛上,来自剑川、鹤庆、弥渡、宾川、云龙5个县的7个项目参加了展示及答辩比赛,最终大理州荣获科技辅导员创新成果竞赛项目二等奖2项,三等奖8项;科技教师论文二等奖1项,三等奖20项;少儿科学幻想绘画一等奖3个,二等奖5个,三等奖19个;学生创新研究成果二等奖2项,三等奖26项;优秀组织单位1个;优秀组织工作者1人;优秀科技教师3人。大理州获奖项目是历年来最多的一次。州科协还积极配合省科协、省财政厅,对大理州青少年机器人基地的补助资金进行检查验收。

【农函大办学得到巩固提高】 2011年,农函大大理州分校开设了46个专业,共招生学员16905人,比上年增长17.29%,其中永平县招生人数达3249人,是全州招生人数最多的县。大理州科协安排了30万元的培训经费,12县市共安排54万元的专项培训经费。

【农技协不断发展壮大】 年内,大理州科协认真贯彻落实《关于进一步加快农村专业技术协会发展的意见》,始终坚持“民办、民管、民受益”原则,使全州农技协得到进一步发展壮大。9月,州科协召开大理州农村专业技术协会第四次会员代表大会,来自全州12县市和州级有关部门的60多名代表参加了会议。大会审议通过了《大理州农村专业技术协会第三届理事会工作报告》、《大理州农村专业技术协会章程》,选举产生了大理州农村专业技术协会第四届理事会、常务理事会,表彰了30个农村科普工作先进集体和20名先进个人。会议还采取以会代训的方式,组织参会人员参观考察了洱源县银环养鸡协会养殖场和洱源县凤羽獭兔协会。2011年,全州农技协已发展到403个,会员人数达36387人,正在为社会主义新农村建设和“三农”问题发挥积极的作用。

【开展科协创新工作考评】 年内,根据《关于建立大理州科协工作创新激励机制的意见》,本着“学先进、找差距、创品牌”的理念,州科协分6个考核组对全州12县市科协申报的《永平县曲硐核桃经营协会创建实体型协会工作纪实》等19项创新工作成果进行了交叉考评。考评采取“一听二看三点评”的形式进行,各组对县市科协创新工作进行了实事求是的考评,提出了意见建议。在各单位创新工作申报和自评、州科协考核组考核、考评委考评的基础上,按照公开、公平、公正的原则,对科协创新工作有突出贡献的大理市科协等12个创新工作先进集体和大理州气象学会等20个学会目标管理考评先进集体进行了表彰。

【成功举办“TRIZ”创新理论培训班】 12月26日,大理州企业科协“TRIZ”创新理论培训班在鹤庆县举行,省科协科技咨询中心主任高崇华在培训班作了讲话,培训由州科协副主席杨映泉主持。来自鹤庆县星球太阳能厂、鹤庆乾酒公司企业科协的管理人员、技术工人,县工商界的企业经营者、县科技局、科协的科技干部、县农技协会员约80人参加了培训。培训班邀请云南师范大学太阳能研究所副所长谢建、省太阳能协会秘书长李军凯分别作了《创新实践发展》、《科技创新理论(TRIZ)及应用》、《低碳能源技术与可持续发展》3个专题讲座。培训采取理论讲解与企业生产实践中技术改进、创新实例介绍解析相结合的方式进行,李军凯、谢建以技术创新方法和TRIZ理论为核心,就技术矛盾、发明原理、创新工具等内容,结合生产、生活中的实践事例作了深入浅出的讲解。参训学员踊跃提问,反响热烈。

【大理州反邪教协会正式成立】 12月29日,大理州反邪教协会成立大会暨第一次会员代表大会召开。来自全州科技、宗教等部门的70多人参加了会议。州委政法委副书记、州委防范办主任张彤主持成立大会。云南省反邪教协会常务副理事长罗元明,大理州委常委、州委政法委书记杜涛出席大会并讲话,州人民政府副州长、州公安局局长陈川出席大会。州委防范办副主任杨嘉明主持会员代表大会,会议表决通过了《大理州反邪教协会章程》,选举产生了由31名理事组成的大理州反邪教协会第一届理事会。大理州科协副主席杨映泉当选大理州反邪教协会首任理事长。

【州科协获得多项表彰和荣誉称号】 年内,由于各项工作完成情况较好,大理州科协获得各级各有关部门的众多表彰和荣誉称号,分别是:1月,被省科协表彰为“信息宣传工作二等奖”;2月,被省青少年科技中心表彰为“2010年度英特尔求知计划活动优秀组织奖”;3月,被省青少年科技中心表彰为“我的低碳生活——2010年云南省青少年科学调查体验活动”优秀组织奖;7月,被州直机关党委表彰为“先进基层党组织”;9月,再次被大理市委、大理市人民政府命名为“文明单位”;9月,漾濞县被中国农技中心授予“中国云南漾濞核桃种植与加工技术交流中心”荣誉称号;11月,被省科协、省农村致富技术函授大学表彰为“2010年度云南省农函大工作先进集体”，连续6年获此殊荣；12月，被省科协办公室表彰为“2010年度财务决算综合统计工作先进单位”。

（《大理州科学技术协会》由张继彪撰稿）

大理州文学艺术界联合会

【概　述】　2011年，州文联始终坚持“二为”方向，贯彻“双百”方针，弘扬主旋律，积极实践文艺创作“贴近实际，贴近生活，贴近群众”的要求，不断满足人民群众日益增长的精神文化生活需求；团结全州广大文艺家，群策群力，围绕培养文艺人才，繁荣文艺创作扎实开展工作。以出作品、出人才为工作重点，使州文联工作呈现出协会活动丰富多彩、步调一致，会员团结和谐、创作成果丰硕，文联工作昂扬向上、奋发有为、有创意、有亮点的态势。

【深入永平开展“三下乡”示范活动】　1月11日，全州文化、科技、卫生“三下乡”示范活动在永平杉阳街心广场正式启动。在当天的活动中，州文联组织了24位书画家到现场为永平县部分单位和群众义务书写春联及创作书画作品800余件，受到永平县委、县政府及干部群众的广泛好评。

【弥渡县文联举办“贺牡丹赏梨花”笔会活动】　3月9日，弥渡县文联组织作协、书协、美协、摄协、民协会员30余人，到白云寺举办一年一度的“贺牡丹赏梨花”笔会活动。2004年以来，该县已在白云寺连续8年组织开展类似活动，是宗教活动以外的专门文化活动，2009年起由县文联具体负责组织，每年一个主题，以笔会活动的方式举行，已经成为弥渡县文联组织开展活动的一个文化品牌。2011年的笔会以文学创作为重点，并开展了“白云寺宗教文化旅游建设座谈会”。

【“当然当代而居其中——有朋自四方来”艺术展开展】　3月25日，由美籍华人韩湘宁设计的“当然当代而居其中——有朋自四方来”艺术展在大理才村“而居当代美术馆”开展，展出以“旧识新友”为原则，除了岳敏君、叶永青、夏阳、方力钧等当代艺术领军人物及其代表性的艺术家群体的作品外，还特别加入了新媒体作品，极具视觉冲击力。

【“文明大理摄影展”隆重展出】　2月21日～3月20日，“文明大理摄影展”在大理市下关苍山饭店会议中心、大理龙山国际会议中心隆重展出。此次影展以“文明大理、和谐家园”为主题，共展出102幅作品，紧紧围绕各级党委、政府建设滇西中心城市，实施“两保护、两开发”的战略部署，以提高大理公民道德素质为核心，以建设文明大理为目标，以文明大理创建十项工程为主要内容，经专家从近百位摄影家及摄影爱好者报送的两千余件作品中评选出来。

【《人民文学》大理创作基地成立】　3月31日，中国作家协会《人民文学》大理创作基地揭牌仪式在大理南诏风情岛隆重举行，大理正式成为《人民文学》在全国的第五个创作基地。仪式上，宁小龄为《人民文学》大理创作基地授牌，聘请大理州人民政府副州长蔡春生为《人民文学》大理创作基地顾问，聘用大理旅游集团副总经理字旭东为《人民文学》大理创作基地主任。仪式结束后，《人民文学》的编辑们与大理的本土作家齐聚一堂，就文学创作和大理文学发展等问题召开了座谈会。《人民文学》副主编商震谈到：“大理文学创作基地的成立主要以培养大理作家为目的，兼顾培养大理周边的云南作家，力争在最短的时间内培养出一批具有大理名片意义的作家来称雄云南、行走中国。希望通过大理创作基地的成立，能在大理兴起一个热爱中国文学、热爱中国文化的高潮。”

【白族油画家杨作霖作品展举办】　4月17日，白族油画家杨作霖个人画展在大理州群艺馆举行开展仪式。杨作霖为大理喜洲人，现为中国美术家协会会员、昆明美术家协会副主席、油画艺术委员会主任。1961年毕业于云南艺术学院首届大学美术预科班，1966年毕业于昆明师范学院美术油画专业，1982年结业于浙江美术学院油画系。此次展览是他第一次回大理举办个人画展，共展出《点苍山下》、《大地歌》、《葫芦丝响起的时候》等60余件代表作，集中体现了他的才学智慧和艺术成就。

【州文联曲艺演唱唱响“蝴蝶会”】　5月21日蝴蝶会期间，大理州文联组织曲艺家协会的艺术家来到蝴蝶泉的金花对歌台举办“蝴蝶会大理州文联演唱会”。演出分上午和下午两场，表演涵盖了白族大本曲、三弦独奏、民俗舞蹈、民歌演唱、风情对唱等，受到群众和游客的一致好评，赵丕鼎、李丽、赵冬梅、赵彦金等人的演唱将演出一次次推向高潮。《望夫云》、《麻雀调》、《娶亲》等观众耳熟能详的传统曲目和极具时代色彩的《爱岗敬业忠于党》、《保护洱海从我做起》等曲目相结合，赢得了台下观众的阵阵掌声，成为当天“蝴蝶会”的一大亮点。

【宾川县文联成功创作排演音乐舞蹈情景剧《水的儿子——金少斌》】　为了铭记2010年10月在抗洪抢险中以身殉职的金少斌，宾川县文联特别创作、编排了集多种艺术表现形式于一体的音乐舞蹈情景剧《水的儿子——金少斌》。该剧策划到位、编排及时、组织严密、排练严格、表演精准，既成功再现了英雄壮举和

大理州文联组织书画家到漾濞县平坡镇开展“三下乡”活动　（王仲宽　供稿）

英雄精神，同时展现了宾川人民的精神风貌，鼓舞了全县广大干部群众，获得各界高度赞誉和观众好评。

【“蝶泉杯”文艺汇演暨民族民间文艺大赛评奖结果揭晓】 4月17～20日，大理州以三月街民族节文艺舞台为载体，在三月街街场成功举办了“2011年大理三月街民族节‘蝶泉杯’文艺汇演暨民族民间文艺大赛”，丰富活跃了群众的节日文化生活，宣传和弘扬了民族文化，展示了各文艺演出单位的风采。大赛评奖组本着公平、公正、公开的原则，对100多个节目进行了认真评议，评出优秀节目奖6个、优秀表演奖6个、组织奖3个，民族民间文艺大赛优秀节目奖12个、优秀编导奖10个和最佳表演奖、最佳音乐奖、最佳服饰奖各1个、组织奖12个。

【弥渡民间艺人登上《音乐生活》杂志展风采】 弥渡县67岁的中国民间文艺家协会会员、彝族民间歌手李彩凤登上2010年第12期《音乐生活》封面，并被该杂志在乐坛人物专栏，以《彝山凤鸣声啾啾——登上世界舞台的彝族民间歌手李彩凤印象》为题，对李彩凤老人在传承地方民族民间文化艺术方面的突出贡献进行了全面介绍，向世人展示了弥渡民间文化艺术的魅力。

【现代白剧《洱海花》荣获戏剧类金奖】 5月，由大理州民族歌舞剧院创作排演的大型现代白剧《洱海花》在云南省第十一届新剧（节）目展演中荣获戏剧类金奖。这是该剧继参加全国第二届少数民族戏剧会演荣获综合节目银奖后又获得的一个重要奖项。该剧讲述的是洱海生态保护退田还湖拆迁工作中发生的喜剧故事，以白族地区的生活为素材，通过长岛村干部和村民的喜、怒、哀、乐，表现了以民为本、科学发展过程中形成了保护洱海、保护田园风光的共识，讴歌了在加快大理发展中“党心民心一条心”的主题。故事鲜活生动、情节跌宕起伏，富有当代白族生活气息。该剧已上演百余场，受到群众的热烈欢迎。

【弥渡花灯剧《山村医生》获省新剧目展演银奖】 5月，在云南省第十一届新剧（节）目展演中，弥渡县花灯剧团排演的花灯剧《山村医生》荣获戏剧类银奖。该剧以广大农民群众“看病难、看病贵”，而医学院毕业大学生却面临“就业难”的现实为背景，真实地刻画了彝族名医尼颇在条件极为艰苦的情况下，坚持为人民群众解困救急的良好医德医风和以杨春燕为代表的新一代大学生志怀高远、脚踏实地，满腔热血投入到弘扬和传承祖国民族医学事业上，形象生动地反映了新型农村合作医疗制度给山区群众带来的变化和实惠。

【州文联“六一”送书进校园】 5月30日，在“六一”国际儿童节来临前夕，大理州文联全体职工到大理市凤仪镇乐合村挂钩联系点，走进乐和村完小，为孩子们送上特殊的礼物——由大理州文联编著的《大理民间经典故事题材连环画册》，给他们带去节日的慰问和精神食粮。大理州文联年内已先后向大理州各县市的部分中小学校赠送图书达1万多册，赢得了广泛好评。

【廖一穆到大理举办中国画展】 6月10日，“廖一穆中国画云南邀请展”在大理市博物馆隆重开幕。廖一穆现为新锦龙画院院长，中国青年美术家协会理事，广州美术家协会理事。画风为传统的文人书画，古朴、雅拙中彰显哲理、诗书和禅意。此次展出为大理本土优秀书画家提供了一个开展艺术创作、学术交流、成果展示的活动平台，也为大理州的民族文化艺术的发展构建了对外联络、友好往来的纽带。

【举办建党九十周年书法、美术、摄影作品展】 6月28日，由中共大理州委宣传部、大理州文联共同主办、大理州博物馆协办的“大理州庆祝建党九十周年书法、美术、摄影展”在大理州博物馆举行开展仪式。此次展出通过在全州范围内征稿，共收到来稿1000多件，最后展出的270多件都经过了严格的筛选，主题鲜明，是大理州近年来推出新人最多、规模最大、艺术水平较高的一次展览，整体展现了当前大理州书法、美术、摄影创作水平。

【常建世诗集《语言的高处》出版发行】 2011年6月，漾濞诗人常建世的诗集《语言的高处》由云南民族出版社出版发行。《语言的高处》由《母土之上》、《笔走他乡》、《情感诗区》、《相思广场》4个分辑组成，诗集精选了作者15年来创作的140余首近15万字诗歌作品。作品语言精练、感情真挚、文字优美、入笔自然，表达出作者对人生、爱情、自然、社会的感受和眷恋之情，也是作者多年来人生轨迹和心路历程的真实写照。

【州书协举办专家评稿会】 8月3日，大理州书法家协会按照云南省书法家协会的部署，在州文联办公大楼一楼展厅举行“参加第十届全国书法展大理评稿会”。来自大理、楚雄、保山3州市的老中青三代书法家参加了此次评稿会。云南省书法家协会副主席段增庆、陈鸿翎，白族青年书法家、省书协副秘书长张斌莅临评稿会作指导。

【大理州10名少年参加“朝霞工程”暑假书法美术音乐培训班】 为深入推进中国文联基金会“朝霞工程”活动在云南的开展，更好地发现和培养艺术人才，8月5～11日，云南省文联在临沧市凤庆县举办2011年“朝霞工程”暑假书法美术音乐培训班，大理州文联选送了10名有一定文艺基础的“朝霞工程”援助对象参加培训。本期培训班以“发现和培养文艺人才，做好文艺人才储备”为主题。来自临沧、楚雄、大理3州市的30名少年在临沧市教学经验丰富的教师和艺术家指导下，刻苦学习，认真实践，在技法、鉴赏等方面都得到了提高，为下步学习打下了良好的基础。

【首届鲁迅文学院西南6省区市青年作家培训班开班】 8月26日，由鲁迅文学院主办，云南省作家协会承办，大理州文联、大理学院文学院协办的“首届鲁迅文学院西南6省区市青年作家培训班”在大理隆重开班。来自云南、广西、贵州、西藏、四川、重庆6个省区市的41位青年作家齐聚美丽的苍山脚下、洱海之滨，开始了为期20天的学习之旅。首届鲁迅文学院西南6省区市青年作家培训班的举办，是西南地区省区市的一次高层次文学交流与研修活动，有力地推动了大理州文学创作的繁荣与发展。

【小白剧《反客为主》喜获第二届全国戏剧文化奖】 6月21日～8月27日，全国戏剧文化奖、优秀戏剧展演大赛在北京举行，共有36个大戏、18个小戏入围决赛。经过激烈角逐，云南省唯一进入决赛的小白剧《反客为主》荣获第二届全国戏剧文化奖5个奖项：优秀剧目奖、优秀组织奖；杨刘忠、杨红斌分别获导演银奖，杨红斌获音乐创作银奖；民间文艺家协会会员杨桂成、李桂花获表演银奖。由中国戏剧文学学会主办的“全国戏剧文化奖”是经国务院同意保留颁发的全国性大奖，是文化部“评比、达标、表彰”八大保留项目之一。该剧由大理州民间文艺家协会主席杨刘忠、音乐家协会主席杨红斌创作，大理州怀宝公司艺术团排练上演。

【贵州省剧协到大理采风】　9月14日，贵州省文联党组成员、副主席、省剧协主席汪信山，贵州省剧协常务副主席石佳昱，贵州省剧协名誉主席张玉龙一行到大理采风。大理州文联副主席廖惠群，云南省剧协副主席、大理州剧协主席杨益琨，大理州剧协副主席、秘书长彭强与贵州省剧协同仁进行了深入交流，向客人介绍了大理州文艺创作的现状和发展规划。

【"苍洱一担当——担当禅师书画作品特展"举办】　11月6日，由云南省博物馆、大理州博物馆主办的"苍洱一担当——担当禅师书画作品特展"在大理州博物馆开展。担当是大理明末清初众多书画艺术家中的最杰出代表，集诗、书、画于一身，艺术成就较高。担当在大理的30年里，把他所有的才华和智慧倾注于苍洱之间，精修禅理、诗歌、书法和绘画，创作了大量的艺术精品，成为禅、诗、书、画俱精的一代高僧和艺术大师，为后人留下了多彩而珍贵的文化遗产，是大理乃至中国历史文化艺术史上的一朵奇葩。这次展览共展出担当书画精品100余件，对弘扬大理的传统文化起到了极大的促进作用。

【州文联参加滇西8州市文学创作年会】　10月27～31日，州文联副调研员杨义华、州体育局调研员杨建宇、祥云县文化体育广播电视旅游局党组书记李郁东、漾濞县文联常务副主席常建世、《大理文化》杂志社编辑彭琼瑶5人到丽江参加"2011年滇西8州市文学创作年会"。滇西文学创作年会由云南省文联和云南省作家协会主办，由滇西8州市文联轮流承办的重要文学创作交流平台。本次年会由丽江市文联承办，主题是研讨滇西诗歌创作的成就及存在的问题。会上，李郁东作了题为《关于大理诗歌创作的成就及存在问题》的专题发言，就大理州诗歌创作的情况、经验和不足作了交流。怒江、保山、丽江、德宏、临沧、楚雄、迪庆7州市的作家代表也纷纷畅所欲言，在介绍各自州市诗歌发展现状的同时，还就滇西诗歌创作如何突破，滇西文学诗歌发展的走向进行了深入探讨。

【鹤庆县设立"鹤阳文化事业奖励基金"】　年内，为认真贯彻落实党的十七届六中全会精神，进一步推动文化事业的繁荣发展，鹤庆县积极向州政府争取到30万元资金，设立"鹤阳文化事业奖励基金"。"鹤阳文化事业奖励基金"每两年评审、奖励一次。按《鹤庆县鹤阳文化事业基金会章程》规定，30万元专项经费由鹤庆县国资公司经营管理，鹤庆县国资公司每年以10%的利息返回鹤庆县文联，用于文化事业的奖励。该基金奖励对象为宣传鹤庆的优秀文艺作品、鹤庆籍作者出版的文艺著作和在文学艺术上有突出贡献的文艺工作者，奖励标准、办法由评审委员会制定，报请理事会审核通过后进行表彰奖励。

【宾川县举办大型书画笔会活动】　11月12～16日，由宾川县委、县政府主办，宾川县委宣传部、县文联承办的"2011·宾川水果文化旅游宣传周书画笔会"活动在宾川县城金牛镇举行。活动共邀请到45名书画家，分3批举行了3场书画笔会，共创作书画艺术作品200多件，其中省、州属书画家作品85件，为宾川县留下了一批珍贵的墨宝。这些作品紧紧围绕"水果之乡，灵山宝地，醉美宾川"的主题，立意新、水平高，内容丰富、形式多样。此次活动将为进一步繁荣宾川文化事业，推动宾川书画艺术的大发展起到积极的推动作用。

【首届"魅力大理·精神家园"诗歌征文颁奖暨《大理文化》作者座谈会举办】　12月13日，大理州文联举办首届"魅力大理·精神家园"诗歌征文颁奖暨《大理文化》作者座谈会。由大理州文联、《大理文化》杂志社联合举办的此次诗歌大赛，旨在通过刊发"讴歌大理，发现大理"的优秀原创佳作，努力践行"文化强国、文化兴邦"的战略，以诗歌为载体，向世界展现魅力大理的自然风光、历史文化、民风民俗及各民族和谐美满的生活。大赛获得全国各地诗人和读者的积极响应，大赛历时一年，共收到来自全国各地的参赛稿件3000余首。经专家、教授、作家诗人组成的评委会认真评选，共评选出12篇获奖作品，其中一等奖2篇、二等奖4篇、三等奖6篇。州文联还邀请了州内40余名比较有影响力的作者参加了《大理文化》作者座谈会，就改版一年来的《大理文化》取得的成就和存在的问题听取大家的看法和意见。座谈会讨论热烈，作者们都积极发言，收到了预期效果。

【弥渡县文联举办摄影知识专题讲座】　为切实提高摄影爱好者的专业技术水平，进一步推进弥渡文化繁荣发展，12月17日，弥渡县文联邀请到云南省摄影家协会副秘书长李昆到弥渡县进行了为期一天的摄影专题讲座。讲座涉及新闻摄影理念、技巧、摄影艺术发展、摄影科技的发展及运用等内容，期间还开展了野外实地拍摄指导和交流。培训受到弥渡广大摄影爱好者的好评。

【全省基层文联工作会暨全省广场健身舞现场经验交流会在祥云县召开】　12月22～24日，"全省基层文联工作会暨全省广场健身舞现场经验交流会"在祥云县召开。会议由省文联党组成员、专职副主席段斌主持，省文联主席郑明代表省文联授予祥云县"云南省广场健身舞示范基地"的牌匾。云南省文联"送欢乐下基层"活动也同时展开，两天送3场戏到群众家门口，让基层干部群众享受到文化的盛宴。

【大理州11件作品入选"云南名家茶马古道·书画展"】　"云南名家茶马古道·书画展"由中国茶马古道研究中心、云南省茶马古道保护开发协调委员会、云南省文学艺术界联合会，云南省美术家协会组织举办。本次展览大理州共有11件作品入选，其中，美术作品有杨德举作品3件，段光忠、杨景良、段学松、马立康、林惠川、刘学邦各1件；书法作品有陆璐、何迎峰的作品各1件。以上作品被收入新出版的《云南名家茶马古道系列丛书·书画卷》。

（《大理州文学艺术界联合会》由彭琼瑶撰稿）

侨　务

【概　述】　2011年，大理州侨联、侨办在中共大理州委、州人民政府的正确领导和省侨联、侨办的指导帮助下，全面学习贯彻省第九次党代会、州第七次党代会精神，全面推进为大局服务、为全州经济社会发展服务和为侨服务，在华侨农场发展、招商引资、维护侨益、群众工作、侨爱扶贫、捐资助学、海外联谊等方面取得新的成绩，为全州经济社会发展做出了新贡献。

【开展春节送温暖活动】　2011年元旦、春节期间，省、州有关领导带队慰问宾川县4个华侨社区。州委常委、副州长蔡春生，州委常委、州委统战部部长杨秀星率队代表州委、州政府到宾川4个华侨社区看望慰问了困难归侨侨眷。各县市分别开展了对困难归侨侨眷的春节慰问活动。据统计，全州共筹措资金32.3万元，走访慰问贫困归侨侨眷1016户、3217人。

【州侨联五届五次全委会议召开】 3月30日，州侨联五届五次全委会议在下关召开，州委常委、副州长蔡春生，州委常委、州委统战部部长杨秀星，州人大常委会副主任陆璐，州政协副主席毕熊光等领导出席会议。州侨联五届委员会全体委员及全州侨务系统干部职工参加了会议。会议的主要任务是：传达贯彻省第九次侨代会和省侨联九届二次全委会议、州委六届十次全委会议和州十二届人大四次会议精神，总结2010年全州侨务工作。安排部署2011年侨务工作，会议增补和选举张志坚为大理州侨联第五届委员会委员、常委、主席。

【对全州散居归侨侨眷生产生活情况进行调研】 3月11～15日，为摸清全州贫困归侨侨眷的生产生活状况，更好地做好贫困归侨侨眷的扶贫帮困工作，也为今后开展侨务扶贫工作积累经验，促进侨界和谐稳定，由州人大外侨委、州侨务办公室、致公党大理州组委等组成的调研组，以贫困归侨侨眷为重点，以社会保障、居住条件和家庭收入等为内容，对全州散居归侨侨眷生产生活状况进行了调研。

【印尼力宝集团董事局主席李文正到大理考察】 4月19～21日，印尼力宝集团董事局主席李文正在省侨办主任杨光明的陪同下，对力宝集团在鹤庆县北衙矿区的项目进行实地考察。州委副书记、州长何金平，州委常委、副州长蔡春生在鹤庆县会见了李文正一行，对李文正一行的到来表示欢迎，双方进行了友好交谈，并对力宝集团到大理的投资达成了共识。

【涉侨爱心捐赠】 年内，大理州侨联、侨办通过努力，在涉侨捐赠工作方面取得了明显成效，争取到飞利浦公司、马来西亚《星洲日报》媒体、台湾财团“爱基会”、香港“两地一心”和香港周大福慈善基金会等企业和团体对贫困学生的爱心捐助。

【招商引资牵线搭桥效果显著】 2011年，大理州侨联、侨办在招商引资牵线搭桥上成效显著。在昆明第九届东盟华商会上，促成了香港永泰集团与漾濞县政府签订开发石门关集养生、旅游、休闲为一体的综合旅游开发项目；印尼力宝集团与大理州政府签订战略合作框架协议；上海佳宾投资有限公司与州卫生局签订组建大理州口腔医院框架协议书；印尼力宝集团与大理市政府签订投资医疗养生旅游度假酒店项目意向；嘉士伯啤酒厂香港有限公司与大理市政府签订《关于进一步扩大啤酒产能的合作意向备忘录》。

【与海内外侨商的交流与合作有新进展】 2011年，大理州共邀请和接待海内外客商和慈善基金会22批次、200多人，其中重点侨商7批次、80多人。邀请第九届东盟华商投资西南项目洽谈会中的重点华商到大理参观考察，投资兴办企业。先后邀请香港永泰集团、印度尼西亚力宝集团、上海佳宾投资有限公司、黑龙江侨联等到大理参观考察，加深了与知名华商的友谊，结识了一批新朋友。

【州侨联第六次侨代会召开】 大理州侨联第五届委员会于2011年任期届满，12月7～9日，大理州第六次归侨侨眷代表大会顺利召开。会议总结了过去五年所做的工作和取得的经验，明确了今后一段时期的工作目标和任务，选举产生了大理州侨联第六届委员会。张志坚当选为第六届侨联委员会主席，朱江苇为副主席。会上，州委、州政府对全州侨务系统先进基层组织、先进侨务工作者、先进归侨侨眷进行了表彰奖励。

【中国侨联副主席乔卫到宾川看望慰问归侨侨眷】 12月14～15日，中国侨联副主席乔卫在省侨联副主席段林、副州长洪云龙等领导的陪同下，深入宾川县大营华侨社区、州城镇华侨社区、金牛镇华侨社区看望慰问困难归侨侨眷，给他们送上慰问金，并在宾川县召开了华侨农场改革与发展工作座谈会，对华侨农场继续深化改革提出了要求。

（《侨务》由赵寿辉撰稿）

大理州残疾人联合会

【概　述】 2011年，州残联在中共大理州委、州人民政府的正确领导和上级残联的精心指导下，在各相关部门及社会各界的大力支持下，坚持以科学发展观为统领，紧紧围绕州委、州政府的中心工作，认真履行“代表、服务、管理”职能，坚守“整体推进，重点突破”的工作思路，坚持“高效、务实、创新、发展”的工作原则，以着力解决残疾人最关心、最直接、最现实的利益问题为出发点，以落实《中共大理州委、大理州人民政府关于加快残疾人事业发展的实施意见》为抓手，全面推进残疾人社会保障体系和服务体系建设，抢抓机遇，真抓实干，残疾人工作领域不断拓宽，残疾人生活质量不断提高，参与社会生活的环境不断优化，全州残疾人工作在新的起点上取得新的进步。

【认真开展残疾人走访慰问活动】 2011年春节和全国助残日期间，州残联积极动员、号召各级各部门认真组织开展“改善残疾人民生，保障残疾人权益”的主题慰问活动。全州广大干部职工积极响应，深入挂钩点，走村入户开展慰问，了解残疾人生产生活状况，积极帮助他们解决存在的困难，努力为残疾人办好事、实事。全州共有500多家单位到挂钩点开展春节和助残日慰问活动，共看望慰问残疾人7600多人，慰问金达103万元，赠送生产、生活、学习用品折合人民币36.2万元。

【着眼长远，力促残疾人事业的长效机制建设】 4月2日中共大理州委、州人民政府出台《中共大理州委、大理州人民政府关于加快残疾人事业发展的实施意见》，《意见》的制定和出台是州委、州政府将残疾人事业纳入全州国民经济与社会发展大局，统一规划，统筹安排的体现，使加快促进残疾人“保障体系”和“服务体系”建设具体化，全州残疾人事业发展的长效机制得以形成。

【城乡残疾人组织网络体系不断完善】 2001年，大理州城乡残疾人组织网络体系不断完善：①按照州委“加强社区工作，努力构建和谐社区”的要求，采取措施，加大力度，努力加强残疾人社区康复工作，取得了很好的成效。全州基层社区、村委会康复服务网点达到1060个；明确康复站和康复员职责，印制《大理州残疾人社区康复工作手册》5000份，下发到每个社区、村残疾人康复指导站、服务站和康复员；根据县市经济发展条件对社区分三类给予经费补助76万元（州、县各38万元），用于购置康复器材，供残疾人康复训练使用；组织61个

一直以来，州委、州政府高度重视残疾人工作。近年来，残疾人生活质量不断提高，参与社会生活的环境不断优化。图为残疾人文艺活动现场（州残联　供稿）

社区和乡镇康复指导员和康复员到下关进行康复业务技术培训，帮助他们系统学习业务，全面掌握残疾人的康复知识和方法，共完成培训240人次。②完成残疾人办证4597份，发证4586份，累计发证71889份。通过办理残疾人证，初步掌握了全州残疾人的年龄结构、类别比例等情况，特别是0－6岁残疾人和16岁以下的残疾人的详细情况，为全州下步工作奠定了基础。③完成州级残疾人综合服务中心改建项目，大理、祥云、宾川、云龙、洱源5个县市完成康复服务中心的项目可研评审和申报工作，漾濞、祥云、弥渡、南涧、巍山、永平、云龙、剑川、鹤庆9个县完成托养中心建设项目可研评审和申报工作。④认真落实信访工作责任制，切实做好社会维稳。全年接待残疾群众来访23人次、来信7件，处结率和回复率均达100%；向525人发放残疾人电动三轮车燃油补助21万元。⑤按时高质量完成“新一轮残疾人状况监测”工作。

【加快推进“人人享有康复服务”目标的实施】　2011年，州残联切实推进“人人享有康复服务”目标的实施。①对71889名持证残疾人进行了康复需求调查。调查显示：全州共有53956名持证残疾人不同程度的存在康复需求，占全州总人口的1.58%。其中，医疗康复需求的有26049人，其他需求30486人；有36118名残疾人需要辅助器具。②加强残疾人社区康复工作，指导帮助县市规范化开展残疾人社区康复服务，加大康复员培训力度。年内共培训240人次。组队参加全省残疾人康复指导员培训，经结业考核取得了良好的成绩，个人、团体总分名列全省第二名。③加大辅助器具供应和配发力度。州残联下发轮椅车150辆，盲杖120根；与天邻基金会合作下发轮椅车480辆；争取到世界轮椅基金会支持的轮椅车100辆；深入到9名脑瘫儿童家中为他们适配辅助器具；下发辅助器具1105件；完善了州残联残疾人康复训练服务指导站、残疾人辅助器具展室和假肢站所建设工作。④全面完成年度康复任务。协同州、市疾控中心完成麻风病人小腿假肢安装5条；积极开展对外合作与交流，与天邻基金会和“微笑行动”等国际组织合作开展免费康复项目，完成“长江新里程笑脸”调查回访36人，完成21例脑瘫儿童肢体残疾矫治和整形手术，完成18例唇腭裂修复手术；与卫生部门共同完成“百万白内障复明工程”，完成1500例手术任务数的1∶3筛查4500例的筛查任务；完成抢救儿童康复项目，为10名聋儿验配助听器和20名聋儿语训、10名脑瘫儿童康复训练项目；完成200条大小腿假肢装配工作。⑤成功承办了全省残疾人康复现场工作会议。

【积极推动公共服务机构为残疾人提供优惠、优质服务】　2011年，州残联积极推动公共服务机构为残疾人提供优惠、优质服务：①积极做好新型农村合作医疗服务，协调鹤庆、永平、洱源3县在“新农保”试点中给予残疾人特惠政策的工作。年底已有残疾居民965名参加城镇居民养老保险，22297名农村残疾人参加新型农村社会养老保险。②认真落实2011年“阳光家园计划——智力、精神和重度残疾人托养服务项目”，完成了1040名残疾人的居家托养（其中：中央、省下达840人，州、县拓展实施200名）工作。③实施“交通银行通向明天计划”助学项目，完成8名贫困残疾高中生、大学生的资助任务，资助资金1.1万元。

【逐步扩大扶贫救助受益范围】　年内，全州完成彩票公益金残疾人危房改造400户，其中为“一户多残、重度残疾、深度贫困”的80户特殊困难户实施危房改造，共投入160万元（州、县两级残联各投入1万元/户）。

【加强残疾人职业技能培训】　年内，州残联认真贯彻执行《残疾人就业条例》，积极开展残疾人就业援助和就业服务，全面推进残疾人就业工作。全年开展农村实用技术培训10338人次、职业技能培训200人，组织4人参加全国保健按摩师高级技师班培训，完成盲人按摩师初级培训10人、盲人电脑培训35人；推荐安置300名残疾人到大理宏盛祥矿业有限公司、昆明佳铭珠宝加工厂、州疾控中心等单位就业。

【残疾人文体宣传工作得到加强】　年内，全州残疾人文化、体育、宣传各项工作得到了切实加强。①州残联组织征集残疾人优秀工艺美术作品2件并向上推荐。②积极参加省残联组织的“生命中的太阳——残疾人喜迎建党90周年”征文活动。③认真开展残疾人文化周活动及乡镇、社区残疾人文体活动；5月，排练、选送8个残疾人文艺节目参加在昆明举办的全省第六届特残疾人艺术汇演，单项获得金奖3个、银奖3个、铜奖1个、启智奖1个，团体总分位居全省第一。④10月，选送14名大理籍残疾人运动员参加在浙江省举办的全国第八届残运会，共获金牌5枚、银牌9枚、铜牌2枚、第四名2个、第五名3个、第六名4个。⑤由大理卷烟厂出资30万元，实景拍摄制作了公益广告片《体验》，在大理电视台黄金时段长期播出。⑥在大理电视台开辟了《人道关注》专栏，分专题反映残疾人业务工作开展，综合记录和反映残疾人事业不断发展的轨迹。⑦选送4名残疾人参加全国残疾人职业技能竞赛比赛和展演。

（《大理州残疾人联合会》由李成宪撰稿）

大理州工商业联合会

【概　述】　2011年，大理州工商联在中共大理州委、州人民政府的正确领导下，在省工商联和州委统战部的指导帮助下，以邓小平理论和"三个代表"重要思想为指导，团结带领全州非公有制经济人士，深入贯彻落实科学发展观，围绕中心，服务大局，按照州委、州政府的部署和要求，认真履行职能，扎实开展工作，全面完成了各项工作任务。

【招商引资】　2月，大理州工商联与南涧县人民政府一起引进四川省广安市龙凤房地产开发有限公司开发南涧县县城东片区房地产项目。项目总投资5.5亿元，其中2011年投资2.2亿元。10月24日，邀请深圳市服务贸易协会到大理考察房地产开发项目，40多名企业家详细了解了大理州的各类投资项目。

【提案、议案】　在2011年大理州"两会"上，大理州工商联组织工商联届别的政协委员和人大代表认真审议"两会"报告，结合实施"桥头堡"战略及中小企业特别是小型、微型企业"贷款难""用地难"等困难和问题，选派代表在大理州"两会"上进行专题发言，并提交了代表建议和委员提案107份，多数建议、提案被有关部门采纳并解决，其中有2件被评为"优秀提案"。

【召开州工商联(商会)第四代表大会】

4月30日，州工商联(商会)第四代表大会召开，会议总结了过去五年所做的工作和取得的经验，明确了今后一段时期的工作目标和任务，选举产生了州工商联四届执委会、常委会和领导班子。主席(会长)：寇铸勋；党组书记：李立基；专职副主席(副会长)：杨自尚；兼职副主席(副会长)：李立基、李志林、杨龙、张枝荣、杨金林、李永忠、赵中柱、施建锋、彭金国、陈从文、许江山(11人)；兼职副会长：范光亮、郑昆芳、张亚辉、李珍、赵利红(5人)；秘书长：袁德馨。州委、州政府表彰了19名优秀中国特色社会主义事业建设者和工商联系统先进集体、先进工作者，广泛宣传了非公有制经济代表人士的先进典型。优秀中国特色社会主义事业建设者命名表彰人员：马伟亮(云南力帆骏马车辆有限公司董事长)、杨龙(云南祥云飞龙有色金属股份有限公司董事长)、赵中柱(大理佳利集团董事长)、张枝荣(云南清逸堂实业有限公司董事长)、施祥(大理华兴企业集团董事长)、杨金林(鹤庆乾酒有限公司董事长)；优秀中国特色社会主义事业建设者提名表彰人员：杨君祥(大理药业有限责任公司董事长)、董建升(大理来思尔乳业有限公司董事长)、张亚辉(大理辉鸿经贸有限责任公司总经理)、杨春分(漾濞县跃进化工有限责任公司董事长)、钱体辉(祥云县银龙茧丝绸有限公司董事长)、唐军(宾川县绿色果品开发有限公司董事长)、杨利雄(南涧县飞龙钾盐综合回收有限公司总经理)、杨文彦(巍山县大仓文华农产品有限公司董事长)、常永祥(永平县北斗乡天绿专业合作社理事长)、谢金宝(剑川县阿宝生态食品加工厂厂长)、杨旻佺(大理州四方集团有限责任公司总经理)、尹何春(大栗树茶厂厂长)、李协鼎(云南大理洱宝实业有限公司董事长)。

4月30日，大理州工商业联合会(商会)第四次会员代表大会在下关召开

((州工商联　供稿)

【纪念中国共产党成立90周年】　6月13日，州工商联结合全州非公有制经济组织党建工作的实际情况，组织州、市工商联全体干部职工、非公经济代表人士、州内部分著名书画艺术家，以书画活动的形式，纪念中国共产党成立90周年，讴歌党的丰功伟绩和光辉历程。

【"贷免扶补"工作】　年内，省工商联下达给大理州工商联系统鼓励创业"贷免扶补"任务指标800名。为高质量服务好创业人员，6月26日，州工商联召开了"大理州工商联鼓励创业'贷免扶补'工作暨会员统计培训会议"。10月15日，完成了报审工作，12月25日，800名报审人员已全部获得信用贷款。另外，还完成了两户劳动密集型企业小额担保贷款各200万元的无息扶持资金的报审工作。12月底，累计实际还款率达99.09%，位居全省第三。

【成立大理州工商联维权服务委员会】

7月，州工商联聘请云南欣晨光律师事务所律师为大理州工商联法律顾问，成立了大理州工商联维权服务委员会并扎实开展各项维权服务工作。①在创先争优活动中，州工商联干部职工深入到大理华兴企业集团、宾川宽恳农副产品有限责任公司、祥云飞龙公司等企业进行调研。针对皮桂平、黄泽春诉讼大理市第十二建筑工程有限责任公司等买卖合同纠纷案，开展维权服务。②根据宾川县农副产品基地审查备案难的问题，及时向州政府进行汇报，促成了大理海关、大理进出口检验检疫局、州农业局、州质监局等部门组成联合工作组，对宾川、祥云、弥渡、巍山、洱源等县农副产品基地(企业)资质进行审查备案。③根据浙江温州商会部分会员子女不能就近就便入学入托的问题，积极协调有关部门，帮助解决了浙江温州商会会员子女入托入学等问题。

【党风廉政建设】　年内，州工商联认真贯彻落实党风廉政建设责任制，层层签订责任书，严格履行"一岗双责"制度，坚持贯彻民主集中制原则，加强党政班子成员之间的交流和沟通，注重维护班子团结，凡属人事、资金使用等方面的重大问题坚持集体研究决定。10月10日,州工商联组织机关干部职工和部分非公经济人士到大理警示教育基地开展警示教育,真切感受腐败和职务犯罪给家庭幸福和个人造成的严重危害。

【参加云南省首届民营企业运动会】 10月18～21日,由大交集团、大理金沙置业、祥云飞龙公司的运动健儿组成的大理州民营企业代表团,参加了云南首届民营企业运动会的篮球、乒乓球、羽毛球、趣味项目的比赛,分别取得乒乓球和羽毛球比赛的6个奖项,并获得"优秀组织奖"。

【民营经济理论建树成效显著】 12月,大理州工商联在深入调研的基础上,形成了《2010～2011年大理州民营经济发展报告》、《大理州非公有制经济发展情况调查与思考》、《引导非公有制企业参与桥头堡建设调查与思考》3篇调查报告。同时,收录了全州12县市工商联2011年度调研报告,编辑成《大理州民营经济蓝皮书》,为州委、州政府决策提供依据。在州政协主要领导牵头下,州工商联协同相关部门深入企业进行调研,参与《大理州加快工业经济发展的决定》的起草和论证工作。

【开展创先争优活动和建设学习型党组织活动】 年内,大理州工商联与州委组织部、州委统战部、州工商局、州工信委等单位密切配合,强化指导,扎实推进,先后召开全州非公有制经济组织创先争优活动工作会议和现场推进会。推荐大理华兴企业集团党委和大理纳思屋业有限公司党支部两名代表,参加省非公有制经济组织创先争优活动指导小组组织的《党旗下的誓言》演讲比赛,并获得较好的成绩。向全国工商联推荐云南清逸堂实业有限公司为"关爱员工、实现双赢"活动的先进典型;大理华兴企业集团为"搭建平台、支持党建"的典型。

【开展"三个一"主题实践活动】 年内,大理州工商联积极引导非公有制经济组织开展党建工作和企业文化建设,全州规模以上的非公有制经济组织党组织覆盖率达100%;党组织和党员数量分别增加17%和27.1%。通过抓党建,带团建,促工建,切实推进了非公企业党建工作和工会、共青团组织的建设。

【积极为省州媒体提供信息稿件】 年内,《云南政协报》、《云南日报》采用了大理州工商联撰写的《祥云飞龙公司成为"中国中小企业创新100强"》、《云南清逸堂公司狠抓科学管理和节能降耗》、《增强民间商会活力、促进经济社会发展》3篇信息,州级媒体采用新闻稿件26条。

【出台《关于加强和改进新形势下工商联工作的实施意见》】 11月16日,州委、州人民政府出台了《中共大理州委、大理州人民政府关于加强和改进新形势下工商联工作的实施意见》。

【召开全州加强和改进工商联工作会议】 12月8日,州委召开全州加强和改进工商联工作会议,州级各单位主要负责人,各县市委书记、统战部部长和工商联领导共260多人参加了会议,州委书记刘明到会讲话,州工信委、大理市、弥渡县作了交流发言

【组织民营企业参加经贸活动】 年内,大理州工商联组织552家民营企业参加了"南亚国家产品展销会""三月街""昆交会""大理开海节"产品展销活动。在第18届南亚国家产品展销会上,大理州52家民营企业参加产品展销和项目推介活动。

【帮助民营企业解决融资难问题】 年内,州工商联通过积极协调、项目推介等工作,累计向国家开发银行云南省分行直接融资4000万元,解决了27户会员企业的贷款难问题,创下了全省小贷公司向国际政策性银行直接融资的先例。另外,充分发挥大理兴洲小额贷款公司的优势,对中小企业特别是小型微型企业进行资金支持,年内共向州内93户会员企业累计发放贷款10582万元。

【帮助会员协调解决生产经营中的困难】 年内,针对非公有制企业用地难的问题,大理州工商联积极协调州国土资源局对12个县市74个非公有制企业项目用地,按照"一企一策"进行落实办理。协调解决了浙江省上饶市天利金属公司(浙江温州商会会员)与剑川县金威铅业有限公司的生产加工合同违约问题。

【举办非公经济人士培训班】 9月17日,大理州工商联组织召开了大理州非公有制经济人士"七一"专题讲座培训会议;10月16日,组织了大理州非公有制经济人士专题培训会议;11月29日,组织全州工商联系统干部职工和部分非公经济人士开展大理州非公有制经济人士学习贯彻党的十七届六中全会精神专题培训会;积极选派非公有制经济人士到省内外的大专院校学习培训。

【光彩事业】 年内,大理州工商联启动实施了云南红土情·光彩进万家——民营企业感恩行动。据统计,全州814家非公企业投入帮扶资金1354.22万元,完成了红丝带健康包"进校园进企业"活动。配合省光彩事业促进会完成了"七彩云南"大理助学行动,以及组织浙江商会向永平县水泄乡世心小学捐款捐物等活动。

【行业商会和乡镇商会建设】 年内,以大理州人民政府《关于州工商联作为以非公有制经济为主体的行业商会、同业公会和异地商会业务主管单位的批复》为契机,州工商联积极组建了大理州家具行业商会、大理州山东省商会和鹤庆县铜器业商会、云龙县关坪乡商会、云龙县团结彝族乡商会、云龙县长新乡商会,大理州电动自行车协会、漾濞县苍山西镇生猪肉牛养殖协会等。

(《大理州工商业联合会》由自克荣撰稿)

大理州红十字会

【概　述】 2011年,州红十字会在中共大理州委、州人民政府的正确领导下,在省红十字会的关心指导下,在社会各界的大力支持下,紧紧围绕中心、服务大局,按照年初确定的目标任务,不断加强组织、制度、能力、公信力建设,充分发挥党和政府在人道救助领域助手的作用,救灾、救助、救护和动员无偿献血、捐献造血干细胞、捐献遗体工作取得突破性进展;拓展服务领域,援建项目建设管理和对外交流合作进一步深化,为改善民生、促进社会和谐做出了积极贡献。

【开展"红十字博爱送万家"活动】 1月26日,州红十字会开展了"红十字博爱送万家"活动,州人大常委会副主任杨宴君,州政府副州长、州红十字会会长洪云龙,州政协副主席张树藩等领导出席了活动。州癌症康复委员会会员和大理市31个社区的负责人及困难群众代表参加了活动。活动当天,州红十字会

春节来临之际，州红十字会开展“博爱送万家活动” （州红十字会 供稿）

将价值13万元的棉被、毛毯、衣服等物资送给州癌症康复委员会会员和大理市31个社区的困难群众，让他们度过一个祥和愉快的春节。

【向贫困婴幼儿捐赠奶粉】 2月，在省红十字会的关心支持下，州红十字会把价值40万元的婴幼儿奶粉分别捐赠给在州医院、州妇幼保健院、大理学院附属医院、西南医院、大爱医院、东方妇产医院住院的困难婴幼儿，使381名婴幼儿受益。

【州红十字会第三届五次理事会召开】 3月18日，大理州红十字会第三届五次理事（扩大）会议在下关召开。州红十字会第三届理事会理事、各县市红十字会和州属团体会员单位的领导、冠名红十字医疗机构的院长共130余人参加了会议。州人大常委会副主任杨宴君，州政府副州长、州红十字会会长洪云龙，州政协副主席孙珍玲出席了会议。洪云龙做了题为《发扬成绩、开拓创新、扎实工作，不断开创我州红十字事业又好又快发展新局面》的讲话。会议审议通过了州红十字会党组书记、常务副会长杨泓涛代表常务理事会所作的2010年工作报告、2010年财务收支情况报告，安排部署了2011年工作。会议更换、增补了理事、常务理事，向州红十字会重新认定和新冠名的红十字医疗机构，新加入州红十字会团体会员的单位颁发匾牌。

【举行纪念“5·8”世界红十字日系列活动】 2011年，为纪念“5·8”世界红十字日。州红十字会围绕“弘扬人道促和谐·志愿服务为民生”的主题活动，于5月6日举行了“爱心企业及社会团体座谈会”，共有34家单位的领导参加座谈会。会上，州红十字会党组书记、常务副会长杨泓涛代表州红十字会向各爱心企业和社会团体进行了答谢、宣传国际红十字运动知识、介绍了大理州红十字会独立运行以来的工作情况，并向给盈江地震灾区捐款1万元以上的大理三德水泥厂，大理子龙机械化工程有限公司颁发了“博爱捐赠匾牌”。参会代表在座谈会上就凝聚人道力量、服务贫弱人群，加快全州红十字事业发展积极建言献策。5月8日，州红十字会组织州属团体会员单位的医务人员在绿玉公园开展宣传咨询义诊活动，为前来咨询的300多名群众作了解答，为150多名群众看病，为400多名群众免费测血压，当天共发放宣传资料1万多份。

【中国红十字理事到大理州调研】 5月，中国红十字会组织中国红十字会理事——国家审计署社会保障司司长李建新一行到大理州调研红十字会工作。州委常委、州委秘书长岳黎松参加了情况汇报会，介绍了大理州的基本概况及州委、州政府对红十字事业发展的相关政策措施。调研组通过听取汇报、实地查看，对大理州红十字会独立运行以来取得的成绩给予了充分的肯定。

【组织系列活动庆建党90周年】 在中国共产党成立90周年之际，州红十字会党支部深入开展系列活动：①开展向杨善洲学习活动，紧紧围绕“入党为什么、当官做什么、身后留什么”这个主题开展大讨论；②组织党员及干部职工到大理州爱国主义教育基地“周保中将军故居”开展了爱国主义教育活动。

【举办红十字青少年夏令营活动】 7月，州红十字会在下关举办红十字青少年夏令营活动，来自州红十字会团体会员单位的云南建设学校、大理卫校、大理州技工学校、大理财校、大理农校、大理州实验中学的40余名红十字青少年及各校红十字工作联络员参加了活动。活动采取寓教娱乐的形式，一方面传播国际红十字运动基本知识，另一方面开展了趣味性素质拓展训练和文体娱乐活动。有趣的活动释放了同学们紧张的学习压力，培养了他们团结、友爱、互助的意识，更让他们深刻理解了“人道、博爱、奉献”的红十字精神。

【举行世界急救日活动】 9月10日是第12个世界急救日，主题是“急救为人人”。当天，州红十字会在下关人民公园举行“世界急救日”活动，给民众进行徒手心肺复苏、止血、固定、包扎、搬运等意外伤害事件现场应急救护技能操作演示，并指导民众实际操作。

【创先争优活动和学习型党组织建设见成效】 2011年，州红十字会切实推进创先争优活动和学习型党组织建设工作，形成了党员带头，干群齐心，攻坚克难，推动发展的良好局面，单位和个人获得多项荣誉。3月，州红十字会被中华骨髓库云南省分库评为2010年度先进工作站；4月，被中共大理州委、州人民政府授予“2008～2010年大理州防治艾滋病人民战争先进集体”；6月被州直属机关党委评为“先进基层党组织”；9月，被中共大理市委、市人民政府命名为“市级文明单位”。年内，有5名干部职工分别受到省红十字会，州委、州人民政府，州直属机关党委的表彰奖励。

【全面理顺县市红十字会管理体制】 2011年，州红十字会向州编委上报了《关于全面理顺大理州县（市）红十字会管理体制实施意见的请示》，并向中共大理州委、州人民政府领导作了专题汇报。7月18日，州编委下发了《关于各县市红十字机构设置的批复》，同意独立设置各县市红十字会为正科级群团组织，据此，全州12个县市红十字会依法理顺了管理体制。

【宣传筹资有成效】 年内，州红十字会

进一步强化了宣传促筹资工作机制，通过宣传“大理博爱捐助港”共募集捐款117.32万元，其中援助盈江地震灾区捐助15.53万元，州内定向捐助100万元，非定向捐助1.79万元。

【应急救护培训更加规范】　2011年，州红十字会重点抓了应急救护培训规范化运行，不断提高培训质量，各县市红十字会都开展了应急救护培训工作。9月，全州红十字系统应急救护培训专题会议召开，进一步严格规范培训标准，并要求建立培训站。年内，通过培训，全州红十字会系统取得应急救护员证书2.4万余人，其中州本级完成12476人，比上年增加5920人。

【开展造血干细胞捐献】　11月，州红十字会在大理学院开展造血干细胞志愿者血样采集活动，有389名志愿者参加了造血干细胞血样采集。大理学院学生张纯、某部队战士鲍翔成功捐献了造血干细胞。

【人体遗体捐献】　年内，一名志愿者的遗体通过州红十字会成功捐献给大理学院医学院，这是大理州继2010年实现遗体捐献零突破后的第2例遗体捐献，另有3名志愿者申请登记去世后捐献遗体。

【加强对外交流与合作】　2011年，州红十字会党组书记、常务副会长杨泓涛参加了中国红十字会第九届理事会二次、三次会议和中国红十字博爱理事会。州红十字会与北京市东城区红十字会缔结为友好区，与天津市和平区红十字会达成建立友好区的共识，与香港、澳门、江苏省、广东省深圳市等发达地区红十字会达成建立长期友好合作关系的意向。以上活动进一步加强了对外交流与合作，搭建了州红十字会对外交往与合作的桥梁和纽带。年内，州红十字会还争取到省财政厅、省红十字会及深圳市红十字会等救助大理州部分弱势人群的资金和物资共157万元。

【实施设置募捐箱公益项目】　2011年，州红十字会实施红十字会募捐箱公益项目，中国农业银行大理分行向州红十字会捐赠了30只募捐箱。

【加强财务收支情况监督审计】　2011年，州红十字会主动申请审计部门对2009年7～12月和2010年度的财务收支情况进行审计，审计评价是：大理州红十字会认真履行工作职责，整个财务管理遵守事业单位财务会计制度，财务核算和业务处理基本规范，在财务收支过程中遵守相关法律法规和财经纪律，专项资金做到专款专用，捐赠款物能按捐赠人的意愿及时发放到灾区及需要关爱的人群，在审计中未发现截留、挤占、挪用和违法违纪现象。

【红十字博爱援建项目竣工并投入使用】　2011年，大理州红十字会实施的红十字博爱新村、博爱小学、博爱卫生站、博爱小型水利工程全面竣工并投入使用。援建项目包含100户民房重建工程，2所红十字博爱小学、1所博爱卫生院、10个博爱卫生站、21个小型水利工程。

【提高博爱卫生院(站)乡村医生服务能力】　2011年，大理州1所红十字博爱卫生院和10个红十字博爱卫生站的20名乡村医生，分期分批赴北京和昆明免费参加由中国红十字基金会、卫生部中国乡村医生培训中心共同主办，中国红十字基金会资助的“红十字天使计划——民族地区乡村医生培训班”。培训课程涵盖农村常见病、多发病、地方病防治知识，健康保健药物实用知识，临床实践及紧急救护和防灾避险技能，全科医学教程等内容，每期历时15天。通过培训，参训乡村医生的服务技能和医疗技术水平得到了有效提高。赴北京培训的10名乡村医生在人民大会堂接受了全国人大常委会副委员长、中国红十字会会长华建敏，中国红十字会和省红十字会的领导为他们颁发的结业证书。

【红十字天使基金救助贫病儿童】　2011年，经州红十字会系统逐级审核申请，上级红十字会审批，全州共有11名患先天性心脏病、白血病的贫困儿童获中国红十字“天使基金”救助，救助金额共13万元。

【开展“12·1”世界艾滋病日活动】　12月1日是第24个“世界艾滋病日”，主题是“行动起来，向零艾滋迈进”。结合这一主题，州红十字会在下关开展了预防艾滋病宣教活动，倡导全社会关爱生命，遏制艾滋。红十字工作者、志愿者帮助群众了解艾滋病的传播途径，掌握预防知识和方法，提高自我防护能力。活动当天，共发放宣传单和宣传彩图5000多份，安全套4000只，展出宣传展板15块。

【开展“12·4”全国法制宣传日普法活动】　12月2日，大理州普法办牵头，在下关绿玉公园举行“12.4”全国法制宣传日宣传活动，州红十字会组织志愿者主动参加本次普法宣传活动，共发放宣传资料8万份、宣传彩图日历400份，为200余人作咨询解答。

（《大理州红十字会》由杨泓涛　杨琴珍撰稿）

（《人民团体》责任编校：王超英）

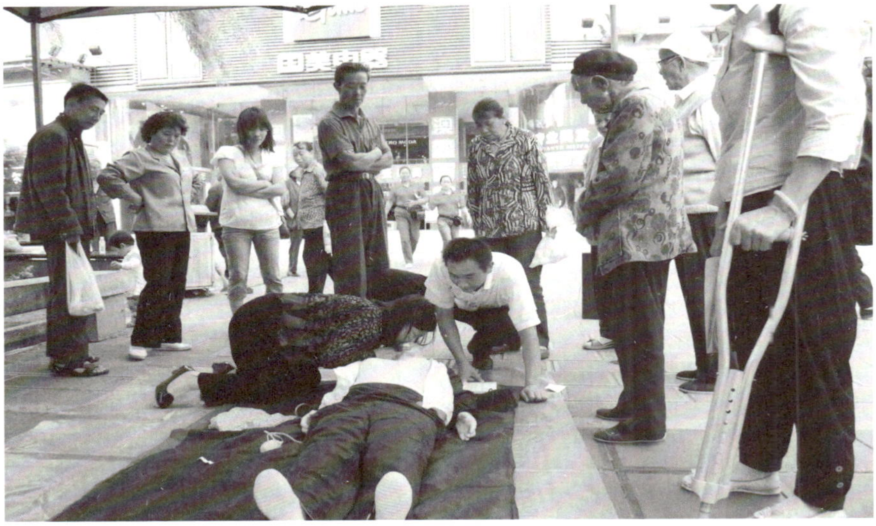

2011年9月10日是第12个“世界急救日”。当天州红十字会在下关人民公园开展急救日宣传活动。图为现场指导民众急救技能操作（州红十字会　供稿）

军　事

大理军分区

【概　述】 2011年,大理军分区部队坚持以邓小平理论和"三个代表"重要思想为指导,深入贯彻落实科学发展观,忠实履行职能使命任务,突出抓好中央军委主席胡锦涛"七一"重要讲话、十七届六中全会精神、国防和军队建设主题主线重大战略思想学习贯彻,有力促进了党的创新理论的普及和实践运用,部队全面建设和军事斗争准备实现新的进步。军分区被成都军区表彰为人口和计划生育工作先进单位、军事新闻宣传工作先进单位,干休所被成都军区表彰为先进干休所,中共大理州委书记刘明被成都军区表彰为西南地区国防动员建设"十佳书记",大理军分区参谋长、大理州国防动员委员会副主任史殿才被云南省军区党委、省国防动员委员会表彰为云南省"十一五"期间国防动员建设先进个人。

【张肖南少将到祥云县人武部检查指导】 2月25日,云南省军区参谋长张肖南少将到祥云县人武部检查指导正规化建设达标准备和全面建设情况,给予充分肯定和高度评价。

【刘长银中将到大理军分区视察】 3月21日,成都军区副政治委员刘长银中将到大理军分区视察工作。

【召开议军会】 4月13日,中共大理州委召开议军会暨大理州国防动员委员会第六次会议。中共大理州委书记刘明在会上作重要讲话,州委副书记、州长何金平主持会议。大理军分区司令员李述朗就国防动员和后备力量建设情况作工作报告。会上,洱源、宾川、弥渡、漾濞4个县的人武部党委第一书记进行了党管武装工作述职,其他县市人武部党委第一书记进行书面述职。会议同时对在全州国防动员和后备力量建设中涌现出的先进集体和先进个人进行了表彰。

【军服专项整治联查行动】 7月中旬,大理军分区会同州、市两级公安、工商、文化、广电等部门及武警部队共同开展了为期一周的军服专项整治联查行动。查处各类仿制军服的商铺7家,责令当场下架并给予批评教育,使其明确法规要求和非法售卖军服的危害性,进一步巩固了2010年"07式"军服专项整治成果。

【整治军车运行秩序】 9月28日~10月28日,大理军分区联合驻地武警和大理州、市交警支队开展整治军车运行秩序,严厉打击假冒军车专项活动。

【杜国胜少将到大理军分区检查指导】 11月1~2日,云南省军区副政治委员杜国胜少将带工作组到大理军分区检查"加强党性修养、锤炼思想作风"教育整顿活动开展情况,同时还深入大理市人武部进行检查指导。

【军事工作】 2011年,大理军分区着眼云南及其周边形势,着眼全区担负的使命任务,大力加强战备建设,狠抓首长机关军事训练、室内战术作业和应急处置突发事件演练,加紧做好军事斗争准备。①扎实做好战备工作。对作战值班综合系统进行全面整治和规范统一,系统修订战备方案和建立健全值班制度,并加强检查督导,确保部队始终保持良好的战备状态,积极做好应对突发事件和执行急难险重任务的准备工作。②狠抓首长机关军事训练。组织以3000米跑步、轻武器射击等基础科目为重点的军事训练比武竞赛,着眼提高机关干部能力素质,每周三由军分区领导、任职经验丰富的机关干部和聘请大理学院教授分别授课,培养提高机关干部业务素质和语法修辞。③加强使命性课题演练。组织召开本级作战会议,分析形势,修订作战方案,参加省军区战役集训,专题研究制定维稳和应急处突预案及各种保障等实施计划,使方案和预案进一步适应形势发展的变化,确保军事斗争准备不断推进。

【思想政治建设】 2011年,大理军分区着眼夯实官兵思想根基,牢牢把握"三个确保"时代课题,按照"三个紧贴"要求,大力加强部队思想政治建设,确保部队建设正确的政治方向。①深入学习党的创新理论。采取多种形式,认真学习中央军委主席胡锦涛"七一"重要讲话和党的十七届六中全会精神,使每个人熟悉基本内容、掌握基本观点、把握基本精神。认真落实总政《军队团以上领导干部在职理论学习规定》和《2010—2012年高中级干部三年学习规划》,精心组织党委中心组带机关的四个专题的理论学习,重点在转化成果、指导实践、大力加强党委班子和干部队伍建设、推动工作上下功夫。②扎实抓好部队教育活动。严格落实《思想政治教育大纲》,组织培育当代革命军人核心价值观主题教育。按照动员部署、蹲点调研、学习教育、对照检查、专项整治以及组织整改和检查督导六个步骤,扎实开展"加强党性修养,锤炼思想作风"教育整顿活动,并接受了省军区的检查。密切关注国际国内形势变化对官兵职工思想的影响,定期开展形势政策教育。组织1期共同条令暨《政治工作条例》集训。大力开展学习龚曲此里、郭明义、杨善洲和毛羽亮等先进事迹活动,不断夯实官兵高举旗帜、听党指挥、献身使命的思想基础。③积极开展丰富多彩的文化活动。军分区组织纪念建党90周年红歌演唱比赛、"在党旗下成长"主题读书演讲比赛和"庆'八一'军魂颂"文艺晚会,以及干休所组织的以80多岁以上的老军人为主的"忆党史、感党恩"红歌晚会,主题鲜明,质量较高,很有特色。军分区和大理、洱源、鹤庆、宾川、祥云5县市人武部,结合营区改造,抓好军营文化环境和政治氛围建设。尤其是军分区本级建成各种文体活动场所,并利用体能训练时间大力开展活动,组织参加大理州政法杯篮球比赛,举办大理驻军第二届"惠丰杯”篮球联赛，进一步活跃了军营文化生活。

【后勤建设】 2011年，大理军分区着眼全面建设现代化后勤目标，围绕提高后勤保障能力，全区后勤人员通过参加省军区、军分区组织的集训、培训共4次，进一步提高后勤人员业务技能，推动全区后勤建设全面健康发展。①深化后勤保障社会化改革。充分利用社会资源，构建以饮食保障、绿化养护、营房水电维修、车辆维修、油料代储代加、人武部官兵商业医疗保险、军人保障卡深化应用等社会化保障体系。②坚持党委集体当家理财制度。严格经费预算，每季度常委会听取一次预算执行情况报告，坚持大项工程建设大项经费开支由常委会研究把关。开展财务专项检查活动，在省军区建设验收中受到好评。加强空余房地产管理，采取公开竞价的方式，对军分区修械所、集资房空闲土地进行“盘活”，既产生经济效益，又消除安全隐患。③加强基础设施建设。先后完成军分区新建战士宿舍楼、招待所附属用房、机关营区绿化工程立项审批、前置审计、招投标及施工。完成鹤庆县人武部迁建，宾川县人武部营院整治工程，弥渡县人武部迁建工程正在进行当中，永平县人武部对营区围墙、射击场道路进行彻底整治，干休所对老干部活动中心进行升级改造及电梯安装，军分区、人武部营院环境美化、办公和住宿条件改善，营造了拴心留人的好环境。

【安全管理】 2011年，大理军分区牢固树立“短期安全靠管理、中期安全靠教育、长期安全靠素质”的思想，坚持依法从严治军，严格按条令条例管理部队，不断巩固发展安全稳定的好形势。①在强化意识上下功夫。深入学习贯彻两级军区安全稳定工作视频会议精神，以及相关的安全事故通报，吸取借鉴其他单位的教训，抓好安全管理。组织好重大节日和重要时节的安全教育，认真开展条令学习月、倾向性问题专项整治等活动，切实纠治部队建设中的突出问题，不断强化安全意识和遵章守纪意识。②在强化制度措施上下功夫。严格落实党委议管、安委会定期分析安全形势和重大节日安全检查制度，及时发现问题、解决问题。研究制定和修改完善各种管理规定，建立涉密计算机网络使用、处理、传输和发布涉密信息审批登记制度，进一步堵塞漏洞，消除隐患。③在重大安全问题防范上下功夫。认真贯彻全军和两级军区防范重大安全问题集训精神，集中组织修订完善重大安全问题防范预案，为确保重点要害部位、重大任务活动和重要敏感时期的安全奠定了基础。加强警备纠察，定期不定期派出纠察外出执勤，规范军人军车运行秩序，严厉打击假冒军人军车。

【国防动员和后备力量建设】 2011年，大理军分区国防动员和后备力量建设，着眼提高遂行多样化军事任务能力，全面贯彻落实科学发展观，国防后备力量建设呈现出整体推进的良好势头。①党管武装工作扎实有力。军地各级党委站在事关国家安全发展的高度，坚持党管武装原则，认真落实双重领导、双向兼职、党委议军、工作述职等一系列制度，保持国防动员和后备力量建设的正确方向，形成齐抓共管的工作合力，认真落实《国防动员法》，健全持续发展的法规制度，努力解决国防动员和后备力量建设中的重点和难点问题，不断提升大理州国防动员和后备力量建设水平。②高标准抓好人武部正规化建设。认真贯彻落实成都军区《县市人民武装部纲要》，加强人武部正规化建设，全区率先在省军区范围内实现县市人武部全面建设100%达标。③加强民兵组织建设。按照“压缩规模、优化结构、调整布局、改革编组”的要求，扎实推进全州民兵组织整顿改革，创新民兵应急队伍建设思路，不断夯实后备力量建设基础。④认真落实《民兵政治工作规定》试点工作。按照“全面抓、全面建”的思路，在全区同步展开《民兵政治工作规定》试点工作，重点在加强组织领导、学习研究、实践探索、难题破解上下功夫，先后撰写了16份经验材料和12份研讨文章，出台《民兵政治工作手册》、《大理州贯彻〈民兵政治工作规定〉实施办法》等13个实用性、操作性较强的规定，进一步规范大理州民兵政治工作，圆满完成试点任务。⑤按纲规范民兵军事训练。认真贯彻落实《民兵军事训练与考核大纲》，突出应急维稳和抢险救灾等重点课目训练。严格落实《民兵军事训练组织实施办法》，健全岗位练兵、以勤代训和补差训练制度，促进民兵军事训练“四落实”，确保民兵军事训练质量。2011年南涧县民兵应急连被人力资源和社会保障部、四总部表彰为“全国民兵工作先进单位”。⑥扎实抓好年度征兵工作。不断深化兵役工作调整改革，完善和落实各项优惠政策，加大对高学历青年和应届毕业生征集力度，完善征兵工作机制，加强廉洁征接兵工作，确保兵员质量，圆满完成年度征兵任务。⑦广泛开展国防教育进机关、进校园、进企业活动。在退休和自主择业、转业干部为主体的人员中成立国防教育宣讲团，在大理学院成立大学生国防教育艺术团，在文化工作活跃的南涧县成立国防教育跳菜艺术团，深入到党政机关、大中专院校、大中型企业和村社开展丰富多彩的国防知识宣传活动。⑧加强学生军训工作。积极协调驻军各单位，组织完成24058名高级中学和大中专院校的学生军训任务，进一步增强广大青年学生的国防意识。⑨民兵预备役人员参建参治成绩突出。组织民兵预备役人员以实际行动投身新一轮西部大开发，积极参加地方基础设施、重点工程、生态环保和社会主义新农村建设，积极参与文明城市、文明村镇、文明社区、文明行业创建活动，积极参与社会治安综合治理、维护稳定和抢险救灾，在完成各项任务中作出了贡献。

【军史馆建成】 2010年10月，大理军分区军史馆建成，2011年1月启用。馆名由中央军委委员、总后勤部部长廖锡龙上将题写。军史馆的规划设计和建设按照“大气、一流、特色”的思路，先后投入资金130余万元，总面积450平方米，在内容上以大理军分区的发展史为主线，容纳了地方军事史的重大历史事件和大理的杰出军事人物，在建设上融入了白族建筑风格和现代科技元素，在展示上集合了图片、实物、油画和场景等要素。馆内设：前言、辖区简介、历史沿革、战斗历程、领导人名录、主要业绩、双拥工作、英模名录、荣誉集锦、亲切关怀、结束语十一大部分。军史馆成为了大理州爱国主义教育基地、国防教育基地、党史军史教育基地。

【做好结队帮扶工作】 2011年，根据大理州“十二五”期间扶贫工作规划部署，大理军分区每年负责一个挂钩点，在坚持给钱给物、结对帮扶的基础上，把工作重点放在援建打基础管长远、群众得实惠的教育、卫生和水电路等公共基础设施和公益事业建设上，按照“六个一”帮建模式，军分区本级预算投入20多万元，帮助协调30吨水泥，组织捐款2万多元，给挂钩点援建一条路、一所学校、一个“青年民兵之家”、一个图书室、一个卫生室和资助一批贫困学生。

【抢险救灾】 2011年，大理军分区针对大理地处滇西交通枢纽，毗邻藏区，社会民情复杂，自然灾害频繁，突发事件多，每年都要动用上万名民兵执行抗洪抢险、抗旱救灾、扑火救灾、抗击泥石流和处置群体性事件等应急维稳任务重的实际，以大理市应急民兵常驻分队建设为龙头，其余11县也分别建立了民兵应急分队，年内各县市民兵应急分队充分发挥抢险救灾突击队作用，完成了扑灭大理市“3·13”森林火灾，云龙县功果桥、漾濞县平坡泥石流抢险等10余次急难险重任务。

【2011年军分区领导名录】

司　令　员　李述朗（2009.09～）
政治委员　王恩富（2009.04任正师2009.09～）
副司令员　李东生（2001.06～）
参　谋　长　史殿才（2005.05～）
政治部主任　韦继杰（2010.07～）
后勤部部长　胡海洋（2007.03～）

（《大理军分区》由杨志坚撰稿）

中国人民武装警察部队参谋长牛志忠到大理视察　（武警大理支队　供稿）

武警大理支队

【概　述】　2011年，武警大理支队坚持以科学发展观为统领，认真贯彻总部、总队党代会部署要求和指示精神，看清差距狠抓标准，理清思路狠抓落实，固强补弱狠抓经常性工作，重心下移狠抓基础，以执勤处突为中心的各项任务圆满完成，部队建设基础进一步夯实，有力地促进了支队全面建设持续健康稳步发展。

【做好思想政治建设和双拥共建活动】　2011年，武警大理支队着眼“三个确保”时代课题，突出抓好十七届六中全会、中央军委主席胡锦涛“七一”重要讲话、主题主线重大战略思想以及武警部队、总队党代会精神的学习贯彻，巩固和深化党的创新理论武装。狠抓以核心价值观主题教育为重点的思想政治教育，用杨善洲、庄仕华、王建国等先进模范典型引路，开展纪念建党90周年系列活动，广大官兵思想基础更加牢固。严格落实谈心交心、官兵思想分析、重要岗位人员政治考核、“个别人”帮教转化等制度，确保官兵思想稳定。认真组织“第七个法律服务到基层”和法纪教育展播活动，做好经常性心理疏导和普及心理健康操，持续开展密切内部关系教育整顿和“深知兵、真爱兵、育好兵”活动，努力营造团结和谐内部环境。大力开展双拥共建活动，武警大理支队被中共大理州委、州人民政府表彰为“拥政爱民先进集体”、“‘十一五’期间抗旱救灾先进单位、森林防火先进单位”。

【执勤处突任务完成出色】　年内，武警大理支队扎实开展新兵训练、岗前培训、勤训轮换、预提指挥士官集训，举办器械小教员、反恐骨干集训和一大队驻训，不断提升武警大理支队军事训练整体水平。六中队副政治指导员赵玉文代表总队参加总部专勤教练员比赛取得优异成绩，一大队被评为军事训练一级达标单位。认真组织“卫士—11”首长机关带实兵演练，有效提高首长机关协同指挥和机动大队应急处置能力。扎实开展勤务专项治理，紧紧盯住干部值班、网络监控、哨兵执勤和三人应急小组备勤四个重要环节正规执勤秩序的规范，协调洱源县看守所安装蛇腹型刀刺网，完成南涧县看守所AB门、钢网墙建设，武警大理支队连续17年执勤安全无事故。认真贯彻武警部队推进现代化建设工作会议精神，筹措130余万元推进三级网扩容升级改造和哨位光缆化建设，补充完善反恐装备和抢险救援器材，提高部队信息化条件下遂行任务能力。年内，先后出动兵力1000余人次，圆满完成各类重大临时勤务50余起，受到驻地党委政府和人民群众充分肯定。特别是出色地完成中缅边境维稳任务，得到总部领导高度评价。

【从严治警争当先锋】　年内，武警大理支队认真贯彻依法从严治警方针，扎实开展“条令条例学习月”、“学法规、用法规、守法规”、“治三松、严纪律、保安全”、“学条令、正秩序、保安全”等活动，重点推广六中队正规化管理试点经验，规范落实《总队正规化管理图解》要求，采取深入部队实地检查、不打招呼突击检查的形式加大检查督导力度，部队“四个秩序”和“四个样子”更加正规。从严查处违规违纪问题，先后对1名多次逃离部队的战士进行除名处理，对1名不安心部队的干部做出取消干部资格决定，在有效维护法律权威性的同时，在部队中起到较好警示效应。坚持每年逐级签订《安全工作责任书》，每季度专题分析、录像讲评安全工作形势，每周开展安全常识教育，广大官兵“安全是底线”、“安全是责任”的意识进一步树牢。持续开展群众性创安倒计时活动，以“五个过一遍”、“三查一除”为载体，坚持定期查与突击查、全面查与重点查、回头看与限时整治相结合，深入查找影响安全发展的因素，制定整改措施，规定时限，明确责任，盯着问题抓整改，消除隐患保安全。武警大理支队被武警部队表彰为“连续11年安全工作先进单位”。

【基层建设水平明显提升】　年内，武警大理支队认真贯彻《纲要》、《三十条》，坚持眼睛向下、重心下移、力量下沉，部队建设整体水平有新的提高。筹备召开第三次党代表大会，认真传达总部、总队党代会精神，精心谋划支队未来五年发展蓝图。扎实组织3期基本功网上研讨交流、1期《纲要》网上培训、1期新毕业学员岗前培训、重点加强新调整干部适应性锻炼，使各级干部勤学习、强素质、练内功，有效解决了机关按纲指导方法不科学、基层按纲抓建思路不清晰、经常性工作开展不经常、工作末端落实标准低等问题。深入开展创先争优、向“双百英模”学习活动，营造“履行职责创先进、立足本职争优秀”的良好氛围。科学制定考察帮建工作计划、重点帮扶计划，先后下派5个批次工作组深入基层蹲点检查指导，取得明显效果。六中队连续第二年被总队评为“基层建设标兵中队”并荣立集体三等功，二大队被总队表彰为“基层建设先进大队”，三中队、五中队、八中队、南涧、剑川、鹤庆县中队被总队评为“基层建设先进中队”。

【加强综合保障能力建设】 年内，武警大理支队重视加强后勤队伍建设，大力开展后勤人员岗位练兵活动，在参加总队后勤专业岗位练兵考核中取得优异成绩。加强后勤科学化管理，制定完善经费管理、物资采购等制度规定，深入开展预算外经费、住房、对外有偿服务等专项清理整治，武警大理支队财务管理在总队财务检查中综合评定为优秀。积极开展农副业生产，严格落实分餐制，全面推行食物配送，提高了伙食精细化管理水平。积极主动向驻地党委、政府协调建设经费390余万元，武警大理支队建设经费列入了大理州人民政府财政预算，为武警大理支队建设持续发展提供保障。深入基层搞好生活保障指导和医疗巡诊服务，投入36000余元添置战备物资、维修战备器材，为部队圆满完成各项急难险重任务奠定了坚实基础。年内，重点推进了机关、一大队整体搬迁建设以及四、五、八中队、祥云、宾川、永平县中队新建工程，大理市中队、南涧、巍山、鹤庆、剑川、漾濞县中队等单位营房营区综合整治成效明显，武警大理支队基础设施建设现状有了明显改观。

【部队党建】 年内，武警大理支队深入开展“加强党性修养、锤炼思想作风”集中教育整顿活动，“七个方面问题”专项治理取得明显成效。认真学习贯彻《党委工作条例》，严格落实民主集中制和党委中心组理论学习，召开两次专题民主生活会，进一步提高了党委班子领导能力、决策水平和团结协作。坚持“凭素质立身、靠实绩进步”的选人用人原则，提拔使用的干部得到官兵一致认可。先后对13个基层党委、支部班子进行调整，实现了班子成员年龄、资历、性格、知识等方面的优势互补。主动协调解决干部子女入学、转业干部安置等问题，发放各种福利费191万余元，干部休假探亲率达到99.3%，有效激发广大干部履职尽责的事业心责任感。深入推进党风廉政建设，扎实开展学廉政法规、倡廉洁新风、树清廉形象教育，进一步营造了风清气正的氛围。党委的核心领导作用、党支部的战斗堡垒作用、领导干部的模范带头作用和广大党员的先锋模范作用得到了充分体现，先后有7个基层党组织、58名党员受到总队、武警大理支队表彰，一大队党委被总部表彰为“先进基层党委”。

（《武警大理支队》由霍德有撰稿）

武警云南省总队政委王海亮到大理视察　　（武警大理支队　供稿）

大理州公安消防支队

【概 述】 2011年，大理公安消防支队在总队党委、中共大理州委、州人民政府和州公安局的正确领导下，始终坚持以科学发展观和胡锦涛总书记“三句话”总要求为统领，紧紧围绕攻坚克难年、执行力年和提质增效年这一总体目标，全面落实支队党委年初提出的“1156”工作部署，深入贯彻落实全国思想政治工作会议和省第九次党代会精神，以打造现代化公安消防铁军和筑牢“防火墙”工程为抓手，纵深推进“清剿火患”战役，着力推进全年各项重点工作，消防工作和部队建设呈现出了整体推进、协调发展的良好态势。

【火灾及接警出动基本情况】 2011年，全州共发生火灾178起，死亡8人，受伤5人，直接财产损失2247.56万元。与2010年相比，火灾起数下降33.08%，死亡人数上升33.33%，受伤人数上升66.67%，直接财产损失上升151.74%。全州共接警出动1248起，出动车辆2124辆次，出动警力10320人次，抢救被困人员704人，疏散被困人员4525人，抢救财产价值8125.14万元。

【班子和队伍建设成效显著】 2011年，全州消防部队着眼于新形势下消防工作和部队建设对政治工作的新需求，深入贯彻落实胡锦涛总书记“三句话”总要求，以进一步加强全州消防部队党的建设为重点，以思想政治工作规范化建设和提高干部队伍履职能力为着力点，全面推进全州消防部队班子和队伍建设创新发展，为推动总队《三年规划》的全面落实和打造大理消防铁军提供坚强的思想政治保证和强大的精神动力。①认真贯彻落实全国思想政治工作会议精神，学习国家总理温家宝、公安部部长孟建柱在大连市公安消防支队视察慰问时的重要讲话精神，组织召开“建设现代化消防铁军云南消防怎么办”大讨论活动和建设现代化云岭消防铁军政治工作研讨会，着力提高班子讲政治、把方向、抓大事、谋打赢的能力。继续开展“一对好主官、好班子”评比表彰活动，各级班子创造力、凝聚力、战斗力明显增强。年内，支队共有2个集体荣立集体三等功，1人荣立个人二等功，19人荣立三等功，1人被部局表彰为优秀党务工作者；1个支部被总队评为“十佳基层党组织”,1人被总队表彰为“十佳党务工作者”,以纪念建党90周年系列教育活动为契机,召开了党内表彰大会,表彰了4个基层党组织,4名优秀党务工作者,20名优秀共产党员。举行了第二届“苍洱消防和谐家庭”暨第三届“苍洱消防好警嫂”表彰大会,对10个“和谐家庭”,10名“好警嫂”进行了表彰。②扎实开展了“云岭消防大走访”开门评警活动大走访活动,全州官兵共走访党政机关、单位、困难企业、社区、学校、村寨、基层部队1242个,走访慰问各界群众2344人,发放征求意见表3000余份,共征集意见建议95条,先后帮助困难企业69家、困难群众162人,推出服务措施83条,为人民群众办好事、实事190余次,妥善解决矛盾纠纷4次,1人被省公安厅评为“大走访”开门评警活动先进个人,大理市大队“1234”群众工作经验做法被收录到全省公安机关“大走访”开门评警群众工作典型经验汇编。③建立了政治教员师资库和多媒体课件资料库,在全省政治教员比武中获得团体第三名和“最佳教案”奖,2名干部获“最佳一课”奖。举行了贯彻落实思想政治教育大纲知识竞赛,投入12万元研发了云南省公安消防部队政治教员练兵比武信息系统,被总队应用于全省政工干部比武、双考选拔团职领导干部、全省消防部队条令条例知识竞赛等各项活动。制作的“政治教员比武竞赛与实施示范片”作为全省贯彻落实《大纲》成果之一在全国现场会上进行交流。④以大理市一中队党支部为基层党建工作示范点,5个先进基层党组织、20名优秀共产党员,6名优秀党务工作者受到公安部政治部、消防局党委和总队党委的表彰。⑤积极开展“送知识,进红门”活动,州新华书店向支队捐赠了价值10万余元的图书,全力推进全州14个中队俱乐部建设。认真组织开展“学党史、知党恩、强党性”专题教育,联合大理学院、下关四中等共建单位,举办了全州公安消防部队庆祝建党90周年表彰大会暨文艺汇演。在州公安局组织的“迎‘七一’,唱红歌”比赛中荣获二等奖。成功组织承办了2011年大理州庆祝“八一”建军节军地座谈会。同时,积极为官兵举行岗位技能培训,鼓励、引导、组织战士利用业余时间学习一技之长,在“复退”期间举办退伍老兵就业招聘会,先后有20余人进入企业单位,切实解决退伍老兵后顾之忧。⑥扎实开展廉政制度宣传贯彻月、集中警示教育、审计整改年活动、“牢记使命、珍惜荣誉、再创佳绩”等系列主题教育活动,组织官兵到大理州反腐倡廉警示教育基地—大理监狱参观、观看警示教育片,利用监督干部集中培训、任职前谈话等有利时机,开展集体廉政谈话,切实引导官兵筑牢廉洁自律意识,规范执法行为、促进执法公正,进一步树立了大理消防部队执法为民的良好形象。

【正规化建设成效显著】 年内,大理公安消防支队以建设现代化大理消防铁军为主线,牢固树立“融入发展、科学发展、和谐发展、跨越发展”的理念,深入推进正规化建设,全面提升部队精细化管理质量和水平。①以祥云大队为试点,召开全州正规化建设精细化管理推进会,认真贯彻落实总队新修订的基层部队正规化建设精细化管理若干规定,全面推进基层部队正规化建设精细化管理向纵深发展。②认真开展“五月安全月”和“十月安全月”活动,落实每月“安全日”活动;大力开展“五无”创建活动,突出抓好人、车、酒三个重点环节,从根本上打牢安全防范基础;召开部队管理教育和安全工作形势分析会议,做到分析总结、部署开展、检查评比、督促整改“四同步”,有力推动了部队安全管理工作,有效预防和杜绝了各类事故的发生,部队连续10年未发生安全事故。③以条令条例为准绳,依法从严治警,规范“四个”秩序,培养官兵优良的作风和严格的纪律,为部队圆满完成各项任务提供坚实的保障。

【骨干培训】 年内,大理公安消防支队继续发挥特勤中队基地化集训优势,组训了2期对官兵进行理论、体能、技战术、指挥等综合素质培训,为基层培养了一批一专多能的灭火救援骨干。圆满完成滇西片区企业专职队队长的培训工作,丰富了多种形式消防队伍建设内容。

【岗位练兵】 年内,大理公安消防支队深入开展“大练兵”活动,按照训练大纲要求,强化单兵、班组、中队等作战单元训练,扎实开展“六熟悉”,基本实现了单兵技能娴熟、尖刀组能攻善战、普通队初控能力强、特勤队专业水平高、指挥员素质过硬、各类火灾及特殊灾害能有效处置的六大目标。在2011年度全省消防部队打造现代化公安消防铁军暨专职消防队比武竞赛活动中,支队公安现役队和专职消防队均取得了全省第三名的好成绩。

【健全机制】 2011年,大理公安消防支队针对实战灾情复杂、保障困难等特点,强化实战演练、不断总结经验,健全部队响应集结出动机制、作战遂行保障机制、安全作战措施等,使部队实战能力不断提升。年内,圆满完成剑川“3·2”森林火灾和盈江“3·10”跨区域抗震救灾任务,经验不断积累,得到了各级领导的高度赞誉。

【完善救援预案】 年内,大理公安消防支队加强实战演练,不断完善各类灭火救援预案。圆满完成滇西片区地震应急救援拉动实战演练承办任务,遂行保障能力和完成攻坚科目能力得到总队领导认可。州委政法委书记杜涛、州人民政府副州长许映苏等领导亲临现场指导,弥渡县委书记、县长率四套班子现场观摩演练,进一步增强了党委、政府对消防工作的了解和认可。其余大队结合辖区实际,积极汇报,扎实开展县级应急救援综合演练,有力地推动了县级应急救援能力建设。

【战勤保障】 2011年,大理公安消防支队配置了移动充气车、油罐车、装备抢修车、饮食保障车、运兵车和物资运输车等8辆战勤保障车辆,投入80万元完成“两室一站”建设,投资10万元建成修理车间,新建战勤保障物资储备库,并按标准储备了个人防护、破拆、救生、侦检、洗消、供水、登高以及被装等生活物资共有13类141种2588件套;依托大理恒源汽车集团公司和上海全申安防设备有限公司建立了滇西消防装备维修中心。积极与供电、供水、卫生等6个政府职能部门建立联动协作关系,与油料、灭火剂、食品、汽车维修单位等20个社会单位签订保障协议,逐步完善了“资源共享、社会联动、指挥有序、反应快捷”的社会化战勤保障机制。

【装备建设】 2011年,全州消防业务经费预算为1793.05万元,同比增长6.7%。大理公安消防支队机关和祥云、永平、巍山、鹤庆、云龙五个消防大队累计将45万元纳入年度预算作为日常应急救援保障经费。年内,全州购置配备12辆22米举高消防车和1辆53米举高消防车,基本实现不同举升高度梯次的合理配备;购置4辆抢险救援车,实现12个综合应急救援大队全部配备抢险救援车。

【筑牢火灾防控基础】 2011年,大理

公安消防支队坚持预防为先，综合治理，不断完善责任体系，筑牢防控基础，最大限度地减少火灾隐患和危害。①报请州人民政府对各县市2010年消防工作及“零火灾”乡镇、社区、村寨创建活动进行了检查考评；召开全州消防工作电视电话会议对2011年工作进行了安排部署，建立了政府主要领导负总责，分管领导具体负责的消防安全责任制，有力推动了消防安全责任的落实；全州完成12县市、110个乡镇、614个重点单位、96个行业部门，共940份《责任状》的签订工作，形成了“州县乡村四级纵向到底、各部门委办局横向到边”的责任制网络。②深刻汲取上海“11·15”和辽宁“2·3”重大火灾事故教训，紧紧围绕春节、元宵节、“两会”和大理“三月街”民族节消防安全保卫工作，深入推进“五大”活动，开展了“云岭平安”系列专项行动，扎实推进重大火灾隐患政府挂牌督办机制。2011年，全州累计三停处罚405起，临时查封749起，强制执行62起，政府挂牌督办整改火灾隐患单位34家。③组织召开了全州高层建筑消防安全专项整治联席会议，进一步加大整治力度。将高层建筑、消防设施、校舍安全等专项治理有机结合，划分专项整治责任网格，抽调部分基层警力组成高层建筑消防安全专项整治小组，明确责任人，对全州139栋高层建筑实行网格化管理。创新建立了高层建筑身份登记注册、隐患自律查处和消防中介服务“三项机制”，全州高层建筑消防安全监管水平有效提升，得到总队认可。

【推进“清剿火患”战役】 年内，大理公安消防支队召开党委专题会议，结合前期“五大”活动开展情况，研判全州“清剿火患”战役面临的形势，及时确定清晰的工作思路和开展措施。进一步提高认识、强化措施、迅速行动，举全警之力深入排查整治“三合一”场所，全面打响全州“清剿火患”战役。并确定了“国庆保卫战、元旦圣诞突击战、春节元宵节攻坚战和冬防持久战”等4个重点战役。①实行主管部门分片包干抓落实的措施。将12个县市划分为6个一级网格责任区，将每个网格的火灾隐患排查整治督导责任明确到公安、安监、住建、文化、工商、人防等部门；明确各行业主管部门的督导责任，形成州级包县市，县市级包乡镇（街道）的责任包干机制。②实行公安机关全警联动抓落实的措施，进一步健全“全警消防”机制。政治部门和警务督察部门将“清剿火患”战役纳入重点督导内容，适时组织开展工作督查；治安部门将消防安全检查纳入单位内部治安保卫工作同部署、同推进，督促全州公安派出所开展火灾隐患排查整治；铁路、机场、森林等警种负责做好辖区的火灾隐患排查整治工作；法制部门负责对各警种依法查处火灾隐患的具体执法活动进行指导。③实行量化任务抓落实的措施，各级公安机关消防机构、公安派出所进一步细化责任网格，制定了战役推进时间表，明确了每个网格排查人员、任务、完成时限，由督查、消防、治安部门联合派出督导组开展检查督导，实行周通报、月讲评。宾川“10·6”火灾发生后，全州消防部队举全警之力，全面深入火灾隐患的排查整治工作。

【消防宣传教育】 年内，大理公安消防支队不断创新宣传模式，深挖公共社会资源，积极拓宽宣传渠道，将宣传贯彻《全民消防安全宣传教育纲要》与“清剿火患”战役宣传工作相结合，持续不断掀起全民消防新热潮。①依托“119”宣传日宣传活动为契机，充分调动广大群众关心消防、参与消防、支持消防的积极性和主动性。各地以消防宣传“五进”为载体，举办大型消防宣传活动，设立咨询台、印发宣传资料、户外LED显示屏滚动播放消防安全知识等形式，广泛开展宣传介绍《全民消防安全宣传教育纲要》的活动，为《全民消防安全宣传教育纲要》的宣传贯彻奠定了基础。②依托消防志愿者走基层送平安活动覆盖宣传范围。公安消防支队大力倡导消防志愿者担负起《全民消防安全宣传教育纲要》宣贯普及工作宣传员的责任，积极组织消防志愿者深入到社区、农村、企业、学校，为群众详细解说《纲要》的指导思想、目标任务、主要内容，广泛传播“全民消防，生命至上”的理念，增强全民消防安全主题责任意识，提高人民群众的消防安全意识和火灾自救能力，通过大张旗鼓的宣传普及活动，努力使《纲要》家喻户晓，深入人心。③依托社会宣传培训深化《纲要》宣传和贯彻。公安消防支队依托云南省消防协会大理联络处和云南省华烁培训站，建立专门的培训教室，组织师资队伍，以培训促安全，落实单位（场所）消防安全责任人、消防安全管理人员、专（兼）职防火人员以及从业人员等的消防安全培训，重点加大公众聚集场所、高层建筑消防安全责任人和管理人及新上岗的工作人员的培训力度，培养社会单位“四个能力”建设明白人。结合119消防宣传月深入辖区中小学校开展消防安全教育活动，通过开展课堂授课、观看展板、现场讲解、灭火演习、亲身体验等活动，使广大师生了解消防安全常识，掌握灭火逃生技能。树立“教育一个孩子，带动一个家庭，影响整个社会”的理念。④依托媒介提升《纲要》宣传贯彻影响力。公安消防支队借“119消防日宣传活动”的有利契机，积极主动协调各级主流媒体，对《全民消防安全宣传教育纲要》的宣传贯彻进行全方位的报道，并在云南网、大理日报、苍洱警示等栏目设立专栏开展宣传，有效提高《纲要》宣传影响力，拓展了消防宣传力度、广度、深度，使消防宣传深入人心，进一步提高了广大市民的消防法律意识。与此同时，支队及12县市分别在新浪、腾讯、网易等多个网站上开设

大理消防支队在盈江“3·10”抗震救灾现场　　（州消防支队　供稿）

了14个"大理消防"微博,系统、全面的进行《纲要》宣贯工作,让《纲要》真正做到深入人心。2011年,全州累计发放宣传单4.5万余份,建设32块固定消防宣传牌,在电视台、楼宇电视、LED等媒体播放公益广告200余条,接受咨询180余次,直接受教育达15万余人次。投入资金10万余元建立大理州消防培训基地,共组织培训11场次,培训1402人。

【检查指导】

1月29日,中共云南省委常委、省纪委书记李汉柏在大理州委书记刘明、州长何金平、州纪委书记梁志敏等领导的陪同下,深入支队看望慰问了执勤一线的消防官兵。

1月31日,云南省公安消防总队副总队长洪利川深入大理州公安消防支队亲切慰问坚守在执勤一线的消防官兵,向全体官兵及家属致以新春的祝福,并送来了节日慰问金。

2月24日下午,云南省公安消防总队防火部颜连宇上校率省人民政府2010年度政府消防安全责任制考评组一行深入大理战勤保障大队检查指导工作。

3月31日上午,云南省公安厅现役办副主任范春云深入大理战勤保障大队视察指导工作。

5月7日,云南省公安消防总队司令部战训处处长陈天昌在大理州公安消防支队参谋长张玉巨的陪同下,莅临弥渡实地查看滇西协作区地震跨区域实战拉动演练场地有关事宜。

5月27日,云南省公安厅督察组一行深入大理市消防大队对全市中小学校、幼儿园消防安全及中小学校舍安全工程消防工作开展情况进行专项督察。

8月4日,云南省公安消防总队明察暗访组一行抵达祥云大队,对祥云大队"五大"活动开展情况、大队执勤战备情况进行实地督导。

8月17~18日,云南省公安消防总队副总队长吕照明、昆明市公安消防支队副政委金大坚一行深入大理州公安消防支队机关、战勤保障大队、特勤中队、大理市大队、祥云大队检查指导消防工作和部队建设情况。

8月12日上午9时,总队督察组采取不打招呼的方式深入大理市消防大队对大队的执勤战备、车辆器材、政治教育、精细化管理以及2011年以来各项工作的开展进程等情况进行了突击检查指导。

9月11日,在中秋佳节来临之际,云南省公安消防总队长陈育坤深入大理基层消防部队亲切慰问了节日期间仍然坚守工作岗位的一线消防官兵。

9月17日上午,云南省公安消防总队政治部主任蔡建波到支队宣布团职干部任职命令,州人民政府副秘书长杨毅平、州委政法委副书记李勇、州公安局副局长田树泽出席大会。

9月22日下午,云南省公安消防总队政治部副主任赵映琦深入大理市大队对基层党组织规范建设工作开展情况进行调研指导。

10月2日,云南省公安消防总队政委邹志强带领督察组深入大理市大队检查指导大队政治工作开展情况并慰问大队官兵。

10月28日下午,陈育坤总队长出席支队"贯彻落实温家宝总理重要讲话精神,保持和发扬荣誉,深入推进现代化云岭消防铁军建设"为主题的党委民主生活会。

11月23日云南省公安消防总队副总队长杨文华在支队党委成员的带领下深入战勤保障大队、大理市大队、祥云大队、弥渡大队、特勤中队检查指导工作。

【盈江抢险救灾】 3月10日,德宏州盈江县5.8级地震发生后,大理公安消防支队按照总队增援命令要求,迅速启动跨区域救援预案,调集12辆车60人组成救援突击队,携带救援装备,在大理公安消防队支队长王梁波带领下迅赶赴盈江地震灾区参加抢险救灾。

【召开火灾形势新闻通报会】 7月8日下午,大理公安消防支队召开2011年上半年火灾形势新闻通报会,云南日报、云南网、云南法制日报、云南信息报、大理州电视台、大理州广播电台等7家新闻媒体记者应邀参加了新闻通报会。随后组织召开了消防宣传"智囊团"联席会议。云南日报驻大理记者站记者庄俊华、云南法制报大理记者站站长周惠琼、云南网春城晚报驻大理记者站杨正邦、云南信息报大理记者站李雅、大理州电视台杜伟、大理日报新闻中心尚京云等省州15家新闻媒体单位领导、记者及支队党委成员参加了会议。

【召开"八一"建军节军地座谈会】 7月29日,大理公安消防支队隆重举行"大理州庆祝'八一'建军节军地座谈会",中共大理州委书记刘明,州政协主席袁爱光,纪委书记梁志敏,州人民政府副州长、州公安局局长陈川等领导出席会议,州委、州人大、州政府、州政协领导以及州各职能部门负责人,驻大理州解放军部队领导,武警大理支队领导班子成员共计100余人参加了会议。

【大理州公安消防支队领导名录】

支　队　长:王梁波
政治委员:肖东坤
副支队长:段学武
副支队长:潘　波
参　谋　长:杨天军
政治处主任:陈子栋
后勤处处长:张　超
防火监督处处长:李哲夫

(《公安消防》由施国志撰稿)

人民防空

【概　述】 2011年,大理州各级人防部门深入贯彻落实科学发展观,以"长期准备、重点建设、平战结合"的人防工作方针为指导,紧密结合实际,扎实推进各项工作,人防组织指挥、工程建设、通信警报、宣传教育等工作有序开展。大理州人防办被大理州国防动员委员会评为"十一五"期间国防动员建设先进单位,被中共大理州委、大理州人民政府评为"五五"保密法制宣传教育先进集体,被大理州人民政府、大理军分区评为"十一五"人民防空先进单位,在2011年度全省人防建设目标管理责任制考核中被评定为州市级二等奖;大理市人防办被国家人防办评为人民防空综合防护体系建设和管理先进单位,被云南省人民政府办公厅、云南省军区司令部评为"十一五"人民防空先进单位。

【人防工作列入重要议事日程】 2011年,全州各级党委、政府军事机关进一步加强了对人防工作的领导和协调力度,将人防工作列入了党委、政府工作重要议事日程,切实从政策、资金、项目上给予倾斜保障,加大了解决人防建设重点难点问题的协调和支持力度。大理州县市机构改革后,人防机构设置进一步规范,充实了人员编制,任命了专职领导,配备了工作人员。3月15日,大理州人民政府、大理军分区制定出台《关于进一步推进人民防空事业发展的实施意见》,就进一步推进大理州人防事业发展,人防机构设置、领导体制、经费保障、相关部门职责任务等作了明确规定,为开展人防工作提供了有力的政策依据,是进一步推进人防事业又好又快发展的纲领性文件。12县市先后制定了贯彻实施意见，为人防工作全面开展奠定了基础。6月9日，大理州十二届人民政府第32次常务会议研究了大理州人防办提请的工作议题，听取了大理州人民防空工作汇报。会议对全州人防工作取得的成绩、为经济社会发展做出的贡献给予了充分肯定，要求进一步加强人防工作，提高整体建设水平。6月20日，《大理州人民防空建设“十二五”规划》制定完成，对“十一五”时期人防工作成就作了全面总结，明确提出了“十二五”时期人防建设的目标任务和工作重点。8月23日，中共大理州委、大理州人民政府、大理军分区召开了高规格的人防工作会议，中共大理州委、大理州人大常委会、大理州人民政府、大理军分区、大理州政协等分管联系领导出席会议并作重要讲话，云南省人防办主任到会指导。各县市政府分管领导、人武部首长、人防办主任以及大理州级相关部门领导参会。会议认真贯彻落实第六次全国人民防空会议、成都军区第四次人民防空会议和云南省人民防空会议精神，总结“十一五”时期大理州人防工作，安排部署了“十二五”人防建设任务。会上，表彰了大理州人民政府办公室等31个“十一五”期间大理州人民防空先进单位和大理州人大外事华侨委杨庆华等44个先进个人。

【人防制度建设逐步完善】 4月，大理州人防办下发《大理州二〇一一年人民防空工作要点》，为贯彻落实全国、全省人防会议精神，抓好年度重点工作任务理清了思路。5月，转发了《云南省人民防空办公室关于印发人民防空经费支出补助管理办法》，要求各县市人防办加强汇报协调，积极争取资金支持，并充分发挥资金使用效益。8月，制定了《大理州人民防空行政审批程序》，明确了行政许可事项、法律依据、办理条件及办理流程等内容，为各县市开展好人防行政审批提供了指导意见。大理州人防办先后完善了《大理州人防办人防空情系统使用维护管理规定》、《大理州人防办公室无线电台（站）管理办法以及战备值班、财务管理、文书档案、保密管理等相关制度，各县市出台了开展人防工程建设审批、易地建设费收缴等相关的规范性文件，人防工作机制进一步完善。

【人防组织指挥建设有序开展】 2011年，大理州人防办加强防空警报维护管理，成功组织了“9·18”防空警报试鸣，鸣响率100%，城区音响覆盖率90%。坚持通信电台值班、通信训练等制度，不断锻炼干部队伍组织指挥能力。9月22日，组织开展了州、市人防通信训练暨机关疏散演练。使人防机关干部职工熟练掌握应急通信工作程序，熟练掌握指挥机关在组织城市人口疏散过程中进行不间断指挥的方法。积极做好大理州人防机动指挥所建设相关工作，按照云南省国防动员委员会“实行统一招标、集中采购”的要求，人防机动指挥所建设立项、可研、保密、招标方式等手续已由云南省人防办办理，待车辆编制、经费等问题解决后即可建设。

【重要经济目标确定及防护方案制定工作启动】 11月，大理州人民政府、大理军分区成立了大理州重要经济目标防护领导小组，将发改、财政等相关职能部门纳入成员单位，指导重要经济目标单位逐步开展一、二级重要经济目标防护方案制定和三级重要经济目标确定。大理州人民政府、大理军分区发出通知要求各县市将三级以上重要经济目标防护方案于2012年6月30日前报大理州领导小组审批，并确定四级重要经济目标。

【人防工程建设力度不断加大】 全州加大了防空地下室建设项目审批建设力度，2011年1～12月审批防空地下室建设项目比较上年度增长50%。大理市结合新建民用建筑修建防空地下室建设审批有序开展，收缴防空地下室易地建设费。南涧、祥云、永平、洱源等县陆续启动防空地下室建设和易地建设审批工作，办理了防空地下室易地建设收费许可证。人防、发改、规划、建设等部门联合审批机制进一步建立健全。大理州“人防4503工程”项目已于12月19日开工建设。大理市泰安人员掩蔽工程一期工程完工，二期工程开工建设。

【加强人防指挥能力建设】 年内，大理州人防办积极派员参加国家、省、州组织的人防指挥通信、工程建设等业务培训，提升干部职工业务能力。11月29日，组织了大理州人防工程建设法律法规培训班，学习人防法律法规，邀请大理州检察院反渎职侵权局领导作专题讲授，学习掌握如何规范执法、预防渎职犯罪，提高依法行政水平，收到了较好效果。

（《人民防空》由苏瑞全撰稿）

（《军事》责任编校：黄克超）

9月18日为大理州防空警报试鸣日。每年的试鸣宣传周，大理州、市人防办都到街头开展人民防空宣传

（州人防办 供稿）

法 制

政 法

【概 述】 2011年，在中共大理州委、州人民政府的正确领导下，在省委政法委的指导帮助下，全州各级政法机关认真贯彻党的十七届六中全会、省第九次党代会、州第七次党代会精神和全国、全省、全州政法工作会议精神，紧紧围绕科学发展这个主题和加快转变经济发展方式这条主线，紧紧抓住人民群众最关心的公共安全、权益保障、社会公平正义问题，突出"建设平安大理、构建和谐白州"的工作目标，以深化"三项重点"工作为着力点，着力构建以"和谐政法"、"阳光政法"、"素质政法"、"亲民政法"为主要内容的"大政法"工作新格局，全面抓实政法各项工作落实，促进政法工作全面发展进步，全州呈现社会稳定、政治安定、人民安居乐业、经济繁荣发展的良好局面。

【切实推进社会矛盾化解】 年内，全州各级政法机关全面推行社会稳定风险评估和维护社会稳定预警机制，实现预知、预警、预防。对有一定影响的各类矛盾纠纷和群体性事件，做到妥善化解；对2个重大事项进行了社会稳定风险评估，对33个可能影响社会稳定的问题发出了预警通知，有效防止了群体性事件的发生。①切实加大调解工作力度。把调解优先贯穿于执法办案中，各级政法机关以"案结、事了、人和"为目标，进一步树牢调解也是执法的理念，从政策、体制、机制上最大限度地做好调解工作。不断完善人民调解、行政调解、司法调解"三调"对接工作机制，加大矛盾纠纷排查化解力度。全州五级调解组织共排查各类社会矛盾纠纷37968件，调处率为100%，调处成功37718件，调处成功率99.34%。②深入做好涉法涉诉信访工作。以深入开展农村矛盾纠纷排查化解工作及领导干部大下访活动为切入点，进一步落实信访工作责任制，明确了每件案件的包案领导、办案部门和承办人员，认真做好排查化解工作，全力控制和有效防止了群体性上访事件的发生，有效制止了越级访、重复访和非正常上访。坚持领导干部接待群众来信来访，集中开展了清理和化解进京重复访等涉法涉诉信访积案工作，全力攻坚克难，全年累计投入了涉法涉诉信访化解经费280余万元，有力地促进了全州涉法涉诉信访积案化解工作，圆满完成了化解目标任务。③认真抓好社会治安重点地区排查整治工作。深入贯彻落实省委、省政府关于"两项排查"的文件精神，专题研究了全州开展排查化解影响社会稳定矛盾纠纷和排查整治治安混乱地区及突出治安问题，深入持久开展社会治安重点地区排查整治工作，加大对社会舆情的收集、掌控和研判，突出重点开展了"打击盗抢摩托车犯罪百日会战"、"打四黑除四害"、"清网行动"等严打和集中整治行动，加强社会面的控制，牢牢掌握工作主动权，为平安和谐大理建设创造更加良好的社会环境。深入开展爱路护路宣传，排查调处涉路矛盾及安全隐患，确保了辖区内铁路交通运输安全和沿线社会治安持续稳定。

【做好省级"先进平安县市"创建工作】 年内，全州各级政法机关紧紧围绕争创全国"长安杯"的目标，按照"机构不撤，人员不减，目标不变，措施不弱"的要求，认真开展2009~2012年度新一轮争创省级"先进平安县市"创建工作。州政法委深入各县市，对平安建设中可能影响社会稳定的吸毒贩毒、邪教、移民搬迁、重点工程建设、企业改革、安全生产、反映突出的环保问题、群体性事件隐患、信访、矿山安全、预防青少年犯罪、非政府组织、大瑞铁路和大丽高速公路建设等社会热难点问题开展调研。切实做好全州校园及周边安全、医患纠纷、流动人口管理等各项工作，确保全州社会的和谐稳定。召开大理州《纪念社会治安综合治理决定》颁布20周年座谈会暨综治维稳宣传月启动仪式，宣传月期间，新闻媒体对宣传活动进行专题宣传报道1638次，开展户外宣传2343场次，出宣传栏532期，出板报758期，展出宣传展板758期，悬挂宣传标语796条幅，发放宣传资料11.15万份。下大力气解决人民群众反映强烈的突出问题，把广大群众动员和组织起来参与平安建设，形成人人参与平安建设、人人共享平安创建成果的新格局。

【切实抓好新一轮禁毒工作】 年内，全州各级政法机关不断强化措施，完善查缉机制，广辟禁毒情报信息来源，持续保持对毒品犯罪的高压严打态势，有效减少毒品对社会的危害。切实加大吸毒人员收戒力度，加大戒毒出所人员的社区康复工作力度，确保社会面上基本无失控吸毒人员，持续提高戒毒成功率和戒断巩固率。加强对毒品特别是新型毒品危害性的预防宣传，重点抓好青少年特别是在校中小学生和高危人群的毒品预防教育，不断提高人民群众识毒、拒毒、防毒、反毒意识。深入开展巍山永建地区禁毒整治成果巩固工作，州委、州政府召开了巍山永建地区毒品整治成果巩固工作现场办公会，对巍山县提出的13个经济社会发展项目给予扶持，州级下派了第十六批工作队员驻村入户开展工作，确保整治成果的巩固和发展。

【推进公正廉洁执法】 年内，全州政法机关进一步推进公正廉洁执法。①加强思想政治建设。把政治建警的要求落到实处。组织开展政法干警核心价值观教育，不断坚定政法干警坚持正确的政治方向。不断增强广大政法干警的廉洁自律意识，筑牢了拒腐防变的思想道德防线。②全面抓实执法监督工作。进一步规范和强化党委政法委的执法监督，提升公正廉洁执法的能力和水平。积极开展"千案评查"工作。年内，全州评查案件1300件，县市政法委评查1200件，州级执法部门评查案件100件。进一步健全完善了案件指导制度和政法干警执法业绩档案，切实做到公正廉洁执法。针对人民群众反映强烈的执法不公、执法不严、违法办案等执法问题,开展类案或个案执法调查工作,加强对重大疑难案件和重大影响案件的分析研判、综合协调等工作,督促执法办案部门严格依法依规侦办重大案件。③注重执法质量,强化执法效果。全州两级法院积极推行案件"速裁速判"、"调判结合"等机制,继续深入开展司法救助工作,切实解决"申诉难"、"执行难"等问题。全州检察机关全面加强刑事侦查和刑事审判监督、职务犯罪侦查工作、民事审判和行政诉讼监督、刑罚执行和监管活动监督,有力地促进了公正廉洁执法和反腐倡廉工作,维护了社会公平正义和司法权威。全州公安机关认真抓实"执法规范化、信息化、和谐警民关系"三项建设,建立和完善了维护社会稳定机制,创新了全州公安社会管理工作,抓实开门评警,自觉接受群众监督,不断促进公正廉洁执法水平,不断改善和提高"和谐警民关系"。全州司法行政机关强化公正廉洁执法意识,突出抓好法制宣传,创新法律服务手段和方式,切实开展好社区矫正、刑释解教人员安置帮教、戒毒康复等工作。各级政法机关按照"阳光、规范、统一"的要求,积极推进警务、检务、审务、狱(所)务公开,最大限度地公开执法程序、执法进度、执法结果和执法文书,提高执法工作透明度,努力使公正正义以群众看得见、听得懂、信得过的方式得以实现,努力打造"阳光司法"。④切实加强政法机关自身建设。全面加强学习型领导班子和学习型机关建设。进一步健全和完善了学习机制、培训轮训机制,抓实部门日常理论学习、部门领导班子理论中心组学习,积极完成中央及省州组织开展的调训、轮训工作任务。努力推进创新型机关和创新型队伍建设。

【加大政法工作宣传力度】　年内,大理州委政法委进一步加大政法宣传工作力度,加强政法舆论宣传引导,创办了《大理政法》期刊(双月刊),制作了《和谐安州谱新篇》、《构建大政法工作新格局 唱响平安和谐新乐章》电视专题片,积极为全州政法综治维稳工作营造良好的舆论氛围。

【开展主题教育实践活动】　年内,全州政法机关深入开展主题教育实践活动,树牢社会主义法治理念。①抓革命传统和理想信念教育。按照主题教育实践活动的总体要求,深入开展了重温入党誓词、重读红色经典、瞻仰革命旧址、上党课、"唱红歌"等活动,对全州每一名政法干警进行了生动深刻的革命传统和理想信念教育。②把服务群众贯穿执法工作全过程。全州政法机关按照胡锦涛总书记关于加强和改进新形势下群众工作的要求,认真学习借鉴和推广运用普洱市"三五"群众工作法,认真贯彻落实大理州群众工作会议和"四群"工作会议精神,进一步健全完善了服务群众工作体系。借鉴近年来"大接访、大走访、大下访"等成功经验和做法,通过开门评警、回访信访当事人等形式,主动倾听群众呼声,及时了解群众疾苦,千方百计为群众排忧解难。把执法过程变成服务群众的过程,既维护好群众合法权益,又理顺群众情绪,引导群众依法理性表达诉求,切实把党和政府主导的维护群众权益机制落到了实处。针对群众反映强烈的执法不严、裁判不公和诉讼难、执行难问题,认真开展了自查自纠,让群众切实感受到公平正义就在身边。③以创先争优促进政法机关党的建设。以主题教育实践活动推动创先争优活动,以创先争优活动带动和促进全州政法机关党的建设。组织开展政法系统十佳工作者评选表彰活动,在全州法院、检察院、公安、司法、党委政法委系统及大理州综治维稳委成员单位中评选出表彰对象60名。建好建强各执法司法机关和基层政法单位的党组织,建好建强了律师事务所、公证处、法律援助中心等法律服务机构的党组织,实现了党组织和党的工作全覆盖,充分发挥了政治核心作用。坚持围绕中心抓党建、抓好党建促工作,全面推行"党员示范窗口"、"党员先锋岗"、"党员服务承诺"和"党员联系群众"四项制度,认真开展党组织和党员干部授旗评星活动。④落实从严治警各项纪律要求。全州政法机关在加强思想教育和严格管理的同时,以铁的决心维护纪律的严肃性、权威性,以"零容忍"的态度严肃查处违纪违规违法问题,全州法官严格落实"五个严禁",检察官严格落实"禁酒令"和领导干部"十个严禁",公安干警严格落实"五条禁令"和领导干部"五个严禁",律师队伍严格执行"年度考核规则"、"违法行为处罚办法"等规定,中央和省州一系列从严治警的纪律规定在全州政法机关中得到了有效执行。

【社会治安综合治理维护稳定工作】　2011年,在省、州党委、政府的领导下,全州各级各部门深入贯彻党的十七届六中全会和省第九次党代会、州第七次党代会精神,按照省、州关于社会治安综合治理维护稳定工作的安排部署,围绕"建设平安大理、构建和谐白州、争创全国长安杯"的目标,加强和创新社会管理,认真落实社会治安综合治理各项措施,不断加强综治工作机制和体制创新,努力提升综治工作整体水平,有效地维护社会政治大局稳定,服务全州经济社会发展,保障人民群众安居乐业,人民群众对社会治安满意和基本满意率为96.6%。

【抓好落实社会治安综合治理工作责任制】　2011年,全州各级党委、政府高度重视社会治安综合治理工作,不断加强对社会治安综合治理工作的组织领导力度,把综治工作放在当地经济社会发展大局中来谋划。中共大理州委、州人民政府印发了《大理白族自治州2011年度经济社会发展重点工作考核办法》,将社会治安综合治理工作列入重点工作考核。中共大理州委常委会议和州人民政府常务会议都对综治工作进行专题研究讨论。年内召开全州政法工作会议对综治工作进行安排部署,签订了2011年度社会治安综合治理责任书。州综治维稳委下发《2011年度大理州县市社会治安综合治理维护社会稳定工作目标管理责任书考核细则》、《2011年度大理州综治维稳委成员单位社会治安综合治理维护社会稳定工作目标管理责任书考核细则》等文件,对综治维稳工作进行督查考核。严格执行社会治安综合治理"一票否决权制"和责任查究制。规范党政领导干部综治维稳政绩专项考核机制。组织3个专项考核组对全州12县市和州级36个成员单位的政法综治维稳、党政领导履行综治维稳政绩工作情况、村(社区)治保调解工作等内容进行量化考核。通过考核,提请中共大理州委、州人民政府对2011年度"综治维稳工作先进县市""综治维稳工作先进乡镇"和"综治维稳工作先进成员单位"的县市、乡镇和单位进行表彰奖励。

【深入推进平安和谐大理建设】　年内,大理州全面推进平安和谐大理建设进程。①健全完善平安建设长效机制。州委、州政府高度重视平安建设工作,定期听取工作情况汇报,研究分析平安创建工作情况,就存在的困难和问题及时予以帮助解决。不断加大对平安创建的经费保障力度,将综治工作经费按州级财政人均不低于1元、县级财政按人均不低于2元标准列入年度预算,确保"先进平安县市”创建顺利开展。②健全社会治安打防控体系。深入开展“打黑除恶”专项斗争、“打四黑除四害”、打击盗抢摩托车犯罪百日会战、打击黄赌毒违法犯罪、打击拐卖妇女儿童等专项行动,加大对抢劫抢夺盗窃等多发性侵财犯罪、严重暴力犯罪的打击力度。坚持“打防结合,预防为主”的方针,不断加大社会治安防控力度,按照治安防控体系建设规划,建立完善以公安机关为骨干、群防群治力量为依托、社会面治安防范为重点、科技手段为支撑,多警联动、专群结合,人防物防技防相结合,社会化、网络化、科技化相互补充的立体化治安防控体系。③健全矛盾纠纷大调解工作体系。坚持调解优先原则,完善矛盾纠纷大调解工作机制,充分发挥人民调解、行政调解、司法调解衔接联动的作用,把矛盾化解在基层、消灭在萌芽状态。④健全社会稳定风险评估和预警机制。全州对2008年试行的社会稳定风险评估和预警机制实施办法进行完善,中共大理州委办公室、州人民政府办公室印发了《大理州贯彻落实〈云南省重大事项社会稳定风险评估制度〉实施办法》和《大理州贯彻落实〈云南省维护社会稳定预警工作制度〉实施办法》,全州各级各部门认真贯彻落实。年内,州、县市维稳组织共发出社会稳定预警通知书32份,共进行重大事项社会稳定风险评估2项。

【认真做好社会管理创新工作】 2011年,全州召开了两次全州社会管理创新工作会议,对全州的社会管理创新工作进行了重点安排部署。①在流动人口服务管理上取得新突破。积极探索对流动人口服务管理主动引导、主动服务和主动维权的新模式和以证管人、以房管人和以业管人的新办法。加强市、镇、村三级流动人口管理服务中心和站所建设,大力发展流动人口专职队伍和志愿者队伍建设。全州在社区设置流动人口管理服务站点43个,配备流动人口专职协管员127名,兼职协管员259名。以大理市为试点,积极探索开展流动人口“市民卡”服务管理新举措。年内,大理市居住证管理中心成立,并开始在市辖区全面推行流动人口居住证(卡)管理,标志着全州的流动人口服务管理工作迈上了信息管理的规范化轨道。加强对劳务市场、公共娱乐场所、出租房屋、房屋中介的分类管理,预防和打击流窜犯罪,从源头上有效地预防和遏制流动人口犯罪。②在特殊人群服务管理上取得新突破。以“出监(所)无缝对接、安置帮教无一遗漏、异地流动有效管控”为目标,做好刑事解教人员安置帮教工作,全州安置率达90%,帮教率达98%。以“裁前评估、全员接收、分类管控、有效施教、解矫跟踪、全程监督”为目标,健全完善适应宽严相济刑事政策要求的社会矫正工作体系,在衔接管控、教育矫治等方面做好相关工作,完善相应的保障机制,做好帮困扶助。全州建立了“司法e通社区矫正信息管理系统”,以将社区矫正对象信息录入系统,并向矫正对象发放专用手机的方式实施信息化动态管理。制定了《大理州易肇事肇祸精神病患者管理救助救治工作实施办法(试行)》,通过新农村合作医疗、城镇居民医保及补贴等方式,对易肇事肇祸精神病人免费送医院治疗。祥云县筹集免费治疗资金33万余元,将46名易肇事、肇祸精神病人全部送医院救治,南涧县将40名重性精神病人送到大理州第二人民医院进行免费治疗,其他县市也按照实施办法对易肇事、肇祸精神病人进行了救治救助。③在预防青少年违法犯罪工作上取得新突破。以健全完善针对闲散青少年、流浪儿童、服刑人员的未成年子女、农村留守儿童等人群的救助管理措施,建立健全未成年人信息管理系统,建立公益性未成年人校外活动场所,健全完善未成年人法律援助制度为重点,以建好一支青年志愿服务队、建好一批青少年维权岗、搭建好一个“大理青年”QQ群交流平台为依托,整合各方社会资源,围绕“远离毒品”、“安全教育”、“心理辅导”、“法制教育”、“三生教育”等主题活动的开展,引导青少年学法、懂法、守法和用法,切实抓好预防青少年违法犯罪工作。④在互联网管理和非公有制经济组织、社会组织服务管理上取得新突破。加强对互联网等新兴媒体的服务管理,依法打击网上违法犯罪活动,建立网上舆情监测研判和舆论引导机制,促进互联网健康发展。⑤在社会治安重点地区排查整治和学校及周边治安整治上取得新突破。年内,全州共排查出治安重点地区16个,已整治14个,正在整治2个。多次开展学校及周边突出治安问题和矛盾纠纷排查整治专项行动,排查出校园及周边突出治安问题7件,已整治4件,正在整治3件。积极开展校园周边安全防范工作,取缔和清理整顿文化娱乐场所32个、违规摊点17个、网吧78个、出租房屋488个,有效净化了校园周边环境,促进了全州教育事业的健康发展。⑥在社会管理创新试点工作上取得新突破。年内,全州社会管理试点县和乡镇工作扎实推行,各县市结合各自实际,努力实践探索,取得了一些值得借鉴和推广的经验和做法。弥渡县作为大理州社会管理创新试点县,确立“抓基础、建机制、强信息、惠民生、出成效”的工作思路,提出了突出社会管理创新6大重点、完善3大体系、推进12项创新的工作目标,组建10个项目工作组合力推进,同时建立健全16个领域的78项机制制度,经过大胆尝试,积极探索社会管理新方法新模式,取得了一些社会管理创新新经验、形成了一些新亮点,试点工作成效显著,推动全州社会管理创新工作向纵深发展。

【切实加强综治维稳基层基础工作】 年内,大理州政法委认真贯彻落实中共云南省委、省人民政府关于深化乡镇机构改革的实施意见和省委政法委、省综治维稳委关于积极配合深化乡镇机构改革工作切实加强乡镇综治办建设的通知文件精神,及时下发《中共大理州委政法委员会大理州社会治安综合治理维护社会稳定工作委员会关于积极配合深化乡镇机构改革工作切实加强乡镇综治办建设的通知》,进一步明确各乡镇设置“社会治安综合治理办公室”,把乡镇综治维稳办建设作一项重点工作抓紧抓好,配齐配强领导班子和工作人员。全州110个乡镇政法专职副书记已全部配齐,乡镇综治维稳办作为4大办之一设置,同时在110个乡镇建立与综治维稳办合署办公的综治维稳工作中心,在村(社区)建立综治维稳工作室,最大限度整合资源,确保运行规范、高效。州政法委、州综治维稳委在对乡镇综治维稳工作中心建设调研的基础上,决定从2011—2012年连续两年,从州综治维稳工作经费中给予每个乡镇2万元,县市从综治维稳经费中配套1万元,加强全州乡镇综治维稳办、综治维稳工作中心软硬件规范化建设,2011年已完成首批55个乡镇的规范化建设任务。大力加强村(社区)治保调解组织建设,落实经费保障,夯实第一防线的根基。州县市财政每年拿出680多万元,对各村(社区)治保委员会主任、调解委员会主任每人每月专项补贴70元,副主任或文书每人每月专项补贴60元,村(社区)治保和调解办公经费每年补助600元,村民小组信息调解员每人每月专项补贴20元。

【强化舆论宣传】 年内,大理州政法委

根据省委政法委、省综治维稳委《关于在全省组织开展2011年综治维稳宣传月活动通知》的部署要求，组织开展了声势浩大的综治维稳宣传月活动。宣传月活动期间，主要新闻媒体对宣传活动进行专题宣传报道138次，开展户外宣传43场次，出宣传栏532期，出板报758期，展出宣传展板758块，悬挂宣传标语796条幅，发放宣传资料111455份，宣传月活动收到了较好的宣传效果。积极做好综治好新闻作品推荐上报工作，年内，全州共上报综治好新闻作品11件，其中获二等奖一篇，三等奖两篇，州综治办荣获优秀组织奖。2011年，调研工作成果丰硕，州委政法委荣获了全省政法工作调研先进单位。州委政法委、州综治维稳委创刊《大理政法》，为宣传政法综治维稳工作搭建了又一重要舆论平台。州综治办共编写《大理综治》简报15期，同时做好信息上报等工作；积极组织开展《长安》杂志、《中国社会治安综合治理年鉴》、《中国特色平安路—社会治安综合治理二十年纪念文集》和《平安云南》大型画册的宣传和征订工作。

【切实抓好铁路护路联防】 年内，大理州政法委深化平安铁路创建活动，全面落实新一轮承包责任制；广泛开展爱路护路宣传教育工作，“宣传月”活动期间，共展示宣传展板280块，发放宣传单40000余份，书写标语300条，入户宣传13600余人次，入户签订安全协议2000余份，切实增强了沿线群众的爱路护路意识；积极开展铁路沿线社会热难点问题和涉路突出治安问题整治工作，有效化解和处置各种涉路矛盾纠纷；强化陆地协助，完善联席会议、信息共享等工作机制。年内，全州无路伤死亡事件和大牲畜挡道事件发生，护路联防工作成效明显。

【认真做好见义勇为基金会各项工作】 年内，大理州切实做好全州见义勇为基金会各项工作。大理州见义勇为基金会以开展“倡导见义勇为，弘扬社会正气”为主题的“2011综治维稳宣传月”活动的有利契机，组织开展了大规模的募集活动。完成第八届“昆仑奖”全国见义勇为英雄司机推荐申报工作，大理市被中华见义勇为基金会授予第八届“昆仑奖”全国十大见义勇为英雄司机城市奖。根据《关于认真做好见义勇为人员优抚和家庭困难人员救助有关工作的通知》、省综治办《关于全力做好见义勇为牺牲人员优抚和救助的紧急通知》，全力做好见义勇为牺牲人员优抚和救助工作、革命烈士报批工作和见义勇为人员残疾等级评定等工作。

【表彰先进】 年内，为全面落实社会矛盾化解、社会管理创新、公正廉洁执法三项重点工作，充分展示全州政法干警执法为民、爱岗敬业、无私奉献、亲民爱民的精神风貌，树立先进典型，进一步激励和调动广大政法干警的工作积极性，推动全州政法工作再上新台阶，中共大理州委决定授予查政朝等10人“大理州政法委十佳工作者”荣誉称号，授予李满邦等10人“大理州十佳人民警察”荣誉称号，授予李子俊等10人“大理州十佳人民法官”荣誉称号，授予杨铭勇等10人“大理州十佳人民检察官”荣誉称号，授予杨建和等10人“大理州十佳司法工作者”荣誉称号，授予马伟军等10人“大理州十佳综治维稳工作者”荣誉称号。

大理州政法委十佳工作者

查政朝　南涧县委常委、县委政法委书记
张成良　宾川县委副书记（原县委常委、县委政法委书记）
王祖祥　祥云县委政法委专职副书记
郑晋宣　巍山县委政法委专职副书记
孙顺德　大理市委政法委副书记、综治办主任
刘永辉　云龙县委政法委执法监督室主任
刘志敏　弥渡县委政法委办公室主任
霍永安　漾濞县委政法委办公室主任
王建明　原剑川县委政法委专职副书记
于复胜　大理州综治办副主任

大理州十佳人民警察

李满邦　大理市公安局紫云派出所干警
杜跃镛　宾川县公安局钟英派出所所长
赵忠良　巍山县公安局刑事侦查大队副大队长
苏建军　漾濞县公安局刑事侦查大队大队长
曾桂荣　南涧县公安局禁毒大队大队长
董圭南　大理州公安局交通警察支队车管所副所长
李耀梅　鹤庆县公安局刑事侦查大队技术侦查中队中队长
钏光远　永平县公安局厂街派出所所长
石　磊　大理公安消防支队特勤中队中队长助理
赵红军　剑川县公安局副局长

大理州十佳人民法官

李子俊　永平县人民法院民二庭庭长
甘　志　弥渡县人民法院苴力法庭庭长
刘文辉　宾川县人民法院审判委员会委员
张义标　大理州中级人民法院刑三庭审判员
何红仁　云龙县人民法院漕涧法庭庭长
李炬海　洱源县人民法院邓川法庭庭长
赵新科　剑川县人民法院马登法庭庭长
夏清明　漾濞县人民法院刑事审判庭庭长
袁子发　南涧县人民法院审判委员会委员
范建红　巍山县人民法院民二庭庭长

大理州十佳人民检察官

杨铭勇　大理州人民检察院反贪污贿赂局检察官
杨利平　大理州人民检察院助理检察员
杨莉妮　大理州人民检察院办公室副主任
段启功　弥渡县人民检察院政治处主任
段承涛　宾川县人民检察院民事行政科科长
陈　伟　巍山县人民检察院侦查监督科科长
杨向勇　鹤庆县人民检察院监所检察科科长
黄　锐　大理市人民检察院控告申诉检察科科长
李光照　祥云县人民检察院纪检组长
杨润嘉　剑川县人民检察院公诉科科长

大理州十佳司法工作者

杨建和　祥云县司法局局长
杨建珍　巍山县司法局副局长
段　红　洱源县司法局副局长
陈敬举　大理州劳教所主任科员
何建忠　弥渡县司法局政工科科长
李玉文　大理市司法局经济开发区分局局长
杨根全　剑川县司法局沙溪司法所所长
吴云超　漾濞县司法局富恒司法所所长
何映章　云龙县司法局漕涧司法所所长
周永芬　宾川县司法局力角司法所所长

大理州十佳综治维稳工作者

马伟军　永平县委常委、县委政法委书记
杨剑春　宾川县委政法委常务副书记
赵汝恭　洱源县综治办主任
马庆芬　鹤庆县综治办副主任
李金灿　大理市大理镇镇党委副书记、镇长
罗中虹　祥云县信访局局长
袁学礼　弥渡县苴力镇党委党委书记
马旭辉　云龙县功果镇党委政法副书记
王成周　大理州教育局安全科科长
陈利民　大理州委政法委员会副调研员

【表彰社会稳定工作先进县市、先进单位和先进平安乡镇】

2011年度社会治安综合治理维护社会稳定工作先进县市

弥渡县、大理市、永平县、洱源县、祥云县、南涧县、巍山县

2011年度社会治安综合治理维护社会稳定工作先进单位

州委办公室、州人大办公室、州政府办公室、州政协办公室、州纪委监察局、州委组织部、州委宣传部、州委政法委、州委政研室、州委老干部局、州法院、州检察院、州国家安全局、州公安局、州司法局、州委610办、州民委、州民政局、州人力资源和社会保障局、州宗教局、州工信委、州财政局、州安监局、州发改委、州移民局、州教育局、州文化局、州广电局、州工商局、州总工会、团州委、州妇联、大理军分区、武警大理支队、武警大理州森林支队、州公安消防支队、大理监狱。

2011年度先进平安乡镇

大理市:湾桥镇　漾濞县:苍山西镇
祥云县:云南驿镇　宾川县:宾居镇
弥渡县:苴力镇　南涧县:公郎镇
巍山县:大仓镇　永平县:博南镇
云龙县:检槽乡　洱源县:三营镇
剑川县:弥沙乡　鹤庆县:金墩乡

【见义勇为先进群体和先进个人】

见义勇为先进群体

①勇斗抢夺歹徒先进群体

张　飞　大理市银桥镇北五里桥村委会村民
李勋荣　大理市银桥镇北五里桥村委会村民
杨正军　云龙县诺邓镇象麓村委会村民

②勇擒纵火犯先进群体

廖承明　宾川县金牛镇金甸村委会村民
王建样　宾川县金牛镇金甸村委会村民
冯绍权　宾川县金牛镇金甸村委会村民

对以上2个群体分别授予“见义勇为先进群体”称号,颁发奖牌和荣誉证书,每人奖励人民币0.5万元。

见义勇为先进个人

李春云　祥云县沙龙镇石壁村委会六组村民
林江南　大理经济开发区三茂街个体商户
何利伟　怒江州泸水县六库镇小沙坝新村村民
陈华山　红塔集团大理卷烟厂职工
余国忠　宾川县林业局鸡足山绿化护林防火中队职工
杨兆祥　洱源县茈碧湖镇巡检村委会村民
段灿华　洱源县信访局副局长
连如虎　南涧县拥翠乡温泉村委会村民
冯汝泰　巍山县大仓镇小河村委会村民

(《政法》由侯镇山撰稿)

政府法制建设

【概　述】 2011年,大理州人民政府法制局以国务院《全面推进依法行政实施纲要》、《关于加强市县政府依法行政的决定》、《关于加强法制政府建设的意见》文件为指导,在中共大理州委、州人民政府的正确领导下,在全州各级各部门的支持配合下,在政府法制系统工作人员的共同努力下,认真履行规范性文件审查备案、行政复议案件办理、行政执法培训和监督、法律意见提出、领导批示件处理等十个方面的工作职责,较好地发挥了参谋助手的作用和综合部门的职能作用,取得了一定成绩。创新推出的114政府信息直通车制度被州人民政府评为首届政府创新奖唯一的一等奖;被表彰为“五五”普法工作先进单位、洱海保护治理先进集体、人防工作先进单位;在2011年度全州行政机关政风行风测评中名列第三。

【审查把关规范性文件】 年内,全州州、县市两级政府法制机构认真贯彻落实《云南省行政机关规范性文件制定和备案办法》的规定,按照“有件必备、有备必审、有错必纠”的原则,经过广泛征求意见、召开听证会修改论证、审查把关、审查报备(登记备案)、公开公布等程序,对涉及促进经济健康发展、促进社会和谐稳定、改善人民群众生活水平等多个方面的规范性文件进行了严格地审查把关。州法制局审查规范性文件24件,其中,审查报备州人民政府规范性文件4件,登记备案州级机关和县市人民政府规范性文件各10件;县市政府法制局登记备案规范性文件61件,其中,乡镇政府10件,县级部门51件。

【清理规范性文件】 年内,州、县市两级政府法制机构按照职能权限组织对1993年1月1日~2010年4月30日全州各级行政机关制定的1657件规范性文件进行了清理。大理州人民政府有130件规范性文件列入清理范围,清理结果为:废止69件,修改13件,保留48件;12县市有1003件规范性文件列入清理范围,清理结果为:废止517件,修改173件,保留313件;州级机关有524件规范性文件列入清理范围,清理结果为:废止213件,修改107件,保留204件。

【办理行政复议案件】 2011年,大理州人民政府行政复议处共办理行政复议案件5件,其中,因不符合受理条件而不予受理1件,受理后申请人主动撤回申请1件,撤销行政机关行政决定1件,维持行政机关行政决定2件。具体为:申请人不服弥渡县政府征收决定行政案件1件,不予受理;申请人不服处罚决定州林业局行政复议案件1件,申请人撤回申请;申请人不服州劳动和社会保障局工伤认定行政复议案件3件,撤销1件,维持2件。12县市人民政府行政复议办公室共办理行政复议案件27件,其中,乡镇政府11件,县级部门16件。

【做好地方法规的起草修订】 年内,大理州人民政府法制局根据州人大常委会《2008~2012年民族立法规划》和《2011年年度立法计划》要求,通过州内调研、认真起草、召开论证会和征求意见座谈会、反复修改论证等程序,完成了《大理白族自治州农村公路条例(草案)》和《大理白族自治州湿地保护条例(草案)》政府阶段的起草工作。第十二届州人民政府第30次政府常务会议研究通过了以上两个条例草案后,以议案形式报送州人大常委会,完成了政府阶段的起草工作,大理州政府法制局还参与了州人大常委会对以上两个条例的一审、二审、三审工作。协助州旅游局起草并修改了《〈大理白族自治州旅游条例〉实施细则》。协助州苍山保护管理局起草并修改了《大理白族自治州苍山保护管理条例》配套规范性文件。

【履行行政执法职责】 年内,全州政府法制机构认真履行行政执法有关工作职责,扎实开展了相关工作。①根据大理州人民政府《关于对政府和部门拟任领导干部实行任前法律考试制度的通知》文件规定,州人民政府法制局组织对全州拟任的17名县处级领导干部进行了任前法律考试。通过培训考试,进一步增强了领导干部依法行政的观念,对推进行依法行政,构建法治政府起到了积极的推动作用。②认真贯彻落实省政府法制办《关于进一步加强行政执法培训和规范行政执法证件办理的通知》文件精神,通过延长培训时间、加强师资力量、精心备课授课、严格组织考试等多种

举措，州人民政府法制局认真组织州民政、规划、环保等14个系统和巍山、剑川2个县800余名行政执法人员分6期开展了行政执法培训，收到了较好的效果；根据省政府法制办《关于开展〈行政强制法〉学习培训工作的通知》的要求，组织州级行政机关行政执法人员开展《行政强制法》培训考试16期1780人；为全州2398名行政执法人员申办了执法证件。③按照省政府办公厅《关于进一步推进相对集中行政处罚权和实行综合行政执法工作的通知》要求，州人民政府法制局积极推进全州相对集中行政处罚权和实行综合行政执法工作，分别审查并帮助12县市政府修改了关于城市管理综合行政执法的实施方案。④根据中共大理州委、州人民政府《关于进一步推动大理省级经济开发区和省级旅游度假区发展的决定》文件要求，州人民政府法制局组织草拟了州级职能部门委托"两区"行使部分经济管理权、行政执法权的责任书，并受州人民政府委托组织州级职能部门与"两区"签订了责任书。⑤严格落实《云南省人民政府重大决策听证制度实施办法》和《大理白族自治州人民政府重大决策听证实施细则》规定，全州政府法制系统共组织、指导各级各部门开展重大决策听证128次。其中，州人民政府4次，县市政府112次，州级机关12次。

【行政执法监督工作正常开展】 年内，大理州人民政府法制局认真履行行政执法监督职责。①与州人民政府督查室一起，对12县市政府和部分州级机关规范性文件清理工作进行了监督检查。经查，受检单位均能按规定的时限要求和清理标准完成清理工作。②与州政务服务中心筹建领导小组办公室、州政府督查室一起，对12县市政务服务中心建设进展情况进行了监督检查。经查，12县市政务服务中心均已按要求建成并投入运行。③根据州政府安排，州人民政府法制局挂钩鹤庆县2011年基层医药卫生体制综合改革工作。8月13日、9月29日，州人民政府法制局领导两次带队深入到鹤庆县医院、西邑镇卫生院和西邑村卫生室、金墩乡卫生院和积德村卫生室、云鹤镇菜园村卫生室等基层卫生医疗机构了解医改工作开展情况，通过对县、乡（镇）、村三级医改工作的指导和帮带，促进了鹤庆县医改工作的顺利开展。

【行政执法检查考核】 年内，根据《国务院关于加强法治政府建设的意见》、《云南省人民政府贯彻落实国务院关于加强法治政府建设意见的实施意见》、《云南省行政执法案卷评查办法》及《大理白族自治州人民政府行政执法评议考核办法》等文件要求，为全面了解掌握全州2011年度依法行政工作情况，州人民政府法制局报请州人民政府批准，下发《关于对2011年度全州依法行政工作进行检查考核的通知》。按通知要求，有77个州级机关和12个县市政府及"两区"共91家列入考核范围。2011年12月20～30日，州人民政府法制局组成3个检查考核组，在各县市和各部门自检自查的基础上，分别对12县市及24个州级行政执法部门进行重点检查。经查，全州各级各部门2011年依法行政工作呈现出良好态势，主要表现在七个方面：依法行政组织领导工作普遍得到加强、科学民主决策机制逐步建立、行政执法责任制不断完善、行政执法行为更加规范、行政复议工作稳步推进、行政调解工作全面开展、规范性文件质量明显提高。根据重点检查情况，结合平时掌握的工作情况，州人民政府法制局报请州人民政府对被评为2011年度依法行政先进单位一等奖的祥云县等19家行政执法单位和二等奖的洱源县等17家行政执法单位进行了表彰奖励。

【对法律请示作出答复】 年内，州法制局分别对宾川县政府所请示的××镇××社区村民在收储土地上强耕抢种案、剑川县政府法制局《关于〈云南省社会抚养费征收管理规定〉第五条有关行政复议被申请人规定的理解适用问题》、南涧县政府法制局《关于不服行政机关人事身份认定的答复能否申请行政复议的请示》、州工业和信息化委员会《关于核发董××同志生活补助的请示》、州林业局《关于行政复议工作中有关问题的请示》、《佳利公司关于收购林业系统罚没红豆杉、榧木的请示》等11件请示作出了答复。

【参与相关文稿的论证并提出法律意见】 年内，州法制局认真参与相关文稿的论证修改，并就相关问题提出了法律意见。①完成了对《云南省森林消防条例（修订草案）》、《云南省农民工工资支付保障规定（草案）》、《云南省农村公路条例（送审稿）》等13件省级文稿的征求意见提出意见及反馈工作。②完成了州人民政府领导批示的《关于请求补助30集电视剧〈风花雪月〉拍摄工作经费的请示》、《州人民政府与昆钢合作协议》、《关于保利协鑫能源控股有限公司在大理投资建设100wm晶体硅光伏发电项目的报告》等30件文稿的论证，并提出了法律意见。③协助大理市、永平县等8个县市分别就"洱海天域"项目处置听证会材料、《大理市精神病人和肇事肇祸精神病人管理暂行办法》、《永平县行政程序办法》等12件文稿进行了修改论证。④帮助州商务局、州政务服务管理局、州林业局等13个州级部门分别就《招商引资办法、协议、签订招商引资合同注意事项》、《大理州公共资源交易中心工程建设项目交易规则（试行）》、《大理州实施〈云南省重点保护陆生野生动植物造成人身财产损失补偿办法〉细则（试行）》等16份文稿进行了修改论证。⑤参与了大理市城市供水价格调整成本公开、州卫生局"十二五"人才发展规划、州医院机动车停放服务收费征求意见、三塔公园电瓶车价格调整、古城旅游观光电动车票价标准等12次论证会，并提出了法律意见。

【社会维稳接访】 年内，州法制局在日常工作的开展中，既注重合法合理处理问题，也注重维护社会安全稳定，更注重相关利益主体合法权益的保障和群众切身利益的维护。①参与大理经济开发区05－50－58号闲置宗地处理研讨会并提出法律意见7次，并陪同州人民政府领导赴昆向省人民政府领导和省人民政府法制办、省国土资源厅等省级部门工作情况汇报会3次。②先后多次参与了大理市凤仪镇北街村村民不服省人民政府土地征收决定向国务院申请行政裁决、"洱海天域"项目遗留问题、度假区"一房二卖"、祥云县煤矿事故、"顺风"号违法营运、道路超限运输处罚、国道214线龙首关走向确立等棘手问题的处置工作，并提出了法律意见。③11月25日，开发区商人李XX在省党代会期间赴昆上访，根据州委、州政府主要领导交办，州法制局主要领导赶赴昆明，配合州领导做好接访工作。并按照要求提出对该案处置的法律意见和方案，并参加该案的各项处置工作。④数次接待了祥云县下庄镇XX村委会四组村民代表、弥渡县李XX、剑川县沙溪镇江东小学教师王XX、巍山县五印乡文明小组李XX、大理市民洪XX等人来访74人次，并分别就来访人所提出的问题耐心细致地给予了咨询解答，尽力为群众排忧解难，做好了维稳工作和群众工作。⑤全局干部职工踊跃为结对帮扶的云龙县白石镇松水村大麦地组杨汉林、杨灿英两户困难群众捐款捐物，并到家中看望慰问。

（《政府法制建设》由史凯撰稿）

司法行政

【概　述】 2011年，在中共大理州委、州人民政府和省司法厅的正确领导下，全州司法行政机关坚持围绕中心、服务大局，坚持以人为本、服务为民，深入推进“三项重点”工作，以争创全省一流水平的州市司法行政工作为目标，转变作风，激发活力，狠抓落实，各项工作在创新中取得新成绩。

【普法与依法治州】 12月12日，中共大理州委、州人民政府正式转发了《州委宣传部、州司法局关于在全州公民中开展法制宣传教育的第六个五年规划（2011—2015）》文件。大理州第十二届人大常委会第二十四次会议审议通过《关于在全州公民中深入开展法制宣传教育的第六个五年规划的决议》文件。12月13日中共大理州委、州人民政府召开大理州第八次法制宣传教育工作会议，总结全州“五五”普法工作成效与经验，安排57万元经费对“五五”普法工作中涌现的先进县市、先进单位和先进个人进行了表彰奖励，部署“六五”普法各项任务。各级各部门按照统一部署，采取有效措施，全面启动“六五”普法工作。各级司法行政机关大力推进“法律八进”活动，组织相关职能部门大力开展综治维稳宣传月、送法下乡和主题日法制宣传等活动，向广大干部群众发放宣传材料、画册和《2012年普法历书》等14万余份；创新工作方式，努力提高普法的针对性和实效性，利用移动通信信息平台对重点普法对象近5万人进行普法短信宣传，开展法治文化进乡村活动等，收到良好效果。《大理州2011—2015年依法治州规划》（“四五”依法治州规划）在州第十二届人大常委会第二十七次会议上审议通过，12月28日中共大理州委、州人民政府召开全州依法治州工作会议，对“三五”依法治州工作进行全面总结，安排了54万元经费对“三五”依法治州工作中涌现的先进县市、先进单位和先进个人进行表彰奖励，对“四五”依法治州工作安排部署，扭转了大理州规划的实施与全省不同步的问题，努力形成全省依法治理工作一盘棋。各级党委政府不断深化依法治理工作，积极探索推进法治县市创建，永平县被评为首批“全国法治县（市、区）创建活动先进单位”；积极开展基层“民主法治”创建活动，全州1078个村（社区）全面展开，有3个被命名为全国“民主法治示范村”，有39个被命名为全省“民主法治示范村（社区）”，有136个被命名为全州“民主法治示范村（社区）”；全州相关部门大力开展道路交通违法违规及酒醉驾车、食品、药品安全等集中整治活动，加大行业依法治理及专项治理力度，在中小学校积极开展青少年学法活动，关注民生，加强维权工作，努力提高全州依法治理工作水平。

大理州司法局扎实开展监狱、劳教（强戒）所迎新春大型帮教联谊活动

（州司法局　供稿）

【法律服务工作有声有色】 2011年大理州司法局在律师行业深入开展“中国特色社会主义法律工作者”主题教育实践活动，建立完善律师代理重大敏感案件、参与群体性事件处置机制，实行律师参与领导接待群众来访日制度，积极为党委政府和各部门各行业提供法律服务，积极为“滇西中心城市建设”服务。共担任法律顾问486家，办理诉讼案件3088件、非诉讼法律事务840件，解答咨询和代写文书11192件，义务法律咨询宣传服务25289人次，参加公益法律服务79次，参加处理涉法信访17件。在公证行业认真开展案卷质量专项检查活动，加强教育培训，完善投诉处理监督机制，公证质量进一步提高；全州14个公证机构共办理公证事项18578件，其中，涉港澳台公证事项77件，涉外公证事项1028件，公证收费668万余元；办理公证法律援助事项20件，减免公证费18.87万元；公证服务“三农”742件，涉及金额1602万元。10月，大理州司法局挂牌设立了司法鉴定管理科，管理机制不断规范完善，执业类别不断拓展，保障诉讼、服务社会的能力稳步提升，鉴定的科学性、客观性、权威性不断增强，努力打造司法鉴定服务为民新品牌。全州共设立司法鉴定机构19家，执业人员有199名，办理鉴定业务2319件。

【开展“法律援助便民服务”】 2011年，全州司法部门加强农民工维权工作，进一步畅通困难群众维权渠道，充分发挥法律援助在扶贫困、暖民心、保民生中的重要作用；共办理法律援助案件1740件，其中，民事案件1417件，总受援人次达2175人次，为当事人挽回经济损失862.9万元，解答法律咨询9664人次；争取到中央彩票公益法律援助金11.65万元，办理公益金法律援助案件88件。圆满完成2011年国家司法考试大理考区的组织实施工作，坚持严格、高效、规范原则，周密部署、精心组织，保持了零错误、零过失，为滇西八州市的2289名考生创造了公平、有序的考试环境，得到了省厅的充分肯定和奖励；共有172名本地考生分数合格，合格率为27.05%，再次创历史新高。

【司法体制改革取得新进展】 2011年，为彻底改变州属律师事务所管理运行体制和州、市公证机构设置与现行法律法规和相关政策要求长期不符的问题，大理司法局积极向党委、政府汇报，大理州人民政府成立了律师公证改革工作领导小组，明确了改革的目标、任务，召开了相关工作会议和动员会议，取得了相关单位和职工的理解、支持、配合；严格按要求完成了相关单位的国有资产清查评估、财务审计等工作，各项改革工作扎实稳步推进。

【人民调解送法到户】 2011年，大理州司法局扎实开展"人民调解员送法入户，争当调解能手，化解矛盾促和谐"主题实践活动和"调解八进"活动，充分发挥"第一道防线"作用，将一大批矛盾纠纷化解在萌芽状态、处置在初始阶段，有力地促进了全州社会和谐稳定。积极推动"大调解"工作机制创新，各县市积极落实"以案定补"和"以奖代补"工作制度，努力调动工作积极性。加大调解业务培训，对220余名基层干部和调解员进行了集中培训，努力提升人民调解工作的能力和水平。共调处各类矛盾纠纷88585件，调解成功84475件，调解成功率达95%；防止因民间纠纷引发自杀案件89件195人，防止民间纠纷转化为刑事案件553件6675人，防止群体性上访695件24471人，防止群体性械斗237件9140人。在《人民调解法》宣传贯彻工作中，大理市司法局和祥云县司法局被全国人民调解员协会评为先进单位，祥云县司法局被省厅记集体二等功，大理市司法局等7个单位被省厅记集体三等功，李德明、李文忠被省厅记个人三等功，董钤被评为"云南首届十佳模范人民调解员"，张天祥等12人被评为"云南首届百佳人民调解能手"，州司法局等16个单位被评为"全省人民调解先进集体"。认真抓好"两院两部"禁止令执行工作，着力完善社区服刑人员衔接管控机制，切实加强社区矫正工作管理创新。紧紧抓住全省"社区矫正人员动态监控信息管理平台"试点建设机遇，迅速部署，率先在大理市和弥渡县建成了部分司法所的信息化管理平台，在8月10日的全州司法局长会上，生动展现了信息化管理的效果，试点从最初确定的3个县市增加到了7个县市，信息化管理平台先后在弥渡县、大理市、巍山县、南涧县、洱源县、宾川县、漾濞县开通运行，全州社区服刑人员纳入了信息化动态监控管理，其中，南涧县和洱源县做到了100%的覆盖；信息化管理平台的建设，极大地提高了工作效率和质量，缓解了监管压力，使社区矫正工作迈上了一个新的台阶。坚持高标准、严要求，努力做到刑释解教人员必接必送，全力提高安置帮教工作质量，为安置帮教对象64名办理了低保，对316名进行了就业指导，对139名进行了就业技能培训，不断提高安置帮教的效果。

【监狱劳教管理】 2011年，大理州司法局扎实开展监狱、劳教（强戒）工作规范化管理年活动，不断健全完善机制，教育改造质量和戒毒效果显著提高。大理监狱认真贯彻监狱工作方针，严格落实安全稳定责任制，不断健全完善监所安全稳定长效机制，努力提高教育改造质量，确保了监所持续安全稳定，维护社会和谐；经济收入达3600万元，实现利润340万元。州劳教（强戒）所全力完成强制隔离戒毒职能接收，努力提高教育改造质量和戒毒治疗水平，实现了持续安全稳定。积极调整思路，拓宽生产渠道，全年生产总值达2000万元，实现利润200万元，保持了利润的增长。积极争取党委、政府关心、支持，为缓解监管场所严重不足的困难，暂借海东部分场所，新组建了五大队和女子大队。建成全国劳教系统第一个纳入地方卫生部门统一管理的羁押场所艾滋病抗病毒治疗点。首创了劳教强戒学员一日生活制度和干警履职一日管理制度。被省公安厅、省司法厅授予"强制隔离戒毒职能移交工作先进集体"，在2011年全省劳教系统年终考核中取得总分第一的好成绩，被省司法厅荣记集体三等功。

【基层司法所建设】 年内，大理州司法局全面加强司法所建设扫尾工作，积极向中共大理州委、州人民政府和省司法厅汇报资金缺口等困难，取得了重视和支持，州人民政府安排了265.2万元的司法所建设专项补助资金，及时统筹下达各县市，切实解决司法所建设资金紧张困难。全州司法所建设项目，除一个司法所因乡政府搬迁缓建外，全部建成投入使用。司法所规范化建设不断深入，司法所"四室一站"建设全面完善，大理州司法局在较为困难的情况下挤出一定的经费，对每个县市局给予了一定的经费补助，确保基层工作有力开展，促进了司法所规范化建设扎实推进。紧紧抓住中央决定在"十二五"时期进一步加强地方政法基础设施建设的有利时机，狠抓司法业务用房建设前期工作，周密部署，加强督导，取得了长足进展，弥渡等7个县的司法局和州司法局落实了建设用地，通过了项目"可研"评审，鹤庆县司法局业务用房建设项目资金已下达，准备开工建设，其它各县的项目将按省、州发改部门的安排，逐步上报列入国家发改委的中央投资建设项目，为"十二五"时期的基础设施建设打下坚实基础。

（《司法行政》由董灿斌撰稿）

公　安

【概　述】 2011年，全州公安机关在中共大理州委、州人民政府和省公安厅的领导下，紧紧围绕全州经济社会发展大局，按照大理州公安局党委提出的"民意先导、求真务实、科技引领、以人为本、打造品牌"五句话总要求，切实增强公安工作服务经济社会发展的自觉性、主动性，全力维护社会和谐稳定，严厉打击人民群众反映强烈的突出治安问题，大力加强公安机关自身建设，在谋发展、求进步中推动全州公安工作实现新发展、迈出新步伐，为大理州实现"十二五"良好开局作出积极贡献。同时全州各级公安机关以"大走访"开门评警活动为契机，有效畅通民意反映渠道，倾听群众呼声，回应群众关切，先后开展了"百日会战"、"打四黑除四害"、"清网行动"、"清剿火患"等一系列专项整治和专项行动，有效打击了违法犯罪，净化了治安环境。通过开展打击盗抢摩托车犯罪"百日会战"，初步解决了长期危害大理州社会治安的突出问题，推动了全州社会治安进一步好转，人民群众安全感和满意度不断增强。在"清网行动"中，全州公安机关变压力为动力，攻坚克难、奋勇争先，抓获了一大批负案在逃人员，消除了隐患、震慑了犯罪，赢得了党委、政府和人民群众的广泛赞誉，得到了公安部和省公安厅的充分肯定。

【信息化建设工作有创新】 2011年，全州公安机关顺利实现了大理警综平台向省厅警综平台的转换，有效解决了全州公安机关信息化建设中出现的"科技累警"、"信息孤岛"问题。全州公安机关依托公安信息化全面推进社会管理创新，治安防控、社会管理与服务方式推陈出新，创新推出了流动人口居住证管理、保安110、行业场所分级管理、旅馆业视频监控、基层业务流动服务站等一大批管理服务新举措，打造了一批"亮点"，创造出不少经验，公安机关社会管理服务水平得到有力提升。以信息化助推执法规范化建设，案件网上流转成为常态，网上监督、网上考评机制逐步健全，法制员队伍建设、执法培训得到加强，全州公安民警执法水平逐渐提高，执法质量明显提升。

【增强队伍凝聚力、向心力】 2011年，全州各级公安机关在坚持政治建警、从严治警的同时，充分尊重民警主体地位，通过局长信箱沟通、深入基层调研、与基层民警交流座谈等方式，真诚、真情、真心倾听民警心声，回应民警诉求。积极协调争取各方支持，认真落实关爱民警措施，全面落实了事关全州公安民警切身利益的执勤岗位津贴和加班补贴，实实在在为民警解决了一些问题和困难。大力推动警营文化建设，努力打造愉快工作、幸福生活的环境，营造创先争优、你追我赶的工作氛围。队伍的凝聚力、向心力明显增强，有效鼓舞了士气、振奋了精神，在各项公安工作中涌现出一大批先进集体和先进个人。实践证明，坚持以人为本，尊重民警、理解民警、关爱民警，是做好公安工作的重要保证，也是做好新时期公安思想政治工作的灵魂和法宝。

【全力打好禁毒人民战争】 2011年，全州公安机关在打击大宗毒品犯罪方面取得了较好成效，缴获毒品数大幅上升，但破获毒品案件数下降，特别是零星贩毒向山区、农村蔓延，新型毒品增多等问题依然突出，毒品对大理州的危害仍然很大。全州公安机关在继续保持对大宗过境贩毒严厉打击、坚决摧毁贩毒团伙和网络、为全国禁毒工作作贡献的同时，充分认识零星贩毒对全州社会治安和人民群众生命健康的危害，多动脑筋、多想办法，采取有力措施，及时摧毁零星贩毒窝点，切断毒品供应环节，萎缩毒品消费市场，将毒品对全州的危害降至最低。同时加强与检察、法院、司法、监狱等部门的沟通联系，坚持"零案专办"和"零包贩毒数量、证据累计"制度，依法严厉惩处零星贩毒人员。积极协同文化、工商行政等职能部门，加强对娱乐服务场所涉毒问题整治，防止新型毒品蔓延。高度重视，毫不松懈地继续采取有效措施，巩固巍山永建地区毒品问题整治成果。

【李汉柏到鹤庆县公安局调研】 6月5日，省委常委、省纪委书记李汉柏在县委书记段智深，县委副书记王耀，县委常委、常务副县长彭晓源，副县长、县公安局长马洪斌等县委、县人民政府领导的陪同下深入鹤庆县公安局调研。李汉柏详细视察了鹤庆县公安局新建的两栋办公附属楼、篮球场、停车场等基础设施。李汉柏对整个办公区内务设施和派出所工作生活场所进行的规范化改造，以及全局办公条件的改善，硬件建设的提升给予了充分肯定，指出，鹤庆县公安局谋划超前、考虑长远，规划合理，硬件建设为鹤庆公安工作的长远发展奠定了坚实基础。李汉柏要求，公安机关在开展工作中要注重民生，广听民意，通过群众的评议来促进公安机关党风廉政建设，推动反腐倡廉各项措施的落实。在加强硬件设施建设的同时，要加强队伍建设和软件建设的力度，加大对民警的培训力度，提高民警的思想素质和业务水平，打造一直素质高、作风硬、业务精、能打硬仗、善打硬仗的民警队伍。公安机关要在党委、政府的统一领导下，进一步加强社会矛盾纠纷的排查化解力度，紧紧围绕群众普遍关注的热点、难点问题开展有针对性的排查化解工作，尽可能将矛盾纠纷及时化解，消除在初始和萌芽状态，调处在基层和村社，确保社会稳定和谐发展。

【省公安厅副厅长董家禄到大理州调研】 2月17～18日，云南省公安厅副厅长董家禄、刑侦总队副总队长许洋在大理州公安局常务副局长何正荣、副局长张跃光、党委成员、警令部主任芮灿杰、刑侦支队支队长王洪等领导的陪同下，深入洱源、鹤庆、祥云县公安局相关部门及派出所就信息化建设、执法规范化建设、保安联网报警、公安机关如实立案和开门评警等情况进行调研。董家禄认为祥云县公安局创新社会管理，提升社会治安防控体系的科技含量，有力地推动和促进了社会治安防范信息化、社会化的进程。董家禄要求，保安联网报警要进一步拓展，把社会治安防范网络向信息化、社会化时代不断迈进。

【副州长、州公安局长陈川到永平、漾濞调研指导】 7月4～6日，大理州人民政府副州长、州公安局局长陈川在州人民政府副秘书长杨毅平，州公安局党委委员、政治部主任杨容，党委委员、警令部主任芮灿杰等人的陪同下，深入永平县调研指导公安工作。陈川一行先后深入到龙街派出所、博南派出所、龙门派出所、水泄派出所、厂街派出所、杉阳派出所、看守所、110指挥中心、刑侦大队、消防大队、北斗派出所等基层所队看望慰问基层民警，详细了解工作情况，并深入大瑞铁路霁虹桥路段、看守所新建工地检查指导工作。陈川要求，山区派出所认真搞好交通安全和消防管理工作，加大宣传力度，全力维护好辖区社会治安稳定。

【陈川到漾濞县调研指导】 7月6～7日，大理州人民政府副州长、州公安局局长陈川在州政府副秘书长杨毅平、州局党委委员、政治部主任杨容、党委委员、警令部主任芮灿杰等领导陪同下，到漾濞县调研指导公安工作。陈川一行先后到富恒派出所、太平派出所、城区派出所、漾江派出所、顺濞派出所、平坡派出所、110接处警中心等基层所队及部门调研指导并看望慰问基层民警。陈川勉励基层民警克服困难，立足基层，切实增强责任感、使命感和安全感，为维护地方经济社会发展做出更大贡献。

【开展情报研判模块应用培训】 1月10～11日，经大理州公安局批准，大理州公安局警令部先后对12县市公安局及州局23个部门开展了情报研判模块应用培训。培训通过上机操作、具体实例操作演示、交流研讨等多种形式开展，由警令部情报中心民警和系统工程师对情报信息报送、人员布控、重大事件预警防范系统应用操作、综合研判分析工具应用操作、情报导侦破案系统应用操作、大理州公安局预警信息落地查处、研判预警事项、重点人员动态管控系统应用操作、通用研判应用操作及维稳形势监测系统应用操作等十大模块进行详细讲解，并对实际运作中遇到的问题进行了交流讨论。通过培训及互动交流，参训人员初步了解和掌握了情报研判各个应用模块的功能，对下一步各县市公安局开展情报研判模块培训和应用推广工作奠定了基础。

【部署打击盗抢摩托车犯罪百日会战】 2011年，大理州公安局党委决定从3月21日～6月30日在全州范围内开展为期100天的打击盗抢摩托车犯罪百日会战。3月21日下午，召开电视电话会议就相关工作进行安排部署，副州长、州公安局局长陈川出席会议并作重要讲话，大理州公安局在关党委委员和局直各部门正副职领导、情报中心、刑侦支队全体民警在主会场参加会议，会议以视频形式开到全州120余个公安派出所。会上，副局长张跃光对开展打击盗抢摩托车犯罪百日会战进行了全面部署，要求全州各级公安机关高度重视，加强领导，采取有力措施，迅速组织开展打击盗抢摩托车犯罪专项行动。通过百日会战，实现3个工作目标：①切实提升人民群众的安全感和满意度。②有力提升公安机关打击刑事犯罪能力和水平，迅速扭转当前破案绝对数较低的被动形势。③积极探索整治以摩托车犯罪为主的侵财性犯罪的工作新机制。为加强组织领导，州公安局成立由陈川为指挥长的打击盗抢摩托车犯罪百日会战指挥部，负责全面领导、组织、指导本次行动，各县市公安局成立相应的领导机构。

【祥云公安局查获万克毒品案】 年内，祥云县公安局在继续深入开展"11·1"打击零星贩毒专项行动和"清网行动"工作中，多警种协作，树立全警"一盘棋"意识，定期通报毒情形势和过境贩毒情况，高度重视涉毒人员预警查处工作。7月22日，祥云县公安局祥城派出所通过信息自动预警指令，查获一起特大贩毒案，抓获犯罪嫌疑人2名，缴获毒品海洛因可疑物4225克、冰毒17115克。

【集中开展打击零星贩毒专项行动】 8月12日，大理州公安局召开电视电话会议，动员全州公安机关开展为期三个月的打击零星贩毒和禁吸戒毒专项行动，推动全州禁吸戒毒工作取得新的更大成效。各县市公安机关根据大理州公安局的统一部署，结合当地实际，进一步细化措施，狠抓落实，打击零星贩毒和禁吸戒毒攻坚战役取得了初步成效。截至9月2日，全州相继查破了一批重特大毒品案件，摧毁了一批零星贩毒窝点，查获零星贩毒案件103起，强制隔离戒毒吸毒人员93人（其中刑事拘留5人），专项行动取得了初步成效。在专项行动中，大理市公安局将目标任务分解量化并下达到市属21个所、大队，确定了11个专项行动的重点地区，20天就查破零星贩毒案件92起（刑事案件2起），强制隔离戒毒38人。巍山、宾川、云龙等县"打零"及收戒吸毒人员工作也取得了积极进展。巍山县抓获涉毒在逃人员3人，强制隔离收戒吸毒人员11人，破获零星贩毒刑事案件1起1人，查处毒品违法案件3件3人。宾川县先后排查出吸贩毒特殊人员20人，收戒吸毒人员5人，行政处罚1人；查获毒品违法案件2起，缴获毒品零包2个；查获运输毒品案件1起，抓获犯罪嫌疑人1名，缴获毒品海洛因13克。云龙县破获零星贩毒案件1起，抓获犯罪嫌疑人1名，缴获毒品冰毒102克，缴获毒资500元；收戒吸毒人员4人。弥渡县成功摧毁一个零星贩毒窝点，抓获患有严重传染性疾病的以贩养吸零星贩毒人员1人，一举查获吸毒人员19人。

【南涧县公安局强力推进"清网行动"】 2011年9月23日，省、州公安机关强力推进"清网行动"电视电话会议后，南涧县公安局党委高度重视，迅速把全体民警的思想认识统一到上级公安机关的决策部署上来，始终站在讲政治、讲大局的高度，把"清网行动"百日攻坚会战作为第四季度的首要工作任务来抓，全警动员、全力以赴，以超常的认识、超常的决心、超常的状态、超常的工作方法和措施迅速投入"清网行动"百日攻坚会战，"清网行动"中，南涧县公安局经成功敦促、直接抓获行动前网上逃犯7名，行动前网上在逃人员下降率达70%。

【祥云县公安局精心构筑辖区治安防控工作】 年内，祥云县公安局进一步加强社会治安防控体系建设，精心构筑辖区治安防控工作"六张网"，有力地推动了"平安和谐祥云"的建设。形成了人防、物防与技防相结合的立体化动态治安防控网络，各类重特大刑事犯罪得到有效遏制，辖区社会治安明显好转，祥云县各类可防性案件发案数同比下降了6.94%，"两抢一盗"案件同比下降了13.7%，广大群众的安全感得到明显提高。

【连续破获万克毒品大案】 年内，全州公安禁毒部门充分发挥禁毒斗争主力军的职能作用，始终坚持以"破大案、打团伙、断通道、摧网络、追毒枭"为目标，积极开展全省公安机关"11-1"打击零星贩毒专项行动、"全州2011年春季扫毒行动"和"百日会战"等专项工作。全州公安禁毒部门在巩固重点地区毒品整治成果的同时，及时调整工作思路，采取多种措施，积极开展毒情调研，不断拓宽延伸禁毒情报触角，强化情报研判，全方位拓宽情报线索来源。同时开展公开查缉和跨区域专案侦查，相继破获了一批重特大贩毒案件，严厉打击了毒品犯罪分子的嚣张气焰。连续破获6起万克以上毒品案件，抓获犯罪嫌疑人13名、缴获精制毒品81.3千克、毒资人民币81.6万元、涉案车辆5辆。为全州"春季扫毒"和"百日会战"专项行动再添新战果。

【鹤庆县公安局稳步推进刑事科学技术建设】 年内，在深入贯彻落实三项建设和三项重点工作中，鹤庆县公安局大力实施科技强警战略，全面加强刑事科学技术专业化、规范化、信息化建设，不断提高现场勘查、检验鉴定和服务实战能力，在技术室等级建设、现场勘验系统应用、检验鉴定和技术破案等方面取得了可喜成绩，刑事科学技术服务侦查破案能力显著增强，技术作用日趋突显，为打击犯罪、保护人民群众生命财产安全、维护社会治安稳定和构建和谐社会提供了更加有力的科学技术支撑。

【禁吸戒毒工作成效明显】 2011年，大理州公安机关认真贯彻公安部"春季攻势"和全省公安机关"11·1"打击零星贩毒专项行动电视电话会议精神，以铲除一批零星贩毒活动频繁的地下窝点、摧毁一批零星贩毒网络、打击处理一批零星贩毒分子、收戒一批吸毒人员、整治一批有涉毒问题的娱乐场所为目标，精心组织，周密部署，严厉打击零星贩毒违法犯罪活动，有效遏制新滋生吸毒人员，禁吸戒毒工作取得了明显成效。上半年全州公安机关共打击处理零星贩毒刑事案件27起，行政违法案件292起，收戒吸毒人员864人（其中，强制戒毒508人，社区戒毒147人，社区康复戒毒209人）。

【大理州"清网行动"成效显著】 2011年"清网行动"开展以来，特别是公安部"8·31"、"9·20"、省公安厅"9·23"电视电话会议后，全州各级公安机关正视存在的问题，进一步提高认识，自加压力，以超常规的措施全警投入"清网行动"，迅速扭转被动局面。年内，全州共抓获行动前网上逃犯204名（其中，抓获133名，自首71名）。公安部副部长刘金国对大理州公安机关"清网行动"取得的成绩给予充分肯定。

【"春季攻势"专项行动捷报频传】 年内，大理市公安局针对"两抢一盗"等多发性侵财案件突出，特别是砸车窗玻璃盗窃车内财物、盗窃电力设备等犯罪案件有所上升的特点开展了"春季攻势"，连续破获一批群众关心的案件。①多措并举，打掉一个砸车窗玻璃盗窃车内财物的犯罪团伙。一举破获2010年至今发生在大理市内砸车窗玻璃盗窃车内财物的案件30余起。②加强巡逻盘查，斩断伸向电缆的黑手。严厉打击盗窃电缆、电线、变压器等电力设施的违法犯罪活动，成功抓获伙同他人在大理、弥渡、巍山、洱源、南涧等地盗窃变压器、电信电缆10余起张×和弟弟张××犯罪嫌疑人。③缜密侦查，快速破获绑架、非法拘禁案。成功破获绑架案件和非法拘禁案件各1起，两起案件的人质均得到安全解救。

【积极服务地方经济文化交流与发展】 2011年，大理学院外国留学生数量不断增加，涉及越南、柬埔寨、老挝、泰国、印度等21个国家，在校学习的外国留学生已达609人，境外办学点有留学生351人，外国留学生总量在全省高等院校中位居第一。面对新形势，大理公安出入境管理部门不断加强学院留学生管理的监督和指导，强化服务意识，创新管理机制，积极推进外国留学生管理服务工作。

（《公安》由肖龙灵撰稿）

审 判

【概 述】 2011年，全州法院共受理各类案件15555件，新收案件同比减少34件，下降0.23%。其中，诉讼、减刑假释、申诉申请再审、审查行政非诉执行案件收案11778件，同比增加27件，上升0.24%；执行收案3777件，同比减少61件，下降1.82%。截至12月20日，已审结、执行14739件，案件结案率97.03%，执结率87.83%。结案标的和执行标的金额为117294.87万元，同比增加16525.58万元。大理州中级人民法院受理各类案件3044件，结案3031件，结案率99.62%。

【维护社会稳定】 年内，全州法院共受理刑事案件2187件，同比上升3.96%，审结2163件，结案率为98.9%。其中，州中级法院受理刑事案件442件，审结432件，结案率为97.74%。稳步推进量刑规范化工作，应用量刑办案系统，对省高级人民法院确定的15种罪名案件实施量刑规范化，一审案件服判率上升，上诉率明显下降。

【化解矛盾纠纷】 年内，全州法院共受理民事案件7940件，同比收案增加308件，上升4.18%，审结7613件，结案率为95.88%，结案标的81950.44万元，同比增加24323.82万元。其中，州中级法院受理946件，审结922件，结案率为97.46%，结案标的59748.48万元。召开全州法院民事审判工作会议，提高了认识，交流了审判经验。

【促进依法行政】 年内，全州法院共受理行政案件36件，收案下降47.06%，审结34件，结案率94.44%。其中，州中级法院受理18件，审结16件。

【执行案件】 年内，全州法院共受理各类执行案件3777件，执结3317件，执结率为87.83%，执行标的31639.03万元。其中，中级法院受理113件，执结105件，执结率为93.26%，执行标的20299.53万元。根据中华人民共和国最高人民法院（以下简称最高人民法院）、省高级人民法院的安排部署，全州法院积极参与创建"无执行积案专项活动"和"无执行信访案件法院活动"及"反规避执行专项活动"。10月12日，全省法院创建"无执行积案先进法院"活动表彰会、反规避执行专项活动推进会在大理顺利召开。洱源、鹤庆、剑川、永平、南涧县法院被表彰为全省"无执行积案先进法院"。

【司法救助】 2011年，全州认真开展司法救助工作，全州两级人民法院共到位救助金165.4万元，对227件351人实施司法救助，发放救助金102.46万元。其中，纳入低保50件73人，纳入医保143件226人。其中，州中级法院已到位救助金96.57万元，对141件222人实施司法救助，发放救助金70.05万元，其中，纳入低保44件62人，纳入医保97件160人。

【司法公正】 年内，全州法院再审收案42件，审结40件，结案率95.24%，其中，改判12件，维持13件，调解9件，发回重审2件，其他处理4件。加强与刑罚执行机关的沟通协调，大力实施减刑、假释案件公开听证审理制度，进一步提高了减刑、假释案件的质量，确保司法公正。依法办理减刑、假释案件1465件。

【畅通渠道，满足群众诉求】 2011年，全州法院通过参加主任接待日、州领导接待日、开通信息直通车、加强立案信访窗口建设、开展集中清理涉诉信访活动、强化信访制度建设和落实、加大司法救助力度等多种措施，化解矛盾纠纷，满足群众合理诉求。共审查各类案件14717件，接待来访人员9080人次，处理来信1586件次。参加州人大"主任接待日"、"州长接待日"共20期。在2009～2010年集中清理涉诉信访老案和执行积案的基础上，2011年着力巩固成果、防止反复、源头治理，健全完善涉诉信访和执行联动两个长效机制，在法律、政策尺度内积极帮助上访群众解决实际困难，促进其息诉罢访。

【规范审级】 年内，大理州中级人民法院规范审级，全州法院共审结刑事二审案件212件，其中，发回重审14件，改判26件，维持158件，调解1件，撤销或变更原裁定13件；共审结民事二审案件730件，其中，发回重审35件，改判152件，维持390件，撤诉56件，调解44件，以其他方式结案53件；共审结行政二审案件10件，维持7件，驳回2件，改判1件。

【建立健全调解机制】 年内，全州法院充分发挥基层法院、法庭的前沿阵地作用，建立健全调解机制尽量将矛盾纠纷化解在基层，加强与村委会、居委会、工会、共青团、妇联等组织的沟通协调，指导支持人民调解、行政调解，发挥司法调解职能优势，强化诉讼调解与社会调解的衔接，多元化解决纠纷，形成化解社会矛盾的合力，建立诉讼调解与非诉讼调解相衔接的"大调解"格局。南涧县公郎法庭、宾川县州城法庭、洱源县邓川法庭等一批"人民调解先进法庭"的调解率均在80%以上，平均结案周期在40天以内，调解履行率都在90%以上。全州法院共指导人民调解委员会工作48次，培训人民调解员201人次，依法审查确认、执行调解协议173件。全州一审民事案件调撤3753件，调撤率为55.83%，不少法庭的调撤率达到80%以上。加强刑事附带民事调解，探索建立轻微刑事案件诉辩和解工作机制，全州法院执行和解结案共244件，占结案数的7.39%。

【完善审判管理机制】 年内，大理州中级人民法院与州检察院、州公安局共同制定了《关于贪污、贿赂案件管辖若干规定》，规范了贪污、贿赂案件的管辖。①发挥司法能动性，提高服判率，努力实现司法公正。以信息化建设为依托，加强审判执行管理。年内,完成了四级专网建设,以信息化建设提升审判管理工作,实现办案过程在法院内部完全透明运行,二审改判发回率为19.64%,正常审限内结案率93.42%(含延长审限和扣除法定事由则100%)。②州中级法院及部分基层法院完成委托拍卖和司法鉴定系统、电子档案管理系统的部署和应用,州中级法院电子档案管理进入常规化运行。大理、祥云、南涧、巍山等部分基层法院与州中级法院、省高级人民法院启用系统案件移送功能,实行案件基本信息和电子卷宗网上移送。施行案件质量评查暂行办法,对案件审理环节进行全面检查、全程监控、定期通报,提高审判业务素质。大理州中级法院自查案件1342件,政法委千案评查35件,省法院万件案件评查90件。③继续强化审委会对案件的监督制约职能。年内,州中级法院召开审委会72次,讨论案件及其他议题317件项,编发审委会纪要6期。切实将监督指导基层工作纳入绩效考评的范围,建立完善监督指导基层工作的相关机制,州中级法院党组成员挂钩基层法院,审判业务庭挂钩联系基层法院具体庭室和人民法庭。全州基层法院共审(执)结各类案件11540件,占全州审(执)结案件总数的79.72%,其中一审审结各类诉讼案件8247件,占全州法院一审结案数的86.29%,结案率94.18%,一审案件服判息诉率88.01%。

【完善司法便民措施】　年内,全州法院增强服务群众的意识,完成立案窗口基础建设,并与开展"四亮四评"活动相结合,实施公开承诺、首问首办负责、限时办结和责任追究制度,建立简便、快捷的立案机制,完善诉讼指导。积极构建和完善速裁、调解、巡回审理相结合的基层案件审理新机制,实行案件繁简分流机制,在基层法院设立"速裁中心"或"速裁庭",增设巡回审理点,进一步推广预约立案、假日法庭、就地办案,调解纠纷,化解矛盾。3月,祥云县法院成立了云南驿巡回法庭和禾甸巡回法庭,进一步加大巡回审理的力度。坚持法院领导接访制度,建立健全网上信访、电话信访、法院院长接访机制,畅通信访渠道,妥善解决群众合法诉求。进一步创新民意沟通机制,积极主动地回应群众关切。积极开展司法救助,对下岗职工、进城务工人员、孤寡老弱残疾等经济确有困难的当事人提供司法救助案件337件,减、缓、免交诉讼费、申请执行费53.87万元。共有552人次的人民陪审员参与审理各类案件476件。10月州人大常委会对州中级法院贯彻落实人民陪审员工作进行审议,充分肯定和采纳州中级法院下步工作计划,将全州人民陪审员机构和经费落实问题纳入审议意见。

【提高司法保障能力】　年内,大理州中级人民法院完成了财务制度的修订完善工作,规范了加班补助的发放,进一步规范了经费报销审核程序;圆满完成中宣部、最高人民法院时代先锋采访团到大理采访的接待任务及最高人民法院、省高级人民院领导先后来州中级人民法院调研的接待任务;圆满完成了全省无执行积案工作暨反规避执行工作会议、"宾川杯·三项重点工作"征文活动、司法警察大练兵活动、全州"政法杯"运动会、全州法院民事审判工作会议及最高人民法院、省高级人民法院召开的相关视频会议等办会工作;做好文件管理、印章使用、文档打印、收发等管理工作;完成案件卷宗归档1265件3257卷,完善了归档情况局域网络查询、通报系统;完成电脑等装备采购,加强了固定资产管理。

【全面夯实基层工作】　年内,全州法院全面夯实基层工作,有力提升基层服务和保障为民司法能力,全州基层法院通过评审纳入"十二五"规划的有6家法院,正式纳入有3家。宾川县法院平川法庭、洱源县法院炼铁中心法庭建成投入使用。

【强化职责保障安全】　年内,全州法院落实定员定岗值班制和信访接待制度,增配安检设备,人防技防结合,加强安全保卫。全州参与执行和处置突发事件200余起,出动警力2400余人次,提供各种警务保障工作3400余次,出动警力9000余人次。

【延伸职能服务大局】　年内,全州法院围绕党委的中心工作,积极参与社会管理综合治理、依法治州、"五五"普法等项工作。加强与有关部门的协调配合,切实发挥司法的规制、宣传和教育功能,积极参与平安大理、法治大理建设和社会管理综合治理。加强涉诉矛盾纠纷排查工作,就诉讼案件发案态势、社会矛盾排查、稳定风险评估、突发事件处置等情况,以及工作中发现的苗头性、倾向性问题,定期研判,及时向党委、政府和相关部门提出建议。通过举办法制讲座、组织法律咨询、举办电视专栏等措施,加强法制宣传教育。加强少年审判工作,推行适合未成年人生理和心理特点的审判方式和刑罚执行方式。推进减刑假释案件审理与社区矫正对接工作,州中级法院与州检察院、州公安局、州司法局等部门联合制定了《关于办理暂予监外执行案件若干问题的意见(试行)》,规范办理程序。建立与公安、工商、金融等部门的信息共享机制,加强对诚信缺失人员经营活动的限制,增强执行威慑机制的实效。州中级法院被中共大理州委、州人民政府表彰为"五五普法"先进单位、"三五依法治州"先进集体、社会治安综合治理先进单位、洱海保护先进单位,李雄章被表彰为"五五普法"先进个人。

【抓实思想建设】　年内,全州法院扎实开展"发扬传统、坚定信念、执法为民"主题教育实践、"社会主义法治理念再学习再教育"、"创先争优"等活动,深入广泛地学习龙进品、陈燕萍及杨善洲的先进事迹。涌现出了"全国优秀法官、时代先锋"龙进品、"全省劳模、优秀共产党员"张寿清、"全省优秀党务工作者"杨红英等一批先进楷模。大理州中级法院李月仙、唐志萍、杨晓钟被州直属机关党委表彰为"优秀共产党员",李波、王云昆被州直属机关党委表彰为"优秀党务工作者"。全州法院受最高人民法院和其他国家级表彰的先进集体1个,个人2人;省级表彰的先进集体9个,个人14人;州级表彰的先进集体21个,个人35人。

【深化调研宣传】　年内,全州两级法院新闻宣传稿件有600余篇次被州级以上媒体刊载,有64篇次被国家级媒体刊载。积极完成了司法改革、醉酒驾驶犯罪、代表、委员关注案件情况、盗窃罪司法解释等13个专题调研,撰写、征集各类调研报告、案例213篇。顺利完成了省高院组织的"宾川杯·深入推进三项重点工作"征文颁奖活动。大理州中级法院获得了云南法院第一届优秀调解案例评选优秀组织奖。

【完善监督机制】　2011年,大理州中级人民法院不断完善接受监督的工作机制,加强与代表委员的联络。严格落实省高级人民法院要求,完善"面对面"联络制度,党组成员带队走访人大代表、政协委员46人次,征求意见、建议36条。31次邀请代表委员184人观摩庭审、37次走访代表委员140人征求意见、29次邀请代表委员139人视察法院工作,41次邀请代表委员191人召开座谈会,办理代表委员关注案件5件,处理代表委员来信来访28件次,聘请28名代表委员为特邀监督员。对“两会”期间人大代表提出的2件意见建议和政协委员提出的9件提案,逐件落实,逐件整改,逐件反馈。邀请州检察长列席州中级法院审委会39次。积极推行新闻发布制度,召开新闻发布会3场。

【召开新闻发布会】 2011年1月31日,大理州中级人民法院召开新闻发布会,新闻发言人、副院长李雄章通报了南涧县法院龙进品受表彰、奖励的情况,大理州司法救助领导小组办公室主任李胜龙发布了全州涉诉特困人员救助活动开展情况。同时,全州法院对涉诉特困申请人56件96人发放司法救助金27.4万元。2009年1月~2011年1月,全州法院到位司法救助金341.87万元,共对749件1111人进行了救助,发放救助金242.36万元。其中,大理中级法院已开展5批救助活动,共261件,向442人发放救助金108.43万元。发布会邀请了《云南法制报》、《春城晚报》、《云南信息报》、《大理日报》、大理电视台等多家媒体到会报道。

【召开学习龙进品先进事迹动员大会】 2011年3月4日,中共大理州委在龙山会务中心召开学习龙进品先进事迹动员大会。中共大理州委书记刘明作重要讲话,省高级人民法院副院长王树良到会指导并讲话,州委组织部部长叶翠萍主持会议。会上,播放了龙进品先进事迹专题片,龙进品作了感人至深的发言。州级各部门领导、各县市法院院长、分管政法工作的副县市长、州、市法院全体干警参加了会议。

【召开先进事迹报告会】 3月30日,中共大理州委中心组在龙山国际会议中心举行普发兴、龙进品先进事迹报告会。中共大理州委书记刘明等州级四班子领导,州级各部门负责人和参加州委中心组学习的其他人员出席会议。南涧县人民法院公郎法庭龙进品法官汇报了18年在基层法庭的工作和生活经历,南涧法院院长姚卫平结合法院工作介绍了龙进品公正执法、人性化办案、爱岗敬业的感人事迹。

【召开全州法院民事审判工作会议】 4月14~15日,大理州中级人民法院召开全州法院民事审判工作会议。大理州中级法院院长黄为华、副院长王晶分别作重要讲话,大理市、鹤庆县、南涧县、弥渡县、永平县、宾川县等6县市法院分管民事审判工作的院领导分别就速裁速办、巡回审判、队伍建设、林地纠纷化解等工作作交流发言。全州各基层法院分管民事审判工作的法院领导,民事审判庭、派出法庭的庭长参加了会议。

【速裁机制和反规避执行专项活动新闻发布会】 6月9日,大理州中级法院举行速裁机制和反规避执行专项活动新闻发布会。此次新闻发布会创新形式:首次运用视频会议系统,将大理州中级法院新闻发布会主会场向辖区内基层法院分会场全程直播;答记者问环节,也首次实现了主会场与分会场互动,与会记者不仅在主会场随机提问,分会场祥云县法院和鹤庆县法院也同时就记者提问作答;发布会结束,大理州中级法院立即与媒体座谈,面对面沟通、交流,请参会媒体对法院新闻宣传工作建言献策。

【信息化建设推进视频会议】 8月17日,大理州中级人民法院召开全州法院信息化建设推进视频会议。党组成员、各部门负责人、信息化建设工作人员在各县市法院分会场参加了会议。会上,副院长申晋对全州法院信息化建设前一阶段的工作做了回顾。院长黄为华强调,全州法院应认清信息化建设工作的必要性和紧迫性,网络应用已成为法院工作者的一项基本技能,全州法院要抓好信息化的应用工作。

【征求代表委员意见座谈会】 12月23日,省高级人民法院与大理州中级人民法院共同举行征求代表委员意见座谈会。省高级人民法院副院长王树良、信息科科长伍玉荣、大理州中级法院院长黄为华、副院长申晋、李雄章等出席会议。应邀参加会议的领导有州政协主席袁爱光、副主席孙珍玲,州人大常委会党组副书记杨秀星等,全国人大代表、省、州人大代表、政协委员15人出席会议。

【“时代先锋”采访团对龙进品进行集中采访报道】 2月23~24日,最高人民法院办公厅副主任、新闻发言人孙军工陪同中共中央宣传部组织的“时代先锋”采访团一行到达南涧县,对南涧县法院公郎法庭庭长龙进品进行集中采访报道。采访团有人民日报、新华社、光明日报、光明网、中央人民广播电台、中国广播网、中央电视台、中国青年报、法制日报、人民法院报、云南日报、云南法制报等国家级和省级媒体组成。

【检查、指导依法治州】 2月25日,云南省委依法治省检查组副组长何兆光率陈洪涛、段兴帮在大理州依法治州办主任李小妹陪同下到大理州中级法院检查、指导依法治州工作。副院长申晋向检查组汇报了2006~2010年依法治州工作情况,研究室主任刘征、办公室主任马钘及相关人员参加了汇报会。检查组对大理州中级法院依法治州工作给予了充分的肯定和好评。

【与网友进行在线交流】 3月13日,全国优秀法官、云南省南涧县人民法院公郎人民法庭庭长龙进品,全国人大代表、云南省大理州委政法委书记茶忠旺,《中国青年报》、中青在线记者何春中一行,做客最高人民法院网,与网友进行在线交流。3月14日《人民法院报》第3版以《化解百姓矛盾就是人生最大快乐》作了专题报道。

【开展反规避执行专项活动】 5月,根据最高人民法院、省高级人民法院的安排部署,全州法院决定开展反规避执行专项活动,及时成立反规避执行活动领导小组,制定了《大理州中级人民法院开展反规避执行专项活动的工作方案》,全州各县市法院先后召开了反规避执行专项活动动员大会,分析查找目前法院执行工作中存在的问题,安排部署反规避执行专项活动工作,拉开了全州法院反规避执行活动的帷幕。

【大理州醉驾入刑第一案】 6月20日,大理州醉驾入刑第一案在大理市人民法院刑庭公开审理后当庭作出判决,冉xx因酒后驾车发生交通事故,造成财产损失,被法院以危险驾驶罪判处拘役3个月,缓刑6个月,并处罚金2000元。

【加强司法警察队伍的建设】 8月23~28日,为加强司法警察队伍的建设,全面提高司法警察的整体素质以及应对各种突发事件的能力,适应新形势下法院审判工作对司法警察队伍的新要求,由大理州中级法院司法警察支队组织的全州法院系统司法警察集训在大理市武装部清关山民兵训练基地举行,全州法院全体司法警察参加了本次集训。

【公开宣判并执行“5·11”特大案件】

9月29日，大理州中级人民法院在祥云县公开宣判并执行了备受关注的祥云"5·11"特大案件。该案经大理州中级法院一审，省高级人民法院二审和最高人民法院复核查明：被告人罗志文、环龙、孙万彪、陈小红等相互勾结通过强迫交易获取非法经济利益，在县内寻衅滋事、称霸一方，危害公共安全、扰乱社会秩序、实施暴力犯罪。2008年5月11日，以罗志文为首的犯罪团伙聚众斗殴，实施放火、故意杀人和故意伤害等犯罪活动，导致7人死亡，5人受伤，侵犯公民的人身和财产权利，社会危害极大，犯罪手段特别残忍，情节特别恶劣，后果特别严重。该案经大理州中级人民法院一审、省高级人民法院二审、最高人民法院复核，根据法律的规定，判决被告人罗志文犯组织领导黑社会性质组织罪、放火罪、故意杀人罪、故意伤害罪、聚众斗殴罪、强迫交易罪，被告人环龙犯参加黑社会性质组织罪、放火罪、故意杀人罪、故意伤害罪、聚众斗殴罪、敲诈勒索罪、强迫交易罪、盗窃罪，被告人孙万彪犯参加黑社会性质组织罪、放火罪、聚众斗殴罪、强迫交易罪、敲诈勒索罪，被告人陈小红犯参加黑社会性质组织罪、放火罪、故意伤害罪、聚众斗殴罪、偷越国境罪，依法对上述四名被告判处死刑，剥夺政治权利终身，大理州中级法院进行了宣判并执行。

【表彰奖励】　年内，最高人民法院授予南涧县人民法院公郎法庭庭长龙进品"全国优秀法官"光荣称号。云南省委授予龙进品"爱民为民模范法官"荣誉称号。省委、省委政法委表彰张寿清、龙进品为优秀共产党员。中共大理州委授予龙进品"大理州优秀法官"称号。南涧县法院公郎人民法庭荣获首届云南省十大"优秀人民法庭"称号。年内，云南省高级人民法院分别授予大理市人民法院苏醒、鹤庆县人民法院张仁柏全省"优秀法官"称号，授予祥云县人民法院杨永章全省"优秀干警"称号，授予大理市人民法院杨勇全省"调解能手"称号，授予宾川县人民法院刘文辉全省"办案能手"称号。

【龙进品成为2010年度云南十大法治新闻人物】　3月5日，由云南法制报、云南法制网共同举办的2010年度云南十大法治新闻人物（红版）颁奖典礼在云南海埂会堂隆重举行。云南省南涧县人民法院公郎人民法庭庭长龙进品榜上有名，云南省高级法院副院长李思明为其颁奖。颁奖词为：扎根基层的"赤脚法官——龙进品"。龙进品17年走村入寨，触摸百姓心灵深处的冷暖，纵然案件似海，卷宗如山，"赤脚法官"龙进品却能动之与情、晓之与法，撑起乡村和谐稳定半边天。

【荣获云南法院第一届优秀调解案例评选优秀奖】　6月30日，由大理州中级法院与昆明中级法院、曲靖中级法院、楚雄中级法院、昭通中级法院组织报送的案例具有典型性和代表性，法官撰写的案例分析细致，详细反映了案情的争议焦点，调解的难点、方法和过程，体现了法律效果和社会效果的统一，获得了云南法院第一届优秀调解案例评选优秀组织奖。大理州南涧法院报送的李××诉李××相邻损害赔偿纠纷案获评为云南法院第一届优秀调解案例评选优秀奖，并向最高人民法院推荐。

【有奖征文活动】　1月～9月，宾川县法院与云南法院网联合举办首届"宾川杯·深入推进'三项重点'工作"有奖征文活动。在征文活动中，全州两级法院获得了一、二、三及优秀奖和特别奖等七个，占获奖数的17.5%，大理州中级法院和宾川法院还获得了组织奖。大理州法院系统获奖征文一等奖为《一缕阳光之争（电视）》；二等奖为《一个铁法官的无悔追求》；三等奖为《新闻轶事》；优秀奖为《在法庭的那些日子》、《与你有缘》、《从法官形象所想到的》；

特别奖为《紧紧围绕'三项重点'工作 推进法院工作创新发展》、《做人民群众的贴心人》。

【洱源等县法院表彰为全省"无执行积案先进法院"】　2011年10月12日，洱源、鹤庆、剑川、永平、南涧县法院被云南省高级人民法院表彰为全省"无执行积案先进法院"。

【荣获全国法院系统优秀论文奖】　12月12日，大理市法院杨静撰写的《试论证券内幕交易民事救济制度之缺陷》荣获全国法院系统第23届学术讨论会优秀论文奖。

【南涧等法院受最高法院及省高院表彰】　2011年，南涧法院被最高人民法院评为全国法院党建工作"先进集体"、"全国模范法院"、"全国先进单位"称号。祥云法院被最高人民法院评为"全国立案信访窗口先进集体"。大理市法院被云南省高级人民法院评为"全省先进法院"。南涧县法院公郎法庭被云南省高级人民法院表彰为"全省优秀人民法庭"。

【最高人民法院院长王胜俊接见龙进品】　3月12日，最高人民法院院长王胜俊亲切接见"时代先锋"、全国优秀法官、南涧县法院公郎法庭庭长龙进品，通过他转达了共和国首席大法官对全国广大基层法官的亲切问候。最高人民法院常务副院长沈德咏、政治部主任周泽民参加接见，省高级人民法院院长许前飞、中共大理州委书记刘明、大理州委政法委书记茶忠旺陪同参加接见。3月13日《人民法院报》第1版以《边疆民族地区的"平民法官"广大法官学习的新楷模》作了专题报道。

【省高院院长许前飞到宾川县法院调研】　2011年7月7日，省高级人民法院院长许前飞携省高级人民法院刑一庭庭长向凯、研究室副主任尹波到宾川县法院进行工作调研。州中级法院院长黄为华、纪检组组长奚云程陪同调研，宾川县委政法委书记陈源参加座谈并主持会议。

【最高人民法院副院长万鄂湘到大理视察】　7月19日，最高人民法院副院长万鄂湘在省高高级人民法院副院长田成有、州委政法委书记杜涛、州中级法院院长黄为华等领导的陪同下，到州中级法院、祥云县法院视察指导工作。期间，在祥云县法院召开了基层法院工作汇报座谈会，县委、县人大、县政府、县政协、县检院有关领导，弥渡、南涧、宾川法院院长以及大理州中级法院党组成员、非党副院长、中层领导干部参加了座谈。

【毛承义到大理州中级法院检查指导】　2011年7月5日，最高人民法院警务部警训处处长毛承义、副处长肖利纯，在省高级人民法院法警总队处长李文韬的陪同下，到大理州中级法院检查指导司法警察岗位大练兵工作。

【姜兴长到大理州进行专题调研】　2011年8月18日，全国人大内务司法委员会副主任委员姜兴长，在省人大内司委副主任梁逾南等领导陪同下到大理就"两院"基层建设工作进行专题调研。州委常委、州政法委书记杜涛主持召开了汇报会。参加座谈会的领导有州人大常委会党组副书记杨秀星，州中级法院党组书记、院长黄为华，州检察院党组成员、副检察长和泉，州人大法制委调研员周建国及法检两院其他领导。

【制度建设】 3月，大理州中级人民法院与大理州人民检察院、大理州公安局共同制定《关于贪污、贿赂案件管辖问题的意见》，对贪污、贿赂案件的管辖进行规范。

3月，祥云县法院成立云南驿巡回法庭和禾甸巡回法庭，进一步加大巡回审理的力度。

5月，大理州中级人民法院与大理州人民检察院、大理州公安局、大理州司法局联合制定了《关于办理暂予监外执行案件若干问题的规定（试行）》，进一步规范了暂予监外执行案件的办理程序。

6月29日，洱源县人民法院环境保护审判庭的机构设置经县编制委员会批准，标志着大理州首个“环境保护审判庭”的正式成立。

【基层建设】 2月18日，建筑面积290多平方米的宾川县法院平川法庭建成投入使用。

3月3日，弥渡县法院左力法庭、红岩法庭正式启用电子签章系统，使远程签章成为现实，结束了基层法庭因盖章往返院机关的历史。

8月6日，建筑面积560平方米，集审判法庭、调解室、办公室、职工宿舍、厨房、餐厅等功能于一体的洱源县法院炼铁中心法庭新审判法庭如期顺利实现了封顶。

大理州两级人民法院2011年各类案件审理、执行情况统计表

单位	刑事一审案件			民事一审案件			行政一审案件			再审案件						诉讼案件合计			执行案件		
										刑事		民事		行政							
	收案	结案	结案率	收案	结案	结案率	收案	结案	结案率	收	结	收	结	收	结	收案	结案	结案率	收案	已执行	执行率
大理	416	364	87.50	1725	1520	88.12	1	1	100							2142	1885	88	909	655	72.06
洱源	101	85	84.16	429	424	98.83	1	1	100			1	1			532	511	96.05	123	117	95.12
鹤庆	110	110	100	725	724	99.86	1	1	100							836	835	99.88	182	174	95.60
剑川	83	71	85.54	301	269	98.37				1	1					385	341	88.57	71	63	88.73
弥渡	131	123	93.89	541	529	97.78	4	4	100							676	656	97.04	417	384	92.09
祥云	179	179	100	1125	1058	94.04	6	6	100			1	1			1311	1244	94.89	582	555	95.36
宾川	201	200	99.50	779	767	98.46	1	1	100	2	2					983	970	98.68	578	506	87.54
巍山	129	123	95.35	300	287	95.67				1	1					430	411	95.58	190	178	93.68
南涧	79	79	100	325	324	99.69										404	403	99.75	276	260	94.20
漾濞	70	67	95.71	210	201	95.71	1	1	100			4	4			285	273	95.79	115	104	90.43
永平	111	111	100	299	267	89.30	2	2	100							412	380	92.23	109	104	95.41
云龙	131	119	90.84	229	218	95.20	1	1	100							361	338	93.63	112	103	91.96
中院	202	189	93.56	140	134	95.71	5	5	100	1	1	30	28	1	1	379	358	94.46	113	104	92.04
小计	1943	1820	93.67	7128	6722	94.30	23	23	100	5	5	36	34	1	1	9136	8605	94.19	3777	3307	87.56
二审	239	212	88.70	776	730	94.07	12	10	83.33	–	–	–	–	–	–	1027	952	92.70	–	–	–
合计	2182	2032	93.13	7904	7452	94.28	35	33	94.29	5	5	36	34	1	1	10163	9557	94.04	3777	3307	87.56

注：1. 收、结案截止日期基层法院为12月15日、中级法院为12月20日。2. 办理减刑假释案件1465件。3. 办结申诉申请再审案件76件。4. 审查行政非诉案件71件。

说明：因统计的时间有差异，大理州中级法院工作报告及审判概况的数据统计时间截止到2011年12月26日，故该表数据与工作报告、审判概况有差异。

（《审判》由黄永明撰稿）

检　察

【概　述】 2011年，全州检察机关在中共大理州委和上级检察机关的正确领导下，在州人大及其常委会的有力监督下，在州人民政府、州政协及社会各界的关心支持下，坚持以邓小平理论和“三个代表”重要思想为指导，深入贯彻落实科学发展观，围绕中心，服务大局，不断强化法律监督、强化自身监督、强化队伍建设，深入推进“三项重点”工作，检察工作与队伍建设都取得了新的成绩。在2011年全省检察机关执法办案考评中，大理州综合排名名列第五。先后有6个集体和1名个人受到全国表彰奖励，24个集体和27名个人受到省级表彰奖励，

20个集体和66名个人受到州级表彰奖励。

【批捕、起诉】 2011年，全州检察机关认真履行批捕、起诉职责，全年共批准逮捕各类刑事犯罪嫌疑人1801人，提起公诉2854人。突出打击影响人民群众安全感的严重暴力犯罪和多发性侵财犯罪，依法批准逮捕故意杀人、放火、爆炸、强奸、绑架、伤害等犯罪嫌疑人348人，提起公诉532人；批准逮捕抢劫、抢夺、盗窃、诈骗、敲诈勒索等犯罪嫌疑人779人，提起公诉910人，有效维护了社会治安稳定和人民群众生命财产安全。严把事实、证据关和法律适用关，追捕128人、追诉42人、纠正漏罪231件，对不符合逮捕、起诉条件的，决定不批捕247人、不起诉22人，批捕和起诉准确率为100%。认真贯彻宽严相济刑事司法政策，完善刑事和解、轻微刑事案件快速办理等办案机制，依法对146名无逮捕必要的犯罪嫌疑人决定不批捕，对39名情节轻微的犯罪嫌疑人决定不起诉，快速办理轻微刑事案件334件，运用刑事和解办理19件，对248名初犯、偶犯、老年犯和因家庭、邻里纠纷引发的62件轻伤害案依法从宽处理。

【职务犯罪查办】 2011年，全州检察机关共立案侦查各类职务犯罪案件120件131人。其中，贪污贿赂案件95件105人，渎职侵权案件25件26人；大案74件，要案6人。通过办案为国家挽回经济损失1417万余元。继续保持职务犯罪案件有罪判决率100%和办案安全"零"事故。围绕群众反映较为强烈的教育、医疗、交通、城建、电力等领域存在的问题，查办职务犯罪案件31件31人；围绕群众关注的征地拆迁补偿、民政低保、扶贫救灾资金管理等问题，查办涉农职务犯罪案件23件23人；围绕推进治理商业贿赂和工程建设领域突出问题，立案侦查工程建设项目招标投标、物资采购、规划审批等过程中的职务犯罪案件29件29人，立案侦查医药购销、工程建设等过程中的商业贿赂犯罪案件35件35人，严肃查办行贿犯罪嫌疑人13人；围绕严肃查办危害民生民利渎职侵权犯罪专项工作，查办危害民生民利的渎职犯罪案件23件24人。介入安全责任事故调查35起，查办安全责任事故背后的渎职犯罪4件4人。

【诉讼监督】 2011年，全州检察机关在刑事侦查和刑事审判监督中，依法提前介入侦查活动65件次，监督侦查机关立案114件、撤案32件，列席审判委员会61件次，对1032件1700人提出量刑建议。依法提出刑事抗诉16件，人民法院采纳抗诉意见15件。在民事审判和行政诉讼活动监督中，共审查处理各类民事行政申诉案件779件，依法提出民事抗诉8件，经人民法院审结的7件已作改变；提请省检察院抗诉37件，支持抗诉35件。进一步加强监所检察工作，对提请减刑、假释、暂予监外执行的1684人进行了同步监督，针对刑罚执行和监管活动中存在的问题提出纠正意见138件次，有力维护了在押人员的合法权益及刑罚执行活动的公正性和严肃性。

1月18日，大理州检察院召开全州视频会议，传达全省检察长会议精神
（州检察院　供稿）

【队伍建设】 2011年，全州检察机关进一步加大教育培训和岗位练兵力度，组织干警参加各类培训1300余人次，不断提高干警的执法能力，促进了检察队伍素质的全面提高。在2011年全省公诉人大赛中，大理州选手取得全省"十佳公诉人"第一名、第五名的好成绩。

【案件评查】 2011年，大理州检察院侦查监督处和公诉处根据州两烟打假打私领导组联席会议精神和检察长普赵辉的要求，对全州2008年～2010年办理的249件涉烟刑事案件质量进行了逐案评查，认真查找和梳理办案中存在的突出问题，并从办案实际出发，对查找的问题进行了集中整改，确保公正廉洁执法。

【"十佳公诉人"受表彰】 1月13日，第五届职工技术技能大赛圆满闭幕，大理白族自治州人民政府召开"第五届职工技术技能大赛优胜职工表彰大会"，州长何金平，省检察院党组成员、副检察长李若昆等领导亲临表彰大会。138位来自平凡工作岗位的技术技能优胜职工选手受到表彰。其中，2010年，大理州人民检察院在全州范围内开展了公诉业务技能竞赛，并将竞赛纳入了大理州第五届职工技术技能大赛的竞赛，所产生的10位"公诉业务状元"和"业务能手"受到了大理州人民政府的表彰。

【传达全省检察长会议精神】 1月18日，大理州检察院召开全州电视电话会议传达全省检察长会议精神。会上，大理州检察院党组成员、政治部主任谢子华宣读了州检察院关于表彰2010年度"全州优秀公诉人"及"全州优秀侦查员"的决定，并对获奖代表进行了表彰。检察长普赵辉全面传达了全省检察长会议精神，就全省主要检察业务数据分析进行了通报。并提出6个方面要求：①要切实保障和服务全州经济社会发展大局；②要切实深化"三项重点"工作；③要切实提高群众工作水平，维护群众合法利益；④要切实加大查办和预防职务犯罪工作力度；⑤要切实强化诉讼监督工作；⑥要切实加强高素质队伍建设。

【"检调对接"工作站台授牌】 1月7日，大理市检察院与市司法局联合举行了检调对接工作站成立大会，向设置于"两区"及10个乡镇司法所的检调对接工作站授牌，正式启动了检调对接工作。

"检调对接"工作站的建立，是在市委市政府领导、政法各部门及社会各界广泛参与的"大调解"格局下推出的新机制，也是立足检察职能，落实中央政法委部署的"三项重点"工作中深入推进社会矛盾化解工作的重要举措，大理市检察院在"两区"、各乡镇建立"检调对接"工作站并聘请联络员，搭建联系群众的桥梁和关爱民生的平台。

【荣获全国检察机关"文明接待室"荣誉称号】 2011年，在最高人民检察院召开的第四届全国先进基层检察院暨全国检察机关文明接待室表彰大会上，大理州南涧、漾濞、鹤庆3个基层检察院"控申举报接待室"再次荣获全国检察机关"文明接待室"荣誉称号。

【加强预防与惩治渎职侵权犯罪协作】

年内，为认真贯彻落《中共中央办公厅 国务院办公厅转发中央纪委等部门〈关于加大惩治和预防渎职侵权违法犯罪工作力度的若干意见〉的通知》精神，进一步加强与州国土资源局、州林业局、州环境保护局、州质量技术监督局、州烟草专卖局、州安全生产监督管理局、中国人民银行大理州中心支行、云南煤矿安全监察局大理监察分局，大理旅游度假区管委会、大理经济开发区管委会之间的协作配合，共同做好预防和惩治渎职侵权犯罪工作，促进依法行政和公正司法，3月17日，大理州检察院邀请了上述部门和单位共同召开预防与惩治渎职侵权犯罪联席会议。大理州检察院党组书记、检察长普赵辉对加强检察机关与行政机关的协作配合、共同开展好惩治和预防渎职侵权犯罪工作提出了3点要求：①要提高认识，把思想统一到党中央、高检院加强和改进反渎工作的部署要求上来；②检察机关要发挥职能作用，切实做好惩治和预防渎职侵权犯罪工作；③要加强配合协作，共同做好惩治和预防渎职侵权犯罪工作。

【开展主题教育实践活动】 3月29日，在大理州检察机关深入开展"发扬传统、坚定信念、执法为民"主题教育实践活动暨"加强诉讼监督队伍建设活动"电视电话会议上，大理州检察院对开展主题教育实践活动进行了全面动员部署。为推动主题实践活动深入开展，取得实效，经大理州检察院党组研究决定，创新活动载体和形式，紧密结合大理州检察队伍建设及检察工作开展实际，在主题教育实践活动中，有针对性地同步开展全州检察机关"加强诉讼监督队伍建设活动"和机关省级文明单位创建活动。

【开展工程建设领域职务犯罪预防】 2011年，大理州检察机关紧紧按照中央和高检院针对工程建设领域突出问题开展专项治理工作的部署和要求，将预防职务犯罪工作延伸和拓展到重点工程建设项目中，对在建的大丽公路重点工程建设项目立项开展预防职务犯罪工作，成效明显。在云南省公路开发投资公司与云南省人民检察院共同开展的"预防职务犯罪、路地共建廉政工程（单位）"评选活动中，大理州检察院预防处被评为先进集体，大理州检察院预防处李玉美和大理市检察院预防科张芸被评为先进个人。

【省检察院领导到大理州检察院调研指导工作】 2011年4月25日，省检察院党组书记、检察长王田海，党组成员、副检察长李波，党组成员、政治部主任施建邦以及办公室副主任陈旻到大理州检察院调研指导工作。王田海一行在充分听取大理州检察长普赵辉对大理州检察工作情况的汇报后，对大理州检察工作近年来取得的成绩给予充分肯定。就进一步加强和改进全州检察工作，王田海提出4点要求：①充分发挥好职能作用，切实维护社会和谐稳定；②加大查办和预防职务犯罪工作力度，扎实推进反腐败工作；③全面强化诉讼监督，有效促进社会公平正义；④深入开展主题教育实践活动，着力提升检察队伍整体素质。

【"全国检察机关惩治和预防渎职侵权犯罪展览"大理巡展】 4月25日下午，按照中华人民共和国最高人民检察院、省察检院部署，由中共大理州委预防职务犯罪工作领导小组、大理州委宣传部、大理州检察院共同举办的"全国检察机关惩治和预防渎职侵权犯罪展览·大理巡展"在大理州检察院隆重开幕。大理巡展得到省检察院及中共大理州委、州人大、州人民政府、州政协的高度重视和大力支持。省检察院党组书记、检察长王田海，省检察院党组成员、副检察长李波，省检察院党组成员、政治部主任施建邦，中共大理州委书记刘明，州委副书记、州长何金平，州人大常委会主任字国顺，州政协主席袁爱光，州委副书记杨健，州委常委、州纪委书记梁志敏，州委常委、州委宣传部部长王以志，州委常委、州委组织部部长叶翠萍，州政府副州长、州公安局局长陈川，州中级人民法院院长黄为华，州安全局局长崔云川，州检察院检察长普赵辉等领导出席开幕式并参观展览。州级各部门、12县市机关及企事业单位近5000人参观了展览。

【荣获第三届云南省优秀青少年维权岗称号】 2011年，大理市检察院坚持充分履职和创新争优工作相互结合、相互促进，认真履行未成年人犯罪检察工作职责，积极探索创新工作机制，有力维护了未成年犯罪嫌疑人合法权益，为有效预防和减少青少年犯罪作出了积极努力。年内，大理市检察院未成年人犯罪检察室积极参加共青团中央联合各有关部门开展的优秀青少年维权岗创建活动，获第三届云南省优秀青少年维权岗称号。

【召开专项检查活动电视电话会议】 6月8日，召开"保护人民群众合法权益、解决反映强烈突出问题"专项检查活动电视电话会议，对活动进行再动员、再部署。检察长普赵辉就全州检察机关开展专项检查活动提出3点要求：①进一步统一思想、提高认识，以专项检查活动为契机促进问题解决和作风转变；②进一步把握指导思想、明确目标任务，深入推进专项检查活动安排部署的全面落实；③要进一步强化领导，细化措施，确保专项检查活动取得实实在在的效果。

【表彰为全省"先进基层党组织"】 6月30日，在云南省庆祝中国共产党成立90周年表彰大会上，剑川县检察院党支部被中共云南省委命名表彰为全省"先进基层党组织"。这是大理州唯一获此殊荣的检察院党支部，也是云南省获得此殊荣的唯一一个县级检察院。

【召开反贪工作推进座谈会】 7月14日，大理州检察院召开全州检察机关反贪工作推进座谈会，旨在全面总结上半年反贪工作中取得的成绩和经验，客观分析当前工作中存在的问题，深入研究保持良好发展态势的工作思路，从而进一步统一思想，认清目标，从整体上推动反贪工作全面发展。大理州检察院班子成员、各县市院检察长、分管副检察长、反贪局长、州院各内设机构主要负责人、州院反贪局全体人员共71人参加了会议。省院反贪局副局长王朝品出席会议并讲话。

【召开加强诉讼监督专题研讨会】 8

月10日，为进一步强化检察机关的法律监督职能，确保“强化法律监督，维护公平正义”检察工作主题的实现，大理州检察机关加强诉讼监督专题研讨会在漾濞县人民检察院召开。

【召开预防渎职犯罪专题研讨会】　8月17日，大理州检察院渎职犯罪预防问题专题研讨会在大理市检察院召开。大理州院和12各县市院相关领导、业务骨干及大理学院政法学院的专家参与研讨。本次研讨会针对当前渎职犯罪的特点、预防渎职犯罪工作中存在的问题、预防对策等进行了深入的研讨。

【审议《反渎职侵权情况报告》】　8月17～19日，大理州十二届人大常委会第二十五次会议审议《大理州检察院关于开展反渎职侵权工作的情况报告》。州人大常委会在审议过程中对2008年以来大理州检察院开展反渎职侵权工作的情况给予了充分肯定和高度评价，并就进一步加强该项工作提出5点建议：①提高认识，加强领导，努力推动反渎职侵权工作深入开展；②加大工作力度，深入查办渎职侵权犯罪案件；③创新工作机制，提高反渎职侵权的整体控防能力；④强化宣传教育，努力营造反渎职侵权工作的司法环境；⑤加强机构和队伍建设，进一步提高反渎职侵权队伍的能力。

【组织公诉业务培训暨辩论赛】　8月25日，大理州检察院组织新一届9名人民监督员和在任5名特约检察员旁听公诉业务培训暨辩论赛。活动中，14名人民监督员和特约检察员参加了公诉业务培训，旁听了辩论赛，并对活动进行了充分肯定和精彩点评。大理州院人民监督工作办公室还向“两员”通报了工作情况。

【人大代表、政协委员观摩出庭公诉】9月14日，大理州检察院邀请州市两级人大代表、政协委员、人民监督员和特邀检察员共13人观摩了大理州检察院反贪局侦办并提请公诉的原洱源县公安局杨××受贿案的出庭公诉工作。庭审后，州检察院党组成员、副检察长张庆红组织召开座谈会征询州市两级人大代表、政协委员对检察工作的意见建议。代表、委员们对参与此次出庭公诉工作的感受进行了热烈交流，对大理州检察院加强、丰富与代表、委员的联络工作作了高度评价，并对全州检察工作提出10余条意见和建议。

【检察建议和案例分析在评比中获奖】
年内，在省检察院组织开展的《全省检察机关预防职务犯罪“一佳检察建议”和“十佳案例分析”》评比活动中，大理市检察院对大理省级旅游度假区管委会的检察建议被评为“十佳检察建议”；大理州检察院预防处李玉美分析的《2005—2009年大理州涉农职务犯罪预防调查报告》被评为“十佳案例分析”，在全省138篇参评文书中脱颖而出。

【表彰荣获省级比赛先进个人】　10月19日，大理州检察机关召开表彰荣获省级业务竞赛及演讲书画比赛先进个人电视电话会议，会议全面总结了大理州检察机关参加第三届全省检察机关十佳公诉人暨优秀公诉人、侦查监督十佳检察官暨侦查监督优秀检察官业务竞赛以及“全省检察机关迎国庆暨纪念人民检察制度创立80周年”系列比赛活动的情况，并对获奖先进个人进行表彰。中共大理州委常委、州委政法委书记杜涛，州人民政府副州长陈川出席会议。杜涛对检察干警辛勤付出取得的成绩给予了高度评价，对全州检察工作做出的贡献和实绩给予了充分肯定，并对下一步的检察工作提出要求。

【开展警务技能培训】　10月17～28日，大理州检察院组织全州司法警察开展警务技能培训，培训的主要任务是按照高检院《关于进一步加强和改进检察机关司法警察工作的意见》要求，围绕“服务检察办案，保障办案安全”的工作方针，通过严格的训练、管理和要求，努力训出水平、训出成效，为服务检察办案提供强有力的警务保障。

【征询人大代表、政协委员意见建议座谈会】　年内，为进一步加强与人大代表、政协委员的联系，依靠人大代表和政协委员的监督、支持和帮助，不断加强和改进检察工作，推动检察工作科学、创新发展。11月1日，省政协副主席、省检察院副检察长、民盟云南省主委倪慧芳代表省检察院，在大理州检察院热诚邀请在大理的全国及省、州人大代表、政协委员召开座谈会，征询各位代表、委员对检察工作的意见建议。

【大理市检察院法警大队表彰为管理示范单位】　年内，大理市检察院法警大队由于成绩突出，被中华人民共和国最高人民检察院政治部表彰为全国检察机关司法警察编队管理示范单位，并颁发了奖牌，是云南省获此殊荣四个县检察院法警大队之一。

【出版检察理论研究论文集】　年内，由大理州检察机关检察人员完成的《检察探索——大理州检察理论研究优秀论文集》一书，由云南人民出版社公开出版发行，这是大理州检察机关首次公开出版发行检察理论研究成果集。全书共收编了2008年以来全州检察人员完成的、在省级以上刊物发表或受省级以上表彰的部分检察理论研究成果37篇，合计34万余字，汇集了大理州检察机关检察理论研究工作成果。

【安排部署预防职务犯罪工作】　12月22日，中共大理州委预防职务犯罪工作领导小组举行会议，回顾总结了近年来全州预防职务犯罪工作的进展情况，分析研究当前反腐倡廉和预防职务犯罪工作面临的形势和任务，对下一阶段预防职务犯罪工作作出安排部署。州政协主席袁爱光，州委常委、州纪委书记梁志敏，州委常委、政法委书记杜涛，州人民政府副州长、州公安局局长陈川，州检察院检察长普赵辉，州安全局局长崔云川，州交通运输局、州卫生局、中国移动大理分公司、红塔集团大理卷烟厂等领导小组成员单位的主要领导出席会议。会议由州检察院党组成员、副检察长杨著逵主持。

（《检察》由王延红撰稿）

（《法制》责任编校：黄克超）

农　业

综　述

【概　述】 2011年是“十二五”规划开局之年，也是实现“十二五”现代农业规划目标奠定基础的关键之年。大理州农业农村经济工作紧紧围绕中央农村工作会议、省委农村工作会议、全省春耕生产工作现场会议的精神，按照州委、州政府的统一安排部署，大理州农业局及时制定促农业增产、农民增收的贯彻落实意见，把保障粮食安全和农产品市场供给作为首要任务，把切实增加农民收入作为重点，不断调整产业结构、发展壮大特色优势产业，认真贯彻落实各项支农惠农强农政策，努力提高农业综合生产能力，加大实施各项扩种和增收措施力度，拓展农民收入渠道。2011年，全州农村经济总收入达到477.3亿元，比上年增16.2%，其中，第一产业增16.7%，占总收入的34.7%；第二产业增14%，占总收入的36.8%；第三产业增13.3%，占总收入的28.5%。农民人均纯收入4733元以上，增幅达21.3%以上。

【粮食产量创历史新高】 2011年，大理州进一步加快农业科技成果转化，提高科技进步率，粮食产量创历史新高。种植粮食作物31.04万公顷，良种覆盖率达96%；完成高产创建示范77片5.33万公顷；农作物间套种示范种植19.38万公顷。粮食总产157.25万吨，为历史最好年。

【特色经作大幅增产】 2011年，大理州特色经济作物大幅增产。蔬菜产量达110.94万吨、茶叶产量0.54万吨、鲜茧产量0.64万吨、水果产量46.13万吨，分别比2010年增产14.02万吨、628吨、0.19万吨、10.64万吨，为农民增收、农业增效产生了良好的效果。

【特色农业产业化基地建设】 2011年，大理州认真贯彻落实省委、省政府农业产业化发展集体调研会议和《关于推进农业产业化扶持农业龙头企业的意见》精神，采取扩大现代农业示范园区与优势农产品标准化规模化生产基地建设、培育壮大农业龙头企业、创建优质农产品品牌与加大市场开发、加大农业招商引资工作力度等措施，大力推进全州高原特色农业产业化发展进程。全州“两烟”、核桃、乳畜水产、生物药业、蔬菜、蚕桑、薯类、特色水果、茶叶、特色花卉等十大优势特色产业新增基地面积9万公顷，新增奶牛、生猪、肉牛存栏7.9万头，共建成76.66万公顷优势特色产业基地和370万头乳畜产业基地，全州通过无公害农产品产地整体认证面积累计达19.52万公顷。

大理州认真抓好特色经济作物种植，为农民增收、农业增效打下良好的基础。图为出口蔬菜基地
（州农业局　供稿）

【农业龙头企业培植】 2011年，农业龙头企业培植成效显著。全州新增州级以上农业龙头企业21户，国家级龙头企业发展到4户，省级发展到50户，州级59户。其中产值超5亿元的有2户、亿元以上12户、千万元以上的50户，全州农产品加工总产值达110亿元，农产品出口创汇达1.3亿元美元，占全州产品出口总额的82%。通过农业产业化经营统筹城乡发展、加大农村劳动力转移输出力度，促进农民持续增收，全州农村劳动力转移培训7.46万人，新增转移就业6.88人。实现劳务收入31亿元，农民人均工资性收入增加300元以上。

【农业综合生产条件不断改善】 2011年，大理州农业基础设施建设不断加强，农业综合生产条件不断改善。发放中央财政农机购置补贴5283.46万元，全州农机总动力达228.2万千瓦，农机装备水平进一步提升。完成10个生猪标准化规模养殖场、1个奶牛标准化规模养殖场（小区）、5个万头猪场项目建设。加强农产品质量检测体系建设，大理市、宾川县质检站项目建设有序开展，大理州农业环境监测站化验室已通过资质认定和机构认可，州动物疫病预防控制中心兽药、饲料化验室顺利通过了复审。鹤庆县无公害整体推进工作已完成现场检查和环境评价等工作，弥渡县、洱源县农产品质量安全出口基地示范及备案工作正在稳步推进。全州农业基础设施建设取得了明显成效，农业生产、农产品质量安全工作基础条件进一步改善。

【农产品质量安全监管加强】　2011年，大理州切实加强农产品质量安全监管工作，提升农产品质量安全水平。一是加大农产品抽监力度；二是加强食用农产品非法添加滥用食品添加剂专项整治工作；三是全面启动农业质量兴州工作；加大农产品质量安全知识宣传力度，普及农畜产品质量安全知识；四是进一步加强生鲜乳质量安全监管。全州“三品一标”认证监管取得实效，新认证“三品”11个，全州累计认证179个，基地面积16.67万公顷。检查“三品”155个，标志使用不合格产品8个。正在申报“三品”认证的有14家企业43个产品。正在开展申报南涧乌骨鸡，云龙麦地湾梨、矮脚鸡，巍山红雪梨，洱源邓川牛，永平白木瓜、白鹅地理标志认证工作。

【惠农强农政策落实到位】　2011年，大理州认真贯彻落实中央、省各项强农惠农政策，及时将各种惠农补贴补助落实到位。全州共向农民发放支农惠农资金7.02亿元，其中农业综合直补金额2.7亿元、种粮补贴2.17亿元、粮食直补582万元、发放农机补贴5283.46万元、巩固退耕还林成果项目5060万元。

【农业外宣和招商引资】　2011年，大理州充分利用大理新农村建设信息网（数字乡村网）、大理农业信息网、阳光政府四项制度、“农信通”（手机短信）、公共服务在线咨询、政府信息公开、LED屏幕等信息发布平台，扩大农业对外宣传，加大招商引资工作力度。全年信息发布1万条以上，总访问量达112.95万人次，同比增41.20%。积极组织州内农业产业化龙头加工企业参加省内及上海、北京等农业博览会，加大全州农业对外宣传和推介力度。引进8个协议投资项目，协议总投资13.08亿元，实际到位投资6.5亿元，同比增14.8%。

【深入推进农业部门自身建设】　2011年，大理州农业部门自身建设不断深入推进。组织开展党委理论中心组学习和每周政治理论学习，不断提高党政班子成员和支部班子成员的思想理论素养、业务水平和新形势下驾驭全局的能力。加强党风廉政责任制建设，坚持把党风廉政建设和反腐败工作摆在重要位置，不断增强廉政文化的渗透力和影响力。扎实开展“三个一”主题实践活动，加强干部党性修养和党性锻炼。组织开展迎接建党90周年系列庆祝活动，6月22日在大理州群艺馆举行了全体共产党员和广大干部职工参加的庆祝建党90周年纪念大会；组织科级以上干部到杨善洲教育基地开展学习教育活动。

深入开展好创先争优各项活动和学习型党组织建设工作，积极在党员干部职工中营造比先进、比奉献、比服务、比技能的良好氛围，认真开展“四亮、四创、四评”活动，把向杨善洲同志学习活动引向深入，切实提高服务人民群众的能力，让人民群众在创先争优活动中得到实惠。11月5日大理州农业系统在人民公园组织开展主题为“深入推进创先争优·志愿服务人民群众”活动，把创先争优活动转化为具体实践。推进学习型党组织建设向纵深发展，州种子管理站党支部被确定为州级示范单位，与此同时，州农业局党委又将州农科所党支部、州动物疫控中心党支部、大理农校党支部等3个支部作为州农业局系统学习型党组织建设示范点，做到学习型党组织建设学有榜样，赶有目标。通过抓典型示范和引导，不断推进州级农业系统学习型党组织建设。

（《综述》由张炳华撰稿）

畜牧业

【概　述】　2011年，大理州畜牧业克服了散养户生猪存栏减少、动物疫情复杂、畜产品质量安全形势异常严峻等诸多困难，继续保持了良好发展势头，取得了连续33年丰收，畜牧业产值达91.9亿元，为农业农村经济发展提供了有力支撑。

【畜牧业生产持续增长】　2011年，大理州畜牧业生产持续增长。全州奶牛存栏14.5万头，同比增1.9%；生猪存栏266万头、同比增1.6%，出栏384万头、同比增5.6%；肉牛存栏88万头、同比增1.1%，出栏51.5万头、同比增4.8%；羊存栏142万只、同比增3.1%，出栏133万只、同比增3.8%；家禽存栏1283万羽、同比增14.3%，出栏1751万羽、同比增7.1%。肉类总产47.14万吨，同比增6.67%；奶类总产45万吨，同比增5.9%；禽蛋总产5.9万吨，同比增30.8%。

【畜牧科技推广】　2011年，大理州畜牧科技推广力度不断加大。全州完成生猪品种改良56万窝、牛冻精改良19万头、良种禽推广1253万羽、生产工业饲料15万吨、良田种草1.2万公顷、推广青贮饲料50万吨、科技培训15万人次。

【重大动物疫病防控】　2011年，大理州重大动物疫病防控成效显著。通过巍山、南涧2县和其他县市79个乡镇、596个村开展“整村推进”动物免疫示范，促进了全州动物基础免疫工作。全州完成动物免疫6812万头（只、羽），完成动物疫病监测5万头份，全年实现无区域性重大动物疫情流行。

【人畜共患病防治】　2011年，大理州以

规模化优质奶牛养殖场　（州农业局　供稿）

家畜血防为主的人畜共患病防治取得明显成效。全年完成家畜血防检查15.6万头,治疗和扩大化疗7.1万头,完成改圈7.5万平方米、新增圈养家畜1.8万头,有效地巩固了家畜血防成果;完成奶牛“两病”监测3.9万头,检出阳性畜173头,扑杀阳性畜和同群畜421头,净化率达90%以上;发放狂犬病防治科普宣传材料15万份,免疫注射犬类狂犬病疫苗24万只,有效建立了犬类狂犬病免疫防护带。

【动物检疫及畜产品质量监管】 2011年,大理州动物检疫及畜产品质量安全监管得到加强。完成生鲜乳抽检173批次,检测全部合格;兽药抽检112批次(合格率76.8%)、饲料抽检210批次(合格率93.3%)、饲料标签检查260个(合格率100%)、畜产品安全检测1927批次(合格率100%)。开展了“瘦肉精”专项整治,全州共出动执法人员960人次,排查了生猪养殖户6536户、贩运户389户、定点屠宰场10个、兽药饲料经营户765户、饲料生产企业20家、鲜肉市场8个,印发“瘦肉精”宣传资料3.75万份,抽取样品检测1412批。检疫动物443.1万头只,消毒运载工具4.96万辆,屠宰检疫186.2万头只,无害化处理病害动物产品97.7吨。实现全州无重大畜产品质量安全事件发生。

【组织开展草原生态保护奖补工作】 2011年,大理州组织开展草原生态保护奖励补助工作。全州除弥渡县外,组织实施禁牧面积11.2万公顷、草畜平衡75.3万公顷、人工种草1.93万公顷,兑现草原生态保护奖励补助资金3230万元。

【“名鸡名牛”申报评选】 2011年,云南省组织“六大名鸡、六大名牛”申报评选工作。大理州邓川牛被评为云南“六大名牛”之一,无量山乌骨鸡被评为云南“六大名鸡”之一。

【表彰畜牧系统先进】 2011年,中共大理州委、州人民政府召开了全州畜牧工作暨“十一五”总结表彰会议。会议对祥云县人民政府等6个“十一五”畜牧工作先进集体、东亚乳业等6个“十一五”畜牧工作优秀企业和张寿松等60名“十一五”畜牧工作先进个人进行了表彰奖励。

(《畜牧业》由忽克俭撰稿)

林 业

【概 述】 2011年是“十二五”规划的开局之年,是全面建设小康社会、加快转变经济发展方式的攻坚之年,也是加快林业改革发展、全面推进“森林大理”建设的关键之年。一年来,在中共大理州委、州人民政府的正确领导下,全州林业系统紧紧围绕桥头堡和森林大理建设目标任务,以推动林业科学发展为主题,以加快转变林业发展方式为主线,全面落实生态优先战略,协同推进森林生态体系、产业体系和文化体系建设,全年完成营造林6.87万公顷,义务植树950万株,实现林业总产值50亿元,实现了资源增长、农民增收、生态良好、林区和谐。

【中低产林改造强势推进】 2011年,为改变林业“大资源、小产业、低效益”的局面,真正使“荒山变青、穷山变富”,中共大理州委、州人民政府将中低产林改造作为促进农民增收致富的主要抓手,制定出台了《大理州人民政府关于加快中低产林改造的实施意见》,按照“生态建设产业化、产业发展生态化”的发展思路,紧紧围绕全州建设133.33万公顷特色经济林的发展目标,坚持以改促工、以工促改,坚持高位推动、强势推进,加快中低产林改造。全年完成中低产林改造3.4万公顷,累计完成中低产林改造8.07万公顷。

【林业产业实现跨越式发展】 2011年,大理州新发展核桃6.8万公顷,全州核桃面积累计达61.07万公顷,产量16.36万吨,产值突破48.23亿元。大理州核桃面积、产量、产值在全国地级州市中均列第一,科研水平、加工营销、品牌以及标准化建设全国领先,继荣膺“中国核桃第一州(市)”之后,“漾濞核桃”地理标志产品保护申报已通过国家质检总局组织的专家组审查。“打造中国核桃第一州,致富百万山区农民”已经成为全州干部群众的自觉行为。新发展人工红豆杉原料林基地面积667公顷,累计达6667公顷,建成全国最大的人工红豆杉原料林基地。同时,充分利用资源和交通区位两大优势,大力发展林产加工业,充分利用中低产林改造的剩余物,积极发展低次木材综合加工利用产业,稳步推进林浆纸一体化项目,全州林业产值突破50亿元。

【天保一期工程圆满完成】 自1998年启动实施天然林保护工程以来,到2011年,大理州累计投入11亿元,圆满完成了天保一期工程各项目标任务,工程区的生态状况和经济社会面貌发生了显著变化,森林资源实现了由过度消耗向恢复性增长转变,生态状况由局部恶化向整体好转转变,林区经济社会发展由举步维艰向稳步复苏转变,为发展现代林业、建设生态文明、实现全州经济社会跨越式发展做出了重要贡献。

生态环境显著好转。通过全面停止天保区天然林商品性采伐和强化资源林政管理,加强农村能源建设,天保一期工程累计调减商品材采伐227万立方米,有效管护森林140.11万公顷,完成公益林建设33.38万公顷。天保工程区有林地面积由95.73万公顷上升到160.87万公顷,净增65.14万公顷,森林蓄积量由6444万立方米增加到8613万立方米,净增2169万立方米,森林覆盖率由48.67%增加到58.15%,增加森林碳汇3969万吨。新建沼气池20.9万口、节柴改灶63.8万口,既为农户每年节约薪柴或煤炭支出500元以上,又切实降低了烧柴对森林资源的低价值消耗,有效保护了现有森林资源,全州天然林得以休养生息,为建设生态文明、应对全球气候变化、维护国家生态安全做出了巨大贡献。

林区民生明显改善。天保工程实施以来始终坚持以“兴林富民”为目标,以保障和改善民生为宗旨,大力发展林区经济,优先考虑森工企业人员安置,妥善解决林区农民生计。通过一次性安置、参与森林管护和公益林建设等多种渠道增加森工企业职工收入,职工年均工资由1997年的5000多元增长到目前的2万多元。1386名森工企业职工全部参加了基本养老、医疗、工伤、生育、失业等5项社会保险,离退休人员养老金及时足额发放,1927户纳入林区棚户区或国有林场危旧房改造。同时,工程区通过聘请护林员参与营造林和基础设施建设以及发展林下经济等多种方式,为林区农民开辟新的增收途径,每年聘用农民护林员1800名,吸纳3.5万人次林区剩余劳动力参与工程建设,增加林农劳务收入1600万多元,有力促进了林区群众增收致富。

林区产业结构调整取得实效。一期工程始终坚持“生态建设产业化,产业发展生态化”的思路,正确处理保护与发展的关系,在加强生态保护的同时,大力发展核桃、红豆杉等生态经济兼用林,着力发展野生食用菌、森林药材、森林蔬菜等特色林业产业，为林农培育了稳定的收入来源，实现了生态建设和林农增收互利共赢的良好局面。13年来，工程区人工造林完成核桃、红豆杉等生态经济兼用林建设1.33万公顷，为林区后续产业发展奠定了坚实基础。同时，工程区森林生态旅游、林下种植养殖、野生食用菌等新兴产业的不断壮大，发展路子实现了从单纯依靠木材生产向依托森林资源的综合开发利用转变，改变了“独木支撑”的林区经济格局，有力地推进了林区产业结构调整和经济发展的转型升级。

【启动天保二期工程】　2011年，国家和省决定继续实施天然林资源保护工程，全面启动了天保二期工程，并将其作为应对气候变化、缩小城乡差距、实现林业发展战略、建设生态文明的重要推手来实施。大理州地处长江、澜沧江、怒江、红河等重要江河的上游或流域，生态区位极为重要。根据国家、省的统一部署，2011～2020年大理州将有效管护森林97.87万公顷，安置森工企业、国有林场1386名职工就业，为林区农民提供2000个以上森林管护岗位，新增森林面积6万公顷，净增森林蓄积1812万立方米，工程区森林覆盖率提高到60%以上，工程区林业总产值超过150亿元，林农从林业中获得的人均收入达到3000元以上，实现资源增长、质量提升、生态良好、产业发展、民生改善、林区和谐的建设目标。

【退耕还林工程】　2011年，大理州完成退耕还林工程荒山造林2000公顷，完成巩固退耕还林成果林业项目造林12260公顷。

【绿化造林和义务植树】　2011年，大理州认真落实《2011年义务植树和城乡绿化工作的实施意见》，充分发挥州级机关义务植树模范带头作用，扎实推进第二批州级机关企事业单位义务植树工作，种植名贵树种6888株，建成大理州机关杨善洲示范林66.67公顷，完成义务植树950万株。

【农村能源建设】　2011年，大理州新建农村户用沼气2744户，完成节柴改灶10163户，推广太阳能热水器2218台。农村能源建设成为推进千村扶贫开发百村整体推进、小康示范村建设、洱海保护治理工作的重要支撑。

【森林防火】　2011年，大理州面对三年连续干旱极端气候影响，全州森林防火工作坚持“预防为主，积极消灭”的方针，以野外火源管理为中心，以落实森林防火责任制为重点，以依法治火和宣传教育为主线，以提高森林防火应急能力为手段，把森林防火工作列入防灾减灾和处置突发公共事件的重点来抓，全面实行政府一把手负责制，层层明确责任，认真抓好森林防火各项措施的落实，全面完成了省政府下达的各项任务。全州共发生森林火灾20起，受害森林面积242.44公顷，森林火灾次数和受害森林面积分别为省政府下达大理州控制指标的14.81%和12.59%，森林受害率为0.12‰，火灾当日扑灭率为95%，火案查处率为90%。

【资源林政管理】　2011年，大理州坚持“提前介入、主动服务、积极应对、及时保障”的理念，进一步加强资源林政管理。全州上报审批各类建设项目征占用林地56起、面积304公顷，为重大建设项目、重要基础产业、重点经济发展项目的顺利推进提供了重要保障。

【打击涉林违法犯罪】　2011年，全州森林公安机关共查处各类森林案件1874起，其中：森林刑事案件188起，共抓获犯罪嫌疑人245人；林业行政案件1686起，处罚1849人次，收缴木材5918.4立方米、野生植物393株，罚款510.19万元，共为国家挽回经济损失805万元。

【林业有害生物防治】　2011年，大理州深入开展“利剑2011”森林植物检疫联合执法专项行动，联合执法9次，查处案件2起。全州林业有害生物发生面积4.68万公顷，有效防治4.31万公顷，防治率93.9%，无公害防治率90.92%。种苗产地检疫率为100%，商品木材及主要林产品调运检疫率为99.8%。

【森林生态效益补偿】　2011年，大理州203.54万公顷林地中，生态公益林达91.72万公顷，纳入补偿的生态公益林面积达82.25万公顷。其中国家级公益林58.77万公顷、省级公益林23.48万公顷，国家和省投入生态效益补偿金8574.02万元。

【支持山地城镇建设】　2011年，为认真贯彻落实全省保护坝区农田建设山地城镇工作会议精神，大理州林业局制定五项措施支持山地城镇建设。①科学编制林地保护利用规划，在确保森林保有量不减少的前提下，合理利用林地资源和林木资源，为山地城镇建设预留发展空间。②优先安排山地城镇建设需要的林地定额和林木采伐限额，支持山地城镇建设。③切实加快荒山造林和陡坡地退耕还林绿化步伐，做好占用、征收、征用林地的占补平衡。④扎实开展中低产林改造及森林抚育，优化林木生产条件，提高林地生产力，提升森林生态质量。⑤实施天然林保护、退耕还林、生物多样性保护、防护林体系建设、农村能源建设等重点工程，强化林业执法，规范森林经营管理，完善林业“三防体系”，建立林业综合保险制度，提升森林管护水平，确保在全面推进山地城镇建设过程中全州森林蓄积量和森林覆盖率不下降。

【启动森林防火工作约谈机制】　2011年，为全力应对持续高危森林火险天气，有效遏制野外用火，大理州人民政府启动森林防火工作约谈机制。凡是10天内乡镇发生2次森林火灾，由州森林防火指挥部专职副指挥长、州农林水纪工委副书记约谈分管副乡镇长、村委会主任；凡10天内乡镇辖区内发生3次森林火灾，由州森林防火指挥部常务副指挥长（州林业局局长）、州农林水纪工委书记约谈乡镇长；凡10天内县市辖区内发生5次森林火灾，由州政府分管副州长（州森林防火指挥部指挥长）、州监察局局长约谈副县市长（县市森林防火指挥部指挥长）；凡10天内县市辖区内发生6次以上（含6次）森林火灾，由州政府分管副州长、州监察局局长约谈县市长。森林防火期内被两次约谈，由人民政府启动问责程序对相关责任人进行问责；因回避约谈，瞒报森林火灾的，一经发现立即问责相关责任人。

【林权抵押和林业贴息贷款】　2011年，全州共办理林权抵押贷款2265户，抵押面积2.49万公顷，发放贷款2.3亿元；累计发放林业贴息贷款1.5亿元，年贴息750万元，为林业龙头企业和广大林农提供了有力的资金支持。

【林业合作组织蓬勃发展】　2011年，大理州林业合作组织蓬勃发展。全州共成立了林产业协会126个，“三防”组织和管护协会137个，林农专业合作社104个，入社农户23286户，经营面积4.35万公顷；县级专业扑火队33支921人，乡（镇）半专业扑火队和基层森林消防摩托化应急队167支3397人，义务扑火队1062支25947人。初步建立起“在林地上分，在管护上合；在种植上分，在经营上合；在管理上分，在服务上合”的林业经营新机制。

【开展森林火灾保险试点】 2011年，大理州开展森林火灾保险试点。全州投保面积196.28万公顷，投入保费1177.6万元。其中：各级财政投入保费983.42万元，林权所有者投入194.25万元，全州因灾理赔62起，赔付金额359万元。

【成立全省首家林业贷款股份公司】 10月15日，大理达飞林业小额贷款股份有限公司股东大会暨创立大会在大理市召开，全省首家林业小额贷款股份公司在大理成立。公司注册资本为人民币6510万元，法人股东6人，自然股东47人。大理达飞林业小额贷款股份有限公司的成立，是全省突破林业金融服务瓶颈、构建林业金融服务体系的典范，是大理州切实巩固集体林权制度改革成果、深入推进林业综合配套改革的创新之举，也是大理州改善金融服务支持林业发展的重要步骤，对于构建金融与林业协作平台，推动林业投融资体制改革，促进金融与林农、林企共同发展，全面推进“森林大理”建设，将产生而深远的影响。

【向剑川“3·2”火灾扑火英雄献爱心】 2011年3月2日16时，大理州剑川县金华镇金和村发生森林火灾，剑川县立即组织扑救，明火于3日9时基本扑灭，转入火场清守。3日下午16时许，突起大风，火场全面复燃，因火场地形复杂，清守余火的扑火队员被大火围困，杨玉麟等9人遇难、苏勃泉等7人负伤。3月7日，州林业局、州森林公安局、州林科所、州种苗站、州资源站、州林检局和林业培训中心等单位175名干部职工向剑川“3·2”火灾扑救英雄捐款51300元，3月9日将爱心捐款送到光荣负伤人员和牺牲者家属手中。

【推出经济林木(果)权证】 2011年，大理州林业局将南涧县确定为经济林木(果)权证发放暨抵押贷款试点县。南涧已完成经济林木(果)权证登记11960户、面积7900公顷，发放经济林木(果)权证12000本，发放经济林木(果)权证抵押贷款2860万元，破解了银行给林农提供贷款支持的技术性障碍。

(《林业》由刘开兴撰稿)

水务

【概　述】 2011年，大理州水务系统认真贯彻落实《中共中央、国务院关于加快水利改革发展的决定》、《中共云南省委云南省人民政府关于加快实施“兴水强滇”战略的决定》和《中共大理州委大理州人民政府关于加快水利改革发展的实施意见》，以超常规的举措和前所未有的力度切实抓好骨干水源工程、病险水库除险加固、农村安全饮水、大型灌区、重点县及专项工程、“五小水利”工程、中低产田地改造等工程建设，千方百计增强蓄水保障能力，着力提高抗御干旱灾害的能力，全州抗旱救灾工作取得全面胜利，水利建设提速发展。年内，全州共争取到水利建设中央资金48832万元、省级资金25687万元、州本级财政投入9562万元、各县市级财政投入21746万元。全州共完成水利和农村小水电投资18.6亿元(不含烟草、国土、农业、扶贫、烟草等部门的水利投资约18407万元)，比上年增长43.9%，其中水利基建投资完成9.39亿元、小型农水投资完成7.04亿元、农电投资完成2.17亿元。

【水务机构改革】 2011年，根据《大理州州级政府机构设置方案》，设立大理白族自治州水务局，为大理白族自治州人民政府组成部门，正处级。原大理州水利局承担的除水产外的全部职能划入大理州水务局。原大理州建设局承担的城市供水、排水、节约用水、污水处理、再生水利用管理、维护、改革以及自备水源污水处理费的征收管理工作，城区河道(包括河堤和水域环境)管理与防汛工作，对水企业进行行业管理和指导职能划入大理州水务局。原大理州水利局承担的水产管理职能(含下属单位大理州渔业工作站)划入大理州农业局。根据《大理州事业单位清理规范工作实施方案》精神，撤销州水务局下属大理州水利电力局职工学校，其人员和编制，分别划转大理州水利水电工程建设质量与安全监督站和大理州水土保持生态环境监测分站。10月26日，举行大理州水务局挂牌仪式及召开水利工作座谈会，州委副书记杨健、州政府副州长段玠出席会议并为大理州水务局揭牌，大理州水利局正式更名为大理州水务局。

【抗旱工作】 2011年，大理州雨量偏少，气温偏高，且气温波动大，全州各地大部分地区出现冬春高温少雨的旱情。全州农作物受旱面积达11.61千公顷，其中轻旱8.23千公顷、重旱2.84千公顷、干枯0.54千公顷，因旱造成11.32万人、5.66万头大牲畜饮水困难。面对旱情，全州各族群众众志成城积极采取有效措施抗击旱魔，努力确保春耕生产和城乡生活用水安全，将旱灾损失降到最低限度。全州共投入抗旱资金1433.9万元，投入抗旱人数12.204万人，启用泵站280处、机电井541眼，投入机动抗旱设备17147台(套)，出动机动运水车辆12038辆次，临时解决11.32万人、5.66万头大牲畜饮水困难，为缓解旱情起到了积极作用。

【防汛工作】 2011年，进入主汛期后，全州境内降雨时空分布不均，单点暴雨频繁，部分地区由于突降单点暴雨，发生了不同程度的洪涝和泥石流等灾害，给人民群众造成了严重的生命和财产损失。全州共发生洪涝和泥石流等灾害39起，造成39个乡(镇)358.81万人(次)受灾，倒塌房屋220间，死亡2人，转移人口183人，死亡大牲畜2630头，农作物受灾8400千公顷，部分水利、交通、电力等基础设施受损，直接经济损失达2.04亿元。全州各级按照防大汛、抢大险、抗大灾的要求，切实做到组织、管理、预案、制度、队伍、物资“六到位”。储备了麻袋3100条、编织袋35.35万条、铅丝1.16吨、桩木1707立方米、冲锋舟14艘、救生圈500个、救生衣500件、管涌停3吨、潜水服1套、移动式自发电照明灯2套；建立了150支6538人的兼职防汛抢险队伍。全州共投入抗洪资金120万元，减少受灾人口7600人，减淹耕地4300公顷，减灾效益达933万元。保证了各类水库、塘坝未发生垮坝事件、重要堤防无一处决口。

【水利规划编制】 2011年，大理州水利规划编制工作进展顺利。完成了水利部部署的“十二五”大中型水库建设规划(大理州部分)项目规划工作，完成了云南省“十二五”期间骨干水源工程建设前期工作计划的编制和近3年水利工程建设前期工作滚动计划的编制；修改完善了《大理州水利发展“十二五”规划报告》，并通过州人民政府审查；完成了《大理白族自治州水土保持规划》(2011~2030年)编制工作，并报州政府批准实施；编制完成了《大理州农村饮水安全“十二五”规划报告》、《大理州小

(二)型病险水库除险加固规划报告》以及《大理州"十二五"高效节水灌溉规划》等水利专项规划的编制上报工作。

【水利项目前期工作】　年内,大理州水利项目前期工作进展顺利。完成了大理三哨水库扩建、宾川仙鹅水库、云龙勒子箐水库、巍山锁水阁水库扩建工程的项目建议书及可研上报立项工作;完成了弥渡巴冲箐水库、巍山大石板水库扩建工程的可研、初设等前期工作;完成了洱源凤羽河水库、大理红旗水库扩建及鹤庆舍茶寺水库、陇子口水库,宾川萂中后山箐水库的可研立项审批工作;完成了祥云邵家水库除险加固、新开田水库的初设工作。按照工作时限要求,完成了河道治理、人饮安全、干支渠防渗、灌区建设、中央财政重点县、专项县年度项目前期工作任务。

【重点水源工程建设】　2011年,大理州9件在建重点水源工程概算总投资11.01亿元,年内完成投资4.33亿元。祥云青海湖水库扩建工程年初开工,同年完成主体工程施工;巍山巍宝山水库、云龙包罗水库顺利完成了度汛坝体施工;洱源三岔河水库实现下闸蓄水;弥渡大横箐水库、永平金河水库顺利截流;祥云浑水海水库除险加固、南涧母子垦水库建设全面完成批准的建设任务,顺利通过了省级竣工验收;巍山大石板水库扩建工程于12月开工建设。

【农田水利建设】　2011年,大理州抓住贯彻落实中央和省州党委、政府关于加快水利改革发展的契机,全面掀起农田水利建设新高潮。年末,全州有水库432座,总库容70273.17万立方米,其中中型水库18座,库容46351.08万立方米;小型水库414座,库容23922.09万立方米。年内,全州水利工程为农业供水99097.56万立方米、为工业供水6253.09万立方米、为城镇生活供水4788.57万立方米、为乡村生活供水3609.22万立方米、生态供水379万立方米,为水利发电供水19303万立方米。有效灌溉面积新增4370公顷,累计达14.56万公顷;节水灌溉面积新增1260公顷,累计达3.12万公顷;除涝面积新增加160公顷,累计达1.31万公顷;治理水土流失面积1.49万公顷,累计达32.71万公顷;堤防长度新增13.2千米,累计达2056.16千米;保护耕地面积5.39万公顷,保护人口99.24万人。

【重点小(一)型病险水库除险加固】2011年,大理州重点小(一)型病险水库除险加固工程进展顺利。大理麻甸、洱源上村、宾川小河底等21座小(一)型病险水库除险加固工程建设下达总投资17543.2万元,其中中央10902万元、地方配套6641.2万元;累计到位资金11156万元,其中中央7082万元、省级859万元、州级1050万元、县级1001万元、其他配套1164万元;累计完成工程建设总投资9008.3万元。下达的2010年度的11座小(一)型病险水库除险加固工程已按计划完成工程建设任务,2011年度的10座小(一)型病险水库除险加固工程已完成主体工程建设任务。

【小(二)型病险水库除险加固工程】2011年,大理州同步启动了2011～2015年小(二)型病险水库除险加固工程规划项目的实施工作。全州列入规划建设的共有329座小(二)型病险水库,其中重点小(二)型89座、一般小(二)型240座。年内,国家和省下达弥渡上村海、宾川观音阁、大理大城等55座小(二)型病险水库除险加固工程建设,其中重点小(二)型19座、一般小(二)型36座,工程建设总投资10301万元,其中中央4538万元、地方配套5763万元;工程累计到位资金10203万元,其中中央4538万元、省级3240万元、州级1260万元、县级1165万元;累计完成工程建设总投资9588万元,其中中央4530万元、地方5058万元。下达的项目已按计划全部完成建设任务。

【农田水利重点县专项工程建设】2011年,大理州中央财政小型农田水利重点县项目涉及祥云、鹤庆和南涧3个县。工程计划总投资6151万元,其中祥云县1907万元、鹤庆县2214万元、南涧县2030万元;累计完成工程建设总投资3788.08万元。专项工程建设涉及祥云和弥渡2个县,工程计划总投资1328万元,其中祥云县710万元、弥渡县618万元;累计完成工程建设总投资1281.52万元。

【大型灌区续建及改造】　2011年,大理州大型灌区续建配套和节水改造项目涉及祥云和宾川2个大型灌区,下达总投资3000万元(各1500万元);累计完成工程建设总投资2940万元,其中祥云灌区1460万元、宾川灌区1480万元。

【水库干支渠防渗工程】　2011年,省级先后2批次下达大理州22件水库干支渠防渗工程建设。计划实施干支渠防渗建设183.8千米,建设总投资8469万元,其中省级专项资金3190万元、州县及群众自筹5279万元;累计完成工程建设总投资8469万元。

【农村饮水安全工程】　2011年,大理州进一步加大农村饮水安全工程建设力度。农村饮水安全工程建设累计解决全州12个县市农村15.14万人口和农村学校3.58万师生的饮水不安全问题,建成集中供水工程561处、分散供水工程14处,累计完成工程建设总投资8891.50万元,其中中央6967万元、地方1924.50万元。

【"五小水利"工程】　2011年,大理州出台了《大理州山区"五小水利"工程建设实施办法》。《办法》规定,州级财政每年安排"五小水利"奖补资金2000万元,各县市按照不低于1:1的比例配套,通过加大财政资金投入,引导和激励受益区群众积极参与水利建设。年内,省、州先后3批次安排"五小水利"建设资金4290.5万元,其中省级2010年第二批"五小水利"工程安排资金490.5万元,建成小水窖4905个;省级2011年"五小水利"工程安排补助资金1800万元,建成"五小水利"工程9308件。州级2011年"五小水利"工程安排补助资金2000万元,建成"五小水利"工程9308件;通过整合扶贫、以工代赈、烟水、土地整理等项目资金,全州共建成"五小水利"工程4.28万件。

【河道治理】　2011年,大理州河道治理工作成效显著。①列入中国烟草云南祥云大型水源工程建设项目的中河蓄水灌溉工程已全面完成,治理河道长度29.5千米,完成土石方130.5万立方米,完成投资14620万元。②完成大理西洱河温泉段综合治理长度6.05千米,总投资2018.95万元。③完成金龙河剑川坝段综合治理长度8.4千米,总投资2994万元。④完成沘江云龙石门镇段综合治理长度6.48千米,总投资2996万元。⑤漾弓江鹤庆坝段综合治理长度8.05千米,批准及下达工程总投资2996万元,完成投资1797.6万元。⑥完成水利血防河道治理工程巍山县菜秧河和大理市苍山十八溪治理项目总投资2788.87万元,其中巍山西河支流菜秧河治理1406.39万元、大理市苍山十八溪治理1382.48万元。

【水土保持】　2011年,全州完成水土流失面积治理149.13平方千米，完成年度治理总投资13087.6万元，其中中央投资2719.2万元、地方投资6725.7万元、群众投资3642.7万元。完成州级49个开发建设项目水土保持方案的技术审查和行政审批工作。对云龙县红土田电站、漾濞广益电站、宾川县金鑫水泥厂技改工程的开发建设项目水土保持设施进行了竣工验收。配合省水利厅开展水土保持设施竣工验收5件。组织和参加建设项目水土保持执法检查32场次，检查项目19项（个），查处违法案件16起。

组织实施2010年省级重点水土保持项目大理市虎子箐小流域（二期）、鹤庆县映虹河小流域（二期）、弥渡县大湾塘小流域、洱源县永乐小流域坡耕地水土流失综合治理试点工程，共完成综合治理面积1250公顷，其中坡改梯467.73公顷、种植水保林57.87公顷、经果林136.07公顷、封禁治理588.13公顷，完成投资2033.70万元。完成了巍山县甸中河小流域水土流失综合治理实施方案、弥渡县山高小流域坡耕地水土流失综合治理试点工程实施方案的编制上报工作，2个方案均已获省水利厅和省发改委的审查批准。

【水政水资源管理】 2011年，大理州水政水资源管理工作紧紧围绕实施最严格水资源管理制度的相关要求，认真开展水资源管理。完成了《大理白族自治州地下水功能区划》、《大理白族自治州地下水利用与保护规划》的编制工作，为全州地下水利用与保护提供了科学决策依据。严格执行建设项目水资源论证制度，共组织上报审查中型水库水资源论证报告书2件、小（一）型水库及水电站3件；强化取水许可监督管理，取水许可现场验收率达100%。积极开展节水型社会建设的相关工作，完成了《大理白族自治州节水型社会建设十二五规划》的编制工作，并通过了州人民政府审批。认真开展水政执法工作，完成了河湖专项执法检查及水资源管理专项执法检查，年内全州无重大水事违法案件报告。按照“应收尽收的原则”，加强水资源费的征收，全年共征收水资源费6053万元。

【农村水电】 2011年，大理州农村水电建设工作稳步推进。新建成云龙县石房水电站、洱源县龙潭二级水电站装2座，新增装机容量2.6万千瓦。完成了农村水电增效减排工程规划编报工作，共规划了22个项目，新增农村水电装机7205千瓦，新增发电量8922万千瓦时。全力推进“十二五”水电新农村电气化建设，争取到了云龙县顺荡电站、漾濞县六五河一级电站、洱源县源安邑电站和剑川县二龙山电站技改4个项目列入国家建设计划；在开展洱源县龙潭二级代燃料项目建设的同时，争取到了漾濞县桑不老代燃料项目列入国家建设计划，并积极推进项目前期工作。配合省水利厅完成了《云南省大中型水电站水资源综合利用专项规划报告》编制工作，大理州的综合利用项目有金安桥电站、龙开口电站、鲁地拉电站、小湾电站、苗尾电站、托巴电站和黄登电站7座7个项目，涉及宾川县、南涧县、巍山县、弥渡县、祥云县、云龙县、永平县、剑川县和洱源县。其中龙开口、鲁地拉和小湾3座电站综合利用项目被列入近期实施的项目，3个项目预计总投资39.66亿元、2030年供水量达2.09亿立方米。

【农村小型水利工程管理体制改革】 2011年，大理州祥云、永平、漾濞、洱源、剑川、鹤庆6个县的农村小型水利工程管理体制改革工作，登记列入改革的工程有262576件。其中小坝塘8606件、水池水窖236524件、人畜饮水4411件、集中供水工程335件、小型泵站741件、小机电井1411眼、输水管道142件、灌排沟渠9966条、小型河道治理工程288件、拦河闸道125件，已全面完成了确权发证工作。通过改革，进一步明晰产权、搞活经营、落实管护责任，做到了建、管、用相一致，责、权、利相统一，农村小型水利工程的作用得到了充分发挥。

【水利部领导到大理考察】 3月17～19日，国家水利部水电局副局长陈大勇、中央电视二台经济频道记者赵晟和樊金峰在省水利厅水电局局长杨影丹和州水务局副局长杨锡海的陪同下，到漾濞县就中小水电建设发展的有关情况进行考察和采访。

【州水利学会代表大会】 5月10日，大理州水利学会在巍山县召开会员代表大会，选举产生了大理州水利学会第六届理事会，周明华当选为理事长，刘宇宽、邱伟、张晓东当选为副理事长，徐国成当选为秘书长，施瑞庭、张崇武当选为副秘书长。聘请州水务局茶崇亮局长为名誉理事长。

【省水政工作会议在大理召开】 7月5日，云南省水政工作会议在大理召开。会议总结了全省“十一五”期间的水政工作，表彰了“十一五”期间全省水政工作先进集体及先进个人，安排部署2011年及今后一段时期全省水政工作。省水利厅厅长周运龙出席会议并作主题讲话，中共大理州委副书记、州长何金平到会致辞，副厅长陈坚主持会议并作会议总结，省水利厅副巡视员严锋，中共大理州委常委、州委秘书长岳黎松出席会议。厅机关、省水政监察总队、省水文水资源局的相关负责人，及各州市水利（水务）分管领导、各县（市、区）水利（水务）局分管领导等200余人参会。

【全州水利建设改革发展大会】 7月22日，大理州水利建设改革发展大会在祥云召开。祥云、宾川、弥渡、云龙4个县和州水务局分别在会上作了交流发言，州委书记刘明作了重要讲话。会议总结了全州“十一五”水利改革发展取得的成就，分析了全州水利改革发展面临的形势和任务，提出了大理州“十二五”水利发展的总体要求、奋斗目标、主要任务和对策措施；对在中国烟草云南祥云大型水源工程建设工作中有特别贡献的先进集体、先进个人和在全州水利建设工作中成绩突出的先进集体、先进个人进行了表彰奖励；州人民政府与12县市人民政府和州水务局分别签订了2011年度水利建设目标责任书。

【省检查组到大理检查水利工作】 9月2～7日，省“兴水强滇”战略监督检查组在省审计厅副厅长谢健的带领下到大理州检查指导工作。检查组实地检查了弥渡县农村水型水利工程管理体制改革进展情况、巍山县大麦地水库除险加固工程建设情况、宾川县大型灌区节水改造工程落实情况，并专题听取了大理州贯彻落实“兴水强滇”战略情况汇报会，检查组对大理州贯彻落实中央1号文件和省委7号文件精神，全面推进水利建设创新发展给予了充分肯定。

【水务科普宣传】 9月21日，大理州科协、州水务局、祥云县委县人民政府等9个单位在祥云县云南驿镇共同举办了以“坚持科学发展，节约保护水资源”为主题的“全国科普日”宣传活动。州政府副州长段玠、州政法委书记杜涛等领导出席会议并讲话。科普宣传活动采取文艺演出、发放宣传资料、现场答疑解惑等方式组织实施，吸引了上万名当地人民群众热情参与，当日共发放科普宣传资料10万余份，发放《中华人民共和国水法》、《中华人民共和国渔业法》等宣传资料2万余份，人民群众的科普意识和节约保护水资源意识明显增强。

【"兴水强滇"专题培训】 11月13～18日，大理州举办了贯彻落实"兴水强滇"战略加快水利改革发展专题培训班，12县市分管水利的副县长，州级和县市水务局、发改委、财政局等相关部门100余名领导干部参加了培训。

【诺邓镇发生滑坡】 12月17日19时50分，云龙县诺邓镇境内发生滑坡，造成黄金公路和沘江河道阻断形成堰塞湖。滑坡土石方约135.8万立方米，至18日12时15分，沘江堰塞湖积水已达48.6万立方米。经当地政府抢险人员的努力，18日15时30分成功将其疏通。

【水利部领导到大理检查指导工作】 12月17～19日，国家水利部农村水电及电气化发展局局长田中兴为组长的水利部一行3人到大理州督查指导农村水电安全监管和增资扩容规划工作。洱源县、漾濞县县委和县政府主要领导，县水务局、安监局、发改局、工信局、工商局、供电公司以及部分电站业主接受了现场检查，并汇报有关工作。

（《水务》由文建国撰稿）

渔 业

【概 述】 2011年，由于受持续干旱影响，大理州渔业生产面临严峻挑战。在严重的旱灾面前，全州各级党委、政府发动群众积极抗灾自救，坚定不移地推进渔业产业化经营进程，努力提升渔业产业结构，战略性调整，全面提升渔业发展能力；高度负责地抓好渔业标准化和水产品质量安全、努力提高水产品质量竞争力；坚持不懈地抓好渔业资源保护，做好增殖放流工作，继续打牢水产业发展的基础；一如既往地抓好渔政管理，积极查处渔业水域污染事故，在大旱之年因地制宜地搞好渔业生产。全州共完成水产养殖面积7803.5公顷，其中池坝塘3265公顷、湖泊229公顷、水库4309.5公顷；水产品产量50010吨，产值8.2亿元。养殖品种主要为青、草、鲢、鳙、鲤、鲫、鳊、鲂、虹鳟等。

【稻田养鱼】 2011年，大理州稻田养鱼面积4446.7公顷，其中稻鱼工程面积26.7公顷。稻田养鱼平均亩产达16.8千克，平均每亩增收168元；稻鱼工程平均亩产鲜鱼65千克，每亩纯增收240元，为实现粮食增产、农民增收做出了积极的贡献。

【渔业良种推广研究】 2011年，大理州进一步加大渔业良种推广研究力度。繁育推广新品种福瑞鲤苗种1000多万尾，推广养殖面积约665.7公顷，同比亩增产达200多千克。繁育洱海土著鲤400多万尾，主要用于洱海增殖放流，每年可实现200万元以上的社会效益，同时，对洱海鱼类资源恢复起到重要作用，对洱海水域环境保护起到良好的促进作用。

【水产食品安全监管】 2011年，大理州加强对辖区内的鱼饲料生产厂家及销售门市、鱼药经销商、渔业生产重点单位、水产品销售市场进行质量安全检查，严禁生产过程中使用违禁鱼药及违禁饲料添加剂，从生产的源头上抓起，确保了水产品质量安全。全州共出动执法人员1247人次，检查相关场所4760个，没有发现严重的违法行为。积极组织推进无公害水产品养殖基地建设，大理、洱源、弥渡、祥云等县市通过无公害水产品养殖试点，完成了无公害水产品的产地认定和产品认证，共认定无公害水产养殖基地3200公顷，认证无公害产品18个，产量1.7万吨，占全州水产品总量的40%，有1521个养殖户参加无公害水产品标准的推进。鹤庆县全部池坝塘纳入了无公害水产品基地产地认证。

【渔业资源保护】 2011年，根据《2011年大理州实施长江禁渔期制度方案》，大理州按"统一领导、统一时间、统一行动、分区分级负责"的原则，从2月1日起对金沙江、渔泡江（90千米）、漾弓江（121.5千米）、落漏河（48千米）实施了全面禁渔，达到了"江中无渔船，岸边无网具，市场无江鱼"的禁渔要求。共发放宣传材料3500份、张贴通告277张、标语134条、出动宣传车14车次，罚没餐馆非法经营野生江鱼4千克。

实施洱海禁渔期制度。洱海于2011年3月1日～9月28日实行全湖禁渔。渔船集中入港管理，入港率达到100%。加大禁渔的执法巡查力度，针对重点偷捕地段、海域，动用执法大船，开展专项整治大行动，遏制重点区域的偷捕行为。查处违捕案件，收缴渔船、泡沫船、网具、机头、压箱、电机、小拉网、轮胎、绳子、电鱼器、钓鱼竿，有效地维护了休渔秩序。

实施西湖禁渔期制度。洱源西湖于2011年3月1日～8月30日实行全湖禁渔。在整个禁渔期间，在全县范围张贴通告100份，标语20幅，发放"关于启动封湖禁渔工作的通知"500份。加强巡查，加大巡逻执法力度，坚持每星期2次的渔政巡逻执法力度。共出动执法及协管人员对西湖巡湖58次，没收电鱼船1艘、电鱼器8台套，没收烧毁"迷魂阵"4套、地笼20套400米、丝网20张400米。

澜沧江渔业资源保护。以长江禁渔为契机，同澜沧江沿岸有关县市渔政执法人员组成联合执法组，对澜沧江干流及重要支流电鱼进行专项打击。年内共依法没收电触鱼器120台，有效地遏制住了漾濞江滥捕野生鱼类的势头。同时在澜沧江流域范围内重点地区广泛开展了《渔业法》的宣传和普及教育，利用长江春禁工作的经验，在重要江段的集镇、码头建设永久性钢质渔政宣传标语，提高广大人民群众对新《渔业法》及各项渔业法规的认识。

【增殖放流】 2011年，大理州开展了增殖放流活动，放流地点分别是洱海、洱源西湖、功果桥电站库区、龙开口电站库区。其中洱海放流大规格鲢鱼、鳙鱼、武昌鱼、草鱼330吨，高背鲫鱼、青鱼、洱海土著鲤鱼苗550万尾，放流金额达400万元。西湖放流鲢鱼、鳙鱼、鲤鱼、草鱼70万尾，放流金额7万元。功果桥电站库区放流鲤鱼、叉尾鲇39万尾，放流金额12万元。龙开口电站库区放流短须裂腹鱼1万尾，放流金额7万元。随着增殖放流的规模逐年扩大，成效日益明显，增殖放流已经成为一项重要的生态修复措施，弥补了各大湖泊、水库自然增殖的不足，为渔业水域环境改善、渔业资源保护、渔民增收及水产品市场供给做出了较大贡献，得到广大渔民的拥护和社会各界的广泛支持，产生了良好的社会影响。

【渔业水域污染事故】 年内，大理州渔业水域污染事故有2件。5月26日，徐村电站库区网箱养殖鱼类突发大量死亡事件。接报后，州县渔政、环保部门技术及执法人员第一时间赶赴现场，对事故现场进行了全面调查了解及相关取证工作，并及时按程序向各级政府和省农业厅作了情况汇报。此次事件死亡鱼类约

260吨，直接损失约200多万元，涉及13户养殖户，共养殖网箱218只。事故发生后州县及时成立了工作组，对现场作了清理处置，对死鱼进行无害化掩埋，对现场及库区进行了消毒防疫处理，对库区水质作了动态跟踪监测。由于事件处置果断、及时、得当，没有发生任何次生灾害。经鉴定，此次网箱养殖死鱼情况属气候、养殖管理不当、水位变化等综合因素影响导致水体缺氧造成鱼类死亡。事后，州政府召集漾濞、巍山县政府和移民、民政、电厂、水利等相关部门共协调资金60万元，于2012年1月10日前补助给受损养殖户。

2011年6月16日鹤庆县黄坪镇河西村发生鱼塘污染死鱼事故，污染面积0.5公顷，死鱼数量410千克，主要为草鱼、鲤鱼，经济损失8200元。污染的原因为：洱源县焦石洞高原红淀粉厂排放未经处理的污水，致使水体溶解氧降低，池鱼缺氧死亡；水体中残留的淀粉吸附在鱼鳃上，使鱼鳃气体交换不畅而窒息死亡。经鹤庆县渔政执法大队调处，已由高原红淀粉厂赔付养殖户8200元。

（《渔业》由严燕群撰稿）

乡镇企业

【理顺乡镇企业工作管理体制】 2011年，根据部、省关于机构改革要求，经大政办发文批准，原属州工信委的乡镇企业工作移交至州农业局，州农业局成立农业产业化与乡镇企业管理办公室，办公室主任为副处级。大理州农业产业化与乡镇企业管理办公室主要承担拟定乡镇企业发展、农业产业化经营与农产品加工业发展的政策、规划、计划并组织实施；引导乡镇企业布局和产业、产品结构调整；指导农产品加工业结构调整、技术创新和服务体系建设；指导龙头企业发展；负责乡镇企业、农产品加工流通信息统计；承担州人民政府农业产业化领导小组办公室日常工作。年末，各县市工作交接全部完成，乡镇企业工作顺利开展，有序推进。

【乡镇企业平稳发展】 2011年，在省农业厅农业产业化与乡镇企业管理处的指导下，大理州乡镇企业工作认真落实中央、省“统筹城乡、加快发展”的一系列政策措施，狠抓项目推进和生产要素配置。全年完成乡镇企业现价总产值398.7亿元，同比增长22.1%；完成营业收入385.2亿元，同比增长24.6%；完成增加值98.4亿元，同比增长19.4%（其中工业增加值72.8亿元，同比增长21.5%；实现税收10.7亿元，同比上升19.5%；实现出口交货值6.7亿元，同比增长39%）；有29.5万人在乡镇企业就业。

【农产品加工业实现快速发展】 按云南省农产品加工业统计口径，2011年，大理州不含大理卷烟厂的农产品加工业完成现价总产值113.5亿元，同比增长22.3%。工业销售产值99.3亿元，同比增长19.6%。营业收入116.8亿元，同比增长30.7%。增加值33.8亿元，同比增长24.1%。上交税金4.2亿元，同比增长10.2%。利润总额9.1亿元，同比增长7.1%。实现劳动者报酬6亿元，同比增长20.4%。销售收入超过500万元企业达到101户。

【休闲农业持续发展】 2011年，大理州休闲农业发展初具规模，形成了一批基础设施强、发展前景好的休闲农业企业。经组织申报，年内，已有宾川绿色果品开发有限责任公司、大理苍海湾农业生态有限公司、宾川高原有机农业开发有限公司先后认证为云南省休闲农业与乡村旅游示范企业。全州休闲农业发展呈现良好态势，全州休闲农业实现营业收入35.5亿元。

【全面完成省下达乡镇企业发展目标】

2011年，省农业厅下达大理州的责任目标为：完成乡镇企业增加值94.2亿元，同比增长14%；完成农产品加工业增加值109.5亿元，同比增长18%。全年实际完成乡镇企业增加值98.4亿元，增长19.4%；完成农产品加工业现价总产值113.5亿元，同比增长22.3%，超额完成各项责任目标。

【农产品加工业产销两旺】 2011年，大理州农产品加工业发展迅速，核桃、蔬菜、蚕桑、薯类、特色水果、茶叶、乳制品等产业产销两旺，农民种植积极性大幅提高。全州泡核桃种植面积61.06万公顷，蔬菜种植面积3.26万公顷，桑园种植面积1.4万公顷，薯类种植面积2.02万公顷，特色水果种植面积3.66万公顷，茶叶种植面积1.37万公顷，奶牛存栏14.5万头。弥渡老土罐公司新厂年产4万吨生产线建成，日处理蔬菜能力显著提高。祥云龙云经贸有限公司新厂建成，加工产品多样化，出口额稳步增加。通过公司加基地模式的推广，农产品原料供不应求，产业效益同比提高，农民增收明显。

【农业产业化龙头企业申报】 2011年，通过省农业产业化领导组办公室组织发改、财政、工商、税务、国税、地税等9个成员单位评审认定，大理州弥渡县老土罐绿色食品有限责任公司、大理顺丰农资经营有限责任公司、大理药业股份有限公司、祥云县元丰经贸有限责任公司、云南国巨绿色食品有限公司、大理冠宇花卉开发有限公司、漾濞涵轩绿色产业开发有限公司被认定为省级农业产业化龙头企业。至年末，大理州已有国家级龙头企业4户，省级龙头企业27户。

（《乡镇企业》由何婕撰稿）

气　象

【概　述】 2011年，大理州大部地区年降雨量偏少到特少，气温正常到偏高，日照略多，雨季开始期大部地区正常或偏早，雨季结束期偏早。年内，全州出现了严重的春旱和夏、秋连旱。各县市年平均降雨量621毫米，是有气象记录以来第三少雨年份。冬春季1月20日～3月24日，全州连续63天无有效降雨，各地出现严重春旱。5月下旬大部地区进入雨季。6月降雨特少，出现插花旱。7月下旬到10月底全州降雨偏少到特少，出现明显的夏旱和秋旱，对全州库塘蓄水影响较大。主汛期区域性强降雨过程少，以单点对流性降雨为主，滑坡、泥石流、冰雹、雷电等强对流天气导致的灾害较常年偏重发生。全州年平均气温为16.0℃，较常年偏高0.4℃。春季气温波动大，3月中、下旬受冷空气和西南暖湿气流影响，出现低温阴雨天气，3月28～30日连续3天大部地区日平均气温低于11℃，出现了“倒春寒”天气，对大春育秧和烤烟育苗有一定影响。夏季大部地区气温偏高，热量条件较好，对大春作物生长较为有利。总体来看，2011年对农业生产而言属中等气候年景。

全州年平均气温16.0℃，较常年偏高0.4℃，较上年偏低0.6℃。各地年平均气温12.9～19.1℃，其中洱源、南涧较常年偏低0.1℃，漾濞与常年持平，巍山、云龙、永平、鹤庆较常年偏高0.1～0.4℃，大理、宾川、弥渡、祥云、剑川较常年偏高0.5～0.9℃。全州各月平均气温8.2～22.0℃，与常年相比，1月、8月、11月偏低，其余月份偏高。其中，9月、12月气温明显偏高，9月平均气温

20.7℃、12 月平均气温 9.9℃,创有气象记录以来的同期最高值。11 月平均气温 11.0℃,创 1993 年以来的同期最低值。年平均降雨量 621 毫米,较常年偏少 205 毫米,较上年偏少 192 毫米,是有气象记录以来仅次于 1982 年和 1988 年的第三少雨年份。各地年降雨量 394 ~ 1036 毫米,除漾濞较常年偏多 10 毫米外,其余地区较常年偏少 117 ~ 298 毫米,漾濞偏多幅度为 1%,其余地区偏少幅度为 12% ~ 37%。祥云、巍山、云龙是有气象记录以来年降雨量最少的年份,宾川、洱源为第二少雨年份。1 月 21 日 ~ 3 月 24 日 63 天各地降雨仅有 0 ~ 4.3 毫米,出现严重春旱。6 ~ 12 月大部地区连续 7 个月降雨偏少,祥云、巍山是有气象记录以来同期降雨量最少的年份,宾川、云龙、永平、南涧为第二少雨年,剑川为第三少雨年,各地出现明显的夏、秋连旱。全州年平均日照时数 2431 小时,较常年偏多 81 小时,较上年偏多 238 小时。

有利的气候条件是:①大、小春生产。由于 2010 年 9 月、10 月降雨充沛,土壤底墒较好,对小春作物出苗有利,为后期增产打下了良好基础。小春作物生长季内,热量条件较好,"光、温、水"条件分配较均匀,冬季旱情较常年轻,对小春作物生长有利。5 月下旬大部地区降雨偏多,雨季开始正常或偏早,大春作物适时早栽面积多,玉米出苗整齐,加之 2010 年全州库塘蓄水好,使大春作物保苗用水有了保障。大春作物生长季内,光、热条件好,有利于作物生长。②烤烟生产。2 月下旬 ~ 3 月上旬,大理州天气晴好,气温偏高,日照充足,对烤烟出苗和幼苗生长极为有利。5 月上、中旬大部地区高温少雨,下旬大部地区先后进入雨季,降雨增多,对烤烟移栽利多弊少,于烤烟伸根团棵十分有利。烤烟旺长期全州大部地区气温偏高、降雨偏少,日照充足,有利于烤烟生长。烤烟成熟期高温、少雨、多日照的天气,十分有利于烤烟质量的提升。综上所述,2011 年烤烟气候属中等偏上年景。③旅游业。2011 年大理州降雨偏少,气温略高,特别是冬季气温偏高,暖冬现象明显,全年气候对旅游较为有利。"元旦"、"春节"、三月街民族节、"五一"、"州庆"等旅游高峰期均为晴朗天气,非常适宜出游。

不利的气候条件是:①大、小春生产。2010 年 10 月上旬出现连阴雨天气,部分地区蚕豆出苗受到一定影响。2011 年 1 月中、下旬,大部地区气温偏低,部分地区出现霜冻,使处于花荚期的蚕豆受到冻害影响,出现落花落荚。1 月 21 日 ~ 3 月 24 日 63 天,各地降雨 0 ~ 4.3 毫米,出现阶段性的严重干旱,对小春作物生长有一定影响。3 月中、下旬出现两次降温过程,对水稻育苗有一定影响。进入雨季后总降雨量偏少,出现夏、秋连旱,山区、半山区旱地作物受灾,山地玉米生长差、影响授粉,造成果穗秃顶、结实率低,对产量有影响。由于年内出现春、夏、秋连旱,导致病虫害、风、雹灾害较常年偏重发生。②烤烟生产。旺长期是烤烟产量形成的关键期,6 ~ 7 月上旬的干旱,对烤烟产量会有一定影响。③蓄水。汛期降雨特别是汛后期的降雨是大理州库塘蓄水的主要来源。年内,进入汛期后降雨持续偏少,出现明显的夏、秋连旱。汛期降雨以单点对流性降雨为主,区域性降雨过程较常年明显偏少,蓄水关键期的降雨难以形成有效径流,加之雨季结束偏早,对库塘蓄水极为不利。截至 12 月 28 日,全州库塘蓄水严重不足,只完成计划的 56.8%。洱海水位下降明显。2011 年洱海流域洱源、大理平均降雨量为 620 毫米,较常年偏少 265 毫米,较上年偏少 205 毫米。加之雨季开始特晚,入汛后 6 ~ 10 月洱源、大理平均降雨量为 520 毫米,较常年偏少 57 毫米,较上年偏少 232 毫米,区域性降雨过程少,出现明显的夏、秋连旱,对洱海蓄水十分不利,汛

2011年大理州各县、市年平均气温柱形图　　单位:℃

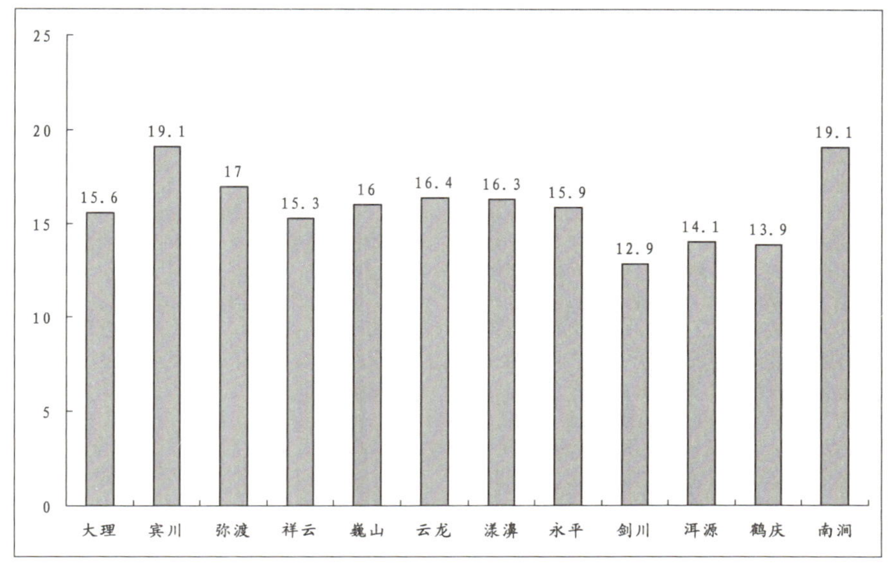

2011年大理州各县、市年雨量柱形图　　单位:毫米

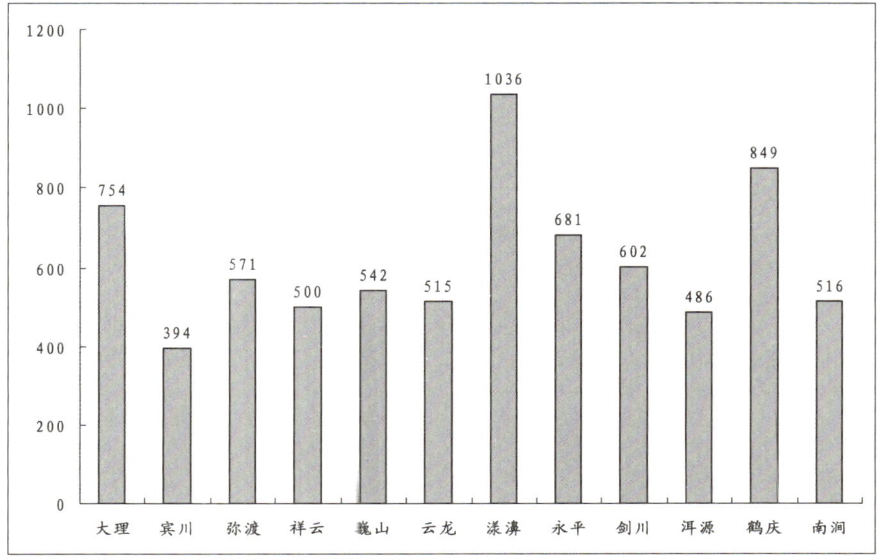

2011年大理州各县、市年日照时数柱形图　　单位：小时

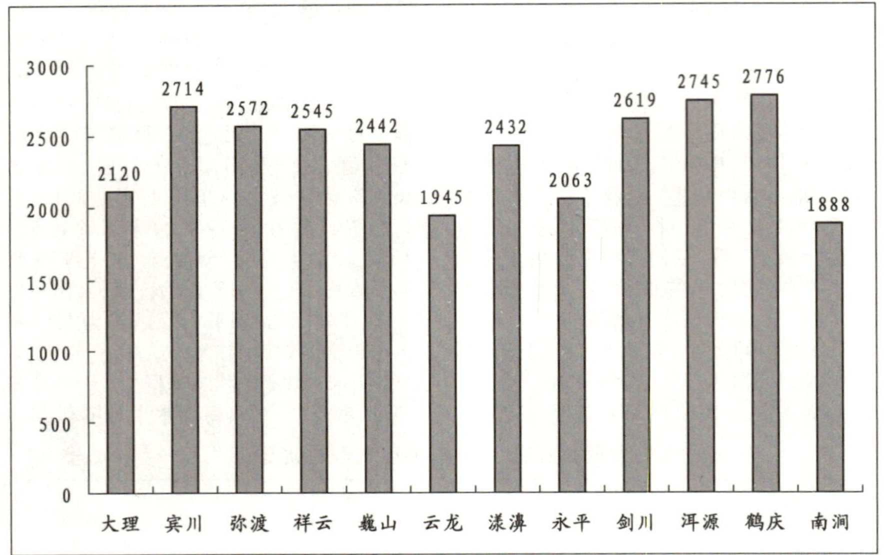

期最高水位仅到1973.44米，比上年最高水位低0.87米，仅比2000年以来水位最低的2006年高0.09米。12月31日，与上年同期比较，洱海水位下降0.95米，库容减少2.375亿立方米。④林业。2011年的严重干旱对林木生长极为不利，特别是土壤贫瘠、土壤墒情差的地区林木生长状况较差。长期的高温少雨除了影响林木的正常生长外，还导致了林业病虫害偏重发生，经济林木虫害严重。1月下旬～3月上旬全州降雨稀少，气温偏高，森林火险等级较高，年内全州共发生森林火灾20次，其中一般森林火灾8次，较大森林火灾12次。

【气象灾害】　2011年，大理州主要气象灾害是：干旱、倒春寒、大风、冰雹、雷电、暴雨、洪涝、滑坡、泥石流等，其中干旱灾害和地质灾害偏重发生。以上灾害致全州93.4万人受灾，因灾死亡5人，民房倒塌102户419间，受损5703间，紧急转移安置105户369人。农作物受灾面积64831公顷。农田水利、公路、电站及电力基础设施不同程度受损，直接经济损失35517.9万元，其中农业经济损失25091.9万元、基础设施经济损失6029万元、家庭财产经济损失2256万元、工矿企业损失2141万元。

【干旱灾害】　2011年大理州出现了严重春旱和夏、秋连旱。干旱致全州72.7万人受灾，16.5万人饮水困难。农作物受灾面积51454公顷，绝收面积3205公顷，农业损失11753万元。其中巍山、弥渡、祥云受灾较重。干旱对库塘蓄水影响尤其明显，由于夏、秋季降雨持续偏少到特少，造成全州库塘蓄水严重不足，截至12月28日，全州库塘蓄水量仅占计划的56.8%。洱海汛期最高水位仅到1973.44米，比上年最高水位低0.87米，截至12月31日，洱海水位为1973.3米，较上年下降了0.95米，库容减少2.38亿立方米。

【倒春寒灾害】　3月15日夜间～17日，受冷空气影响，州内大部地区出现较强降温天气过程，连续两天日平均气温小于11℃，最高气温下降了9～12℃。26～30日受冷空气和西南暖湿气流影响，全州持续低温阴雨天气，28～30日连续3天大部地区日平均气温低于11℃，出现“倒春寒”天气，对大春育秧和烤烟育苗有一定影响。全州受灾人口2.4万元，农作物受灾面积888公顷，绝收面积302公顷。直接经济损失895万元，其中农业损失375万元。

【大风、冰雹、雷电灾害】　2011年，大理州单点强对流天气突出，大风、冰雹、雷电灾害较常年偏重发生。因灾死亡3人，农作物受灾9124公顷，绝收1526公顷，房屋倒塌47间，受损2667间，直接经济损失11835.9万元，其中农业损失11484.9万元。

【滑坡、泥石流灾害】　2011年汛期，州内大部地区降雨明显偏少，大雨、暴雨站次明显少于常年，但局地单点强对流天气突出，引发的滑坡、泥石流灾害较重，特别是云龙、漾濞灾情严重。8月19日20时～20日20时，漾濞县太平乡政府驻地及附近区域出现单点强对流天气，过程降雨量164.0毫米，其中20日凌晨2～3时1小时内降雨量为52.2毫米，雨量集中强度大，致使太平乡政府驻地太平村突发泥石流灾害，造成2人死亡、1人受伤，1775户6815人不同程度受灾，部分农作物、经济作物、基础设施不同程度受损，直接经济损失达1315万元。6月27日18时到6月28日03时弥渡县德苴乡累计降雨量为43.5毫米，树密者村出现山体滑坡，造成1人死亡、1人受伤。8月16日凌晨，云龙县功果桥镇功果村鲁基沟发生较大泥石流灾害，由于转移及时，没有人员伤亡，灾害造成直接经济损失6221万元，其中农业损失2797万元。

【暴雨、洪涝灾害】　2011年入汛后，虽然降雨量偏少，但单点强降雨过程造成的灾害较重。7月17日22时～18日08时，宾川县力角镇出现短时强降雨，降雨量63.4毫米，由于降雨集中，镇内发生洪涝灾害。977户、323公顷农田受灾，其中，白肋烟受灾117.4公顷、葡萄受灾101.5公顷，民房进水31户、93间，乡间公路受损17千米。7月17日，祥云县祥城镇1小时降雨量达80.8毫米，造成一农户房屋山墙倒塌，死亡1人。年内，全州暴雨、洪涝受灾人口3.4万人，房屋倒塌7间、受损2406间，农作物受灾面积1504公顷、绝收265公顷，直接经济损失3281万元，其中农业损失2495万元。宾川受灾较重，直接经济损失2303万元，其中农业损失1742万元。

【州气象局获国家气象局表彰】　1月14日，国家气象局授予大理州气象局“2010年重大气象服务先进集体”光荣称号、授予大理州苍山东坡人工增雨（雪）阳和作业点点长杨权“2010年重大气象服务贡献奖”。2010年，大理州遭受百年未遇的秋、冬、春连旱，全州气象职工齐心协力，全身心投入抗旱气象服务第一线。2010年1～8月全州报送决策气象服务材料396期共14291份，其中，州政府领导批示71次，各部门引用321次。州、县局共发布预警信号123次，为政府及各部门决策人员发送预警短信24164条。准确、及时、优质的气象服务受到各级党委、政府和农民群众的好评。

【防雷装置设计审核和验收】　3月10日，州气象局与州住房和城乡建设局联合下发《关于加强新建、改建、扩建的房屋建筑和市政基础设施工程防雷装置设计审查和竣工验收工作的通知》。通知从三个方面对大理州防雷行政管理工作作出规范：①新建、改建、扩建的房屋建筑和市政基础设施工程凡涉及防雷设计的，必须报送当地气象主管机构进行专

项审查,施工单位应严格按审查通过的图纸进行施工;②新建、改建、扩建的房屋建筑和市政基础设施工程,属于防雷专项设计的项目,没有经过当地气象主管部门核查,建设行政主管部门不得核发《施工许可证》;③对新建、改建、扩建的房屋建筑和市政基础设施工程项目进行竣工验收时,应同时验收防雷装置并有当地气象主管机构参加,防雷装置验收合格后由当地气象主管机构出具合格证书,未取得合格证书的不得投入使用。此次两部门联合审核把关,将有效杜绝大理州新建、改建、扩建建筑和市政基础设施工程存在的防雷安全隐患,切实保护人民生命财产安全。

【红大烟叶气象服务中心建设方案】 年内,州烟草专卖局与州气象局共同组建大理红大特色优质烟叶气象服务中心。州气象局拟定的《大理红大特色优质烟叶气象服务中心建设方案》,针对大理气象监测预警服务、红大特色优质烟叶气象服务、特色烟叶科技研发基地生产、科研的需求,主要项目包括自动气象站、TWR－01 型天气雷达、GPS 水汽观测系统、近地面层辐射通量及土壤温、湿度观测系统、电子显示屏、实景监控系统、人工增雨防雹系统等。3 月 24 日,中国气象科学研究院、中国科学院大气物理研究所、云南省气象局、大理州烟草公司、大理州气象局等单位专家,在弥渡县大理红大特色烟叶科技研发基地,对《大理红大特色优质烟叶气象服务中心建设方案》进行了评审。专家组认为,该气象服务信息集成方案、处理平台与网络设计科学合理,中心建成后将为大理优质烟叶的生产和区域农业防灾减灾提供系统可靠的气象保障,一致同意通过评审。

【气象发展“十二五”规划通过评审】 4 月 11 日,来自全州 17 个部门的有关领导和专家对《大理州气象事业发展“十二五”规划》进行了评审。《规划》的总体目标是,“十二五”期间,面向大理州经济文化建设需求和气象事业发展前沿,通过完善公共气象服务体系、气象预报预测体系、气象综合观测体系、气象科技创新人才体系和气象科学管理体系,加强和推进气象防灾减灾、应对气候变化、气候资源开发利用、气象为农服务、人工影响天气等重点领域工作,至 2015 年,建成适应需求、结构完善、布局合理、功能先进的气象现代化体系。监测预报的准确性、灾害预警的时效性、气象服务的主动性、防范应对的科学性进一步提高,气象整体实力位居全省先进水平前列,气象防灾减灾能力建设达到西部地区先进水平。其中,在公共气象服务方面,机构健全、管理规范的公共气象服务系统基本建成;政府主导、部门联动、社会参与的气象灾害防御体系运行顺畅;决策气象服务的针对性、敏感性、综合性、时效性明显提高,重大活动保障和应急气象服务能力进一步加强;突发气象灾害预警信息公众覆盖率达 90% 以上,气象服务公众满意率提高到 92% 以上;专业专项和气象科技服务进一步适应经济社会发展需求。专家组认为《规划》符合大理州气象事业发展实际,通过组织实施,将极大地提升大理州的防灾减灾能力、应对气候变化能力和开发利用气候资源的能力,对促进全州经济社会可持续发展具有重要意义。

【省复查州气象局文明创建工作】 4 月 13 日,省文明检查工作组对大理州气象局近几年的文明行业创建工作进行复查。检查组指出,州气象局领导历来重视文明行业创建工作,全州气象部门文明单位创建率达 100%,2001 年 11 月以来,一直保持“州级文明单位”、“州级文明行业”称号,2007 年 4 月以来,一直保持“省级文明单位”称号,成绩突出。同时认为,在材料准备方面具有内容充分、条理清楚、数据翔实、亮点多等特点,值得推广学习。

【省气象观测培训班在大理举办】 4 月 14～15 日,云南省气象观测站代表性分析培训班在大理国家气候观象台举办。气象观测站的代表性分析是科学评估观测站网布局是否合理的重要依据和指标,通过培训将进一步增强观测员适应现代观测系统的业务能力,引导单纯观测员逐步向观测员、资料分析员转变,促进云南省基层台站大气探测资料应用分析科研队伍建设。会上,中国气象局综合观测司司长王晓云就观测员如何适应现代观测系统的业务能力作了讲话。全省各基准站、基本站观测员、16 个州、市气象局业务管理人员共 58 人参加了培训。

【加强汛期气象服务】 为切实加强汛期气象服务,4 月下旬,州气象局积极安排布置 2011 年汛期气象服务各项工作。在组织收看中国气象局召开的 2011 年汛期气象服务动员电视电话会议和云南省气象局动员部署大会后,州气象局要求各单位认真落实会议精神,将汛期气象服务准备工作作为当前的首要任务来抓。组织召开 2011 年汛期气候预测会议,全州 12 个县市局和州局相关单位业务人员共同会商汛期气候趋势,分析汛期降雨状况,形成汛期气候预测意见,提前为全州汛期气象服务做好准备。制定下发了《大理州气象局关于切实做好 2011 年汛期气象服务工作的通知》,着重强调在整个服务过程中,要做到组织领导到位、思想认识到位、责任落实到位、规则制度到位、保障措施到位以及责任追究到位,确保万无一失。

【贯彻落实国办文件精神】 7 月 19 日,中国气象局召开学习贯彻落实国务院办公厅《关于加强气象灾害监测预警及信息发布工作的意见》文件精神会议。州局党组结合部门实际,就学习、宣传、贯彻、落实文件提出了 6 条要求。①要求州、县各级领导班子充分认识文件出台的重大意义,就自己分管工作,及时与相关部门协调联系,切实做好气象灾害的监测和信息发布工作。②积极主动向州、县政府分管领导作专题汇报,争取地方党委、政府的理解和支持,明确政府和相关部门的职责,推进文件精神的贯彻落实。③按照“政府主导、部门联动、社会参与”的气象灾害防御机制,提出贯彻落实文件的具体方案,规范大理州气象灾害预警及信息发布工作,尽快下发《大理州气象灾害应急预案》。④充分利用广播、电视、手机短信、报纸等多种新闻媒体广泛宣传文件精神,争取全社会的广泛支持。⑤以贯彻文件精神为契机,切实做好与人大、发改委、财政等部门的协调,推动“十二五”地方气象事业发展规划项目的立项工作。⑥按照省局要求进一步做好当前的各项气象保障服务工作,扩大气象服务的社会经济效益。

【《大理州泡核桃种植气候区划》】 7 月 21 日,《大理州泡核桃种植气候区划》课题通过了由云南省气象局组织的专家组的鉴定,一致认为:课题研究成果达到国内同类研究先进水平。该课题利用大理州气候资料、核桃物候观测,对核桃种植气候资源进行详细分析,总结出了大理州核桃种植的气候条件、气候优势及气候区划指标,利用地理信息系统技术,对三类核桃品系(漾濞泡核桃、三台核桃、引进的新疆核桃及薄壳山核桃)进行了全州及分县的气候适宜性区划,分析了影响大理州核桃产量的主要气象因子及时段,建立了核桃产量预测模型、核桃主要气象灾害、病虫害及防御防治措施、高产栽培技术。课题组还编著了《大理州泡核桃种植气候区划》一书,为本地区乃至全省核桃种植提供了科学依据。

【出台气象灾害应急预案】 8月1日，州人民政府办公室下发《关于印发〈大理州气象灾害应急预案〉的通知》。《大理州气象灾害应急预案》明确了由州人民政府成立气象灾害应急指挥部，州政府分管副州长任指挥长，州政府分管副秘书长和州气象局局长任副指挥长，州发改委、工信委、教育局、公安局、民政局、财政局、消防支队等33个单位为成员单位，下设指挥部办公室在州气象局。通知要求各级政府要加大对气象灾害监测预报系统建设的投入，提高对气象灾害及其衍生、次生灾害的综合监测能力，实现信息共享，明确预警信息级别划分、预警信息发布途径。《预案》规范了各相关部门启动相应级别应急响应的程序，明确了灾后恢复重建工作的相关细则以及各相关部门应急保障的职责。

【州人大检查气象防灾减灾建设工作】 8月22～24日，大理州人大常委会农业委员会和州气象局对巍山、宾川、鹤庆3县的气象防灾减灾能力建设情况进行了专项检查。检查组对3个县的人工增雨防雹、防雷减灾、预警信息发布、应对气候变化、区域观测网、探测环境保护等气象防灾减灾工作的开展情况进行了实地检查，听取了县政府领导的汇报。检查组认为大理州、县两级基本形成了“政府主导、部门联动、分级负责、全民参与”的气象灾害防御机制，气象防灾减灾工作成效显著；建议州、县政府切实解决增强气象防灾减灾能力建设中存在的问题，抓好“十二五”规划中气象防灾减灾能力建设项目的落实，努力使大理州的气象防灾减灾能力达到云南西部地区先进水平。

【夏旱和蓄水气象服务】 由于2011年全州降雨量偏少，对全州蓄水工作影响较大，州气象台针对旱情及蓄水情况于8月19日、9月2日、10月10日和10月25日分别撰写了“大理州今年以来降水情况分析”、“主汛期降水偏少，库塘蓄水形势严峻”、“雨季即将结束，蓄水形势严峻”等专题服务材料，全面分析全年汛期降水对全州库塘蓄水的影响，建议相关部门对库塘蓄水应以蓄为主，同时注意节约用水，实施科学调度。从9月12日开始，每周一制作《上周天气实况及下周天气预报》，报送州委常委、州政府州长、副州长以及州人大、州政协主要领导，为其提供及时、科学的决策依据。

【苍山大索道防雷系统通过验收】 为切实加强旅游行业防雷安全管理，9月20日，州气象局在大理旅游集团的配合下，对目前世界高差最大、全国线路最长的旅游客运索道——苍山大索道沿线31座支架和上、中、下站防雷接地系统进行了全面检测验收，检测结果符合国家相关规范。验收检测反馈会上，州气象局防雷检测中心专业技术人员针对该索道的防雷安全工作提出了相关要求和建议。通过此次验收，对全州旅游行业的防雷安全管理起到积极的推动作用。

【“气象信息发布与传播”执法检查】 10月，州气象局组织12县市气象局及州气象行政执法支队，对辖区内的广播、电视、报刊和显示屏等媒体发布和传播气象信息情况进行了专项执法检查，并以此次活动为契机，向广播、电视、报刊、网络等媒体，广泛宣传《气象法》、《气象灾害防御条例》、《气象预报发布与刊播管理办法》等法律法规，使有关媒体知晓如何合法获取气象信息来源，使广大公众了解获取气象信息的合法途径和方法。对电视台、报刊、广播电台、移动通信等合作媒体传播气象信息进行了规范，明确了气象信息发布的要件，约定了双方的权利义务。通过此次全方位的检查，使全州气象信息发布渠道更加畅通、内容和形式更加规范、时效性更强，将更好的发挥气象预警预报信息在大理州防灾减灾中的作用。

【州局多部门及个人气象服务获奖】 10～12月，州气象局多个部门和个人先后受到州人民政府表彰奖励。州人工影响天气中心被评为“十一五期间森林防火先进集体”，州气象台被评为“十一五期间抗旱救灾先进集体”，王永平、马雪飞、阎生杰、万永斌被评为“十一五期间抗旱救灾先进个人”，李国灿被评为“2011年度烟叶工作先进个人”。

【参加省天气预报职业技能竞赛】 10月12～14日，云南省气象局与云南省总工会、云南省人力资源和社会保障厅在昆明联合举办了全省首届气象行业天气预报职业技能竞赛。大理州气象局荣获团体第三名，钟爱华获个人全能第三名、历史个例天气预报第三名，苏毓芝获最佳教练称号。

【气象和机场共享多普勒雷达资料】 12月13日，由州气象局设计、施工、安装调试的大理州气象局与云南机场集团有限公司大理机场气象台共享多普勒气象观测雷达资料项目通过验收。专家认为，各项设备性能指标均符合国家相关标准，系统测试正常，运行平稳可靠，达到预期使用目的，在同类产品中性能优良。多普勒气象观测雷达资料项目属大理机场安全审计必改项目。

【州气象局多篇论文获奖】 12月28日，根据《云南省气象局气象科技论文（专著）奖励办法》，省局对2011年度发表的气象科技论文（专著）进行奖励。大理州气象部门发表在国内核心期刊上的5篇论文：《洱海盆地水面与地面气象要素变化特征的比较》（徐安伦等）、《大理地区晚霜冻灾害前后大气边界层特征分析》（徐安伦等）、《云南省2009/2010年秋冬季罕见干旱诊断分析》（黄慧君等）、《2009年夏季云南一次由MCC引发的致洪暴雨分析》（黄慧君等）、《核桃优质高产栽培技术》（张玉华等），以及发表在国内非核心期刊上的3篇论文《云南大理“2010.1.15”日环食期间辐射和温湿度变化特征》（徐安伦等）、《大理州山地日照时间的时空分布特征》（周明昆等）、《大理州核桃主要气象灾害及防御措施》（张玉华等）获奖。

【新一代天气雷达安装调试成功】 5月23日，由国家气象局、云南省人民政府和大理州人民政府共同投资的大理州气象部门“十二五”重点建设项目“云南大理新一代天气雷达”正式开工建设。12月20日，在省气象局观测与网络处、大气探测保障中心和安徽四创电子股份有限公司的大力协助下成功吊装雷达天线。12月24日收到了第一张雷达回波图，12月30完成了新一代天气雷达系统的全面安装、调试。经省气象局批准，2012年1月4日可投入业务试运行。大理新一代天气雷达系统建成投入使用后，可在半经250千米范围内对强风暴进行有效监测，在150千米范围内，定量估计降水强度和降水区中的风向、风速，对中尺度气旋、飑线、冰雹、龙卷、暴雨等灾害性天气进行有效的监测预警。该系统可弥补云南省前期已建成雷达系统定量探测覆盖范围的不足，通过与昆明、德宏、思茅、文山、昭通、丽江等地的雷达组网拼图，基本实现全省雷达图像无盲区，组成全国新一代天气雷达网在云南部分的完整覆盖，将提高大理对暴雨、冰雹、雷雨和大风等灾害性天气的监测能力和气象防灾减灾能力，使大理州对灾害性天气的监测和短时临近预报能力有较大的突破。

（《气象》由周晓玲撰稿）

（《农业》责任编校：李建川）

工 业

综　述

【概　述】 2011年是“十二五”规划的开局之年，也是大理州党委、政府确定的推动工业发展年。年内，全州工业经济实现了持续、快速增长，为“十二五”全州工业跨越式发展奠定了坚实的基础。主要成效：①发展目标超额完成。全州完成工业总产值607.95亿元，同比增长27.42%；完成工业增加值197.6亿元，按可比价增长22.2%。工业对全州GDP的贡献率达46.2%，拉动GDP增长6.6个百分点。其中，规模以上工业完成增加值154.1亿元，同比增长24.7%，增速高于全国10.8个百分点，高于全省6.7个百分点，在全省16州市中排名第4位，在7个重点州市中排名第1位；主营业务收入完成384.2亿元，增长28.9%；实现利税总额84.3亿元，增长47.3%；实现利润总额43.1亿元，增长80.9%。非公经济占全州GDP的比重达45.7%。单位GDP能耗下降4.82%。②结构调整成效明显。充分发挥规划和产业政策在结构调整中的引导作用，组织编制了《“十二五”工业和信息化发展规划》和13个专项规划。2011年，全州三次产业比重为21.7∶41.9∶36.4，二产比重首次突破40%、达41.9%，其中，工业占GDP的比重达34.8%，比上年提高了2.3个百分点。重工业进一步提升，轻工业发展加快，轻、重工业比重为35.9∶64.1。烟草、矿冶、能源、生物资源、机械、建材六大工业支柱产业实现产值439.5亿元，占全州工业总产值的比重达72.3%。非烟工业比重进一步提高，机械、矿冶、能源三大产业产值均超过了烟草工业产值。全州规模以上工业企业达153户，其中销售收入过亿元企业61户，比上年增加18户，销售收入超10亿元企业8户，销售收入超40亿元企业2户（祥云飞龙公司、大理卷烟厂），销售收入超80亿元的企业1户（力帆骏马公司）。企业创新能力不断增强，全面实施企业技术改造、技术创新和产品质量提升计划，深入推进工业标准化体系建设，一批技术改造项目相继建成。云南清逸堂实业有限公司的“日子”商标被认定为“中国驰名商标”。③工业投资和项目建设取得成效。通过财政资金引导企业资金和社会资金加大对工业的投资，工业投资不断加大。发挥专业部门招商的优势，有针对性地到江西、陕西、重庆、成都等地进行招商，取得较好成效。全力推进全州重大经济发展项目建设，努力协调解决融资难、用地难、审批难等问题。年度投资计划中，鹤庆北衙公司扩建4000吨/日铁金选冶技改、祥云飞龙公司30万吨浸出渣无害化项目等15个续建项目已完工或单线投产；大理药业公司针剂生产线技改、大理东亚乳业公司高端乳品生产线异地技改等33个计划新开工项目已开工建设，其中南涧凤凰木业公司木制品加工等10个项目已完工或单线投产；力帆骏马公司汽车工程研究院建设、大理州燎原久裕照明科技公司LED节能灯具等12个储备项目已启动前期工作。“央企省企入大”战略取得进展，年内与中冶公司、昆明钢铁控股有限公司2户央企、省企签订了战略合作协议，协议投资达210亿元，涉及水泥建材、矿产资源开发、园区建设、基础设施、现代物流等领域。2011年，全州完成工业固定资产投资128亿元，增长28%，其中，完成非电工业固定资产投资54亿元，增长25%。④园区建设发展加快。工业园区经济实现较快增长，全州工业园区入园企业255户，比2010年增26户，园区完成工业总产值265.5亿元，增长46.9%；完成规模以上工业增加值45.4亿元，增长23.4%；实现利润26.7亿元，增长176%；税收10.6亿元，增长117.3%。云龙、鹤庆工业园区规划通过了州级评审。园区基础设施投资和生产性投资加大，大理创新园区标准厂房建设、祥云财富园区工业大道建设等项目建成投入使用。全州建成工业园区标准厂房30万平方米。祥云县成立了祥云工业投资公司，以市场化方式开发建设工业园区。⑤积极推进节能降耗。全年万元GDP能耗下降4.82%。以工业节能为突破口，坚持结构节能、管理节能和工程节能并举，加强节能技术改造，大力发展循环经济，推行清洁生产，开展资源综合利用，节能降耗取得成效。实施余热余压利用、电机系统节能、能量系统优化等节能改造项目15个。大理供电局等3户企业完成了能源审计，巍山银燕锑业公司等6户企业开展了清洁生产审核工作，大理致远新型建筑材料公司等2户企业通过了省资源综合利用认定。组织推广财政补贴节能灯40万支。深入推进全民节能、建筑、交通运输、农业和农村、商务和民用、公共机构等领域节能工作。⑥非公经济发展提速。大力推进中小企业、非公经济各项政策措施的落实。推进成长型中小企业培育工程，大理博云塑料有限公司等11户企业被新认定为省级成长型中小企业。2011年，全州非公经济组织发展到9.3万户，实现非公经济增加值260亿元，按可比价增长18.6%，占全州生产总值的45.7%，比上年提高1.8个百分点。非公经济在全州经济社会发展中的地位进一步提升，成为推动全州经济发展的基本力量、解决就业的重要渠道和工业经济的主导力量。⑦加快推进信息化建设。全州通信传输网实现光缆化、数字化。全州移动交换机达370万门，移动电话用户达242.8万户，互联网宽带用户达20.7万户。市政规划、基站选址、管道建设、电力引入、政府和行业信息化建设等领域TD网络建设和3G业务推广工作取得较大进展，3G实现了全州开通，促进了全州通信消费升级换代的步伐。全州广电传输网络整合加快，有线电视用户达48万户，其中35万户完成数字化改造。电子政务承载和应用能力大幅增强，经济和社会领域信息化水平全面提升。开展“无线城市”和“无线园区”试点，完成新版无线电台站数据库建设，无线电四期工程全面推进，无线电事业发展规划（2011—2015）全面启动。

（杨枝相）

【召开工业企业迎新春座谈会】 1月

28日，州委、州人民政府在海湾国际酒店举行2011年工业企业迎新春座谈会，与企业代表面对面交流，共话发展。会上，企业代表先后发言，介绍了企业发展情况，并围绕如何“转变方式、调整结构”，提升企业核心竞争力，实现企业可持续发展等提出了有针对性的意见建议。在认真听取与会企业代表的发言后，州委书记刘明、州长何金平分别作了讲话。州委常委、常务副州长马建全通报了大理州“十一五”期间工业经济情况及“十二五”工业经济发展目标。副州长程云川主持座谈会。州人大常委会副主任刘世兴、州政协副主席张树藩出席会议。州工信委、州财政局、州发改委、州国土局等相关部门负责人参加座谈会。

4月25~26日，州委、州政府召开全州工业经济工作调研座谈会

（州工信委　供稿）

【召开工业经济调研座谈会】 4月25~26日，州委、州政府组织全州工业经济部门和各县市，到鹤庆县、祥云县和大理市部分重点企业进行了为期两天的现场调研，并于27日召开了全州工业经济工作调研座谈会，共商工业经济发展大计，以推进全州工业经济又好又快发展。会议强调：要进一步把握机遇、解放思想、凝心聚力抓工业，采取有力措施，突出重点，狠抓落实，努力实现全州工业经济“十二五”既定目标。会议听取了鹤庆县、祥云县、大理市、州工信委的主题汇报和州环保局、商务局、发改委、财政局、国土局、林业局、水务局以及大理供电局等单位就如何优化发展，创新服务，推动全州工业经济大发展的发言。州委书记刘明、州长何金平分别作了讲话，对“十二五”期间如何加快全州新型工业化进程进行了深入分析。大理州党政领导杨健、袁爱光、叶翠萍、岳黎松、杨光军、张如旺等出席会议，副州长程云川主持会议。

【全州加快工业发展大会召开】 6月9~10日，全州加快工业发展大会在鹤庆县召开。中共大理州委常委，州人大常委会主任、联系副主任，州人民政府副州长，州政协主席、联系副主席出席会议；12县市党委、人大、政府、政协和州县相关部门领导参加了会议。期间，全体参会人员参观了鹤庆县部分重点工业企业。会议强调：全州上下要进一步解放思想、抢抓机遇，突出重点、狠抓落实，深入实施工业强州战略，努力实现工业经济发展的新跨越。

州委书记刘明在会上作了讲话，州长何金平主持大会并作讲话，州委副书记杨健，州委常委、常务副州长马建全参加会议并宣读相关表彰决定。会议对新增规模工业企业、主营业务收入上台阶工业企业和完成2010年度招商引资责任目标单位给予表彰奖励；对完成2010年度工业经济发展责任目标的单位、“十一五”期间节能减排工作先进单位和先进个人、获得省级认定企业技术中心的企业给予了奖金兑现和表彰奖励；副州长程云川代表州政府与各县市签订了《2011年工业经济暨非公经济发展目标责任书》及《2011年招商引资目标责任书》；副州长许映苏代表州政府与各县市签订了《“十二五”低碳节能减排目标责任书》。

【州工业和信息化委员会和州无线电管理办公室挂牌】 9月1日，大理州工业和信息化委员会举行了挂牌仪式，州工信委、州无线电监测站全体干部职工，州中小企业融资担保公司、州矿冶研究所、州企业家协会、州工业经济联合会、州室内装饰协会主要负责人参加了挂牌仪式。州人民政府副州长程云川参加了挂牌仪式并为州工业和信息化委员会和州无线电管理办公室揭牌。根据中共大理州委办公室、大理州人民政府办公室《关于印发大理州州级政府机构设置方案的通知》，大理州设立了“大理州工业和信息化委员会”，为州政府组成部门，将原州经济委员会、州人民政府信息产业办公室、州无线电管理处的职责整合划入大理州工业和信息化委员会，同时加挂州无线电管理办公室牌子。新组建的州工业和信息化委员会职能为：提出新型工业化发展战略和政策，协调解决新型工业化进程中的重大问题，拟定并组织实施工业和信息化的发展规划，推进产业结构调整和优化升级；负责工业行业的宏观管理与综合指导；监测、分析工业运行态势；提出工业和信息化固定资产投资规模和方向；推进工业经济发展和管理创新等职责。州工信委的挂牌成立对加强全州工业的整体规划、行业指导和综合管理，实现工业化和信息化的快速提升，推动大理州工业跨越式发展具有十分重要的意义。

【全州工业经济运行和节能降耗分析暨无线电管理工作会议召开】 11月7~8日，州人民政府组织召开了全州工业经济运行和节能降耗分析暨无线电管理工作会议。副州长程云川，联系工业经济的副秘书长出席了会议，各县市分管工业经济的副县市长，州级相关部门领导等参加会议。会议强调：要抢抓机遇，突出重点、狠抓落实，全面完成年初确定的工业发展责任目标，实现“十二五”开局之年开门红。程云川在会上作了讲话，州政府副秘书长施双林主持大会，州工信委主任李东在会上作了发言。11月8日，州工信委又举办了全州无电管理业务培训会，各县市工信局分管无线电管理工作的副局长和业务员、州工业委相关科室人员参加了培训。

【煤炭生产年度工作会议召开】 8月5日，大理州人民政府召开了2011年度煤炭生产工作会议，州级有关部门，祥云、宾川、弥渡、剑川、鹤庆、永平6个产煤县政府分管领导和县工信局、煤炭工业局的领导参加了会议，会议由州政府副秘书长施双林主持。副州长程云川出席会议并讲话，要求各产煤县全面把握煤炭生产新形势，认真谋划"十二五"期间煤炭行业发展的任务措施，努力抓好2011年煤炭生产各项工作；会议兑现了2010年度煤矿安全生产和煤炭资源整合工作责任奖惩；与各产煤县签订了《大理州2011年度煤炭安全生产工作责任状》；州工信委主任李东作了《围绕主线抓生产，精心布局谋发展，努力开创全州"十二五"煤炭生产工作新局面》的讲话。

（《综述》除署名外由自永康撰稿）

节能降耗

【概　述】 2011年，全州工业发展以科学发展观为指导，认真贯彻落实云南省"十二五"低碳节能减排工作会议精神，坚持把节能降耗作为加快调整产业结构、转变工业经济增长方式的重要抓手，节能降耗工作取得明显成效。切实加强组织领导，强化目标责任的落实；不断加大节能投入，实施节能重点工程；推动企业节能技术进步，强化节能基础工作；加强监督管理。2011年，全州万元GDP能耗比上年下降4.82%，完成省下达目标任务3%的160.67%，完成"十二五"总体节能目标的34.43%。

【强化节能降耗目标责任考核】 年初，大理州人民政府组织对全州各责任单位"十一五"及2010年度节能责任目标进行现场评价考核，严格实行节能减排行政问责，根据考核结果兑现了奖惩。"十一五"期间，大理州节能降耗工作取得显著成效，超额完成省政府下达的节能降耗目标任务。在2011年6月9～10日召开的大理州加快工业发展大会上，州人民政府对"十一五"期间在节能减排工作中成绩突出的20个节能减排工作先进单位、98名节能减排工作先进个人进行了表彰奖励。

【加快实施重点节能工程】 年内，大理州进一步加大节能技改投入，支持和鼓励企业加大节能减排技术改造和技术创新。安排州级节能专项资金500万元，积极争取省级节能专项资金188万元，支持实施省级重点节能项目6项、州级重点节能项目15项。云南红塔滇西水泥股份有限公司水泥窑纯低温余热发电项目1期工程、漾濞县跃进化工有限责任公司年产12万吨硫酸配套3000千瓦余热发电工程等项目通过竣工验收；大理三德水泥有限公司水泥生产10兆瓦纯低温余热电站建设、大理啤酒有限公司燃煤工业锅炉节能改造等项目建成投入运行。上述项目的顺利实施，取得了显著的节能效果，发挥了很好的示范带动效应。

【开展节能技术推广应用】 2011年，全州切实加大节能产品、节能技术和节能服务机制的推广力度。余热余压发电、变频技术、谐波滤波技术等节能技术和产品在企业中得到推广应用。云南国资水泥剑川有限公司余热发电技改工程等6个项目被列为省级100个重点节能示范项目；云南盐化股份有限公司乔后盐矿燃煤锅炉改造等项目实施完成并取得了显著的节能效果；全年共推广绿色高效节能灯34.45万只。

【省政府督察大理州节能降耗工作】 9月27～28日，省工信委副主任许云带领的由省工业和信息化委员会、省环境保护厅、省住房城乡建设厅、省统计局组成的省政府第二督察组对大理州节能减排工作进行了专项督察。督察组实地检查了云南祥云飞龙有色金属股份有限公司、祥云县中天锑业有限公司、南涧县污水处理厂、云南国资水泥剑川有限公司等企业，听取了大理州1～9月份节能减排工作情况汇报，督察组对大理州节能减排工作给予了充分肯定，并对后几个月的节能减排工作提出了要求。

【开展加快转变经济发展方式监督检查】 为进一步落实中央、省、州关于开展加快转变经济发展方式监督检查的安排部署，年内，大理州工信委成立了加快转变经济发展方式监督检查工作领导小组，制定了《大理州节能降耗政策措施落实情况监督检查实施方案》。10月10日，省工信委第三检查组对大理州转变经济发展方式进行监督检查。11月1～4日，州工信委、州监察局、州发改委、州环保局、州统计局、州纪委派出工交纪工委等部门组成6个监督检查组，对全州12县市工业经济运行、节能减排等工作情况进行了监督检查，确保各项政策措施的落实，加快推进经济发展方式的转变。

（熊冬良）

【能源评估与能源审计】 2011年，大理州进一步加强固定资产投资项目节能评估和审查审计工作。祥云飞龙有色金属股份有限公司年产30万吨浸出渣无害化处理等3个项目通过省工信委节能评估审查；继续推进重点用能企业能源审计，年内全州有3户企业完成能源审计工作。

（熊冬良）

【推行清洁生产和资源综合利用】 2011年，全州继续认真贯彻《清洁生产促进法》，将"节能、降耗、减污、增效"理念贯穿于企业生产经营全过程。按照"两证一库一评估"的清洁生产工作机制，全面推进全州工业企业清洁生产。年内，全州共有6户企业通过了清洁生产审核验收，全部资金投入3469.44万元，年创经济效益1666.06万元，节约标煤1481.06吨，节水68965立方米，节电7696.08万度。大理致远新型建筑材料公司粉煤灰混凝土多孔砖项目、红塔滇西水泥公司余热发电项目通过省资源综合利用认定委员会审核认定。

（《节能降耗》除署名外由段文泽撰稿）

冶金工业

【概　述】 2011年，全州冶金工业企业在国内通货膨胀，欧债危机加剧的压力下，坚持以科学发展观为指导，走新型工业化发展道路，生产工艺水平得到了提升，资源综合回收利用率大幅提高，虽然全行业处于高成本、低效益状态，但各项经济效益指标都取得较好成绩。年内，全行业累计完成产值109.70万元，同比增长41.4%。全年生产锑17929吨，同比增长29.3%；铅14998吨，同比增长39.2%；生铁101627吨，同比增长27.2%；黄金5721千克，同比增长76.8%；白银11745千克，同比增长187.2%；成品钢115730吨，同比下降0.8%；铁合金21071吨，同比下降12.5%；锌140761吨，同比下降12.1%。

【祥云飞龙公司再创辉煌】 祥云飞龙有色金属股份有限公司始创于1995年，注册资本6亿元，厂区占地100公顷，经过不断技术改造，现已发展成集铅锌采、选、冶、深加工为一体的现代化冶金化工企业，资产总额达28.6亿元，职工6559人。年产能：电锌18万吨、电铅8万吨、硫酸18万吨、锌合金3万吨、铟15吨、白银116吨。

2011年,公司累计生产电锌124742吨,硫酸84383吨,实现工业总产值45.39亿元、工业增加值8.73亿元,实现销售收入40.73亿元、利税3.46亿元(其中,实现利润2.46亿元,上缴国家税收1.03亿元)。该公司是国家工信部公布的全国第一批铅锌行业准入8家企业之一和云南省第一批循环经济试点企业,2003年进入全国民营企业500强。作为云南省高新技术企业和云南省创新型试点企业,公司拥有一个省级企业技术中心,通过不断自主创新,先后研发出"有机溶剂萃锌与湿法炼锌的联合工艺"等13项发明专利,其中2011年新申请专利3项,新授权2项。年内,公司再度荣获"云南民营外贸企业前五名"、"云南省高新技术企业"、"全国五一劳动奖状"、"云南省创新型试点企业"、"高新技术特色基地骨干企业"、"云南省'十一五'节能减排先进单位"等多项荣誉称号。

【大理市硫铁矿制硫酸生产装置通过认定】 大理市中川化工有限公司位于大理市太邑乡,公司创立于2004年,拥有年产4万吨硫铁矿制硫酸生产线一条,后技改扩建至11万吨/年生产能力。该技改项目于2006年5月18日经大理市发改局备案立项,2008年11月正式投产。该企业硫铁矿制硫酸项目以滇西地区金属矿尾矿中的硫铁矿资源为原料,采用国内先进的"二转二吸"生产工艺和技术装备,项目符合国家鼓励资源综合利用的发展方向和产业政策。年内,该公司11万吨硫铁矿制硫酸生产装置项目通过省认定。

【鹤庆锰业有限责任公司技改项目通过认定】 2011年1月,鹤庆锰业有限责任公司提出拆除公司原6300千伏安电炉,扩建16500千伏安电炉的技改项目,2月28日,云南省工信委以备案项目编码:115300003340005号核准该技改项目并发放备案证。鹤庆锰业有限责任公司锰矿石资源为高锰、低磷、低铁的优质富锰矿,年采矿能力六万吨左右(日采矿200~300吨)。根据采矿能力,扩建16500千伏安电炉将所采矿石全部加工成铁合金,能有效发挥资源优势,提升产品附加值,并实现矿山采矿能与扩建生产规模相匹配。年内,该技改项目通过省产业政策认定。

【大钢钢铁公司技改项目通过省认定】 2003年,大理大钢钢铁有限公司经州经委备案同意,在漾濞县顺濞乡哈腊左村建成了1条钢材生产线,并于2006年7月投产。近年来,为适应节能环保要求和提高技术装备水平,该公司通过对原有工艺装备实施填平补齐技术改进,建成1套2×40吨偏心底出钢电弧炉、1台60吨精炼炉、1套1800立方米/时的制氧装置、1套120毫米×120毫米、150毫米×150毫米双流连铸设备和钢坯热送入φ365-565毫米、300米纵列轧钢机。整套设备采用超高功率强化用氧、炉内冶炼、炉外精炼钢、连铸连轧多功能一体的生产工艺,年产能50万吨。生产线布局及整套设计制造优良,生产工艺先进,生产和检测线已达到国内先进水平。根据《国家产业结构调整目录》(2005年本)和工信部《部分工业行业淘汰落后生产工艺装备和产品指导目录》(2010年本)相关规定,年内,漾濞县经济局经现场核实,认为该生产项目工艺装备不属于《国家产业结构调整目录》中的淘汰设备,项目审批、生产能力和工艺装备符合国家产业政策,建设手续齐备,环保设施落实,并据此上报省对该项目予以国家产业政策认定获得通过,同时完成换证工作,于6月1日取得生产许可证新证。

(《冶金工业》由杨丽芳撰稿)

煤炭工业

【概　述】 2011年,全州煤炭行业以科学发展观为指导,全面贯彻落实党中央、国务院,省、州政府关于加强煤炭安全生产工作的一系列指示精神和决策部署,以继续深入开展"安全生产年"活动为主线,以有效防范、坚决遏制重特大事故为目标,扎实开展安全生产宣传教育、安全生产执法、安全生产治理"三项行动",切实推进安全生产法制体制机制、安全生产能力、安全生产监管队伍"三项建设",实现安全生产状况的持续稳定好转。2011年,全州生产原煤362.04万吨,同比增长9.21%;实现产值7.55亿元;贡献税费2.25亿元,其中,原煤生产贡献1.45亿元,煤炭经营企业贡献0.8亿元;从业人员7494人,其中,煤矿生产企业6842人,煤炭经营企业652人,解决了大量农村剩余劳动力的就业。

【煤炭安全生产情况】 2011年,全州共发生煤矿生产安全事故6起,同比增加4起,其中较大事故1起;全年死亡9人,死亡人数增加7人,百万吨死亡率为3.48人。

【煤炭安全管理工作】 2011年,大理州进一步加强了煤炭安全管理工作,切实推进煤炭安全生产工作持续稳定好转。①下发了《大理州资源整合工作领导小组办公室关于对2010年度煤矿安全生产工作责任状、煤炭资源整合工作责任状行执行情况开展考核的通知》,要求各产煤县对春节期间的煤矿安全生产工作安排部署情况进行检查;随后下发文件对春节、"两会"期间煤矿安全生产工作作了具体安排,坚持合格一个、验收一个、复产一个,不合格继续整改的办法开展检查工作,验收合格的必须经县政府分管领导签字同意后才能恢复生产,复产期间做到各县复产情况一日一报。由于措施得当,各级各部门工作有力,杜绝了煤矿春节后复产期间事故的发生。②州人民政府召开了全州2011年煤炭生产工作会。安排部署了2011年工作;全面总结了"十一五"期间的煤炭安全工作,"十一五"期间,全州煤矿安全生产工作取得了"一增三降"(煤炭产量逐年增加,矿井数量、死亡人数和百万吨死亡率下降)的成效;会议兑现了2010年度煤炭资源整合和煤矿安全生产工作考核奖惩,签订了《2011年度的煤炭生产工作责任状》。③开展煤炭经营企业煤炭经营资格条件变化和依法经营状况全面检查工作。通过企业自检,各县主管部门初检和州工信委复检,27家参检企业全部通过年检。④认真抓好6月"安全生产月"活动。成立了以州工信委分管领导为组长的活动领导小组;安排重点产煤县在县城和重点矿区开展咨询日活动;加强培训教育和宣传;安排了各县之间的交叉检查,提高了认识,交流了经验。⑤抓培训教育工作。全年开展43期针对煤矿企业的安全技术培训,总计有11438人次参加培训。其中三级中心培训特员(含安管人员和瓦斯监测监控系统管理人员)4期12个工种共1236人,取证1194人,合格率为96.68%,同比上升1.08%;组织特员培训4期,共1300多人参加。⑥加强煤矿基础建设工作。下发了《关于大理州煤矿安全质量标准化建设工作的意见》、《关于进一步抓好煤矿安全基础工作的通知》等文件,系统安排了基础建设的内容、时间、要求;选择了双河等7对矿井作为大理州的煤矿安全质量标准化建设工作示范矿井,安排210万元资金;选择了天恒等2对矿井作为“六大系统”建设示范矿井;基本完成鹤庆县松桂麦冲煤矿的核准、准入、采矿证办理等工作,祥云县万祥工矿有限责任公司大箐海煤矿一、二号井的建设工作全面开展。⑦认真落实完善隐患排查治理制度,扎实有效地开展好煤矿安全生产隐患排查工作。国家煤监局、省工信委、云南煤监局、省安监局对大理州开展了6次督查工作,州级开展了12次、县乡级开展了800多次安全生产大检查,总共出动800多人次;州、县共组织全体矿长会议20次;开展了瓦斯防治、通风能力核定、安全评价、瓦斯等级鉴定等项工作,有效地促进了全州煤矿安全生产工作的开展。

(《煤炭工业》由程林撰稿)

机械工业

【概　述】　2011年,大理州机械工业经济运行情况继续保持平稳增长的态势,经济效益明显好转,产品向高端升级的步伐加快,关键基础零部件攻关有新突破,发展现代制造服务业延长产业链方面呈现一些新气象,区域结构继续朝着产业政策所预期的方向调整。年内,全州机械工业累计完成工业总产值87.78亿元,同比增长23.8%。累计生产载货汽车80455辆,同比增长56.1%(改装汽车55640辆、同比增长18.6%,生产低速载货汽车24815辆、同比增长37.6%);累计生产中型拖拉机56084台,同比增长20%;生产农用微耕机15469台,同比增长148.9%。

【云南力帆骏马车辆有限公司硕果累累】　2011年,云南力帆骏马车辆有限公司在通货膨胀、全国汽车行业和农机市场疲软、竞争激烈的严峻形势下,艰苦奋斗、团结拼搏,取得了较好的经济效益,各项指标稳步增长。全年实现工业总产值86.65亿元、同比增长25%,实现销售收入81.33亿元、同比增长25%,实现利润48652万元,缴纳税金3070万元,出口创汇1145万美元,装配汽车55640辆、同比增长19%,销售汽车55897辆、同比增长13%,装配低速载货汽车24815辆、同比增长38%,销售低速载货汽车24194辆、同比增长64%,装配各种型号拖拉机56084台、同比增长20%,销售拖拉机57755台、同比增长35%,管理费用同比增长9%,财务费用同比增加36%。

通过几年的艰苦努力,云南力帆骏马车辆有限公司实力不断得到增强,公司立足于广大农村市场,抓住国家实施西部大开发和加快推进社会主义新农村建设步伐,加速基础设施建设及抓住农村潜在市场得到释放的机遇,不断开发适销对路的产品,开拓重卡、轻卡专用市场和中重型拖拉机市场。同时,推出高性价比产品,积极开拓东南亚市场,努力将公司建成西南地区最大的载货汽车生产基地,使“力帆”牌载货汽车和“时骏”牌拖拉机成为全国知名品牌。

(《机械工业》由杨丽芳撰稿)

纺织工业

【概　述】　2011年,大理州纺织工业坚持进一步扩大内需与积极开拓东南亚国际市场相结合的战略,克服了干旱、电力紧张等不利因素影响,继续保持了平稳增长,但受生产要素价格波动、货币政策收紧、人民币汇率升值等因素影响,利润下降。2011年,全州有规模以上纺织企业4户,生产纱2668吨、同比增长1.9%,生产布257万米,同比下降8.21%,实现主营业务收入2.15亿元、同比增长15.6%,实现利税总额1187万元、同比下降23.6%,实现利润总额674万元、同比减少378万元。

【棉纺织业得到巩固提升】　2011年,大理州紧紧围绕滇西中心城市建设这一目标,扎实推进凤仪创新工业园纺织服装园区建设,以园区为载体,以机制和体制创新为动力,强化措施,增加投入,优化结构,重点突破,整体带动,积极扶持大理滇西纺织有限公司、大理华兴纺织有限公司扩大生产,创造效益。年内,华兴纺织有限公司全面完成了集团董事会年初下达的各项任务,实现主营业务收入4481万元、同比增长38.2%,实现利润总额20万、扭亏为赢,出口创汇799万美元、同比增长50%。滇西纺织有限公司实现主营业务收入8809万元、同比增长13.3%,实现利润总额320万元、同比下降286万元。

【华兴纺织有限责任公司实施技改提升】　年内,华兴纺织有限责任公司积极推进技术改造,提升装备水平,使生产力得到进一步提高。①对梳棉机进行技术改造。对生产JC80S纱产品的15台梳棉机进行加装固定盖板并更换锡林盖板、道夫针布的技术改造,改造后各项技术指标达到预期要求。②对前纺生产工艺进行调整。调整后从原料进入设备到摇纱工序制成成品纱,吨纱耗棉由1467.1千克降到1431.7千克,吨纱耗棉降低35.4千克,取得了较好的效果。③调整改进气流纺配棉工艺。针对半成品(生条)供应紧张、影响到气流纺正常生产的情况,及时调整工艺,将JC80S回花掺入两包在气流纺21S棉箱中(约占15%),改善了梳棉工作,增加了半成品产量,保证了气流纺的正常生产供应。

【华兴纺织有限责任公司切实加强安全生产工作】　年内,华兴纺织有限责任公司本着“安全第一、预防为主”的原则,切实加强安全生产工作。年初,公司与车间、部门签订安全生产责任书,明确责任目标,严格考核标准。生产过程当中做到每日例行检查、每周重点巡查、每月定期检查、节假日综合检查,及时发现问题,尽快督促整改,确保了全年的安全生产。

【华兴公司党总支充分发挥战斗堡垒作用】　2011年,华兴纺织有限责任公司党总支在集团党委和董事会的领导下,充分发挥基层党组织的战斗堡垒作用和全体党员的先锋模范作用,紧紧围绕企业生产经营开展各项工作,为企业的发展做好表率、保障。①针对新员工较多、技能参差不齐的实际,由党总支牵头,在各生产工序设立10个党员“一帮一”机台,调配党员或技能优等的值车工看管,帮助新员工提高生产技能。②选出10个“党员先锋岗”,配置素质较好的党员上岗,以实际行动影响和带动其他员工,为全体员工做好榜样。③适时组织班与班之间、队与队之间开展“爱岗位、当能手、比业绩、树形象”的活动。④积极为困难职工排忧解难,争取困难补助。春节送温暖慰问职工31人;帮助两名职工申请到大理市总工会的“金秋爱心助学”资金,解了困难职工的燃眉之急。

(《纺织工业》由张雪梅撰稿)

医药工业

【概　述】　大理州医药工业历经50多年的创业和积累,规模不断扩大,产品结构不断优化,技术装备水平不断提高,骨干企业不断发展壮大,初步形成集药品生产、中药饮片加工、药用原辅料生产、兽药生产为一体的产业构架。2011年，全州药品生产企业表现为：特色优势明显，集聚效应凸显，企业不断发展壮大，以天然药物、人工饲养动物为原料的药品生产体系初步形成；中药饮片企业实现零的突破，专业化中药材交易市场与公共交易平台初现端倪；中药材种植、养殖规模不断扩大，药用原辅料生产企业稳步发展。

2011年，全州6户药品生产企业实现主营业务收入10.6亿元，同比增长17%；年内建成投产的大理东融中药饮片厂当年实现销售0.57亿元，云南东融中药材物流交易中心计划于2012年投入使用；全州中药材种植面积达12000公顷，人工饲养黑熊370多只，毛驴存栏7万匹；依托红豆杉及中药材种植基地的扩大和乳牛、毛驴、黑熊养殖业的发展，全州9户药用原辅料生产企业稳步发展。

【大理药业销售市场健康发展】 年内，大理药业股份公司针对市场变化，不断调整产品结构，拓宽销售渠道，取得了较好的业绩。①对销售市场进行了优化组合，调整了产品销售策略，销售额快速增长，创造了较好的经济效益。醒脑静注射液实现了20%以上的增长，参麦注射液增长80%以上，黄芪注射液下降32.72%。②按药监部门对基药全面实现电子监管的要求，公司现有品种全部实现了电子监管。③加强了销售市场管理。公司定期召开销售工作会议，及时分析药品市场形势，了解、掌握情况；研究、协调、解决销售中的新情况、新问题，维护了公司销售市场秩序，使市场运转更灵活、更有效，提高了企业竞争能力和市场占有率。④积极开展药品招投标工作。全年在31个省、市、自治区和各军区进行了123次投标，共签订代理协议78份。其中，醒脑静代理协议47份、黄芪代理协议19份、亮菌甲素代理协议4份、参麦注射液协议8份，招投标取得了较好的效果。

2011年，公司完成工业总产值80529万元，同比增长24%；完成工业增加值34914万元，同比增长24%；实现销售产值78140万元，同比增长24%；上缴各种税金5449万元，同比增长24%；实现利润同比增长17%。

【大理药业认真贯彻实施新版GMP】 年内，大理药业股份公司在切实抓好新版GMP的宣传贯彻及实施上取得了较好的成效。①新版GMP才公布，公司就通过外培、内训、报纸等进行广泛宣传贯彻，使新版GMP的先进理念、科学思想深入到每一名员工心中，明确了实施新版GMP的重要意义。②全面修订、完善了公司GMP文件体系，先后修订、完善了文件(记录)1200余个，其中管理文件(记录)560个、操作文件(记录)442个、技术文件(记录)219个，使文件系统上了一个新台阶，为全面贯彻执行新版GMP打下了基础。③从5月10日起执行新版GMP文件系统，通过反复磨合，不断完善，使生产、质量管理顺利实现了由老版GMP向新版GMP的平稳过渡。

【大理药业进一步加强质量管理】 年内，大理药业股份公司进一步加强了质量管理。①强化全员质量意识。开展"质量兴企"活动，制定和完善了企业质量方针和质量目标，加强了质量文化建设，使"质量重于泰山"的理念扎根于员工心中，成为企业管理工作的准则。②加强质量管理体系建设。完善了质量授权人制度，明确了各级质量管理人员的工作职责，细化了质量管理规则，实行专人专管，使管理规范化、制度化、程序化，并定期召开质量例会。增加了质量部门管理人员，大量地充实了QA、QC人员，完善了质检中心的先进检测设备，提升了质量检测能力。③加强质量管理基础工作。完成了对14家供应商的现场审计和36家供应商的资质审计；健全了原料、产品质量的文档资料管理系统，逐步开展了产品年度质量回顾、风险管理、变更控制管理、偏差处理、用户投诉管理、不良反应监测管理、质量统计管理、质量档案管理等工作；QA设置了车间的现场检查员及不良反应专职监测员，并对提取车间和制剂车间的中夜班生产现场实施跟班监控；规范了QC化验室的基础管理和现场管理，使化验室各项工作有序进行；规范了GMP自检的内部程序，完善了自检计划、自检组织、自检记录、自检整改和报告，全年进行了GMP大检查2次、小检查4次，接受1次国家药监局的检查，完成设备验证39个、工艺验证23个、清洁验证5个、变更验证3个。

【大理药业被省确定为标准化良好行为企业】 2011年，大理药业股份公司被确定为云南省标准化良好行为试点企业，目标是创建标准化良好行为AAA企业。按照相关要求，公司成立了创建标准化良好行为企业试点工作领导组；制定了创建标准化良好行为企业试点工作实施意见；进行了广泛的、不间断的宣传动员，在《大理药业报》上连续刊载标准化知识；完成了编写企业标准化体系，制定了技术标准体系文件45个，管理标准文件47个，工作标准文件6个，编制印发了整个标准体系；制定了标准化知识培训计划，组织了18个课时、1776人次参加的培训，并请标准化专家到公司授课。由于准备工作到位，措施得力，公司标准化管理试运行工作按计划顺利推进。

【云南白药大理药业公司稳健发展】 年内，云南白药大理药业公司按照集团内部管理要求，认真与集团相关部门协调、沟通、磨合，努力适应转型后订单生产的经营模式。同时，公司进一步注重员工素质教育，树立职工爱岗敬业的良好作风，深入持久地开展创先争优活动，大大激发了全体员工的工作热情，确保了集团订单任务的全面完成。2011年，公司订单完成率达100%；生产片剂9.38亿片，同比增长114%；生产胶囊剂3.18亿粒，同比增长127%；实现销售收入1.51亿元，其中主营业务收入7328万元、同比增长39%，战略品种收入7752万元。

【云南白药大理制造中心项目竣工】 云南白药大理制造中心项目于2009年10月开工，通过两年多的紧张施工，于2011年12月26日竣工。项目投资规模6874万元，占地面积10.24公顷，投产后年生产能力为：片剂20亿片，胶囊剂5亿粒。

【瑞鹤药业基地建设项目正式启动】 为了扩大"熊胆"系列产品生产能力，有效整合资源，使产业不断优化升级，2011年，大理瑞鹤药业公司紧紧抓住省委、省政府加大扶持生物制药产业发展的机遇，充分发挥优势，积极申报了"云南维西母系黑熊优质种群驯养繁殖产业化发展项目"，得到了省、州、市政府的大力支持，被列为大理市"十二五"期间工业发展的重大项目。年内，公司认真抓好项目的实施，首先抓了项目建设用地的规划和申报征用工作，于9月份落实征用土地1.67公顷，并交纳了600多万元土地出让金；其次是委托大理州规划设计院做好建设用地的规划设计，并于年底完成了初步设计工作；此外，公司认真抓好"新熊舍"的建设施工，投资近100万元在公司原来的空闲土地上建盖了两幢周转熊舍。

【州中药制药有限公司生产经营平稳运行】　年内，大理州中药制药有限公司积极应对药材原料持续上涨和市场竞争加剧的形势，不断开拓市场，圆满完成各项计划任务。①积极开拓市场，保运转、保市场供应，保障了公司外部市场的发展。②认真学习领会新版GMP精神，按照要求扩建厂房，做好2013年第三次认证的各项准备工作。③进一步完善质量管理体系，健全质量管理机构，落实质量风险管理、供应商审计、持续稳定性考察等质量管理制度，完善药品安全溯源体系，树立质量诚信意识。④强化企业内部管理，突出绩效管理，提升员工队伍综合素质。2011年，公司实现工业总产值1782万元，同比增长5.32%；实现销售收入1201万元，同比下降1.09%；实现利润总额37万元，同比下降35.09%；上交税金144万元，同比下降30.24%。

【通大生物药业公司科技创新出成果】　自2002年11月云南通大生物药业公司在大理经济开发区生物园区进行异地技改投产以来，公司一直坚持与大专院校、科研院所的技术合作，开发出具有云南药用植物资源优势和大理地方特色的中药品种。公司目前拥有11个品种、14个批准文号，其中，乳癖清片属全国独家生产品种，克痹骨泰片全国另有1家生产，舒泌通片全国另有2家生产，保胎无忧片全国另有5家生产，4个品种于2010年成功投放市场，2011年取得较好的经济效益，将成为企业今后一段时期的拳头品种。2011年，公司实现销售收入1260万元，同比增长53%，上缴税金83万元，实现利润90万元，年末从业人员87人。

（《医药工业》由张雪梅撰稿）

食品工业

【概　述】　近年来，大理州非烟食品工业依托得天独厚的自然条件和资源优势得到快速发展，行业初具规模，涵盖酒、糖、茶、乳、核桃、梅果、野生菌、大蒜、小葱、啤大麦、特色水果、无公害蔬菜及畜产品加工等子行业。2011年，全州有规模以上非烟食品工业企业40户，其中，农副食品加工业18户、食品制造业13户、饮料制造业9户。全州规模以上非烟食品工业全部从业人员9730人，2011年实现主营业务收入42.17亿元、同比增长21%。其中，农副食品加工业实现主营业务收入12.27亿元、同比增长29%，食品制造业实现主营业务收入17.9亿元、同比增长24%，饮料制造业实现主营业务收入12亿元、同比增长9%，规模以上非烟食品工业实现利税总额3.83亿元、同比增长24.4%。

【乳制品加工业继续保持良好的发展势头】　年内，全州乳制品加工业紧紧围绕做大做强这一目标，以高起点、集团化、规模化加工企业为龙头，以调整产品结构和转变发展方式为重点，加大新产品研发能力，提升产品档次，进一步巩固和扩大了大理州乳制品在西南地区的竞争优势。2011年，全州5户乳制品加工企业实现主营业务收入10.5亿元、同比增长24%，生产乳制品21.65万吨、同比增长14.4%。

【酒类生产稳步增长】　年内，全州酒类行业大力实施品牌带动战略，巩固提升啤酒品牌地位，全力打造白酒品牌，创建具有民族特色的酒类产品，增强核心竞争力，扩大市场占有率，形成了啤酒、白酒、果酒、配制酒协调发展的产业格局。2011年，2户规模以上制酒企业实现主营业务收入5.33亿元、同比增长17.7%，生产饮料酒28400升、同比增长1.8%。

【制茶行业平稳运行】　年内，针对茶叶加工龙头企业少、品牌杂、技术装备落后、基地建设滞后等问题，大理州进一步加强了对制茶行业的宏观指导和综合协调力度，并加大对龙头企业的扶持力度，鼓励和引导企业实施品牌战略，积极拓展茶叶产品市场，取得了较好的成效。2011年，3户精制茶加工企业实现主营业务收入3亿元、同比增长8%，生产精制茶1.39万吨、同比增长50.85%。

【大理啤酒有限公司又好又快发展】　大理啤酒有限公司始建于1988年，2003年与位列世界啤酒行业前四强的丹麦嘉士伯集团实现合作，成为云南省最大的外商独资企业。主要产品包括"苍洱"大理啤酒、"风花雪月"啤酒两大系列，产品覆盖全省，走向全国，并出口东南亚和南亚。2011年，企业成功完成了"20+5"填平补齐技改项目，在产能达到25万吨的同时大幅度降低了单位能耗，完成节能减排目标。同时，成功实施"龙腾"计划，提升了销售管理水平。信息管理系统全面走向正轨，管理水平得到了全方位提升。2011年，公司实现主营业务收入4.73亿元、同比增长16.2%，生产啤酒19580升、同比增长17.2%，出口实现1140万美元。

【欧亚乳业生产经营跃上新台阶】　随着"欧亚"品牌影响力的不断扩大和企业创新能力的提升，在继国家级重点龙头企业、全国农产品加工示范企业、全国农产品加工技术创新机构和创新型试点企业等资质的基础上，2011年，公司又被认定为国家高新技术企业。年内，公司投入资金近两千万元，加大技术改造、基地建设和产品营销力度，使生产经营上了一个新台阶。①对生产设施进行技改，新增了利乐UHT、包装机、调配罐、保温罐、喷码机等设施，购置了气相色谱仪、原子吸收仪、原子荧光仪等研发检测设备，扩建了库房和行政办公楼。②在祥云自建一个规模养殖场，在奶源基地新建13个大型机械化挤奶站。③投资建设占地3公顷多的新工厂，项目正在建设中，预计2012年10月底可投入生产。④加大新产品开发力度，成功推出了花生奶和酸酪乳两大新产品。⑤增加了员工福利，提高了员工工资待遇。2011年，公司收购加工生鲜乳7.8万吨，实现主营业务收入4.3亿元、同比增长35.6%，实现利税总额4794万元、同比增长40%，年末从业人员720人、比上年增加100人。

【蝶泉乳业经营业绩较好】　年内，新希望邓川蝶泉乳业有限公司加大在奶源建设、质量管理、生产控制、市场拓展、人员培训等方面的力度、取得较好的经营业绩。①在洱源县三营镇白沙河，投资5000万元，建设1个存栏奶牛1000头、示范种草333公顷多、牛奶单产6.5吨以上的有机牧场，项目于2011年10月18日破土动工。②建设了41座"分散饲养、集中挤奶"的机械化挤奶站，日产优质鲜奶近100吨。③以建立质量控制和质量保障体系为基础，进一步完善ISO9001:2000质量体系，统一内控标准和考核标准。④完善检验、监测和质量投诉体系，加大检测设备投入，全年投入700多万元购置了精密的检测仪器，配置高素质检验人员，确保检测结果快速准确。⑤建立健全质量信息传递程序和预防纠偏体系，适时组织开展岗位技能比赛，强化员工质量意识，确保产品质量稳步提升。⑥通过技术创新、更新改造，提高了产品质量，改善了产品结构，资源综合利用率大大提高，全年干物利用率、水、电及煤四大指标共计节约成本47.36万元。⑦分期、分批、分阶对员工进行生产、卫生、销售、质量、安全管理、专项技能等方面的培训。全年共举办培训27批，培训人员2300人次。2011年，公司生产乳制品58528吨、同比增长19.6%，实现销售收入4.6亿元、同比增长22%，收购生鲜乳61818吨、同比减少5%，支付奶款17064万元、同比增长8%，出口创汇477万美元、同比增长22.9%。

（《食品工业》由张雪梅撰稿）

电力工业

【概　述】 2011年，大理州电力工业继续保持快速增长的态势，全州并网电源总装机为140.89万千瓦，其中：水电92.42万千瓦、风电46.88万千瓦、自备电厂1.6万千瓦；统调电厂装机容量为91.47万千瓦、占全部装机容量的64.92%，非统调电厂装机容量为47.82万千瓦、占全部装机容量的33.94%，自备电厂占1.14%。大中水电站开发建设有序稳步推进，主电网建设步伐进一步加快，鹤庆500千伏变电站开工建设，将进一步提升大理电网输送能力和电力供应保障水平。全州能源产业发展基础的进一步夯实，为全州国民经济发展和不断满足城乡人民日益增长的电力需求提供了坚实的保障。

2011年，全州电力工业产值达35.5亿元、同比增长12%，全社会用电量44.8亿千瓦时、同比增长11.86%，其中：城乡居民生活用电8.01亿千瓦时、同比增长15.32%，第一产业用电1.13亿千瓦时、同比增长27.38%，第二产业用电26.45亿千瓦时、同比增长14.05%，第三产业用电4.67亿千瓦时、同比增长24.35%。

【大理州与云南电网公司签订合作框架协议】 年内，为贯彻落实国家新一轮实施西部大开发和建设面向西南开放桥头堡的战略，进一步实现云南省建设以水电为主的电力支柱产业的规划目标，大理州人民政府和云南电网公司本着发展共赢的原则，经友好协商，就“十二五”期间进一步支持大理州经济建设，促进电网可持续发展、协调大理州电力送出等事项签订了合作框架协议。9月21日，大理州人民政府副州长段玠和云南电网公司副总经理吴宝英在下关签订了《大理州人民政府、云南电网公司“十二五”期间支持地方经济建设，促进电网可持续发展合作框架协议》，协议明确了到2015年大理州用电量为80亿千瓦时、负荷为156万千瓦。

【全州“十二五”110千伏及以下配电网修编评审】 7月，大理州召开“十二五”110千伏及以下配电网修编评审会议，评审了110千伏、35千伏变电站、容量布局和网架建设方案。2011～2015年，全州规划投资39.07亿元，新建扩建110千伏变电站17座、增加容量48.85万千伏安，新建110千伏线路492.6千米；新建扩建35千伏变电站53座，改造35千伏变电站16座、增加容量22.94万千伏安，新建35千伏线路620.66千米；新建改造10千伏主干线总长约7430千米，增加配变容量74.05万千伏安；新建改造0.4千伏线路1192.48千米。通过配网修编，将进一步提高全州城市配网供电可靠率，有效降低配电网综合线损率，提升电网配网水平。

【组织汛期水电站防洪度汛安全检查】 8月，州人民政府抽调州防汛办、发改革委、工信委、水务局、安监局、国土局、移民局、大理供电局等部门相关人员组成3个检查组，重点对鲁地拉电站、龙开口电站、小湾电站、功果桥电站、苗尾电站及漾濞、永平、云龙、宾川、洱源5个县的部分水电站进行汛期水电站防洪度汛安全检查。检查内容为：水电站建设项目防洪度汛方案的审批；汛期调度运行方案及防洪抢险应急预案的备案；水情、雨情的预报和预警，围堰、大坝安全监测；水电站安全责任制制定落实情况。

【制定《大理州处置电网大面积停电事件应急预案》】 年内，为提高大理州处置电网大面积停电事件的应急能力，确保在电网出现大面积、长时间停电及发生重大危害公共安全突发事件时，能够正确、高效、有序地开展应急处置，尽快恢复供电，最大限度地减少造成的影响和损失，州人民政府决定成立大理州处置电网大面积停电事件应急领导小组，并根据《中华人民共和国电力法》、《国家处置电网大面积停电事件应急预案》等有关法规制定了《大理州处置电网大面积停电事件应急预案》。

【继续实施无电地区电力建设工程】 近年来，通过村村通电工程及各批次无电地区电力建设工程，大理州共完成无电地区10千伏及以下工程项目建设投资11363万元，新建10千伏线路695千米、配变468台，解决了12290户无电户的用电问题。2011年起，大理州启动实施了光伏太阳能发电建设工程，以进一步解决无电地区用电问题，有1502户被列入国家“金太阳”示范工程。

（《电力工业》由杨会英撰稿）

建筑材料开发

【概　述】 2011年，全州建材工业行业积极应对生产要素价格上涨、财务成本增加、环境约束加大等新问题，加快技改进步和管理创新，转换发展方式，调整产业结构，推进节能减排，全面提升了经济运行质量和水平，为“十二五”开好局、起好步。另一方面，建材工业也面临一些困扰和问题，2011年，全州新增熟料产能105万吨、水泥产能179万吨，剔除淘汰的落后产能后，熟料产能利用率为79%，水泥产能利用率仅65%。2011年，全州建筑材料实现总产值46.8亿元，同比增长34.9%；规模以上及规模以下水泥企业有21户，其中旋窑8户、立窑1户、粉磨站11户；生产水泥942.79万吨，同比增长12.61%；销售水泥963万吨，同比增长12.1%；生产大理石板材98.5万平方米。

【红塔滇西水泥股份有限公司成绩斐然】 2011年，红塔滇西水泥股份有限公司生产经营取得较好成绩，公司紧紧围绕年度计划目标，积极抢抓上半年水泥市场需求旺盛的机遇，明确目标、突出重点、狠抓落实，统筹抓好生产经营和基本建设，同步推进内部管理和外部运营，较好地完成了生产经营任务。2011年，公司完成工业总产值85789万元、同比增长31.42%，完成销售收入86917万元、同比增长29.96%；生产熟料205万吨、同比增长4.93%，生产水泥233.17万吨、同比增长8.14%；销售产品250.54万吨、同比增长0.3%，三项指标均创历史新高。2011年，公司进一步巩固提升品牌竞争力。公司被列为“大理州质量管理示范单位”，荣获“全国建材行业质量认证活动优秀企业”、“天瑞杯”全国第13次水泥品质指标检验大对比“全优单位”、“云南省质量效益型先进企业”和“云南省质量管理小组活动优秀企业”等荣誉称号；质检中心质量管理组荣获“全国建材行业质量信得过班组”、烧成车间QC小组荣获“全国建材行业优秀质量管理小组”，制成车间QC小组荣获“云南省优秀质量管理小组”；公司技术创新成果“预分解窑提高三次风温的措施”荣获云南省建材行业技术革新二等奖。

【水泥行业化验室合格证换发证工作顺利完成】 年内，根据国家《水泥企业质量管理规程》的相关规定和云南省工业和信息化委员会《关于组织宣贯〈水泥企业质量管理规程〉的通知》精神，云南省建材工业行业协会按照《水泥企业化验室评审考核管理办法》评审标准，对提出申请的水泥企业化验室进行了评审考核。此次评审考核工作中，大理州工信委重工业科积极配合，对提出申请的企业逐一进行现场考评。通过评审考核，巍山县高炉水泥有限责任公司、大理红山水泥有限责任公司、大理市华营水泥粉磨站、大理昆钢金鑫建材有限公司、云南弥渡庞威有限公司、祥云县建材（集团）有限责任公司、大理市江尾水泥厂、南涧县水泥有限责任公司、南涧无量山水泥有限责任公司9户水泥企业取得了化验室合格证。

【弥渡庞威有限公司荣获8项QC成果奖】 2011年，云南省建材工业行业协会组织开展了全省建材行业QC成果发布会，弥渡县庞威有限公司获得了中国建筑材料联合会“全国建材行业优秀质量管理小组”、云南省建材行业第28次（2011年度）优秀QC小组成果一等奖、云南省5部委颁发的“2011年度云南省质量管理小组活动卓越领导者”等8项殊荣。

【怀宝经贸有限公司技改项目启动】 大理州怀宝经贸有限公司日产3000吨新型干法水泥生产线技改及余热发电项目于2010年由云南省工业和信息化委员会批复并同意建设。项目拟建设一条日产3000吨新型干法旋窑水泥熟料生产线和配套的2×3000千瓦余热发电机组，概算总投资40144万元，属《国家产业政策调整指导目录》（2007年本）鼓励发展类项目，符合国家水泥工业产业发展政策和省、州水泥工业发展规划。2011年，该项目进入水、电、路、场地“三通一平”及项目初步设计和环境影响评价工作阶段，州工信委就项目进行了国家产业政策认定请示。

【省石产业联席会、石产业促进会到大理开展调研】 10月21日，云南省石产业联席会议制度副召集人、省政协原副主席和占钧率省石产业联席会、石产业促进会一行7人到大理州开展石产业发展专题调研。调研组一行深入到础云大理石厂、大理石展示交易中心、鑫宝石业公司进行了实地考察，州政协副主席孙珍玲及州工信委、国土局，市工信局、大理石观赏协会负责人参加了汇报会，副州长程云川代表州人民政府作了专题汇报，调研组就大理州“十二五”期间石产业发展提出了建议：①加强领导，成立加快石产业发展的组织机构，编制规划，出台措施，促进和支持石产业发展。②突出重点，加快发展，使石产业成为大理州的特色、优势产业，在大力发展大理石及石材深加工的同时，积极引导发展观赏石、珠宝玉石。③用先进的科技设备及开采工艺提升石资源开采、加工的科技水平，提高资源综合利用率；要加强石材开发创意及文化融入工作，提升产品档次，增强竞争力。④加强龙头企业培植扶持工作，培养优势企业，整合资源，促进石产业发展规模化、规范化，争创省级、国家级、甚至是世界级品牌。⑤加大市场开拓力度，争取让大理州优质石产品走出国门，走向世界。⑥发挥优势，加强指导，强化协调，通过制定规划、出台政策、做好石材专业加工小区，把石产业发展成为大理州的特色、优势产业。

【红塔滇水小湾专供中热水泥荣获省自主创新产品称号】 12月，云南省科技厅发布了2011年度云南省自主创新产品名录，红塔滇西水泥股份有限公司研发的“小湾专供中热水泥”被认定为“云南省自主创新产品”，这是该公司产品继荣获云南省建材行业技术革新一等奖、全国建材行业技术革新三等奖、国家水电顾问集团科技进步一等奖、中国电力科学技术三等奖之后，又获得的一项新荣誉。云南红塔滇西水泥股份有限公司研制的“小湾专供中热水泥”属特种水泥，是为小湾水电站双曲拱坝专门研发的。小湾水电站装机容量为420万千瓦，拦水大坝为混凝土双曲拱坝，坝高295米，是当今世界同类型最高大坝。由于大坝技术要求高，所需中热水泥各项技术指标都要求高于国家标准，较三峡大坝所使用的中热水泥各项指标要求更加严格。按照小湾大坝混凝土“高强度、高极拉值、中等弹模、低热、不收缩”的设计原则，公司从1999年开始研发试验，并进行了10余次生产试制，经小湾水电站各方面专家多次研讨试配后，最终确定了技术指标。2005年12月，小湾水电站大坝开始浇筑，至2010年3月大坝封顶完工，公司共供应小湾水电站100多万吨中热水泥，重点用于小湾大坝双曲拱坝主坝体，同时用于小湾永久性跨江大桥、缆机基础、导流洞进出口段，产品优越的性能和稳定的质量得到了验证。除小湾水电站外，该产品还广泛用于大朝山水电站导流洞堵头、闸墩及溢流面，金沙江中下游金安桥、鲁地拉水电站，澜沧江中上游功果桥、里底、大华桥水电站，松帕河水利枢纽工程，缅甸伊江上游密松水电站等大

6月9～10日，全州加快工业发展大会在鹤庆县召开。期间，全体参会人员参观了鹤庆县部分重点工业企业 （州工信委　供稿）

中型水电站建设项目,受到使用各方的一致好评。

【大理水泥集团再次进入中国建材企业500强】 9月,大理水泥(集团)有限责任公司再次进入"2011年度中国建材企业500强",同时还被评为"2011年度中国建材最具成长性企业100强",位列第36。该公司位于大理经济开发区,始建于1958年,是滇西地区第一包水泥的诞生地,企业于2006年改制。现有日产1000吨和3000吨两条新型干法水泥生产线,年产能为150万吨。公司注重产品质量,严格执行国家水泥质量标准,全过程质量控制,产品质量稳定,产品富裕强度合格率、出厂水泥合格率、袋重合格率均达100%。在全州同行业中首家获得"采用国际标准产品"称号,连续6年被州质量技术监督协会推荐为"质量信得过产品"。公司各种品牌水泥适销对路,畅销滇西各地区,且通过了质量管理体系认证、环境管理体系认证、产品质量认证。"红塔牌"被云南省工商局评定为云南省著名商标和名牌产品。2011年,公司生产水泥134.15万吨,实现产值50016万元、同比增长28.3%;销售水泥134万吨,实现销售收入50033万元、同比增长28.2%;上缴税金5414万元、同比增长12.8%。

【巍山高炉水泥有限责任公司通过关闭小企业验收工作】 根据财政部、工业和信息化部《中央财政关闭小企业补助资金管理办法》和《云南省财政厅关于下达2011年关闭小企业中央财政补助资金的通知》精神,12月25日,由州工信委、州财政局牵头,会同巍山县工信局、财政局、工商局、税务局、质监局等相关部门组成了联合验收组,对巍山县高炉水泥有限责任公司关闭小企业工作完成情况进行了检查验收。验收组听取了该企业关闭工作的情况汇报后,分头查对核实相关情况。通过核查,认为该企业关闭工作全面完成,达到中央、省、州相关要求,同意通过验收。

(《建筑材料开发》由杨丽芳撰稿)

室内装饰行业协会

【概　述】 大理白族自治州室内装饰行业协会是经州人民政府批准组建的社会经济团体和室内装饰行业全州性组织。成立于2001年11月,是具有法人地位的自律性行业管理组织。业务上受大理州工业和信息化委员会、州民政局的指导和监督。现有会员企业62家,协会内设秘书处、室内装饰工程质量监督检测管理站、家装管理服务中心等机构。协会的宗旨是联合全州室内装饰企业、事业单位,贯彻执行国家的政策法令,为政府宏观决策服务,为企业和行业服务,为消费者服务,在政府和企业间发挥桥梁和纽带作用;协调会员之间的关系,维系会员合法利益,维护室内装饰市场秩序,促进大理州室内装饰行业的发展。协会自成立以来,始终坚持以服务为宗旨,做出了显著的成绩并获得多项荣誉:会长孙纯分别两次被中国室内装饰协会授予"中国室内装饰行业突出贡献奖";协会2006年被中国室内装饰协会评选为全国室内装饰优秀协会;同年,协会的家装管理服务中心被民政部授予"全国民办非企业单位自律与诚信建设先进单位"荣誉称号。

【州室内装饰行业协会召开二届三次理事会】 1月16日,大理州室内装饰行业协会二届三次理事会暨迎春联谊活动在下关举行。会员单位的代表及州工信委、州民政局、州工经联的有关领导共120多人出席会议及活动,会议总结了上一年度协会的工作,对2011年工作作了安排部署。

【部署推进行业诚信体系建设活动】 2月19日,大理州室内装饰行业协会下发了《关于推进行业诚信体系建设的通知》,对行业诚信体系建设提出了具体要求并作部署。文件强调:通过开展诚信体系建设,要外树形象、内提素质,使会员企业无论是表象还是内涵,形式还是实质都区别于其它企业,企业管理要上水平,发展要进入快车道。在装饰市场上要树立新形象,赢得消费者的信任,从而挤压"家装游击队"和"黑装修"的市场空间,促进会员企业的发展;为建设和谐社会作贡献。

【发布诚信经营公约】 2月,大理州室内装饰行业协会发布了《大理州室内装饰行业诚信经营公约》,公约共8条内容,分别是:遵守国家政策法规,遵守行规行约,不违背社会公德。重信守诺,尊重消费者的权利,让消费者"明明白白、放放心心、满满意意"消费。不做伪劣工程,不生产销售假冒伪劣产品。不做虚假广告,不误导消费者,不搞不正当竞争。坚持价格诚信、杜绝价格欺诈。开展行业规范服务,努力做到诚实守信、经营行为规范;文明施工、现场管理规范;质量第一、施工规范;放心省心、饰后服务及投诉处理规范。服从行业自律管理,自愿接受社会各界的监督。加强诚信意识,遵守诚信公约,将诚信贯穿于企业一切经营活动中。

【发放行业诚信经营签约企业铭牌】 年内,协会给首批36户自愿签订诚信经营公约的会员企业发放了"大理州室内装饰行业协会诚信经营签约企业"铭牌,铭牌上有企业编号、投诉举报电话,便于社会监督、行业自律。

【室内装饰信息"3·15"特刊发行】 3月15日,由大理州室内装饰行业协会编印的"3·15"特刊免费向社会各界赠阅,特刊内容以中国消费者协会2011年"消费与民生"年主题为主线,有消费与民生、行业诚信建设规范服务、维权知识、家装纠纷案例曝光台、企业风采、家装知识、协会简介7个栏目,共36页,刊物图文并茂,为铜版纸彩色精印。

【与工行大理分行召开联谊会】 4月29日,大理州室内装饰行业协会与工商银行大理分行召开联谊会。州室内装饰行业协会的领导、会员单位代表,以及工商银行大理分行领导等共50多人参加会议。与会人员围绕"深化服务利于民生,携手合作实现共赢"的主题进行了交流和沟通,取得了5点共识。分别是:商家链接合作,通过金融服务进行链接;建议与推荐商友卡、欢迎协会会员加入工行商友俱乐部;建立资源与会员互动机制,为企业建立专用pos机,为消费者提供方便;建立互动诚信机制;建立宣传、互动机制。

【积极开展技术服务】 年内,州室内装饰行业协会积极开展技术服务,为家装消费者挽回损失。家装消费者杨先生反映:自己位于大理耀鹏馨院住宅的实木地板铺装工程质量太差,多次找经销商要求更换未果,委托州室内装饰行业协会给予鉴定。2011年4月30日,协会派技术人员依据中华人民共和国国家标准GB50327-2001《住宅装饰装修工程施工规范》和中华人民共和国行业标准QB/T6016-97《家庭装饰工程质量规范》进行了现场检测,确认为不合格工程。为此,协会客观、公正、公平地出具了《家居装饰工程鉴定书》,引起了昆明总代理商的重视,并派人来拆除了原来安装的地板，给以重新更换、安装。尔后，协会又派人去检查，经检测确定重新安装的地板工程质量达到国家标准。

【组织专业技术职称申报】 8月18日，大理州室内装饰行业协会组织18个会员单位的36人参加了2011年度云南省专业技术职称资格申报，其中13人申报助理工艺美术师（室内装饰设计），23人申报助理工程师（室内装饰施工）。

【部署开展行业诚信体系建设检查评比工作】 8月26日，州室内装饰行业协会下发文件，部署开展行业诚信体系建设检查评比工作。检查评比工作以《关于推进室内装饰行业诚信体系建设的通知》为依据，对照《大理白族自治州室内装饰行业协会诚信经营公约》及《大理白族自治州室内装饰行业协会创建规范服务达标企业验收标准》的要求，按企业自查、协会抽查、总结交流、评比表彰4个程序进行。

【组织会员参加职业经理人资格认证培训班学习】 9月24日，大理州第五期职业经理人资格认证培训班开班，州室内装饰行业协会组织了8名装饰企业负责人参加了培训。经理人资格认证培训班由大理州企业家协会主办，邀请全国4名知名专家授课，是一次高规格、高水平的培训，培训合格后可获得中企联颁发的职业经理人资格证书。

【会员企业福德企业家具卖场开业】 9月24日，经过重新装修的会员企业福德企业家具卖场开业。福德家具卖场通过重新装修后，得到了很大的提升。以整体家居的理念向消费者推出；经营环境体现了轻装修、重装饰的室内装饰潮流。

【景致装饰设计有限公司设计作品获金奖】 10月20日，云南省室内装饰行业协会召开四届三次理事会，会上，省室内装饰行业协会宣读了第九届家居博览会设计作品获奖名单，并给予奖励。大理州景致装饰设计有限公司选送的设计作品“北京喜印酒吧”荣获金奖、“广福商行”荣获优秀作品奖，这是大理景致装饰设计公司继2010在全省室内设计大赛荣获金奖后，再次获得殊荣。

【会员企业实现2011年度家装经营服务零投诉】 2011年，大理市家装消费者投诉率大幅下降，全年仅有3件，无一件涉及到州室内装饰行业协会会员企业。州室内装饰行业协会全体会员企业经营服务创造了零投诉的纪录，兑现了让家装消费者放心的社会承诺。

（《室内装饰行业协会》由孙纯撰稿）

州企业家协会

【概　述】 2011年，州企业家协会紧紧围绕“全心全意为企业和企业家服务”的宗旨，积极主动服务广大企业、企业家，为企业发展、企业家成长提供各种快捷、有效的服务。通过对全州企业、企业家进行具有针对性、可操作性和切实可行的人才培训、创业辅导、管理咨询、信息化建设等服务，提高了协会的服务能力，也促进了企业的发展。按照企业自愿的原则，积极开展第五期职业经理人培训服务工作；通过“大理中小企业网”为企业提供信息化建设服务，辅助会员搭建对外宣传的窗口；协会服务中心帮助大理市博丰耐磨材料公司、大理九恒印务公司、大理博云塑料有限公司、鹤庆元通石材公司、巍山牛街矿业公司等10多家企业做好项目服务工作，为企业编制申请报告、项目建议书、项目建设可行性研究报告等项目材料，为企业提供了优质、高效的服务，充分发挥社会化服务体系平台的作用，解决企业在创业发展阶段、生产经营过程中亟须解决的问题，构建了企业和政府、企业和企业间沟通的桥梁；积极筹办好企业家活动日，促进企业家之间的广泛交流，提高财富创造者的社会地位，增强企业家勇于改革的荣誉感、使命感和敢为天下先的开拓精神；代表企业参加政府劳动部门和工会三方劳动关系协调机制相关活动，推动全州企业建立规范有序、公正合理、互利共赢、和谐稳定的劳动关系，引导劳动关系各方各尽所能、各得其所、和谐相处、共谋发展。

【举办大理州企业家活动日活动】 8月30日，大理州企业家活动日活动在祥云县举办，主题是“抢抓桥头堡建设机遇，加快培育外向型经济”。来自全州中小企业界的董事长、总经理、银行及相关服务机构代表160多人参与了活动日活动。

【开展职业经理人培训】 9月24日～10月15日，州企业家协会利用每周周末，开展第五期职业经理人培训，30多户企业的董事长、总经理、副总经理、中高层领导共40人参加了培训。

【大理中小企业融资网正式开通】 9月22日，在大理州中小企业融资担保有限责任公司的积极配合下，由州企业家协会开发建设的“大理中小企业融资网”正式开通。网站的开通为大理州中小企业融资担保公司增加了一个宣传窗口，搭建了一个为企业服务、为社会服务的融资担保新平台。

【开展劳动关系和谐企业复核检查】 9月28日，大理州创建劳动关系和谐企业活动领导小组会议在州总工会举行，会议要求对2010年以前申报的劳动关系和谐企业进行复核检查。10月9～11日，由州工信委调研员、协会副会长兼秘书长陈景元带队的检查组对巍山、南涧、弥渡3县的企业进行了检查复核。检查重点是企业劳动合同和集体劳动合同的签订，“五险一金”的缴纳情况，并对企业存在的问题进行了详细了解，形成文字材料上报。11月17日，大理州劳动关系三方协调机制建设情况汇报会在下关召开，州人力资源和社会保障局、州总工会、州企业家协会就大理州的工作情况分别向省工商联作了汇报。

【剑川中小企业网正式开通】 11月29日，“剑川中小企业网”在剑川佳利酒店举行了开通仪式。州工信委主任、州企业家协会会长李东，剑川县委常委、组织部长谢莉，剑川县副县长杨章宏，剑川县政协副主席刘文忠，剑川县相关部门主要领导及县内各企业负责人共150多人参会。“剑川中小企业网”的开通将对进一步整合剑川县域资源、营造良好的企业发展环境、培育企业产业集群、壮大企业经营规模、提升企业竞争力起到重要的推动作用。

（《州企业家协会》由邓菊敏撰稿）

（《工业》责任编校：杨　娓）

交通运输

综　述

【概　述】　2011年，大理州交通部门严格按照中共大理州委、州人民政府的决策部署，紧紧围绕"顺势而谋，突出重点，注重基础，稳健发展"的交通发展思路，全力推进大理州交通运输事业科学发展，全年累计完成交通固定资产投资29.2亿元。坚持实施项目带动战略，按省人民政府要求于2011年6月30日前圆满完成鸡足山旅游公路、祥姚公路、大凤公路(二期)、跃龙公路4条二级公路建设任务，顺利实施21个通畅工程项目493.7千米和135个通达工程项目1210.52千米，基础设施保障能力明显增强。坚持统筹城乡交通运输发展，农村公路管理养护体制改革深入推进，农村客运班车通达工程深入实施，全年新增农村客运线路14条，新投入农村客运车辆71辆，全州乡镇通班车率、行政村通班车率分别达到100%和86.41%。坚持抓交通运输行业管理，以实施"阳光交通"五项制度筑牢建设根基，以结构调整促进交通运输发展方式转变，以强化安全监管稳定行业安全生产形势，人民群众安全便捷的出行条件显著改善。坚持深化行业改革，按照大部门体制要求圆满完成新一轮交通运输行政管理体制改革，稳步推进政府还贷二级公路退站改革，交通运输可持续发展的能力明显增强。紧紧围绕"九大目标"深入推进行业创先争优活动，交通运输行业党建工作不断迈上新台阶。全州交通运输事业取得了"十二五"开门红的好成绩，为保障大理经济社会健康发展和国家宏观调控政策的落实作出了积极贡献。

【召开全州交通运输工作会议】　3月14日，大理州交通运输局在下关召开2011年全州交通运输工作会议。会议提出要满足群众安全便捷出行新期望，按照骨架路网高速化、国省干线高等化、农村公路通畅化、水运发展现代化、交通服务均等化、系统管理一体化的总体思路，全面推进，加快交通基础设施建设步伐，确保全年完成交通固定资产投资29.8亿元以上的目标。会议指出，"十一五"期间，全州交通运输各项工作迈上了新台阶，为全州经济社会又好又快发展作出了积极贡献。会议强调，2011年，全州交通运输系统广大干部职工要总结成绩，立足全局，科学谋划，统筹兼顾，积极探索交通运输发展新模式，努力开创"十二五"交通运输工作新格局；要编制和实施好"十二五"规划；继续抓好交通基础设施建设；加快构建综合交通运输体系，推动交通由传统产业向现代服务业转型升级；全面提升交通行业管理水平；全面加强交通运输系统队伍建设和廉政建设。

【参观惩治和预防职务犯罪展览】　5月3日下午，根据中共大理州委预防职务犯罪工作领导小组的统一安排，大理州交通运输局组织局机关、州运政处、州海事局全体干部职工到州检察院参加州委预防职务犯罪工作领导小组举办的"法治与责任—全国检察机关惩治和预防职务犯罪展览大理巡回展"，使全体干部职工通过接受反面教育，筑牢拒腐防变的思想防线。

【鸡足山旅游公路建成通车】　5月15日，经过一年半的艰苦努力，宾川鸡足山旅游公路正式建成通车。鸡足山旅游公路是省政府确定的全省2009年100个新开工重点建设项目之一，是全省52条在建二级公路中唯一一条旅游公路，全长104.55千米，概算总投资14.67亿元，起于大理机场，止于鸡足山祝圣寺，于2009年7月14日开工，分四期建设。鸡足山旅游公路的建成，将香格里拉、丽江、大理、鸡足山国家级风景区相接，与大理机场、大丽高速公路、国道214线、祥宁公路相连，对完善云南省干线公路网，改善滇西北地区的交通运输条件，促进滇西北地区经济发展、旅游资源开发具有重要意义。

【祥姚二级公路建成通车】　5月30日上午，祥姚公路通车仪式在祥云县祥城镇龙凤街的祥姚公路起点处举行，标志着祥姚公路建成通车。祥姚公路全长79.11千米，总投资8.33亿元，起于祥城镇龙凤街，止于米甸镇插朗哨与楚雄州大姚县交界处，贯穿祥城、禾甸、米甸3个乡镇，辐射面积达2425平方千米，惠及人口46万多人，是连接大理州与楚雄州的重要通道。

【州国动委、交战办划归州交通运输局】　2011年6月，为理顺交通战备职能，保障国防交通战备工作顺利开展，根据新一轮交通运输行政管理体制改革要求，原属州发展和改革委员会的大理州国防动员委员会交通战备办公室划归州交通运输局。

【交通类建议、提案办复】　2011年，州交通运输局共承办州十二届人大四次会议代表建议68份、州十一届政协四次会议委员提案12份。州交通运输局对办复工作严格实行"定领导、定人员、定任务、定时限"责任制，坚持把代表建议、委员提案办理工作同实地调研结合起来、同改进作风结合起来、同创先争优结合起来，积极探索推行现场办理、面商办理、二次办理等有效办理形式，千方百计解决问题，多方争取资金4842万元解决代表、委员反映的问题，使代表建议、委员提案办理工作面商率、回复率、满意率均达到100%。办复工作受到州人大常委会和州政协领导的高度评价。

【开展建党90周年纪念活动】　在中国共产党成立90周年之际，州交通运输局党委精心部署，结合创先争优活动组织交通运输行业开展了八项庆祝活动。①组织交通运输系统广大干部职工前往大理周保中纪念馆,祥云王德三、王复生故居,宾川南薰桥等革命遗址缅怀革命先烈。②结合局党委“九项创建”工作开展情况,对在创先争优活动中作用发挥明显的7个基层党支部、4名优秀党务工作者、21名优秀共产党员和60名行业标兵进行大张旗鼓地表彰奖励。③采取创办学习园地的方式,精心编排设计版面,全面梳理、回顾中国共产党成立90周年历程,认真组织干部职工观摩学习。④采取统一命题、统一监考、统一评定的方式,严密组织州交通运输系统所属2445名党员、干部和职工进行党建知识竞赛。⑤邀请州委党校老师为全体党员讲授中国共产党的历史,回顾建党以来的成功经验和教训。⑥组织所属2个企业党委、4个支部结合纪念活动,深入一线、深入基层、深入家庭,为困难党员送上节日问候。⑦在全州行业内部署开展庆祝建党90周年党建理论文章征集活动,先后征集论文34篇,其中有2篇获得省交通运输厅党建论文评比二等奖、6篇获优秀奖。

【交通行政执法监督检查】 7月18～20日,云南省交通运输厅行政执法检查组到大理州开展交通行政执法监督检查工作。检查组对大理州交通运输系统2010年以来办理的部分行政执法案卷进行了评查,组织部分行政执法人员开展执法监督检查考试。召开州交通运输系统行政执法检查汇报会,听取情况介绍,通报检查考核情况,对运输市场管理、超限超载车辆治理、路政管理等工作提出了意见和建议。运政、海事、路政支队、大理总段、昆瑞支队大理大队汇报了行政执法工作情况,全州交通运输系统相互交流工作经验,达到了共同提高行政执法水平的效果。

【省考核组考核治超工作】 7月24～27日,省治理非法超限超载工作检查组到大理对2010年度大理州治理非法超限超载工作目标责任完成情况进行检查考核。考核组深入剑川县、南涧县实地检查和听取汇报,抽查了省道剑兰线K79+600检测卸载点,K2246+120运输检测点、G214K2452+400运输检测点及农村公路,同时还抽查了货场、运输企业,查阅治超办资料台账。通过检查考核,省考核组对大理州治超工作给予了充分肯定和高度评价,认为大理州治超工作领导重视、机构健全、措施有力,各项目标任务完成较好。同时,检查组对下一步治超工作提出了意见和建议。

【交通运输安全专项检查】 9月23～24日,根据交通运输部关于开展交通运输安全隐患排查治理工作互查活动的部署,江苏省交通运输厅检查组一行7人到大理开展交通运输安全隐患排查治理工作情况进行专项检查。检查组深入企业、站点、施工一线,采取听取情况汇报、查看文件资料、实地检查等方式,先后来到祥云汽车客运站检查道路运输站场安全管理情况,深入大丽高速公路风仪立交施工现场检查重点项目施工安全工作情况,乘坐洱海二号检查水上安全监管情况,听取了相关单位的汇报,查看了相关资料,对大理道路运输、桥梁及公路养护、交通工程建设、水上运输安全以及突发事件应急处置等隐患排查治理情况进行了认真检查。检查组对大理开展交通运输安全隐患排查治理工作情况给予充分肯定,认为大理州交通运输安全工作“两个主体责任”落实到位,安全隐患排查治理扎实有效,安全监管工作成绩显著。

【在川滇黔十市地州合作与发展峰会签订相关文件】 2011年10月17日,川滇黔十市地州合作与发展大理峰会在下关召开。根据会议安排,来自攀枝花、六盘水、毕节、丽江、昆明、宜宾、昭通、凉山、楚雄、大理十市地州的发展和改革部门、交通运输部门领导共计25人齐聚大理州交通运输局,围绕促进区域间交通运输合作,构建十市地州快速通道进行座谈交流,与会代表就加强区域铁路、公路建设和航空协作达成广泛共识,取得了丰硕的成果。会后,大理州、攀枝花市、丽江市发改委领导签订了《大理－攀枝花铁路建设合作协议》,大理州、六盘水市、丽江市、昆明市、楚雄州、攀枝花市交通运输局领导签订了《基础设施项目组公路交通会谈备忘录》,丽江市、攀枝花市交通运输局领导签订了《丽攀高速会谈备忘录》,分别对大攀高速公路、丽攀高速公路、大攀铁路的列项建设、路线规划、前期工作的协作问题达成明确意向。

【全省农村公路管理养护工作会议】 11月3日,全省农村公路管理养护工作会议在大理召开。省交通运输厅党组成员王彩春,省公路局局长吕云锋、大理州人民政府副州长李红卫到会指导并讲话。16个州市、129个县(市、区)交通运输局局长、地方公路处处长等240余人参加了会议。会议全面总结了云南省“十一五”农村公路管理养护工作成绩,传达学习了全国公路管理养护工作会议精神,安排部署了全省农村公路管理养护年活动任务。会议强调,要按“县为主体、分级负责,因地制宜、注重实效,全面管养、保障畅通”的原则,推动农村公路向“建养并重、均衡发展”转变,确保“建即有养,养即到位”,进一步完善农村公路管理养护体制机制,着力推进农村公路管理养护常态化、制度化和规范化,提高养护管理水平和路况质量,更好地服务农村经济社会发展。

(《综述》由张尤满撰稿)

运政管理

【概　述】 2011年,大理州交通运政管理处以“创先争优”活动和“管理规范年”为抓手,不断提升“三个服务”的能力和水平,按照“管理精细化、服务优质化、执法规范化、监管科学化”的要求,加快推进大理道路运输跨越发展,努力构建高效便捷、安全可靠、绿色环保、规范诚信的道路运输服务体系,为全州经济社会发展提供了重要的道路运输保障。年末,全州道路运输从业人员52098人,从事道路运输的营运车辆35218辆(其中货物运输车辆29885辆、客运车辆5333辆),客运企业30家,客运站64个,货运企业71户,机动车维修业户1693户,驾培经营业户29户,教练车1008辆。全州完成客运量2358万人次;客运周转量365234万人/千米;货运量2220万吨,货物周转量354934万吨/千米。

【强化运政行业管理】 2011年,大理州交通运政管理处不断强化行业管理,进一步做好运输服务工作。①加快农村客运发展,构建全州农村客运网络。至年末,全州各县内乡镇通班车率达100%、行政村通班车率达86.4%。实现“农村客运发展要基本形成网络、农村群众出行基本得到解决、农村客运安全和服务水平有明显提高”的目标。②优化、完善客货运输站场布局和建设,努力提升道路运输基础设施服务功能,新建投入使用二级客运站4个、三级客运站2个、农村客运站8个、招呼站83个。③鼓励货运企业加快发展甩挂运输,大力推进物流平台建设。将大理威豪运输公司等3家企业列入甩挂运输试点单位,现共有159个(6家企业、153个私营运输户)会员进入了物流平台。④

推广使用驾培IC卡，提高培训质量。从2011年4月1日起，全州23所机动车驾驶培训学校的学时里程计算机监管系统正式投入使用，从制度上保障了机动车驾驶培训质量。⑤积极开展从业人员培训、教育。年内共考核营业性驾驶员23308人，从业资格证培训10756人次，通过再教育培训考试合格并检审的有1066人，新培训教练员128人。⑥通过不断强化管理，全州道路运输维修业服务能力明显增强，维修企业形象进一步改善，经营行为更加规范，维修质量和服务质量显著提高，已建立了"统一开放、竞争有序"的机动车维修市场。⑦认真开展行业节能减排工作。通过实施道路运输车辆燃料消耗量限值标准和准入制、推进节能减排统计监测及考核体系的建设、强化能耗统计报表质量及监督检查措施和开展机动车维修行业"绿色专项"行动，全州道路运输行业节能减排初显成效。

州交通运政管理处组织出租汽车参加爱心送考仪式　（州运政　供稿）

【道路运输市场秩序监管】　2011年，大理州运政管理处进一步加强道路运输市场秩序监管。①加强道路旅客运输市场监管，依法打击非法营运车辆和取缔非法经营业户。加大了对旅游车的综合整治力度，努力营造健康有序的旅游市场秩序，切实维护旅游者、旅游经营者以及旅游从业人员的合法权益，树立了大理旅游新形象；安排专人负责，保障政府信息直通车"114"、"96128"电话热线的畅通，积极受理群众举报。②开展专项稽查活动，消除交通安全隐患，维护农村客运市场稳定。进一步规范农村客运市场，保障农村客运文明、安全、畅通，有效维护农村客运秩序，促进了全州农村客运行业的健康发展。③强化安全监管。认真履行"三关一监督"职责，加强市场准入关、车辆技术关、人员资质关的管理工作，加强运输站场的监督管理，确保道路运输安全。④认真开展治理超限超载工作。按照"抓综治、保安全、保畅通、为人民"和"让守法者得实惠，让违法者受损失"的总体要求，全州运政系统在当地政府的统一领导下，上下联动，做好源头治超专项工作。⑤采取有效措施防止公路"三乱"发生。通过严格履行法定程序，对运输违法案件的处理准确到位，加强对各岗位的监督检查，确保运政执法无公路"乱设卡、乱收费、乱罚款"行为。

【道路运输行业质量信誉考核】　为加强道路运输市场管理，加快道路运输市场诚信体系建设，建立和完善优胜劣汰的竞争机制和市场退出机制，引导和促进道路运输企业加强管理、保障安全、诚信经营、优质服务，根据《道路运输企业质量信誉考核办法（试行）》的规定，从2011年起，大理州道路运输行业全面实行质量信誉（诚信）考核制度。全州客运企业22户，普通货物运输企业56户，机动车维修企业82户，机动车驾驶员培训学校30家，驾驶员23308人参加了质量信誉（诚信）考核。

【创先争优活动成效显著】　2011年，大理州交通运政管理处被云南省公路运输管理局、大理州交通运输局列为创先争优示范点。根据安排部署，州运管处坚持"党组织牵头，行政主抓，全员参与，全行业覆盖"的原则，引导全州运政系统围绕"建一流班子、带一流队伍、创一流业绩、树一流形象"深入扎实开展创先争优各项工作。坚持以科学发展观为指导，以创先争优活动为契机，在业务结合点上做文章，在"深、实、细"方面下功夫，紧扣主题，开展创、争活动，提出创先争优"两手抓"，一手抓学习教育强化队伍建设，一手抓岗位实践争创模范先锋。年内，州交通运政管理处分别被云南省交通运输厅授予"爱读书读好书善读书"活动先进单位；被中共大理州委、州人民政府授予"文明大理建设示范工程"先进单位；被云南省公路运输管理局授予"创先争优先进党支部"；被中共大理州委、州交通局党委表彰为"先进基层党组织"。

（《运政管理》由时艳燕撰稿）

海事管理

【概　述】　2011年，大理州海事部门坚持"安全第一，预防为主，综合治理"的方针，始终把水上安全监管作为加强水上交通行业管理的切入点，切实发挥自身的职能作用，全面推进"全国海事一家人，水上监管一盘棋"建设，提高海事公共服务能力。全州有持证船员405人，其中省管船员122人、州管船员283人；有客船特培资格证314人、高速船特培资格证55人、非机动船员资格证122人。各类船舶3910艘（含手划船3686艘），其中纳入交通行业管理的运输船舶225艘，核定载客量6268个客位。年内，共完成水上客运量195.83万人，客运周转量4657.75万人/千米；完成货运量1.37万吨，货运周转量5.96万吨/千米，客运量占全省的近30%。

【强化水上安全监管】　2011年，大理州水上交通安全管理工作坚持"安全第一，预防为主，综合治理"和"船舶适航、船员适任，安全通畅，有效监管，优质服务"的方针，完善制度，强化管理，认真履职，层层落实安全生产责任制。①督促落实四级安全管理责任状的签订；②加强重点水域、重点时段、重点船舶的巡逻检查；③做好洱海水域运输船舶的现场监管、现场检查、现场签证；④对违规企业、违规船舶严管重罚；⑤加强对盲区、死角的排查整治。2011年，共检验船舶256艘（其中标准化船舶20艘），换发船舶检验证33本；出动海事执法人员1984人次，出动车船565车船次，检查各类船舶156艘次；查处违章船舶62起，其中罚款3起、警告3起、现场整改56起；召开安全工作会议112次，累计参会人员3920人次；举办船员培训班2期，参加培训人员448人，签发船舶适任证书71本，签发新版船员服务簿71本。

【大理洱海搜救中心挂牌】 2011年7月11日，云南省大理洱海搜救中心正式挂牌运行，大理洱海搜救中心以洱海为依托，是覆盖滇西地区水上应急搜救的专业机构。洱海巡逻搜救船正式投入使用，在首航仪式上，大理洱海搜救中心举行了"兴海护海，确保水上安全"为主题的大型水上突发事件处置演习。洱海巡逻搜救船的投入使用，标志着大理洱海水上安全监管及安全救助工作迈上一个新台阶。

【航运基础设施建设稳步推进】 2011，大理州小湾电站库区南涧、巍山、漾濞、永平、云龙5县的7个码头、14个停靠点基础设施建设稳步推进。投资8020万元，占地4.19公顷，设计6个船舶停泊位，港口岸线长514米的大理港改扩建工程于2011年12月31日完工，并投入试运行。云南省库湖区船舶监管救助系统集成应用研究科技项目建设工作进展顺利，2011年4月安装调试，并投入试运行，系统工作正常，该系统具备远程测控和运程功能维护能力。全州码头、渡口视频监控系统的建设稳步推进。积极开展了标准化船舶改造工作，完成标准化船舶更新改造20艘。

（《海事管理》由殷兆忠撰稿）

公路管理养护

【大理公路管理总段喜获多项荣誉】 2011年2月17日，大理公路管理总段喜获"云南省交通运输行业精神文明先进集体"称号；6月1日，大理公路管理总段祥云公路管理段荣获"全国工人先锋号"称号，授牌仪式在祥云段举行；8月16日，大理总段被评为云南省交通运输行业"十一五"期间新闻宣传工作先进单位。

【首家省管公路路警大队在大理挂牌】 10月26日，云南省首家省管公路"路警大队"在大理公路管理总段挂牌成立。省交警总队、省公路局、州政府、州公安局及总段等相关单位领导出席仪式，各相关领导对路警大队寄予殷切希望，并作出具体工作要求。随后，省管公路大理路警大队下属12个路警中队相继挂牌成立。

【云龙诺邓山体滑坡抢险】 2011年12月17日19时50分，大理州云龙县诺邓镇杏林村（黄金线K93+800处）发生山体滑坡，滑坡土石方约135.8万立方米。造成黄金公路（S227线）交通中断和沘江河道阻断，并形成堰塞湖。大理公路管理总段成立12·17云龙诺邓山体滑坡抢险协调领导小组，集中投入资金人力和机械设备进行抢险保通，共50多人次参与配合公路抢通救援工作。通过4天5夜的艰苦奋战，终于在12月22日上午10时20分成功打通了一条宽7.5米、长183米的行车便道，在最短时间内克服巨大困难实现了通车。

【沥青路面冷再生设备使用培训】 9月21～22日，云南省沥青路面冷再生设备使用培训会在大理举办。参加此次培训的有公路局计划、财务、安全、设备、办公室、养护处、劳工处等处室领导，16个总段设备分管领导、设备物资科长、实验室负责人、工程技术员、机械操作手等百余人。云南省公路局局长吕云锋到会指导并作了讲话，维特根公司的技术专家授课，组织参训人员参观了大理总段维特根机化站，维特根公司的培训专家进行了实物讲解。此次培训，为新材料、新工艺、新设备的推广运用提供了平台，为加快机械化养护的进程打下了的基础。

【接受公路管理养护检查】 4月15～16日，交通部全国干线公路检查路况组对大理总段管养的G320线和S218线共195千米路段进行全面检查。检查组对大理公路总段的管理养护工作予以高度肯定。

【承建独龙江公路一标段】 2011年1月29日，怒江州贡山县独龙江公路开工典礼在大理总段道桥公司承建的一标段举行，独龙江公路改造工程正式破土动工。独龙江公路改扩建项目是省委、省政府制定的"独龙江乡整乡推进独龙族整族帮扶三年行动计划实施意见"的先行工程。项目全长78.9千米，投资估算6.1亿元，工期3年，按单车道四级公路标准建设，实际建设能宽则宽，满铺沥青。其中，穿越高黎贡山的特长隧道长6.5千米，净宽7米，技术要求高，施工难度大，是改建项目的主要控制性工程。大理总段贡山县独龙江公路改建工程一合同段全长39.898千米，技术等级为山岭重丘区四级公路的路基路面工程。主要工程量为路基土石方685150立方米、圬工砌体约78000立方米、级配碎石底基层112150.4平方米、水泥稳定碎石基层112150.4平方米、细粒式沥青混凝土面层67200平方米、中粒式沥青混凝土面层112150.4平方米，合同工期24个月。

【向盈江地震捐款】 4月8日，大理公路管理总段向德宏公路管理总段盈江段在3·10地震中受灾的职工送爱心，在全总段干部职工中开展"志愿捐款、献爱心"活动，共计捐款105050元。

【公路文化建设结硕果】 5月22日，大理公路管理总段创作选送的舞蹈《橘红颂》、歌伴舞《大理养路人风采》在省公路局举办的"路工欢歌庆七一"文艺汇演中分别获得一、二等奖。6月20日，舞蹈《橘红颂》代表公路系统参加省交通运输厅"和谐交通颂七一"文艺演出获极大成功。

（《公路管理养护》由李跃武撰稿）

大理火车站

【概　述】 2011年，大理火车站加强车站建设，牢固基础管理，实现全年安全生产，累计旅客发送949099人，到达1066092人，旅客发送人数上同比增长54%，客票收入7377万元，运输收入上同比增长62%。未发生任何行车安全事故和旅客人身伤亡事故。火车站获得大理州"2011年度安全生产先进单位"、"2011年度大理市文明先进单位"、"昆明铁路局2011年先进单位"、"广通车务段2011年度先进班组（集体）"。

【严格安全制度管理】 大理火车站是以接发旅客列车为主的客运站。2011年，火车站始终坚持将确保旅客列车安全作为首要任务来抓，根据大理站特殊的站场实际情况，制定了严密的防错卡控措施，保证每一次接发旅客列车排列路径、开放信号都进行多人多次确认，确保了接发旅客列车一直处于安全可控状态。结合各类安全大检查活动，全年坚持围绕中心、结合实际、严抓落实各项规章制度。①加强基础管理，科学合理制定车站行车组织办法、安全管理制度、设备管理使用办法；及时组织完成车站《站细》编制，规范车站作业及管理，强化安全基础。②在现场方面紧盯现场作业标准、制度落实、防溜巡视交接、列尾换挂等关键项作业。③在施工安全方面抓好施工安全控制，认真审核运行提示、施工计划，严把登销记关，与施工单位一道共同保证施工安全。④在应急处置方面，组织行车人员认真开展对规对标和非正常情况模拟演练，并利用车站模拟设备设置故障进行操作，进一步提高行车人员的应急处理能力和设备操作能力。⑤抓好劳动人身安全，编制“车站调车及劳安示意图”并认真组织学习考试，现场督促作业人员严格落实，确保劳动人身安全。

【火车票务服务】 2011年，大理火车站票务服务工作质量得到进一步提升。针对大理站的客运站性质积极拓展客运营销和提升客运服务，积极响应路局号召努力拓展营销，经常到各旅行社、大专院校和周边人流密集的地方进行客流调查。开展的“春运进校园活动”不但缓解了车站售票窗口和售票人员紧张的问题，更解决了大部分学生排队购票的困难，在各学校和同学的心中留下深刻印象。随着大城市“用工荒”的出现，大理州各县开始加大组织农民工外出务工，到车站办理农民工团体票的也随之增加。一些农民工从未出过门，没坐过火车，车站领导和客运值班员在办公室里手把手地教会他们网络订票、电话订票；达到团体票办理条件的，车站将材料积极递交局客票所，安排人员加班处理，超额完成车务段下达的任务。车站的努力工作得到很多农民工的好评，收到群众赠送的锦旗达17面之多。

【金花服务岗】 2011年，大理火车站根据车站所属的地理位置，结合“服务旅客创先争优”活动的要求，在车务段领导的关心指导下，积极打造“金花服务岗”，成立“金花服务小分队”，为旅客提供更加细致的服务。“金花服务岗”的建设逐步得到越完善，旅客留言簿上的好评逐渐增加，客运职工的服务质量相对以往在不断提高。

（《大理火车站》由王铭峥撰稿）

大理机场

【概　述】 2011年，大理机场紧紧围绕集团公司下达的目标任务，以发展为前提、以管理为重点、以党建为保证，全体员工团结一致，开拓创新、奋发进取，不断构建完善的航线网络，提升机场运行品质，努力实现“十二五”良好开局。全年机场共完成运输起降3284架次，同比增长27.2%；旅客吞吐量274486人次，同比增长20.9%；货邮吞吐量952.9吨，同比增长104%；通用保障193架次，航班正常放行率99.15%，有效投诉率为0，旅客满意度率99.39%。

【提升机场安全管理水平】 2011年，大理机场进一步加强机场安全管理体系建设，推进各项工作落实，全面提升机场安全管理水平。认真贯彻落实“安全第一、预防为主、综合治理、持续改进”的安全生产方针，紧紧围绕安全责任主要内容和安全工作目标，按照PDCA方法持续改进机场安全管理活动，进一步明确安全工作的管理程序、工作界面、责任划分和监督考核要求，以SMS运行促进各项工作制度化、规范化，使各项工作做到了有章可循、有章必循，把各项工作要求都落到实处。开展风险评估，加强对危险源管控，不断提高机场风险防范能力，筑牢安全发展根基、深化安全管理体系建设，提高系统管理水平。坚持结合班组业务和安全、服务、效益、管理实际开展班组建设活动，有的放矢地开展班组整章建制、规范程序、教育培训、考核评比和文化建设，把班组建设融入班组日常业务工作之中，融入安全管理和服务质量提升之中，有效地促进了班组自我监督、自我审核、自我约束、自我完善能力的提高。同时以班组为基础建立起三级评估机制，每周开展风险评估，以危险源辨识为基础，认真开展风险管理工作。

【安全整顿】 2011年，大理机场积极开展安全整顿活动。①开展安全生产隐患排查治理专项行动，从组织领导、安全管理、规章制度、监督检查等方面进行认真的摸底排查和梳理，对工作中存在的隐患进行了有计划、有步骤、有重点的整改，并再次对整改情况进行了复查。②认真开展货物运输专项整治、危险品运输专项整治工作，安检站、地服部加强了对危险品运输相关知识的学习培训，进一步加强了从业人员的安全意识。③加大机坪运行秩序整治力度。加强了对外来物防范的培训和宣传工作，加强机场作业秩序管理和各类机坪作业设施设备的维护管理，落实各方责任，不断完善外来物防范的长效机制。

【安全教育】 2011年，大理机场积极开展安全教育活动，通过多种形式的活动进一步加强员工的安全意识。根据集团公司要求，开展规章制度学习，深入开展“安全生产月”和“安康杯”活动，组织广大员工观看了以《安全责任，重在落实》为主题的安全宣传片，并召开安全生产座谈会，使大家更进一步认识到了安全工作的重要性，提高了机场员工的安全意识。

大理机场不断构建完善的航线网络，提升机场运行品质　（大理机场　供稿）

【提升机场综合效益】 2011年，大理机场加强经营目标管理、落实经营目标责任，全面提高机场综合效益。在抓好安全生产的同时，通过多种措施和办法着力狠抓航空市场的开发营销和外部协调工作。①加大航线促销力度，使客源保持稳定增长。②依托旅游品牌，通过优质服务加强市场营销开发。3月15日，东航云南分公司恢复执行了大理—成都航班；4月22日，重庆航空有限责任公司开通了重庆—大理往返航班，南航增加了广州—大理航班密度。同时，加大了客货运输的宣传促销力度，积极利用大理电视台、《大理日报》、大理广播电台等媒体播报每日航班动态、票务信息，与货运销售代理人一起积极争取航空公司销售政策和拓展货运市场，取得了良好的社会效应。

【加强员工培训绩效考核】 2011年，大理机场坚持以人为本，强化人才战略，加强员工培训和绩效考核工作。转变经营理念，树立市场观念，努力提高机场的经济效益和保障能力，加强对员工的培训学习，通过学习培训、教育引导，把机场的发展与员工自身提高有机结合，以适应新的发展的需要。完成岗位技能培训、专业技术培训、综合业务培训、管理人员培训等56项培训计划，培训人次达1212人次，同时通过开展知识讲坛、现场交流、交叉检查、专项授课等多种形式，有效提高基层部门管理水平，保证每位员工月累计学习达12学时以上。参加外出专业技术、管理人员等培训53项，共85人次。组织39人次参加集团公司组织的民航安全检查员、护卫员、消防战斗员等职业技能鉴定，并获得优秀成绩。对新进职工加强安全教育培训，建立健全新人安全教育档案，加强安全思想、安全观念、安全意识、安全规章和职业道德方面的教育，把安全教育融入到岗前技能培训和业务培训中去。

【"三标一体"运行工作】 2011年，大理机场不断推进"三标一体"运行工作，加强内部管理。按照"三标"管理要求，机场认真开展"三标"运行工作。①为确保"三标"作业文件符合机场运行实际，根据部门职责、工作流程的变化，对各部门作业文件进行了修订；②制定下发了2011年的"三标"工作计划和目标指标；③严格落实节能减排各项目标指标，结合"节能宣传周"活动，大力开展节能减排宣传，努力建设节约型机场；④根据"三标"要求，对新增和修改国家、地方环境、职业健康安全法律法规和民航相关法律法规进行了识别和修改和上报工作；⑤修订了环境因素清单、重要环境因素清单，制定了2011年度环境管理目标、指标与管理方案；⑥组织机场全体员工参加了体检，对体检结果进行了分析，并邀请大理市第二人民医院的专家到机场进行健康咨询。

【远程集中监控管理系统建设】 2011年，大理机场完成了远程集中监控管理系统建设工作。该项目于2011年3月上报提案，经集团公司审批同意立项，2011年10月10日开工，10月28日进行了初验。该项目的实施实现了一台显示器管理多台计算机的功能，同时集团公司也可以随时通过网络对大理机场的各个系统实施监控，不仅节约了设备，同时也方便了管理人员，为各个系统的正常运行提供了有力保障。

【提升机场服务质量】 2011年，大理机场进一步转变服务理念，提升服务质量，树立服务品牌。在各个部门的共同努力下，机场的服务质量有了进一步的提升。①加强对服务人员的素质教育和业务技能培训，努力转变服务工作人员的服务观念，开展了基础英语、服务礼仪等方面的培训，同时推选机场服务人员参加集团贵宾、服务旅客及货运"标兵班组"经验交流会，将会上推广的好的服务经验融入到机场平时服务工作中，有效提升了服务品质。②通过发放调查表，询问等方式了解旅客、货主和航空的需求和对服务工作的建议，对提出的问题进行认真细致的研究分析，查找出机场需改进的项目，制定了整改措施，认真进行整改，保证了服务水平。③针对安检现场等待时间长等问题，进一步优化了特殊旅客和要客保障程序，继续推行人性化的"广播引导服务"，同时在节假日推行具有民族风情的特色服务，航班高峰时段增设引导岗位，努力为旅客营造温馨、舒适的乘机环境。④紧紧围绕履行大理机场服务承诺，贯彻落实认真组织开展"优质服务月"活动，以服务质量标准、基本服务承诺、基本服务标准为重点，结合岗位责任制的落实，对岗位工作流程和工作规程进行优化完善，集思广益，履行服务承诺要求；组织开展了"服务质量大家谈"征文活动和服务质量辩论赛，使提升服务质量观念深入人心。⑤进一步加大对服务人员的技能培训，不断改进和优化服务质量标准，通过开展服务质量大检查等活动，深化值机柜台、安检通道、贵宾服务3个优质服务、文明服务、精品服务示范岗。通过全体员工的共同努力，有效地提升了服务水平，促进机场服务质量上台阶，营造了人人参与、爱岗敬业、自觉服务的氛围，有效提高大理机场服务质量和保障能力，树立机场良好的服务品牌

【大理机场发展步伐加快】 2011年，大理机场加强基础工程建设，优化运行保障条件，发展步伐进一步加快。共完成固定资产投资计划8项，分别为大理机场拖拉机采购项目、大理机场北中指台通信传输改造、大理机场内话通信调度系统采购及安装、大理机场救援破拆（救生）器材采购、接引天气雷达回波资料设备、气象监控室、应急救援指挥车采购，完成固定资产投资金额116.09万元；大理机场原航站楼改造工程于10月22日正式动工，预计2012年初完成建设；大修项目完成了跑道摩擦系数测试、10KV高压设备年度定检、机场道面评估、助航灯光光强检测、饮用水理化试验、坡度灯校验、飞行区土壤密实度检测等项目，完成投资74.18万元。固定资产投资和大修项目的完成，进一步优化了机场安全运行环境，提升机场综合保障能力。

【企业文化建设丰富多彩】 2011年，大理机场进一步加强企业文化建设。在机场党委的领导下，充分发挥工会、共青团作用。工会、共青团组织围绕机场中心工作，充分调动和发挥职工的积极性、主动性、创造性。在"三八"节开展形式多样的联谊活动，引导女职工追求健康向上的精神生活；积极组织员工参加集团庆祝中国共产党成立90周年书法、摄影展和职工篮球比赛，组织团员参加环洱海自行车赛。通过这些活动的开展进一步加强了企业文化建设，提高了广大职工的凝聚力和向心力，为机场发展奠定了坚实的思想基础。

（《大理机场》由李金凤撰稿）

（《交通运输》责任编校：李建川）

信息产业

综　　述

【概　述】 2011年大理州信息化基础设施建设取得重大进展。固定通信网方面,受企业重组、结构调整以及市场变化的影响,年末全州固定电话用户总数下降至42.5万户,同比下降7%。移动通信网方面,年末全州移动电话交换容量上升至370万门,比"十五"末增长42%;全州移动电话用户数增长至242万户,同比增长16%。广播电视网方面,年末全州广播覆盖率实现"十一五"规划目标,达96%,比2005年实际完成数增加4.9个百分点;电视综合覆盖率实现"十一五"规划目标,达98.75%,比2005年实际完成数增加2.55个百分点;有线电视入网用户达48万户,比上年增加2万户;数字电视用户达35万户,比上年增加9万户,同比增长35%。互联网接入方面,年末全州互联网宽带用户达20.7万户,同比增长39%。

【企业信息化应用水平提高】 到2011年底,全州28户重点工业企业已基本设立了信息化职能机构及企业信息主管,建立了以金蝶、用友等财务软件为主的企业管理信息系统,部分企业的主要产品已全面实现CAD,部分实现CAPP(计算机辅助工艺计划)、CAM(计算机辅助制造);占一半以上的企业均已建立门户网站,并初步开展电子商务应用。部分重点流通企业开始应用ERP(企业资源计划),大型流通商贸企业实现商品流通过程数据管理信息化已达70%以上,有70%的企业建立了门户网站。"十一五"期间,全州重点工业企业积极推动企业信息化建设,取得了较快发展。规模以上企业85%以上建立了办公自动化系统,构建了自己的门户网站,30%以上的企业基本实现了生产、管理、控制方面的信息化应用。

【信息化人才队伍不断发展壮大】 2011年底,大理州机关、企事业单位登记在册的计算机专业技术人才有754人,其中机关157人、事业单位134人、国有企业463人。但软件技术开发人员寥寥无几,复合型人才更是缺乏。

(《综述》由杨宏垠撰稿)

无线电管理

【概　述】 2011年,大理州工信委紧紧围绕"服务、保障、进取、和谐"工作方针,抓好无线电管理工作,切实维护无线电波次序。加强无线电日常频段监听监测,按时完成月度监测任务,对重点保护频率和大理机场的电磁环境坚持进行专项监测。年内,受理无线电行政许可事项38件,注销无线电台站84个,收回4个频率点;新设无线电台站501个,指配10个频率点;全年共监测15754.6小时,及时查处无线电干扰2次。

【无线电法律法规宣传】 2011年,结合"管好频率、管好台站、管好秩序"的各项重点工作,大理州开展了丰富多彩的无线电管理宣传月活动。至2011年9月30日,全州共发放无线电管理法规宣传资料6.9万份;利用短信平台给全州手机用户发送宣传无线电管理法规短信共计960余万条。对普及无线电频谱资源科普知识,对无线电管理工作健康有序地开展起到了积极的推动作用。

【无线电频率台站许可工作】 2011年,在机构合并、职能调整,人员变动的情况下,州工信委高度重视无线电管理工作,及时调配人员,深入学习无线电管理政策、法规、业务知识,加深无线电行政管理的理解,提高依法行政的能力,提升服务水平,坚持公开、公平、公正和高效便民的原则,严格按照行政许可程序、规定和流程,审查用户设台资格和条件,审核检测发射设备,按服务承诺办理,一站式办结,各项业务正常有序开展。

【完成06版无线电台数据库建设】 2011年,州工信委高度重视无线电台数据库建设工作,坚持"加强领导、统筹安排、统一标准、协调一致"的工作原则,以建设"设台单位信息完善准确,技术资料表填报标准规范,台站数据真实可靠"的无线电管理台站数据库为目标,精心组织,周密安排。至10月,共录入163家设台单位、7625个台站数据资料,全面完成了全州无线电台站数据信息录入工作,在年底的全省表彰会上,州工信委获得"全省数据库建设先进单位"的殊荣。

【电台执照年检和频占费征收】 2011年,州工信委早计划、早安排、早实施,多措并举,确保了电台执照年检任务按时完成。①做实做细基础工作,做到了设台单位和台站数量清,计费严格,缴费清楚,避免了纠纷发生;②依法行政,向设台单位下发通知,明确年检时限、缴费金额,使整个年检过程公开透明,达到了阳光管理、群众满意的目的;③针对少数设台单位不按时年检交费情况,将其列入"重点名单"单独管理。年内,共检审电台执照6447本,换发电台执照126本,核发新证496本,收取频率资源占用费204050元。

【无线电队伍业务培训建设】 11月7~8日,大理州召开全州工业经济运行和节能降耗分析暨无线电管理工作会议,对如何做好全州无线电管理工作进行了安排部署。印发了《大理州无线电管理工作规则》,举办了县级无线电管理业务培训班,对各县市工信局分管无线电管理的领导和业务人员进行了业务培训,为全州无线电管理工作的顺利开展奠定了坚实基础。

【举办工信系统行政执法培训班】 10月18~22日,州工信委组织12县市工信系统分管无线电管理工作的领导和业务人员共29人参加了由州法制局举办的行政执法培训班。通过培训,使各县市无线电行政执法人员的政治思想水平有了新的提高,掌握了更多的法律法规知识,进一步提高了自身的法律素养,为无线电行政执法工作打下了坚实的基础。

【规范移动电话屏蔽器管理】 针对近年来州内部分学校频繁使用移动电话屏蔽器,影响邻近区域移动通信基站正常工作的实际,2011年6月13日,州工信委组织州保密局、招生考试院、州属各中学学校、三大电信运营商及大理市工信局领导,召开了规范移动电话屏蔽器管理专题会议。会议对干扰器的使用提出了3点要求:①各校在使用移动电话屏蔽器前,须书面报工信委;②电信运营商应积极采取相应技术手段和防护措施,提高网络自身抗干扰能力;③违反"三限一指定"(限定使用时间、限定使用范围、限定发射功率,指定设备专人管理和维护)规定的将予以查处。通过会议协调,移动电话屏蔽器干扰通信企业正常业务的情况得到有效控制。

【加强行政监督检查力度】 2011年6月28～30日,为确保建党90周年期间广播电视无线电台安全播出,州工信委对大理电视台、大理州人民广播电台、大理苍山电视差转台、云南省广播电视局下关653台、大理市广电局进行了无线电行政监督检查。经查,各单位发射台站管理较为规范,制度基本健全,未发生有害干扰,台站管理情况总体良好,安全播出方面没有出现隐患。

【新建无线电基站综合评审】 2011年,在县市工信局对新建基站初审的基础上,由州工信委、州规划局、州住建局、州国土局等部门领导组成的专家组,分别对三大电信运营商新建通信基站共计1122个进行了综合评审,其中移动公司723个、电信公司21个和联通公司378个。经专家组成员客观细致审核,认为三家运营商均能严格执行无线电台站设置的法规,并依法办理基站建设的相关手续,所填报的内容及所提交的资料均真实、合法、有效。州工信委按无线电台站设置审批程序严格审批,并发给电台执照。新基站的建成对于加快全州3G网络建设,实现无线通信网络的安全稳定、提升通信质量及保通率将起到积极的作用。

【无线电事业发展规划颁布实施】 为加强全州无线电事业发展的宏观指导,科学、合理、有效开发利用无线电频谱资源,引领无线电技术的推广应用,强化无线电服务经济社会发展功能,保障无线电事业健康、快速发展,大理州按照省工信委的统一部署,于2009年7月全面启动了规划编制工作。规划编制工作组完成了规划初稿草拟、征求意见、专家组审查、编制领导小组审议等阶段各项编制工作,形成了《大理州无线电事业发展规划(2011—2015)》(草案)。在报经省工信委审查、州人民政府审定后,《大理州无线电事业发展规划(2011—2015)》于2011年12月30日印发实施。

(杨　生)

【圆满完成各项无线电监测工作】 2011年,大理州无线电监测站加强日常监测工作,完成省监测中心安排的各项专项监测和特殊监测任务。全年共监测15754.6小时,及时排除干扰隐患,确保了民用航空、广播电视、森林防火、公安、移动通信等重要频段和重点台(站)的正常运行。

(张品秀)

【查处有害无线电干扰】 2011年,大理州无线电监测站及时查处无线电干扰2次,其中大理移动公司GSM900MHz基站受干扰1次,对讲机干扰1次。干扰的及时查处,切实维护了空中电波秩序,避免了造成更大损失。

(张品秀)

【无线电安全保障】 2011年,大理州无线电监测站顺利完成了春节、国庆等节假日无线电安全保障工作。在研究生考试、高考、司法考试、成人高考等重大考试工作中,查获非法利用无线电发射设备作弊案件1起,打击考试中利用无线电手段作弊的行为,维护了考场无线电安全,保障了考试的公平、公正。

(张品秀)

【广电设备检测及电磁环境测试】 2011年,大理州无线电监测站先后完成大理苍山电视转播台102.7MHz调频发射机、大理州广播局DS－4、DS－9、DS－33电视发射设备的检测工作;完成省中广播传播公司CMMB、DTMB台(址)电磁环境测试工作。

(张品秀)

(《无线电管理》除署名外由卢魁撰稿)

邮　政

【概　述】 2011年,大理邮政全面落实邮政体制改革和发展的部署,践行科学发展观,深入开展争先创优活动和学习型组织建设,切实树立以服务促效益促增长的经营发展导向,从"十一五"时期"跟着跑、挤着跑、到领着跑"的发展思路向"十二五"期间"不退为进、稳步推进、大胆奋进"的发展方式转变,创新运行模式,有效整合资源,推进精细化管理,有效提升企业经营管理水平和核心竞争力,全面推进三大板块协调发展。

【全面完成业务收入指标】 2011年,围绕服务促发展、促效益这根主线,大理邮政将提高服务质量、树立良好的社会形象作为邮政的长期任务,采取重点突出、分层治理、逐级突破的战略,确保业务全面发展。全州邮政累计实现收入11193.39万元,完成省公司预算进度的100.12%,同比增长17.24%。其中邮务类业务完成3801.15万元,占业务收入的33.96%;速递物流类业务完成1820.22万元,占业务收入的16.27%;代理金融类业务完成5086.79万元,占业务收入的45.45%;其他业务完成484.84万元,占业务收入的4.32%。

【函件业务】 2011年,全州函件业务实现收入1021.59万元,同比增长3.39%。①加强对交警违法通知书寄递业务的管理和指导。年内,大理州安装有电子摄像头的10个县市局均已成功开发交通违法通知书寄递业务,并成功完成对交通违法通知书账单的改版,降低了运作成本,提升了服务和有效收入。②落实服务,成功完成2011年大理州住房公积金账单项目。通过增加和突出邮政咨询电话、统一投递清单格式等细致工作,不断改善服务工作,全州公积金账单退信率仅为0.05%,且均为有理由退信,整个工作得到公积金中心的认可。③完成建党90周年"光辉历程"明信片册460册。四是成功开发苍山大索道门禁系统,顺利完成首批13.5万枚门票申报和制作,已投入使用。

【集邮业务】 2011年,全州邮政集邮业务实现收入531.84万元,同比增长25.56%。①确保定向开发的主导地位,做好“一县一册”项目的开发。将“政府形象册”作为重点工程推进，充分利用当地重大事件、民俗民风和节庆活动开发具有地方特色的“原地”集邮文化礼品。以建党90周年为契机，加强与当地政府机关的沟通，结合各地的总结、纪念、宣传活动开发建党题材的地方形象宣传册。②“定向开发与销售”并举，继续发挥县局的销售优势。借社会热点、邮票发行做好邮品销售，借“两节”做好邮品的销售，建立大客户档案，加强客户分析工作。③做好形象年册等常规高效业务，奠定集邮业务发展基础。永平开发精神文明形象年册410册，开发乡镇形象册业务弥渡210册、南涧200册、云龙260册，全州共开发2000册。

【书报刊业务】 报刊业务是邮政的基础业务。2011年，全州邮政报刊发行业务实现收入868.99万元，同比增长10.36%，其中实现教辅码洋154.99万元，实现收入58.8万元，居全省第一位，《辉煌壮丽的史诗——庆祝中国共产党成立九十周年》展览图片征订量达616册、报刊文化礼品811套，居全省第二位。结合大学生新生入学的时机，为大学新生提供了《大学新生》一书，全州共销售5006册，为报刊专业业务收入完成奠定了坚实的基础。同时，全面完成了2012年度党报党刊宣传征订任务，畅销报刊、行业报刊、校园报刊市场、新华社系列报刊收订稳中有升。

【电子商务及代理信息业务】 2011年，全州邮政电子商务和代理业务实现收入1103.05万元，同比增长53%，净增384.07万元。其中代理票务业务收入全省排名第三位；短信业务收入绝对值全省排名第二位。面对新形势、新任务，大理局从粗放型经营转向精细化管理，有效提高经济效益、量质并重，在省公司统谈的重大项目拉动下，搭建了代收代付平台，为“代字”业务的发展开拓了新的局面。继续实施了代发烤烟款，代收卷烟款，中石化（油）、移动、电信资金归集等重点项目，对其运作进行了统筹管理，取得了良好的收益。

【代理金融业务】 2011年，全州邮政代理金融业务以余额发展为中心，加大力度抓经营，加强激励促发展，把发展储蓄余额作为工作的重中之重，不断扩大余额规模来实现规模效益。①做好代付烤烟款的余额留存工作。②做好政府、企事业单位的营销服务工作，争取更多的代发工资、养老金项目。③直接切入资金链，寻找突破口，抢占市场，真正实现从做产品转向做客户，从高柜走向低柜的转变，强化低柜营销能力，做好各类代收付业务的服务，大力发展以基金、人民币理财、国债为重点的投资理财类业务，大力拓展“商易通”业务市场，积极拓展公司业务，稳步推进小额信贷业务的发展。代理金融业务实现收入5086.79万元，同比增长24.42%；代理网点存款余额达24.92亿元，新增余额4.08亿元，增幅为19.61%。

【代理速递物流业务】 2011年，全州邮政速递业务方面以投代揽、以投促揽，整合资源，实现窗口营销模式转变，开拓“走出去、请进来、圈起来，连起来”的终端渠道服务模式，着力做大、做强。加大对重点行业、重点市场、重点项目、重点协议客户的开发力度，努力抓好高效、长效业务。转变“思乡月”项目营销模式，从“买月饼免费邮寄”转到“代收月饼货款”的模式，调整配送产品，用活、用好“特惠箱”组合，拓展网购渠道，做大、做好思乡月销售。代理速递业务实现收入1127.74万元，同比增长0.7%。物流业务方面进一步巩固提升烟草项目，做好卷烟配送项目，拓展烟肥市场。加强医药、手机、快消品等项目管控，强化考核，实现规模与效益双提升。加大化肥、农药、微肥、日化、农产品的促销，提高业务收入规模，加快渠道建设和管理，新建12个加盟店、做大农资业务，实现分销业务恢复性增长。代理物流业务实现收入456.88万元，同比增长7.8%。

【集团公司领导调研邮政服务工作】 5月11～13日，集团公司全国邮政用户满意企业调研组一行3人到大理调研邮政服务工作。调研组参观了大理邮政有代表性的城乡网点以及景点景区邮政服务点和投递站共7个，并对邮政服务窗口进行了实地查看，对邮政所服务用户情况进行了检查和指导。经过调研，调研组领导认为大理邮政服务工作细致，很好地服务了地方经济发展，与当地群众融成一片。企业文化建设深入人心，经营理念、管理理念、服务理念归纳精辟，紧贴实际，员工的精神面貌和工作热情也得到了调研组的一致好评。

【集团公司领导调研农资分销业务】 10月12日，中国邮政集团公司分销局副局长黄本胜一行及省公司代理速递物流和分销部领导及相关人员到大理州邮政局，就邮政农资分销业务工作开展情况进行调研。黄本胜对大理邮政发挥自身网络优势服务“三农”的做法给予了充分肯定，认为大理邮政依靠加盟店模式经营农资产品是邮政服务优势与地方经济的有机结合。

【省公司领导调研代理金融转型网点】 12月22日，省邮政公司副总经理部瑛在州邮政局领导的陪同下，来到下关开发区和苍山路2个邮政所进行调研，与基层员工面对面、拉家常、谈心得，将省邮政公司的真切关怀送到了基层员工的心头。部瑛深入了解邮政代理金融网点转型后的变化情况，对营业网点四周状况、内部环境、班组建设等进行实地查看，并询问网点员工对于转型发展的接受程度、带来的影响及工作上存在的困难，同时对网点员工提出的意见建议一一解决，对于现场无法解答的问题，要求大理邮政做好记录、认真落实。

【召开一季度开门红布置会】 3月25日，“大理局一季度开门红布置会”在州邮政局二楼会议室召开。会上，局长罗光文指出，下阶段要采取重点突出、分层治理、逐级突破的战略，确保业务全面发展。①对不退为进的业务做好维护和服务，达到保存量促增量的目的。②对稳中求进的业务要做好长期规划，保持稳步增长。③对大胆奋进的业务要创新思路，拓展市场占有率。此次会议安排部署了下阶段工作任务和措施，号召全体邮政干部职工以深化改革促发展，以加快发展推动改革，巩固扩大改革成果，推进发展方式转变，持续推进大理邮政又好又快发展。

【召开邮政二届三次职工代表大会】 7月23～24日，大理州邮政局二届三次职工代表大会在州局二楼会议室召开，全州119名正式代表和列席代表参加了此次会议。大会听取、讨论并一致审议通过了局长罗光文所作的题为《争创一流业绩争创一流服务争创一流质量为实现“十二五”良好开局而努力奋斗》的行政工作报告。大会号召全州邮政职工要以高度的主人翁精神，紧紧围绕大理邮政“十二五”发展规划和目标，认真贯彻落实罗光文在工作报告中对全州邮政工作的安排部署，积极参与到企业的民主决策、民主监督工作中，充分发挥聪明才智，为大理邮政的发展献计献策。

【召开全省网路结构滇西片区会】 8月23～24日，为期2天的全省网路结构滇西片区会在大理召开，省公司党组成员、总经理助理董文参加会议并讲话。会议决定：9月1日启动大理、保山、昭通邮区网路结构调整工作。与前期开展的调整相比，此次涉及的面最广，工作量最大。会议要求各局一定要深刻领会省公司党组的意图，明确责任，狠抓落实，认真梳理现行的网路组织关键环节，尤其是普邮的分拣封发关系、作业组织、邮路衔接与邮件发运计划、报刊分发关系、验单处理流程以及应急预案等，争取做到提前准备，落实到位，将存在问题消灭在调整之前，确保调整工作顺利、高效地完成。

【召开转型发展安排布置会】 11月15日，大理邮政在州局二楼会议室召开“大理州邮政局转型发展安排布置会”，州局领导班子成员、各部室、专业经营机构负责人、各县局、电业局局长等30多人参加了此次会议。本次会议特别邀请了省公司代理业务部副经理李涛对大理邮政代理金融网点销售经营转型工作进行指导。会前还特别安排所有参会人员参加了大理市建设路、苍山路、开发区网点的晨会和夕会，对晨会和夕会活动进行了推广、学习和改进，加深了各参会人员对转型发展的认识和思考。通过对大理市区14个网点的代理金融业务转型发展成功试点，这次会议后将在全州全力推进网点转型发展战略。

【邮政农资分销业务培训暨订货会】 4月16日，在州局二楼会议室举行了2011年度农资分销业务培训暨订货会。省公司代理速递物流和分销业务部领导、大理局领导，各县局农资分销员，德宏、保山、楚雄、丽江等州市局代表，农资供应商以及全州各县农资加盟商共计60人参加会议。此次会议旨在深入开展邮政服务三农工作，通过依托遍及城乡的邮政网络，引进一批优质农资产品，满足广大农民购买到价格优惠、质量保证的农资产品。本次订货会现场预定复合肥100多吨、农药500件，实现订金近40万元。

【推进空白乡镇邮政局所补建工作】 4月29日，为进一步提高认识、统一思想、强化措施、落实责任，切实推进大理州空白乡镇邮政局所补建工作进程，确保在2011年底前完成全州空白乡镇邮政局所补建工作任务，大理州人民政府召开了全州空白乡镇邮政局所补建工作推进会议，大理市、漾濞、云龙、弥渡、宾川、祥云、巍山7县市政府分管副县市长、发改局局长、邮政局局长，大理州政府、州发改局、邮政局、国土资源局有关领导参加了会议。此次会议进一步明确了空白乡镇邮政支局所补建工作是一项民生工程，在推进公共服务均等化，加强农村基础通讯工作建设，完善农村服务工作，拓展业务范围，促进农村经济发展有不可替代的作用，各县市也表示统一思想、落实责任、加强工作措施，集各方力量，抓好、抓落实补建工作，确保新补建局所年底及时投入运营。

【中石化项目业务座谈会在大理召开】 6月10日，中石化云南公司与云南省邮政公司在大理召开业务座谈会，此次会议旨在对中石化项目的试点工作进行总结，同时对下一步拓展合作领域进行探讨，以期实现强强联合、共谋发展、合作共赢。中石化省公司总会计师张伟成、省邮政公司副总经理史永芳、省速递物流公司总经理李强出席会议并作讲话。此次会议的召开，为下一步中石化云南公司和云南省邮政公司的深度合作奠定了坚实的基础。

【邮政立法调研在大理举行】 7月19日，由省政府法制办、省人大、省邮政管理局和省邮政公司组成的调研组到大理州进行立法调研，就进一步完善、修改《云南省邮政条例(修订草案)》征求意见。座谈中，调研组组长张宪伟首先就《云南省邮政条例(修订草案)》的起草情况作了说明。州邮政局就完善《云南省邮政条例(修订草案)》征求意见进行了专题汇报。州政府法制局、保密局、发改委、财政局等18家单位围绕《云南省邮政条例(修订草案)》中的各项条款，提出了许多具有建设性的意见及建议。调研组对大理邮政的专题汇报给予了高度的评价，大理州各有关部门提出的意见建议非常中肯，特别是其中提到的加强州市县各级监管、把邮政纳入民生保障体系进一步发展完善等方面的意见，非常有针对性和现实意义，调研组将进一步研究分析，综合采纳大理州各部门提出的这些意见建议。

【启动储蓄营销活动】 6月1日，大理邮政启动“吃邮政之饭，干邮政之活，尽揽储义务”主题营销活动。以此为契机，转变发展方式，围绕“追着资金干营销，跟着资金干揽储”的思路，大力推进邮储余额的跨越式增长，赶上全省发展的步伐，及时消除“小富即安”的松懈思想。在6月份期间，全州邮储余额净增3319万元，超过全省月均增长水平。

【承办省邮政系统职工演讲比赛】 8月30日，由省公司、省邮政工会主办，大理州邮政局、州邮政工会承办的云南邮政系统职工“辉煌十一五展望十二五”演讲比赛在大理开赛。来自全省邮政系统20个单位的45名参赛选手齐聚一堂。经过紧张激烈的比赛，最终选拔出16名优秀选手组成2个巡回演讲团分别到各州、市局进行巡回演讲。

【启动书信文化大赛】 12月12日，大理州启动第六届少年儿童书信文化大赛。本赛事的宗旨是进一步引导广大少年儿童了解中华传统书信文化的悠久历史，感受书信文化的特殊魅力，并通过书信这一载体，促进人与人之间的沟通与和谐，为少年儿童健康成长创造良好的社会环境。

【试点代理金融业务转型发展】 10月15日，大理邮政率先在大理市区14个网点实施代理金融业务转型发展试点。一是树立转型意识，二是合理设置岗位，盘活分流人员，三是改革班务制度，四是提升窗口形象，五是推行晨会和夕会制度，六是实现对客户的提质增效。每一个网点都配备VIP区服务人员，大堂内设置大堂经理和理财经理，同时启动晨会与夕会制度。

【揽投网建设初显成效】 揽投网是拓展竞争性业务市场，提升业务发展利润增长点的关键，是快速做大市场、抢夺市场，尽快形成速递业务发展创收和服务的终端平台。大理邮政于2011年2月在全省率先启动揽投网建设，非一体化的8个县局的揽投网年内已经投入运营。

【投递网建设初具规模】 为改善投递服务质量，支撑邮务类业务持续健康发展，大力推进新形势下邮政投递网建设，2009年大理邮政被省公司确定为投递网建设试点局。在省公司的大力支持下，至2011年末，大理市下关、古城两城区、洱源、鹤庆投递站建设已完成，实现了普邮、速递分网投递，极大地改善了投递人员的生产场地、生产设备，树立了良好的投递服务社会形象。同时，为了探索一套投递体制改革的运行机制，大理邮政勇开先河，根据“成熟一个发展一个”的原则，在9个县城区域内实行投递业务外包，严格测定承包费、建立管理标准、加强考核力度，极大的调动投递人员的工作积极性，投递服务质量得到极大改善。

【速递物流专业化改制积极稳妥推进】 2011年，大理邮政全面落实好省邮政公司的各项部署，进一步加快建立健全现代企业制度，全面提升经营管理水平，并以利润为核心，努力提高企业的持续盈利能力。按照省公司速递物流改制的相关工作部署和要求，专业化经营改制工作有序推进，顺利完成分账核算、预算分离等工作。

【荣获“全国邮政用户满意企业”称号】 8月8日，省邮政公司发布《关于对荣获“2010年度全国邮政用户满意企业”称号的单位给予表彰和奖励的决定》，对荣获“2010年度全国邮政用户满意企业”称号的大理州邮政局进行通报表彰。

（《邮政》由甘静撰稿）

中国电信大理分公司

【概　述】 2011年，中国电信股份有限公司大理分公司（以下简称：电信大理分公司）在州委、州政府的关心支持下，在省公司的正确领导下，认真贯彻落实党的十七大和中央经济工作会议精神，以邓小平理论、“三个代表”重要思想和科学发展观为指导，坚持聚焦客户的信息化创新战略，围绕“拓展规模、调整结构、释放风险、增强后劲”十六字方针，进一步加快发展速度，转变发展方式，提高发展质量，提升运营能力，解放思想、追赶跨越，努力实现全业务有效益的规模发展。经过一年的努力，企业转型得到进一步深化，用户规模成倍增长，网络覆盖更广、更强，服务质量大幅提升，精确化管理水平进一步提高、创新能力进一步增强。

【加强电信网络建设】 2011年，电信大理分公司结合市场发展需求，不断建设和优化固网、移动和宽带网络，加大网络建设投资力度，尤其是加大宽带网和移动网的建设投入力度，使网络覆盖延伸至更广的区域、网络质量和品质得到稳步提升。①响应国务院“国家宽带”发展战略，规划出资源，积极快速推进中国电信“宽带中国，光网城市”的建设，使宽带网络质量大幅提升。②在加强3G网络覆盖的基础上，进一步对现有移动网络进行优化。③积极推进无线宽带数字城市建设，年内已覆盖大理州、市县大型机关、四星级以上酒店、大中专学校以及旅游热点区域。④不断加强网络运行维护保障工作。强化对各专业网络的巡检，及时整治存在隐患；进一步提高故障处理速度，网络运行基础指标和维护考核指标不断改善；圆满完成省、州、县各级政府在大理召开的各类重要会议及节假日期间的通信保障任务。

【电信提升渠道服务能力】 2011年，电信大理分公司在提升渠道全业务服务能力方面开展了大量工作。持续推进城区社会渠道建设，加快拓展农村社会渠道网点，大力拓展宽带业务社会渠道，加快拓展专业型、综合型卖场网点。通过这些工作的开展，中国电信大理分公司服务渠道网点数量进一步扩充，服务能力进一步提升。其中，下关苍山路营业厅首先完成了卖场化改造，建成全州标杆营业厅。营业厅改变了原来以业务受理为主的模式，打造全新开放式、体验式的销售模式，为广大电信客户提供3G智能终端体验及选购平台。厅内设置了3G业务体验桌、iTV、光速宽带体验区及3G应用辅导站，并增设了精品配件区，用户可以在营业厅天翼3G体验区亲自动手试用，体验最新、最前沿的通讯产品，感受中国电信3G高速上网的乐趣。各县分公司也陆续在当地主要营业厅实施了卖场化改造升级和服务能力提升工作。

【提升电信宽带服务质量】 2011年，电信大理分公司下功夫提升宽带服务质量。一是推出3项服务举措：①宽带无条件装机。即客户申请都能安装宽带，通过有线、无线并举，满足客户需求。②宽带8小时内装通。即每天12:00时以前受理的宽带装机工单，当日20:00时前装通；每天12:00时以后受理的宽带装机工单，次日12:00时前装通。③宽带障碍查修及时响应。即收到障碍申告后2小时响应客户需求，时限内修复。二是推出拨打“10000”号装宽带的便民服务措施。三是进一步延长了夜间查修障碍的服务时间，将服务时间延长至24:00时（下关城区）和22:00时（大理古城和各县）。

【剑川县人大代表团来访参观】 2月18日，中共剑川县委书记刘平、县人大常委会主任陈耀全、县总工会主席刘少梅等来自剑川党政机关、各企事业单位和社会团体的州人大十二届四次会议县人大代表团一行25人，应邀到电信大理分公司进行了参观。代表团依次参观了移动通信机房、数据机房、10000号客服中心，听取了相关专业骨干的讲解。在移动通信机房，代表们了解了大理分公司3G网络建设、天翼3G的先进性和优势，以及3G业务给工作生活带来的变化；在数据机房，代表们了解了大理分公司宽带提速、光纤到户、大宽带时代，移动互联网等内容；在10000号客服中心，代表们了解了政务直通车96128/114服务和电信客户服务等内容；在客户接待室，代表们体验感受了党员远程教育、IPTV业务、天翼3G业务等演示。

【剑川县森林火灾应急通信保障】 3月2日，剑川县发生森林山火。电信大理分公司通过州县公司协同作战，迅速开展通信应急保障工作，有力确保了剑川区域通信设施CDMA机站、接入网、致富通网络、3GEVDO机站、固定电话网络的良好运行和信号畅通。中国电信大理分公司是参与此次通信保障所有通信运商中，保障最快、最及时，提供通信方式最多的一家，受到现场总指挥大理州副州长岳黎松、县委政府领导、救灾扑火群众和部队官兵、森警的一致好评，为县委、政府组织扑灭“3·2”森林火灾工作作出了积极的贡献。

【举办“5·17”客户座谈会】 5月16～17日，电信大理分公司在“5·17”世界电信和信息社会日到来之际，连续举办了两场以“天翼感恩，体验3G”为主题的客户座谈会，分别邀请到广播电视、新闻媒体行业的客户以及荣获全国“五一劳动奖状”和劳动模范的先进集体和个人代表参加。举办客户座谈会一是为隆重纪念“5·17”世界电信和信息社会日；二是通过体验式营销，向客户推荐电信新技术、新业务和新服务；三是向劳模和先进学习；四是听取客户意见和建议，加强沟通交流，增进客户关系。嘉宾们同时还参观了电信机房，以及体验“天翼3G”互联网手机、IPTV宽带电视和部分行业信息化产品的活动。

【建成一批“三网融合”村】 7月16日，电信大理分公司与祥云县象鼻村委会共同举行了首个大理州建成开通的“三网融合”示范村挂牌仪式。祥云象鼻村下辖4个自然村,6个村民小组,全村共512户农户,距离祥云县城13千米,由于地处山区,交通不便,信息闭塞,发展相对落后。象鼻村两委班子与中国电信祥云分公司合作,成功实现了象鼻村的“三网融合”村建设。祥云分公司采用先进的EPON技术、无线3G技术和业务融合的商务优惠模式,开通了首批100多个农户的电话(包含手机、固话和致富通)、宽带上网(包括天翼品牌、有线宽带和无线宽带)和宽带电视(ITV)的三网融合业务,使三网融合中的多项信息化业务真正成为服务农业、农村、农民的好帮手,为基层政府建设提供了现代化的管理和服务方式,丰富了人民群众的精神文化生活。象鼻“三网融合”示范村的建成,为大理州农村信息化建设树立了榜样,在此影响和带动下,祥云县刘厂村、江尾村、江场村、老张村、罗家村、自羌朗村、云南驿村、七合村等也相继建成“三网融合”村,弥渡、南涧、永平、漾濞等县也先后建起一批“三网融合”村,使大理州农村信息化建设工作又迈上了一个新的台阶。

【合作推进教育信息化建设】 7月22日,电信大理分公司与大理州教育局联合举办推进教育信息化建设战略合作协议签字仪式。州教育局局长刘洪在签字仪式上提出大理州教育信息化的任务是:通过3~5年的努力,建成技术先进、标准统一、互通互联、资源丰富、高效运行、广泛应用、较为完善的教育信息化体系和科学合理的发展保障机制。协议签订后,大理州教育系统将依靠中国电信强大的网络资源、多媒体信息网络技术、3G移动互联网技术等,打造“智慧教育”平台,形成集优质教育资源库、教育人才资源库、教育科研管理系统、新课程改革教师培训网络、教学质量监控网络为一体的现代信息技术体系,实现远程虚拟实景教育、三维空间动态教学等新型教育模式,使大理州的教育现代化水平再上一个新的台阶。

【合作推进“司法e通”项目】 7月29日,电信大理分公司与大理州司法局在电信大楼七楼会议室签订了大理州“司法e通”《社区矫正系统合作协议》。通过项目合作,司法局利用电信“司法e通”手机定位技术对社区校正对象进行区域监管,实现信息交换、警示告知、档案管理、考核管理、数据统计等功能,系统极大的缓解了大理州社区矫正工作管理人员紧缺,管理手段滞后的问题,有利于加大对矫正工作的管理力度。根据大理州司法局的要求,项目分为两个阶段实施。第一阶段在大理市、巍山县、弥渡县、南涧县、洱源县等5个区域开展试点工作;第二阶段是在5个试点区域顺利开展的基础上,进一步在全州其他县推进。

【开展系列客户回馈活动】 1月,电信大理分公司经过精心筹划和准备,在全州范围内启动了“暖暖春翼感恩千万用户中国电信回馈送好礼”岁末客户回馈系列活动。活动向用户推出4项回馈活动:预存话费送好礼;预存话费送话费;通过网厅、掌厅、积分商城兑积分,送电子充值卡、送礼品、送流量包、送话费、优惠购千元智能机;通过网厅团购话费送礼品卡活动。活动推出后受到了广大用户的欢迎。

【电信企业文化建设】 2011年,电信大理分公司结合企业发展新需要,进一步关心、关爱员工,不断加强企业文化建设。①加强员工队伍培训,不断提升队伍能力。树立“企业兴衰,我的责任”的意识,着力提高员工的全业务服务技能,建设一支充满活力和战斗力的员工队伍。②持续开展农村分支机构“家园式”建设活动。千方百计改善基层员工最基本的生活、工作条件,努力将农村营业部建成员工的温暖小家,并以此为契机,进一步提升农村分支机构的全业务运营能力。③开展各类丰富多彩的劳动竞赛和文体活动,丰富员工业余生活,提高员工身心素质,打造和谐团队文化。成功举办了2011年“走进春天”表彰先进暨新春联欢晚会、“爱党、爱祖国、爱企业”建党90周年演讲比赛、歌咏比赛系列庆祝活动,组织“翼起来、我健康、我快乐”员工环海自行车游活动。④充分利用各类宣传阵地,对先进人物、事迹、重大事件等进行宣传,营造出积极向上的和谐发展氛围。

(《中国电信大理分公司》由杨壹壹撰稿)

中国移动通信大理分公司

【概　述】 2011年,大理移动通信分公司在州、市党委、政府的关心支持下,在省公司的正确领导下,牢牢把握“可持续发展”的战略要求,坚持以发展为中心,夯实网络基础和服务基础,提升创新能力、竞争能力、管理能力、运营能力,实现全网络协调新突破、全业务运营新突破、全成本优化新突破、全组织协同新突破,着力提升服务与业务领先优势,持续增强核心竞争力,圆满完成了各项目标任务。年末,分公司在网客户规模突破198万户,业务收入达8亿余元。基站建设方面,新建基站202个,搬改扩基站571个,新增光缆2255皮长千米,新建传输管道253管孔千米。业务建设方面,全年完成141个WLAN热点建设,建成集团客户专线205条,通过与铁通方面合作,完成大理市11个社区的有线宽带接入建设。在劳动竞赛方面,2011年全年市场口劳动竞赛均按省公司要求达标,其中业务发展劳动竞赛获得一等奖2次、三等奖2次。在专项工程中,“136农村移动信息富民工程”获得全省一等奖1次、三等奖2次,全州有9个县市获得全省136工程区县评优奖。在区县评优中,祥云、宾川、洱源、剑川、巍山、下关6个县市分公司分别进入全省前30名的先进行列。

【“双节营销”活动持续开展】 2011年,根据省公司“双节营销”统一营销方案,大理分公司对整个营销活动进行了周密的准备和部署,结合活动主题,以刮刮卡抽奖活动为主线,细分公众市场、集团客户市场、中高端客户市场,主要从新入网客户、充值缴费客户、重点业务办理客户、参与其他“双节”预存类营销活动客户等四类客户群出发,多管齐下,制定整体营销方案。对于参与活动的客户,主要从营销活动宣传策略、刮刮卡礼品、卡品管理和配送流程、渠道网点套利监督机制和服务流程培训等方面进行认真梳理,通过“双节营销”活动的开展为广大客户提供更为优质的服务,提升客户感知。

【举办首期“少年军校给力成长”活动】 2011年,由大理移动分公司携手大理市人民武装部举办的中国少年军校大理分校2011年第一期“全球通”军事夏令营在青光山民兵训练基地举行。此次军事夏令营活动是公司对贵宾客户一项“个性化、亲情化、人性化”的回馈,是全球通VIP俱乐部在亲子教育活动方面一次有意义的尝试。夏令营活动分为两批举行,除了军事化训练之外,还为学员准备了各式各样的国防知识教育、观看爱国主义教育电影等活动。此次活动不仅让学员在军事化的集体下成长,留下美好的记忆，同时也得到了社会各界的广泛好评，使大理分公司个性化服务的企业形象更加深入人心。

【“知心姐姐”做客大理移动】 2011年12月13日，中国移动云南公司和凤凰新媒体联袂主办主题为“长大不容易，成长有规律”的大理移动全球通VIP凤凰大讲堂，“知心姐姐”卢勤女士做客大理移动，为500多名移动VIP客户深入浅出地讲解了关于如何与孩子正确沟通和孩子教育方面的问题。本次讲座满足了许多VIP客户的个性化需求，提高了客户感知，同时也更好地打造了大理移动的企业形象。

【“无线城市智慧大理”】 2011年10月25日下午，州人民政府与大理移动分公司在龙山国际会议中心召开《大理州无线城市建设合作协议》的签字仪式，州政府副州长程云川和省公司领导参加签字仪式。会上，程云川指出，州人民政府将无线城市的发展交给中国移动，既是一项光荣的政治任务，也是对移动的信任，更是对移动的考验。大理分公司也将根据大理州无线城市建设合作协议相关要求，在中共大理州委、州人民政府的带领下，极致发挥现有通信设施的作用，力争将大理州所有城区建设成为一个具有高度智能的“无线城市”，打造一个全球领先的“无线城市、智慧大理”，为实现大理建设“滇西中心城市”甚至“世界城市”的目标做出应有贡献。

【移动公司生产调度楼开工】 大理移动分公司生产调度楼开工奠基仪式于2011年10月21日正式启动。副州长程云川指出，本次奠基仪式将作为大理分公司一个新的起点，将积极助力大理州社会、经济发展和信息化进程，履行社会责任，为大理州和谐社会构建做出更大的贡献。最后，现场领导为奠基仪式进行培土。大理分公司将在生产调度楼建设和工作中以更高的标准要求自己，做更好的通信服务。

【扶贫帮困抗震救灾】 依据“正德厚生、臻于至善”的企业核心价值观，大理移动主动承担地方扶贫、救灾任务，担负了一个企业应尽的社会责任，也使大理移动的形象进一步深入人心。2011年，大理分公司慰问小组前往大理州剑川县老君山镇新和村委会进行了扶贫帮困慰问，给村委会带来了慰问金，还为当地学生准备了学习用具等助学物资。同时，在盈江抗震救灾过程中，大理分公司组织相关人员启动通信应急预案，第一时间投入通信保障工作中，保障了抗震救灾总指挥部通信的畅通，完成第一阶段抗震救灾工作。

【启动“企业文化建设135工程”】 根据中国移动企业文化理念体系和省公司企业文化建设的相关要求，大理分公司充分结合实际，按照“三横三纵”工作思路的统一部署，于2011年底启动了“企业文化建设135工程”。以“智慧工作、幸福生活”为创建主题，紧紧围绕“一个中心”（积分计划），依据“三大抓手”（主题活动、班组建设、兴趣小组），推进“五大文化”（关爱文化、和谐文化、服务文化、执行文化、创新文化），通过企业文化专项工程的推进，形成有大理特色的企业文化，让文化成为员工的一种习惯。

【员工文化建设多姿多彩】 2011年，大理移动分公司员工文化建设多姿多彩。在工作之余，大理分公司还举办了职工运动会、建党90周年“环洱海，健步走”、“蓝色移动，绿色环保”等各式各样的员工活动，以丰富员工业余生活，舒缓工作压力。通过这些活动的开展，培养了大理分公司员工的奋力拼搏、团结协作精神，进一步推进了企业和谐稳定发展。

（《中国移动通信大理分公司》由杨捷撰稿）

中国联通大理州分公司

【概 述】 2011年，是中国联通大理州分公司“十二五”规划的开局之年，是中国联通大理州分公司提升市场地位的关键之年。大理联通在省公司的正确领导及全体员工共同努力下，紧紧围绕年初制定的工作思路，按照“经营要有新突破、服务要上新台阶、管理要上新水平、队伍要有新活力”的要求，坚持以“抓机遇、调结构、转观念、促转型”为主线，围绕“聚焦增长”和“提升效率”两大目标，狠抓3G、宽带、融合业务、行业应用等重点业务发展，实施营销管理创新，强化网络支撑能力，大力提升服务水平，各项工作取得了长足发展。

【大力发展3G业务】 2011年，中国联通大理州分公司坚决贯彻落实省公司3G业务各项经营政策和营销方案。坚持“三领先”、“六统一”策略，对县以上城市客户、集团、异网高端等目标，实施名单制营销、体验式营销和关系营销；全面探索3G新发展模式，实现观念和操作转型，健全机构，加强人员配置，成立专项工作组，并利用重大节日和事件开展营销；加强明星终端和无线上网卡拉动效应，推出更多千元智能机，降低3G使用门槛带动新增合约计划用户发展；开展“社会渠道自备机入网赠费”、“3G行动计划”和“精彩沃体验”等活动，加强移动互联网和行业应用产品的推广，积极推广青少年产品“沃派”，3G业务实现了快速增长；发挥3G应用优势，利用3G体验店培育用户使用习惯，让用户从基础业务转向新业务。通过一系列营销手段和各部门的努力，3G业务得到迅猛发展。

【2G业务】 2011年，大理联通公司在2G业务发展上，以扁平化、网格化为主线，取消核心代理商，重新构架2G渠道体系，稳步推进2G营销模式转型；细分市场，细分用户，实现转向市场专项营销；依托便民化网格厅的建设，开展手机终端路演、摆摊促销等贴近用户的直销活动，组织200多场路演，利用节假日契机开展各类促销活动；根据市场变化情况，适时调整2G卡促销方式，稳定发展量和用户规模；实施渠道转型促销量，推行了“一村一员”渠道建设工程，新增村级服务网点达到670个，有网络覆盖的乡村渠道服务网点覆盖率达到85%以上；锁定校园、老年人、农村等重点目标市场，开展校园、务工市场营销等多项活动；聚焦高价值、高离网客户，多措并举开展存量精准维系，2GVIP拍照客户保有率达到87%。

【加强宽带业务发展】 2011年，大理联通公司进一步加强宽带业务发展。加强自网建设，成立专项攻坚小组，梳理完善管理制度，优化固网建设、运维、市场流程，确保覆盖区域内光纤网络质量、技术先进性和业务服务响应能力均局部领先对手；加强项目建设和新区域覆盖，开展社区促销、提速提价及阶段性优惠提速营销，通过沃家庭、高带宽产品、提速包销售等多种手段，保持了宽带快速增长。利用“上门服务”、“宽带医生”等差异化服务优势开展客户维系工作；在发达乡镇和城中村等区域继续强化和广电的合作，继续进行EOC投资。

【行业应用工程】 2011年,大理联通公司积极推进“521”行业应用工程。发展行业应用客户9500户,针对重点工程、重点区域和重点客户市场开展深度营销,通过与银行渠道合作,进行存单质押租机。

【加强渠道建设】 2011年,大理联通公司进一步加强渠道建设。以精细化、集约化管理为主线,加快和提升网格厅建设步伐,依行政区和管理服务的有效性,先后展开了辖区内营销网格的划分,配置专职网格经理,负责网格内渠道的销售管理、业务培训以及提供相应的服务,分步骤,建立“任务清晰、流程规范、权责明确、网格到底”的管控服务网络。按照“纵向抓延伸,横向抓覆盖”的工作思路,切实履行职责;加强社会渠道建设力度。坚持2G、3G渠道复用,依托3G终端、业务优势在大理市、各县县城核心商圈中心开花,社区、城中村、城乡结合部全面渗透,乡镇营业厅提质增效,农村服务网点恢复和新建。加强电子渠道建设实现便利化,通过空中充值机等方式,加强与便利店、农村小卖店、药店的合作,加大缴费型服务网点的建设,实现一村一点的目标。

【网络基础设施建设】 2011年,大理联通公司网络能力和质量得到持续改善。大力加强县城以上区域2G、3G网络深度覆盖,用户数据业务使用感知明显改善。按省公司部署积极启动FTTH建设,加强新区域覆盖和大客户接入项目建设。持续开展网络专项优化和隐患整治,实施了移动网质量专项提升和面向宽带、集团客户的接入段优化工作,各项运维指标均达标,网络品质更加稳定。客户服务方面,成立了服务效能监察工作组,持续完善“客户心声”通报及处理机制,客户投、申诉热点问题解决效率有效提升;建立“服务、维系、营销一体化”的专职VIP客户经理队伍,重点开展“唤醒沉默,提升价值”3G流量提升、送太平洋保险、合约到期客户维系等活动,促进了客户保有率与高端客户价值提升。

【创新管理体制】 2011年,大理联通公司积极推进强县战略,不断优化组织结构,各类资源向一线倾斜。建立正向激励机制,创新薪酬分配,制定考核管理体系,分层分级,指标明细,任务清晰,考核到责任部门和基层单位。对主产部门的考核突出效益导向,强化网格管理,细化网络,责任到人考核到人。对管理部门的考核强化服务支撑,拉大一线与后端部门基数,鼓励内部对标,同时积极引导部门员工向一线流动;围绕3G重点业务发展,落实专项激励方案,引入销售提成激励,薪酬兑现方案落实到基层部门,激发员工积极性;倡导同工同酬,缩短、拉平派遣员工与在编员工的差别,增强了组织内凝聚力,有利于员工发挥更大的价值。

【提升基础管理】 2011年,大理联通公司进一步提升基础管理。重点通过2G产品、佣金补贴“两优化”及促销活动、客户资料“两规范”,加强了经营基础管理;继续推进财务管理的信息化建设,加强预算的过程管控和分公司自主对标管理,深入开展全成本管理核算体系和全省发票专项检查和“小金库”专项治理“回头看”等工作;进一步梳理规范招投标管理工作,避免风险发生;突出市场导向,强化资源配置,全面启动和推进了2012~2014年发展规划编制工作。认真开展效能监察,完善法律风险防范体系,为公司生产经营发展保驾护航。开展通信机楼消防设施设备普查和“千分制”自查,消除事故隐患。改造办公大楼,强化企业文化建设,为员工营造舒适的办公环境。

【队伍建设再添新活力】 2011年,大理联通公司队伍建设再添新活力。通过培养、培训、实践锻炼、学习考察及进修等多种方式,加强后备干部选拔、培养、管理,推动干部“能上能下”,面向全州内部员工公开招聘南涧分公司负责人1人、集团部行业总监2人。按照人工成本向市场前端和生产一线倾斜的原则,实施了统一、公开、透明的人工成本基数分配方案,以岗位价值贡献为核心,理顺岗位设置,开展岗位评估,为实现人岗匹配奠定了基础。加强了一线人员体验式营销培训、客服人员专属培训和运维人员专业培训等各类培训126期1490人次。

【深入开展创先争优活动】 2011年,根据中共大理州委、省分公司党委的安排部署,中国联通大理州分公司党委从企业实际出发,改革创新、统筹推进,认真组织开展了为民服务创先争优活动。公司党委紧密结合公司实际,以改善客户感知为着力点,围绕“让客户满意消费,让信息服务民生”的主题,完善“两项服务承诺”,实施“两大便民举措”,积极开展窗口单位文明服务、优质服务,创新服务管理思路,构建客户导向的服务体系,实现服务质量的持续优化。通过落实“三项保障工作”,不断提升通信网络和支撑能力,加强服务窗口建设,改进工作作风,进一步提高中国联通大理州分公司的服务能力,为社会各界和广大客户提供优质的通信和信息服务。

【举行建党90周年活动】 2011年,为隆重纪念建党90周年,大力弘扬党的优良传统,扎实推进中国联通以“创建先进党组织、争当发展排头兵”为载体的创先争优活动,激发广大党员、干部、员工热爱党、歌颂党的热情,中国联通大理州分公司开展了一系列庆祝活动:①6月29日,召开庆祝建党90周年表彰暨歌咏大会,16个代表队参赛队,其中下关片区共组5个参赛队现场演唱,县分公司各组1个队,以录像光盘参赛。②7月2日,分公司党委组织全体干部、党员职工到大理市湾桥镇周保中将军纪念馆,参观周保中将军纪念馆,回顾中国共产党光辉历程,接受爱国主义教育。③通过办公网、宣传栏、云南联通信息等媒介宣传,使员工人人明白为民服务创先争优活动的重要意义。

(《中国联通大理州分公司》由崔茂峰撰稿)

(《信息产业》责任编校:李建川)

旅　游

综　述

【概　述】 2011年是“十二五”开局之年，也是大理州旅游产业面临优化结构、转型升级、提质增效的关键时期。在中共大理州委、州人民政府的正确领导下，全州旅游行业干部职工锐意进取，开拓创新，积极争当“旅游二次创业生力军”。按照强化政府管理、整合旅游资源、打造旅游新亮点、提升旅游人气的要求，创新体制机制，加大工作力度，全力以赴推动全州旅游工作迈上新台阶，全州旅游产业呈现蓬勃兴旺的发展势头，实现了全州旅游产业“十二五”开好局、起好步的工作目标。

【旅游经济指标保持稳健的发展态势】 2011年，全州接待海外旅游者45.52万人次，同比增加11.71%；旅游外汇收入15036.67万美元，比上年增加16.41%；接待国内旅游者1499.49万人次，比上年增加15.61%；旅游业总收入138.41亿元，比上年增加20.35%。全州主要景点三塔崇圣寺年接待180.35万人次，比上年增14.11%；收入1.23亿元，比上年增45.24%。宾川鸡足山年接待20.39万人次，比上年增23.8%；收入1060.4万元，比上年增28.28%。鹤庆新华村年接待243万人次，比上年增10.5%；收入13.4亿元，比上年增31.5%。剑川石宝山寺登街景区年接待25.92万人次，比上年增21.12%；收入2.07亿元，比上年增41.02%。巍宝山年接待8.97万人次，比上年增79.39%；收入128万元，比上年增60%。各项旅游经济指标始终保持持续增长的态势。

【开展旅游普法培训】 2011年1月10日，大理州旅游局举行全州旅游行业普法知识培训。来自州旅游局机关、全州重点旅游县市、旅游质量监督管理所、市旅游综合执法大队、各旅行社、旅游饭店、旅游景区、旅游购物点、旅游餐馆等行业单位的代表120人参加培训会议。受州旅游局邀请，昆明中智法律事务所主任、昆明市旅行社行业协会法律顾问、昆明市旅游汽车行业协会法律顾问、旅行社责任保险全国事故鉴定委员会法律专家赵凯，围绕《最高人民法院关于审理旅游纠纷案件适用法律若干问题》，通过列举系列旅游案例，全面介绍了我国旅游业立法的现状及存在的问题、司法解释出台背景、司法解释内容简介、司法解释的亮点、司法解释出台以后旅游经营者应当注意的事项内容。培训活动配合了全省旅游市场综合治理工作的开展，对于普及旅游法律知识，推行旅游购物佣金“公对公”制度，杜绝旅游“零负团费”，预防和有效处理旅游行业纠纷，促进依法兴旅、依法治旅，推动大理旅游二次创业起到了积极的作用。

【州旅游局与上关镇携手启动“洱海保护月”活动】 2011年1月16日，州旅游局、上关镇政府和上关镇大排村委会携手举行“洱海保护月”活动启动仪式。启动仪式上，州旅游局向上关镇捐赠了洱海保护与治理的工作经费，并赠送200个竹箩用于洱海沿线的垃圾收集。全体干部职工与上关镇机关工作人员、大排村委会及环管所相关人员，现场积极参与水葫芦打捞，并到田间地头，向广大村民发放洱海保护宣传资料和装垃圾用的竹箩，以实际行动为洱海保护治理工作贡献力量。

【剑川石宝山景区破冰除雪迎接春节旅游黄金周】 2011年1月17日，剑川县遭遇风雪袭击，石宝山景区多处道路积雪达数10厘米，加之景区海拔高气温低，导致景区内多个路段积雪不化，产生冰冻现象，景区内旅游道路交通和旅游安全生产受到严重影响。剑川县旅游局及时抽调力量开展“破冰、除雪、畅路”大行动，疏通景区内各旅游步道，清除了石龙叉口到石钟寺停车场道路上的积雪和冰块。同时对景区旅游道路进行拉网排查，及时修补和完善受损旅游安全设施，确保旅游安全，积极应对春节旅游高峰期的到来。

【高度重视旅游安全工作】 州旅游局长期重视旅游安全工作，始终牢固树立“没有安全就没有旅游”的思想。为确保2011年春节“十一”黄金周旅游市场有序进行，1月15日~2月3日、9月15日~10月1日期间，州旅游局突出春节、国庆旅游黄金周的安全保障工作，进一步加强对重点领域和重点环节的安全防范措施和安全责任制度落实，加强对游客聚集场所、旅游交通、旅游景区等重点环节的安全督导、督查和督办工作，对旅游生产经营单位的各项安全工作进行全面检查，确保隐患和问题及时得到排查和整改。确保实现旅游黄金周期间安全、有序、效益的旅游工作目标。

【春节黄金周旅游持续升温】 2011年春节黄金周期间，全州旅游持续升温，游客接待总量持续增长，共接待海内外游客68.64万人次，比上年增长29.37%，其中，过夜游客32.16万人次，比上年增长24.31%；国内一日游游客36.48万人次，比上年增长34.18%；旅游总收入4.7亿元，比上年增长37.61%；接待海外游客2.61万人次，比上年增长13.39%。崇圣寺三塔共接待游客5.09万人次、洱海游船共接待2.86万人次、感通索道共接待2.34万人次、南诏风情岛共接待1.04万人次、宾川鸡足山共接待4.34万人次、鹤庆新华村共接待8.17万人次、洱源地热国共接待1.04万人次、巍山巍宝山共接待1.1万人次、剑川石宝山共接待2.87万人次、祥云水目山接待10.48万人次。全州星级宾馆饭店客房平均出租率为82.25%，其中：五星级旅游饭店客房平均出租率为73%，平均房价为542元；四星级饭店为95%，平均房价为373元；三星级旅游饭店为80%，平均房价为206元；二星级旅游饭店为81%，平均房价为100元。大理古城、喜洲、双廊的民居特色客栈的网上预订形势喜人，销售十分火暴。节期，来自四川、重庆、贵州等省市以及昆明、玉溪、曲靖、楚雄等省内各州市的自驾车旅游者纷至沓来，成倍增长。共有25.40万辆次自驾车进出州境，比上年增加15%，其中，进入12.57万辆次，离开12.83万辆次。自驾游和自助游作为旅游新的增长点，成为黄金周期间旅游市场的主导和亮点。

【南涧县农家乐旅游快速升温】 2011年，南涧县进一步加大对旅游产业开发的扶持力度，按照“政府引导、社会投资”的原则，紧紧围绕“吃、住、行、游、购、娱”六大要素，立足“一镇一品牌，一户一特色”的发展目标，大力扶持发展农家乐旅游。县旅游主管部门结合全县农家乐发展情况，及时邀请旅游规划专家有重点的到实地为经营业主出点子、想办法、谋发展，在建设布局、环境营造、管理服务、特色打造、菜系品牌和营销策略等方面给予指导和帮助，及时引导经营业主树立品牌意识、特色意识和服务意识。到年底，南涧县有一定规模的农家乐经营户10多户，从业人员100多人，年营业收入总计2000多万元。农家乐旅游正快速“升温”，逐渐成为该县旅游开发的新亮点。

【迎接省委检查考评工作组考评旅游】 2011年2月24～27日，省委集中检查考评工作组深入大理市、宾川县、洱源县、鹤庆县，对苍山大索道、《希夷之大理——望夫云》大型实景演出项目、宾川鸡足山旅游景区基础设施建设项目、大理洱源海西海温泉度假区旅游项目、洱源下山口普陀泉度假区项目、鹤庆银都水乡新华村创4A级景区建设项目进行实地检查考评。根据对大理州旅游经济指标和旅游重大项目完成情况的细致考核和认真评比，省委检查考评工作组对大理旅游“二次创业”取得的成果给予肯定，综合评分91.71分。

【与丽江签订旅游产业发展区域合作协议】 2011年3月3日，州旅游局局长马金钟、丽江市旅游局局长和耀新分别代表两地签署《大理—丽江旅游区域合作协议》。双方一致同意进一步强化两地间政府、企业、社团、民间旅游合作共识，努力营造友好合作的环境和氛围；联合建立大理—丽江旅游区域合作联席会议制度，各自设置区域合作联络处；聘请国内外旅游专家为“大理—丽江”旅游量身定做科学、合理、可操作性强的联合开发项目；建立两地旅游产业发展监督评价机制、联合打击和作区域内的不正当经营行为；建立游客投诉受理及安全保障应急救援联合机制；构建“大理—丽江”旅游经营开发联动机制下的旅游宣传促销、旅游营销服务、旅游航线开发、旅游管理服务、旅游信息统计平台；实现旅游促销、旅游管理、旅游服务信息共享；鼓励支持两地旅游企业开展广泛深入的合作，为对方企业在本地的旅游开发及经营活动提供全面的服务和帮助；探索联合开发新景区，合作推向市场；定期互相投放旅游宣传品；联合迪庆、保山、德宏、怒江实现旅游区域合作；积极参与川滇藏“大香格里拉”生态旅游区与“泛珠三角”旅游区的合作。州委常委、副州长蔡春生，丽江市委常委、常务副市长杨浩东在座谈会上讲话并见证双方签字。大理与丽江两个黄金旅游区正式携手，共创“十二五”旅游辉煌。标志着大理州打造“旅游三大圈”战略迈出了实质性步伐。

【全州旅游工作会议召开】 2011年3月10日，全州旅游工作会议召开。会议认真贯彻落实州“两会”和全省旅游工作会议精神，回顾总结“十一五”全州旅游工作，谋划“十二五”旅游产业发展，研究部署2011年的旅游工作。州委常委、州人民政府副州长蔡春生、州人大常委会副主任杨宴君、州政协副主席孙珍玲参加会议。州旅游局局长马金钟作工作报告。蔡春生代表州政府与各县市政府签订2011年旅游产业发展目标任务《责任状》。各县市政府分管旅游产业负责人、相关单位负责人、大理旅游度假区、州内各大旅游企业及相关单位代表参加会议。

【副州长蔡春生对全州旅游工作提出要求】 在2011年全州旅游工作会议上，州委常委、州人民政府副州长蔡春生说：“十二五”期间是大理旅游发展的重要机遇期，也是大理旅游二次创业的关键期、改革发展的攻坚期，做好“十二五”开局之年的工作尤为重要。全州上下要按照“十二五”旅游规划的部署和要求，围绕产业改革和发展的难点问题，加快旅游重大项目建设步伐，大力推进高端休闲度假酒店建设，积极扶持特色客栈建设；加强与央视等主流媒体的合作，打好宣传促销的主动战；认真开展旅游市场监管；做大做强当地旅行社；推动旅游网络信息化平台建设；着力培育一支高素质的旅游队伍。

【对全州旅游先进单位实施表彰】 2011年3月10日，州旅游局对全州旅游先进单位进行表彰。鹤庆县旅游局、剑川县旅游局、宾川县旅游局、祥云县旅游局、云龙县旅游局、洱源县旅游局分别获旅游安全生产一、二、三等奖；剑川县旅游局、州旅游局信息统计科、祥云县旅游局、南涧县旅游局、州旅游局办公室、巍山县旅游局、鹤庆县旅游局、云龙县旅游局、州旅游局行业管理科、旅游质监所、政策法规科、旅游监管中心办公室分别获旅游信息先进单位一、二、三等奖；大理三塔国际旅行社有限责任公司、大理茶花国际旅行社有限责任公司、大理旅游集散中心有限责任公司、大理金岛旅行社有限责任公司、大理海外旅行社有限责任公司、大理苍山旅行社分别获旅游市场开拓一、二、三等奖；漫湾大酒店、美登酒店、洱海宾馆、茂元酒店、下关宾馆、榆城酒店获得优秀旅游饭店称号；大理喜洲喜林苑、剑川沙溪老马店、大理古城MCA获得最佳特色客栈称号。

【宾川县开展全县旅游资源调研普查】 2011年3月，宾川开展全县旅游产业调研和资源普查工作。由县委、县人民政府牵头，县旅游局、文广局和相关乡镇共同参加，对宾川鸡足山、旅游生态农业观光园、侨乡农家乐、海稍水库鱼庄进行普查和调研。进一步盘清旅游文化产业家底，推动全县旅游文化产业又好又快发展。

【州委、州政府领导调研旅游重点建设项目】 “嘉逸（国际）大理民族文化旅游度假综合开发项目”是2011年列入省人民政府年度集中检查考核的旅游重大开发建设项目。3月24日，州委常委、州人民政府常务副州长马建全，州委常委、州纪委书记梁志敏，州委常委、大理市委书记杨光军带领州、市有关部门负责人，深入“嘉逸（国际）大理民族文化旅游度假综合开发项目”进行调研，共同分析、研究、解决该重点建设项目存在的项目报批、土地、林业、环保等方面的困难和问题。

【重庆至大理直航航线复航】 2011年4月22日，重庆航空公司一架A319载客90人，缓缓降落在大理机场，重庆至大理直飞航线成功实现复航。该航线由重庆航空公司负责执飞，是重庆航空公司继昆明、西双版纳、腾冲、丽江、香格里拉航线之后的第六条云南航线。此次重庆至大理直达航班号为CZ8148/CZ8147

(OQ2347/OQ2348),初期每周3班,分别为周三、五、七。重庆起飞时间为08:30,到达大理时间为09:50;回程航班大理起飞时间10:40,返回重庆时间12:15。州委常委、副州长蔡春生,州旅游局局长马金钟,重庆航空公司总裁刘德俊出席了复航开通仪式。

【参加五州市区域旅游合作座谈会】 2011年5月18日,昆明、楚雄、大理、丽江、迪庆5个州市在丽江召开区域旅游合作座谈会,会议以“加强区域旅游合作,打造国际精品旅游路线”为主题,本着“优势互补,资料共享,客源互送,市场共赢,互惠互利,统筹发展”的原则,进一步促进5个州市在旅游区域合作迈出实质性的步伐。州委常委、州人民政府副州长蔡春生,州旅游局局长马金钟率旅游重点企业参会,并作了会议发言。会议上,5个州市共同签署了《昆明楚雄大理丽江迪庆五州市旅游区域合作备忘录》。

【全国政协常委杨崇汇调研剑川旅游文化产业】 2011年6月15日,全国政协常委、全国政协港澳台侨委员会副主任杨崇汇到剑川调研旅游文化产业发展情况。杨崇汇一行先后深入到石宝山石窟和沙溪寺登街景区,详细了解剑川县旅游基础设施建设和旅游文化产业发展的经验和措施。对剑川县进一步打造文化旅游品牌,做大做强旅游文化产业,实现旅游文化的可持续发展提出具体要求。

【迎接2011年省旅游产业发展大会动员会召开】 为贯彻落实7月14日州委常委扩大会议精神,认真筹备好“2011年全省旅游发展大会”在大理的召开,2011年7月20日,大理州旅游局召开“全州旅游行业迎接2011年全省旅发大会动员会”。州旅游局局长马金钟做动员讲话,各县市旅游局局长、大理旅游集团、旅游产业管理服务公司、散客集散中心、各旅行社、三星级以上酒店和部分非星级酒店负责人参加了动员会。会议要求全州旅游行业进一步要加强提升旅游服务质量,行业管理部门要加强监管力度,为全省旅游发展大会创造出一个良好的氛围。

【大理市开展国内游客问卷调查】 2011年8月,大理市旅游局与大理市统计局联合在游船、主要景区景点对800名游客开展国内游客问卷调查。调查主要从游客基本情况、游客在大理游览情况、游客在大理旅游消费情况、主要景点景区接待情况、游客对大理旅游服务质量的评价、游客的意见建议几方面入手。调查表明,大理州游客总体结构中,中青年仍然是游客的主力军,过夜游客占有较大比重,游客来访以休闲、观光、度假游为主,会展商务旅游比例不足2%,旅游消费以景区游览费和购物费为主。

【“十一”黄金周旅游接待再创佳绩】 2011年“十一”国庆旅游黄金周期间,大理州旅游接待工作再创佳绩。游客接待总量保持稳中有升,共接待海内外旅游者78.43万人次,比上年增长18.86%。其中,接待国内旅游者75.95万人次,比上年增长23.67%;接待过夜旅游者38.69万人次,比上年增长18.38%;接待一日游旅游者39.73万人次,比上年增长19.36%。旅游业总收入5.47亿元,比上年增长46.16%。各景区景点旅游者均有上升趋势。其中,南诏风情岛景区接待3997人次,比上年增长60.26%;天龙八部影视城景区共接待1.9万人次,比上年增长26.60%;感通索道共接待1.86万人次,比上年增长48.12%;苍山索道共接待1833人次,比上年增长13.50%;宾川鸡足山共接待3.51万人次,比上年增长13.6%;祥云水目山共接待9548人次,比上年增长17%;剑川石宝山共接待2.8万人次,比上年增长14.56%;巍山巍宝山共接待8555人次,比上年增长133.87%;鹤庆新华村共接待9.85万人次,比上年增长13.52%。旅游饭店接待全面饱和,特色客栈紧俏。全州平均床位出租率88.49%,星级宾馆饭店客房平均出租率94.93%,旅游招待所平均出租率为87.61%,大理古城、喜洲、双廊、沙溪、巍山古城的民居特色客栈的网上预订形势喜人。10月1~5日,特色客栈客房销售全面告罄,出现一房难求的火爆情况。自驾休闲度假旅游持续升温。期间共有来自广西、四川、重庆、贵州等省市以及昆明、玉溪、曲靖、楚雄、临沧等省内各州市的27.48万辆次自驾旅游车进出境内,比上年增加8.99%,其中,进入14.55万辆次,离开12.93万辆次。

【部分旅游景点定期免费向州内居民开放】 为了让全州各族人民充分享受旅游二次创业成果,共塑和谐文明的大理旅游形象,2011年,经州旅游业协会共同研究并倡议,大理崇圣寺三塔、大理南诏风情岛、宾川鸡足山、蝴蝶泉、天龙八部影视城、剑川石宝山、剑川千狮山、漾濞石门关、巍山巍宝山等国有或国有控股旅游景点,设立元旦、春节、三月街民族节、“五一”、州庆等州内居民免费开发日。免费开放日共计12天,具体时间为:元旦1天,春节3天(初一、初二、初三,其中鸡足山景区为春节初六、初七、初八),三月街民族节3天,“五一”节1天,国庆节2天(1日,2日),州庆2天(第1、2天)。期间,州内居民凭本人身份证可免费到上述景区参观游览。

【川滇黔十市地州签订旅游文化合作协议书】 2011年10月17日,在《川滇黔十市地州合作与发展大理峰会》期间,大理州、六盘水市、毕节地区、丽江市、昆明市、宜宾市、昭通市、凉山州、楚雄州、攀枝花市10个地州市共同召开川滇黔十地州市旅游文化项目推介会,签订《川滇黔十市地州促进旅游文化合作发展协议书》。进一步实现区域内的旅游文化资源整合,促进旅游经济发展,文化繁荣共享,建设无障碍旅游区域。云南省旅游局副局长徐光佑出席推介会并讲话。川滇黔10个地州市山水相依、地缘相近、人文相亲、经济相融、文化相通,旅游资源十分丰富。加强川滇黔10个地州市间的合作与交流,构建区域经济合作体,对于推动区域资源共享、优势互补、互利共赢、增强区域经济整体实力,具有十分重要的意义。

【州政府与昆明铁路局签署旅游产业合作协议】 2011年10月21日,州人民政府与昆明铁路局在苍山饭店共同签署《促进火车旅游团队市场健康发展合作协议》。昆明铁路局副局长张广州、州人民政府副州长段玠、州旅游局局长马金钟出席签字仪式。作为滇西北黄金旅游线上的重要节点,“夕发朝至”的昆明至大理火车、能为旅游团队节省旅途时间,一直是滇西北旅游团队的主要交通工具,双方希望通过进一步签署合作协议,深入挖掘市场潜力,共同把铁路旅游的渠道疏通、产品做优、实力做强、规模做大,为滇西铁路事业和大理旅游产业的发展做出新的贡献。

【四大旅游新产品助推大理旅游】 2011年,作为“十二五”的开局之年,大理州按照以旅游重大项目建设为抓手,以大项目带动大发展,不断加大投入力度,加强宣传促销,年内重点抓实苍山大索道、宾川鸡足山景区改造提升、《希夷之大理——望夫云》实景演出和环洱海景观公路四大项目建设工作,为大理州旅游二次创业注入新的活力，促进了大理旅游业的发展。

【苍山饭店开展“流动红旗星级党员”评比活动】 2011年，在州旅游行业“创先争优”指导组的指导下，苍山饭店紧密联系当前工作重点，从设置评比办法、明确评比内容、规范评比程序3个方面入手，扎实推进创先争优“流动红旗星级党员”评比活动的开展。整个活动评比程序分为制订方案、组织评选、总结经验3个阶段，按自评申报、资格审查、群众满意度测评、审核公示等7个步骤完成。整个活动采取基层党组织和党员自评、群众问卷测评、评比小组考评相结合的方式进行评比。支部对全体党员按活动要求进行量化考核，涌现出前厅部党小组、工程部党小组等4个争创“流动红旗”基层党小组和罗启语、杨绍林等8名“星级党员”。

【省委创先争优督查组到蝴蝶泉公园调研督导】 作为省州旅游行业的“创先争优活动示范点”，大理旅游集团下属蝴蝶泉公园始终明确“围绕发展抓党建，抓好党建促发展”的创建思路，不断夯实党的基层组织建设，充分发挥了旅游行业窗口单位的先锋模范作用。2011年3月8日，省“创先争优”活动第六调研督导组到蝴蝶泉公园进行调研督导，对该公司在“创先争优”活动中，围绕旅游经营中心工作设计主题，开展基层党组织和党员“授旗评星”活动，规范文档、痕迹管理，建立健全党建和“创先争优”活动长效机制等工作给予了充分肯定。

【州旅游局建成老干活动中心】 2011年6月，为进一步加强州旅游局老干管理工作，为老干部提供一个学习、娱乐、身体锻炼的场所，切实解决洱海宾馆改制后遗留的宿舍区民生建设问题，州旅游局高度重视，从“创先争优”的高度出发，多方筹集资金，并在全体领导、干部和职工中发动捐款，拆除了危房，浇灌了水泥地，建设了阅览室、乒乓球室和棋牌室，对整个小区进行绿化，改善了小区居住环境，完成州旅游局老干活动中心建设。建设期间，州旅游局党支部还组织党员干部义务投工投劳，在局长马金钟和其他局领导带领下植树种草，为老干活动中心建设添砖加瓦，贡献力量。

【州旅游行业创先争优活动深入推进】 2011年11月17日，为全面推进全州旅游行业为民服务“创先争优”活动的开展，引导全行业广大党员在旅游二次创业工作中，建功立业，争当先锋，州旅游局召开旅游行业“创先争优”活动推进大会。会上，苍山饭店、电瓶车公司、大理旅游产业集团、海外旅行社有限公司分别被授予优秀支部建设先锋旗、优质服务先锋旗、重点工作建设先锋旗、平安建设先锋旗，全州旅游行业“创先争优”活动深入推进。

【州旅游局召开领导班子民主生活会】 2011年11月26日，根据州纪委、州委组织部的部署和要求，州旅游局召开领导班子民主生活会。民主生活会由党组书记、局长马金钟主持，党组成员冷跃冰、杨光明参加，局调研员、副调研员、各科室所负责人列席会议，州纪委派出工交纪工委副书记李寿宁到会指导。会前，进行了充分准备，认真组织学习有关文件，向基层和广大干部群众广泛征求意见，深入查找问题，积极开展整改。会上，州旅游局党组书记、局长马金钟围绕2011年民主生活会的筹备工作情况、机关队伍建设和班子学习情况、全州旅游产业的发展情况、工作重点、现阶段旅游产业中存在的问题及下一步工作计划七个方面进行了深入的总结和分析，并对局领导班子在党风廉政建设情况存在的主要问题进行了深刻的剖析。同时，结合自身工作、学习情况、党风廉政情况进行了认真剖析和反思。冷跃冰、杨光明也结合各自的工作和思想进行了发言。党组班子成员坦诚相待、开诚布公，认真开展领导班子内部的批评与自我批评。

旅游企业

【概　述】 2011年，州旅游局继续坚持深化改革，扩大开放的原则，努力营造好全州旅游经营环境，鼓励和扶持全州旅游企业做大做强。结合全州休闲度假产业发展的统一部署，召开了两次全州高端酒店建设推进工作会议，出台了高端酒店建设和引进国际知名酒店管理品牌的相关扶持政策。一年来，大理海湾国际酒店正式运营；大理国际大酒店、鹤庆银都水乡大酒店加快建设；感通国际度假养生之都希尔顿大酒店、海东半岛酒店已经正式开工；苍山国际度假酒店、海舌安缦酒店、国际度假酒店、三月国际度假酒店、香格里拉大酒店、田园酒店、洱海国际生态城禅意大理度假村等一批高端酒店项目建设和知名酒店管理品牌引进工作加速推进。以喜洲喜林苑、双廊太阳宫、粉四客栈以及剑川沙溪老马店为代表，分布在大理古城、双廊、喜洲、剑川沙溪、巍山古城、云龙诺邓等地的800多家特色庭院式客栈，已经成为全州旅游休闲产品中的重要组成部分，为构建散客休闲度假与团队旅游互为犄角的旅游格局发挥重要作用。

到2011年底，全州共有20个A级景区，103家旅游星级饭店，36家旅行社，10家旅游车公司，702辆旅游车，6艘大型游船，4家旅游索道公司，17家旅游购物商店，12家文化旅游经营单位。全州旅游行业直接从业人员5万人，社会间接从业人员20万人。

【喜林苑客栈获殊荣】 2011年，大理喜洲古镇喜林苑客栈先后被中国携程网和Tripadvisor网评为“中国最浪漫、最神秘客栈”第一名和“中国最佳酒店”。喜林苑英文叫LindenCentre，坐落在喜洲古镇，是由美国林登夫妇于2008年创办的。1985年，林登夫妇作为背包客第一次来到大理，之后辗转于福建、安徽、广东等中国各地，最终被大理的历史文化和自然环境深深打动而选定喜洲古镇一个古院落作为建造客栈的地点。喜林苑客栈以创造亲历亲为的学习中国文化的机会、创造和开发有创意的文化交流项目为宗旨，为客人提供一个文化休闲的优雅下榻环境，为游客特别是外国客人提供了一个学习大理白族文化的平台和远离喧嚣繁忙都市生活的度假休闲场所。

【县级首家高端酒店开业运营】 2011年3月16日，弥渡县美晨大酒店举行开业仪式。州委常委、州人民政府副州长蔡春生、州旅游局局长马金钟以及州级相关部门领导参加开业仪式。弥渡县美晨大酒店由云南美晨投资开发有限公司投资开发，项目占地24亩，总投资1.2亿元，2009年9月开始开工建设。该酒店按照国家四星级酒店设计施工，设有标准客房、商务套房、总统套房共119间，拥有会议中心、康乐中心、商务中心、游泳池、多功能球场和大型宴会厅及中西餐厅。酒店的建成开业，填补了全州县级高星级酒店的空白。

【巍山6家餐饮企业获云南省特色美食名店殊荣】 随着巍山县对饮食文化挖掘工作的开展，2011年3月，巍山苏老三一根面、过江饵丝、昆师傅饭庄、沈记餐厅、品香苑、阿建餐厅6家特色美食名店，被云南省餐饮协会和美食协会评选为“云南省特色美食名店”。

【大理州推进高端酒店建设工作会议召开】 2011年5月20日，大理州推进高端酒店建设工作领导组召开推进工作会议，州委常委、常务副州长马建全，州委常委、副州长蔡春生，大理市、鹤庆县政府、州级相关部门负责人，各高端酒店建设业主参加会议。会议首先听取了大理论坛、感通国际度假养生之都、大理国际度假酒店、安缦喜洲、洱海之源禅意大理度假村、三月街国际度假酒店、香格里拉酒店、田园酒店、鹤庆银都水乡大酒店等项目负责人的工作情况汇报。全面分析了大理州酒店建设中存在的问题和困难。会上，州人民政府与大理市、鹤庆县政府以及大理经济开发区管委会、大理旅游度假区管委会签订了《高端酒店建设推进工作目标责任书》。要求全州各级各部门齐心协力、全力配合，切实加快全州旅游度假酒店的建设步伐，全力促进旅游产业优化结构、转型升级、提质增效。

【红树林国际度假会展酒店落地大理】 2011年6月3日，大理市人民政府与北京经典投资集团签署兴建“大理红树林国际度假会展酒店”的框架协议。大理红树林国际度假会议会展酒店将规划建设2500个客、套房，容纳5000人的国际会议中心和3000人的宴会厅，5万平方米商业中心，综合演艺剧场、艺术电影院、婚庆礼堂及节庆广场。计划投资30亿元人民币，建筑面积达25万平方米。项目力争打造国际化名片，提升城市国际品牌，全面升级大理会议、会展休闲度假产业，对实现大理旅游从观光型向复合型的根本性转变产生举足轻重的影响，成为云南省最大规模的会议会展设施之一。

【大理崇圣寺三塔荣膺国家5A级旅游景区】 2011年7月6日，国家旅游局在北京举行“国家5A级旅游景区”授牌仪式，大理崇圣寺三塔文化旅游区荣膺国家5A级旅游景区。授牌仪式由国家旅游局规划与财务司副司长张吉林主持。省旅游局副局长余繁率云南省旅游行业代表队参加授牌仪式。此次全国第二批被评为国家5A级旅游景区的有5家，大理崇圣寺三塔文化旅游区以987分的终评分高居第一，受到了国家旅游局的高度评价和充分肯定，要求大理崇圣寺三塔文化旅游区保持佳绩，全力打造成为国家5A级示范景区。自2004年1月崇圣寺三塔文化旅游区被国家旅游局评定为国家4A级旅游区之后，州市党委、政府就开始着手部署该景区5A级景区创建工作。将其列入全州10个重大旅游文化建设项目，作为全州的大事、要事来抓。市人民政府专门成立“大理崇圣寺三塔文化旅游区创建5A级景区领导组”和工作机构，制定《大理崇圣寺三塔文化旅游区创建国家5A级旅游景区创建方案》，形成了政府领导、企业运作、全员参与，层层落实、责任到人的工作格局。2009年9月，旅游区通过了国家旅游局5A评定专家组的旅游资源价值评价；2011年6月，通过了国家旅游局5A评定专家组对旅游区的暗访终评，最终摘取了国家5A级旅游景区的桂冠。

【《希夷之大理——望夫云》隆重上演】 2011年7月6日，大型梦幻神话剧《希夷之大理——望夫云》在大理古城“大理之眼——梦幻大剧场”隆重上演。中共大理州委书记刘明、著名导演陈凯歌出席首场演出。《希夷之大理——望夫云》以流传在大理的民间浪漫爱情传奇故事“望夫云”为蓝本，借助全球最先进的灯光、音响、视频和特效等高科技合成手段，在220余亩的水面上为观众带来一场集传统民族风情和现代特效制作于一本的视觉盛宴，旨在带领观众进入一个玄妙至美的梦幻世界，借大理之眼，阅尽浪漫大理的风花雪月。该剧目由国际著名导演陈凯歌担任总导演，著名制作人王兵、日本音乐大师久石让、中国著名舞美师柳青、北京现代舞团艺术总监高艳津子、总政歌舞团服装设计师陈同勋加盟，百胜年代文化传播（北京）有限公司参与策划、制作，大理州旅游产业开发集团和中央电视台中视传媒历时两年精心打造而成。“大理之眼——梦幻大剧场”舞台总面积达13万平方米，使用宽235米、高30米的全钢结构彩虹桥飞跨整个舞台，舞台主体造型像一只巨大的眼睛，体现了“一眼看尽风花雪月，用心感受千古爱情”的主题。

【大理州新成立两家旅行社】 2011年11月，“大理希夷旅行社有限责任公司”、“大理亚星旅行社有限责任公司”两家旅行社经云南省旅游局批准成立。

项目开发

【概　述】 2011年，大理州抓住省政府确定大理为旅游发展和改革综合试点地区的契机，编制完成《大理州苍洱片区旅游发展和综合改革试点总体规划》、《大理州旅游产业发展战略与规划》和《大理滇西中心城市旅游集散中心规划》，并切实抓好规划的实施。建立起以互联网为依托，省、州、县三级联动的旅游项目管理库，旅游重大项目建设取得突破性进展。全州以展示自然风光、历史文化和民族风情为特色的观光旅游产品更加完善和成熟。大理古城、巍山古城、鹤庆银都水乡新华村、巍宝山、剑川石宝山和寺登街景区提升改造工程初见成效，洱源地热国、苍海高尔夫、喜洲、双廊等一批休闲度假旅游产品建设稳步推进。大理崇圣寺三塔通过国家旅游局5A级评定，苍山大索道、宾川鸡足山景区工程建成投入运营，《希夷之大理——望夫云》大型实景演出项目顺利推出，环洱海休闲游路进入扫尾阶段。全州高尔夫旅游和洱源境内温泉系列产品呈现多元化、品位高的发展势头，散客自助休闲和自驾车休闲旅游产品蓬勃发展，特别是环洱海景观带特色客栈群体的崛起，标志着大理旅游由观光型逐渐向观光、休闲度假多元型的发展转变。

【宾川鸡足山旅游景区推广使用电子导游机】 2011年“三八”节期间开始，宾川鸡足山首推使用电子导游机自动讲解服务。电子导游机由鸡足山旅游投资开发有限公司与海南天标有限公司共同研制，可供游客在鸡足山景区选用。导游机具备自动电子识别系统，游客使用电子导游机游览景点，导游机电子识别系统自动在导游图上指示景点位置，并对景点进行自动讲解。租用一部导游机费用10元/天，可为旅游者全方位宣传介绍宾川鸡足山景区文化。

【南诏铁柱庙修缮工程竣工验收】 2011年3月，云南省文化厅验收组对弥渡县南诏铁柱庙修缮工程进行竣工检查验收。南诏铁柱庙修缮工程于2008年启动，由国家文化部投资480万元，剑川宏盛古建筑有限公司中标承建，分3期对南诏铁柱庙实施“三防”、修复和环境改造。经过两年多的精心施工，建立起南诏铁柱庙安全防范体系，全面维修大门、照壁、拱桥、砚池、山门、戏台、休闲廊、五厢、七殿等古建筑群各组成部分，拓展和绿化美化院内景观和北院。验收结果表明，经过修缮之后的南诏铁柱庙集文物保护、旅游、休闲、娱乐为一体，成为弥渡县旅游文化光彩夺目的一张名片。

【剑川沙溪打造精品旅游名镇】　自2002年剑川县与瑞士联邦理工大学合作实施“沙溪复兴工程”以来，到2011年，累计投入资金1448多万元。沙溪的基础设施建设得到了较大的改善，旅游环境不断优化，知名度得到提升。全镇旅游接待点已发展至20个，共有600多个餐位，180多个床位。2011年共接待海内外旅游者25.92万人次，比上年增21.12%，收入2.07亿元。被省人民政府授予“云南旅游名镇”称号，成为剑川旅游产业的一张亮丽的名片。

【洱源县梨园村生态旅游不断升温】　梨园村位于洱源县茈碧湖北岸湖畔，共有108户、454人，村中有近万株老梨树，民房掩映在梨树中，因受茈碧湖水调节，春冬多晴，夏秋多阴，气候温和，远离喧嚣，湖光山色，一派纯净，素有“世外梨园”之称，是全国农业生态旅游示范点之一，也是云南省重点建设的28个民族文化生态村之一。依托独特的自然风光和淳朴的民族风情，梨园村较早开发旅游休闲项目。2011年，全村共有农家乐接待户8户，有25个标间，全年共接待游客6.5万人次，旅游接待户纯收入183万元，实现生态保护与经济发展共赢的目录。

【南涧县编制系列旅游规划】　2011年，南涧县以加快旅游产业谋划为着力点，着力打造“民族风情旅游、高山生态旅游、水电工业旅游”三大旅游品牌，完成《南涧县旅游产业发展总体规划(2011～2025)》、《南涧县凤凰山至罗伯克万亩生态茶园旅游开发项目策划》、《南涧县虎街茶马古道景区游路修复策划》、《南涧县白云寺生态旅游村项目策划》编制工作，实现了全县旅游总体规划与重点项目策划相互衔接、同步进行、稳步推进的新突破。

【南涧县灵宝山朝山会迎来旅游热】　灵宝山是南涧境内无量山国家级自然保护区的重要组成部分。2011年4月22日(农历三月二十日)，灵宝山国家森林公园迎来了一年一度的朝山盛会，来自四面八方的2万多游客涌入灵宝山消暑避热，他们吹起芦笙，跳起歌舞，欢度朝山盛会，形成夏季又一个旅游高峰。

【宾川鸡足山旅游公路全线竣工通车】　2011年5月16日，大理州旅游二次创业重点工程之一的鸡足山旅游公路全线通车，从下关至鸡足山仅1小时车程，较原来缩短了近1个小时。鸡足山旅游公路全长104.55千米，项目概算总投资14.67亿元，是大理州投资较大、里程较长、辐射较广、社会关注度较高、旅游产业价值较高的佛教文化景观大道。公路途经大理机场、大丽高速公路、引洱入宾隧道、萂村白族历史文化名村、野鸭塘自然景区、上沧湿地、下沧田园风光、全国上市最早的优质葡萄基地、万亩橘园、花桥水库景区，最后到达鸡足山旅游景区。公路在设计建设过程中，加入了许多独创性的景观设置，包括9个吉祥经幢、县城白塔交叉路口佛手拈花、洗心桥革面池净瓶等佛教文化元素，使游客在前往鸡足山沿途就能充分感受到浓郁的佛教文化氛围。

【剑川县发现大型天然溶洞】　2011年，剑川县剑兰二级公路第十四标段在施工作业中，发现一罕见天然溶洞。该洞位于剑川县老君山镇启文村和富民村交界处，是剑川境内发现最大的具有典型喀斯特地貌特征的溶洞。溶洞内钟乳悬积，石笋林立，有大量颜色各异、绮丽多姿、玲珑剔透的石笋、石乳、石柱、石曼等景观，洞内一步一景、步步是景，极为壮观，且洞中有洞，深不可测，奇异的景观令人叹为观止。从初步调查结果来看，该洞的喀斯特地貌景观丰富多样，具有极高的观赏价值，该洞的发现将填补滇西北地区多山但无喀斯特地貌溶洞的空白，充实与丰富了滇西北旅游内涵，加之该洞位于新建的剑兰二级公路旁，交通便利，并有老君山、雪斑山、温泉等丰富的旅游资源可依托，具有极大的旅游开发价值。剑川县已及时采取措施将洞口封堵，并派专人负责守护。

【弥渡县打造乡村养生旅游区】　2011年，弥渡县委托云南大学工商管理与旅游管理学院、云南大学旅游研究所，对《弥渡县旅游发展规划》进行修编。按照新的规划，弥渡县拟投资10.35亿元，打造乡村养生旅游区。该区域包括弥城温泉养生旅游区，密祉旅游小镇、太极顶旅游区，天生桥和东山国家森林公园等范围。成为集观光游览、休闲娱乐、温泉度假、民族文化体验为一体的旅游综合开发区域。

【弥渡县举行青螺山公园古建筑群保护开发听证会】　2011年5月25日，弥渡县举行青螺山文化旅游公园古建筑群修复保护与开发利用听证会，对青螺山文化旅游公园二期开发中将新建的文化馆、图书馆、博物馆(三馆)规划、东嶽宫古建筑群保护开发以及旅游公园建设进行论证。县人大代表、政协委员，学者、文物专家等部门的35人参加，进一步明确了青螺山文化古建筑群修复保护与开发的方向，完善了工程建设的具体工作方案。

【2个旅游网站通过项目评审】　2011年6月10日，滇西旅游集散网建设和大理旅游政务网改造提升项目评审会在大理举行。两个网站的建设将采用目前成熟的信息技术，整合州旅游局政府门户网站、州旅游行业协会、12县市旅游局政务信息资源，统筹大理旅游集团、大理州营销服务中心、大理州旅游产业管理服务有限公司、大理旅游集团有限责任公司的旅游运营资源。建成立足大理面向滇西，服务国内外旅游企业和游客，实现旅游资源共享与多种商务应用为一体的综合政务和电子商务平台。

【召开重点旅游项目建设情况汇报会】　2011年6月16日晚，州重点旅游项目建设情况汇报会在苍山饭店召开。中共大理州委书记刘明、州长何金平等州级四班子领导专题听取苍山大索道、鸡足山旅游景区综合提升改造、《希夷之大理——望夫云》大型实景演出等重点旅游项目的建设情况汇报。刘明、何金平在讲话中指出：实施旅游重大项目建设，是大理州突出重点，千方百计打好旅游翻身仗的重要举措，是全州旅游二次创业工作能否取得成功的关键前提，关系到全州经济发展，民生改善和就业推动的一项重要工作。各级各有关部门务必要进一步提高认识，齐心协力，恪尽职守，抓紧工作，扎实推进，按时按质按量完成重点项目建设。

【州建设项目督查专员办督查喜洲片区旅游重点项目】　2011年6月15日，州建设项目督查专员办主任赵波、副主任杨旻等带领督查专员一行，对喜洲片区旅游重点项目进行督查。督查办一行在州旅游局、大理旅游度假区、喜洲镇等相关部门领导的陪同下，先后深入到海舌安缦国际度假酒店选址地、旅游文化创意园区建设项目、白族民俗文化度假村、喜林苑等进行实地调研，并召开专门会议，全面了解旅游重点项目的进展情况、存在的困难和问题，共同探讨进一步推进旅游重点项目的对策措施，确保项目建设稳步推进、顺利实施。

【副州长蔡春生考察鸡足山景区项目】 2011年7月12日，州委常委、副州长蔡春生带领州旅游局等有关部门负责人视察宾川鸡足山旅游项目建设推进工作情况。蔡春生等一行先后深入到鸡足山景区停车场、鸡足山防火通道、索道下部站、鸡足山小镇等建设现场，实地考察了解项目建设进展情况，以及工程建设中遇到的困难和问题。蔡春生要求进一步加大沟通协调的力度，确保鸡足山旅游项目按质按量按期完成建设，以实际成果迎接全省旅游产业发展大会。

【副省长李江到漾濞光明村调研】 2011年7月2日，省委常委、副省长李江在州长何金平，副州长程云川等相关领导的陪同下，深入到漾濞县苍山西镇光明生态旅游村进行调研。李江充分肯定了漾濞光明村核桃种植和旅游生态产业综合发展的道路，要求漾濞县进一步加大招商引资力度，加快核桃产业化，充分利用核桃园风光、自然资源和风土人情、饮食文化等优势，发展生态旅游，增加群众收入，繁荣农村经济。

【鸡足山山门停车场一期工程竣工验收】 2011年7月16日，鸡足山山门停车场建设一期工程项目：景观桥、星级旅游公厕工程、781.9米主干道，1730米围栏挡墙、3.12万平方米嵌草砖和3.36万平方米植草停车场通过竣工验收。鸡足山山门停车场建设预算总投资5000万元，全部建成后的面积约11.25万平方米，可停放3000辆车辆，集景区门禁系统、游客中心、旅游咨询窗口及旅游综合服务配套设施为一体。

【鸡足山景区防火通道和旅游索道通过验收】 2011年7月26日和8月16日，鸡足山景区防火通道和旅游索道建成并分别通过验收。鸡足山防火通道投资0.25亿元人民币，全长4.18千米，路宽4.5米，最大纵坡12%，线路高差370米，设计时速20千米/小时，可在十几分钟内把人员从海拔2350米的区域运送至海拔2710米的索道上站。鸡足山防火通道的建成，不仅有利于火灾防范处置，还可作游客专运通道，提高景区交通便捷性，彻底解决游客只能步行、骑马上金顶的困难。鸡足山旅游索道造价0.8亿元人民币，设备生产商为奥地利多贝玛亚公司，由中铁八局承建安装。索道全长1198.38米，线路水平距离1092.77米，线路高差474.5米，最大运行速度5米/秒，最大运载能力800～1200人/小时。鸡足山旅游索道的建成，从根本上改善了景区交通达性，提升了景区品位，为鸡足山创建国家5A级景区奠定了基础。

【弥渡县密祉特色小镇规划通过评审】 2011年9月20日，弥渡县召开密祉乡特色小镇规划成果评审会议。评审专家组及与会人员一致肯定了密祉乡特色小镇的规划方案，确定了密祉乡民俗文化旅游，特色食品生产销售，特色文化研究和娱乐休闲为一体的生态旅游型小镇发展方向，并通过了规划评审。

【南涧县推进"无量药谷"项目建设】 南涧县"无量药谷"从2010年11月正式开工兴建以来，云南维和无量山农业科技有限公司已在"无量药谷"项目建设区域内投入资金2700万元，完成以三七为主的中草药7个品种（三七、板蓝根、木香、大黄、三分三、当归、芹归）100公顷的种植，收购桉树5万多棵，收购松针500多吨，解决当地群众就业2.6万人次。并开始在"无量药谷"区域内启动旅游度假、休闲养生、观光体验项目的基础设施建设。

【《祥云县青海湖旅游区总体规划》通过州级评审】 2011年11月11日，州旅游局组织召开对《祥云县青海湖旅游区总体规划》的评审会。评审专家组由州人大、州政协、州发改委、州规划局、州建设局、州环保局、大理学院的专家组成。评审会一致认为，《祥云县青海湖旅游区总体规划》总用地面积3382.10公顷，其中湖面300.47公顷。规划以"青湖慢城"为主题，规划立足于祥云旅游产业和经济社会发展的现实要求，提出了青海湖旅游区的发展定位，发展目标、发展原则，开发营销策略、功能分区布局，主要旅游线路和产品，以及保障、保护措施和建设项目，内容系统全面，结构合理，重点突出，思路清晰，项目设计有开发前景，是一个具有科学性、前瞻性和可操作性的总体规划，同意通过评审。

【《剑川墨斗山木雕文化城旅游区总体规划》通过评审】 2011年11月25日，州旅游局召开《大理州剑川墨斗山木雕文化城旅游区总体规划》评审会。州人大、州政协、州旅游局、州发改委、州规划局、州住建局、州环保局、大理学院及剑川县委、县政府、县旅游局组成的专家组一致认为该总体规划立足剑川县旅游产业和经济社会发展趋势，分析了墨斗山片区旅游产业发展的条件，提出了墨斗山旅游区的发展定位、发展目标、发展原则、开发营销策略、功能分区布局、主要旅游线路和产品，把剑川木雕文化旅游资源与旅游景区开发建设相结合，追求旅游与文化产业互动发展，具有科学性、前瞻性、可操作性和可持续发展，原则同意通过评审。

【巍山县召开4A级景区创建工作启动大会】 2011年12月2日，巍山县召开巍山古城、巍宝山4A级旅游景区创建工作启动大会，动员全县各级各部门积极投身到创建工作中。会议由中共巍山县委书记张剑萍主持，州委常委、副州长蔡春生出席会议并讲话。

【大理古城武庙会被评定为2A级旅游景区】 2011年7月1日，州旅游景区质量等级评定委员会按照《旅游景区质量等级的划分与评定》（GB/T17775－2003）国家标准，批准大理古城"河赕古道·武庙会"景区为国家AA级旅游景区。

【玉矶岛被评定为2A级旅游景区】 2011年7月1日，州旅游景区质量等级评定委员会按照《旅游景区质量等级的划分与评定》（GB/T17775－2003）国家标准，批准大理玉矶岛景区评定为国家AA级旅游景区。

【旅游促进扶贫综合开发示范园区建设】 2010年以来，大理州各级旅游部门积极投身扶贫综合开发示范园区建设，加大示范园区旅游规划编制指导力度，加强旅游基础设施建设，并取得阶段性成果。到2011年底，宾川县旅游局投资15万元，委托中国科学院地理资源研究所和云南大学编制完成《宾川县鸡足山镇沙址寺前村旅游发展系统规划》，并按照规划要求，先后完成《宾川鸡足山佛都杨梅园休闲生态山庄规划》和《鸡足山冬桃园休闲山庄设计建设方案》。祥云县旅游局委托北京绿维创景有限公司编制的《祥云县旅游发展总体规划修编》，并在此基础上完成了《祥云县旅游运营策划》、《云南驿旅游小镇保护与开发规划》和《云南驿历史文化名村修建性详细规划》编制工作。向国家和省争取到宾川鸡足山山门停车场及旅游服务设施综合配套项目贷款贴息300万元、云南驿基础设施建设项目资金补助70万元、云南驿旅游特色村经费补助15万元。补助宾川鸡足山改造提升经费100万元、祥云水目山规划及改造提升经费50万元、祥云县旅游规划编制经费30万元,祥云县旅游从业人员培训经费20万元、祥云云南驿旅游小镇规划经费10万元、宾川县旅游宣传促销经费10万元。完成宾川鸡足山旅游景区累计投资1.4亿元的基础设施建设项目,启动拉乌核桃谷、太和华侨管理区柑橘园、彩凤越南风情村、朱苦拉咖啡文化建设、李子园农家乐开发,启动祥云水目山景区创4A工作,实施云南驿古驿道建设和王家庄旅游开发建设项目,争取祥云县云南驿云南驿村列入全省第三批旅游特色村名单,旅游产业发展促进全州扶贫综合开发示范园区建设工作再创新佳绩。

【大理古城创建4A级景区工作启动】 大理古城是大理旅游的核心景区,为积极打造精品旅游景区,进一步凸现大理古城在旅游产业发展格局中的经济效益和社会效益,实现大理旅游业持续、健康发展,2011年7月5日,大理市人民政府成立"大理古城4A级景区创建工作领导组",该领导组由大理市人民政府市长马忠华任组长,州旅游局局长马金钟、市人民政府副市长郭华、大理旅游度假区管委会主任赵廷标任副组长。制定并下发了《大理古城4A级景区创建工作方案》,全面启动大理古城4A级景区创建工作。

宣传促销

【概　述】 2011年,全州旅游宣传促销工作成绩斐然。统一了旅游宣传口号、旅游标志,举办了《欢乐中国行》节目,在央视综合频道和新闻频道黄金时段并机播放10秒钟的大理旅游形象宣传片;与美国蒙纳瑞克斯好莱坞电影公司合作完成《大理·一见钟情》纪录片的拍摄制作,举行了好莱坞首映仪式,并启动在欧美多家电视台的播放宣传工作;编辑并发行了《大观周刊—大理旅游》专辑;与云南电视台、《春城晚报》合作,先后编撰报道了220多篇反映全州旅游资源开发及产业发展动态的文章和信息;完成《旅游新时空》直播节目及组织"全国幸运观众大理行"活动;完成《牛眼看大理》大理休闲客栈篇录制和播出工作;在省内交通节点投放广告;恢复了重庆、成都的直航;组织了《人民文学》编辑"大理行"的活动;举办了"开海节"、"漾濞核桃节"、"巍山小吃节"等一批有较大影响的节庆活动;重视旅游信息化建设,建设网络信息平台,组织网络宣传营销;积极参加西安国内旅游交易会、昆明国际旅游交易会、沈阳国际旅游节、杭州休闲博览会、桂林旅游交易会、天津旅游交易会;制定旅游航线开发、旅行社销售、接团住宿奖励政策,先后兑现近600万元奖金,有效调动了州内外旅行社的积极性;探索和完善对外合作机制,努力将旅游产品直接投放到主要客源市场的各旅行社组客门店,不断巩固并拓展旅游客源市场。

【"大理号"飞机开航】 2011年1月17日,云南省第一架以城市命名的"大理号"整体彩喷飞机平稳着陆大理机场。这是大理州人民政府和云南祥鹏航空公司联合推出的以大理旅游资源为创意主题,以大理优美自然风光、深厚历史和人文特色为地域元素的机身彩喷宣传项目。此次喷绘命名的"大理号"飞机选用波音737-700型号,机身前部绘有雄奇险峻的苍山、碧波荡漾的洱海、色彩绚丽的大理茶花、美丽迷人的白族金花和大理三塔。利用飞机做喷涂方式的城市形象推广工作,在省内尚属首创,开创了大理旅游和航空产业深度合作的先例,为进一步打造大理城市名片创造了全新、高端、大气的平台,对国内旅游城市品牌形象宣传推广具有良好的借鉴作用。

【2011中国·大理国际兰花茶花博览会圆满闭幕】 2011年2月11日,以"人文大理,高原花都"为主题的"2011中国大理第四届国际兰花茶花博览会"在大理兰花苑隆重开幕。本届博览会由云南省农业厅、云南省林业厅、云南省旅游局、云南省花卉产业办公室、大理州人民政府、中国花卉协会兰花分会、中国花卉协会茶花分会主办,大理市人民政府承办。旨在充分利用大理高原花卉资源优势,打造一年一度国内最大规模的兰花、茶花专业博览会,力求特色突出、办出实效,提升大理作为云南兰花、茶花资源中心、生产中心及市场集散地的地位。共有来自美国、德国、日本、韩国等国和中国台湾地区、香港特区、澳门特区,以及各省区市、云南省各州市的96个单位参加博览会。博览会兰花展区共有40个展位,展览场地面积2800平方米,展出上千多个品种计1万余盆兰花;茶花展区设置4个园林造景、50个特装展位和茶花大道,展出200多个品种5万盆(株)茶花。全国政协副主席白立忱、省政府副省长孔垂柱、省政协副主席顾伯平、中共大理州委书记刘明、州长何金平等中央、省州领导参加开幕式。

【全国省级电视媒体采风活动摄制组走进南涧】 2011年2月22日,由中共大理州委、州人民政府和中国广电协会纪录片工作委员会、求是影视中心共同组织的"感受大理"全国电视媒体采风活动福州电视台摄制组到南涧县实地采访拍摄专题纪录片《平凡的艺术——南涧跳菜》。此次"感受大理"全国电视媒体采风活动,是在中央宣传理论刊物《求是》的支持下,来自中央电视台、北京电视台等全国30多家省级以上电视台的优秀团队,近百名记者,围绕"生态文明、历史文化、和谐民生、旅游发展"四个方面的主题,以"感受"为重点,根据各自的选题进行全方位的采访,并将自己的所见所闻用独到的视角、传神的镜头,创作出涉及全州12县市的30多部各具特色的纪录片,以此全面展现出一个鲜活的大理,并为大理走向全国、走向全世界起到很好的宣传作用。

【大理至成都直航重新开通】 2011年3月15日,大理至成都恢复直航。该航线于2008年3月开通之后,因受汶川地震、成都双流机场扩建等客观原因中断。随着大理州旅游产业转型升级步伐的推进,为满足旅游者不同层次的需求,更好地做好大理旅游客源地促销,经中共大理州委、州人民政府、州旅游局与东方航空公司多方协调,大理至成都直航航班于3月15日恢复开通,恢复后的航班每逢周二、周五、周日一班,3月27日起每日一班。

【首届大理巍山小吃节成功举办】 2011年3月11~13日,中华彝族祭祖节暨"美食大理、品位巍山"首届中国大理巍山小吃节在巍山县隆重举办,来自全州12个县市的200多个特色鲜明、风格独特的特色小吃参加了小吃节展示活动。节期,举办了"万人同拉一根面"、"世界最长面条——南诏一根面"上海大世界吉尼斯纪录申报以及巍山传统八大素食为主的南诏养生宴、长街宴等系列活动。

【昆明16家重点旅行社为大理州旅游产品营销支招】 2011年3月15日，州旅游局邀请昆明16家重点旅行社，举行2011年大理旅游产品营销研讨会。受邀的16家昆明重点旅行社掌控着入滇70%以上的客源，在云南旅游市场上起到引导性作用。研讨会前，昆明16家重点旅行社负责人，专门就大理新推出的旅游线路进行实地踏勘，先后对苍山大索道、《希夷之大理——望夫云》实景演出、大理市的古生村及环海西路、巍山古城、云龙太极图、诺邓、虎头山，剑川石宝山、寺登街、千狮山进行考察。州委常委、副州长蔡春生出席研讨会并全面介绍了大理州旅游业"十二五"发展规划。昆明16家重点旅行社对近年来大理旅游新产品的开发表示了浓厚的兴趣，纷纷就如何进一步共同实施旅游新产品、新线路的营销提出建议，携手打造大理旅游的新辉煌。

【东航云南分公司在大理举行营销产品推介会】 2011年4月7日，东航云南分公司在大理举办"2011年度东航营销产品推介会"。州内20多家旅行社、相关旅游企业负责人、新闻媒体记者参加此次推介会。通过推介，进一步增进了州内旅游企业和航空运输企业之间的合作与联系，加深了对东航营销产品的认识和了解，为大理旅游企业与东航云南公司实现经济和社会效益双赢奠定了坚实的基础。

【《巍山县旅游市场营销考核奖励办法》出台】 2011年，巍山县制定出台了《巍山县旅游市场营销考核奖励办法》和《巍山县旅游市场开拓营销考核奖励办法实施细则》，进一步调动旅游企业销售巍山旅游产品的营销积极性

【大理州组团参加中国国内旅游交易会】 2011年4月15～17日，第18届中国国内旅游交易会在陕西省西安市曲江国际会展中心举行。为加大大理州旅游宣传促销和市场营销力度，由州旅游局局长马金钟带队，组成2011中国国内旅游交易会参展代表团，赴西安参加旅游交易会。大理州参展团此次共设8个展位，以大型图片、音像、民族歌舞和宣传品、绣荷包和旅游扑克礼品发放为宣传推介促销手段，吸引了大量的参展商和买家，大理展台人气火暴。交易会期间，共接待来访客商及公众3万多人次，发放宣传品2万多份，绣荷包礼品500个，旅游扑克牌2万多副，签订了旅游合作协议42份，组团人数864人，计26万元；达成意向性协议80份，意向性组团人数5万人，计1500万元。此次交易会，大理与丽江按照区域旅游合作框架协议开展的第一次联合旅游宣传促销活动，进一步提高了大理的知名度，树立了大理旅游新形象，拉开了整个滇西北甚至滇西旅游联合宣传促销的序幕，对全面提升香格里拉黄金旅游线品质和打造环滇西旅游圈具有重大的推动作用。

【大理三月街民族节旅游接待创新高】

在欢乐、祥和、热烈的喜庆氛围中，2011年大理三月街民族节圆满落下帷幕。节期，全州共接待海内外游客39.53万人次，比上年增长21.79%；旅游总收入24194.38万元，比上年增长13.62%。其中，接待海外游客7211人次，比上年持平；过夜游客19.05万人次，比上年增长78.57%；国内一日游游客20.48万人次，比上年持平。

【漾濞县鸡街乡举办"彝族打歌会"】 2011年4月21日，漾濞县鸡街乡吉村文庙人海云集，歌声阵阵，来自各地的旅游者和彝族同胞们欢聚一堂，共同庆祝一年一度的"三月十九彝族打歌会"。歌会首先举行的是彝族"绣女"刺绣大赛，鸡街乡的彝族妇女把利用农闲时手工做出各种有民族特色的服饰、裹背、绣花鞋、提包等展现在评委面前，这些绣品手工精致、民族色彩浓厚，得到了在场嘉宾及各方来客的一致好评。随后，彝族男女身着节日盛装表演了奔放豪迈的彝族打歌和要刀舞。

【鹤庆举办第二届茶马古道文化旅游节】 2011年5月5日，以"挖掘茶马古道文化，发展特色乡村旅游"为主题的中国·鹤庆第二届茶马古道文化旅游节在鹤庆县松桂镇长头村隆重举行。省委常委、省纪委书记李汉柏，省人民政府副省长刘平，中国文联副主席丹增，中国茶马古道研究中心主任张宝三，省旅游局等发来贺信、贺电。茶马古道文化旅游节的举办，提高了鹤庆的对外知名度和美誉度，进一步营造了发展乡村特色旅游的氛围和环境，推动了鹤庆县文化旅游产业再上新台阶。

【开展首届中国旅游日活动】 2011年首届"5·19"中国旅游日期间，作为《徐霞客游记》收篇之地的大理，隆重举行庆祝活动，州旅游局和宾川县人民政府联合在宾川鸡足山举行"首届中国旅游日启动仪式"。各县市景区、各旅游企业张灯结彩，全部悬挂庆祝首届中国旅游日的宣传标语。5月19日当天，宾川鸡足山，剑川石宝山、千狮山，巍山巍宝山，漾濞石门关免费开放。巍山、南涧、永平县旅游局分别举办"爱我巍山"、"微笑南涧"、"纪念徐霞客，寻踪宝台山"活动。各旅游企业纷纷走上街头向广大游客和市民发放旅游宣传册、《文明旅游倡议书》，引导旅客文明旅游，安全出游，绿色消费。大理旅游集团、大理金汇假日酒店实施经营销售让利活动，漫湾酒店为就餐客人推荐每席每只5.19元的特价烧乳鸽以及酒店KTV51.9元最低特惠消费。营造出了首届中国旅游日的良好节日氛围。

【举行《南诏·大义宁国国王故里——萂村》首发式】 2011年5月4日，由萂村本土农民作家董泽清编著的《南诏·大义宁国国王故里——萂村》一书在宾川县举行首发式。萂村位于宾川县大营镇境内，历史悠久，文物古迹众多，白族传统文化积淀厚重，人文精神独特，自然风光秀丽，曾经是金沙江沿岸及川西进入滇藏茶马古道的古老驿站，还是大义宁国国王杨干贞的故里。2006年，云南省人民政府将萂村列入全省第一批非物质文化遗产保护名录。2007年，萂村被列为云南省历史文化名村。

【河北电视台《情定大理》专题栏目到大理摄制】 2011年5月10～13日，河北电视台《旅游真好》栏目组到大理州拍摄《情定大理》专题交友节目。拍摄组分别选定洱海游船、南诏风情岛、苍山索道、蝴蝶泉、大理古城及客栈人家进行拍摄，在节目之中把大理的美丽风光、人文风情展现给观众。

【参加贵阳避暑季旅游宣传促销活动】

"2011中国·贵阳避暑季民俗节庆与旅游采购博览会"于5月27～29日在贵州省贵阳国际会展中心举行。应组委会的邀请，大理州派团参展。展会期间，丽江、大理两地联合搭建展台，携手开展旅游宣传活动，共同促销昆(明)大(理)丽(江)旅游黄金线路产品，发放了宣传资料1万多份，接待市民及参展商8000多人。新华社、贵州电视台、贵州人民广播电台和部分网络媒体对大理州旅游进行了专题采访。

【大理古城列"中国最具潜力十大古城"第五名】 2011年,由中国旅游总评榜组委会举办的"美景中国·中国最美潜力景区排行榜"活动中,大理古城在25家评选单位中以280147票网民投票名列"中国最具潜力十大古城"第五名。此次评选活动以网络海选和专家评选的方式开展进行。参评的主要条件是被评选单位基础设施的完整性、安全性、舒适性、便捷性,近年投资开发情况,旅游资源丰富程度、特点以及是否具有较大的发展潜力,是否具备成为国内一流景区的基本条件等。

【银都水乡杯高尔夫对抗邀请赛开赛】 2011年8月6日,由大理州旅游局、大理州高尔夫球协会主办,鹤庆县银都水乡旅游投资有限公司、大理苍海高尔夫球会承办、大理旅游集团、大理民航飞羽有限公司协办的"2011大理旅游·银都水乡杯高尔夫对抗邀请赛"在大理苍海高尔夫球会火热开杆。来自成都、重庆、昆明、德宏、丽江、版纳等7个城市的8支代表队共100余名选手参加比赛。东道主大理队以总杆810杆的成绩获得冠军。

【首届中国情歌节在大理举行】 2011年8月6日,由湖南广播电视台和大理电视台联合举办"'祥和中国节'七夕大型活动——首届中国情歌节"大型活动。把中华民族的节日文化与大理的地域特征、民族文化、旅游资源融合在一起,打造大理"风花雪月之城,浪漫爱情之都"的城市地标,引起人们对大理的关注和向往。"首届中国情歌节"以耳熟能详的经典情歌为载体,邀请老、中、青艺术家献唱,集东西南北情歌于一起,汇古今中外佳话为一体,传扬中华民族优秀文化,传播大理美丽自然风光和多彩民族风情。中共大理州委书记刘明、州人大常委会副主任张如旺出席活动并讲话。

【《大理·一见钟情》好莱坞首映】 《大理·一见钟情》是系列纪录片《神秘中国》的第八部。该片由美国好莱坞著名导演克里斯蒂·里比执导,用西方人的逻辑方式、审美观和视听习惯进行拍摄制作的纪录片。该纪录片时长为90分钟。纪录片根据大理地方民族文化的特色创作主题曲及音乐,后期编辑、合成、配音、解说均在好莱坞完成。以纪录片的形式向西方世界展示及宣传大理灿烂的历史文化,整部纪录片中,没有演员,没有电影对白,全部靠音乐、画面和背景解说来抓住观众,是反映云南题材的首部走向国际市场的大型纪录片。导演克里斯蒂·里比信誓旦旦地说:"我要让每一个看到这部纪录片的人第一眼就爱上大理。"2011年8月28日晚,《大理·一见钟情》在洛杉矶比华利山庄市首映。州委常委、州人民政府副州长蔡春生率队出席首映式。中国驻洛杉矶总领事馆副总领事孙伟德在首映式上表示,希望这部中美合作、在好莱坞西方影人共同酝酿创作的影片,能进一步增进中美文化交流。

【《大理·一见钟情》获"2011艾克霍德—卓越奖"】 2011年7月12日,《大理·一见钟情》荣获"2011TheAccolade卓越奖(2011艾克霍德—卓越奖)",同时获得"AmericanPixelAcademyAwards(美国PIXEL奥斯卡金像奖)"提名。艾克霍德—卓越奖系国际纪录片评选之顶级奖项。受"ChineseAmericanFilmFestival(中美电影节)邀请,《大理·一见钟情》还参加2011年10月在洛杉矶美国导演工会剧院举行的开幕典礼。该片还计划在美国奈菲公司、美国亚马逊公司、美国特纳经典频道、探索发现、读者文摘、影碟帝国、网络、艾科斯达电视台等48家电视台、影院、网络电视播出。

【《大理·一见钟情》获中国最具影响力的优秀旅游营销事件奖】 2011年11月21日,大理与好莱坞的《大理·一见钟情》营销创意在中国最具影响力的旅游营销事件评选(2010~2011)颁奖典礼上,获得2010~2011年度中国最具影响力的优秀旅游营销事件奖。据了解,本次旅游营销事件评选在我国尚属首次,评选期间组委会共收到来自60多个城市的220多份精彩的营销案例。国家旅游局副局长杜江出席典礼并充分肯定了评选活动旨在通过鼓励旅游产业营销创新,进一步推进旅游市场营销从单纯广告宣传到重视整体营销和品牌构建的深远意义。

【中国·大理漾濞核桃节开幕】 2011年9月1日,2011年中国·大理漾濞核桃节在苍山西坡漾濞光明村隆重开幕。中国农技中心副主任刘亚东,省林业厅副厅长冷华,省旅游局副局长何迪康,省科协副主席李仁,省林业科学院院长杨宇明,中共大理州委副书记杨健、州人大常委会主任字国顺、州政协主席袁爱光等领导出席开幕式。

【第三届大理国际影会开幕】 2011年9月24日,由云南省委宣传部、省文学艺术界联合会、中共大理州委、州人民政府主办的2011第三届大理国际影会在大理古城拉开帷幕。此次影会主题为"生活在别处",意在展现大理的宜居和禅意。摄影展时间从9月25日开始,至10月7日结束。主展区分为"浪漫欧罗巴"欧洲作品展、"时空美利加"美洲作品展、"活力亚细亚"亚洲作品展、"靓彩三地情"港澳台作品展、"意象中国风"中国大陆作品展5大类。联合国教科文组织、世界民俗摄影家协会、中国民俗摄影协会主办的第七届国际民俗摄影"人类贡献奖"获奖作品也将首次在本届影会中亮相。来自美国、英国、法国、德国以及港澳台等40余个国家和地区的万余名摄影家、摄影爱好者齐聚大理,影会展览作品总量超过6000幅,为20余万中外游客献上一场视觉艺术盛宴。

【举办大理洱海开海节】 2011年9月28日,大理洱海开海节在大理市双廊镇红山半岛景帝祠广场隆重拉开帷幕。前来参加2011第三届大理国际影会的各方嘉宾、摄影家和各级媒体记者,以及海内外游客和生活在洱海周边的各族群众数千人参加了热烈盛大的开海节庆典。洱海开海节已经连续举办了3届,通过举办开海节,充分展示了大理白族渔村4000多年的古老习俗和迷人风貌,增强了环洱海旅游圈的吸引力和竞争力,进一步提升了大理旅游的知名度、美誉度。

【泰国旅游考察团到大理考察旅游产品】 2011年12月4~8日,泰国国家旅游局官员旺猜先生率泰国40家旅行社共计50多名客商到大理考察旅游产品。州旅游局局长马金钟设宴接待泰国旅游考察团一行。泰国与大理的历史文化、气候特征及旅游产品具有很强的互补性,一直是大理最重要的海外客源地之一。2010年,泰国前来大理旅游的游客达到3.18万人次,占亚洲游客总量的28.24%,成为大理的第一亚洲客源国。与此同时,泰国也日益成为大理本地居民出国旅游的首选目的地。

【2011中国·宾川水果文化旅游宣传周】 2011年11月15日,2011中国·宾川水果文化旅游宣传周在宾川县拉开帷幕。近年来,宾川县水果面积已达1.55万公顷,挂果面积达1.16万公顷,总产量可达45万吨以上,总产值突破20亿元,借此发展起来的农业生态旅游

观光产业,也日益成为全州旅游产品结构中的重要组成部分。本次水果文化旅游宣传周以"水果之乡·灵山宝地"为主题,旨在强化对宾川水果文化、鸡足山佛教旅游、农业生态观光产业的宣传促销,进一步扩大宾川旅游的对外形象。

【祥云历史文化推介发布会在京举行】 2011年11月18日,祥云县在北京首都大酒店举行新闻发布会,向海内外新闻媒体推介祥云新石器、青铜、马帮、二战、红色、佛教等悠久灿烂的历史文化。新华社、中央电视台、中央人民广播电台、北京电视台、新浪网、腾讯网、香港文汇报等海内外30多家新闻媒体单位的60多名记者参加了新闻发布会,进一步提升祥云对外宣传形象。

【《大观周刊·大理旅游专刊》编印发行】 为进一步加大全州旅游对外宣传促销力度,2011年,州旅游局与云南日报报业集团《大观周刊》签订合作协议,共同编印出版发行《大观周刊·大理旅游专刊》。该画册发行6万册,规格为国际大16开本,内页112页,封面封底4页,共116页。是全州目前内容最丰富、印制最精美、发行最权威的对外统一宣传画册。

【云南电视台《旅游新时空》幸运观众畅游大理】 《旅游新时空》是云南电视台的大型旅游资讯服务节目。2011年9月2~4日,州旅游局局长马金钟做客云南卫视《旅游新时空》栏目,对大理州举行的鸡足山景区提升改造竣工典礼、崇圣寺国家5A级景区挂牌典礼和苍山大索道竣工典礼进行直播。在播出中,云南卫视采取与全国观众互动方式,随机抽出11位幸运观众,并获得免费双飞五天四晚大理游。9月24日,幸运观众抵达大理,先后到大理古城、苍山、洱海、蝴蝶泉、崇圣寺三塔、鸡足山、鹤庆新华村等地游览。

【2011中国国际旅游交易会海外买家考察大理】 2011中国国际旅游交易会在昆明举办期间,按照组委会的统一安排,10月24日和10月29日,参加交易会的海外买家分为两批次共130人到大理进行旅游产品考察和旅游线路踏勘。州旅游局抓住此次难得的机遇,全力推介旅游新产品,认真做好相关的接待准备工作,向海外买家展示了大理州丰富的旅游盛宴。

【开展大理州旅游宣传好新闻作品评选活动】 为进一步加大对大理州旅游二次创业的宣传力度,激发广大新闻工作者对全州旅游二次创业过程中新亮点、新成果、新品牌的宣传工作热情,营造良好的旅游宣传舆论氛围。2011年,州旅游局设立专项资金,制定了《大理州旅游宣传好新闻作品评奖办法》,成立了由州政府新闻办、州旅游局组织专家和资深编辑记者组成的评审委员会,对旅游宣传好新闻作品和先进个人进行表彰。上半年,对《云南日报》社大理分社、《春城晚报》、《云南经济日报》、《云南法制报》、《云南信息报》、《民族时报》等驻关媒体的84篇旅游好新闻作品分一、二、三等奖进行奖励,其中,《云南日报》社大理分社记者段培灿、张若谷的作品《大理旅游从看向闲转身》荣获一等奖。下半年,奖励范围将从驻关媒体扩大至《大理日报》、大理电视台、大理州人民广播电台和大理人民广播电台,奖励对象也从作品扩大至先进个人,评奖工作有序进行。

行业管理

【概　述】 2011年,州旅游局始终加强行业管理和市场监管,以年度星级复核和日常检查为抓手,先后开展了旅游星级饭店新标准宣贯工作,提升旅游星级饭店的硬件设施和软件服务水平。开展了旅行社、旅游购物店和导游员的等级评定与划分工作,努力培育健康有序的旅游市场。结合《云南省大理白族自治州旅游条例》的颁布施行,建立健全全州旅游综合执法联动机制,组建了"联合执法办公室",联合发改、公安、工商、物价、技监、交警、运政等部门,采取政府行政管理与协会行业自律"双轮驱动"的有效方式,认真开展旅游市场专项整治,围绕规范散客旅游市场、旅游购物市场和打击"黑社、黑导、黑车"的工作重点,不断加大旅游市场监管力度,旅游市场呈现有序好转的势头。注重行业从业人员队伍建设,及时召开"为民服务,创先争优"活动推进大会,将"创先争优"工作推向深入。按照"五好"、"五带头"的标准和要求,确定了一批"共产党员先锋岗"和"共产党员示范窗口"。倡导全州旅游行业所属各党支部、各党小组及全体共产党员立足本职岗位,作出"创先争优"承诺,并努力践行承诺。涌现出的先进共产党员、全国优秀导游苏毅东,全省"百名旅游产业发展先进个人"钱秀珍等一批为游客服务水平高、服务质量好的优秀旅游从业人员代表,激励了旅游全行业工作者的积极性和责任感。截至2011年12月31日,全州共受理旅游投诉66起,处结66起,处结率100%,游客万人投诉率为0.043%。

【大理州完成二星级旅游饭店专项检查工作】 为加强旅游星级饭店管理,提高行业服务质量,全面提高全州星级饭店的硬件设施和服务水平。2011年1月15~30日,在州旅游饭店星级评定委员会星评委的指导下,各县市对全州二星级饭店开展专项检查。检查工作采取明察与暗访相结合,实地检查与查阅资料相结合,听取情况汇报与具体询问相结合的方式进行。共有58家二星级饭店通过检查复核,另有9家饭店限期整改。

【漾濞县启动"农家乐"星级评定工作】 近年来,漾濞县"农家乐"经营方式快速崛起。全县以观光、餐饮、住宿、采摘体验为一体的"农家乐"旅游经营户达220多户,成为漾濞县旅游产业发展的重要力量。为推动漾濞县"农家乐"步入规范化轨道,加大发展力度。2011年,漾濞县旅游局制定了《漾濞县"农家乐"旅游服务质量等级划分标准》,着手实施"农家乐"经营户星级评定工作。

【部署2011年全州旅游保险统保工作】 为全面落实云南省旅游局《关于在我省开展旅游保险统保工作的通知要求》,2011年3月5日,州旅游局召开2011年旅游保险统保工作会议,部署2011年全州旅游企业旅游安全组合保险的相关工作。来自全州34家旅行社、10家旅游车公司的负责人和中国人民财产保险公司、太平洋财产保险公司、平安财产保险公司大理州分公司的负责人参加会议。进一步统一了思想,明确了任务,继续按照"统投统保"的模式,部署全州旅游企业及时购买和续保云南旅游组合保险,提升旅游产业抗击风险的能力。

【鹤庆县集中整治大丽路沿线旅游经营场所】 2011年5月31日~6月2日,鹤庆县组织公安、旅游、工商、药监等部门,对大丽路鹤庆县西邑至松桂沿线的旅游经营场所进行集中整治。该路段自2007年以来,先后建有旅游厕所、旅游休息站场20多个,为游客提供了旅行途中的方便，也促进了地方经济的发展。但是，极少数旅游经营场所也存在无证经营、制假售假、欺客骗客、甚至胁迫和殴打游客等违法违规行为，严重影响了大理旅游的对外形象。整治期间，工作组对无证经营户进行查处，先行登记没收过期药品21种，药膳、药酒52袋(瓶)150.5千克，总价值11237.30元；查办了一起信访案件和一起旅游投诉，进一步规范了大丽路沿线经营秩序，维护了旅游者的合法权益。

【旅游车运营市场专项治理工作取得成效】 2011年7月7日起，大理州的旅游、运政、公安、交警等部门联合开展旅游车运营市场专项整治工作。在为期一个月工作中，联合检查组发放《关于对私家车辆非法旅游营运专项治理的通告》600多份，在大理古城、高速路口、大风路、大丽路和各景点景区设卡，对非法从事旅游营运的私家车辆进行检查、取证和处罚，共检查2000多车次，查处非法从事旅游营运6起，暂扣非法旅游营运私家车6辆。

【《云南旅游电子护照》推介会在大理举行】 2011年7月20日，由云南银盈通科技有限公司推出的《云南旅游电子护照》支付卡项目推介会在大理美登酒店举行。省旅游局副局长何池康，州委常委、副州长蔡春生，州旅游局局长马金钟出席推介会并分别致辞。《云南旅游电子护照》是省旅游局主办的云南旅游信息化建设的重点项目，项目依托网络信息技术，联合国内外旅游、航空、商业、电信、金融、工业、保险七大领域的商业合作伙伴，集储值、消费、深度折扣、积分等功能为一身的综合信息服务平台。推介会上，云南银盈通科技有限公司分别与大理海湾国际酒店、大理美登酒店、大理张家花园等多家旅游企业签订了合作协议。《云南旅游电子护照》支付卡在大理的推广和使用，将为广大的旅游者出行大理提供专业、安全、便捷的服务。

【大理市启动“我来说大理”导游文明服务活动】 2011年9月21日，以“魅力使者，爱我大理”为主题的“我来说大理”大理市导游文明服务活动正式启动。活动历时两个月，首先从市辖区各A级旅游区、旅行社、旅游集团公司、大理州导游服务公司遴选30名在职导游员，由大理市电视台每天播出1人，通过讲解大理景区、民俗文化、特色小吃等内容，彰显大理文明城市形象和导游从业人员风采，增加每一名导游从业人员“文明形象大使”的荣誉感和归属感，不断树立导游从业人员文明窗口行业的社会形象。

【石宝山风景区获“治安保卫工作先进集体”称号】 近年来，剑川县石宝山景区“平安景区”建设成绩突出，建立和完善了景区安全责任制，景区人防、物防、技防、制度防范工作体系不断加强，有效地维护了景区正常的生产和生活秩序，保障游客和员工的人身和财产安全。2011年，石宝山景区被云南省公安厅表彰为“治安保卫工作先进集体”。

【规范大理古城银器市场经营秩序】 为进一步提升大理古城的旅游形象，为游客选购旅游商品创造一个良好的环境，进一步规范旅游市场秩序，切实保护旅游者的合法权益。2011年“十一”国庆期间，州旅游局联合工商、质监等部门，共同对大理古城银器店进行专项检查。联合执法人员先后对风花雪银、福顺祥、大理国银、白家银坊等43家银器店的246件银器进行抽样检测，对不合格的银器进行了查封。规范银器店纯银制品和工艺品的分柜摆设，明码标价，要求柜台粘贴纯银制品和工艺品的标志，坚决打击假冒伪劣商品，维护大理古城旅游购物市场的良好秩序。

【祥云县完成年度星级饭店复核】 2011年9月27日开始，祥云县旅游饭店星级评定委员会开展2011年度星级饭店复核工作。以进一步加强星级饭店的规范化管理，维护星级标准的严肃性和权威性，全面提升祥云县星级饭店的整体形象。通过复核，除一家星级饭店需要限期整改之外，其余星级饭店全部通过复核。

【建立“黑导”通报制度】 2011年10月起，为进一步加强导游人员管理，规范和约束导游人员执业行为，严厉打击未具备导游资格而从事导游活动(“黑导”)的违规行为，为旅行社选择合法导游提供依据。州旅游局决定在全州旅游行业内建立“黑导”人员通报制度，由州旅游局定期在行业内公布“黑导”人员名单，杜绝州内各旅行社使用“黑导”行为。

【重处违规导游】 2011年11月3日，国内多家网络媒体以“中国最牛导游”为标题，曝光了大理导游漫骂游客的视频，严重损害了大理旅游形象。州旅游局对此高度重视，迅速组织进行认真排查和严肃处理，依据相关法规和州旅游局管理规定，对该视频中的张姓女导游给予“一次性扣除10分并吊销其导游证，3年内不得从事导游工作”的严厉处罚，并要求全州旅游行业以此为鉴，全面提高旅游从业人员队伍的综合素质和服务水平。

【宾川县规范鸡足山景区香烛销售市场秩序】 2011年11月开始，为切实规范鸡足山风景名胜区香烛销售市场秩序，积极倡导文明敬香，促进宾川县旅游产业健康发展，宾川县制定了规范鸡足山景区香烛销售市场秩序实施意见，专项开展景区香烛经营、销售市场秩序的规范治理，严厉打击强买强卖香烛产品等经营行为，引导景区内的香烛经营户守法诚信经营。强化宣传，引导游客树立起文明敬香旅游新风。

【开展三星级饭店星级复核工作】 按照云南省星级饭店评定委员会关于做好2011年度星级饭店复核工作的通知要求，2011年8月，大理州旅游星级评定委员会对州内24家三星级酒店开展复核工作。新华酒店、顺兴大酒店、明珠宾馆、泛美酒店、山水大酒店、新世纪大饭店、天龙酒店、三塔苑酒店、龙山酒店、君山大酒店、鹤庆宾馆。金汇假日酒店、金达酒店、腾越酒店、天赐大酒店、锦瑞酒店、大禹酒店、升辉大酒店、洱海宾馆、茂元大酒店、宏强酒店、庆远楼、鑫亚酒店通过星级复核检查。

【开展旅行社等级评定】 为进一步加强对旅行社的管理，规范旅行社的经营行为，维护旅游市场秩序，全面提升旅行社服务质量，2011年6月，根据《云南省旅行社等级划分与评定》(DB53/T341－2011)的规定，“大理州旅行社等级评定委员会”成立，并对全州旅行社开展等级评定工作。州旅游局局长马金钟、副局长冷跃冰分别兼任该委员会主任、副主任。

【推进旅游标准化建设】 2011年12月，为加快旅游产业标准化建设步伐，州旅游局贯彻全省旅游的相关服务标准，在全州旅游行业推进《导游服务规范》(DB53/T308－2010)、《旅游购物场所等级划分与评定》(DB53/T309－2010)、《导游服务质量等级划分与评定》(DB53/T324－2010)、《旅行社等级划分与评定》(DB53/T341－2011)、《旅游汽车服务质量等级划分与评定》(DB53/T342－2011)等5项标准的贯标工作。以建立与旅游市场整治和行业监管工作相适应的旅游标准化管理体制与工作机制,形成以旅游标准化管理为手段的旅游市场准入与退出机制,切实发挥标准化对全面提升全州旅游服务质量和规范旅游市场秩序的重要作用。

【启动“十一”黄金周旅游车应急调度机制】 2011年“十一”旅游黄金周期间,由于旅游团队增长比例较大,全州旅游用车出现供不应求的局面。根据州假日办的统一部署,州旅游局和州交通运政部门及时启动《大理州旅游车辆应急调动预案》,通过旅行社申请,州旅游局、州运政处核实审批,大理交通集团从班线车辆中调度车辆的方式,解决了“十一”黄金周期间旅游团队用车的燃眉之急。

【大理州代表队参加全省导游大赛载誉而归】 2011年12月17日,云南省“大理银都水乡·银水帝都杯”导游大赛落下帷幕,大赛评出了10名云南金牌导游、20名银牌导游及70名优秀导游。大理州代表队陈森、梁海云、苏毅东、部艳群获银牌导游称号,彭文丽获优秀导游称号,州旅游局获组织奖。此次导游大赛分为选拔、资格审查和比赛3个阶段。州旅游局通过层层选拔,从全州各旅行社、旅游景区点和旅游院校筛选产生了9名普通话导游和2名英语导游代表全州参赛。进一步展示了大理导游形象风采,树立行业标杆发挥了引领示范作用,激励和促进全州导游人员整体服务技能和综合素养的提升,达到了以赛促学、以学促赛的目的。

旅游培训

【概　述】 2011年,州旅游局不断加强旅游行业队伍建设。一年来,紧紧围绕中心工作,精心组织、服务大局,以提高旅游行业从业人员服务技能和专业知识为重点,认真开展旅游从业人员的岗位培训。全年共举办各类旅游行业培训班10期,1588人参加培训。

【巍山县加强旅游从业人员培训】 巍山旅游事业的蓬勃发展,对旅游从业人员素质和服务水平提出了更高的要求,2011年1月19～20日,县旅游局、南诏镇人民政府共同开展“巍山县2011年旅游从业人员技能提升培训”活动。来自全县各宾馆、风景区的140名学员参加为期2天的培训,接受政策法规、礼节礼仪、客房服务、餐饮服务的专业培训知识学习,进一步增强全县旅游从业人员的服务意识,提高了接待、服务水平,增强旅游软实力。

【大理导游陈森入选“名导进课堂”培训师资】 根据国家旅游局选拔第三批“名导进课堂”培训师资活动的要求,经云南省旅游局认真、严格的挑选,大理州导游员陈森获得了“名导进课堂”培训师资。此次全省入选“名导进课堂”培训师资有2个名额,将进入国家级导游师资库,并根据计划、职业特长分期分批组织赴各地巡回演讲和授课。陈森获得“名导进课堂”培训师资,为大理州的导游队伍树立良好形象,起到了标杆作用,激发了导游人员爱岗敬业和学习上进的热情,对导游队伍建设起到了良好的推动作用。

【永平县开展礼仪歌曲培训】 2011年8月,由永平县县文化体育广播电视旅游局牵头,永平县举办全县礼仪歌曲培训班,充分挖掘永平民间文化内涵,推广传唱永平本土礼仪歌曲,弘扬永平优秀传统文化,进一步提升旅游服务水平,达到用文明礼仪来树立形象、推动全县旅游产业健康稳步发展,共建文明和谐新永平的目标。

【剑川举办旅游宾馆从业人员技能培训班】 2011年8月8～10日,剑川县旅游局举办旅游饭店宾馆技能培训班,对全县各星级旅游饭店、规模以上酒店的100多名一线服务人员进行统一培训。此次培训分为理论讲解和实际操作两个方面,邀请了上海旅游学院、苍山饭店、美登酒店的相关培训师和业务能手,分别从饭店行业礼仪礼节规范、前厅服务、中餐服务、客房服务、酒店管理和个性化服务开展培训。参训人员通过系统理论学习,现场实际操作和专家当面指导,综合素质和服务技能得到普遍提高。

【全国导游人员资格考试培训班开班】 为帮助大理州参加2011年全国导游人员资格考试的考生尽快掌握学习和复习的要点,不断增强考生学习的效率和应试能力,努力提高全州年度导游资格考试的合格率,为旅游业培养储备更多、更优秀的导游人才,2011年8月31日～10月11日,大理州对参加全国导游人员资格考试362名人员进行为期1个月的培训。

【大理考点2011年全国导游考试圆满结束】 2011年11月5～9日,全国导游人员资格考试云南省大理州考点顺利进行并圆满结束,来自大理、楚雄、怒江等地区的427名考生参加了笔试和口试。

【鹤庆宾馆举办员工服务技能大赛】 2011年11月13日,“鹤庆县第六届职工技能大赛暨鹤庆宾馆第五届员工服务技能大赛”在鹤庆举行。大赛以“学赛结合、比帮赶超、争优创先”为主题,比赛内容涉及宾馆基本制度、宾馆安全应急处置、工程维修、中式铺床、前台问询、中式烹饪、中餐摆台等专业知识技能。经过3天的激烈角逐,共有6名选手在比赛中脱颖而出,成为此次比赛各项目的“技能冠军”。

【高级银饰培训班在鹤庆举办】 由中国工艺美术协会、省工艺美术行业协会、鹤庆县委宣传部、县旅游局共同主办的中国工艺美术国家级培训项目鹤庆银饰高级培训班于2011年11月20～25日在鹤庆举办,来自昆明、玉溪、大理、楚雄、丽江、红河、保山等地及鹤庆新华村的298名学员参加培训。该培训班是文化部委托中国工艺美术协会在云南省实施的国家级培训项目之一。在培训班上,复旦大学传媒学院教授龚世俊讲授了金银首饰的设计与营销,老凤祥设计师、上海工艺美术杂志主编周南讲授了纸艺与首饰设计,清华大学美术学院深圳研究生院博士生导师黄维讲授了品牌建设,清华大学美术学院教授王连海讲授了传统吉祥纹样,苏州工艺美术学院副教授罗振春讲授了首饰设计基础,云南省工艺美术大师寸发标讲授了银饰制作技艺,清华大学美术学院教授唐绪祥讲授了白族银饰文化与艺术。该培训班规格高、师资强、内容实、要求严,让参训学员增长了新知识,开阔了新视野。

(《旅游》由李志刚撰稿)

(《旅游》责任编校:赵秀元)

城乡规划建设管理

国土资源管理

【概　述】　2011年，大理州国土资源系统始终坚持以科学发展观为统领，认真贯彻落实中共十七届六中全会、省第九次党代会和全省保护坝区农田建设山地城镇工作会议精神，紧扣滇西中心城市建设、"两保护、两开发"发展战略，以创新和规范国土资源管理制度为抓手，以提升资源节约集约利用为目标，以深化资源保护和保障为核心，以强化重大项目用地服务为重点，按照年初省、州国土资源管理工作会议的安排部署，较好地处理了保护资源、保障发展和维护稳定的关系，改革创新，求真务实，积极推进国土资源管理各项工作，并取得积极成效。

【加强耕地保护】　2011年，大理州继续加强耕地保护。一是耕地保有量稳中有升。全州现有耕地面积37.47万公顷，比省下达大理州2010～2015年的耕地保有量指标超出7.41万公顷。二是基本农田面积稳定不变。2011年大理州经批准的建设用地中不涉及占用基本农田，也未发现违法占用基本农田行为，基本农田面积未发生变化。三是耕地质量建设和保护成效明显。祥云县、洱源县、鹤庆县基本农田保护示范区建设稳步推进。四是认真落实耕地保护目标责任制。根据新一轮规划和省政府与州政府签订的《耕地保护目标责任书(2010－2015年)》，州人民政府与12县市人民政府、各县市人民政府与乡镇人民政府签订了《耕地保护目标责任书》。

【保障建设项目用地需求】　2011年，大理州国土资源局不断增强资源保障能力。一是围绕州委、州政府的部署和中心工作，围绕事关全州经济社会发展大局的大项目、大产业和重大基础设施建设，按照有保有压、立足保障重点的原则，审查上报78个项目(批次)农用地转用及土地征收建设用地报件，面积914.4公顷。保证了洱源县干海子风电场、骑龙山风电场、大龙潭风电场、丽江机场高速公路改扩建工程(鹤庆县城至丽江机场段)、省道S311线剑川(甸南)至兰坪(金顶)二级公路、云龙县旧州至表村三级公路等重点建设项目的用地需求。二是对新征收的集体土地，严格按《云南省征地统一年产值标准和区片综合地价补偿标准(试行)》审查农用地转用和土地征收报件，凡征地补偿费不到位、被征地农民社会保障未落实的，一律不予审查报批。

9月5日，云南省保护坝区农田建设山地城镇工作会议在大理召开
（州住建局　供稿）

【规划工作有序进行】　2011年，大理州国土资源局继续强化规划和年度计划管控。一是州、县、乡三级土地利用总体规划(2006～2020年)已分别经省、州人民政府批准实施，各项用地上报严格按规划审查、实施。二是年内及时启动了州级和大理市、漾濞县、祥云县、宾川县、巍山县、洱源县、剑川县、鹤庆县8县市的旅游产业土地利用专项规划编制。三是认真做好2011年度新增建设用地计划指标核拨。新增建设用地计划指标以民生工程、重点工程和条件成熟的用地优先核拨。共完成111件(批)次(项目)用地(供地)规划审查和预审，面积884.5公顷。四是根据省、州保护坝区农田建设山地城镇工作会议精神，及时安排部署各县市启动开展调整完善土地利用总体规划编制工作。

【土地整理复垦】　2011年，大理州国土资源局积极组织土地申报。一是积极组织开展2011年土地整治(中低产田地改造)项目申报工作。获省厅批准8个项目，建设总规模4298.63公顷，计划新增耕地161.88公顷，已下达预算投资13122万元。二是11个土地整治项目通过省厅竣工验收。建设总规模5784.74公顷，完成新增耕地1470.10公顷，完成投资10796.61万元。其中州县两级投资补充耕地项目5个，建设总规模1343.73公顷，完成新增耕地1096.53公顷，完成投资3057.63万元。三是积极指导各县市国土资源局实施耕地占补平衡工作。已批准县市投资补充耕地项目7个，建设总规模1293.27公顷，计划新增耕地737.01公顷，预算投资4936.78万元。四是完成9个土地整治项目招标方案备案审查；完成6个土地整治项目公开招投标，中标价比预算价节省908.19万元。

【积极推进节约集约用地】 2011年，大理州国土资源局及时高效组织土地供应。一是把落实宏观调控、促进科学发展作为当前土地利用工作的重要任务，正确理解、全面把握土地参与宏观调控政策的针对性和有效性。严格执行土地利用总体规划、严格供地审批手续，实行从严从紧的建设用地供应政策，进一步增强土地调控能力。积极推行土地利用规模化、集约化开发和可持续利用。盘活国有存量建设用地156.77公顷，占年度供应总量的37%。二是积极推进城乡建设用地增减挂钩试点工作。宾川县乔甸镇雄鲁么村子弟棚城乡建设用地增减挂钩试点项目和宾川县金牛镇州城镇金甸村城乡建设用地增减挂钩试点项目已报经省国土资源厅审查批准实施，项目实施后可增加城乡建设用地增减挂钩周转指标近30公顷。祥云县旧机场建设用地增减挂钩试点项目规划已获省国土资源厅批准，项目实施后将增加城乡建设用地增减挂钩周转指标190.6公顷。

【依法规范矿产资源管理】 2011年，大理州国土资源局扎实推进地质找矿进程。一是全面完成矿业权实地核查及矿产资源利用现状调查工作并通过省级评审验收。累计完成535个采矿权、209个探矿权的实地核查，50个上表矿区、77个未上表矿区的矿产资源利用现状调查。二是全面清理过期勘查许可证、采矿权许可证。通过清理，注销勘查许可证31个，采矿许可证17个，减少勘查面积529.55平方千米。三是制定政策措施，统一全州采矿权出让底价确定标准；成立采矿权底价确定小组，出让底价采取集体会审的方式确定；整合矿业权公示与配号系统，实现了社会公开查询及交易信息的同时发布。四是紧紧围绕“公益先行，基金衔接，商业跟进，整装勘查，快速突破”的地质找矿新机制，继续加快鹤庆县北衙金多金属矿田、祥云县马厂箐—宾川县小龙潭铜钼金矿2个整装勘查项目的实施，地质找矿取得新突破。北衙整装勘查区完成投资1.87亿元，完成钻探10万米以上，预计新增金60吨、银1000吨、铅70万吨、锌50万吨、铁4000万吨。祥云县马厂箐—宾川县小龙潭整装勘查区完成投资2000万元，完成钻探1.3万米，新增金12.7吨、铜1万吨。云南有色310队通过钻探在宾川小龙潭发现了良好的铜矿成矿信息。兰坪菜子地—剑川象图铅锌矿整装勘查工作进展顺利。

【地质灾害防治】 2011年，大理州国土资源局扎实开展地质灾害防治工作。一是针对地质灾害点多面广，突发性强的特点，进一步完善了群测群防网络，完善了汛期地质灾害层层负责制度、险情巡查制度、汛期值班制度、灾情速报制度等相关制度的建设。对灾害威胁较大的隐患点和新增地质灾害隐患点，落实了观测、报警、避让措施。2011年汛期共发布3级以上气象预警4期。二是认真开展大型特大型地质灾害治理项目申报工作。全年有6个特大型治理项目进入省级项目库，其中4个项目已完成项目的勘察与可行性研究。洱源县乔后镇清水河项目已经省厅批准立项并下达治理资金930万元，宾川县拉乌乡滑坡治理工程已经省国土资源厅立项，已到位资金600万元。三是以《地质灾害防治条例》为主，认真开展地质灾害防治的宣传教育工作，全民防灾减灾意识进一步增强。年内先后在永平县杉阳镇盘龙村、漾濞县太平乡、云龙县民建乡坡脚村、弥渡县德苴乡邑朗村和巍山县马鞍山乡青云村组织地质灾害演练，参加人员共计1615人，进一步提高了社会的认知度和关注度。五是地质灾害群测群防工作成效明显。2011年成功预报地质灾害3起，避免人员伤亡177人。在云龙县功果桥镇“8·15”特大山洪泥石流灾害中，由于成功预报地质灾害，避免人员伤亡169人，监测员受到国土资源部表彰。四是全面落实矿山地质环境恢复治理保证金制度。全年共收取地质环境恢复保证金559万元。

【强化执法监察】 2011年，全州动态巡查发现土地违法行为356起，制止270起，立案查处86起，涉及土地面积450.77公顷，收缴罚没款2754.69万元；发现矿产违法案件160起，制止142起，立案查处18起，制止和取缔无证开采61起。通过接受国家土地例行督察及扎实开展整改工作，共追缴土地出让金24044.86万元，废止不符合国家法律法规和政策的文件1份，出台关于土地监管长效机制文件5份，全州各级各部门依法管地用地意识明显增强。对土地矿产卫片执法检查工作中清理出的57宗土地、矿产违法行为依法进行查处。顺利完成了2010年度土地矿产卫片执法检查工作任务并通过国土资源部组织的检查验收。

【提高科学管理水平】 2011年，大理州国土资源局全面夯实国土资源基础工作。一是认真开展第二次全国土地调查，积极开展土地权属登记。按时完成农村土地调查、城镇地籍调查和一般建制镇地籍调查工作。完成日常土地登记发证17450本。受理土地权属争议52件，当年处理50件。完善土地登记查询制度，全年累计接受查询3489人次。二是认真受理并办结各类建议提案和投诉。在规定时限内完成了州人民政府交办的10件人大代表建议、10件政协委员提案的办理工作。受理行政复议案件12件。接听并解答96128电话咨询服务24个。受理人民群众来信、来访、举报和投诉94件。

【“两整治一改革”专项行动】 2011年，大理州国土资源局积极推进国土资源系统“两整治一改革”专项行动。以“两整治一改革”专项行动为契机，围绕权力运行的重要岗位和关键环节，以及群众反映较多的岗位和环节查找风险点，制定相关防控措施。重点解决当前全州矿业权市场存在的资料编制单位选择、出让底价确定及矿业权市场功能不够完善等问题。州国土资源局“两整治一改革”工作得到了省国土资源厅的充分肯定，作为全省先进单位推荐至国土资源部进行表彰。

（《国土资源管理》由任茂华撰稿）

城乡规划管理

【概　述】 2011年，大理州城乡规划工作以科学发展观为指导，认真贯彻落实“两保护、两开发”的工作要求，求真务实，大胆探索，扎实推进全州城乡规划管理工作，较好地完成了年初确定的各项目标任务，全州城乡规划工作呈现出了全面、协调、科学发展的良好势头。

【实施《大理滇西中心城市总体规划》】

云南省人民政府批准实施《大理滇西中心城市总体规划（2009－2030）》后，

大理州规划局及时印制了400套《总规》文本及说明书，分送州委、州人大、州政府、州政协等160多个单位。2011年6月，州人民政府办公室印发了《关于实施大理滇西中心城市总体规划的通知》，从提高认识、加强组织领导、加快规划体系构建、强化规划执行等方面提出了实施《总规》的明确要求；12月，为加强对滇西中心城市规划建设各项工作的统筹协调及管理，促进大理滇西中心城市各项建设依法依规顺利实施，州人民政府撤销了滇西中心城市总体规划实施管理工作协调领导组，成立大理滇西中心城市总体规划实施管理委员会，办公室设在州规划局，全面加强滇西中心城市规划建设领导工作。此外，完成了大理滇西中心城市三维基础资料航拍工作，从三维空间角度对“1+6”滇西中心城市主城、副城及拓展新区、州域重点城镇等重要区域作更直观、科学合理的分析研究，为滇西中心城市建设提供参考。

【城市总体规划修改和新拓展片区规划编制】 2011年，按照省州保护坝区农田建设山地城镇相关要求，全州城市总体规划修改和新拓展片区规划编制工作有序开展。《大理市城市总体规划修编(2010－2025)》已完成报省人民政府待批；宾川、漾濞县城总体规划修改已经通过专家评审，正在按程序报批；永平县正在报审城市总体规划纲要和城市人口规模及城市用地规模；洱源、剑川、南涧、云龙、鹤庆县城总体规划修改工作正在开展。滇西中心城市新拓展片区弥渡长坡岭物流园区总体规划已编制完成，巍山大仓永建新区分区规划编制工作正在开展。完成了大理市海东山地新城上登工业园区及下和片区（约14.8平方千米）、巍山大仓永建新区（10平方千米）、弥渡长坡岭物流园区（约3.7平方千米）、永平县城（约10平方千米）1:500数字化地形图测绘、验收工作。

【城市控制性详细规划编制工作按计划逐步落实】 至2011年底，全州12县市城市规划区面积总计236.5平方千米。已完成或正在开展控制性详细规划编制的面积有155.02平方千米，控规覆盖率达65.58%。滇西中心城市“1+6”城市群城市规划区面积197.1平方千米中，已完成或正在开展控规编制的面积为128.62平方千米，控规覆盖率达65.26%。

【特色小镇规划】 2011年，《云南省人民政府关于加快推进特色小镇建设的意见》确定大理州省重点开发建设特色小镇22个，其中：现代农业型特色小镇8个，工业型特色小镇2个，旅游型特色小镇8个，商贸型特色小镇3个，生态园林型特色小镇1个。州规划局认真组织特色小镇的规划编制工作，严格按照《云南省镇乡规划编制和实施办法》和相关文件，加强组织领导，落实编制任务，落实配套资金80万元。至2011年底，完成22个特色小镇规划编制初步成果方案。

【村庄规划编制】 8月，按照《云南省人民政府关于加快推进村庄规划工作的意见》精神，大理州村庄规划编制工作全面推动，制定了《大理州村庄规划编制工作实施方案》，明确工作目标和年度工作任务，规范编制要求，对组织领导、责任落实、资金保障、成果要求、技术支持、宣传发动、监督检查、考核验收等环节作出明确规定；提出2011年主要完成城郊结合部、坝区重点区域、交通干线沿线、经济发展较快区域、产业发展重点区域的村庄规划编制；按照分级负担的原则，村庄规划编制经费由省、州、县市三级共同承担，纳入同级财政预算予以保障。大理州村庄规划编制工作严格按方案实施，截至2011年底，全州村庄规划编制工作各级（省、州、县市）投入资金3000多万元，完成了4277个村庄的村庄规划编制任务，其中，行政村477个，自然村3800个。

【编制《滇西中心城市轨道交通及环洱海旅游观光客车概念规划》】 2011年，为加快《大理滇西中心城市总体规划》实施，促进环洱海旅游产业发展，推进滇西中心城市建设，州规划局牵头组织编制《大理滇西中心城市轨道交通及环洱海旅游观光客车概念规划》。3月，州政府组织召开了《大理滇西中心城市轨道交通概念规划》（初步方案）汇报会。州规划局、市政府多次与规划设计单位考察轨道规划线路、交流规划方案。6月初，州政府召开了《大理滇西中心城市轨道交通及环洱海旅游观光客车概念规划》州级领导层面汇报会和县市、部门、专家、代表征求意见会。11月4日，该《规划》通过省州相关部门专家的审查。

【全州城乡村庄规划工作会议召开】 8月12日，全州城乡村庄规划工作会议在下关召开。会议明确了大理州“十二五”期间城乡规划工作的主要目标，副州长李红卫代表州政府与12县市政府主要领导签订了村庄规划编制工作责任状，全面下达2011年村庄规划编制任务，同时，对加强村庄规划编制工作提出了要求；州规划局局长陈绍明对2012年城乡规划工作做了安排部署。

【贯彻落实“保护坝区农田建设山地城镇”工作会议精神】 全省保护坝区农田建设山地城镇工作会议召开后，大理州于10月20日在巍山县召开全州保护坝区农田建设山地城镇工作会议，认真贯彻落实全省保护坝区农田建设山地城镇工作会议精神和州第七次党代会精神，进一步统一思想、提高认识，加快转变城乡建设用地方式，完善城镇建设发展思路，实现土地高效利用和城镇化科学发展。州委书记刘明和州委副书记、州长何金平分别在会上讲话，州委副书记杨健主持会议。同时，按照《云南省人民政府关于加强耕地保护促进城镇化科学发展的意见》相关要求，全面贯彻落实省政府保护耕地建设山地城镇的发展战略部署，结合各县市实际情况，组织开展了城镇近期建设规划的制定，全面落实城镇上山、工业上山的发展思路。11月1日，大理州村庄规划工作推进会暨规划系统建设山地城镇工作会议在弥渡县召开，会议对全州保护坝区农田建设山地城镇及城乡规划调整完善和城镇近期建设规划制定工作了全面安排部署，并提出了明确要求。

【滇西中心城市“1+6”城市群及外围5县城市建设】 2011年，全州城镇化率达36%，较2010年增长3个百分点，其中“1+6”城市群城镇化率达到37.5%。全州城镇化进入快速发展期，城镇的综合承载能力、服务功能和管理水平明显提升。大理主城以交通为突破，扎实推进“两保护、两开发”，实施山地城镇建设和旧城改造，城市发展空间有了新拓展；祥云副城以行政办公、居住、商业为主的城市新区建设成效显著，财富工业园区建设加快推进；宾川副城加大金牛南片区开发建设，向南向北拓展城市发展空间，向东拓展形成新型工业园区，认真贯彻落实产业上山要求，大力发展山地特色生态农业；弥渡副城全面实施“西扩东秀，南拓北承”空间发展战略，通过祥临路、果河路、建安路建设，南部居住新区已经形成；巍山副城按照“内控外迁”思路，着力保护坝区农田、保护巍山古城，加快项目上山和城镇上山，大仓永建新区已列为省级建设山地城镇试点；洱源副城依托大丽高速公路连接线建设，积极推动城市空间向南发展，严格保护河流、生态湿地、农田，为洱海保护打牢基础；漾濞副城充分发挥优势，做大做强核桃产业，发展生态农业，为城乡发展提供产业支撑；永平县加快推进城镇建设步伐，县垃圾处理厂、保障住房、永厂油路岔河至厂街段等项目相继完成；南涧县完成县城电网改造工程及乐秋、拥翠、公民、文启、沙乐等油路工程，基础设施不断完善；鹤庆县加大绿化美化力度，县城改造提升初见成效；剑川县加快推进县城建设，通过大丽高速公路连接线、国道214线县城东复线、环城南路等路段建设，"五纵五横"的县城交通路网建设初具雏形；云龙县加快基础设施建设，县城道路网络逐步完善。

【强化规划建设项目审查】 2011年，大理州城乡规划委员会共召开建设项目规划审查会议10次，对149个项目的规划方案、规划设计条件和选址进行了审查，对其中的144个项目作出了审查决议，促进了大理州重大项目建设顺利实施。根据州规委会审查决议，州规划局对16个限额以上建设项目和重要建设项目进行了规划行政审批，审批建筑面积64.31万平方米，工程总投资约12.74亿元。同时，加强批后管理，对审批项目进行规划巡查和动态监管，规划验收了6个项目，对违法违规建设行为依法进行查处，拆除违建面积4462.6平方米。全州建设项目审批管理全面加强，2011年，共核发《建设项目选址意见书》392份、《建设用地规划许可证》728份、《建设工程规划许可证》1259份，共审批建筑面积485.39万平方米。5月1日，经修订的《大理州城市建设项目规划管理技术规定（试行）》由州人民政府正式发布实施，进一步规范了全州城市建设项目管理。

【编制《大理州村庄规划编制技术标准》】 2011年，为积极开展好大理州村庄规划编制工作，州规划局在进行村庄规划编制调研和试点工作的基础上，参考国家、省相关规划编制规范结合大理州实际，组织编制了《大理州村庄规划编制技术标准（试行）》，经州政府法制局登记，于8月1日由大理州规划局发布实施，并印制了1000册发放到各县市相关部门、乡镇人民政府。

（《城乡规划管理》由李桂梅撰稿）

风景园林建设

【概　述】 2011年，经过全州各级各部门的共同努力，大理州风景园林建设管理工作迈上了新台阶。全州风景名胜区、历史文化名城（镇、村）规划编制步伐进一步加快，保护管理工作取得新成绩。自然文化遗产资源保护力度加大，历史文化资源调查和申报列级工作进一步加强，积极争取全国"十二五"期间国家级风景名胜区、历史文化名镇名村保护设施建设项目资金支持。城市园林绿化建设进一步加强，基础设施进一步改善，园林绿化市场管理进一步规范。

【金梭岛、罗荃湾片区详细规划获住建部批准实施】 6月1日，中华人民共和国住房和城乡建设部《关于大理风景名胜区金梭岛、罗荃湾片区详细规划的复函》批准了《大理风景名胜区金梭岛、罗荃湾片区详细规划》，规划面积12.8平方千米。该规划贯彻落实了州委、州政府"两保护、两开发"工作的具体要求，在坚持"科学规划、统一管理、永续利用"的原则下，科学合理地处理了资源保护与开发利用之间的关系。规划的批准，使规划区域内的建设活动有规可依，对海东片区的建设发展起到积极的促进作用。

【历史文化名镇（村）申报列级工作进展顺利】 1月，鹤庆县松桂镇被省人民政府公布为省级历史文化名镇。至2011年底，全州共有历史文化名城（镇、村、街）22个。其中有2座国家历史文化名城（大理、巍山），3个中国历史文化名镇（剑川沙溪、宾川州城、洱源凤羽），3个中国历史文化名村（巍山东莲花、云龙诺邓、祥云云南驿），2座省级历史文化名城（漾濞、剑川），4个省级历史文化名镇（大理双廊、永平杉阳、宾川平川、鹤庆松桂），7个省级历史文化名村（弥渡文胜街、宾川萂村、云龙宝丰、永平曲硐、洱源牛街、祥云大波那、大理周城），1个省级历史文化街区（祥云古街），是云南省历史文化名城（镇、村、街）最多的地州。

【历史文化名城（镇、村、街）保护规划编制工作进展顺利】 3月，省人民政府批准了《宝丰历史文化名村保护规划》；《永平县曲硐历史文化名村保护规划》已通过省级评审，待省人民政府批准实施；《祥云县云南驿历史文化名村保护详细规划》已通过省住房和城乡建设厅审查，待修改完善后批准实施。至2011年底，全州22个历史文化名城（镇、村、街）中有15个完成保护规划报批工作，其中3个完成保护详细规划的编制工作。

【城市园林绿化建设进一步加强】 2011年，全州城市绿化建设完成投资1.25亿元，新增城市绿地73.85万平方米，其中，公园绿地8.84万平方米。全州建成区城市绿化覆盖率达25%、绿地率达19.66%，城市人均公园绿地面积4.89平方米。

【园林城市创建工作进展顺利】 11月，云南省住房和城乡建设厅组织专家对云龙县创园工作进行了现场初验后，同意将云龙县列入2012年省级园林县城评选名单，待2012年验收后省政府正式命名。2011年，大理市通过全面推进城区绿化、加大道路绿化建设力度、打造环洱海生态湿地公园等新方式，积极开展国家园林城市的创建工作，完成园林绿化建设项目固定资产投资约4046万元（不包括湿地建设项目约8700万元和开发区机场路项目约1379万）。

【城市园林绿化管理工作有序开展】 2011年，按照"绿色图章"制度要求及相关规范标准，州规划局对12个限额以上建设项目进行绿化指标审查。完成全州19家园林绿化施工企业和13家园林绿化设计企业的资质延续初审，并经省住建厅审查通过。受理企业资质申报3家、资质升级1家。至此，全州拥有园林绿化设计企业13家，园林绿化施工企业22家。

【26家获省园林单位（小区）称号】 11月，省住房和城乡建设厅命名了大理州26家单位（小区）为云南省园林单位（小区），其中：园林单位20家，园林小区6家。

【国家自然与文化遗产保护设施建设大理项目稳步推进】 2011年，总投资2570万元的"大理苍山与南诏历史文化遗存国家自然与文化遗产保护设施建设项目"进展顺利，各责任单位严格按照州政府批准的实施方案开展了巡查道路维修改造及监测巡查设施设备建设，清碧溪、双鸳溪环境整治，苍山遗产展示教育管理基地建设，苍山界桩、标志、标牌建设4个项目的建设工作。项目预计2012年6月底全面完成。

（《风景园林建设》由陈云兴撰稿）

城乡建设

【概　述】　2011年，全州住建系统广大干部职工坚持以邓小平理论和“三个代表”重要思想为指导，全面贯彻落实科学发展观，积极开展创先争优活动，围绕“争当滇西城镇化进程的领跑者”，以“两保护、两开发”为核心，以滇西中心城市建设为重点，以加快基础设施建设和改善民生工程为抓手，扎实工作，较好地完成了州委、州政府下达的各项目标任务，实现了“十二五”发展的良好开局，有力地促进了全州经济社会健康发展。

【城镇基础设施不断完善】　2011年，大理州按照省委、省人民政府建设滇西中心城市的重大战略部署，全力推进大理滇西中心城市建设，着力构建“1+6”滇西中心城市群，主动采取措施，广泛筹集社会资金，坚持以城镇道路、垃圾污水处理、供排水、电力电讯、市容环境卫生、园林绿化、亮化美化和公园广场等基础性建设项目为突破口，启动实施了一批基础性、公益性为主的重点建设项目。海东新区基础设施建设项目有序推进，累计投入资金19.1亿元。凤仪开发建设步伐加快，一批商贸物流项目启动。下关旧城改造提升和大理古城保护进展顺利。11个县第一轮县城改造提升成效明显，城镇生态环境质量和市容市貌有了大的改观，城镇功能逐步完善，县城综合承载力进一步提高。22个特色小镇建设有序推进，纳入全省规划的23个治污项目已建成投入运营16个，其余在建项目进展顺利。新增城市绿地73.9万平方米，城镇绿化覆盖率达25%。城镇建成区面积144.5平方千米，新增6平方千米。全州城镇化率达36%，提高3个百分点。

【加快推进特色小镇建设】　大理州共有22个小镇分别被省政府列为现代农业型、工业型、旅游型、商贸型、生态型特色小镇。自2011年起，省财政将在3年内安排4500万元补助资金，专项用于150个特色小镇（不含60个旅游小镇）规划编制工作。同时，省级涉及农村经济、中小企业发展、农村人畜饮水、城镇供排水、保障性安居工程建设等专项补助资金在符合有关规定并确保使用方向不变的前提下，向特色小镇适当倾斜，重点加快特色小镇道路、供水、污水垃圾处理、集贸市场等基础设施建设，并争取纳入省直有关部门组织编制的“十二五”规划予以实施。目前，相关各项工作正有序推进。

【中心集镇建设工程取得初步成效】　2011年，按照《中共大理州委、大理州人民政府关于加快推进“十二五”期间新农村建设的实施意见》的要求，通过实施12个中心集镇、24个中心村、36个示范村建设，初步形成了以中心集镇为核心、“中心村”、示范村为节点的新农村建设示范区和示范带，带动了全州集镇建设工作全面开展，使全州重点地区的农村基础设施得到改善，产业培植步伐加快，生态建设取得实效，人居环境舒适优美，综合实力明显增强。

【城市管理机制不断健全】　2011年，全州12县市均成立了城市管理行政综合执法局，加快推进相对集中行政处罚权和实行综合行政执法管理工作，积极开展城市环境综合治理，加大对城乡结合部、“城中村”、旧城区等重点区域违法占道、挖掘城镇道路及乱停车、乱设摊点等群众意见较大的城镇“脏、乱、差”违章行为进行综合整治，城市人居环境不断改善。加强以城镇燃气、城市桥梁为重点的市政公用设施行业运营管理，进一步完善突发事件应急机制，全面提高应急救援能力。同时积极协调技监、消防、安监等部门，加大执法检查力度，进一步规范燃气市场。机构的健全促进政府社会管理和公共服务职能的发挥，沟通快捷、反应快速、处置及时、运转高效的城镇管理和监督长效机制逐步建立，城市管理水平不断提升。

【加大海西整治和田园风光保护工作力度】　2011年，在大理市继续开展以白族民居建设风格整治，景观道路、景区、节点空间视廊整治，镇村规划建设整治，旅游核心区整治，城乡美化绿化，园林城市打造为重点的“整治海西、保护田园”工作。

【加快推进大理市海东片区开发】　2011年，海东片区开发继续稳步推进。一是海东山地新城初步显现。累计投入资金16.68亿元，建设完成了东环海路、海东新城区1号路、2号路、5条城市次干道路基工程，海东220KV变电站、海东人民广场、机场路路灯亮化等工程，正在组织实施海东垃圾焚烧发电厂、海东第六自来水厂等项目。海东片区城市主干道、供排水、电力、污水处理、垃圾处理等基础设施建设初见成效，滇西技师学院、大理公馆、洱海传奇等一批项目已经建成，华彬健康之都、云南城投、香港中能集团、云南实力集团等一批项目也即将在海东山地成片开发，海东山地新城已经初步显现。大理市海东新城区华营

为加强对滇西中心城市规划建设各项工作的统筹协调及管理，州人民政府成立了大理滇西中心城市总体规划实施管理委员会。图为大理城市建设

（州住建局　供稿）

至中和村道路(2号路)工程K2+200—K7+350段路基工程已通过竣工验收,其余路段正抓紧组织实施;大理经济开发区满江片区市政路网工程已完成投资2890万元,其中:红山路(大凤路—裕龙大道)、平安路(老满江路—红山路)道路工程已完工;裕龙大道(机场路—红山路)、龙山东路(机场路—龙腾路)、苍山路(龙山东路—红山路)、红山路(裕龙大道路—机场路)道路工程正抓紧实施。大理市第二(海东)垃圾焚烧发电工程项目于6月28日正式破土动工;菠萝江开发区满江段河道整治工程累计完成投资4500万元;大理海东新区大小坪地农业灌溉工程累计完成投资600万元。二是稳步推进重大产业建设项目。海东国际旅游休闲体验区项目目前已取得55.4公顷土地的投资备案证及整个项目林地征用使用权证,完成地勘、水保、环评等专项工作的审批,正进行项目场地平整工作,现已完成休闲体育公园人工湖的开挖以及临时施工道路和临时办公室的修建;大理国际大酒店(骏马集团)项目已完成A、B楼及大堂主体工程;云南白药集团大理制造中心项目计划于2011年内正式投产;太阳能非晶硅薄膜光电模板生产线项目、东亚乳业高端乳品生产线建设项目进展顺利;中国(大理)—东盟果蔬拍卖交易中心项目于7月正式开工建设,目前正在进行桩基础的处理;大理华彬健康之都项目正抓紧前期工作。

【加快大理市基础设施建设和城市改造提升步伐】 2011年,大理州在市域交通设施方面,完成了214国道上关至北五里桥段道路及综合管网改扩建工程、东环海路、新南环路(大丽高速联络线)建设顺利推进;启动了西环海村村通道路建设工程,市域内交通网络设施进一步完善。下关城区市政设施方面,完成了龙溪路交通节点渠化改造工程、市交警二大队南侧通道道路改造工程、洱河南路及下关五中通道等12条道路路灯安装工程,文化路、福文路延长线等市政道路改造建设工程加快推进;启动了惠丰新城北侧道路、二小通道北延段等市政道路建设项目,下关城区市政道路设施建设得到进一步加强。下关城区城市景观照明和园林绿化建设方面,完成了人民公园、全民健身中心、洱河沿岸、泰安桥及河畔一期、市医院、州公安局办公大楼、州农行办公大楼等景观照明改造建设工程;启动了滨水公园建设项目(含老码头片区、老花鸟市场片区改造建设和锁水阁恢复重建),初步完成了景观大道配套完善工程的建设,城市园林绿化和创园工作深入推进,下关城区城市景观和人居环境得到进一步提升。下关旧城改造特色方面,启动了小花园片区、金星村片区、人民公园以北文明街西大街片区、州群艺馆片区等重大旧城改造项目,市医院-州体育馆片区改造进展顺利,城市形象得到了提升。大理古城保护提升方面,投资2750多万元,实施"三路、两厕"的改造及环境营造工程。完成了叶榆路延长线道路改造工程、苍坪街道路综合管网改造工程、银苍路道路综合管网改造工程和平等路2座旱厕改造工程;完成了大理电影院的改造,建成中国第一座农村电影历史博物馆;投资250万元,完成了古城重要节点及周边102棵大树种植;启动实施了大理古城节能节电工程。

【县城建设改造提升工作扎实开展】 2011年,全州各县继续按照州委、州人民政府《关于进一步加快城乡规划建设管理的决定》和《大理州县城建设改造提升工作实施意见》,全面推进县城建设改造提升工作,提升县城建设档次、功能和管理水平,构建县城宜居环境,塑造县城新形象。在全面巩固鹤庆、祥云、弥渡、剑川、巍山、宾川、南涧、云龙8个县县城建设改造提升工作成果的基础上,全面启动永平、洱源、漾濞3个县县城建设改造提升工作,通过加快县城市政基础设施建设步伐,加大旧城改造力度,全面提升城镇管理水平,整治城镇脏乱差等影响城市形象的突出问题,促进新区发展,促进县城公共交通、环境卫生等公共事业发展,城镇生态环境质量和市容市貌有了大的改观,城镇功能逐步完善,对县域的辐射带动作用逐步增强,县城综合承载力进一步提高。目前各县正加快推进项目实施。

【认真抓好办公室日常工作】 2011年,大理州住建局根据职责要求,主要开展了以下5个方面的工作:①及时修改完善大理州住建系统破坏性地震应急预案,按照机构改革后部门职能职责及单位名称的变化情况,办公室及时修改完善了应急预案的内容;②切实加强对"三大队伍"的动态管理,对评估鉴定专家组、地震应急机械救援队和市政基础设施抢修队进行跟踪管理,实行定期和不定期的联络和沟通,对变化的人员、联系方式及机械跨区域使用情况进行了及时调整、充实和完善,确保需要时能"招之即来,来之能战";③定期不定期对通讯设施进行检查、充电和试用,确保有效使用;④加强与省抗办和州民政局、州地震局相关科室沟通联络,互通信息;⑤深入漾濞等县市认真开展调研工作,对防灾减灾工作提出具体的要求和意见建议。

【抓好地震恢复重建后续工作】 姚安"7·9"地震、宾川"11·02"地震和剑川"1·1"地震后,中央、省、州共安排恢复重建资金18674万元,涉及2119户农户拆除重建和53329户修复加固,其他教育、卫生、水利、交通等公共建筑66项拆除重建和128项修复加固。恢复重建工作在州委、州政府的领导下,州级各部门积极支持和配合,在各县党委政府的高度重视下,除宾川政务中心外,其余所有项目于2011年初全面结束。为了全面而有效地总结好恢复重建工作,大理州住建局加强了督促指导工作,由各县自行组织了项目验收和资金使用情况审计,州审计局开展了审计调查,并提供了审计调查报告,由州恢复重建办和大理州电视台共同拍摄制作了大理州地震恢复重建工作专题片,已经送审。3次地震恢复重建后续工作已经结束,为迎接省级验收做好了准备。

【确保抗震设防要求执行到位】 2011年,大理州住建局为了确保建设工程质量,提高建设工程的抗震性能,从工程建设项目源头上抓起,由勘察设计科和施工图审查中心负责,严格按照建设工程强制性标准和抗震设防要求,对建设项目的初步设计进行审查后进行施工设计,对施工设计图纸进行审查后才能进行招投标,确保抗震设防要求从源头抓落实。年内,对教育、卫生等公共建筑项目162项、78.2万平方米的初步设计进行了审查,其余项目送省级审查,对240项、112.7万平方米施工图进行了审查,为建筑工程质量安全提供了有力的保障。

【全面督促抗震设防措施落到实处】 2011年,大理州住建局在初设审查和施工设计审查中,严格把握抗震设防技术措施的基础上,以工程质量为重点,以"工程竣工验收合格率100%"为标准,切实加强工程质量全过程监督,严把从业许可、施工许可、竣工验收关,狠抓制度及措施的落实,强化对建筑市场的综合执法检查。年内,先后开展了"建筑施工安全生产工作综合执法检查和督查”、“严厉打击非法违法施工行为的专项行动”、“建设工程质量安全及建筑市场监督执法检查”、“在建项目综合执法检查”等多次监督检查行动，共抽取了136个项目进行了综合执法检查，发出综合执法告知书43份，对存在问题限期要求整改。年内全州建筑工程质量总体水平进一步得到了提升，竣工验收合格率达100%。

【推进农村D级危房改造工程建设】 大理州大部分农户居住在山区，由于经济、技术等原因，居住条件差，抗震设防性能低，截至2011年12月底，大理州有247014户危房，其中C类143303户，D类104767户。为了帮助和引导农户加快拆除重建和修缮加固及改造的进程，提高抗震防震能力，大理州住建局制定了五年规划，“十二五”期间，大理州将实施农村危房改造106276户（含拆除重建与修缮加固），并积极向国家住建部和省住建厅反映，要求给予扶持。2011年全州在2010年4200户D级危房改造的基础上增至12950户拆除重建和9000户修缮加固，争取到国家7200万元和省级5750万元的补助，州县两级财政投入1800万元。大理州住建局成立了专门的办公室负责此项工作，制定了技术规范，明确了扶持对象和改造对象及改造标准，工作中加强督促和检查指导，全州有11092户农户搬入新居，其余农户正在加紧建设，将尽快完工并迁入新居。2011年12月7～8日，国家住建部派出的检查验收组，对大理州10户农户新居进行检查验收后评价：“大理州改造后的房屋建筑质量好，使用功能较为合理”。

【全州勘察设计单位情况】 2011年底，全州取得国务院和云南省建设行政主管部门核发的工程勘察设计证书的单位30家，其中从事建筑工程设计的单位11家（乙级资质2家、丙级资质8家、丁级资质1家）；从事水利水电设计的单位11家（乙级资质1家，丙级资质10家，）；从事公路勘察设计具有丙级资质的单位1家；从事电力设计具有丙级资质的单位1家；从事建筑装饰设计具有丙级资质的单位2家；从事工程勘察资质的单位4家（乙级资质2家、丙级资质2家）。

【加强建筑领域节能减排】 2011年，大理州住建局按照国家建筑节能强制性标准，强化建筑节能设计和建筑节能施工图审查工作，加快推进太阳能热能利用与建筑一体化工作，开展对洱海流域建筑节能的调查研究，促进了建筑领域的节能减排和建设水平的提高。

【污水处理设施建设有序推进】 2011年，大理州列入《云南省城镇污水处理及再生利用设施生活垃圾处理设施建设规划（2008—2012）》污水项目12个，其中新建10个污水处理厂，改扩建2座污水处理厂。共新建扩建配套管网382.77千米，处理规模为8.35万立方米/日，概算总投资6.12251亿元。竣工4项：宾川、祥云、南涧、大理第二（海东）污水处理厂及配套管网工程；厂区已完成，完善管网建设2项：剑川、鹤庆2县污水处理厂及配套管网工程；抓紧建设6项：云龙、漾濞、永平、弥渡、巍山、洱源6县（二期）污水处理厂及配套管网工程。

【生活垃圾处理设施建设成效显著】 2011年，大理州列入《云南省城镇污水处理及再生利用设施生活垃圾处理设施建设规划（2008—2012）》垃圾处理项目11项。处理规模为1495吨/日，概算总投资7.46314亿元。竣工7项：鹤庆、剑川、祥云、弥渡、永平、巍山、南涧7县生活垃圾处理工程；抓紧建设4项：大理市第二（海东）垃圾焚烧发电工程、洱源、云龙、漾濞3县生活垃圾处理工程。

【污水处理项目投融资平台搭建稳步推进】 2011年按照省政府要求，大理州人民政府与省水务公司签订了《大理城镇污水处理实施项目框架合作协议》。在协议指导下，全州的污水处理厂及配套管网项目中污水收集管网由属地县市人民政府投资建设，污水处理厂厂区项目按属地县市人民政府投资40%，省水务公司投资60%的投资比例建设，建厂完成投入运营后，按照实际污水处理量收取污水处理费的原则进行收费。大理市、云龙县、南涧县、鹤庆县、弥渡县、永平县、剑川县已与省水务公司签订了正式的合作协议。洱源县、祥云县、漾濞县、巍山县、宾川县、大理经济开发区正与云南水务投资有限责任公司进行合作事宜的磋商。

【治污项目建设资金使用安全有效】 2011年，为切实落实建设资金，建立健全多元化、多渠道、多层次的筹融资机制，大理州住建局积极协调做好融资工作。①积极向中央、省相关部门汇报，争取中央、省级补助资金。②申请中信银行治污建设专项统贷资金。③积极协调落实州、县市级配套资金。截至10月20日，大理州治污项目落实各级资金84365.4万元（污水项目53130万元，垃圾项目31235.4万元）。各级补助情况为：中央预算内补助资金22121万元（污水13111万元；垃圾9010万元）；省级专项资金补助20735万元（污水10713万元；垃圾10022万元）；省统贷资金26498万元（污水20066万元；垃圾6432万元）；州政府落实配套奖补资金7109万元（污水3866万元；垃圾3243万元）；县市配套资金2833.4万元（污水1117万元；垃圾1716.4万元）；中央、省、州、县项目前期工作经费1747万元（污水935万元；垃圾812万元）。省水务投入污水项目3322万元。在资金管理上，各县市均做到及时拨付，专款专用，监督有力。

【集镇生活垃圾处理设施试点工作初显效应】 2011年，大理市双廊、周城和洱源县邓川3个乡镇被列为云南省乡镇污水垃圾处理设施建设试点乡镇，省级财政各补助资金100万元。项目实施中，双廊镇根据集镇居住集中等实际情况，在集镇范围内采取购置4辆小型垃圾收集车，建设1座垃圾焚烧炉进行减量化焚烧，处理规模12吨/日。喜洲镇周城村采用垃圾焚烧炉的形式进行集中焚烧处理，处理规模5吨/日。洱源县邓川镇完善清运设施建设，对垃圾集中、定点、定时清运工作进一步规范，在源头上控制农村垃圾对洱海的污染。目前，周城村、邓川镇项目已试运行，双廊镇生活垃圾处理焚烧项目也于12月底完成并试运行。

【集镇污水生活垃圾处理设施建设工作启动】 2011年，州住建局编制的《大理州城镇污水处理及再生利用设施建设“十二五”规划》（草案）及《大理州城镇生活垃圾无害化处理设施建设“十二五”规划》（草案）经省发展和改革委员会、云南省住房和城乡建设厅的多次筛选，初步确定大理州“十二五”期间，全州集镇生活垃圾处理设施规划新建19个项目；规划拟建城镇污泥处置4个项目；规划拟建垃圾场渗滤液处理设施建设30个项目；规划拟建旧垃圾场治理10个项目；规划拟建餐厨垃圾处理6个项目；规划拟建粪便处理1个项目。项目已按照省要求上报，并已开展实施前的准备工作。

【村镇基本情况】 2011年,全州有110个乡镇,其中有68个建制镇(县城所在地有13个建制镇),比"十五"末的66个增加了2个。有42个乡,比"十五"末的44个减少了2个。全州城镇化率预计达到35.2%,年均增长2.4%。城镇建城区面积预计达到144.5平方千米,年均增加6平方千米。有1075个村民委员会,11567个自然村,13747个村民小组。根据2011年全州人口普查初步公布的数据,实际登记人口中,居住在城镇的人口112.1万人,占总人口的32.44%;居住在乡村的人口为233.5万人,占总人口的67.56%。同2000年第五次全国人口普查相比,城镇人口增加49.7万人,乡村人口减少33.8万人,城镇人口占总人口的比重上升了13.51个百分点。

【建制镇市政公用设施建设情况】 2011年,除县市所在地的13个建制镇,大理州的建制镇(含暂住人口)在市政公用设施建设财政资金方面预计共投入10294万元。市政公用设施建设方面,年供水总量3827万立方米(年生活用水量994.94万立方米,年生产用水量2832.06万立方米),供水管道长度980千米,人均日生活用水量110升,用水普及率88.7%。排水方面,污水日处理能力1.155万立方米,年污水处理总量321.81万立方米(其中污水集中处理量59.2万立方米),排水管道长度207.43千米,排水暗渠长度72.55千米。房屋建筑方面,全州实有建筑面积724.242万平方米(其中混合机构以上383.31万平方米),人均住宅建筑面积29.75平方米,公共建筑实有建筑面积197.45万平方米,生产性建筑实有79.69万平方米。燃气、供热、道路桥梁及防洪方面,燃气普及率26.12%;道路长度390.97千米,道路面积315.37万平方米,人均道路面积12.37平方米,道路照明灯盏3304盏;桥梁111座,防洪堤189.51千米。园林绿化及环境卫生方面,绿化覆盖面积319公顷,绿化面积203公顷,公园绿化面积48.38公顷,人均公园绿地面积1.9平方米,绿化覆盖率5.06%,绿地率3.22%;生活垃圾年清运量8.011万吨,生活垃圾年处理量6.331万吨(其中无害化处理量1.171万吨),建成垃圾中转站42座,实有环卫专用车102辆。生活垃圾处理率79.03%,垃圾无害化处理率14.62%。

【乡级市政公用设施建设情况】 2011年,全州乡级(含暂住人口)在市政公用设施建设财政资金方面预计共投入11830万元。乡级年供水总量353.84万立方米(年生活用水量210.99万立方米,年生产用水量121.20万立方米),供水管道长度352.10千米,人均日生活用水量90.81升,用水普及率91.55%。排水方面,建成3个乡级污水处理厂,占全州乡级的6.98%,年污水处理总量19万立方米,排水管道长度32.4千米,排水暗渠长度8.9千米。房屋建筑方面,实有建筑面积194.56万平方米(其中混合机构以上89.7万平方米),人均住宅建筑面积27.98平方米,公共建筑实有建筑面积65.66万平方米,生产性建筑实有15.04万平方米。燃气、供热、道路桥梁及防洪方面,用气人口1.48万人;道路长度100.53千米,道路面积77.04万平方米,人均道路面积10.42平方米,道路照明灯盏781盏;桥梁46座,防洪堤21.79千米。园林绿化及环境卫生方面,绿化覆盖面积84公顷,绿化面积39公顷,公园绿化面积8.55公顷,人均公园绿地面积1.16平方米,绿化覆盖率4.35%,绿地率2.02%;生活垃圾年清运量1.891万吨,生活垃圾年处理量1.416万吨(其中无害化处理量0.045万吨),建成垃圾中转站1座,实有环卫专用车12辆。生活垃圾处理率74.88%(其中垃圾无害化处理率2.88%)。

【示范村建设成效明显】 2011年,全州36个示范村建设计划总投资7241.2万元,实际到位资金达8887.7万元,其中州级补助1080万元,县市配套1140万元,通过部门整合1925.6万元,群众自筹4338.6万元,其他投入403.5万元。完成项目建设:一是道路建设16509米,新老道路硬化37419米,新安装了路灯359盏,供水管道32070米,排污管道5824米,排水沟道13055米,建成绿化面积7740平方米,植树997株;二是文化娱乐场所新建33幢(院)15275平方米,5块场地2919平方米;三是解决农村群众饮用水蓄水池18个,新安装自来水管道93972米;四是垃圾处理设施进一步完善,新建128个垃圾池,购置了903个垃圾桶;五是清洁能源普遍推广运用,新增了1066套太阳能,388个沼气池,改造1001户,新置家电447户;六是村容村貌明显改观,人居房屋刷白12311平方米,彩绘6680平方米;七是整治环境,新建标准卫生厕34个,改造661个,改造卫生厩706个;八是项目村为农村危房拆除重建283户;九是产业扶持110项。

【中心村建设项目全面完成】 2011年,全州中心村建设实施24个村,总共计划投资7159.6万元,实际完成投资7601万元,占计划的106.2%,实际投资中州级补助960万元,县市配套投入1000万元,通过部门整合2639万元,群众自筹3278.5万元,其它配套投入323万元。完成项目建设情况:①实施了23063米的标准化主干道建设,配套安装了370盏路灯、28000米供水管道和4086米排污管道,修建了18662米排水沟道,栽种了2168株行道树和新增22746米的绿化面积;②新建6块面积为3357平方米的活动场所,同时配套建设324幢10642平方米公共活动室;③在集中的居民居住区内新建了道路24906米,硬化新老道路29750米,安装路灯288盏,配套建设了6915米的排水沟,安装了3250米排水管道和57920米自来水管道,对2381户电网进行改造,24453平方米居住房屋墙体实施了粉刷,新购置家电68套,太阳能安装使用新增68户,沼气池建设新增8户;④完成21个饮用水蓄水池的建设,对68655米供水管网进行了改造和安装;⑤对管理分散的厕所在拆除清理的基础上,新建了32座标准卫生公厕,建筑面积达1644平方米;⑥两污处理设施进一步配套和完善,新建了85个垃圾池,新增1辆垃圾车和1042个垃圾桶,新建排污管道1440米和排污沟道7013米;⑦预留了35块54.5公顷村庄发展预留用地;⑧对241户项目村内农村危房进行拆除重建;⑨新增了23项产业发展新项目。

【中心集镇建设工程稳步推进】 2011～2012年实施了12个中心集镇建设,通过2011年实施中心集镇计划建设项目规划设计、评审论证、征地拆迁等前期工作已准备就绪,绝大部分项目已经开工,部分项目已经建成,其余项目正在稳步推进。12个中心集镇建设计划投资67667.56万元,2011年实际已到位资金37235.5万元,其中州级补助2400万元,县市配套2400万元,部门整合24699万元,群众自筹1919万元,其他投入5817.5万元。已建成高标准的道路7659米,供水管道6500米,排污管道4900米,排水沟3300米;建成2个连片的产业集聚区25101平方米;完成居民居住区道路建设14028米,安装路灯570

盏，自来水管道3046米，实施了电网改造；建成综合市场20767平方米，综合文体娱乐场所3911平方米，硬化场地3140平方米；自来水管网建设62650米，污水处理排污管道建设5400米，绿化19460平方米；建设垃圾处理相关设施80个，生态公厕25座，停车场5个20558平方米；完成危房改造435户。目前，中心集镇建设工程正在稳步推进。

（《城乡建设》由李跃花撰稿）

建筑业和房地产业

【概 述】 2011年，全州住房和城乡建设系统认真贯彻落实《云南省人民政府关于加快建筑业改革和发展的意见》精神，按照《云南省建筑企业资质管理实施细则》，加强对有形建筑市场的规范管理，推进建筑业产业结构调整，鼓励建筑业优势互补、强强联合、兼并重组、改制升级，大力推进建筑业社会化和专业化分工，构筑以总承包企业为龙头，专业承包企业和劳务分包企业为基础，分工协作的建筑市场体系，建筑业企业综合竞争实力不断增强，逐步形成了大理州建筑业的“龙头”和骨干企业群体。2011年全州建筑业完成产值69.7亿元，比去年同期增长25.4%，初步成为全州经济发展中的重要支柱产业之一。同时加大勘察设计、造价咨询、招投标市场的监管力度，建筑市场进一步规范。

保障性安居工程建设，是党中央、国务院和省委、省政府赋予大理州的重要任务，也是一项民生工程、德政工程，州委、州政府高度重视，通过全州各级各部门的共同努力，全州保障性住房安居工程建设稳步推进，并取得明显成效。至2011年，全州累计投入资金31.63亿元，实施了17.89万套（户）保障性住房建设，发放租赁补贴资金1.497亿元，全州住房保障体系不断完善。

认真贯彻落实国务院和省政府一系列房地产市场调控政策，以促投资、保增长，有针对性地深化对全州房地产市场的调控。通过开展全州房地产企业经营行为专项检查和商品房预售项目清理工作，进一步整顿和规范房地产交易秩序，规范房地产企业经营行为，净化房地产市场，促进了全州房地产市场的健康有序发展。2011年，全州房地产累计完成投资45.6亿元，同比增长39.4%，新开工商品房面积230.22万平方米，商品房销售面积149.05万平方米，房地产开发投资占全州固定资产投资的12.46%，占GDP的8%。

【工程建设安全生产】 2011年，大理州认真贯彻落实安全生产责任制，扎实开展“安全年”活动和治大隐患、防大事故排查治理专项行动，全面推进建筑施工安全质量标准化工作，围绕年初制定的工作目标，进一步健全监督管理体制，不断提高业务素质和政治思想素质，反腐倡廉，热情为施工企业服务，加强监管，有效防范一般事故和坚决遏制重大事故发生。先后抽查建筑企业80个，在建项目195项，及时排除各类安全隐患，全州的建筑安全生产形势保持了稳定。

2012年8月3日，大理州举行大理海东山地城市建设第一批重大项目开工仪式 （杨 婕 供稿）

【工程质量不断提高】 2011年，大理州住建局进一步强化施工图文件审查，强化事前质量控制，确保工程勘察设计质量。认真开展全州在建工程质量执法大检查，加强对工程实体质量进行监督检查力度，严格控制一般责任事故，确保了监督工作到位率、竣工验收合格率，工程备案报审率，合格率达到100%。

【全州建筑业企业资质情况】 2011年底，全州有建筑业企业139家，其中：一级企业6家（位居全省第二）、二级企业38家、三级企业89家，劳务分包企业6家，从业人数近6万人。

【建筑工程质量监督概况】 2011年，大理州建筑工程质量监督站受监工程项目42个，总建筑面积69.8万平方米，工程竣工验收37项，建筑面积51.6万平方米；办理竣工验收备案手续43项，建筑面积62.99万平方米；受理工程质量投诉1起。全州当年受监工程总数918个，540.22万平方米；当年竣工1156个，301.38万平方米；办理竣工备案手续563个，187.56万平方米。

在日常监督工作中，严格按照有关法律、法规及《房屋建筑和市政基础设施工程质量监督管理规定》的要求和工程建设强制性标准，对建设工程各方责任主体的违反工程强制性条文的行为责令整改，并按程序的要求对违法行为进行调查取证和核实，及时上报上级主管部门。

在质量监督过程中，以严格的管理标准来确保优质的成效，按照工程强制性标准及设计文件，对工程实体质量进行监督检查，坚决杜绝工程质量重大责任事故，严格控制一般责任事故，确保了监督工作到位率、竣工验收合格率，工程备案报审率，合格率达到100%。从源头上堵住建筑工程质量隐患，坚决不让不合格工程投入使用。

严把办理工程质量监督手续关。重点审查工程建设施工项目组人员的资格和技术力量，以及审查工程监理企业资格和监理专业人员资格的审查。

实施巡查监督检查。加大对工程质量的大检查、巡查、抽查力度，着重查处工程重点部位及质量控制点，巡查、抽查力度，着重查处工程重点部位及质量控制点，加大对建筑材料、构配件、砼质量的抽检力度，严格见证取样制度，加大对质量通病的预防工作。根据工程质量监督的检查（巡查）工作规定，开展质量大检查工作，监督科组织开展日常的监督检查和巡查工作。主要检查各责任主体的质量行为和进行工程实体质量随机抽查。

转变工作作风把服务融入监督工作中。现场为建设、施工、监理等各方排忧解难，预防工程质量隐患，排除工程质量缺陷，解决工程质量问题，得到了各方质量责任主体的褒奖和赞许。

【2011年质量监督工作专项活动】2011年，大理州建筑工程质量监督站在州住房和城乡建设局的领导和安排下，开展了各种专题活动。

4月25～27日，在洱源县召开了全州监督站站长会议。会议总结了2010年的工作，对2012年的工作做了部署和安排。安排《房屋建筑和市政基础设施工程质量监督管理规定》的宣贯工作。

5月，对全州监督站的所有监督员进行了继续教育培训，培训结束进行了考试，全部考试合格。

6月15～22日，由州住房和城乡建设局组织州建筑工程质量监督站派专业技术人员参与对全州12个县市建设工程质量监督机构的考核，考核结果达到要求。

7月6～18日，由州住房和城乡建设局发文，州建筑工程质量监督站组织，开展了全州在建工程质量执法大检查。主要检查建设单位、施工单位、监理单位、勘察设计单位各方责任主体的质量行为和对国家的有关法律、法规、技术规范的执行落实情况。

8月，接受省住房和城乡建设厅和省建设工程质量监督站考核组对大理站的机构考核，得到了较好的评价。

9月20～26日，由州住房和城乡建设局组织州建筑工程质量监督站派专业技术人员参与对全州12个县市的2011年保障性安居工程进行了工程质量安全督查。针对检查出的问题，发出了整改通知和执法建议书，并发出了督查通报。

10月，在州住房和城乡建设局指导下，组织开展了“质量月”宣传活动。

12月5～9日，由州住房和城乡建设局组织州建筑工程质量监督站派专业技术人员参与对全州12个县市的2011年保障性安居工程和其他在建项目进行了工程质量安全执法检查。

【全力推进保障性安居工程建设】2011年，省政府下达大理州城镇保障性安居工程建设任务8500套42.5万平方米，计划总投资61388万元，新增廉租住房租赁补贴7100户。廉租住房建设计划3500套17.5万平方米，计划投资24705万元，其中：中央补助8750万元，省级补助1750万元，州级补助1750万元，县市自筹配套12455万元。公共租赁住房建设计划5000套25万平方米，计划投资36683万元，中央补助12792万元，省级2500万元，州级补助2500万元，县级配套18891万元。

2011年省级分两批下达大理州农村危房改造计划12950户（第一批7200户、第二批5750户），地震安居工程修缮加固计划9000户。

通过采取明确工作任务，层层抓落实；及时下达投资计划、及时下达上级补助资金；积极筹措建设资金；完善住房保障工作进展情况定期报告制度，建立住房保障网上信息发布制度；实行城镇保障性住房建设专项行政效能监察；抓工程建设进度等有力措施，截至2011年12月底，全州2011年廉租住房建设10个项目3500套17.5万平方米，已全面开工，完成投资18007万元，占总投资的73%；全州公共租赁住房11个项目5000套25万平方米，已全面开工，完成投资23037万元，占总投资的63%；中央廉租住房租赁补助资金6226万元，已发放13244户1878万元，做到应保尽保，结余资金全部用于购改廉租住房房源。截至2011年底，12950户农村危房拆除重建任务已落实到户，12924户开工建设，11092户已竣工；9000户地震安居工程修缮加固任务已有8725户落实到户，8345户开工建设，5403户已竣工。

2011年，通过全州各级各部门和各县市的共同努力，已全面完成省政府下达的保障性安居工程年度建设任务。

【商品房建设开发】2011年，全州商品房施工面积534.02万平方米，同比增长35.17％；新开工商品房面积230.22万平方米，同比增长14%；竣工面积72.61万平方米，同比增长22.19%；商品房销售面积为149.05万平方米，同比增长42.22%。商品房待售面积24.89万平方米（其中1年以内的待销面积9.36万平方米，1～3年以内13.45万平方米，3年以上2.08万平方米），同比增长42.47%。

【房地产开发信贷和住房公积金贷款管理】2011年，全州投入房地产市场资金来源913017万元，同比增长22.3％。投入房地产市场的信贷资金总量为799495万元，同比增长25.68%；其中：房地产开发贷款余额12.9亿元，同比下降8.4%；个人住房贷款余额65.85亿元，同比增长32.95%。个人住房贷款中住房公积金贷款16.43亿元，同比增长14.49%。

【房地产和土地开发管理】2011年，购置土地面积36.45万平方米，同比下降77.23%；待开发土地面积16.52万平方米，同比下降43.7%。

【控制房价的措施和成效】2011年，大理州一是认真贯彻执行房地产调控政策，进一步规范房地产市场秩序。及时印发了《大理白族自治州人民政府转发省人民政府关于进一步做好房地产市场调控工作意见的通知》，全州各级各部门从加快经济发展、构建和谐社会和推动全州城镇化科学发展的高度，充分认识深化房地产市场调控的重要性、紧迫性，全面落实住房保障目标任务，认真贯彻执行住房信贷、税收、限购等相关政策，努力促进房地产市场平稳健康发展。二是依法规范市场，确保市场稳定。立足市场，结合州情，下发了《大理白族自治州人民政府关于进一步规范房地产市场秩序的通知》和《大理州建设局关于认真贯彻落实〈大理白族自治州人民政府关于进一步规范房地产市场秩序的通知〉的通知》等文件，进一步明确职责、落实责任，提出工作要求，要求各县市按照属地管理原则，认真履行好职能职责，扎实开展好辖区房地产市场秩序的规范和监管工作，继续增加住房有效供应，抑制投资投机性需求，全面规范房地产市场秩序，防止出现房价过快上涨。三是突出重点，不断规范大理市房地产市场和培育扶持县级房地产市场。四是加强技术创新，不断完善房地产市场信息系统建设。五是认真做好新建住房价格控制工作。

2011年以来，大理州加大了对房地产市场调控的深度和广度，全州房地产市场在保持平稳健康发展的总体情况下，全州房地产市场呈现出房地产开发完成投资、商品房新开工、竣工、销售面积同比增长，房地产开发购置土地面积和待开发土地面积下降，商品房销售均价环比下降的特点，国家和省新的房地产调控政策对大理州房地产市场的影响已经初步显现，商品房价格与当地经济发展水平基本相适应。随着全州城市化进程不断加快、城市功能不断完善、配套设施不断健全、州内刚性需求的不断释放、大理宜居城市对州外消费群体的吸引,全州房地产市场发展前景总体看好。

(《建筑业和房地产业》由李跃花撰稿)

住房公积金管理

【概　述】　2011年,大理州住房公积金管理工作以邓小平理论和"三个代表"重要思想为指导,深入学习实践科学发展观,紧紧围绕州委、州政府中心工作,以开展创先争优和学习型党组织建设、建党90周年庆祝活动为契机,深化住房公积金文明行业建设,加强和改进住房公积金管理服务,全州住房公积金资金量稳步增长,贷款方式和规模不断扩大,贷款回收较好,贷款逾期率明显下降,资金运行平稳、规范、有序,为广大干部职工改善居住条件,实现住有所居愿望发挥了积极作用,为全州社会经济发展做出了应有的贡献。

【住房公积金归集近10亿】　2011年,全州归集住房公积金9.88亿元,完成年初计划的110%;提取住房公积金6.66亿元,完成年初计划的111%;发放个人住房公积金贷款2174笔4.82亿元,完成年初计划的121%。截至12月底,全州共有12.37万人参加住房公积金归集,累计归集住房公积金48.28亿元,累计提取19.49亿元,累计向3.27万户职工家庭发放住房公积金个人贷款27.98亿元,支持职工购建房面积927.63万平方米,累计提取并上缴州财政城市廉租住房建设补充资金7315.7万元。

【首次举行管理办法听证会】　4月14日上午,为进一步规范行政决策行为,切实保障人民群众的知情权、表达权、参与权、监督权,提高行政决策的科学性、充分发扬民主,反映民意,增强工作的透明度和公众参与度,根据《云南省人民政府重大决策听证制度实施办法》和《大理白族自治州人民政府重大决策听证制度实施细则》,大理州人民政府举行了《大理白族自治州住房公积金管理办法》听证会,对修改《大理白族自治州住房公积金管理办法》广泛听取社会各方面的意见和建议。

【管理制度不断完善】　2011年,随着国家住房政策不断变化,为使大理州现行的住房公积金管理政策规定更加符合法制化、规范化要求,州住房公积金管理委员会采取实地考察调研和向其他州市学习、召开座谈会等多种形式,重新修订了《大理白族自治州住房公积金管理办法》、《大理白族自治州住房公积金提取使用实施细则》和《大理白族自治州住房公积金个人贷款实施细则》,经大理州住房公积金第二届管理委员会第四次会议审议通过后,于2月14日发布了公告《大理白族自治州住房公积金提取使用实施细则》和《大理白族自治州住房公积金个人贷款实施细则》,进一步规范了住房公积金缴存、贷款、提取工作。

【获省住房公积金行业文明单位称号】　2011年,根据《云南省住房和城乡建设厅关于表彰2010年住房公积金行业文明单位和住房公积金文明行业创建先进个人的通报》精神,大理州住房公积金管理中心荣获"2010年云南省住房公积金行业文明单位"称号,刘爱国、杨鸿飞被评为"2010年云南省住房公积金文明行业创建先进个人"。

【提高住房公积金贷款最高限额】　7月1日起,为进一步发挥住房公积金的住房保障作用,努力满足职工合理的购房贷款需求,积极支持职工解决自住住房问题,减轻职工购房还贷压力,经请示州人民政府、州住房公积金管理委员会批准,提高大理州住房公积金个人贷款额度,创历史最高水平:单职工缴存住房公积金的家庭,住房公积金贷款的最高额度从20万元提高至25万元;双职工缴存住房公积金的家庭,住房公积金贷款的最高额度从30万元提高至40万元。

【调整个人住房公积金存贷款利率】　2011年,大理州住房公积金管理中心3次调整了个人住房公积金存贷款利率。一是根据《中国人民银行关于上调金融机构人民币存贷款基准利率的通知》,从2月9日起,上调个人住房公积金贷款利率:5年期以下(含5年)从3.75%调整为4.00%,5年期以上从4.30%调整为4.50%;上年结转的个人住房公积金存款利率由2.25%调整为2.60%;当年归集的个人住房公积金存款利率由0.36%调整为0.40%。二是根据中华人民共和国住房和城乡建设部《关于调整住房公积金存贷款利率的通知》,从4月6日起,上调个人住房公积金贷款利率:5年期以下(含5年)从4.00%调整为4.20%,5年期以上从4.50%调整为4.70%。上年结转的个人住房公积金存款利率由2.60%调整为2.85%;当年归集的个人住房公积金存款利率由0.40%调整为0.50%。三是根据中华人民共和国住房和城乡建设部《关于调整住房公积金存贷款利率的通知》,从7月7日起,上调个人住房公积金贷款利率:5年期以下(含5年)从4.20%调整为4.45%;5年期以上从4.70%调整为4.90%。上年结转的个人住房公积金存款利率从2.85%调整为3.10%;当年归集的个人住房公积金存款利率保持0.50%不变。

【接受审计监督】　2011年,根据全省的统一部署,州审计局对2010年全州住房公积金管理使用情况进行审计。审计报告认定,大理州住房公积金存款账实相符、按规定计提分配收益,不存在挤占挪用住房公积金本金和收益问题,会计核算规范,在审计范围内不存在违法违规委托,对住房公积金管理工作给予了充分肯定,同时提出存在的不足,建议中心尽快解决信息系统网络问题,进一步完善账务管理工作,并纠正全州98个单位超比例缴存问题。

【管理信息系统不断加强】　10月,大理州住房公积金管理委员会积极配合国家住建部、省住建厅住房公积金监管处、省电信公司完成了数据镜像容灾网络建设工作,进入住建部全国住房公积金监管系统,接受住建部的监管,从而打破了住房公积金账户仅由属地政府监管的传统格局。

(《住房公积金管理》由杨晓莉撰稿)

(《城乡规划建设管理》责任编校:冯　燕)

环境保护

综　　述

【概　述】 2011年，全州环境保护系统在州委、州政府的坚强领导下，紧紧围绕科学发展、和谐发展、跨越发展，加快建设面向西南开放重要桥头堡和建设滇西中心城市决策部署，始终坚持把服务发展自觉融入到环境保护工作的全过程，推动环保科学发展的能力不断加强，环保服务经济发展的水平不断提高，切实树立了廉洁高效机关的良好形象，有力地推动了全州环境保护工作的科学发展。

【洱海保护成绩显著】 年内，洱海保护工作严格遵循"严控源、慎用钱、质为先"的要求，紧紧围绕"四个清洁"（清洁水源、清洁田园、清洁能源、清洁家园）建设，主要实施了集镇污水收集处理及城镇截污工程、流域生态屏障建设、主要入湖河道清洁、农业面源污染控制、农村环境综合整治、垃圾收集处理处置工程、流域环境管理及生态文明建设等工程，洱海综合保护治理向纵深推进的步伐不断加大。

【洱海保护调研】 10月，州委、州政府就加强洱海保护与促进流域经济社会与生态文明协调发展问题，召开了2次专题常委（扩大）会议，组织四班子的主要领导和分管联系领导及相关部门主要负责人进行了1次专题调研，召开洱海保护治理工作大会，进一步健全完善以洱海流域县市行政主管部门为主体的多层级管理模式，明确了2011～2012年洱海保护治理及生态环境保护责任目标。2011年洱海水质全年稳定保持在Ⅲ类，其中1、2、3、11、12月洱海水质达到Ⅱ类。省政府九湖水污染综合防治督导组于11月初检查洱海保护治理工作后认为：大理州对洱海保护工作着眼全局、着眼长远、着眼根本、着眼民生，工作重点突出，在原有基础上又取得阶段性成果。

【加强环境执法能力建设】 年内，州环保部门积极主动协调州政府法制局，组织对全州环保系统120名新调入、需换证人员进行行政执法培训，进一步提升执法队伍素质，及时有效解决环保行政、监察执法人员持证上岗的问题。依托州环境监测站的人力资源和设备、技术平台，采取以工代训、换岗锻炼、结对帮带等方法，分批对全州环境监测从业人员进行为期2～4周的培训，进一步提升了全州环境监测队伍的业务素质；指导巍山、弥渡、永平、洱源、剑川、云龙等县环境监测站完成67项次的个人持证考核，为县级环境监测站通过省级实验室资质认证奠定坚实基础，州监测站监测分析项目持证率已达100%。环保监测执法业务用房建设顺利起步，第一批大理州3个县环保监测执法业务用房建设项目得到国家环保专项资金支持。在机构改革中，局机关内设科室由原来的8个增至12个，人员编制由原来的28名增至33名，机构和人员力量得到较大加强，进一步提升了环境保护在经济社会发展综合决策中的地位和作用。

【加强环保宣传】 2011年，全州环保部门加强环保宣传工作。通过网站、报刊、电台等媒体广泛进行环保宣传，积极组织实施"洱海保护月"等全民环保活动，在"环境日"、"水日"、"地球日"，积极主动协调相关部门深入基层积极开展形式多样的环保宣传活动。及时公布环保政务信息，年内，"大理州环境保护局"网站发布政务信息547条，被"七彩云南"网站登载460条，被国家环保部网站用稿9条，被国家《环境保护》杂志刊用1篇。对外交流不断加强，项目和资金申请力度不断加大。坚持以洱海湖泊环境的基础科研工作为切入点，环保科研和科技示范工作全面推进。

污染减排

【污染物总量减排达标】 "十一五"期间，全州主要污染物总量减排各项目标已顺利通过国家和省考核，州环保局分别被省、州人民政府评为"十一五"污染减排先进集体，州环境监察支队、州环境监测站被州人民政府评为"十一五"污染减排先进集体。"十二五"期间，省政

洱海保护进课堂　　（州环保局　供稿）

府下达大理州的减排目标任务已于6月分解下达至各县市政府,并签订了目标责任书。及时制定实施《大理州关于贯彻落实加强重金属污染防治工作指导意见的实施方案》及《大理州2011年重金属污染防治行动计划》,认真组织开展汞污染排放源现状调查评估和持久性有机物调查工作,积极开展全州53个选矿厂及尾矿库现状调查工作;制定并有序落实《洱海流域违法排污专项整治工作方案》;及时组织开展洱海流域污水处理设施建设运营管理情况调研,拟制《洱海流域集镇、村落污水处理设施监督管理办法(试行)》。

【污染源普查】 年内,全州环保部门认真组织开展污染源普查动态更新调查工作和全州2011年环境统计工作。8月中旬,主动协调州政府督查室、州国土建设纪工委、州住建局组成联合督查组,对全州相关县市涉及2011年省、州重点减排项目实施情况进行督查,对督查中发现的问题采取相应的措施,有力地促进了污染减排工作进度。严格执行排污申报许可及重点企业监控制度,全年完成排放污染物许可证年检、审核换发39家,不予核发2家;将51家重点企业列入环境监察和监测计划;对存在问题或超标排放的7家企业实施了限期整改。

【工业源污染物排放及治理情况】 年内,全州环保部门对工业源的331家重点工业企业的主要污染物排放及治理情况进行跟踪调研,基本情况为:①工业废水。州工业用水量4426.98万吨,其中取水量2044.29万吨,重复用水量2382.69万吨。废水治理设施123套,废水处理量2010.60万吨,废水排放量1292.89万吨,其中直接排入环境792.11万吨,排入污水处理厂500.78万吨。废水污染物产生排放情况:化学需氧量产生量1.62万吨,排放量0.28万吨;氨氮产生量190吨,排放量56吨。②工业废气。废气排放量1077.04亿立方米,废气治理设施558套,其中脱硫设施23套,除尘设施535套。二氧化硫产生量12.22万吨,排放量1.22万吨;氮氧化物产生量1.44万吨,排放量1.44万吨,烟(粉)尘产生量208.83万吨,排放量1.03万吨。③工业固体废物。一般工业固体废物产生量504.96万吨,综合利用量305.61万吨,处置量108.69万吨,贮存量63.17万吨;危险废物产生量11.9872万吨,综合利用量11.92万吨,贮存量675吨。

【农业源污染物排放】 2011年,全州农业源污染物排放基本情况为:化学需氧量排放量0.97万吨,总氮排放量0.59万吨,总磷排放量630吨,氨氮排放量1020吨。

【生活源污染物排放】 2011年,全州生活源污染物排放基本情况为:城镇居民生活用水量3237.64万吨,其中居民家庭用水量2634.93万吨,公共服务用水量602.71万吨。化学需氧量排放量2.96万吨;氨氮排放量0.37万吨;二氧化硫排放量0.27万吨,氮氧化物排放量600吨,烟尘排放量2010吨。

【集中式污染治理设施】 至2011年底,全州建成投运县城污水处理厂5座,实际处理污水2394.18万吨,其中处理工业污水1566.13万吨,生活污水828.05万吨。去除化学需氧量0.34万吨,氨氮74.64吨。建成投运县城生活垃圾处理厂(场)6座,实际填埋量25.63万吨。渗滤液化学需氧量产生量750.21吨,排放量620.16吨;氨氮产生量81.97吨,排放量61.45吨。拥有机动车61万辆,总颗粒物排放量0.14万吨,氮氧化物排放量1.41万吨,一氧化碳排放量7.43万吨。

环境监管

【环保审批服务】 年内,全州环保部门深入推进重大建设项目环评审批的"绿色通道",加大对全州重大经济发展项目环评进展情况的跟踪服务,环保审批服务经济发展水平进一步提升。及时下达"三同时"监理通知,全过程实施监理,有效加大了重点建设项目全程跟踪管理的力度,大中型建设项目的环境影响评价和"三同时"执行率均达到100%。全年共审查省级项目27个、审批州级项目71个、环保设施竣工验收项目7个,组织环境影响评价技术审查项目85个,指导县级环境影响评价文件审查项目36个。高度重视人大代表、政协委员的意见和提案,及时办理、认真回复,满意率达100%。洱海国家水质自动监测站的站房建设工作全面完成。多措并举加强环境监测质量管理,国家、省、州年度指令性监测任务圆满完成,全州环境监测质控合格率保持在98.1%以上,为政府和管理部门正确决策提供及时、准确、可靠的技术支持和服务。

【环保监管专项行动】 年内,全州环保部门坚持以维护广大人民群众的生态环境安全为己任,在积极完成日常环境监管执法工作任务的同时,多次组织开展强有力的环保专项行动。在雨季来临前,采取各县市交叉检查的方式,对全州22个饮用水源地、60家工业企业进行污染隐患排查,对存在环境问题的34家企业分别进行整改,消除雨季可能造成的环境污染隐患;参加9部门整治违法排污企业保障群众健康环保专项行动,对全州涉及重金属排放的4个工业园区和26家重金属排放企业进行深入整治,对8家存在环境问题的企业进行挂牌督办;组织开展全州医药制造企业专项环境执法检查,对未执行环保"三同时"制度的鹤庆县大理丸荣生物工程有限公司实施责令停产整治,对因造成不良环境影响的大理白族自治州中药制药有限公司进行限期整改;及时认真组织开展危险废物环境风险大排查暨化学品环境管理专项执法检查。

【加强工业企业环保监管】 年内,全州环保部门进一步加大对大理市创新工业、上登工业、祥云财富、剑川上兰4个工业园区的监察、监管力度,有效遏止了环境污染事故的发生。狠抓排放污染物申报登记制度的落实,积极开展排污费的征收工作,共完成排污申报登记核定240家(其中国控企业8家、其他企业232家),征收解缴排污费1499.95万元,超额完成省下达的700万元的年度征收任务。及时调查更新审核了全州采选、冶炼尾矿库信息档案库53家。全年共出动监察人员1500人次,对洱海流域的5个国控企业、11个州级重点企业和9个其他排污单位、15个新建目进行了精细化检查,对全州15个国家重点监控企业、4个省级年度减排重点项目进行了现场监察,对32家企业的新建项目实施了"三同时"监察,有效维护了生态环境安全。

【水环境质量】 2011年,全州各级环境监测站分别对漾弓江、清水河、礼社江、澜沧江、沘江、黑潓江、弥苴河、罗时江、永安江、万花溪、白石溪、波罗江、西洱河、白鹤溪及洱海、茈碧湖、西湖、海西海的水质进行环境质量监测,共设测点49个,监测结果与国家《地表水环境质量标准》(GB3838—2002)对照(根据大理州洱海保护治理领导组办公室,2008年6月11日文件《关于规范洱海流域水质监测工作的通知》,主要入湖河流 弥苴河、罗时江、永安江、万花溪、白石溪、波罗江、白鹤溪采用湖库标准),结果如下:

符合Ⅰ类水质标准(适用于源头水、国家自然保护区)的测点无。

符合Ⅱ类水质标准(适用于集中式生活饮用水地表水源地一级保护区、珍稀水生生物栖息地、鱼虾类产卵场、仔稚幼鱼的索饵场等)的测点占12.2%。

符合Ⅲ类水质标准(适用于集中式生活饮用水地表水源地二级保护区、鱼虾类越冬场、洄游通道、水产养殖区等渔业水域及游泳区)的测点占57.1%。

符合Ⅳ类水质标准(适用于一般工业用水区及人体非直接接触的娱乐用水区)的测点占10.2%。

符合Ⅴ类水质标准(适用于农业用水区及一般景观要求水域)的测点占14.3%。

超过Ⅴ类水质标准限值的测点占6.1%。

各湖泊、河流的水质类别分别评价如下:

洱海属Ⅲ类水质,主要污染物为总氮、化学需氧量。

茈碧湖属Ⅱ类水质,符合其水功能类别。

海西海属Ⅲ类水质,主要污染物为总氮。

西湖属Ⅲ类水质,主要污染物为总氮、总磷、高锰酸盐指数、化学需氧量。

漾弓江属Ⅲ类水质,符合其水功能类别。

清水河属Ⅱ类水质,符合其水功能类别。

礼社江龙树桥断面属Ⅳ类水质,主要污染物为粪大肠菌群。

澜沧江功果桥断面属Ⅲ类水质,主要污染物为粪大肠菌群。

沘江金鸡桥断面属劣于Ⅴ类水质,主要污染物为镉;石门断面属Ⅲ类水质,符合其水功能类别。

黑惠江徐村桥断面属Ⅲ类水质,符合其水功能类别。

弥苴河属Ⅴ类水质,主要污染物为粪大肠菌群、总磷、总氮、溶解氧。

永安江属Ⅳ类水质,主要污染物为粪大肠菌群、总氮、溶解氧、总磷、五日生化需氧量。

罗时江属Ⅴ类水质,主要污染物为粪大肠菌群、总氮、总磷、五日生化需氧量、溶解氧、高锰酸盐指数、化学需氧量。

白石溪属Ⅴ类水质,主要污染物为总磷、粪大肠菌群、总氮。

白鹤溪属Ⅴ类水质,主要污染物为总磷、总氮、粪大肠菌群。

万花溪属Ⅳ类水质,主要污染物为总磷、总氮、粪大肠菌群。

波罗江属Ⅴ类水质,主要污染物为总磷、总氮、粪大肠菌群、溶解氧、氨氮。

西洱河闸门断面属Ⅳ类水质,主要污染物为五日生化需氧量、化学需氧量;一级坝断面属劣于Ⅴ类水质,主要污染物为粪大肠菌群、石油类;四级坝断面属劣于Ⅴ类水质,主要污染物为粪大肠菌群、氨氮;博物馆断面属Ⅱ类水质,符合其水功能类别(本文中所述地表水监测点为大理州已经有水环境功能区划类别的地表水系及断面)。

【大气环境质量】 2011年,州境内有大理市、宾川县、巍山县、鹤庆县进行了大气监测,共设测点5个,其中大理市有2个测点。监测结果与国家《环境空气质量标准》(GB3095—1996)及《关于发布环境空气质量标准(GB3095-1996)修改单的通知》对照,4个县市城的环境空气质量均符合二级标准(适用于城镇规划中确定的居住区、商业交通居民混合区、文化区、一般工业区和农村地区)。

大理市设有2个降水监测点,降水的pH值在6.05~8.73之间,均值为7.02,无酸雨出现。鹤庆县环保局设1个降水监测点,降水pH值在6.94~7.13之间,均值为7.04,无酸雨出现。

【声环境质量】 2011年,州境内有大理市、巍山县、洱源县、漾濞县、鹤庆县进行了交通噪声监测,设测点110个,等效声级值范围分别为:大理市62.8~76.5分贝;巍山县64.6~76.9分贝;洱源县73.1~79.3分贝;漾濞县56.8~68.5分贝;鹤庆县57.9~75.3分贝。与2010年相比,大理市、巍山县、洱源县交通噪声等效声级值有所上升;漾濞县、鹤庆县交通噪声等效声级值有所下降。

2011年,州内有大理市、洱源县、巍山县、鹤庆县、漾濞县的县市城进行了功能区噪声监测,设测点18个,按照国家《声环境质量标准》GB3096-2008评价,所测1至4类区域的环境噪声等效声级超标率分别为:大理市昼间3.1%~40.6%,夜间超标率为25.0%~81.3%;巍山昼间12.5%~87.5%,夜间超标率为62.5%~81.3%;鹤庆昼间0.0%~3.1%,夜间未出现超标情况;漾濞昼间0.0%~62.5%,夜间超标率为0.0%~25.0%;洱源昼间40.6%~81.3%,夜间超标率为18.8%~56.3%。

生态建设

【生态兴州建设】 2011年,州环保部门制定的《大理州生态文明建设及生态州创建实施方案》获州政府批准实施,大理州生态文明建设及生态州创建领导小组成立,列为滇西北生物多样性范围的6县市生态县市建设规划全部通过并进入创建阶段,21个乡镇开展了省级生态乡镇申报工作,生态示范创建工作深入开展。

【农村环境综合整治】 2011年,州环保部门起草的《大理州农村环境综合整治规划(2010~2015年)》获州州政府批准印发实施,列入2010年度中央农村环保专项资金实施的3个村庄环境综合治理项目已全面完工;2011年申报的永平县的七屯村、南涧县的红星村等4个村被列入中央农村环保专项资金补助项目,共争取到中央补助资金280万元;乡镇环保机构改革调研工作完成,农村环境综合整治工作稳步推进。

【洱海流域百村整治工程】 2011年,洱海流域百村整治工程实施方案和考核办法已通过州新农村建设领导小组审核批准实施,成立州、县市洱海流域百村整治工程办公室,建立目标责任制,筛选确定2011年度实施的40个村庄名单,下拨州级补助资金1600万元。建成截污沟9302米、排污管11689米、分散式污水处理设施18座、垃圾池(房)6座、垃圾焚烧炉7座,完成道路硬化81196米、村庄绿化4131平方米,改扩建村民活动场所20个,洱海流域百村整治工程扎实开展。

【生物多样性保护工作有序开展】 2011年,大理州争取到国家级自然保护区专项能力建设资金250万元,项目已启动实施;《云南大理苍山洱海国家级自然保护区总体规划(2011~2020)》征求意见稿编制、大理州生物多样性基础数据库建设以及鹤庆县草海湿地生物多样性保护宣教基地建设完成,鹤庆草海、剑川剑湖、云龙天池等湿地生态保护和恢复深入推进,生物多样性保护工作有序开展。全年共争取到国家和省级资金25559万元,生态保护治理资金的支持对大理州生态保护治理将产生重大作用。

【洱海被列入全国湖泊生态环境保护试点】 7月，洱海正式被国家财政部和环保部列为全国湖泊生态环境保护试点，试点期限为3～5年，并下达了首批国家财政补助资金2亿元。截至2011年12月，国家、省、州洱海保护治理资金已到位2.7亿元，项目进展顺利，17个试点项目均已开工，要求年内建成的12个项目有9个已进入工程扫尾阶段，洱海综合保护治理向纵深推进有了新的突破。

（《环境保护》由州环境保护局提供）

洱海保护管理

【概　述】 2011年，洱海保护管理部门紧紧围绕科学发展、和谐发展、跨越发展，加快建设面向西南开放重要桥头堡和建设滇西中心城市决策部署，对洱海保护工作着眼全局、着眼长远、着眼根本、着眼民生，工作重点突出，在原有基础上又取得了阶段性成果。切实树立廉洁高效机关的良好形象，有力地推动洱海保护管理工作的科学发展。

【洱海渔业资源保护方案论证会】 年内，大理市洱海保护管理局组织召开《2011年洱海渔业资源增殖放流与封湖禁渔实施方案》论证会。会议邀请中国科学院水生生物研究所、华中农业大学等单位专家，组成专家组对实施方案进行了论证。专家组听取实施方案汇报、审阅有关材料、经过质询讨论，形成如下意见：①该实施方案立足于洱海水环境保护和渔业协调发展，兼顾生态修复和渔业生产，从科学技术和湖泊管理着眼，提出了增殖放流、封湖禁渔和渔政管理措施，具有重要的创新和管理上的突破；②该实施方案在增殖放流方面所涉及的延长封湖禁渔期是必要的，所提出的放养种类、数量、规格和时间基本合理，具有可操作性；③该方案提出的加强渔政执法管理体现了对洱海湖泊生态系统保护的重要意义，十分必要；④该实施方案经修改后可上报审批。会议建议：①进一步细化和优化增殖放流操作方案；②要强化渔政管理，同时重视封湖禁渔期专业渔民的生产生活，加强技术对洱海渔业发展的支撑；③加强洱海增殖放流效果监测与评估工作。

【“洱海保护月”活动动员大会】 1月11日，2011年“洱海保护月”活动动员大会在苍山饭店礼堂召开，州委副书记、州长何金平，州委副书记王雪峰，州人大常委会主任字国顺，州政协主席袁爱光，州委常委、市委书记段玠，副州长许映苏，州政协副主席孙明，驻关部队首长等出席了动员大会，并为受表彰的先进单位颁奖。市委副书记、市长马忠华作动员讲话，全面总结2010年“洱海保护月”活动取得的经验与成果，并就全力推进2011年“洱海保护月”活动相关工作进行动员部署。市委副书记黑尚锋主持会议，市人民政府副市长杨永福宣读了《中共大理市委、市人民政府关于表彰奖励2010年度“洱海保护月”活动挂钩联系先进单位的决定》，州、市84家“洱海保护月”活动先进单位受到表彰奖励。大理市“四班子”领导、“两区”以及挂钩联系“洱海保护月”活动的州、市各部委办局、各人民团体、各企事业单位和驻关部队主要领导、各镇党政主要领导、分管领导和各村民委员会主任、书记等参加了会议。

【省“九湖”办考核洱海水污染综合防治情况】 1月14日，云南省九大高原湖泊水污染综合防治“十一五”规划执行情况末期考核组对大理市洱海水污染防治“十一五”规划执行情况进行末期考核。考核组通过听汇报，查阅洱海水污染综合防治“十一五”规划项目资料档案、湖泊管理和相关台账资料，并先后深入大理市大理医疗废弃物处理场、才村洱海湖滨带生态修复示范工程、罗时江入湖河口湿地生态恢复建设工程等项目实施地，进行实地检查和考核。考核组对大理市“十一五”期间洱海流域水污染综合防治工作取得的成绩给予了充分的肯定。

【洱海渔业资源保护听证会】 1月21日上午，大理市洱管局举行2011年洱海渔业资源保护增殖放流与封湖禁渔听证会，就方案内容的可行性广泛听取社会各界的意见和建议。听证会上，17名听证代表在认真听取市洱管局相关说明后认为，《2011年洱海渔业资源保护增殖放流与封湖禁渔实施方案》立足洱海水环境保护和渔业协调发展，兼顾生态修复和渔业生产，从科学技术和湖泊管理着眼，提出了增值放流、封湖禁渔和渔政管理措施，具有工作上的创新和管理上的突破，体现了加强渔政执法管理对洱海湖泊生态系统保护的重要意义。代表们认为，该实施方案在增殖放流方面涉及的延长封湖禁渔期是必要的，所提出的放养种类、数量、规格和时间是合理的，具有可操作性，建议进一步修改完善，按程序上报审批，组织实施。

【洱海全湖禁渔工作会议】 2月23日，大理市召开2011年洱海全湖休渔工作会议。会议总结了2010年洱海封湖禁渔工作，安排部署2011年全湖禁渔工作。2011年全湖禁渔的时间为2011年3月1日～2011年9月28日上午10时止。为进一步加大封湖禁渔力度，加强渔政执法管理，确保洱海渔业资源增殖放流成效，提高洱海生态功能，此次全湖禁渔工作，在大理市征调民兵50人，充实到引洱入宾闸门口、才村、挖色、古生、桃园、双廊6个执法点参与渔政执法管理，并在沿湖各镇分别组织成立3～7人的护渔队对辖区内的违法捕捞行为进行及时的制止和监督。市洱海保护管理局还实行了站所科室挂钩执法点责任制，分别由局科室站所主要负责人挂钩负责，做好挂钩区域内增殖放流与封湖禁渔工作，协调镇区及有关部门参与打击违规捕捞行为及时解决处理渔业纠纷，协助镇区做好群众思想工作，防止群众性事件发生带领挂钩部门职工积极参加增殖放流与封湖禁渔等各项工作。

【洱海捕捞渔船归港工作进展顺利】 2011年2月20日，大理市洱海保护管理局渔船归港工作全面铺开，渔船归港期间，渔政执法人员采取宣传教育和强制入港两手抓的工作方式，指导沿湖各镇做好渔船归港工作。归港渔船采取集中属地管理原则，由专人负责管理。至2月27日，洱海捕捞船3051艘，入港2867艘，入港率达到94%。

【洱海渔业资源保护增殖放流】 2月25日，以“增殖水生生物资源，保护洱海水域生态环境”为主题的2011年洱海渔业资源增殖放流仪式在湾桥镇古生码头举行。投放工作在大理市农村经济部门纪工委、大理市财政局、大理市审计局、大理州水产站、大理市水产站的全程参与和监督下进行。2011年的增殖放流继续以投放滤食性鱼类为主，合理搭配土著鱼类和其他经济鱼类。此次投放时间将持续到2011年3月30日，预计投放100～500克/尾的鲢鱼380吨；50～100克/尾鳙鱼20吨；20～50克/尾鲫鱼10吨；50～100克/尾云南裂腹鱼0.1吨；规格9～11朝土著鲤鱼、高背鲫、青鱼共计781万尾;无齿蚌4吨和螺蛳1000万个。

3月8日,大理市洱海保护管理局又分别在喜洲镇桃源村、大理镇才村的洱海沿湖开展人工增殖放流,进一步改善洱海生态环境,增殖生物资源。本次增殖放流主要放殖土著鲤鱼和无齿蚌。结合往年的经验,2011年洱海增殖放流的做法是对大规格鱼种扩大投放,增加个体数量,控制藻类繁殖,增加螺贝类。为提高鱼种成活率,大理市洱海保护管理局对土著鲤鱼和无齿蚌进行及时投放,在洱海水域较为开阔的地方放流,便于鱼种散游。同时结合洱海湖面的地形特点,分别在湖面的南北两个点放流,促进鱼种科学繁殖,改善生态环境。

【为洱海执法巡逻人员义诊送药】 3月17日,市洱海保护管理局、市人武部、市卫生局联合开展"义诊慰问"活动,组织医护人员深入环湖的6个渔政执法点,为辛勤战斗在封湖休渔一线的洱海执法巡逻人员义诊送药。针对洱海执法巡逻人员工作特点,医务人员为他们提供了相应的常规查体、心肺听诊、量血压等多种检查项目,询问他们的饮食起居,了解他们的健康情况,并解答巡逻人员健康方面的问题。在3月1日~9月28日洱海封湖休渔期间,大理市投入渔政执法人员、公安干警、渔政协管员、公安辅警、民兵等洱海执法巡逻人员125名,其中48名民兵是第一次参加洱海封湖休渔期间的执法巡逻。从3月1日洱海封湖休渔以来,洱海执法巡逻人员采取白天和夜晚交叉检查、定时和不定时交叉检查的方法,禁止在洱海水域进行一切形式的捕捞作业。本次义诊活动对128名巡逻人员全部进行了身体检查,并为他们送去感冒、上火、咳嗽等常用药,切实保障洱海执法巡逻人员以充沛的体力和精力投入封湖休渔工作。

【考核检查验收《洱海保护治理目标责任书(2007~2010)》】 根据州委、州政府与市委、市政府签订的责任制要求,为认真落实各项目标任务,3月18日,由州环保局、州住房和城乡建设局、州农业局等相关部门组成的州考核验收组,对《大理州洱海保护治理目标责任书(2007~2010年)》规划执行情况末期进行考核检查验收。洱海保护治理"十一五"规划执行以来,大理市认真贯彻落实省政府大理专题工作会议、省九大高原湖泊领导小组会议和大理州洱海保护治理领导组会议精神,紧紧围绕"两保护、两开发"核心任务,始终把洱海保护作为滇西中心城市建设的前提和基础,按照"治湖先治污、治污先治源"的思路,坚持"政府主导、规划治保、科技先行、化整为零、属地治理、分类实施、绩效考核、跟踪问责"的原则,举全市之力,稳步推进洱海保护治理"六大工程"建设。在《洱海保护治理目标责任书(2007~2010年)》中,大理市组织实施目标责任书项目共47项,规划投资17.51亿元,已累计完成18.25亿元,其中市级自筹配套14.15亿元,全面完成了东城区排水管网、风仪片区及波罗江沿岸综合管网等42个项目工程。同时还完成了责任书以外的项目9项,累计完成投资1.58亿元。2007~2010年,洱海水质总体稳定保持在Ⅲ类,其中19个月达到Ⅱ类水质,洱海沉水植物生物量由2006年的16万吨增至2010年的19万吨,洱海流域生态环境逐步改善,工程治理效果明显。州考核验收组听取大理市洱海流域水污染综合防治"十一五"规划执行情况汇报,查阅相关资料,并深入大理市环洱海(海东—登龙河段)截污干渠工程、大理市大鱼田污水处理厂、大理古城片区污水收集管网、银桥镇西城尾村村落污水处理系统工程等现场进行实地查看。州考核检查验收组对大理市认真贯彻落实目标责任书中的各项目标任务,给予了客观评价,充分肯定大理市在深入推进洱海保护治理工作中所作出的努力,领导重视,措施得力工作成效明显。洱海保护治理成果进一步巩固。

【洱海资源费征收专项整治行动】 针对部分游船公司在清晨或黄昏接待旅游团队,以每位游客8~10元的价格进行观海游,逃避洱海风景名胜资源保护费(30元/位),严重扰乱洱海旅游秩序、造成洱海资源保护费流失,危害了游客人身安全的情况,大理市洱海保护管理局于3月22日专题组织召开洱海游船逃避经营行为专项整治会议。会议就专项整治工作进行安排,成立专项整治活动工作组,并严格依照省发改委、省财政厅、省建设厅《关于收取洱海风景名胜资源保护费的通知》和《大理市洱海风景名胜资源保护费征收实施办法》的相关规定,结合3月14日下发的《关于立即停止洱海游船逃费经营的通知》要求,在规定的3月23日~4月10日期间,集中整治,查处逃避洱海风景名胜资源保护费行为,维护洱海旅游秩序,规范洱海各游船经营公司经营管理。

【加强封湖禁渔期间渔政执法】 3月17~18日,由市洱海管理局办公室、渔政科、法制宣传科相关人员组成的专项检查组对相关站点及镇(区)进行督促检查,检查主要针对沿湖镇(区)的封湖禁渔工作开展情况,渔政执法站点出勤率、执法时间及各挂钩联系部门的参与执法情况等方面展开。各镇(区)、各站点人员到位及在岗在位、各挂钩联系部门积极参与执法情况良好,督促检查使各镇(区)、各执法站点加强管理、强化纪律意识和大局意识,推进了渔政执法各项工作顺利实施。自封湖禁渔期实施以来,由大理市渔政执法监督管理站执法人员、洱海派出所公安干警、大理市民兵应急分队组成的渔政综合执法组,严格按照封湖禁渔相关规定组建到位并开展工作。在执法行动中严格制定巡查值班表,轮流安排巡查执法,及时开展执法打击,对辖区内陆地进行每天2次徒步巡查,在巡查中队发现船只网具等违法行为及时打击处理,对举报违法案件迅速出动查处,并积极协助乡镇开展渔船归港工作,对全湖进行封湖禁渔工作宣传。在3次联合行动中收缴铁皮船24艘、木船2艘,在日常巡查中收缴铁质船35艘、木质船6艘、泡沫船58艘、地笼1166个、丝网1029张、虾笼14个、迷魂阵5个、机头1台、轮胎胆3个、电鱼器2套、钓鱼竿5根。

【洱海北片区截污治污环境整治】 洱海北片区截污治污环境整治生态修复工程规划建设约20公顷生态湿地,总投资2753.03万元,项目建设内容为湖滨带缓冲区环境整治、生态及环境修复工程建设等。建设范围北至阳南河,南至全民健身中心,东至洱海,西至西环海路,选址分小关邑、阳南河、全民健身中心三个洱海湖滨带缓冲区。项目在完成可研编制及招投标后,施工方于2011年3月21日进场施工,环评、规划许可、施工许可等相关手续也在办理中。

【洱海流域综合治理保护和监管】 4月25日,大理市召开全市洱海流域综合治理保护和监督工作会议,贯彻落实州委、州政府《关于进一步加强洱海流域保护治理和监管工作的意见》精神,安排部署洱海流域综合治理保护和监管工作,进一步统一思想,明确任务,巩固和扩大取得的成果,扎实推进洱海流域生态文明建设。会议指出,洱海保护治理工作是一项集长期性、艰巨性、复杂性、重要性于一体的综合性工作,2011年是全面实施省政府批准的《云南洱海流域水污染综合防治“十二五”规划》的开局之年，全市各级各部门要更加高度重视洱海保护治理工作，进一步创新洱海保护治理工作，进一步创新机制、突出重点，强化责任、扎实工作，同心协力、形成长效，采取有效措施，切实抓好洱海流域保护治理和监管工作。会议强调，面对洱海保护治理工作的新任务、新要求，全市各级各部门要把思想和行动统一到省、州、市党委、政府的决策部署上来，切实增强责任感、紧迫感和使命感，扎实工作，为洱海保护治理工作再上新台阶作出贡献。市洱海水污染综合防治督导组成员、市级相关部门领导、市洱海综合治理保护领导组办公室工作人员参加会议。

【州洱海水污染防治督导】 5月13日，大理州洱海水污染综合防治督导组深入大理市，对省、州已同意将大理市组织实施的“十一五”规划责任目标调整至2011年6月完成的4个项目进行督导。督导组采取听取情况汇报和现场调研查看相结合的方式对涨茛河水环境综合整治工程（大理市段）、苍山十八溪水环境综合整治工程、海东镇海东污水处理厂及中水回用工程（东城区排水管网三期工程）和波罗江水环境综合整治工程进行现场检查，并召开专题情况汇报会。汇报会上，大理市政府就相关项目进行了专题汇报。大理州洱海水污染综合防治督导组对大理市在下一个阶段扎实推进项目建设提出建议和意见，要求大理市严格按照省、州要求，明确责任，加大力度，确保2011年6月30日前如期按质按量完成4个调整项目的建设任务。

【召开洱海保护治理项目审查会】 5月17日上午，市洱管局召开项目审查会，邀请专家对2011年洱海海菜花恢复种植试验项目、洱海入湖沟渠环境整治工程洱海东区生态修复工程项目进行审查。州、市两级人大、政府、政协以及环保、发改、财政、住建、规划、国土和洱海水污染综合防治督导组等单位领导，沿湖部分乡镇以及国家水专项洱海课题组研究人员参加审查。专家组认为，项目立题科学合理，针对性强，符合洱海保护和治理的总体目标，通过项目的实施，将使洱海18条主要入湖沟渠的水质得到净化，生态景观进一步修复，洱海水生植物资源得到有效保护，为构筑洱海生态屏障发挥作用。洱海海菜花恢复种植试验项目选择在适当区域开展恢复种植，对于大面积恢复洱海水生植物具有指导意义，同时也有利于恢复洱海生物多样性。专家组建议应尽快组织实施，同时加强种植区的生物和水质等监测，开展种植效果评估，以便总结经验和完善海菜花种植技术。对洱海入湖沟渠环境整治工程项目，专家组认为选择在具备条件的区域开展入湖沟渠环境整治工程，可以有效拦截固体垃圾，充分发挥湖滨带的功能，进一步改善区域生态环境。洱海东区（一期）生态修复工程，已基本完成土地清退房屋拆迁工作，加快生态修复，将进一步巩固“三退三还”成果，修复洱海东岸生态，恢复生态环境，提升水质净化功能，应按省发改委批准的初步设计加快实施。

【召开洱海水资源调度分析会议】 为确保洱海水资源调度运行计划顺利实施，缓解后期洱海防洪度汛压力及兼顾改善洱海水质，2011年5月30日下午，市洱海保护管理局组织召开洱海后期水资源调度分析会，州水利局、州环保局、州气象局、云南省水文局大理分局、大理供电局、市水利局、市洱海保护管理局的领导和相关技术人员参加会议。会议通过对洱海水情、汛情分析，提出下一步洱海水资源调度的具体意见：①由于2010年洱海蓄水情况较好，2011年1～5月洱海水资源调度比较平稳；根据气象预测，2011年洱海流域降雨量属于正常偏多年景，预计2011年洱海净入水量为8.13亿立方米；②5月30日水位1964.79米，比最低法定水位高0.49米，鉴于洱海水位较高的实际，建议在汛前确保洱海最低运行水位的情况下，适当加大洱海出流量；③洱海后期水资源调度继续实行按月上报水资源调度计划，严格实施月末水位控制。计划6月末水位为1964.50米，7月末水位为1964.69米，8月末水位为1965.23米，9月末水位为1965.62米，10月末水位为1966.00米；④具体调度过程中根据洱海流域实际降雨量和净入水量采取多来多放，少来少放的原则，适时调整洱海控制水位；⑤虽然近年来对西洱河河道进行治理，但河道行洪能力没有明显提高，行洪安全只能按70立方米每秒测算。经分析2011年洱海面临的防洪形势比较严峻，各相关部门要加强协调、配合，及时准确掌握雨情和水情及发电用水情况，既确保高水位运行，又确保泄洪安全。

【州人大对洱海保护治理资金进行调研】 5月26日，州人大调研组对洱海保护治理资金投入及效能情况进行专题调研。调研组首先听取州环保局和市人民政府关于对洱海保护治理资金投入及效能情况的汇报，随后到大理经济开发区和喜洲镇，现场查看洱海截污干管（波罗江至天镜阁）项目、喜洲镇污水处理系统建设及运行情况。调研组认为州、市党委、政府高度重视洱海保护治理工作，加强组织领导、加大资金投入、创新机制体制、全民动员参与，洱海保护治理工作取得初步成效，但要充分认识此项工作的复杂性、艰巨性和长期性，坚定信心、决心和恒心，精心组织、落实措施、用好资金、发挥作用，在洱海保护治理上取得更加明显的成效。

【召开洱海保护治理项目意见征求会】

6月15日，大理市人民政府在市洱海保护管理局召开了2011年洱海保护治理项目意见征求会。会议传达了6月15日上午召开的大理州洱海保护治理领导组会议精神情况汇报，并就《云南洱海流域水污染综合防治“十二五”规划》（第二稿）、《大理白族自治州洱海保护治理目标责任书（2011～2012年）》（讨论稿）和《2011年洱海保护及洱源县生态文明建设工作意见》（征求意见稿）广泛征求意见，分析讨论了“十二五”规划、《2011～2012年洱海保护治理工程项目表（大理市）》和《2011年洱海保护及洱源县生态文明建设州级补助资金项目表》涉及的责任项目内容，并就相关工作进行安排部署。

【集中销毁一批非法捕捞渔具】 6月23日，大理市洱海管理局组织渔政执法人员公开销毁各种规格的地笼3500个，虾兜30个，铁质人力船25张，泡沫船50张。市洱海管理局将继续加大监督检查力度，对非法捕捞行为进行坚决查处，继续对地笼等非法捕捞渔具进行定期、不定期专项清理，以进一步维护渔业生产秩序，保护好渔业资源，促进洱海渔业生产可持续发展。2011年封湖禁渔以来，查获的违反捕捞行为相比上年下降40%左右。

【洱海渔业捕捞许可证年度审验】 5月23日～6月30日，市洱海管理局渔政执法人员深入沿湖各镇（区）、村委会，现场为广大渔民办理洱海渔业捕捞许可证年度审检。在2011年的审验办理捕捞许可证过程中，大理市洱海管理局严格按照建立“服务型政府”的要求，切实做到方便渔民群众，提升服务质量，极大地调动了广大渔民办理捕捞许可证年度审验的积极性，顺利完成了2012年的洱海捕捞许可证年度审验工作。同时与渔民签订了“2011年大理市洱海渔业安全生产责任书”。

【清理洱海滩地上沉积物、腐烂物】 年内，针对洱海初期下雨后通过入湖河道进入滩地的各种垃圾量比较大的实际，大理市洱海管理局组织沿湖10镇（区）开展清理洱海滩地上沉积物、腐烂物、垃圾的专项整治行动。经过10天的整治行动，滩地上各类沉积物、腐烂物、白色垃圾等得到有效清理，工作效果明显。本次整治共出动2350人次、344车次，共清理垃圾约2094吨，投入资金近13万元。

【洱海综合治理保护目标责任末期考核】 7月8日，大理市召开会议对大理市2007～2010年洱海综合治理保护目标责任书执行情况末期考核工作进行动员部署。通过全市各级各部门的共同努力，大理市洱海综合治理保护工作取得阶段性成效，洱海水质和流域生态环境得到明显改善。省、州政府已全面完成对大理市洱海水污染综合防治“十一五”规划执行情况末期考核工作后，大理市开展2007～2010年洱海综合治理保护目标责任书执行情况末期考核工作，全面总结洱海水污染综合防治“十一五”规划执行情况目标任务的落实，考核兑现目标责任制，发扬成绩、查找不足，为下一步更好地实施“十二五”规划项目做准备。会后，市级7个考核组历时5天时间，认真抓好各项考核工作的落实，精心准备，严格组织纪律，依据市委、市政府明确的考核内容、考核范围、考核办法、考核验收程序、考核日程安排以及相关要求，采取“听、看、查、访、议”等方法，顺利完成对大理市55家市级责任单位执行洱海保护目标责任书（2007～2010年）情况的考核检查验收工作。

【召开封湖禁渔阶段性总结会】 7月15日，大理市召开封湖禁渔阶段性总结大会，会议对2011年洱海封湖禁渔工作进行阶段性总结，认真分析洱海封湖禁渔工作存在的问题和困难，对下一步工作进行安排部署。自2011年3月1日洱海封湖禁渔以来，市洱海保护管理局、沿湖各镇（区）和渔政执法组开展执法巡逻以及各项专项行动，有力地查处洱海水域各类违法捕捞案件，洱海封湖禁渔工作取得明显成效。查获的违法捕捞行为比上年下降了35%，截至6月30日，全市共查处电鱼器11套、铁质船85艘、木质船18艘、泡沫船135艘、地笼14991个、丝网4155张、轮胎胆26个、钓鱼竿32根、小拉网3张、虾兜20个、捕捞绳子1920千克、大鱼丝网21张，对5起电触鱼违法行为进行罚款处理，电触鱼行为基本得到遏制

【专项检查洱海保护治理项目实施情况】 7月26日，由州人民政府副州长许映苏带队，州洱海保护治理领导组领导及州有关部门负责人组成的检查组对大理市2011年洱海保护治理项目实施情况进行专项检查。州检查组对大理市下关北片区截污治污环境综合整治及生态修复工程、波罗江（满江段）河道综合治理工程、下关镇南北经庄农村户用型家庭污水处理设施、中和溪重点城镇截污工程、银桥镇西城尾村村落污水处理、银桥农业产业化项目、湾桥镇向阳溪分散型生活污水处理厂、喜洲污水处理厂、上关镇污水处理厂等地进行检查，并听取相关情况介绍。州检查组对大理市各项工作的开展给予充分的肯定，并对下一步工作提出意见建议。

【加大封湖禁渔期间的执法力度】 针对洱海水域偷捕偷捞行为有所抬头的现象，7月30日，市洱管局在挖色镇召开现场会，强调加大执法力度，确保2011年封湖禁渔工作顺利进行。随着鱼类数量的增加、个体的增大，部分渔民不顾禁令在洱海私设渔网、地笼，甚至在某些区域公开地使用动力设施进行非法捕捞，严重破坏了封湖禁渔的秩序。为进一步维护渔业生产秩序，保护好渔业资源，渔政执法人员、公安干警、渔政协管员、公安辅警、民兵等洱海执法巡逻人员加强巡查监管力度，对非法捕捞行为进行坚决查处，继续对重点区域进行定时、不定时专项巡查，禁止封湖期间洱海水域一切形式的捕捞作业。

【国家环保部调研洱海生态环境保护工作】 8月6日，国家环保部调研组到大理市调研，重点指导在洱海生态环境保护工作中，如何科学、合理地使用好首批2亿元国家下拨洱海保护试点资金。调研组通过听取情况介绍、现场提问和实地查看的方式，先后对上关镇罗时江生态湿地公园、喜洲镇污水处理厂及农村污水处理设施、蝴蝶泉公园和崇圣寺公园进行调研，了解环洱海生态湿地恢复状况、环洱海集镇污水处理和村落污水处理现状、洱海周边景区景点环境治理保护工作开展情况等。实地检查调研结束后，调研组与州市相关部门进行座谈，听取洱海湖泊生态环境保护工作具体做法、先进经验、存在困难和今后打算。调研组对洱海保护治理各项工作的开展给予充分的肯定。

【专项清理整治洱海滩地上违法建筑】 从8月11日开始，为期半个月的违法侵占洱海滩地行为专项整治行动正式开始，涉及双廊镇的35户违法侵占洱海滩地的建筑物被彻底清理，还洱海一片绿地。近期以来，由于洱海水位下降，滩地大面积裸露，双廊镇双廊村、大建旁村的部分群众在洱海滩地上违规填滩、建房砌石脚基础。经市、镇、村三级多次入户做工作，但仍有部分群众不听劝阻，继续施工。为切实加强滩地管理，依法保护洱海水域面积，坚决打击违法占滩行为，市洱海保护管理局和双廊镇人民政府共同对35户非法侵占洱海滩地的行为进行专项整治，彻底清理，并在拆除的滩地上种植柳树进行绿化。在清理整治中，拆除小组对违法建筑的拆除正确组织施工，确保违法建筑物安全、按时拆除。同时，还成立群众工作组，做好拆除户家庭成员的情绪稳定和政策法规宣传解释工作，做到边拆除、边宣传，确保清理整治工作顺利进行。

【洱海流域水污染综合防治督导】 为扎实开展好大理市2011年洱海流域水污染综合防治工作，市洱海流域水污染综合防治督导组于8月31日～9月1日，对洱海综合治理保护的主要项目进行督导。督导组采用“听、看、查、议”的方式进行督导，先后实地察看了波罗江满江段整治工程，挖色、凤仪垃圾中转站建设项目，种鸡场搬迁实施情况，玉矶岛餐饮污水整治情况，听取相关责任单位的情况汇报并对项目实施单位提出明确要求。要求进一步加快项目实施进度，按时按质完成任务。

【召开截污管网项目建设专题协调会】 为尽快启动中和溪、棕树河截污管网项目，确保按期完成建设任务，大理市住房和城乡建设局于9月13日召开中和溪、棕树河截污管网项目建设专题协调会，参加会议的有市财政局、市洱保办、州规划设计院、大理古城保护管理局、喜洲镇政府以及市住建局等单位。参会单位领导结合各部门职责，就如何实施好

中和溪、棕树河截污管网项目进行讨论。大理市中和溪、棕树河截污管网项目是州、市政府确定的2011年洱海保护重点建设项目,州级已下达项目建设补助资金150万元。会议明确中和溪截污管网项目由大理旅游度假区大理古城保护管理局负责实施,棕树河截污管网项目由喜洲镇政府负责实施。

【召开洱海生态环境保护试点项目工作会议】 9月8日,大理市召开洱海生态环境保护试点项目工作会议,市政府办、大理经济开发区管委会、大理旅游度假区管委会、市级各相关部门以及项目所涉及的各镇主要领导参加会议。会议安排部署大理市洱海生态环境保护试点工作,并就如何实施好大理市2011年洱海生态环境保护试点项目进行专题研究。会议就国家将洱海列为全国湖泊生态环境试点,并已下达大理市2011年第一批湖泊生态环境保护试点资金预算13699万元,专项用于洱海生态环境保护试点项目建设进行专题研究。要求全市各级各部门要把思想统一到中央和省、州、市各级党委、政府的决策部署上来,用实际行动组织实施好2011年洱海生态环境保护试点项目。

【省环保厅调研洱海专项资金使用情况】 9月14~16日,省环保厅湖泊处副处长张召文一行对大理市开展中央环保专项资金及省级九湖治理专项资金进展情况进行为期3天的专题调研。省调研组领导于9月14日召开大理市落实中央环保及省级九湖治理专项资金情况汇报会,大理市政府副市长杨永福向省调研组就大理市中央环保及省级九湖治理专项资金进展情况作汇报。张召文一行对大理市开展洱海保护治理工作所取得的成果给予充分肯定,并认为大理市洱海保护治理做到了出特色、出亮点、出成效、出经验。同时,对洱海保护治理工作提出要加快中央农村环保专项资金补助项目的审计,尽快完成"十二五"编制工作,加强项目的后续管理工作,新建项目按国家基本建设程序抓落实,认真做好迎接国家专项检查的准备等意见。

【苍山灵泉溪生态环境保护示范工程】 10月10日,州委常委、大理市委书记杨光军深入银桥镇调研苍山十八溪河道治理时强调,要科学规划,整合资金,加大河道治理力度,把灵泉溪打造成保护治理洱海的示范工程。杨光军对相关部门为河道治理所做的大量工作给予充分肯定,并提出了要求。州政协副主席孙明,副市长郭华等领导一同调研。

【川滇黔大理峰会代表考察洱海保护治理工作】 10月19日,参加第二届川滇黔10市地州合作与发展大理峰会的参会代表对大理市洱海保护治理工作情况进行考察。大理市委副书记、市长马忠华,副市长郭华及市级相关部门负责人陪同考察。峰会代表参观了洱海月湿地公园,马忠华为代表们介绍了近年来大理市洱海保护治理工作情况及取得的成效。

【州纪委督促检查洱海生态环境保护试点项目】 10月25~26日,州加快转变经济发展方式监督检查小组对大理市2011年洱海生态环境保护试点项目进行全面督促检查。检查组首先听取大理市关于2011年洱海生态环境保护试点项目自检自查的情况汇报,随后深入实地督促检查大理市东城区排水二期的波罗江整治工程项目,下关北片区截污治污环境整治生态修复工程,大理古城片区排水系统建设完善工程,大理灵泉溪生态环境保护清水产流入湖示范工程,及喜洲、双廊、上关、周城集镇污水收集处理设施工程的实施情况。州检查组对大理市2011年洱海生态环境保护试点项目各项工作的开展给予充分的肯定,并对下一步工作提出意见建议,要求要进一步加快项目实施进度,按时按质完成任务。

【上关镇开展环境卫生整治工作】 上关镇作为洱海流域的"北大门",镇内河流众多,弥苴河、永安江、罗时江三大洱海主要入湖河流呈"川"字形注入洱海,洱海保护工作任务重、责任大。针对近期辖区内部分村庄、湖湾、入湖河口环境卫生较差的实际,从10月13日开始,上关镇在全镇范围内开展环境卫生整治工作,对村庄、湖湾、及洱海滩地上的白色垃圾进行整治,对罗时江、永安江、弥苴河水面上的水葫芦、死亡水生植物及白色垃圾等进行打捞,共出动2343人次,收集清运垃圾116吨,打捞水葫芦、死亡水生植物等5000余吨。经过整治,辖区内的村落垃圾、"两江一河"上的水葫芦、洱海滩地上的白色垃圾等得到有效全面的清理,达到整治洱海周边环境、减少洱海面源污染的目的。

【省督导组到大理市调研】 11月3日,以省人大常委会原副主任牛绍尧为组长、省人大常委会原副主任高晓宇为副组长的云南省九大高原湖泊水污染综合防治督导组一行,对大理市洱海"十一五"规划收尾项目的实施完成情况和洱海湖泊生态环境保护试点进展情况进行调研和督导。州委副书记、州长何金平,州委副书记杨健,市委副书记、市长马忠华,市委副书记黑尚锋,市人大常委会主任李国源,市政协主席杨跃光,副市长郭华等领导及州、市相关部门负责人陪同调研。当天督导组深入大理经济开发区波罗江水环境综合整治工程、大理市海东污水处理厂及中水回用工程、洱海东区湖滨带满江机场路段生态修复工程现场进行实地调研。通过实地查看和听取情况介绍,督导组对大理市各项相关工作开展情况给予充分肯定,认为大理市高度重视水污染综合防治工作,始终坚决落实省关于九大高原湖泊水污染综合防治工作的要求,生态环境特别是重点湖泊水环境得到稳定改善和提升。同时,督导组希望大理市继续扎实抓好洱海水污染综合防治各项工作,加强洱海流域生态文明建设,维护生态平衡,确保洱海水污染综合防治工作再上新台阶。

【州委领导调研洱海保护治理工作】 11月4日,州委常委、州委秘书长岳黎松到大理市调研洱海保护治理工作。市委常委、市纪委书记薛伟民,市委常委、市委办主任杨永忠,副市长杨永福陪同调研。岳黎松深入下关镇莫残溪现场查看河道周边环境及治理情况,听取大理市对莫残溪的河道治理规划后认为,河道治理是洱海保护工作中的重要内容,莫残溪自2007年列入河道综合治理项目以来,治理取得了一定成效,但还存在治理未完善、河堤毁坏严重、存在安全隐患等问题。他要求,州、市各部门要进一步提高认识,加大苍山十八溪河道治理力度,把苍山十八溪打造成生态景观带和文化旅游带,确保入湖水质达标,有效提升洱海水质。在喜洲镇沙村,岳黎松听取了市洱管局、市环保局和喜洲镇关于农村生活垃圾和生活污水处理工作的汇报。岳黎松对大理市近年来积极推进农村环境综合整治工程取得的成绩表示肯定,要求大理市继续加大洱海流域垃圾分类收集清运处置工作,抓好重点集镇污水收集处理工程,力争在流域垃圾收集和污水处理上取得新突破。通过调研,岳黎松对大理市洱海保护治理工作给予了充分肯定,他要求,州、市各部门要围绕建设绿色流域的指导思想,突出

封湖禁渔期间的归港渔船　　（州环保局　供稿）

重点工作，抓实工程项目，努力探索中国湖泊保护新模式，初步实现"山青、水美、民富、和谐"的绿色流域建设目标。

【"十一五"洱海保护治理总结表彰暨"两保护"工作会议】 11月11日，大理市召开"十一五"洱海保护治理总结表彰暨"两保护"工作会议。会议总结"十一五"洱海综合治理保护工作，安排部署当前和下一步洱海治理保护和海西保护利用工作，表彰奖励先进，动员全市各级各部门和广大干部群众，坚定信心，凝心聚力，切实抓好"两保护"，建设更加美好的幸福家园。州委常委、市委书记杨光军在会上作重要讲话。会上，市委、市政府对"十一五"期间洱海综合治理保护工作先进集体和先进个人进行表彰，并与"两区"、各乡镇、相关部门签订《大理市洱海保护治理及试点建设目标责任书》和《大理市海西保护利用目标责任书》。市委、市人大、市政协、市政府领导出席会议。

【省督导组调研洱海水污染综合防治工作】 11月15～16日，省九大高原湖泊水污染综合防治督导组滇西片区组对大理市洱海水污染综合防治工作进行调研。市委副书记、市长马忠华向督导组汇报大理市洱海水污染综合防治工作情况、洱海保护治理基本情况、主要措施和经验及下一步工作打算。省督导组先后到银桥镇西城尾村调研村落污水处理情况，到大理镇才村考察洱海湖滨带生态修复建设情况，到下关镇北经庄调研农户庭院污水处理系统建设运行情况，并与村民亲切交谈。督导组还到大理市大渔田污水处理厂，调研城市污水收集管网建设及污水处理厂运行情况。省督导组对大理市在洱海保护治理方面取得的显著成效给予充分肯定，对大理市层层重视、全民参与、舍得投入、跟踪问效、依法治海、科学治理的做法和经验表示赞赏。

【"环洱海党建长廊"建设现场会】 11月24日，大理市召开"环洱海党建长廊"建设现场会，进一步深化认识，明确目标任务，把握工作重点，加大工作力度，确保"环洱海党建长廊"建设出特色出亮点出经验，成为大理市党建工作的精品工程。市委副书记黑尚锋在会上就全力打造具有大理特色的党建品牌等作安排部署。会议指出，"环洱海党建长廊"建设实施4个月来，全市环洱海沿线和22条主要入湖河道周边的240个自然村（村民小组）党支部、7799名党员积极参与，基层党组织建设和洱海治理保护工作取得了一定成效。目前，环洱海沿线和入湖周边的自然村（村民小组）已建成并通过验收的党支部活动场所78个；党员联系服务群众的途径有效拓展，按"1+X"的方式结成党员帮扶对子7000多对，为村民协调解决实际困难和问题1300多件。会议强调，实施"环洱海党建长廊"建设是加强农村基层党组织的需要，是推进洱海保护工作的需要，是实现城乡统筹发展的需要，全市各级党组织要紧紧围绕"抓党建、强堡垒、当先锋，保洱海、兴大理、促和谐"的主题，牢牢把握将党组织建成农村各项事业发展的领导核心这个关键，建立市级领导帮乡镇、城乡结对帮村（组）的联建共创机制，充分发挥党员带领致富、带头环保、带动和谐的先锋模范作用，大力推行乡镇包村、村委包组、支部包片、党员包户的洱海保护工作新机制，力争实现"经济发展生态化、村容环境优质化、社会关系和谐化、组织建设科学化、村务管理民主化"的目标要求，树牢党建工作"项目化"、"品牌化"的理念，抓实基础工作，提升党建水平。同时，要加强领导、落实责任，注重宣传、培树典型，统筹兼顾、互促共进，严格考评、扎实推动，全力推进"环洱海党建长廊"建设，着力打造富有大理特色的党建品牌，为统筹城乡发展提供强有力的组织保证。

（《洱海保护管理》由罗兆刚撰稿）

苍山保护管理

【概　述】 2011年是"十二五"开局之年，在州委、州政府的正确领导下，在州人大、州政协的监督下，苍山保护管理系统以党的十七大精神为指导，全面深入学习实践科学发展观，紧紧围绕州委、州政府的中心工作，按照年初制定的工作计划，解放思想，扎实工作，狠抓落实，各项工作成效明显。

【开展苍山野生花卉本底资源调查】 做好苍山保护管理工作，最基本的就是要掌握苍山基础信息。2月，州苍山管理局在实地调研和收集资料的基础上，采取与大理学院合作的方式，投资30万元，重点做好苍山保护区野生花卉资源种属、数量及分布情况的调查，并形成《苍山洱海自然保护区野生花卉植物图谱》。

【独特的苍山地质遗迹】 由于特殊的地理环境，苍山保存着第四纪古冰川遗迹，是我国第四纪冰川末次冰期"大理冰期"的命名地。3月，中央电视台《地理中国》栏目组到大理拍摄《苍洱印迹》，就苍山地质特点进行重点介绍，并于6月11日在中央电视第10频道播出。

【开展苍山主题宣传活动】 年内，州苍山保护管理局除通过广播、电视等媒体外，还利用节假日、集市街天宣传苍山保护工作，此外还在主要入山路口、景区景点人员集中的区域和采取进村入户宣传的方式，发放宣传单、年画、《条例》38600多份，悬挂宣传标语35条。同时还开展以"保护生态环境、建设和谐社会”、“贯彻《苍山保护条例》、保护苍山生物多样性、构建大理生态文明”以及“保护苍山，保护生物多样性”为主题的宣传教育19场。宣传教育工作做到了广播有声音、报纸有文字、入山路口有标语的“三个有”标准。

【做好行政审批工作】 做好苍山保护区范围内项目建设的行政审批和入山许可审批工作是保护管理好苍山的关键。年内，州苍山保护管理局在深入实地调查的基础上，层层把关，依法审批，对审批的全过程实施有效监督和管理。初审6家建设单位在苍山保护范围内选址开展项目建设，批准6家申请进入苍山保护区活动的单位在苍山指定范围内活动。

【偷挖滥采大理石现象得到有效控制】 年内，针对在苍山沿线存在零星挖沙取石以及在原大理石矿、银桥石矿等重点区域偷挖滥采大理石情况日益严重现象，州苍山保护管理局加大巡查巡护密度和频率，对重点区域采取严防死守等保护措施。年内，共开展专项巡护231次1203人次，立案查处28人次，批评教育违法人员69人次，罚款2.78万元，没收违法工具226件，处置违法工具242件，处置半成品3立方米，有力打击了挖沙取石的违法行为。

【完善《条例》相关配套工作】 为贯彻落实好《云南省大理白族自治州苍山保护管理条例(修订)》，使《条例》与苍山保护管理实际更好结合，州苍山保护管理局与州法制局深入基层社区进行摸底调查，征求多方意见和反复论证，起草了《大理白族自治州苍山风景名胜资源有偿使用费和门票征收使用管理办法》和《大理白族自治州苍山矿产资源开发利用和建设项目管理办法》。并举行听证会，该办法正在上报审批。

【加强花甸坝管理】 苍山花甸坝位于大理市、漾濞县、洱源县交界处，由于周边村民的过度放牧和砍伐架豆秆，导致自然生态环境遭到严重破坏，花甸坝的生态保护工作摆到了议事日程。年内，州苍山保护管理局通过调研，起草了《大理苍山花甸坝保护管理实施意见》，并经州政府常务会议通过。《意见》提出了具体的保护管理措施，明确了具体的责任单位，为花甸坝的下一步保护管理工作指明了方向。

【苍山生态保护情况调研】 年内，州委副书记杨健、州政协副主席孙明带领州政协调研组深入苍山，就苍山生态保护情况理行实地调研，并与州苍山保护管理局领导及相关人员一起，就苍山生态保护工作的主要成效、存在的问题及下一步的建设意见等进行进一步的研讨。7月28日，政协大理州第十一届委员会第45次主席会议在州政协召开，会上听取了州苍山保护管理局局长杨鹤松所作的《关于苍山生态保护情况的报告》，各参会人员对该项工作进行认真讨论协商，州政府副州长许映苏应邀出席会议，并就认真抓好协商意见建议的落实作安排和要求。

【完成苍山“双遗存”项目保护】 大理苍山与南诏文化遗存国家自然与文化遗产保护设施项目是州政府2011年20项重大建设项目之一，州苍山保护管理局作为实施的主体单位。为科学合理地实施好项目，严格按招投标的规定，州苍山保护管理局把项目分为三个标段，即感通寺景点至清碧溪景点为2个标段，三塔后溪桥起点至中和峰方向海拔3200米处的杉思亭和烟雨亭为一个标段。工程于2011年5月开工建设，在项目实施过程中，州苍山保护管理局成立项目工作领导小组，全程负责项目的监管工作，2011年10月完工。项目的完成，为苍山生态保护、苍山旅游发展起到很大的作用，得到当地民众的一致好评。

【对苍山斜阳峰火烧迹地进行补植补种】 苍山斜阳峰火烧迹地生态恢复试验、示范项目实施后，对绿化、美化苍山起到很大的作用，但当年火烧后遗留的一些枯枝败叶需清理，对密度不够的地方还需补植补种。年内，州苍山保护管理局成立项目编制技术组，对实地进行详细的调查和设计，完成《大理苍山斜阳峰火烧迹地生态恢复试验、示范项目作业设计》的编制和评审，并通过招投标，于10月底按设计要求完成该项目。

【补充完善界桩、标志(牌)】 随着经济的发展，苍山现有的标志牌已不能满足游客的需要，加之部分标志牌因年久失修，需进一步补充完善。年内，州苍山保护管理局在实地勘察的基础上完成《增设苍山保护区标志标牌工作方案》的编制。方案确定了标志牌的设计规格、造价预算和设计样式。州苍山保护管理局做好了完成该项工作的前期准备工作，并按工作方案将任务分解到各有关县市。

【苍山花甸坝生物多样性保护试验基地建设】 年内，州苍山保护管理局采取与国营大理市花甸药材场合作的方式，在花甸坝建设生物多样性保护试验基地，开展生物多样性就地近地保护工作，保护珍稀濒危野生植物黄牡丹4000株，近地保护云南红豆杉2000株。

【圆满完成资源有偿使用费征收任务】 为了完成年初责任状签订的《苍山风景名胜资源有偿使用费征收》目标，州苍山保护管理局和各县市分局制定切实可行的征收方案，完善征收手段，创新征收方式、方法，及早谋划征收工作，完成苍山风景名胜资源有偿使用费82.23万元的征收任务，超额完成14%。同时，为抓好苍山景区门票的经营管理，采取与旅游集团、宾馆、酒店、旅行社联合促销的方式，挖掘市场空间，建立了40多个散客代销点，全年完成景区门票收入820万元。

【积极做好苍山森林防火督查工作】 年内，为积极做好苍山森林防火督查工作，州苍山保护管理局一是配合林业部门做好县市的防火督查工作；二是加强巡护，开展护林防火巡查巡护140多次(7000多人次)，县市对重点区域采取入村守山；三是加强苍山玉带云游路森林消防管网的日常维护；四是在入山路口、游客聚集地等区域开展宣传教育。通过以上努力，确保了苍山森林资源安全的有效管理。

【苍山应急救助】 为认真落实苍山遇险受困搜救工作，州苍山保护管理局一方面加强宣传，预防入山受困事件的发生；一方面强化应急救助。年内，组织搜救3次，营救入山受困人员29人次。

【开展苍山保护专题调研】 为使苍山资源得到更有效的保护和管理，州苍山保护管理局成立了2个专题调研领导小组，由大理市苍山管理局配合专门负责“偷挖盗采彩花大理石情况”和“公墓区殉葬违规情况”的课题调研。调研的完成，为科学保护管理苍山提供了科学依据。

(《苍山保护管理》由何永娜撰稿)

(《环境保护》责任编校：那　鹏)

贸　易

对外贸易

【概　述】　2011年,全州商务系统坚持以科学发展观为指导,立足"打基础、强后劲、促发展"的战略方针,紧紧围绕州委、州政府的中心工作,全面落实"大招商、招大商、活流通、扩消费、增内需、稳外需"的各项政策措施,居安思危、超前谋划,内外贸一起抓,超额完成了省州下达的年度工作目标任务,实现了"十二五"开门红。

2011年,全州共完成外贸进出口总额22651万美元,比上年增长22.8%,高出全国平均增幅(22.5%)0.3个百分点,高出全省平均增幅(19.6%)3.2个百分点。完成省下达目标任务数20663万美元的110%。其中,出口完成16720万美元,同比增长55.46%,完成省下达目标任务数12046万美元的138.8%;进口完成5931万美元,同比下降22.9%。完成进出口总额在全省16个州市排名中居第8位,是外贸进出口总额超2亿美元的9个州市之一。全年对外输出劳务人员90人,其中日本35人、新加坡55人。

【农副产品成为第一主导出口产品】年内,农副产品仍是大理州第一主导出口产品,主要是香葱、大蒜、野生菌、奶粉、啤酒、香料油等,出口货值达13247万美元,比上年净增4066万美元,增长44.3%,占全州出口总额的79%。此外,机电产品(载货汽车)和纺织品两类出口也大幅增加,出口货值达8950.98万美元,占全州出口总额的39.51%。

【民营企业成为外贸进出口主力军】2011年,全州有进出口实绩的企业有30户,其中进出口总额超过1000万美元的有8户,同比增加3户,均为民营企业。这8户企业进出口总额达17917万美元,占全州全年进出口总额的79.1%,分别是:祥云飞龙有色金属股份有限公司、祥云县龙云经贸有限公司、宾川国巨绿色食品有限公司、祥云华王绿色食品有限公司、宾川县云福农副产品加工有限责任公司、云南力帆骏马进出口有限公司、宾川宽恳农副产品有限公司、大理啤酒有限公司。

【宾川县被列为出口农产品质量安全示范区】　2011年,宾川县出口农产品质量安全示范区通过了国家质检总局专家考核组考核验收,被列入国家级示范区建设。质量安全示范区建设推动了宾川县农产品出口的大幅度提高,达到5614万美元,占全州农产品出口总额的42.4%。年内,弥渡、洱源两县被列入全省出口农产品种植基地区域化备案试点县,并进入申请验收程序,等待验收。

【招商引资再创佳绩】　2011年,全州共实施国内经济合作项目355项,其中:当年新签约项目194项,往年结转项目161项。引进州外实际到位资金201亿元,比上年的134.99亿元增长48.9%,完成州下达目标任务数169亿元的118.9%。其中,省外实际到位资金107亿元,比2010年的72.61亿元增长47.36%,完成省下达目标任务数86亿元的124.4%。新批外商投资企业4户,实际利用外资2976万美元,比2010年的2184万美元增长36.3%,完成省下达目标任务数2700万美元的110.2%。

【新思路新举措促招商】　年内,《大理州关于进一步促进招商引资工作的意见》出台,进一步完善了全州招商引资工作机制,使招商引资保持了创新发展、科学发展的良好势头。

【持续抓好创新招商】　2011年,大理州在"招大引强"上迈出了实质性步伐,年内共组织实施不同规格、规模的招商引资活动30批次。积极邀请国内外客商到大理州进行投资考察、合作洽谈,一批大企业、大集团相继到大理投资兴业,促进了全州产业的集聚发展。成功引进了中国华能集团(世界500强第275位)、法国拉法基集团(世界500强第454位)、中国石油天然气股份有限公司(国内500强第2位)、江西正邦科技股份有限公司(国内500强第359位)、中国水电十四局、广东天泰集团、江西双胞胎集团、四川川娇生态猪业股份有限公司等一批大企业、大集团到大理投资兴业。

【不断夯实招商引资基础】　2011年,大理州切实做好招商引资项目的论证、储备工作,为招商引资工作奠定了坚实的基础。全州共包装、储备、推出招商项目313个,投资总额达1880亿元人民币。其中,工业矿冶类54个、农业食品类57个、林业环保类11个、旅游文化类79个、能源交通类29个、城建地产类26个、商贸物流类38个、生物医药类19个。在"大理商务之窗"网站发布商务信息685条,网站点击率达114.9万人次。编印了中英文对照的《大理投资指南》、《大理州招商引资项目》各10000册、《大理州经济技术合作重点项目》3000册,刻录项目光碟6000张。

【工业项目引进势头强劲】　2011年,全州共实施国内合作工业项目204项,占全年实施招商项目总数355项的57%,工业项目引进州外实际到位资金131亿元,占全州引进州外实际到位资金总额201亿元的65%。招商引资对投资拉动的作用明显,引进的州外实际到位资金占全州全社会固定资产投资360亿元的55.8%。招商引资工作实现新突破,风能、太阳能发电和生物资源开发利用等一批战略性新兴产业项目落地建成,推进了全州经济结构的进一步调整。

(《对外贸易》由孙建新撰稿)

国内贸易

【概　述】　2011年,全州共实现社会

消费品零售总额170.5亿元，同比增长20%。全州消费品市场活跃繁荣、供给充足、供需两旺、秩序良好。

【城乡市场和应急保供体系建设全面推进】　2011年，全州共新建和改造12个省级、21个州级扶持的乡镇农（集）贸市场，获得省、州补助资金860万元。大型批发市场、流通企业改造提升和培育工作全面展开，共获得补助资金260万元。建成“万村千乡市场工程”农家店300个，新建改造配送中心8个，完成农家店信息化建设40个，共获得中央和省资金补助748万元。酒类、茧丝绸、猪肉、边销茶储备、农超对接、农批对接等产销衔接及“南菜北运”工作顺利开展，共获得中央、省扶持资金1100多万元。“家电下乡”工作成效显著，全州共备案销售网点924个，累计销售家电448819台，销售总额9.8亿元，已补贴414139台，补贴金额1.1亿元。为期一年的“家电以旧换新”工作顺利结束，全州共备案回收和销售网点65个，累计回收旧家电14480台，回收金额15.6万元；销售总量14400台，销售金额5906.1万元；已补贴14366台，补贴金额为420.3万元。

【健全和完善商贸服务机制】　年内，全州进一步加快推进“放心肉”保供体系建设，并加大生猪定点屠宰的监管力度，共获得资金补助406万元。药品流通行业管理改革工作正式启动。商业节能减排、绿色饭店创建工作取得新进展，确立了州级商业节能示范单位15家、县级120家，开展了5户企业的绿色饭店创建评审工作。积极培植家政服务信息平台及企业，争取到600名家政服务员培训指标，获得补助资金48万元。中式烹调师创新竞赛、餐饮企业星级美食名店评审和“老字号”企业申报工作也扎实推进。

【市场运行监测网络进一步完善】　年内，全州二手车交易、典当、拍卖等重点行业健康发展，成品油、猪肉等重点商品监管得到加强。2011年，全州共销售成品油56万吨，同比增长12.5%。其中，柴油40万吨，同比增长13.9%；汽油16万吨，同比增长11.5%。市场运行监测网络进一步完善，州、县市商务预报平台开始启动运行，新增样本监测企业20家。打击侵犯知识产权和制售假冒伪劣商品专项行动取得阶段性成果，出动执法人员15000多人次，开展了对商店、市场、音像图书店铺的清理检查，查办案件47件，案值54.7万元。

（《国内贸易》由孙建新撰稿）

供销合作

【概　述】　2011年，大理州供销合作社坚持为农服务的宗旨，推进经营创新、组织创新和服务创新，积极参与社会主义新农村建设，着力构建供销龙头企业，加快农村现代流通经营服务体系、农村合作经济组织服务体系和推进乡村流通工程建设，坚持开放办社、龙头强社、服务兴社、合作强社的发展思路，多措并举，不断提高自身经济实力和为农服务水平，各项工作取得了新进展，为全州农村经济社会发展做出了新的贡献。

2011年，主要经济指标完成情况：省社下达任务31亿元，完成40.4亿元，占年计划的130.5%，比上年同期的30.5亿元增长32.46%。其中，销售总额27亿元，完成32.8亿元，占年计划的121.4%；省社下达利润总额任务4000万元，完成4289万元万元，占年计划的107%；省社下达所有者权益任务28000万元，完成31566万元，占年计划的112.7%；省社下达化肥销售任务38万吨，完成46.7万吨，占年计划的123%；省社下达资产总额任务55000万元，完成59441万元，占任务数的108%；省社下达农民专业合作社任务200个，完成225个，占年计划的112.5%；省社下达农村综合服务社任务40个，完成76个；农村合作经济组织联合会或农产品经纪人协会任务11个，完成6个；乡村集贸市场建设任务8个，完成9个；各类人员培训任务8800人，完成12042人，占年计划的136%；乡村流通经营服务骨干培训120人，完成312人，占年计划的260%；农产品经纪人培训任务3180人，完成3229人，占年计划的101%。其中农产品经纪人持证人员培训2216人、占年计划201%，合作经济理事长培训完成467人，完成总任务的222%。

【省社改革发展工作现场推进会在大理召开】　3月12日，云南省委农村工作领导小组办公室与云南省供销合作社联合在大理州召开全省供销合作社改革发展工作现场推进会。全国供销合作总社党组成员、理事会常务理事于培顺出席会议并讲话，云南省委书记白恩培、省长秦光荣、省委副书记李纪恒、副省长孔垂柱就会议作出批示。会议强调“十二五”期间，全省供销合作社要围绕“云南桥头堡”建设和“流通活省”的总体要求，深入贯彻落实总社五届二次理事会议精神，加快建设县有配送中心、乡镇有中心超市、村有综合服务社的农村现代流通经营服务体系和县有联合会（办公室）、乡镇有指导站、村有专业合作社的农村合作经济组织指导服务体系建设，加快组建供销合作社企业集团。到“十二五”末，力争实现全省农民专业合作社（协会）发展数量翻一番，达到1.5万个以上，经营总额和汇总利润比2010年翻一番。实现综合服务社超过2万个、商品配送中心建设总数达到500个以上、农村市场建设总数达到500个以上、资产总额超过210亿、化肥销售市场份额达90%以上的目标。

【多渠道争取项目扶持资金】　2011年，全州供销社系统共争取各级财政乡村流通工程建设专项资金947万元，其中，总社新网工程及空白落后县建设项目2个，安排资金187万元；省级乡村流通工程建设5个项目，安排资金75万元；州级乡村流通工程建设项目17个，安排资金185万元；食用菌项目3个，安排资金125万元；标准化综合服务社建设110个，安排资金110万元；专业合作社建设200个，安排资金200万元。州级化肥储备贴息企业14个，安排贴息资金65万元；通过“乡村流通工程”和“新网工程”建设，农资、日用消费品、再生资源、农产品交易市场四大网络体系建设基本形成，填补了供销社改革改制后网络体系的空白，有效地推进了全州供销“二次创业”，实现了健康可持续发展。

【农村流通经营体系建设和合作经济组织服务体系建设】　年内，大理州供销社系统进一步加快“两个服务体系建设”，完善了县有配送中心、乡有超市（配送分中心）、村有综合服务社的县、乡、村“三位一体”乡村流通经营服务体系。大理、祥云、鹤庆、弥度，云龙，宾川等县市相继成立了农村合作经济组织领导小组办公室，供销社系统为加强农村合作经济组织的发展提供了指导和服务，构建了县市有农合会、乡有指导服务站的农村合作经济组织指导服务体系，为推进各级供销合作经济组织向规范化、组织化、规模化发展奠定了坚实的基础。

【社有资产监管得到加强】　年内，州供

销社组织财会人员历时两个多月认真清查，掌握了全系统的家底，为进一步加强社有资产管理，确保社有资产保值增值和进一步维护各级供销社权益打下了基础。至年末，州供销社及大理、漾濞、云龙、宾川、祥云、弥渡6个县市供销社已经工商登记注册，正式成立了“社有资产管理中心和社有资产经营管理公司”。

【强化人才培养机制】 年内，州供销社结合改革发展的新要求，坚持与民委、妇联、共青团等部门联合，采取进村培训等方式，对农村少、小民族、妇女、青年团员、种养大户、农村经营骨干等进行农产品经纪人国家资格培训或农业技术培训，不断提高农民的生产经营能力，打造农村流通队伍，实现以商活农，助农增收的目标。通过有组织、有计划地开展培训，为全州供销工作的科学发展、农业产业化经营水平和农民组织化程度的提高提供了重要的人才支撑。

【州人大常委会审议通过供销合作社改革和发展情况报告】 10月，州人大常委会第26次会议专题审议通过了《大理州州供销合作社改革和发展情况报告》，对州供销社所做的工作给予了充分肯定，同时提出了指导性意见建议。

【启动“供销在线”惠民工程】 年内，大理州供销社组织实施了“供销在线”项目，主要是依靠供销社城乡商品流通配送商务网络和新型电子商务模式改造农村传统商品购销方式，让农村商业逐步走向规模化、集约化、电子信息化，从根本上解决农民“买难”与“卖难”的问题。该项目启动后得到了州委、州人大、州政府有关领导的高度重视，并组织相关部门在宾川县深入开展调查研究，提出了全州科学建设供销在线农村电子商务工作的新思路。年内，该项目已在宾川县4个乡镇开展试点。

【强化外宣工作】 年初，州供销社积极向省州财政争取到网络项目建设资金20万元，并于3月建立了以州供销社主网站为中心的12个县市网站综合信息发布平台，截至12月共发布政务与经济信息296条，被总社和省社采用并获得好评。同时，与州电视台“红土地”栏目合作，播出17期“合作架金桥”专题报道，收到了较好的效果，为供销社的改革发展营造了良好的舆论氛围。

（《供销合作》由张韬撰稿）

粮油购销

【概　述】 2011年，全州粮食工作紧紧围绕经济社会发展的各项目标和《2011年粮食工作计划》，突出重点，狠抓落实，认真制定了《大理州粮食工作意见》，保供给、稳市场、惠民生，保障全州粮食安全。至年末，全州国有粮食购销企业实现粮油销售收入21629万元，实现利润5.4万元。除3户企业亏损外，全州国有粮食购销企业全部实现盈利。

【加强各级储备粮管理】 年内，大理州粮食系统认真做好粮食仓储管理和安全生产工作。为确保州级储备粮用得上、调得动，品种质量符合标准，依照《云南省省级储备粮管理办法》、《大理州州级储备粮管理办法》对省州储备粮进行严格管理，认真落实“一符三专四落实”，确保了省州储备粮数量准确、品种落实、质量符合国家标准、储存安全。经有关部门多次抽查，各承储库点未发生违法违规现象。此外，认真做好省级成品粮（大米）临时储备的监管工作和粮油安全保管工作。在春、夏两季粮油霉坏事故多发期，做到及早安排，及时部署，要求各县市、州国家粮食储备有限公司做好粮油保管工作，确保了全州库存的粮油安全。

【落实粮食行政首长负责制工作任务】 2011年，按照省州政府关于继续完善粮食行政首长负责制考核指标和奖惩的要求，大理州粮食局认真履行分管的工作任务，并对各县市粮食行政首长负责制落实情况及州级相关部门工作进行了检查考核，受到省、州政府的表彰奖励。

【开展保供稳价惠民生工作】 年内，全州共安排1万套储粮装具用于小粮仓建设，计划在2012年4月底前全部完成，确保农户在2012年夏粮收购时能够使用。11月末，省政府安排大理州增设粮油平价销售点33个，省州县市政府认真制定了建设方案，并通过以奖代补的形式给予平价销售点建设补助，力争在节前全部挂牌营业，确保各级政府保供稳价，把惠民措施落到实处。

【完善内部机构编制】 鉴于大理州粮食局科室偏少，难以全面履行全州粮食政策法规和粮食监督检查职能的现状，年内，州粮食局积极向州政府、州委编办反映实际情况和存在的困难，要求增加科室，完善内部机构编制。6月末，州政府办公室下发了《大理州粮食局主要职责内设机构和人员编制规定》，州粮食局内设科室4个，新增政策法规科，人员编制2名，进一步完善了粮食局职能。

【落实廉政风险防范管理工作】 年内，州粮食局根据《大理州粮食局廉政风险防范管理实施细则》，确定了廉政风险重点岗位和风险等级。制定了《大理滇西现代粮食储备物流中心项目资金使用管理暂行办法》、《大理滇西现代粮食储备物流中心项目实施廉政勤政纪律制度》等制度和岗位工作流程图，完善了局机关各项规章制度，明确了防范措施

认真做好粮食仓储管理和安全生产工作　（州粮局　供稿）

和责任人员。年末，按照《大理州重点工作和党风廉政建设工作考核实施办法》进行了工作绩效考核，局党组对评为优秀和合格的政策法规科、财会统计科、办公室、储备军供科给予了表彰奖励。

【开展粮食流通监督检查工作】 年内，大理州粮食局认真开展了粮食流通监督检查工作，分别是：粮食和食用植物油的库存检查，全州粮食收购资格审核，规范粮食收购市场次序检查，秋粮收购价格监督检查，全州粮食质量安全检查，全州2010年度社会粮油供需平衡统计调查。通过检查，维护了粮食市场次序，保障了全州粮油有效供给，实现了粮食价格基本平稳，确保了全州粮食安全和社会稳定。

【扩大粮油购销】 2011年，全州国有粮食企业努力克服国家金融紧缩、贷款困难的问题，积极到东北粮食主产区和州外组织外购粮源，开展粮食购销。全年共购进商品贸易粮85430吨，比上年增加21300吨，增幅33%。全年销售贸易粮76260吨，比上年增加12770吨，增幅20%。全州粮食主管部门想方设法为企业扩大销售，解决资金困难等实际问题，积极指导各县市调整工作思路，紧紧围绕农业发展，农民增收和新农村建设，引导和帮助国有粮食企业积极入市收购，方便农民售粮，努力掌握粮源；根据市场供求形势的新变化，做好市场粮食供应工作。

【开展粮食调研】 4月11～13日，州人大常委会副主任张如旺率财经委相关人员深入到州国家粮食储备有限公司、中央储备粮大理直属库，祥云、永平、鹤庆3个县粮食局和购销公司开展调研。调研组一行实地察看了储备库、粮点，听取了企业的工作汇报。4月27日，州十二届人大常委会第二十三次会议听取和审议了州粮食局局长李桂根受州人民政府委托所作的《关于全州粮食工作情况的报告》。报告回顾了1998年以来全州粮食工作的基本情况，分析了当前粮食工作面临的新形势、新任务，明确了进一步加强和做好粮食工作的意见。会议充分肯定了报告内容，并对进一步做好粮食工作提出了5条意见，即：提高认识，加强领导，着力提高粮食综合生产能力；科学规划，落实项目，加强现代粮油收储、加工、物流和市场体系建设；理顺体制，深化改革，完善国有粮食企业经营管理机制；盘活资产，增加投入，改善粮食仓储设施条件；落实责任，加强监管，确保全州粮食安全。根据《大理白族自治州人大常委会对州人民政府<关于全州粮食工作情况的报告>的审议意见》以及州政府领导的批示精神，州粮食局拟定上报了《关于进一步做好全州粮食工作的意见》，请州政府审定。

【推进农户科学储粮惠农工程建设】 9月，省粮食局下达大理州农户科学储粮专项投资计划10000套。州粮食局积极做好专项启动前各项准备工作，及时下达了建设规模计划和投资计划，确定巍山（4000套）、鹤庆（2000套）、洱源（4000套）为2011年农户科学储粮专项建设项目实施县，并积极落实中央、省、州、县配套资金，层层签订责任书。至年末，全州农户科学储粮专项建设项目进展顺利，洱源县4000套装具已基本完成，其余两县正在积极推进中。

【设置粮油平价销售点】 12月7日，大理州粮食局、州发改委和州财政局制定下发了《大理州增设粮油平价销售点，适时投放粮油储备工作方案》，明确了全州设置粮油平价销售点33个。州粮食局统一制作了名称为"云南省人民政府惠民生保供给粮油平价销售点"的标牌，并积极争取补助资金和工作经费，以"以奖代补"的形式，在省补助每个点2万元的基础上，州再配套补助2万元经费，各县市也根据实际情况对粮油平价销售点给予经费补助，力争春节前全部挂牌营业，让群众真正得到实惠。

【开展全州粮食、食用植物油库存检查工作】 年内，州粮食局认真开展了全州粮食、食用植物油库存检查工作。①根据云南省粮食局《关于开展2011年全省粮食库存检查工作的通知》精神，认真进行了安排部署，按照"有仓必到、有粮必查、有账必核、查必彻底"的原则，在规定的时间内，全面开展了粮食库存检查工作。在各县市自查的基础上，按照"州、市粮食局要对本区域内所属国有粮食企业地方储备粮和商品粮库存进行抽查，抽查比例需达到库存总量的13%"的要求，对大理市、祥云县、洱源县、鹤庆县和州国家粮食储备有限公司进行了重点抽查，抽查各类粮食数量24237吨，占全州粮食库存检查范围的25.72%。经省联合检查组复查，全州库存情况为：数量真实、质量完好、账实相符、账账相符、储存安全、管理规范。②认真做好食用植物油库存检查工作。根据云南省粮食局、云南省发展和改革委员会、云南省财政厅、国家农业发展银行云南省分行联合下发的《关于开展全省食用植物油库存检查工作的通知》精神，大理州在规定的检查时间内，全面开展了全州范围内的食用植物油清查工作。6月20～24日，省普查组对大理州进行了检查，认为大理州实物账、会计账、统计账做到"三相符"，数量真实、质量完好、储存安全。

【推进大理滇西现代粮食储备物流中心项目工作】 11月，经州人民政府批准，大理滇西现代粮食储备物流中心项目正式启动实施。项目立足大理，辐射"滇西"，面向东盟，联结国内外产销通道，是落实粮食流通工作"五化"目标的具体举措。项目建设实施"退城进郊、异地置换"，对现处于城区内的大理州国家粮食储备库实施异地重建，进一步提升功能，打造一个集粮油仓储、加工贸易、物流配送、电子商务、检验检测为一体的现代化粮油储备物流龙头企业，为全州粮食产业化及农副产品集约化经营建立现代化平台。新建项目选址在大理创新工业园区，新征地271亩，一期建设概算投资2.9亿元。2011年，项目前期工作有序推进，已委托相关部门开展可行性研究报告编制、勘测定界、环境影响评价报告编制及评审、地质灾害危险性评估、压覆矿产资源调查及评审、水土保持、林业调查、文物调查等工作。该项目力争2012年开工建设，确保"十二五"期间建成运营。

（汪自云）

【认真开展粮食行政首长负责制执行情况考核工作】 年内，根据省、州关于粮食行政首长负责制考核及奖惩要求，州粮食局受州人民政府委托，牵头对全州各12县市人民政府和州级相关部门2010年度粮食行政首长负责制执行情况进行了考核检查。并于2011年2月下旬接受了省委、省政府检查考核组集中在昆明进行的对大理州粮食行政首长负责制落实情况的检查考核。省人民政府对州人民政府2010年贯彻落实粮食行政首长负责制考核结果为合格，并兑现了奖励；州人民政府对考核优秀等次的大理市和洱源县人民政府，考核良好等次的祥云县、鹤庆县、云龙县、巍山县人民政府，考核合格的宾川县、南涧县、剑川县、漾濞县、弥渡县、永平县人民政府以及大理州人民政府办公室、大理州发展和改革委员会、大理州农业局、大理州粮食局、大理州财政局、大理州工商局、大理州统计局、中国农业发展银行大理州分行分别给予了1～4万元的奖励。

（汪自云）

【全州国有粮食企业经营情况】 2011年，全州国有粮食企业经济运行情况较好，粮食购进和销售增加、库存增加、经营实现利润。具体情况为：全州国有粮食企业全年共购进各类粮食（贸易粮）85430吨，同比增收21300吨，同比增长33%。其中，小麦购进4409吨，大米购进29715吨，玉米购进27063吨，其他品种（蚕豆、啤大麦等，下同）购进24241吨，油脂购进4236吨。全年销售粮食76260吨，同比增销12770吨，销售量增长20%。其中，小麦销售3544吨，大米销售22455吨，玉米销售30042吨，其他品种销售20222吨，油脂销售3480吨。截至年末，国有粮食企业商品周转库存为32036吨，比上年同期的23580吨加8456吨。全州国有粮食企业实现利润5.4万元，企业经营保本微利。

（汪自云）

【竞价销售州级储备粮】 经州人民政府同意并依照大理州粮食局 、大理州财政局 、大理州发改委《关于下达州级储备粮储备调整计划及组织实施原储备粮公开销售相关工作的通知》要求，大理州于2011年12月2日在永平县苏屯粮点组织了原州级储备粮公开竞价销售。此次公开销售的粮食（粳稻谷）是永平县国有粮食购销公司原承储的州级储备粮。由于永平县国有粮食购销公司仓储基础设施条件较差，以及粮价上涨、粮源采购困难、储备粮保管费和轮换费补贴标准较低，造成了公司政策性储备粮轮换压力增大、亏损增加。经永平县请示，通过州粮食局、州财政局、州发改委认真研究并报请州人民政府同意，决定调减永平县州级储备粮承储任务，对现存粮食进行公开销售。州粮食局、州财政局、州发改委对公开竞价销售工作进行了精心组织：①发通知对州级及12县市国有粮食企业及部分信誉良好的私营企业作了竞价邀请，并进行了资格审查；②委托州国家粮食储备有限公司及所属粮油产品质量监督检验站对现有存粮进行质量鉴定；③严格公开竞价程序，实行事前事项告知，拟订违约责任，严肃合同条款执行；④州财贸纪工委对竞价过程实施全程监督，确保了公开、公平、公正原则，现场竞价，价高中标，防止了竞价违规。最终，大理磊米粮油有限公司获得了竞买资格，并当场签订了购销合同。

（汪自云）

【保障"健康快车"在大理直属库开展医疗救助工作】 10月27日，免费为贫困白内障患者实施复明手术的"健康快车"再次驶入中央储备粮大理直属库。预计用3个月的时间，在大理直属库为1000名白内障患者实施复明手术，"健康快车"是由卫生部、铁道部和中华健康快车基金会联合组织开展的国家卫生扶贫项目。为了确保"健康快车"在大理直属库内顺利开展工作，中储粮云南分公司明确指示，要以高度的政治责任感，积极配合好"健康快车"及地方政府工作。中央储备粮大理直属库为此专门成立了工作小组，克服铁路专用线使用紧张的困难，超前做好各项准备工作，组织人员提前对停靠点周围进行全面整修、清洁；直属库食堂对各种餐具进行消毒处理，备好各类新鲜蔬菜，做好后勤保障工作；针对库区周边情况，加派值班人员，实行24小时巡逻制度，加强安全保卫工作，确保了列车在库内的安全运转，切实保障"健康快车"工作任务圆满完成。

（孟继斌）

州人大常委会副主任张如旺视察粮库建设　　（州粮局　供稿）

【提升科技储粮技术】 年内，大理州国家粮食储备有限公司积极投入资金，提升储粮科学技术水平，公司接合储粮实际需要，投资近10万元对库区1－6号仓测温电缆进行更换，安装了北京佳华储粮科技有限公司JHOPI－I型粮情检测系统。该系统由测温电缆、仓内外温湿度传感器、仓外分机、系统总线、中控机和测温软件构成。各储粮仓设60根测温电缆，1个仓内温湿度传感器，共设有3个分机，1个大气温湿度传感器，1个中控，1个标准版手持式温度监测仪。经过半年多的监测运行，该系统数据结构合理，检测速度快，测温数据准确，防熏蒸密闭性好，测温系统运行稳定。该系统的使用使大理州国家粮食储备有限公司的储粮技术水平上了一个新台阶，能实时动态监测粮温，为合理制定粮食保管措施提供了更加科学的依据。

（熊文彬）

【州级食用植物油脂库存检查】 年内，根据大理州政府办公室《关于对2010年州级食用植物油储备规模相关事宜的批复》，为确保食用植物油存储安全、数量真实、质量完好，确保动用时保质保量及时调出，大理州将原采用的异地委托承储方式改为由州国家粮食储备有限公司存储。公司经认真研究、积极组织考查，决定委托具备食用植物油加工储备能力的宾川县金源粮油开发有限责任公司储备，为确保用时能及时调出，分别采用了5升家庭装、20升餐饮用包装和散装多种形式储存。经公司积极运作，于1月完成了储备任务。并接合云南省发展和改革委员会、云南省粮食局、云南省财政厅，中国农业发展银行云南省分行联合下发的《关于开展全省食用植物油库存检查工作的通知》接受了省检查组的检查，做到了数量真实、质量完好、储存安全。

（陈志勇）

（《粮油购销》除署名外由李宇撰稿）

（《贸易》责任编校：杨　琥）

财政 税收

财 政

【概 述】 2011年，全州财政总收入完成1002666万元，完成年初预算的107.9%，比上年增收196988万元，增长24.4%。其中：上划中央和省级税收收入543203万元，比上年增收113687万元，增长26.5%；一般预算收入完成459463万元，完成年初预算的106.2%，比上年增收83301万元，增长22.15%。全州地方一般预算支出完成1596232万元，比上年增支353803万元，增长28.48%。

【财政收支上新台阶】 2011年，全州财政收入突破100亿元，完成1002666万元，其中，国税部门完成542098万元，比上年增收115627万元，增长27.1%；地税部门完成370716万元，比上年增收80709万元，增长27.8%；非税收入完成89852万元，比上年增收652万元，增长0.7%。全州经济运行质量进一步提高，全州财政总收入占地区生产总值的比重达17.6%，比上年提高0.6个百分点。全州税收收入占财政总收入的比重达89.7%，比上年提高2.1个百分点。全州一般预算支出达1596232万元，全州向上争取资金支持的力度、中央和省对大理州的转移支付力度，以及各级财政对经济社会发展的保障力度进一步增强。

【培植财源】 2011年，围绕中共大理州委"工业发展年"部署，采取预算安排、向上争取支持、税收减免等方式，集中财力支持工业园区建设、标准厂房建设、骨干企业发展，巩固提升烟草、建筑建材、矿冶、水电等支柱产业。争取、下达中央和省扶持企业发展专项资金10217万元，比上年增加3355万元；州本级安排工业发展资金7109万元，比上年增长1.8倍；执行国家西部大开发税收优惠政策，减免中小企业税收15000万元。切实有效地推进工业园区建设，增强企业发展动力，加快了工业经济发展。大力推进重点项目建设，通过申请地方政府债券转贷资金、银政合作、以奖代补、预算安排等方式，筹集231000万元，重点保障全州20个重大建设项目和20项重要工作的经费，推进以交通、水利、电站、风力、市政基础设施为重点的一批项目建设。州本级财政投入旅游业发展专项补助3000万元，支持鸡足山旅游景区、苍山大索道、《希夷之大理》、大理游客服务中心等重大项目建设，有力地推进旅游二次创业。州本级投入规划经费1421万元，实施了12县市城市近期建设规划和滇西中心城市轨道交通规划编制。投入14440万元，支持12个中心集镇、24个农村和36个示范村建设。多渠道筹资11700万元，实施了滇西技师学院整体搬迁。

【强农惠农】 年内，州本级财政投入8640万元，整合其他涉农资金3400万元，引导银行、社会各类资金投入163000万元，顺利推进洱海流域"百村整治"、中心集镇建设、扶贫开发、扶贫示范园区建设工程。州本级投入农业产业化资金1000万元，争取中央、省级6158万元，支持乳业、肉牛、生猪、茶叶等10大农业基地建设和龙头企业发展。引导金融支持"三农"，安排7264万元，开展涉农贷款增量奖励工作，安排资金6015万元，支持森林、能繁母猪、农业保险。深入推进农业综合开发，全州农业综合开发县增加到10个，投入农业综合开发资金9517万元，实施土地治理、农业产业化经营、农业科技项目30个。继续深化农村综合改革，通过"一事一议"共下达财政奖补资金13051万元，比上年增长36.2%，帮助全州1000多个自然村实施了以道路硬化、村容村貌整治为重点的村级公益事业建设项目，改善农村生产生活条件。

【惠民兴州】 年内，全州教育支出279689万元，比上年增长22%。安排义务教育保障机制经费38973万元，对43万名义务教育阶段学生免除学杂费和免费发放教科书，对13万名农村义务教育阶段贫困家庭寄宿生提供生活费补助。投入51293万元，拆除重建13.29万平方米及加固改造B、C级43.57万平方米不安全校舍，农村中小学办学条件明显改善。全州社会保障和就业支出179907万元，比上年增长26.8%。筹措就业专项资金7964万元，重点支持高校毕业生、农村转移劳动力、城镇就业困难人员就业工作。投入城乡临时救助资金5862万元，切实解决困难群体因自然灾害、物价上涨等因素造成生活出现困难问题。稳步推进城乡居民养老保险试点。提高企业退休人员养老金待遇。全州医疗卫生支出169315万元，比上年增长32.5%。积极推进医改5项重点任务。全面推进实施国家基本药物制度，加强基层医疗卫生服务体系建设，促进基本公共卫生服务均等化。全州文化体育与传媒支出27655万元，比上年增长24.8%。继续支持广播电视"村村通"、农村广播电视节目无线覆盖、文化资源共享、农村电影放映、农家书屋等重大公共服务工程。下达资金1408万元，确保全州140个美术馆、公共图书馆、文化馆(站)和3个博物馆、纪念馆免费开放。

【财政管理与改革】 2011年，通过争取上级转移支付，县市财力增长较快，中央和省对县级基本财力保障、均衡性转移支付较上年净增加56002万元，是上年的1.9倍；州本级财政超收资金的安排进一步向县市级倾斜，县市级财力占全州比重由2010年78.5%提高到2011年80.4%。全州预算管理改革深入推进，建立和完善财政支出预算追加审批制度，预算约束力进一步增强。将预算外资金除教育收费外全额纳入预算管理，规范了财政预算收支范围。加强财政资金监管，全州840个部门1507个预算单位全部纳入财政国库改革，公务卡结算制度改革深入推进。认真开展财政专户清理整顿工作，撤销财政专户186个。启动财政票据电子化管理改革，对州级164个机关事业单位实施票据电子化管理。全面完成2011年"小金库"治理工作。推进财政资金绩效管理，继续实施30万元以上项目绩效目标申报制度，组织完成66个州级部门215项共计65300万元的项目支出绩效申报。对“十一五”期间319个项目、10490万元的项目前期工作经费进行绩效评价。加强干部队伍建设，组织全州财政收入超100亿元暨首届大理财税摄影书画展，提升了影响力。以庆祝建党90周年、建设学习型党组织、创建国家级文明单位、学习杨善洲同志先进事迹为主线，扎实推进创先争优活动。切实加强党风廉政建设，推进廉政风险防控工作。

（《财政》由何洛撰稿）

2011年8月，全州国税系统干部队伍和党风廉政建设现场工作会在弥渡召开

（州国税局　供稿）

国家税务

【概　述】　2011年，大理州国家税务局认真贯彻落实云南省国税局“服务基层年”各项工作部署和州委、州人民政府各项工作要求，坚持“转变作风、提高效能、人才兴税、服务基层”的工作思路，推行“一个目标、五项考核”，即围绕税收收入目标，实施“税收收入、税种管理、征管质量、人才倍增、党风廉政及会风会纪”等5项考核，抓住重点，突破难点，挖掘潜力，强根基、建和谐、促发展，各项工作任务顺利推进：①国税收入保持两位数增长，跨越55亿元大关，为全州财税总收入超100亿元作出积极贡献；②正确贯彻落实国家一系列减税、免税政策，对促进地方经济发展发挥积极作用；③服务与执法并举，依法治税水平不断提高，纳税服务不断优化；④各项考核指标实施有力，各税种精细化管理力度增强，征管质量大幅提升；⑤开发“机关协同办公与绩效管理平台”系统，为信息化建设注入新活力；⑥“人才倍增”计划有序推进，国税队伍建设成效明显；⑦积极探索内控机制建设，进一步创新党风廉政建设机制；⑧跻身“全国文明单位”行列，精神文明建设迈上新台阶；⑨“六做十对”风气彰显，国税文化建设成果丰硕，全年各项目标任务圆满完成，为大理国税“十二五”开局奠定坚实基础，为国家和大理经济社会和谐发展作出新贡献。

【国税收入保持两位数增长】　2011年，大理州国税部门完成税收收入570493万元，比2010年增收115793万元，增长25.47%。完成云南省国税局下达计划任务500800万元的113.92%，完成省国税局下达奋斗目标510200万元的111.82%。在全省16个州市中，收入总量排名第7位，增幅排名第9位，高于全省平均增幅(21.17%)4.30个百分点。“三税”收入完成543153万元，比2010年增收114331万元，增长26.66%。“三税”收入剔除财政部门退税及全额属于中央收入所得税1046万元，完成州人民政府下达“三税”奋斗目标540000万元的100.39%，超收2107万元，占全州财政总收入1002666万元的54.07%。其中，国内增值税入库253702万元，增收64099万元，增长33.81%；国内消费税入库224517万元，增收32448万元，增长16.89%；企业所得税入库64934万元，增收17784万元，增长37.72%；储蓄存款个人利息所得税入库230万元，减收230万元，下降50.00%；车辆购置税入库27110万元，增收1692万元，增长6.66%。中央级税收收入完成481069万元，增收91901万元，增长23.61%；地方级税收收入完成89424万元，增收23201万元，增长35.03%。2011年国税宏观税负为10.04%，税收弹性系数为1.28。

【服务地方经济发展】　2011年，大理州国家税务局正确贯彻落实国家一系列减税、免税政策对促进地方经济发展发挥了积极作用。全州国税部门共办理国内各类减免税12407万元，办理出口货物退(免)税11489万元，认真贯彻落实增值税转型固定资产抵扣政策减轻一般纳税人负担29325万元，三项合计53221万元，为企业自主创新、发展壮大增加了动力，为大理经济快速复苏和健康发展发挥了积极作用。

【依法治税】　2011年，依法治税水平不断提高。一是执法过错大幅降低，一季度执法过错率为万分之0.95，首次低于万分之一；全年全州被监控到、不能作申辩调整的税收执法过错86条，实现零过错县级单位3个，比2010年无零过错单位取得突破进展。二是整顿和规范税收秩序效果明显。稽查查补收入2627.13万元。其中，检查查补入库税款742.86万元，滞纳金145.02万元，罚款91.83万元，没收非法所得0.46万元；企业自查入库税款1450.68万元，滞纳金196.28万元。

【优化纳税服务】　2011年，纳税服务不断优化。一是扎实开展全国第20个税收宣传月活动。向州、县市党委政府领导、一般纳税人、全体干部职工发出14000多条宣传短信，发出公开信315份、问卷调查607份，宣传服务效果好，得到州人大领导批示肯定。在香港文汇报、云南日报、大理州电视台广泛开展税收宣传，各级领导和纳税人反响强烈，和谐税收环境建设更加深入。二是推行“重点税源监控卡”和“纳税服务联系卡”，对全州年纳税额在100万元以上164户企业全部建卡纳入监控。三是在全州办税服务厅推行“一窗通办”，统一将办税服务厅窗口规范设置为申报纳税窗口、发票管理窗口和综合服务三大主题服务窗口，进一步提高办税效率和服务水平。四是以“一窗通办”为基础，在全州国税系统办税服务大厅推行工作量化考核，前台工作人员服务意识和服务态度明显改善，业务学习主动性和积极性不断提高,得到纳税人充分肯定。五是开展“服务基层、树立形象、营造氛围”走基层访谈活动,分期访谈基层一线职工、热点重点工作和重点税源企业负责人,有效彰显基层干部职工风采,积极营造广大干部职工学习身边楷模、赶超先进的浓郁氛围。

【税收征管】 2011年,税收征管质量大幅提升。一是针对农产品加工企业交易的真实性难以掌握、收购发票增值税进项税额抵扣失真、行业整体税负明显偏低等征管工作难题,从管住实物流、管紧票据流、管实资金流和管好信息流入手加强税源管理,取得明显成效。全州总体税负达4.41%,比2010年提升0.83个百分点,比全省总体税负高1.06个百分点,总体税负跃升全省第9名。二是新版普通发票换版和旧版发票缴销工作全面完成,全州使用新版普通发票14126户。三是全州完成33423户个体定额核定工作,涉及调整定额3025户,调整比例9.16%,比全省平均调整比例高4.88个百分点。全州起征点以上个体“双定户”9426户,达征率28.04%,比全省平均达征率高1.05个百分点。11月1日,期增值税起征点调整后全州达起征点“双定户”1152户。四是纳税评估示范作用显著增强。累计评估730户,发现问题334户次,评估税款5910万元,采取“走出去”培训的37名干部直接评估或参与评估税款3964万元,占评估总额的67.07%。

【各税种精细化管理】 2011年,各税种精细化管理力度增强。一是全州1741户增值税一般纳税人实现网络抄报税申报,占全州增值税一般纳税人1981户的87.88%。二是全面完成2010年所得税汇算清缴,汇算清缴补税4696万元,应退税款969万元,汇算清缴应入库3727万元,比2010年增加4691万元。三是加大出口企业管理力度,切实防范和打击出口骗税。全州办理出口货物退(免)税11489万元,比2010年增加4524万元,增长65%。四是国际税收工作有序推进,共计代扣代缴非居民企业所得税708.44万元。五是摩托车车辆购置税委托代征、汽车车辆购置税申报缴税受理点在全州推行,全州14个委托代征点代征摩托车47111辆,征收税款1942万元,占总量的73.81%,方便纳税人缴税,征管效果明显。

【信息化建设】 7月,大理州国家税务局自行组织开发的“机关协同办公与绩效管理平台”信息系统建设初步完成,并在大理州国税局机关上线运行。该“平台”全面整合了机关行政、事务、财务等方面的办公流程,涵盖机关接待、会议、培训、采购、车辆管理等各项事务的申请、审核、审批、办结,对机关事务处理中产生的各类报结进行集中处理、分层展现。“平台”信息化与行政管理、绩效评价有机结合,不仅对规范机关事务处理、突出目标管理考核依据量化和提升行政办公绩效具有积极作用,同时一改数据省级集中以来基层信息化工作沉寂的局面,为信息化建设注入新的活力。

【队伍建设】 2011年,大理州国家税务队伍建设成效明显。一是《大理州“十二五”时期国税工作发展规划纲要》编制实施。二是开展庆祝建党90周年活动,全系统举办了丰富多彩的纪念活动并获各级表彰;创先争优、向杨善洲同志学习和“四亮四评”等活动深入开展;读党史、上党课、重温入党誓词、参观爱国主义教育基地、走访看望老党员等活动全面铺开,基层党组织和广大党员讲党性、学党史、树典型、当先锋的意识进一步增强。三是班子建设得到加强。完成了5名县国税局局长、5名州国税局机关正科干部以及10名县市国税局纪检组长的选拔任用工作,开展20个副科领导岗位竞争上岗,进一步深化干部人事制度改革,拓宽选人用人渠道,基层党组的执行力、落实力进一步增强。四是人才倍增成效明显。举办税收业务骨干和专题业务培训班,全州国税系统组织各类业务培训班334期,共培训6198人(次)。举办全州第九届业务能手竞赛和业务骨干抽考,选送37名征管一线干部到昆明直属局点对点学习培训,基层纷纷开展业务能手竞赛和全员考试,培养了一批征管一线骨干人才。截至2011年底,全州国税系统在职人员999人(其中州国税局机关121人),离退休人员344人。在职干部职工中有中共党员621人,占62.16%;大专以上学历874人,占87.49%。硕士研究生14人,省州级“业务能手”133人(省级11人,州级122人),注册税务师2人,律师1人。

【精神文明建设】 2011年,大理州国家税务局机关被中央文明委授予第三批“全国文明单位”;被中共大理州委、州人民政府授予“五五”普法先进单位;被中共大理市委、市人民政府授予“平安建设工作先进单位”;全州国税系统荣获省妇联、省国税局“巾帼文明岗”3个,省国税局“文明单位”2个。

【文化建设】 2011年,大理州国家税务系统秉承云南国税文化理念,积极提升国税文化软实力,“六做十对”风气融于国税文化建设,国税文化内涵不断丰富拓展。一是全面完成州、县市全套12册国税志的编写,作为记述改革开放以来大理州辖区内工商税收发展历程的部门志书,具有较强的史料价值。二是建设文化大厅、文明走廊、升旗台、停车场、图书室等设施,丰富文化建设内涵。三是定期开展理想信念教育。每月第一个工作日早晨在办公大楼前举行升旗仪式。四是举办大理国税《廉政讲坛》、《国学讲坛》,有效筑牢干部队伍反腐倡廉思想防线,提升干部职工文化品位和道德修养,并在系统内外引起强烈的共鸣与关注。五是积极参加地方党委政府庆祝建党90周年系列活动并取得优异成绩,在全州“红土地之歌”演讲比赛中获三等奖,情景说唱剧《国税光荣榜》在州直

精干的国税队伍 （州国税局 供稿）

机关党委举办的文艺汇演中获二等奖，大合唱《天路》在大理市委组织的“同心同党”歌咏比赛中获一等奖。六是举办全州国税系统干部职工摄影书画比赛，参与庆祝大理州财政总收入突破100亿元暨首届财税系统摄影书画展，国税系统参展作品得到专家和评委认可，获奖数量名列第一，充分展现了职工的文化艺术修养和昂然向上的精神风貌。七是克服自身困难，积极承担扶贫、新农村建设、捐资助学等社会责任，州国税局机关向贫困残疾人家庭捐助5000千克化肥和一批生活食用油，捐款10400元；全州国税系统向地震灾区盈江县国税局捐款122190元，以实际行动支援抗震救灾，树立良好国税形象。

（《国家税务》由华艳撰稿）

地方税务

【概　述】　2011年，全州地税系统紧紧围绕中共大理州委、州人民政府和省地税局年初的工作部署，认真贯彻落实省第九次党代会和州第七次党代会精神，按照“内提素质，外树形象，打造阳光地税”的地税工作总目标和“依法治税、阳光办税、科技管税、人才兴税、着力培税、服务促税”的总体工作要求，以组织收入为中心，坚持服务科学发展，共建和谐税收的工作主题，坚持依法行政、优质服务、廉洁从税的工作主线，开拓创新，狠抓落实，全系统全年工作任务圆满完成。

【考核检查】　为认真贯彻落实省第九次党代会和州第七次党代会精神，切实保证全年各项地税工作任务和省地方税务局工作总目标和总要求的有效落实，州地方税务局坚持工作重心向基层转移，州地方税务局领导以身作则，系统了解广大干部职工的思想、工作情况，检查督促各项工作的贯彻落实，同时积极帮助县市局协调好与地方党委政府的关系，帮助解决工作中存在的困难问题；建立科室挂钩联系县市地方税务局工作制度，明确州地方税务局挂钩联系部门主要工作职责，进一步加大对基层工作的业务指导检查力度。1月，州地方税务局组成4个检查组对12县市地方税务局2010年度的“六好”创建工作进行了全面的检查考核，被考核检查单位对发现的问题及时进行了整改。年初，开展了对全州12县市地方税务局2010年税收执法责任制考核，加强对各地税收执法责任制实施情况的督促检查。7月，全州抽调业务骨干分为4个组，分片对12县市地方税务局进行了为期10天的全州机构成立以来第一次全方位的财务检查，进一步规范了全州财务操作流程，完善规范会计基础工作，为全州地税系统内部财务管理工作的有序和规范开展奠定了坚实的基础。7月中旬，对全州12县市的28个分局以及使用旅店业、餐饮业、广播电视业、建筑安装业、其他服务等地税发票的部分纳税人进行了重点抽查，对查出的问题，在对各县市地方税务局《发票专项检查重点抽查情况反馈意见》中要求进行认真整改。7月，组织对祥云县、弥渡县、剑川县、鹤庆县地税局开展巡视工作，进行民主测评，走访部分纳税户，对县地方税务局工作进行了全面的检查指导。9月，制定2011年税收执法督察工作方案，对全州开展税收执法督察工作作统一安排部署，抽取6个县市地方税务局开展重点执法督察。

【组织收入】　2011年，全州各级地税部门在组织收入工作中，牢固树立依法治税思想，坚持组织收入原则，加强收入计划编制管理，提高税收分析预测和税源管理质量，加大考核力度，规范税款缴库，组织收入工作平稳有序开展。共组织各项税费收入568895万元，同比增收158230万元，增长38.53%。组织地方税收收入391368万元，完成年计划39亿的100.4%，同比增收84182万元，增长27.4%；组织州、县级地方税收收入370812万元，完成年计划37亿的100.2%，同比增收80804万元，增长27.9%；组织社会保险费157601万元，同比增收66076万元，增长72.19%，征收率为100.04%；组织文化事业建设费279万元，工会和建会筹备金8830万元，地方教育附加收入10611万元，残疾人保障金188万元，税务部门罚没收入14万元。

【推行税收执法责任制】　2011年，全州各级地税部门实行分工到岗，责任到人，按岗考评，以责追究，州地方税务局带头实行以经济惩戒为主的考核机制，对税收执法权实施有效监督，规范税收执法行为，促进了税收执法和行政管理制度化、规范化。全州执法责任制考核明确了对各级的考核制度，州地方税务局对县市地方税务局每半年组织一次重点考核，县市地方税务局每季度对各分局组织一次重点考核，分局内部每月组织一次重点考核，把重点考核制度化、经常化。云龙县地方税务局制定了创新奖惩措施，将工作创新纳入年度税收执法和行政管理责任制考核。

【开展全州地税系统税收规范性文件清理】　2011年，全州地税系统经过对州地方税务局及下属12县市地方税务局从1994年机构成立以来至2010年12月31日期间制定的税收规范性文件作了全面清理，全州共清理出现行有效的税收规范性文件30份，全文失效废止的税收规范性文件167份，确保了执法依据的合法有效。

【落实重大税务案件审理制度】　2011年，全州地税系统严格落实重大税务案件审理制度，进一步规范审理程序，提升案审质量，充分发挥了执法监督的职能作用。提交州地方税务局案审委审理重大税务案件9件，比上年增加2件。

【税收执法督察】　2011年，州地方税务局抽取了6个县市地方税务局开展重点执法督察，确定8个检查重点：个人所得税新政策贯彻落实情况；减免税审核、审批工作执行情况；税收规范性文件清理工作情况；税务行政审批项目清理工作情况；重大税务案件审理工作（重点对审理程序进行督察）；房地产行业税收管理情况；州地方税务局发票专项检查中发现问题的整改落实情况；上半年税收执法责任制重点考核情况等。对督查中发现的问题及时进行通报、整改，确保检查结果落到实处。

【税收稽查】　2011年，州地方税务局对资本交易项目、广告业和房地产及建筑安装业、金融行业非居民企业等行业进行专项检查，专门部署对建筑业、金融、保险、通信、石油石化、房地产等重点企业发票使用情况的检查，全州97户重点企业对16万份各种发票使用情况进行自查，自查补税103万元。全州稽查部门共检查户数171户，共组织稽查查补收入3566.2万元，实际入库3566.2万元，其中：稽查机构查补收入1255.8万元，稽查机构组织企业自查收入2310.9万元。稽查机构查补收入1255.8万元中，税款累计入库1175.65万元，滞纳金累计入库23.69万元，罚款累计入库55.66万元，没收非法所得0.8万元。全州稽查查补收入入库率100%，处罚率4.69%，选案准确率100%。

【政务公开】　2011年，州地方税务局建立健全公开监督机制，全面提高纳税服务水平，确保阳光办税落到实处、见到实效。一是阳光执法：①深入开展第五轮行政审批制度改革清理工作，全州共清理出州地方税务局目前仍在实施的行政审批项目 3 项，县市地方税务局目前仍在实施的行政审批项目 13 项（其中行政许可 1 项），确保了审批依据、审批权限的合法有效；②进一步规范行政复议基础工作，畅通行政复议受理渠道，规范行政执法文书，认真履行复议权利告知制度，切实保障纳税人申请行政救济的权利；③落实《云南省地方税务局关于进一步加强减免税管理的通知》，进一步明确减免税工作流程，强化集体审议制度，规范审批程序，明确管理责任，强化责任追究，严格按照政策规定和阳光程序办理减免税等各项涉税事宜；④ 把定期定额核定情况、欠税情况、减免税审批情况等应该公示的内容是否公示作为执法督察工作的重点，促进阳光公开；⑤严格按照税务行政处罚的程序和规定实施行政处罚，切实维护当事人合法权益。二是文明办税“八公开”：①公开纳税人的权利与义务；②公开税收政策法规；③公开管理服务工作规范；④公开税务日常检查工作规范；⑤公开税务违法、违章处罚标准；⑥公开税务干部廉洁自律的有关规定；⑦公开受理纳税人投诉部门和监督举报电话；⑧公开违反规定的责任追究。通过将与群众利益密切相关的地税机关工作内容、职责、办事依据、条件、程序以及服务承诺、违法违纪的投诉及追究等向社会全面公开，使税收执法权和行政管理权全面置于人民群众的监督之下，使整个税收环节始终处于公开、透明的良性循环当中。在内部政务公开方面，实现权力阳光运行。一方面，坚持重大事项集体研究和审批制度，减免税、大额资金使用、基本建设、物资采购和人事调动安排都要召开党组会议或办公会议集体研究决定；另一方面，实行经费财务公开制度，按期公开经费收入、支出、节余明细账，接受干部职工的监督。同时，将全局职工的职称评定、入党提拔、评比奖励等关系干部职工切身利益的政务全部通过召开会议、下发文件、张榜公布的形式在全局公开，确保行政管理权的规范、透明运行。将税收工作纪律、执法过错及违法责任追究办法向社会全面公开，并公布举报电话、设置意见箱、公示栏，通过发放征求意见书、认真开展行风评议活动等方式拉近征纳双方的距离，使社会各界对地税部门和人员的执法、履职、作风、服务等情况进行全方位的监督，增强工作的透明度。定期组织特邀监察员、纳税人代表等开展评议工作，收集、梳理、分析群众的意见或建议，查找工作中的问题，解决群众反映的难题。构建风险防范内控机制，让权力在阳光下运行，增强地税工作的透明度和地税机关的公信力。

【科技管税】 年内，全州地税信息化建设取得了新进展，税收征管信息化、科技化水平不断提高，地方税收工作质量和效率得到提升。全州切实加大对计算机操作人员相关技术业务的培训力度，建立健全计算机系统运行管理制度，明确了系统岗位职责，进一步强化了计算机硬件设备、计算机系统的安全管理、网络管理、操作人员管理、数据管理以及计算机病毒防治等制度的落实。完成全州 2003 年以前老化计算机设备更新工作，通过向省地方税务局争取设备和自筹资金购买设备的方式全州共更换台式计算机 228 台，所有设备全部更换至基层征收一线，有效改善了基层工作条件，提高了工作效率。为进一步提高全州地税系统的信息安全保障水平，进一步加强安全审计系统、防病毒网关建设项目，实现对网络安全状况的审计和对安全行为的审计。有效防范病毒在网络间的传播，建立立体式的病毒防范体系，确保了全州地税系统广域网的安全、稳定运行。进一步加强《云南地税综合管理信息系统 V2.0》系统技术支持工作，并做好相关清理数据的记录和核实，充分体现了其在加强征管、堵塞漏洞、规范执法、提高效率、优化服务的作用，确保统计查询及报表数据准确，充分发挥了大集中系统功能作用。积极配合省地方税务局纳税服务平台前期调研工作，初步完成大理州地税系统网站页面建设工作。在不断提升 MiS2.0 系统的推广运用效果的同时，积极探索网上报税、电话报税、网上缴税等网络纳税服务，进一步拓展网上办税功能，提高纳税服务水平。大理市地税局搭建了以计算机互联网技术为依托的多元化税费申报缴纳平台，通过大力推进电子申报工作、社保费网上自助缴费和 VPDN 专网等，实现了“两个办税厅”的功能目标，依靠科技税收管理工作的质量、效率全面提升。目前，大理市所有企业全部使用电子申报缴纳税费，税费收入占总收入的 70%。个人社会保险费网上自助缴费系统，彻底解决了大理市 5.5 万纳税人缴费难的问题。全面使用了自主研发的“个人房屋、土地信息管理系统”，在全国都很突出的个人出租房屋、土地使用税收征收难的问题在大理市得到有效解决，“出租房屋、土地使用”两税收入实现大幅攀升。

为大学生讲解税收知识 （州国税局 供稿）

【人才兴税】 2011 年，大理州地方税务局始终坚持以人为本，积极推进地税干部的思想、组织、作风、制度和党风廉政建设，为地税事业科学发展提供坚强的保证。抓好队伍，努力提高地税干部队伍素质和能力：一是在干部队伍选拔任用上，以公道正派的作风和竞争择优的方式选拔人才，并在全州明确了提拔用人的导向，即有知识、有学历、有职业资格证的年轻干部通过竞争走上领导岗位，鼓励引导职工积极向上的风气。同时积极拓宽干部交流成长渠道，形成了积极向地方党委政府推荐输送优秀年轻干部的干部提拔任用模式。二是积极倡导学习风气，营造学习氛围，提高干部职工政治业务水平。

【着力培税】 2011年,全州地税部门牢固树立科学的税收发展观,正确处理好经济和税收的关系,围绕中共中央和中共云南省委、省人民政府的安排部署和中共大理州委、州人民政府提出的战略目标及发展思路,充分发挥税收经济杠杆的宏观调控作用,切实贯彻执行好国家和省委、省政府出台的一系列税收优惠政策,切实体现国家支持产业发展、推动区域经济发展、扶持社会弱势群体、缓解社会矛盾等政策导向,促进西部民族地区经济社会的协调发展。2011年,全州审批(审核)房土两税减免税共18户,免税金额共289.36万元,其中:免征房产税8户,免税金额182.02万元;减免土地使用税10户,免税金额107.34万元。2011年1~11月,经同级劳动保障部门认定,全州地方各级税务机关认真审核,批准执行各项减免税优惠政策享受就业和再就业税收优惠政策累计户数为36789户(次),减免地方各种税费累计为413万元。支持非公有制经济发展是国家的一项重大决策,全州地税系统对于中央和省委、省政府出台的有关税收优惠政策,严格按照优惠政策的对象、范围和期限执行,保证国家对非公经济发展给予的扶持政策落到实处。对符合国家税收相关规定核定征收的非公有制企业,切实存在经营困难但不裁员的,积极实行核定征税。在职权范围内制定税收政策,促进地方经济发展。结合全州实际,在深入调研,广泛征求意见的基础上,及时出台《大理州地方税务局关于个体工商户定期定额征收个人所得税附征率问题的决定》和《大理州地方税务局关于个人住房转让所得征收个人所得税问题的决定》,普遍下调个人所得税税收负担,切实让老百姓得到实惠。按照省地方税务局授权,按全省从低标准确定全州房地产开发企业土地增值税的预征率和核定征收率,支持房地产业的健康发展。积极做好云南桥头堡建设相关税收优惠政策的调研,适应加快推进桥头堡建设、滇西中心城市建设、滇西物流港建设、文化软实力建设和深入实施西部大开发战略、工业强州战略、旅游二次创业战略的要求,积极提出和制定有利于大理经济发展、产业壮大的地方税收政策,为政府建言献策,支持地方经济发展,提出了10个方面的建议。

【服务促税】 2011年,全州各级地税部门不断完善纳税服务制度体系,建立纳税服务保障机制,切实提高纳税服务质量和水平。通过积极开展民主评议行风工作,争创"优秀办税服务厅"活动,不断推进管理创新和制度创新,积极推进优化纳税服务工作,切实改进工作作风,提高服务水平。进一步简化办税程序,优化业务流程,减并办税环节,规范机构设置和业务分工,为纳税人提供方便、快捷、高效、节省的服务,有效满足纳税人的需求。推行预约服务、提醒式服务、延时服务,真情服务,送税法上门,积极拓展服务领域。完善全程服务制、首问责任制、服务承诺制、限时办结制、挂牌上岗制等监督制度,提高办事效率和服务质量。制订实施走访服务制度,开设绿色服务通道,认真做好办税辅导和政策咨询工作,及时为纳税人解决各类涉税问题。充分利用现代科技手段和管理方法,延伸办税窗口的服务,通过电子报税、"阳光作业"、"一窗式"办税、"一站式"办税等形式,优化服务方式,提高服务质量。全州通过电子申报的纳税户和缴费户户数和所缴税费金额不断增加,增强了税收科技含量,也极大地方便了纳税人,降低了征纳成本。地税系统服务窗口统一设计,统一标识,统一服务标准,为纳税人纳税提供了高效、简捷的服务窗口。充分利用报刊、电视、手机短信、网站等媒体的作用,广泛宣传税收法律法规,特别是开展送政策活动,及时将广大纳税人最关心的加快西部大开发、促进非公经济发展、促进下岗失业人员再就业等税收优惠政策及时送达到纳税人手中,支持了纳税人的发展。优化咨询服务,通过96128政府信息直通车,为纳税人提供申报纳税、发票管理、涉税审批、投诉建议等相关问题的在线解答,快速便捷地为辖区范围内纳税人提供咨询服务,真正实现咨询零距离、沟通零障碍,受到纳税人的广泛好评。同时,设置举报箱、意见簿,认真受理纳税人的举报投诉,自觉接受群众监督,保证税收服务的公开透明,更好地为纳税人服务。加大硬件建设投入,投入资金加强办公环境硬件建设,对办公场所进行改造和整修,按照创建规范化的工作要求,重心向基层倾斜,为纳税人办税提供整洁、优美、方便的条件。全州地税部门推进优化纳税服务工作和行风建设,以优化税收服务环境为突破口,改进工作作风,提高服务水平,真正做到让纳税人进门有亲情感、咨询有信任感、办事有高效感,出门有满意感。

(《地方税务》由谢悦娟撰稿)

(《财政税收》责任编校:章 兵)

州国税局杨丽君局长(左四)到东芝水电功果桥转轮加工厂调研 (州国税局 供稿)

金融　保险

金　融

·大理银监分局·

【概　述】　2011年，大理银监分局以邓小平理论和“三个代表”重要思想为指导，深入贯彻落实科学发展观，团结率领全体干部职工，认真落实云南银监局“强化有效监管”和“强化内部管理”两项要求，狠抓“宏观调控”和“风险管控”两个重点，通过“七抓、七促”，强监管、促发展、上水平、求突破，有效促进了大理经济金融持续稳健发展。

【信贷实现“五个突破”】　2011年，大理银监分局引导银行业机构按照科学发展要求，妥善处理信贷支持与均衡投放、流动性风险、融资平台贷款风险、房市风险、“两高一资”贷款风险“五个关系”，合理把握信贷投放节奏和力度，加大对全州“六大”支柱产业，特别是对小企业、“三农”、节能环保行业的信贷支持力度，有效支持大理州经济金融稳步发展，信贷工作实现了“五个突破”，分别是：①信贷投入实现新突破。12月末，银行业机构各项贷款余额为469.67亿元，比年初增长20.54%。②支农金融服务实现新突破。12月末，全州涉农贷款余额为283.97亿元，比年初新增57.94亿元，增长了25.63%，对促进全州农村经济发展提供了有力支持。③中小企业金融服务实现新突破。改进和完善中小企业金融服务，结合国务院扶持小微企业发展要求，全州银行业机构积极支持和促进中小企业发展。12月末，全州中小企业贷款余额177.30亿元，比年初增加39.23亿元，增长了28.41%。④林权抵押贷款“先试先行”实现新突破。作为全省5个试点州市之一，大理银监分局为银监局干部职工多次深入银行业机构和部分县开展林权抵押贷款调研和督导工作，在南涧县首开全国经济林木（果）权证抵押贷款先河，取得了“林农得实惠、银行得效益、林业得发展”的多方共赢实效。大理州银行业发放林权抵押贷款余额达32315万元，比年初增加了16170万元，增长了100.15%，有力推动了林农创业发展。⑤推广“绿色信贷”实现新突破。结合地方特色，研究推进银行业开展绿色信贷的工作机制，大力发展绿色信贷。兴业银行发放了全国第二笔碳资产质押贷款600万元，为节能减排企业有效解决了融资难问题。银行业机构积极发放近9亿元贷款支持风力发电工程，者磨山、马鞍山、黄草坡、罗平山、干海子的风电场已成为大理节能环保新能源一道靓丽的风景线。

【有效化解平台贷款风险】　2011年，大理银监分局在平台贷款退出问题上，坚持银监会规定的条件不放松、不退让，同时积极加强各方面的协调沟通和汇报，取得地方党政领导的理解和支持。通过将担保整改与平台退出相结合，既充分调动了政府及平台公司的积极性，也争取了各方对平台贷款担保整改工作的理解和认同，在化解贷款风险中主动寻找支持经济发展的方法，使全州平台贷款清理规范工作取得了阶段性成效，平台贷款风险得到有效缓释，平台贷款项目最大限度地减轻了阵痛，社会经济得到平稳发展。截至12月末，大理州46户政府融资平台尚有25户平台有贷款余额30.76亿元，比2010年末的51.68万元减少22.14亿元，降低22.14%。

【有效促进银行机构贷款新规落实】　2011年，大理银监分局共派出138人次深入32家银行机构开展调研，约见部分银行业机构高管谈话，督促其严格落实“新规”。12月末，大理州银行业金融机构2011年累计发放固定资产贷款、流动资金贷款和个人贷款共226亿元，其中应受托支付186.3亿元，实际受托支付181.3亿元，累计走款比例为97.31%，银行业机构走款比例达标。按“新规”要求，截至2010年末，应修订中长期贷款合同105份、20.58亿元，修正率达100%。

【增强银行机构发展活力】　2011年，大理银监分局注重加快新设银行机构的延伸步伐，注重引导现有机构优化机制体制，不断提升全州银行业机构发展活力，具体表现为：①银行业整体实力增强。

大理银监分局积极送金融知识下乡　　（州银监分局　供稿）

截至12月末，全辖银行业金融机构各项存款余额701.36亿元，比年初增加103.83亿元，增长17.38%，各项贷款余额469.67亿元，比年初增加80.03亿元，增长20.54%。②新设机构发展势头良好。2010年末新增设的4家机构（兴业、中信、交通、海东村镇银行），2011年各项存、贷款余额分别为30.47亿元和36.79亿元，为辖内银行业增添了新活力。③农村中小金融机构改革成效显著。各项业务持续增长，监管指标大幅改善。12月末，全州农村合作金融机构贷款余额达141.85亿元，比年初增长17.47%；不良贷款余额2.97亿元，比年初减少0.72亿元；不良占比2.09%，比年初下降0.97%；实现利润2.95亿元。④金融缺失新设网点对外服务成效彰显。通过银监协调引导、政府主导支持、金融主体（农信社和邮储银行）积极运作，解决了13个金融空白乡镇金融服务全覆盖问题，年内又实现了由简易网点向固定网点的新跨越。13个新增网点服务了564个自然村、865个村民小组、21个少数民族。累计办理业务112689笔，各项存款达7695万元，各项贷款4554万元，满足了人民群众的金融服务需求。⑤邮储银行分支机构的后续改革有序推进。大理银监分局多次深入邮储银行基层网点实地调研，召开办公会，帮助协调邮储银行二类支行改革过程中的风险控制与管理，有序推进邮储银行改革。

【实现“零案件”防控目标】 2011年，大理银监分局坚持银行、监管、公安三方联动和群策群力的安保工作机制，全州银行业机构深入推进“内控制度和案防制度执行年”活动，组织银行员工就案防制度和知识进行深度培训，积极开展案件自查排查工作，先后派出33个检查小组、239人次对全州近72个营业网点进行了融资平台贷款、案件风险、营业场所安全和枪弹管理等19项现场检查，累计检查工作量4466天，实现了银行业机构全年“零案件”目标。

【提升监管部门社会地位】 2011年，大理银监分局注重处理好与地方党政部门、银行业机构的关系，新的监管政策出台后，积极向地方党政领导汇报，求得理解和支持，与人民银行加强信息交流和工作协调，充分发挥监管合力，与被监管单位召开座谈会，虚心听取意见、建议，求得理解和配合。在与地方政府协调沟通中，既坚持监管原则不退让，又积极建言献策解难题。同时，地方党政对分局面临的办公楼遗留问题高度重视，专题召开由工商、税务、城建、管委会等部门参加的协调会，减免税收517.3万元，给予拨款200万元，解决了长达7年之久的办公楼落户等遗留问题。地方党委政府及社会各界普遍认为大理银监分局严格遵守廉政纪律、依法公正监管，有力地支持了银行业自主经营和地方经济发展。

【推进和谐分局建设】 2011年，大理银监分局切实推进和谐分局建设，取得了较好的成效。①实行会议集体审定制度。完善局长办公会议制度，开好党委会，充分酝酿、集中讨论、民主决策，人事、财务及纪检、监管、行政许可等重大事项均集体讨论决定，切实贯彻民主集中制原则，不搞“一言堂”。②大力推进监管队伍建设。提任科级领导职务和非领导职务6人，单设工会办、设立团委。通过“大练兵、大检验”、青年座谈会等，促“创先争优”，鼓励青年建功立业，着力提高干部职工监管能力。③进一步加强内部管理。针对监督管理工作中的一些薄弱环节，在原先“三不准”的基础上又提出了加强沟通协调、增强理解和团结，加强车辆管理、不准公车私用，加强经费管理、严禁公费请客送礼，加强劳动纪律管理、坚持正常上下班制度，加强会议管理、严格执行会场纪律，加强学历管理、严格执行深造审批制度的“六个加强”。

【大理银监分局获得多项荣誉】 年内，大理银监分局被大理州人民政府评为“大理州五五保密法制宣传教育先进集体”，连续第四年被中共大理市委考评为“先进平安单位”，分局副调研员赵云川被考评为“先进个人”。

（《大理银监分局》由赵艳清撰稿）

·人民银行大理州中心支行·

【概　述】 2011年，大理州金融机构各项存款余额为701.36亿元，比年初增加103.83亿元，增长17.38%。比2010年少增23.72亿元，同比下降9.76个百分点。各项贷款余额469.67亿元，比年初增加80.03亿元，增长20.54%，比2010年多增8.04亿元。新增贷款增量、增幅分别居全省州市第3位、第5位。

【以稳健的货币政策支持全州经济发展】 2011年，人民银行大理州中心支行落实稳健货币政策，支持全州经济发展。①信贷资金向全州优势产业集中。截至年末，全州电力燃气及水的生产供应业、交通运输仓储邮政业、批发和零售业、采矿业、制造业五个行业新增46.2亿元，占全部新增贷款的57.73%，信贷投向与全州产业结构特点一致性较高。②金融支农力增强。全州涉农贷款余额311亿元，新增41.37亿元，占各项新增贷款的11.31亿元，比年初增加8.79亿元，增长3.87倍，对促进全州“三农”经济发展提供积极支持。③中小企业贷款快速增长。全州中小企业贷款余额192.85亿元，增长16.74%。中小企业信贷的快速增长，反映出全州金融机构着力缓解中小企业的融资困难，积极支持和促进中小企业发展，针对中小企业的金融服务进一步改进和完善。④金融支持民生成效显著。全州就业小额担保贷款余额4.86亿元，增长1倍；林权抵押贷款余额2.9亿元，增长1.1倍。⑤差别化房地产信贷政策等调控措施得到有效贯彻落实。房地产贷款余额11.24亿元，比年初减少3.13亿元，下降21.79%。

【履行对外职责】 2011年，人民银行大理州中心支行继续认真履行对外职责。①创新农村金融产品和服务方式。在2010年洱源县为农村支付体系建设试点的基础上，中支提出了大理州农村金融产品和服务方式创新工作贯彻意见，州政府印发全州实施。中支总结大理、南涧、永平、漾濞等县市创新试点工作经验，积极探索开展了以“两权一宅”（即林权抵押贷款、经济林果收益权抵押贷款、宅基地上房产抵押贷款）为主的农村金融产品创新，以农村信用社推出的“背包银行”为主的农村金融服务创新。南涧县在全国首发经济林木（果）权证，并依托权证推出了抵押贷款产品。12月末，南涧县联社已累计发放经济林果权证9980本、授信320户、金额3500万元，实际发放贷款298户、3120万元。大理州农村金融产品与服务创新经验在全省林业金融服务会议做了汇报交流，在《金融时报》、《大理日报》等媒体刊载。②农村支付结算体系建设取得新突破。中支以巍山县为试点，以惠农支付服务点为重点，推动农村支付结算体系建设，目前，南涧、祥云、宾川、巍山已审查设立惠农支付服务点153个。③农村信用体系建设取得新成果。将农村青年信用示范户试点与农村信用体系建设试点工作结合，创造性推动农村信用体系建设,做好全省唯一的州级农村青年信用示范户建设试点工作。全辖共征集农户信用信息档案24000份,各涉农金融机构根据农户的信用等级、资产状况、贷款需求等情况,对其核定相应的贷款授信额度。同时简化贷款手续,提高贷款效率,从根本上解决农户"贷款难"问题。

【提升支付结算服务质量】 2011年,人民银行大理州中心支行组织金融机构从业人员开展了资格考试,发放《人民币银行结算账户办理资格证书》835本。严肃支付结算纪律,对工行7个支行进行了支付结算执法检查。开展了对新设金融机构加入支付系统的准入考试和现场核实。加强账户审批管理,全州共开立基本账户3757户。会计集中核算、大小额支付清算、大理市同城票据交换清算、支票影像交换等业务系统高效安全运行,真实、准确、完整、及时处理各项业务,确保资金安全。12月末,办理支付清算业务30.4万笔,1417.5亿元,比上年增加398.6亿元。推动信用卡建设,在大理市发行了全省首张将居住证与银行卡(牡丹卡)结合为一体的复合型借记卡:居住证(卡)。

【加快国库核算建设步伐】 2011年,人民银行大理州中心支行顺利完成各项收支任务,经理国库46万笔、237.85亿元。积极配合参与大理州财政一体化建设,中心支库和弥渡县支库正式与财政连通"一体化",提高了国库电子化核算的管理和监督水平。

【努力做好货币发行工作】 2011年,人民银行大理州中心支行发挥大理中心支库对滇西片区的辐射作用,做好发行基金供应预测,合理摆布调配,保证货币供应。

【提高外汇管理服务水平】 2011年,人民银行大理州中心支行切实提高外汇管理服务水平,全州结售汇总额25913万美元,同比增加2329万美元,增长9.88%。其中,结汇15629万美元,同比下降1.65%;售汇10284万美元,同比增长33.7%。顺差5345万美元,同比下降34.82%,符合总局减少顺差的要求。同时,中支还积极推动跨境贸易人民币结算工作,认真开展试点工作的政策宣传,通过举办培训班、主动深入企业、银行指导等方式,引导企业和银行充分了解跨境贸易人民币结算的目的、意义和业务流程。12月末,共办理各类跨境人民币业务151笔,13441万元。

【提高金融统计信息质量】 2011年,人民银行大理州中心支行建立了大理州金融统计标准化协调机制,完成了对村镇银行与小额贷款公司金融统计标准化验收工作。与大理州金融机构签订数据共享协议,实现金融统计数据信息业内共享。按时发布大理州、市金融统计月报。完成对12个县市农村信用联社将新增存款用于当地贷款的考核以及涉农贷款数据的清查工作。建立金融统计案例分析制度。完成5项制度性调查,特别是认真做好全省唯一的全国城镇储户问卷调查,不断提高分析反馈质量。同时,继续强化征信管理职能,推动中小企业信用体系建设,企业信用评级实现零突破,对祥云县龙云经贸有限公司进行了企业信用评级,获得2A级认证,是云南省获得2A级以上认证的2家企业之一。许可发放贷款卡188户,年审贷款卡461户,受理企业信用报告查询89户,受理个人信用报告查询675次。

【履行好反洗钱工作职能】 2011年,人民银行大理州中心支行将反洗钱工作纳入综合执法检查的重要内容,完成了检查任务。拓宽反洗钱义务主体,将期货公司纳入反洗钱业务综合管理信息系统。强化日常监测评估,分析非现场监管报表。对新设银行报送非现场监管报表进行了培训。组织开展了反洗钱宣传周活动。

(《人民银行大理州中心支行》由李娟撰稿)

·建设银行大理州分行·

【概　述】 2011年,建设大理州分行紧紧抓住"发展、管理、改革"不放松,积极应对宏观经济政策和经营形势以及市场竞争的变化,不断加大市场拓展力度;强化内部管理,不断增强合规经营意识;创新工作思路,不断提高经营管理水平。截至年末,实现拨备前利润22402万元,比上年增加2522万元,增幅12.69%。人民币一般性存款余额为115.16亿元,较年初新增77563万元。完成省分行下达经营目标15.44亿元的50.24%。其中:对公存款余额67.87亿元,较年初新增49356万元;本外币个人存款余额47.31亿元,比年初新增28207万元。各项贷款余额为70.95亿元,较年初新增98281万元。其中:对公非贴贷款余额53.77亿元,较年初新增56945万元;个人贷款余额17.18亿元,较年初新增35463万元。

【中间业务快速发展】 2011年,建行大理州分行以重点产品为着力点,优化客户结构,促进中间业务和战略性业务快速发展。全年实现中间业务收入6900万元,比上年增收2396万元,增幅53.2%。其中:对公业务条线实现中间业务收入3193万元,同比增长1734万元;个人业务条线实现中间业务收入3232万元,同比增长864万元;住房金融及个人贷款条线实现中间业务收入476万元。

【国际业务继续保持快速发展态势】 2011年,建行大理州分行国际业务快速发展,产品进一步丰富,收入大幅度提高。在积极拓展一般贸易人民币结算业务的基础上,成功办理了云南省同业第一笔"代付盈"业务。新增南涧沃南特农产品开发有限公司、水电十四局大理聚能投资有限公司等5个新账户。年末,国际业务结算量为13104万美元,比上年增加2252万美元;完成结售汇量10876万美元,比上年增加2626万美元。

【信贷结构调整成效明显】 2011年,建行大理州分行不断夯实信贷基础管理和操作风险管理,不良资产处置取得重大进展,全行资产质量指标不断改善。五级分类不良贷款余额及不良贷款率虽较年初略有上升,但部分重大信贷风险项目得到化解,信贷结构调整成效明显。截至年末,建行大理州分行五级分类不良贷款余额14819万元,比年初增加5439万元,不良贷款率2.09%,比年初上升0.55个百分点。建行大理州分行超额完成省分行下达的信贷结构调整任务,全年累计退出100111万元,完成率102.19%。全行关注类贷款余额2.44亿元,较年初下降5亿元,降幅69.03%,关注类占比3.16%,较年初下降8.7个百分点。积极配合监管部门开展政府融资平台贷款清理排查,截至年末,政府融资平台贷款余额47173万元,户数8户,余额、户数分别比上年末减少28524万元、3户。

【案件防控管理能力持续提升】 2011年,建行大理州分行继续强化合规经营意识,夯实管理基础,坚持把党风廉政建设、案件防控工作与业务工作紧密结合,做到同布置、同落实、同检查、同考核,案件防控管理能力持续提升。在省分行组织的基层机构案件防控管理能力关键指标年度评价工作中,建行大理州分行一级机构由上年的11个增加至15个,一级机构占比75%,比全省平均水平69.41%高5.59个百分点。与此同时,深入开展"平安建行"创建活动和安全保卫工作,将人防、物防、技防有机结合,有效防范各类治安案件、安全事故的发生。年内,被大理市综治委考评为2011年大理市"社会治安综合治理先进单位"。

【会计基础等级管理水平继续提高】 2011年,建行大理州分行进一步强化规范经营和科学管理,以提高管理覆盖面及精细化水平为目标,继续抓好会计基础等级管理,不断提升会计管理整体水平。截至年末,分行21个会计机构全部属于已升级和规范化机构,一级机构和二级机构的占比分别为61.90%、38.10%,会计稽核差错率由年初的万分之0.24,下降至年末的万分之0.12。

【举行云南省"中国建设银行少数民族地区大学生成才计划"奖学金颁奖仪式】 2011年4月26日,由中共云南省委高校工委、云南省教育厅,建行云南省分行主办,大理学院、建行大理州分行承办的"云南省'中国建设银行少数民族地区大学生成才计划'奖学金2011年度颁奖仪式"在大理学院举行。云南省大理学院、红河学院、楚雄师范学院、文山学院和保山学院5所高校的500名贫困少数民族大学生再获建行资助,其中大理学院受助学生100名。"成才计划"是建设银行关心和支持少数民族地区教育事业发展的公益项目之一,2011年是"成才计划"实施的第二年。中共云南省委高校工委副书记杜玉银、建行云南省分行副行长何跃、大理州政府副州长许映苏,以及所涉5个州市建行及获助高校的银校领导出席了仪式。

【建行云南省分行文明创建工作经验交流现场会在大理州召开】 10月27日,全省建行文明创建工作经验交流现场会在大理州鹤庆县召开。本次会议以"践行核心价值观,促进科学发展"为主题,目的是总结、交流和推广全省建行各级文明单位创建的成功经验、创新做法,展示创建档案,探讨在新形势下加强文明单位创建的方式和途径。建行云南省分行纪委书记董晓威,建行各州市分行、昆明各支行分管行领导及党委宣传部或文明创建工作主要负责人等出席了会议。会上,建行大理州分行、鹤庆支行分别作了经验交流。建行大理州分行突出发挥党委对文明创建工作的核心导向,以及营造文化氛围、培育特色指标等方面的做法获得较高的评价。

(《建设银行大理州分行》由刘庆云撰稿)

·中国银行大理州分行·

【概　述】 2011年,在中共大理州委、州人民政府和省分行党委的正确领导下,中国银行大理州分行坚决贯彻落实本行四年中期发展战略规划,坚持以科学发展观为指导,适时调整发展思路,努力"扩规模、调结构、防风险、上水平",克服各种困难,变压力为动力,扎实推进各项工作,取得了较好的经营业绩。2011年末,中国银行大理州分各项人民币存款较上年末增加3亿元,累计结售汇7406万美元,中间业务净收入同比增幅为20%。经营实力和发展能力明显增强,资产结构进一步优化,盈利能力进一步提高。

【进一步加强战略管理】 2011年,中国银行大理州分行党委充分酝酿"十二五"期间发展思路及目标定位,结合大理州"十二五"规划,提出了本行"十二五"总体发展思路及目标定位建议,提交职代会讨论通过。全辖各经营单位也在州分行五年发展规划的鼓舞和指引下,结合自身发展状况,纷纷提出了本单位的五年发展规划目标。

【资产质量持续优化】 2011年,中国银行大理州分行继续完善落实授信管理制度,加强授信风险管理,本着质量与效益并重的原则,切实做好资产保全、授信发放审核、授后监督等工作,确保制度健全、流程优化、管理有序、执行到位,使授信业务得以规范、有序地开展。年内,中国银行大理州分行继续通过多种途径加大不良贷款的清收力度,到年末,不良贷款余额较上年下降818万元,不良率较上年下降0.36%。

【大力加强内控管理】 2011年,中国银行大理州分行根据年初制定的《2011年内控合规工作指引》,大力加强内控管理,认真开展专项治理工作,狠抓风险控制和案件事故防范。在认真落实内控防案各项工作,定时召开季度内控委员会工作会议,定时开展季度业务经理培训的同时,按照上级行和监管部门的部署与要求,稳步开展各项内控管理工作,取得良好成效,实现了"不发一案,不误一人"的管控目标。在上级行2011年度对内控合规工作的考核中,分行成绩在全省名列前茅。

【切实推行文明优质服务】 2011年,中国银行大理州分行以《中国银行股份有限公司云南省分行员工着装仪表规范与管理实施细则》《中国银行营业网点服务规范》等相关制度规定为依据,加强对员工的教育引导,切实开展全行文明优质服务检查、督促和指导工作,促进全辖落实服务规范常态化。按照本行《文明优质服务管理督导方案》,深入、细致、全面定期开展现场和非现场监控检查,并根据检查结果评选"文明优质服务标兵单位""文明优质服务标兵",对检查评比得分低的单位及其负责人进行处罚。通过全行上下的共同努力,全行服务水平得到显著提高。

【全面发展个人金融业务】 2011年,中国银行大理州分行及时部署一季度"开门红"竞赛活动,定期不定期召开业务经营分析专题会议,适时监控并分析通报网点个人业务发展情况,及时总结经验、明确方向,鞭策后进,促使各经营机构网点和全行员工以积极主动的姿态顺势而为,全力做好业务发展工作。年内,中国银行大理州分行将核心存款、中高端客户、有效客户和基础客户个金业务发展作为重中之重来抓,切实推进信用卡、新增商户、个人网银、手机银行、保险、基金销售、理财产品销售和实物黄金销售等业务的快速发展,并不断优化资产业务结构,提高个人贷款综合贡献度。全年新增信用卡2992张、商户293户,累计发放长城工薪卡2588张、长城常青树卡1259张、军人保证卡1005张。

【经济开发区支行和北市区支行实现搬迁】 3月18日,中国银行人民路支行搬迁并更名为中国银行大理州经济开发区支行。该支行落户开发区,填补了大理州分行机构布局的空白,为中国银行大理州分行进一步提高资源配置效率,拓展更为广阔的服务领域和发展空间,助推地方经济建设起到了积极的作用。12月28日,北市区支行也顺利实现了搬迁。该支行是中国银行大理州分行辖属最后一个完成转型升级改造的网点,此次搬迁标志着大理州分行所有营业网点均已实现物理转型,将有力推动大理州分行各项业务又好又快发展。

(《中国银行大理州分行》由李若山撰稿)

·工商银行大理分行·

【概 述】 2011年,中国工商银行大理分行实现拨备前利润增幅17.42%,实现拨备后利润增幅49.41%,实现净利润增幅50.88%。

【市场地位和竞争力得到有效提升】 2011年,中国工商银行大理分行各项存款在四大银行增量同业占比20.19%,比上年提升6.12个百分点;其中储蓄存款增量同业占比24.14%,比上年提升5.89个百分点;对公存款增量同业占比16.44%,比上年提升5.67个百分点。全年各项存款在大理州金融机构存款增量中占7.63%,比上年提升2.63个百分点。

【提升金融服务能力】 2011年,中国工商银行大理分行以打造大理群众口碑最佳银行为愿景,以改善客户体验、提升服务效率为抓手,积极致力于服务渠道建设,优化网点布局,提升网点服务功能,改善提升服务水平。年内,完成了9个离行式自助银行的初步选点论证工作,完成了大理市金融机构分布调查工作,完成了惠丰支行的升格搬迁,启动了古城支行商友俱乐部。

【打造小企业信贷业务亮点】 2011年,中国工商银行大理分行在大理州同业第一次召开"为小企业发展注入活力-小企业金融产品推荐会"。推荐会由大理州金融办主持,全州12县政府领导对各县市所推荐的小微企业信贷需求项目情况作了介绍,省分行、大理分行两级营销团队现场对各个县市所推荐的项目作了初步的解析。依托召开推荐会这一平台,大理分行首次在州级各县推广工行小微企业信贷,进行产品宣传营销。

【推进特色企业文化建设】 2011年,中国工商银行大理分行开展了"大而锐其矛,理而铸其盾"的特色企业文化建设。"大"为工行的品牌和市场地位,"矛"为同业的竞争对手,"锐"为市场竞争中的管理能力和领导能力,"理"为稳健、快捷、又好又快的发展目标,"铸"为遵规守纪的自觉性,"盾"为化解风险的工作能力和执行力。

【造就高效团队】 2011年,中国工商银行大理分行开展了"关心员工、尊重员工、依靠员工、理解员工"的人本文化活动。大力倡导"大理分行的翻身必须依靠员工,大理分行的发展必须依靠员工,大理分行的进步必须依靠员工"和"大理分行的进步与全体员工收入的提高,身心的愉悦同进步、共发展"的理念。

【打造"四心工程"】 2011年,中国工商银行大理分行认真打造"四心工程"。①聚人心工程。把关爱员工、依靠员工、信赖员工作为一项重要工作来抓。②暖人心工程。每逢员工过生日,行长倪立、各支行行长都要送上凝聚分行、支行关怀的祝福。③献爱心工程。帮助员工解决困难,解决后顾之忧,使员工全身心投入到工作中。④稳人心工程。班子成员深入基层,了解员工思想动态,参加支行晨会、职代会以及通过行长坐班等形式,引导员工、理解员工,并自觉贯彻执行总、分行工作要求。

【搭建沟通交流平台】 2011年,中国工商银行大理分行通过无记名投票方式在全行员工中选出了12名员工代表,定期不定期代表全行员工与州分行党委班子成员座谈,传导员工真实想法和诉求,传达州分行党委的意图和要求,有效搭建起一座协调上下,消除障碍的沟通交流平台,营造了良好的民主环境。

【深化"创先争优"活动】 2011年,中国工商银行大理分行大力加强各级领导班子的组织建设、思想建设和作风建设,充分发挥党组织的战斗堡垒作用和党员的先锋模范作用。年内,3个支部被大理分行表彰为"先进基层党组织"、10人被优表彰为"优秀共产党员"、2人被表彰为"优秀支部书记"、6人被表彰为"优秀党务工作者";2个支部被省行表彰为"先进基层党组织"、3人被表彰为"优秀共产党员"、1人被表彰为"优秀支部书记"、2人被表彰为"优秀党务工作者";大理分行还积极参加总行举办的"纪念建党90周年"网上知识竞赛活动,进一步增强了广大党员干部的党性修养。

【推进内部改革】 2011年,中国工商银行大理分行在省分行的领导下,整合大理市城区17个网点为4个一级支行,加强了大理市城区网点的内控案防能力和管理能力,提升了大理市城区网点的核心竞争力。

【加强安全保卫工作】 2011年,中国工商银行大理分行单设了保卫部,选配了3名专职保卫干部。在3个县级支行、4个城区一级支行设立了保卫部,并选配了专职保卫干部。把安全保卫工作的职责、制度和措施切实明晰到每一个岗位、落实到每一名保卫干部,在全行安全保卫工作体系建设中形成了"责任明晰、岗位明确、横向到边,纵向至底"的安全保卫工作管理体系。全年共组织全辖保卫工作大检查4次,重点抽查9次;共计检查营业网点96个/次、自助机具192台/次、互锁联动门92道/次、电视监控101台/次、灭火器186具。

【开展预案演练】 2011年,中国工商银行大理分行在定期下发预案演练提纲(指引)的基础上,从细处着手,提高演练质量。在组织演练过程中采取集中与分散相结合、实际演练与观摩点评相结合等方式进行,并由保卫部直接到一级支行、网点指导和配合预案演练工作。在祥云、龙溪、源泉、云岭以及机关办公大楼等具有代表性的支行、网点组织开展了防抢劫、防诈骗、防爆炸、防尾随、防劫持人质以及消防应急疏散等科目共7个场次的预案演练。

【积极推行远程监控报警集中联网建设】 2011年,中国工商银行大理分行按照省行统一部署,认真落实"资源共享、高层统览、物理隔离、分业查视、报警优先、职责清晰"的建设要求,制定了《大理分行远程监控报警中心管理实施细则》,初步实现保卫业务的集中化、科技化、精细化管理。

【落实"一岗双责"内控管理制度】 2011年,中国工商银行大理分行从各项管理工作和强化制度执行力的需要出发,将安全、内控、案防、操作风险等例会一并列入一把手负责工程来抓。4~11月,先后选调配备了风险核查岗、内控合规中心副经理、内控专管员等6人,使全行的内控合规专职人员从2010年末的6人增加到了12人。10月,结合大理市城区支行的机构改革,为新升格的4个一级支行各配备了1名副行级派驻制内控专管员,专职履行对支行辖属网点内控合规的监督管理职责,有效地加强了全行内控合规队伍的力量。

(《工商银行大理分行》由李辉撰稿)

·农业银行大理州分行·

【概　述】　2011年，农业银行大理分行在总分行党委的正确领导和州委、州政府及各级监管部门的领导、关心和帮助下，认真贯彻党和国家的金融方针政策，严格执行人民银行、银监会各项监管规定，认真落实总、分行年初工作会议精神，紧紧围绕“横向提升、纵向进位”的总体目标，以提升价值创造力和可持续发展能力为核心；继续实施“发展、转型、创新、控险、强管、增效”的业务经营方针，进一步树立发展思想，强化管理，控制风险，开创了经营管理新局面，各项工作取得明显成效。机关作风建设改善，竞争力逐步提升，业务稳步发展，党建工作、队伍建设、基础管理、风险防控得到进一步加强，有效促进了大理分行各项业务工作的快速发展。

【经营指标】　2011年，农行大理分行各项存款余额151亿元，比年初增加22亿元、增长17%，其中，对公存款余额68.8亿元、净增12.7亿元，个人存款82.5亿元，净增9.4亿元。在信贷资源整体偏紧，规模控制较严的状况下，大理分行能适时调整客户和结构，做到有保有压、有增有减，投放适度，规模控制得当。年末各项贷款余额98.3亿元，比年初净增6.2亿元，其中法人类贷款余额71亿元、比年初增954万元，个人类贷款余额27.6亿元、比年初增6.1亿元（个人住房贷款增4.5亿元），法人类贷款比重下降，个人类贷款占比上升。实现中间业务收入8188万元（不包括代理财政部委托清收手续费收入），比上年多增2384万元、增幅为41%。全年共清收委托不良贷款7481万元，清收自营不良贷款1.5亿元，年末不良贷款余额比年初下降1.15亿元，下降1.52个百分点。

【县域业务深入发展】　年内，农行大理分行全州11个县支行各项存款余额96.3亿元，比年初增13.4亿元，占大理分行净增数的61%；各项贷款余额53亿元，净增6.2亿元，占净增数的100%，县域规模增势明显，业务深入发展。①惠农卡发行稳步推进，农户小额贷款余额持续增长。年末，惠农卡累计发卡28.3万张，其中今年新增6.9万张，农户小额贷款余额9.2亿元，比年初净增1.3亿元，不良贷款237.8万元，不良率0.26%，比年初上升0.02个百分点。②巍山县支行新农保业务代理取得实质成效，有利促进县域业务发展。年内共发行了60岁以上领取基础养老金的惠农卡3万张，支付基础养老金540万元，收缴保费2485万元。③惠农支付点建设快速推进，为进一步服务“三农”打下良好基础。全年已通过人行批复授牌的有138个点，正在申报的有783个点。

【政府融资平台清理】　2011年，农行大理分行信贷结构的调整和风险防控的重要工作是政府融资平台贷款的清理整顿。农行大理分行作为尝试平台退出的牵头人，得到了大理银监分局、上级行和上级银监部门的大力支持，各项工作顺利推进。通过多方努力，平台贷款清理整顿取得了较好成效。10月21日，在农行大理分行的牵头下，大理银监分局主持召开了由政府、各债权银行、平台公司、银监部门代表参加的四方联席会议。会议一致同意大理市首批3家企业退出政府融资平台并形成了会议决议。农行大理分行在此次退出平台中整改为一般企业类贷款余额3.73亿元，现金收回退出平台的3家企业贷款2.24亿元。年末，农行大理分行政府融资平台贷款从年初的7户余额10亿元下降到3户余额1.19亿元，比年初下降8.98亿元，其中通过收回1户2亿元，通过整改退出3户4.6亿元。

【网点转型】　年内，农行大理分行有16个内设机构、辖属11个县级支行，共有45个对外营业机构网点（其中州分行直属机构16个，县级支行下属营业机构29个），与上年相比保持不变。通过加强网点装修，已有14个网点完成装修并回迁营业，其中年内完成13个。网点改造、装修较好提升了农行网点形象；文明标准化导入工作，增强了农行员工精神面貌和活力；大堂经理的配备提升了农行网点服务功能，网点转型工作得到进一步加强和落实。

【建立党委班子碰头例会制度】　2011年2月，农行大理分行建立了行领导每周碰头例会制度，确定每星期一的上午为行领导碰头时间。碰头会主要对上周和上一阶段的工作事项进行总结，对目标任务的实施情况进行分析和考评，确定本周的主要工作和近期的工作重点。行领导班子碰头例会主要解决了4个问题：工作的计划性，工作的效率性，工作的行为性，工作的时效性。

【风险管控】　2011年，农行大理分行按照上级行“基础管理提升年”活动的部署和要求，梳理薄弱环节，制定提升活动方案，加强基础管理，提高案防水平，严控案件发生。①建立组织机构，明确各职能部门职责，层层签订责任状，将案防工作落到实处。②抽调骨干人员60人组成11个排查组，对全辖11个县支行、16个直属营业机构进行了案件排查，覆盖率达100%。③开展“学规定、强素质、做表率”教育活动和《员工违反规章制度处理办法》，开展形式多样的学习教育活动。④在全行范围内掀起推广“合规”学习教育活动。以业务条线汇集各主要风险点并实施专人负责，针对各风险环节和风险点进行严格控制。⑤抓好“三大中心”建设工作。按照总分行的统一部署和要求，积极做好现金中心、监控中心、授权作业中心的建设工作，提高网点业务运作效率，减少柜台风险业务，防范和化解运营风险。⑥加强内控合规工作质量管理，充分发挥内控在基础管理中的职能作用。定期召开内部监督联席会议，共享监督资源，发挥整体优势。制订内控合规考核办法，对内控评价、合规制度执行、发现问题的整改等内容进行考核，并将考核结果与领导班子绩效工资相挂钩。⑦抓信贷基础管理工作，防范信贷风险。建立信贷集中审查、审批制，控制信贷操作风险；抓信贷合规检查和贷后管理巡查工作，加强贷款管理，提高风险预警能力；认真落实“三法一指引”，提高受托支付率，防范信贷政策风险。全年共审查审批各类贷款53119笔，金额共计59.68亿元，其中，法人类349笔、金额37.58亿元，个人类52770笔、金额22.10亿元。全年共召开贷审会43次，其中，法人类事项130笔、金额55.77亿元，个人类事项220笔、金额1.83亿元，法人、个人未通过各1笔。7月份，银监分局到农行进行监管会谈后，从8月份起，农行积极采取措施，加大贷款受托支付走款监管，取得了显著的效果。年末，农行按实际受托累计数与应受托累计数比例考核口径计算，受托支付比例为87.64%。

【提升全面风险管理】　2011年，农行大理分行党委十分重视全面风险管理工作，实施了独立审批人及风险经理派驻制度，加强对独立审批人及风险管理的履职管理、考核，同时制定一系列的风险管控措施，在省分行派驻大理分行风险主管的主持下，实施了一系列强化全面风险管理的措施。①群策群力抓风险管控,调动派驻风险经理的积极性;②激发各部室以各业务条线的风险环节和风险点为基础,梳理各业务条线的主要风险点,提出完善管理办法和措施;③组织风险管理研讨会,"会诊"风险管理缺陷,加强风险管理;④落实责任,推动全面风险管理全方位实施。同时大理分行根据《中国农业银行云南省分行2011年案件风险排查实施方案》、《案件排查要点提示》等要求,于4月22日抽调骨干人员60人组成11个排查组,历时45天,对大理分行辖属11个县支行、16个直属营业机构进行了全面的案件风险排查。

【控不良贷款】 2011年,为严格控制不良贷款攀升和最大化创造经济价值,农行大理分行从年初就认真研究和加大了不良贷款的清收工作力度,特别是大额不良贷款的清收更是列入倒计时。通过积极采取措施和沟通、协调、努力,收回可疑类贷款5536万元、损失类贷款300万元等大额不良贷款,为全年不良贷款压降、信贷规模控制、经济效益提高起到了积极作用。

【新农保试点工作】 2011年8月,巍山县的新农保业务被确定由农行巍山县支行代理,成为全省农行代理新农保业务的3个县支行之一。此时,正值烤烟收购期间,巍山县支行人员紧张、困难重重。农行大理分行党委对此高度重视,及时成立了领导组,由行领导带头积极协调代理关系,增加资源配置,深入巍山县支行指导工作,并与巍山县政府于9月9日在巍山县南昭镇共同举行了新农保首发仪式,为巍山县支行全面做好新农保业务代理工作创造了良好的条件。截至年末,巍山县支行为财政和社保部门开立了6个对公业务账户,吸收财政拨款1850万元,收缴保费2485万元;共发行了60岁以上领取基础养老金的"惠农卡"3万张,支付基础养老金540万元,实现存款3795万元。新农保代理业务的开办,使农行代理业务取得了新突破,对于积累经验,扩大代理范围有积极的推动作用。

【军队和武警退役金专项业务】 2011年,农行大理分行圆满完成辖区内全部军队和武警退役金专用卡业务,至12月20日止,大理分行退役金专用卡业务办理工作全面结束。至此,大理分行与7家军队客户和3家武警客户签订了服务协议,发放退役金专用卡1322张,发卡金额1683万元,顺利完成了军队和武警退伍士兵的费用安置政策的落实。

【党员形势政策和廉政教育】 2011年6月9日,农行大理分行召开行领导、省分行派驻风险主管、各县支行党委(总支)书记、分行各部室副科级(实职)以上干部、机关党委直属各支部书记、分行机关全体党员计94人参加的党员大会。大理分行党委副书记(主持工作)、副行长赵泽润,分行党委委员、纪委书记程朴分别结合大理分行案防、预防打击职务犯罪态势等情况为全体党员作了廉政形势政策讲座。

【机关作风建设】 2011年,农行大理分行新一届班子着力加强机关作风建设,强化劳动纪律,提高工作效率,较好地促进了各项工作的有序开展。①建立每周班子工作例会,加强班子沟通联系,有条不紊推进工作开展。②制定机关日常办公管理办法,加强劳动纪律管理,促进机关作风转变,提高工作效率。③建立信息沟通渠道,每天编发州分行和各县支行主要领导活动情况,每周编发工作要点和通报工作要情,使上下信息共通,促进工作开展。

【打造机关的表率作用】 2011年,农行大理分行从加强基础管理出发,采取多种措施,着力打造一支作风优良、纪律严明的员工队伍。4月1日起,大理分行正式实施《中国农业银行大理分行机关员工日常办公管理办法(试行)》。该《办法》共九章三十一条,分别从管理目标、日常作息时间管理、日常工作管理、会议纪律管理、学习制度管理、请销假管理、督办与通报管理、奖惩等对员工日常办公行为进行了规范。从"机关作表率"入手,解决了作风散漫、办理拖沓、人浮于事的问题,使大理分行以朝气蓬勃取代了自由散漫,快节奏取代了漫不经心,主动做事取代了无所事事,三令五申让路于令行禁止。

【企业文化建设】 年内,农行大理分行十分注重企业文化建设,在抓业务发展的同时,不忘开展多种文化活动,增强企业活力,激发员工积极向上,开创了大理分行发展新局面。①首次组织了全部由农行员工自己出演的"迎激情仲夏 展农行风采"暨迎建党90周年文艺晚会,推动了全州农行文艺活动,在全行员工和社会上产生了极大反响;②开展有奖征文、组织"青年论坛",为青年员工提供了较好的思想展示平台;③开展创先争优活动,推荐"业务能手、岗位标兵",激发广大员工爱岗敬业、奋勇拼搏;④组织慰问组专程看望新入行大学生,给新员工一种温情,一种激励,让新员工对农行充满希望,对工作充满激情,全身心走向工作岗位。

【监管互动】 2011年,农行大理分行与银监会大理监管分局共同搭建良性监管互动平台。大理分行党委班子十分重视与金融监管部门的联系、沟通和协调工作。7月27日下午,大理分行领导班子、各部室负责人与银监会大理监管分局一行9人进行了监管会谈,双方就风险防控、监管方式、监管互动等达成了共识。

【银警合作预防违法犯罪】 2011年初,农行大理分行和大理州公安局经多次磋商后正式签订了《预防打击金融违法犯罪活动协作规定》,明文规定了联席会议、联络员制度,全面实施信息的搜集与互换等合作。金融部门和公安部门实行警银合作预防打击金融违法犯罪活动并形成制度在大理州金融系统尚属首次。此举对保护存款人权益、遏制金融犯罪具有现实的意义。

【全省农行计划财务工作会议在大理召开】 3月16日~18日,全省农行计划财务工作会议在大理召开。省分行分管行领导,省分行培训学校和省分行相关部室负责人、计划财务部人员,各二级分行主管计划财会工作的行长、计划财会部门经理以及相关人员参加会议。会上,省分行副行长沈锐作了《强化基础管理、促进工作转型、实现计财工作迈上新台阶》的讲话,大理分行就"中间业务收入管理"作了交流发言。

【全省小额贷款风险管理现场会在大理召开】 4月25~27日,全省农行农户小额贷款风险管理现场会在大理洱源县召开,省农行农户金融部、风险管理部、内控合规部负责人和各州市分行分管领导、农户金融部负责人、风险管理部负责人参加会议。省分行党委委员、副行长任雷波出席会议并就"农户小额贷款风险防控及2011年农户金融工作"作了讲话。大理分行、保山分行、大理洱源县支行作了交流发言。

【大理州惠农支付业务启动会议召开】 9月26~29日,大理州惠农支付业务启动暨推广工作会议分别在宾川、祥云、南涧、巍山4个县召开。省人民银行、省公安厅、农业银行和农村信用社省州县三级领导、县乡人民政府、惠农支付点商户等参加会议,会议举行了授牌仪式并进行了相关业务培训。至2011年末,农行已建惠农支付网点138个,其中,宾川县47个、祥云县20个、南涧县16个、巍山县55个。

【农行大理分行职代会召开】 4月9~11日,中国农业银行大理分行第三届二次职工代表大会召开。会议认真听取并通过了大理分行党委副书记(主持工作)、副行长赵泽润所作的主题报告和工会、财务等4个报告。会议动员全行员工以“三个代表”重要思想为指导,深入贯彻落实科学发展观和党的各项金融方针政策,激发和调动职工工作热情,增强主人翁责任感,增强职工的凝聚力、向心力,顺利完成全行业务经营管理目标任务,努力推动大理分行又好又快发展。

【合规文化宣讲会议】 6月20日,农行大理分行举办全州农行合规文化宣讲视频会议,大理分行主会场、各分会场座无虚席。省分行赴大理分行合规文化宣讲团成员、大理分行合规文化宣讲员为大理分行机关全体员工及各县支行、直属机构593名员工从合规理念、合规制度、案件分析、合规感悟4个方面进行了宣讲。

【2011年年中工作会议】 7月28~29日,农行大理分行召开2011年年中工作会议,制定下半年工作的主要措施,即:强责任、抓落实,切实做好资金组织工作;保规模,调结构,有效发展资产业务;强措施,促增长,不折不扣完成中间业务;抓清收、控反弹,确保不良贷款“双降”;精核算、控成本,大力提升经济利润。

【“三化三铁”创建工作】 年内,农行大理分行全面启动了“三化三铁”创建工作,抓网点基础管理建设。按总分行创建“三化三铁”目标要求,大理分行制定了创建目标方案,并组织各县支行、各机构按总行“三化三铁”评分细则,对照本行的情况,逐条进行清理、自查和评分,共向省分行申报了3家“三铁”单位、14家良好和28家达标单位。经省分行检查组验收,洱源县支行右所营业所、直属机构苍山支行通过了省分行2011年“三铁”单位验收。

【“四亮四评”推进优质服务】 2011年,农行大理分行在全辖范围内开展“亮职责”“亮身份”“亮承诺”“亮业务”及“组织考评”“同事互评”“群众测评”“监督考评”的“四亮四评”窗口优质服务提升活动,进一步优化服务环境,助推业务发展。同时,农行大理分行还开展了“服务之星”网点服务评比工作,全辖45个营业网点的一线柜员参加评比。评比内容包括服务质量、神秘人和外部检查结果运用、金融性电子渠道分流率、业务量考核4部分。2011年,大理分行共评比“服务之星”4批,152人次荣获“服务之星”荣誉称号。

【贴近市场提升服务】 2011年,为有效解决提升服务质量的瓶颈问题,农行大理分行党委书记、行长赵泽润在8月下旬两次组织各直属营业机构行长(主任)、大堂经理及相关部门领导就城市行服务窗口竞争力定位进行了全面的分析、论证。根据大理分行窗口服务特点实施“赢在大堂—赢得客户—赢得市场”的活动,具体内容为:根据不同的客户群体、不同的服务对象创新服务方式;面向客户、贴近客户、面向市场实施贴近客户服务;牢固树立“客户至上,始终如一”的服务理念;开展“党员(团员)示范岗”活动提升服务质量;加强业务技能训练和操作培训,提高员工业务技能;开展业务竞赛活动,不断提升客户满意度和自身形象。

【信用记录关爱活动】 为响应人民银行关于开展“信用记录关爱日”征信宣传活动的要求,6月20日起,农行大理分行在全辖内各机构开展了形式多样的宣传活动。本次活动以“我与我的信用记录”为宣传主题,以“珍爱信用记录,享受幸福人生”为宣传口号。活动以悬挂征信宣传标语,张贴宣传海报,设置征信知识宣传展板,设立宣传咨询点等方式进行,营造了征信宣传的良好氛围。大理分行各级领导十分重视本次宣传活动,亲临各营业网点检查宣传工作,认真向客户介绍征信知识并对客户提出的相关问题进行解答。

【党风廉政建设考核汇报会】 12月20~22日,农行大理分行在洱源县支行召开党风廉政建设量化考核汇报会,对大理分行全辖11个县支行2011年度党风廉政建设工作进行考评,并对考核成绩突出的3个县支行进行了表彰,同时部署2012年的党风廉政建设工作。

【开展信用卡业务知识竞赛】 7月12日,农行大理分行组织了来自全州9个县支行(直属营业机构)的12名选手参加了2011年信用卡业务知识竞赛。竞赛以闭卷笔试的方式进行,测试时间为90分钟。通过测试,个人金融部尹培祝、直属苍山支行苏雅辉、漾濞县支行王晓芬分获前三名。

(《农业银行大理州分行》由朱艳松撰稿)

·云南省信用联社大理办事处·

【概　述】 2011年是“十二五”的开局之年,省联社大理办事处面对农村信用社改革发展的任务更加艰巨,积极因素和不利影响同时显现,短期问题和长期矛盾相互交织,做好各项工作的难度加大的实际,在省联社的正确领导下,在当地党委、政府及人行、银监等部门的大力支持、指导、帮助下,以科学发展观为主线,强化内部管理,不断提高经营管理水平;大力推广、创新金融产品,不断提升服务“三农”水平;加强企业文化建设,打造农村信用社“软实力”。实现了科学发展、和谐发展、跨越发展。

【业务发展取得新突破】 2011年,大理办事处根据省联社年初业务工作会议精神及年度业务计划目标任务,指导各县联社(农合行)大力拓展各项业务,取得了良好的业绩,实现“十二五”开门红。截至12月末,全州农村信用社各项存款余额达230.44亿元,净增46.35亿元,增幅25.18%;各项贷款余额达141.85亿元,净增21.11亿元,增幅17.48%;其中涉农贷款余额129.61亿元,比年初增加18.86亿元,增长17.03%;不良贷款较年初下降7149万元,占比为2.1%,较年初降低0.96个百分点,实现了“双降”;实现各项收入14.24亿元,比上年增加4.28亿元,增幅42.95%;实现净利润2.95亿元,比上年增加5128万元,增幅21.05%;资本充足率12.09%,抵御风险能力明显提高。

【“两保”试点工作新推进】 2011年,为进一步做好城镇居民社会养老保险试点和新农保试点工作,大理办事处领导深入试点县联社调研,掌握第一手资料,及时解决各种困难。采取为新农保增设支取“绿色通道”、保费集中收缴、叫号服务、分片区时段支取等有效措施,努力推进“两保”试点工作。年末,全州已参保人数达50.42万人,已缴费人数38.31万人,参保率65.06%,累计缴费金额

1.19亿元，发放养老金人数12.74万人，累计发放金额6837.05万元。

【信贷管理取得新突破】 2011年，为贯彻落实省联社年初工作会议精神，大理办事处紧紧围绕当前稳健货币政策措施和信贷工作目标，研究制定加大信贷投放力度的措施，抓好城乡消费信贷和经营性贷款投放，重点支持企业产业结构优化调整、支持"三农"和中小企业发展，在货币政策转向稳健的背景下，准确把握政策的针对性、灵活性，千方百计争取增加有效信贷投入，力保全年贷款增量，全力为地方经济社会发展提供强有力的金融支持。①利用支农再贷款拓宽支农信贷资金来源。在国家实施稳健货币政策大环境下，信贷资金来源极为紧缺，部分行社在存贷比持续高位运行的条件下，以向央行申请支农再贷款为突破口，年内共向中国人民银行大理州中心支行申请了10.51亿元的支农再贷款，用于满足"三农"资金需求。②推广创新金融产品。在农户小额信用贷款、联保贷款的基础上，继续推出了中小企业贷款、巾帼科技示范户信用贷款、林权抵押贷款、"贷免扶补"创业贷款、小额扶贫贴息贷款等，着力拓展贷款规模和覆盖面。年末，林权抵押贷款余额为1.88亿元；"贷免扶补"创业贷款余额为3.51亿元；小额扶贫贴息贷款余额为1.72亿元。南涧县联社推出了全省乃至全国先河的南涧县经济林木（果）权证抵押贷款，发放经济林木（果）权抵押贷款127户，金额1336万元。

【稽核审计取得新突破】 年内，大理办事处大力提升依法依规审计能力和审计水平，在防范风险、促进依法经营、合规经营上有了新的突破。2011年，大理办事处及辖内农村信用社共完成稽核审计项目266项，投入695人次、10248个工作日。其中办事处完成稽核审计项目45项，具体为："整县推进、规范管理"的"回头看"检查1项、"贷款真实性及账户管理合规性"后续检查工作10项、信贷管理的规范性专项稽核审计6项、财务管理合规性专项稽核审计工作15项、高管人员离任审计7项、计算机与保密专项检查6项，完成其他专项检查及督促工作19项。

【电子信息取得新突破】 2011年，在省联社科技中心的大力支持下，大理办事处加大了电子信息化建设力度，取得了新的突破：①全面完成全州农村信用社网络终端改造，业务处理稳定、响应速度快、安全可靠性能提升；②对辖内县联社（合行）进行了网络设备的巡检，排除多项网络安全隐患；③促成与大理供销在线电子商务平台建设的战略合作，向供销社营销农村多渠道的现代化支付结算方式，参与平台建设，积极争取合作机遇，最终促成了两家初步签订合作协议；④针对全州农村信用社部分系统及重要电子设备管理薄弱的现状，办事处先后组织全州农村信用社计算机管理员进行了公务卡报账系统及重要电子设备管理、全州高管的网银卡业务、开展POS刷卡有礼活动收银员培训，提高了业务操作能力和设备管理水平；⑤顺利完成州网络中心机房搬迁，确保线路、设备、系统正常运行；⑥积极参与"万村千乡"信息平台建设。

【防案控险取得新突破】 2011年，根据省联社安全保卫会议以及大理银监分局案件防控和安全保卫工作会议精神，按银监会《农村中小金融机构案件防控治理2009～2011年工作规划》，大理办事处紧紧围绕"坚持标本兼治，重在治本；坚持查防结合，重在防范；坚持改革管理并重，重在加强内控"的工作方针，认真履行对辖内各行社的监督检查职责，确保了辖内"零案件"。①各县联社"三防一保"工作更新思想意识，树立起"安全出效益、安全保发展"的理念；②创新内控管理，层层签订案件防控责任状，并与员工"互帮"责任制结合起来，把案件防范的责任落实到岗、到人，进一步强化风险意识；③运用、发挥科技网络监控作用，做好案件防控、规范员工行为工作；④加强对营业场所、自助银行、自助设备的安全保卫工作，确保银行卡资金安全；⑤各行社制定业务风险排查工作实施方案，组织开展自查和排查工作，大理办事处结合日常检查组织了抽查和督查。

【队伍建设取得新突破】 2011年，大理办事处狠抓干部员工队伍建设工作。根据省联社的安排部署，大理办事处专门组成考核组，按照省联社《后备干部管理制度》规定的程序对后备干部进行考核。通过考核，对部分联社领导班子工作能力较弱、表现较差、组织协调能力一般的人予以调整，把年轻有为、工作成绩突出的人列为后备干部。同时，认真抓好2011年新员工、大学生村官的录用和审批工作，改善了信用社员工队伍结构，增强了市场竞争能力。

【服务创优取得新突破】 2011年，根据省联社"进一步加大工作力度，继续、深入、持久推进'服务创优工程'"的要求，大理办事处切实把服务创优工作做好、做细。①从领导抓起。办事处举办了全州农村信用社"服务创优工程"高管人员培训班，办事处各科负责人、各县联社（农合行）班子成员及后备干部60余人参加了培训。②打造职业化团队。通过公开招标，办事处把各县联社（农合行）"服务创优工程"的培训、检查、考评等工作，交由云南德辰企业管理咨询公司负责实施。③举办了主题演讲比赛。5月16日，大理办事处举办了"创先争优在行动"主题演讲比赛，5月26日，参加了省联社组织的决赛并取得了组织奖及两个三等奖的好成绩。④举办了"服务创优工程"内训师培训班。通过培训考核，30名信合员工取得内训师资格证，形成互动的良好机制。⑤对各县联社（农合行）服务承诺、公示牌、意见簿等进行了规范，统一了标识。

【企业文化建设取得新突破】 年内，大理办事处从建立现代企业发展的实际出发，树立科学发展观，讲究经营之道，培养企业精神，塑造企业形象，优化企业内外环境，全力打造具有自身特质的企业文化，为企业快速发展提供动力和后劲。①于2011年5月16日召开全州农村信用社综合部经理及信息宣传工作会议，总结一年来的工作、不足以及存在的问题，工作突出的两家行社在会上作了交流发言，总结表彰了2010年信息宣传工作先进单位和个人；②继续与大理日报社合办"创先争优当先锋，服务城乡谱新篇"栏目，年内在《大理日报》刊出稿件50篇；③办好办活《大理信合简报》，全年出刊38期；④做好信息调研工作，成功地推出了"《大理信合简报》创刊200期、全州农村信用社存款突破200亿元、县市长言谈录、'双突破'工作"等深度报道；⑤积极参加省联社组织的"读红色经典"、"讲红色故事"优秀文章推荐评选工作，从中受到启迪和教育。

（《云南省信用联社大理办事处》由戴灿涛撰稿）

保 险

·中保财险大理州分公司·

【概 述】 2011年，中保财险大理州分公司继续推进市场领先战略，转变思想观念，调整考核模式，不断深化公司内部改革，强化管理，各项工作全面完成预定目标，保费规模跃上新台阶、突破4亿元，市场占比为57.66%、高于行业平均增幅3个百分点，实现了"十二五"开局之年的开门红。2011年，中保财险大理州分公司实现保险费收入40305.58万元，完成年初计划任务的110.02%，同比净增保险费收入6101.28万元，增长18.38%。其中，机动车险保费收入29616.31万元，同比增长15.5%；人身意外伤害险保费收入1820.37万元，同比增长21.92%；农业险保费收入6137.41万元，同比增长51.05%。全年已决赔款支出19245.67万元，已决赔付率47.75%，同比增长27.81个百分点，未决赔款5294.35万元。其中，机动车险已决赔款13465.09万元，已决赔付率45.47%，未决赔款4445.75万元；人身意外伤害险给付1431.91万元，赔付率78.66%；农业保险已决赔款3065.4万元，已决赔付率49.95%，未决赔款435.15万元。全年累计上缴国家和地方税金近2030万元，代扣代缴车船税金2005万元。

【发挥社会"稳定器"和经济"助推器"作用】 2011年，中保财险大理州分公司在继续承保能繁母猪保险的基础上，加强了与政府的互动，与州级有关部门的密切协作，继续开展好能繁母猪保险、奶牛保险和农房统保、烤烟种植保险工作。年内累计为全州能繁母猪18.8万头，奶牛6.5万头，玉米7.33万公顷，稻谷3.99万公顷，油菜0.47万公顷提供了保险保障，全年农村养殖业赔款1710.4万元，未决赔款233.41万元；种植业赔款1355.02万元，未决赔款201.74万元。"三农保险"基本实现收支平衡、略有结余、以丰补歉的经营目标。公司的农业保险又上了一个新台阶，农业保险的发展已经成为促进大理州各项经营活动走向良性发展的助推器，为促进农村社会稳定和谐，为社会主义新农村建设作出应有的贡献。

【举办水电行业风险评估和防灾防损培训】 1月11～14日，总公司在大理举办水电行业风险评估和防灾防损培训，来自全国系统相关部门的近30人参加了培训。邀请行业专家讲解我国水力发电行业的发展状况、水力发电建造工艺与运营技术特点、水力发电工程建设期和运营期自然和人为风险因素、防灾防损工作建议、风险查勘要点等内容。期间还组织参训人员前往小湾水电站和在建的功果桥水电站进行实地风险巡查、风险评估活动，并开展风险管理经验交流。

【完成隐形用工清理工作】 2011年，中保财险大理州分公司根据省分公司文件要求，结合公司业务发展和管理的需求，公司组织了对隐形用工的清理考核工作。并根据2010年年度员工的考核情况从业务能力、学历、年龄、道德品质、组织纪律、业绩等各方面进行综合考评，全州共清理隐形用工106人，上报上级公司纳入规范管理61人，转入个代和清退45人，于2011年2月9日顺利完成了用工清理工作，为下一步规范用工管理打下良好基础。

中保财险第二届职工文娱活动　　（中保财险大理分公司　供稿）

【完成公司理赔中心理赔事业改革工作】 2011年，中保财险大理州分公司根据上级公司理赔事业部改革实施方案的有关规定，结合公司理赔事业改革工作的实际情况，严格按要求做好理赔事业改革的各项工作，按时完成公司理赔中心理赔事业改革的"七定"工作，保证了全州系统理赔中心改革工作按照上级公司的要求顺利推进。同时狠抓理赔管理，努力提高理赔管理水平和服务水平，提高理赔质量和效率，促进公司业务持续健康发展，各项指标较2010年均有明显提高。

【向社会发布《致全州奶牛养殖户公开信》】 9月16日，大理州财政局、大理州畜牧兽医局、中保财险大理州分公司联合发布《致全州奶牛养殖户的公开信》。《公开信》在大理电视台和《大理日报》播放和刊登后，社会反响热烈，受到县市、乡镇各级政府和相关部门的高度重视，并切实提高了奶牛养殖户参加保险的积极性。《公开信》陈述：2011年，各级财政加大了奶牛保险保费补贴的力度。每头奶牛保险金额6000元。保费补贴从原来的补贴60%提高到90%，养殖户承担10%。各级财政补贴每头324元，养殖户自负每头36元。这一政策的调整充分体现了党和政府对广大奶牛养殖户的关爱。

【再次荣获"文明单位"称号】 2010年12月，大理市命名的"文明单位"期限届满，经大理市委、市政府对辖区各"文明单位"精神文明建设工作进行复查验收，中保财险大理州分公司再次荣获2011～2012年度大理市"文明单位"称号。

【完成2011年"千人计划"人员招聘面试工作】 12月28日，根据省公司安排，大理分公司经过精心准备，顺利完成2011年"千人计划"人员招聘面试工作。

【努力推行司务公开】 2011年，中保财险大理州分公司不断发展壮大，管理不断创新。为使各项管理措施得到有效执行和司务公开落到实处，公司在决策及重大事项上坚持民主集中制原则，从经营策略到财务开支、人事变动等都经过集体讨论研究决定，特别是在一些政策的出台上，通过党委会、总经理室会议、司务会、全州经理会等仔细研究论证，在达成共识的基础上运用各种途径传达到每一个员工，做到心往一处想、劲往一处使。

【荣获上级公司多项表彰】 2011年，大理州分公司业务发展和各项管理工作成绩突出，荣获省分公司市场份额回升奖、应收保费管理奖、利润计划完成率排名奖、综合经营管理三等奖，同时，公司党风廉政建设责任制量化考核也取得了97分的好成绩。基层机构有巍山、鹤庆支公司荣获"2010～2011年度明星县区支公司"荣誉称号，永平、巍山、漾濞、鹤庆支公司荣获"2011年度标杆县区支公司"荣誉称号，有8人被评为全省系统"先进个人"。

（《中保财险大理州分公司》由李志刚撰稿）

·太保寿险大理中心支公司·

【概　述】 2011年，太平洋人寿保险股份有限公司大理中心支公司以科学发展观为统领，在上级公司的正确领导下，不断优化业务结构，强化风险防范与合规经营能力，致力于提高各条线销售能力，致力于为客户提供更好的服务。全年实现标准保费13448.7万元，同比增长25.67%；根据2011年12月行业公布数据，太平洋人寿保险股份有限公司大理中心支公司的市场份额稳居全州第二位。2011年，太平洋寿险大理中心支公司共受理理赔案件3051件，赔款支出669.44万元，满期给付14228件，共给付2428.01万元。

【保费突破亿元大关】 2011年，面对错综复杂的国际国内经济金融形势，尤其是在保险业发展整体遇到调整和放缓的情况下，中国太平洋人寿保险股份有限公司大理中心支公司实现业务价值持续增长。全年标保达1.34亿元，规模保费首次突破1亿元，创下了历史新高，位居大理寿险市场份额第二位，在太保系统内排名也稳步上升，同比增长保持领先。

【公司荣誉与企业文化建设】 2011年，太平洋寿险大理中支在团结、奋进的领导班子带领下，标保首次突破亿元，创下历史新高，个、团、银三大渠道同比增长赶超系统内平均水平，在全省13家中支中脱颖而出，获得云南分公司"表扬集体"称号；在云南分公司2011年举办的第五届职工书法、绘画、摄影比赛中，太平洋寿险大理中支获得"优秀组织奖"，16名职工作品获奖，展现了蓬勃发展的企业文化。

【合规与内控管理】 2011年，太平洋人寿保险股份有限公司大理中心支公司十分重视合规工作，通过持续的合规教育培训，树立合规人人有责、合规人人参与、合规人人受益、合规创造价值的合规理念。在经营管理中严格遵守法律法规、监管机构规定、行业自律规则、公司内部管理制度以及诚实守信的道德准则，确保公司合规经营。年内，在分公司的统一部署下，太平洋人寿保险大理中心支公司组织开展了2010年度内控风险评估工作、两次财务业务数据真实性及业务合规综合自查、两次"小金库"专项整治自查、一次保险中介业务合规自查、一次防范和打击非法集资活动宣传及检查，组织开展反洗钱宣传周活动，进行了银邮渠道保单回执回收率检查分析工作，接受了分公司的四级机构综合检查。

【云南保监局到公司进行服务质量巡查】 10月26～29日，云南保监局巡查组李果颖一行3人对大理州人身保险机构开展服务质量巡查工作。对太平洋人寿保险股份有限公司大理中心支公司的巡查针对质量评估报告及评分表进行了逐条问询，了解服务质量各环节的详细情况，与相关人员进行座谈交流，到中支营业大厅进行了实地巡查，并最终给太平洋寿险大理中支提出了中肯的意见建议和需要改进的事项。

【举办保密法律法规知识测试】 10月18日，太平洋寿险大理中心支公司组织中层以上干部及涉密岗位人员共40人参加了保密法规知识测试，活动中共发放《保密提醒20条》40份、保密提醒卡20份。活动得到了各级领导的认同，也进一步巩固了员工日常学习掌握的保密法律法规知识。

（《太平洋寿险大理中心支公司》由段莉撰稿）

·中国人寿保险大理分公司·

【概　述】 2011年，中国人寿保险股份有限公司大理分公司坚持以科学发展观为指导，紧盯市场，科学谋划，强化队伍建设，夯实发展基础，坚持合规经营，有效防范风险，通过深化经营管理体系改革、强化基层调研及建设，各项业务得到快速发展，综合实力得到进一步提升，公司全面建设迈上了新台阶。公司年度总保费3.90亿元，同比增长26.45%。其中股份公司保费收入3.74亿元，同比增长28.37%。

【市场份额得到巩固】 2011年，根据大理州保险行业协会《2011年12月份人寿保险公司业务统计表》，中国人寿大理分公司股份保费收入占大理州寿险市场份额的51.44%，在全州7家寿险公司中位列第一。

【小额信贷保险业务快速发展】 2011年，中国人寿大理分公司共实现小额信贷保险保费收入814.1万元，同比增长146.65%，完成年计划任务的180.9%，完成率排名全省系统第一。

【为在校学生提供保险保障】 2011年，中国人寿大理分公司积极履行社会责任，努力做好学生平安保险服务工作。年内，全系统共计承保各类大、中、小、幼儿园学生36万余人，共处理各类赔案12391件，累计赔款1091万元，为确保一方平安和构建和谐社会作出新贡献。

【深入开展"保险先进村"创建达标活动】 2011年，中国人寿大理分公司紧紧围绕上级公司的战略决策和发展思路，以保险下乡、服务"三农"为载体，认真贯彻落实大理州人民政府下发的《大理州中国人寿"保险先进村"创建活动实施方案》，在往年工作的基础上，进一步加大"保险先进村"创建力度，努力扩大农村保险市场覆盖面，充分发挥保险经济"助推器"和社会"稳定器"的作用，取得了较好的成效。年内全系统共创建达标"保险先进村"94个，为建设平安大理，提供了全方位、多层次、宽领域的保险保障。

【开展星级营销部创建达标活动】 2011年，为参与农村金融服务体系构建，推进农村营销服务部规范化建设，增强人寿保险服务"三农"的能力，中国人寿大理分公司大力开展星级营销服务部的创建活动。年内，系统共创建达标"一星级"营销服务部10个、"二星级"营销服务部3个。

（《中国人寿保险大理分公司》由杨林撰稿）

·太保财险大理中心支公司·

【概　述】 2011年，太保财险大理中心支公司在总公司和省公司的领导下，在大理州党委政府和社会各界的大力支持下,以"做一家负责任的保险公司"为使命,以"诚信天下,稳健一生,追求卓越"为核心价值观,坚持以客户需求为导向,秉承"用心承诺,用爱负责"的服务理念,诚信经营、依法合规经营,服务质量不断提高,服务领域不断拓展,服务网络不断健全,继续在业界保持优质、高效、健康、可持续地发展态势。承保方面:全年全州实现保费收入7076万元,比上年5786万元增加1290万元,同比增幅为22.2%。其中车险业务保费5710万元,占全年保费收入的80.7%,非车险业务保费收入1366万元,占全年保费收入的19.3%。理赔方面:全年全州接报案10118件,结案率为91.3%,已决赔款2488.4万元,未决估损687.6万元,已决赔款和未决估损合计3176万元。全年实现利税1795万元。为大理州经济社会发展和人民群众的生产生活提供了有力的保险保障。

【积极应对市场】 2011年,面对大理州财产保险市场竞争日趋激烈的局面,太保财险大理中心支公司坚持"诚信天下,稳健一生,追求卓越"的核心价值观,积极应对市场竞争。年内,公司积极服务好老客户,努力开辟新的销售渠道,积极参与市场竞争,走出了一条优质、高效的可持续发展之路。2011年,太平洋电话车险成功上线,"10108888"为全国统一投保咨询电话,通过"10108888"电话投保,大大降低了广大客户购买车险产品的成本,简化了客户的投保手续。客户的车辆出险后,还能享受到无限次免费道路救援等多项五星级服务。客户也可以登录www.cpic.com.cn的网址购买各种保险产品。

【发挥社会管理功能】 2011年,太平洋财产保险大理中心支公司积极参与社会管理,充分发挥保险公司参与社会管理的功能,为构建和谐社会提供了有力的保险保障。年内,在太平洋财产保险大理中心支公司投保的多家旅游公司、运输公司、自然人客户的车辆发生了多起重大交通事故,并得到了理赔:①4月25日,一辆牌照为云L22768的金龙大巴因下雨路滑下翻70多米,造成车辆严重受损,1人死2重伤,本次事故共赔偿各项损失50.44万元;②5月18日,一辆牌照为云L35232的特种运输车,因车速过快,转向时撞上路边的民房,造成民房大面积严重受损,车辆侧翻损毁,驾驶员死亡,1人重伤,本次事故共计赔偿各项损失50.98万元;③11月21日,一辆牌照为云L11506的金龙大巴行驶至214国道小中甸时,由于对头车占道行驶,驾驶员为避让并因路面结冰,车辆冲出路面,造成车上人员28人受伤,其中6人重伤,本次事故共计赔偿损失36.27万元;④6月29日,一辆牌照为云L28189的特种运输车,行驶至怒江州福贡县时与一辆面包车相撞,造成运输车车头受损,面包车车头损失严重及3人受伤,本次事故共计赔款32.42万元;⑤1月17日,一辆牌照为云L65257的帕萨特家庭自用车,由于驾驶员操作不当,倒车时撞伤行人,本次事故共计赔款32万元;⑥11月10日,一辆牌照为云L16247的环卫特种车,因行驶不慎与一辆中巴车相撞,造成中巴车人员伤亡,双方车辆受损,本次事故共计赔款30.75万元。

【不断拓展服务领域】 2011年,太保产险大理中心支公司继续秉承"用心承诺,用爱负责"的服务理念,尽最大努力服务客户。①组织全司员工对有业务往来的700多家法人客户进行了回访。②继续与合作多年的多家运输公司、旅游车公司、汽车销售公司保持合作,以优质的服务赢得了广大客户的好评。③12月12日,太保产险大理中心支公司联合大理州交警支队、云南省烟草公司大理州分公司共同举办了"交通安全培训会",为云南省烟草公司大理州分公司全州近300余名驾驶人员提供了安全教育、保险知识培训。④12月,太保产险大理中心支公司为大理旅游集团有限责任公司下属的景区、游船、索道的旅客专门定制了景区责任保险和游客意外伤害保险。⑤在大理州、市政府和企事业单位的多个保险项目的招标中,太保财险大理中心支公司都多次中标,项目包括大理州国税局、地税局和质量技术监督局的车辆保险项目,大理州、市政府采购车辆的保险项目,云南力帆骏马车辆有限公司企业财产保险和单程提车保险项目,云南省烟草公司大理州分公司车辆保险项目,祥云县政府集中采购行政事业单位公务用车统一定点车辆保险项目等。

【依法合规与风险管理】 2011年,太保财险大理中心支公司始终将依法合规经营的理念贯穿于整年的工作当中,公司积极倡导合规文化,使用合法正当的竞争手段参与市场竞争;每个季度组织各部门、各分支机构结合自身情况进行合规自查,认真梳理工作中存在的问题,发现问题并及时整改。通过加强合规队伍建设,开展合规风险自测评估,并根据总公司《中国太平洋财产保险股份有限公司合规达标考核办法(修订版)》逐项进行自评打分、复查,达标率为93%。

【打造高素质服务团队】 2011年,太保财险大理中心支公司着力打造高素质的服务团队。①抓窗口服务的建设。公司在大理州的营业网点及便民服务窗口,均要求并且做到要热情周到,诚实守信地对待每位上门咨询或者办理业务的客户,尽其所能为每位客户提供最优质的服务。②切实为客户提供"保姆式服务"。以贴心、优质、快速的服务标准为导向,以清晰、便捷、高效的服务流程为支撑,以专业、诚信、稳健的服务技能为推动力,持续不断地提高理赔服务质量。年内,行政机关事业单位和企业集团单位客户对公司服务都给予很好的评价,满意度达96%以上,零散客户满意度达90%以上。③坚持每周五学习和业务培训制度。在搞好承保、理赔政策教育,增长保险业务知识的同时,让业绩突出、经验丰富的部门经理作经验交流,给员工传经送宝,相互借鉴和学习。④加强员工的政治、法律、业务知识培训。

(《太保财险大理中心支公司》由张祖剑撰稿)

(《金融保险》责任编校:杨林柏)